中华人民共和国

江西日史

第一卷

（1949～1959）

中华人民共和国日史编辑委员会
江西编辑室 编

名誉主编：孙家正 李金华 张文彬
张承钧 李永田

主 编：孙用和 蒋仲平 魏丕植
管志仁 沈谦芳

副主编：符 伟 杨德保 廖世槐
罗益昌 张翊华

人民出版社

中华人民共和国

江西日史

第一卷

（1949—1959）

中华人民共和国日史编辑委员会
江西编辑室 编

名誉主编：孙家正　李金华　张文彬
　　　　　张承钧　李永田

主　　编：孙用和　蒋仲平　魏丕植
　　　　　管志仁　沈谦芳

副 主 编：符　伟　杨德保　廖世杨
　　　　　罗益昌　张翊华

人 民 出 版 社

《中华人民共和国江西日史》编辑委员会

主　任

凌成兴　江西省人民政府常务副省长

洪礼和　江西省人民政府副省长

副主任

毛建渊　原国家新闻出版总署巡视员

刘　斌　江西省地方志编纂委员会主任

沙　舟　原国家新闻出版总署干部

李亚平　江西省妇女联合委员会主席

李豆罗　江西省南昌市人大常委会主任

沈谦芳　中共江西省委党史研究室主任

沈亚平　江西省人大法制委员会主任

汪兴明　原国务院新闻办公室人事局局长

陈智荣　上海市福建商会副会长、上海聚荣轩工艺品有限公司董事长

金细安　江西省钨业集团总公司党委书记

罗益昌　中国人民解放军空军政治部秘书长

谢碧联　江西省中小企业管理局局长

廖世槐　中国人民武装警察部队江西省消防总队总队长

魏丕植　中华人民共和国日史编辑委员会副主任兼秘书长

胡国华　中国农业经济发展中心培训基地副主任

潘玉兰　江西省监狱管理局党委书记、政委

编　委

丁晓群	马金云	山　川	万先勇	万荣春	于晓光	邓　强
邓小明	方府春	毛保国	王　强	万一平	王力农	王小文
王国昌	艾政协	甘根华	甘增海	叶修堂	江　东	江　华
刘小平	刘东明	刘晓莉	刘德意	吕延民	汤　奋	汤成奇
危仁保	许润龙	吁小平	朱和平	陈小平	陈光英	陈克林
陈远辉	陈细牛	陈荣华	陈爱民	陈晓平	冷小坚	冷新生
李金果	李佳妮	李春苗	李泉新	李盛平	李福如	陆　峰

副 主 编

符　伟　中国农业经济发展中心常务副秘书长
杨德保　中华人民共和国日史编辑委员会副秘书长
廖世槐　中国人民武装警察部队江西省消防总队总队长
罗益昌　中国人民解放军空军政治部秘书长
张翊华　中华人民共和国日史编辑委员会宣传部部长助理、副研究员

编　　辑

杨继生　朱　明　刘祖勉　朱晓峰　程家越　邹鸣贵　刘益川
李科友　沈丽华　王小兰　杨　丽　程　炜　赵晓霞　曹东林
王德成　包党生　胡国泰　龚兰兰　罗盛兰　陈　偲　苏　凯
何明康　宫嘉瑞　凌素云　凌　燕　黄志强　杨　霖　俞　天
蔡定功　贾艳玲

工作人员

熊　丽　戴　蓉　胡志俞　万保平　王国南　王春平　王春敏
刘　竞　刘　博　江玉梅　刘志强　汤国强　孙洪滨　韩　颖
舒满香　谭晓莉　吴　侃　何　亮　杨　艳　苏　婉　陈　静
李　静　张　磊　芦　燕　张冬族　李伟平　李明春　陈剑锋
吴雁民　金　颖　武孝德　周忠心　周剑飞　柯　华　陶小英
徐玉琴　梁　静　梁丹丹

1965 年 5 月，毛泽东重上井冈山时在茨坪散步

▲ 1961 年 9 月 18 日，周恩来在八一南昌起义纪念馆

▲ 1992 年初，邓小平视察南方时来到江西，接见江西党政主要领导

▲ 1989 年 10 月，江泽民和井冈山老区群众在一起

▲ 2003 年 8 月 28 日至 9 月 1 日，胡锦涛到江西视察

▲ 井冈山

▼ 瑞金中华苏维埃共和国临时中央政府

▲ 八一南昌起义纪念塔

庐山迎客松

三清山梯云岭

▲ 滕王阁

▼ 鱼米之乡的鄱阳湖畔

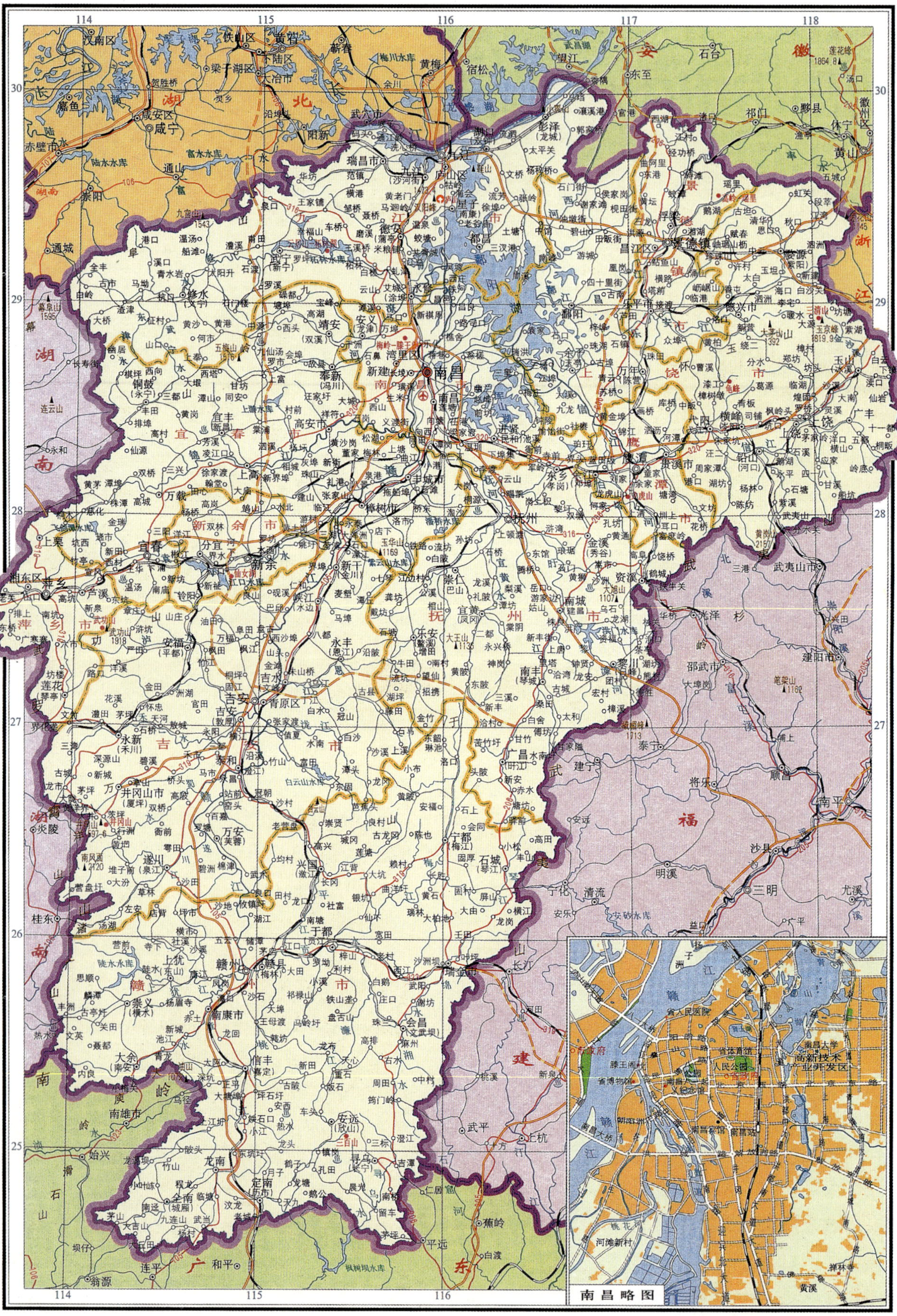

江西省

比例尺 1:3 000 000

总 序

《中华人民共和国江西日史》作为已经出版的《中华人民共和国日史》的重要组成部分，以洋洋数百万字和浩浩八大卷的宏大规模，把新中国成立半个多世纪以来江西省每日发生的重大事件，简明、完整、客观地再现给广大读者。透过这部厚重的地方史巨著，我们看到了江西人民在中国共产党领导下迅速发展、阔步前进的足迹，看到了改革开放以来江西人民取得的巨大成就。

漫漫历史长河，川流不息。在中华文明的历史长河中，江西人才辈出。陶渊明、欧阳修、曾巩、王安石、朱熹、文天祥、谢枋得、宋应星、汤显祖、詹天佑等文学家、政治家、科学家如群星灿烂，光耀史册。展开历史宏卷，勤劳智慧的江西人民创造的璀璨文明跃然纸上。尤其是在为创立中华人民共和国的血与火的拼搏中，江西人民为新中国的诞生建立了不可磨灭的功勋。共和国成立50多年来，在以毛泽东、周恩来、邓小平等老一辈无产阶级革命家和党中央的关怀、领导下，在江西省委、省政府的正确领导下，全省人民团结奋斗、艰苦创业，以辉煌的成绩铸就了历史的丰碑，为伟大祖国的繁荣昌盛作出了应有贡献。

江西地处长江中下游南岸，紧邻中国东南诸省，东依浙江、福建，南接广东，西靠湖南，北毗湖北、安徽而共接长江，有“吴头楚尾，粤户闽庭”之古称。江西在唐代大部分地区属江南西道，元代确立了江西行省的设置。又因省内最大河流为赣江而简称“赣”。全省现共设南昌、九江、景德镇、萍乡、新余、鹰潭、赣州、宜春、上饶、吉安、抚州11个地级市，99个县（市、区）。南昌市为省会。至2005年，江西省人口4139.8万人（不包括外来人口和中国人民解放军现役军人）。

江西土地总面积16.69万平方公里，占全国土地总面积的1.74%，位居华东地区各省市之首。境内北部较为平坦，东、西、南部三面环山，幕阜山脉、武夷山脉、怀玉山脉、罗霄山脉、九连山脉和五岭山脉相绕相拥，中部丘陵起伏，成为一个整体向鄱阳湖倾斜而朝北开口的巨大盆地。全境有大小河流2400余条，赣江、抚河、信江、修河和饶河五大河流流经全省。鄱阳湖为我国最大的淡水湖，也是世界上最大的候鸟栖息地。庐山、井冈山是风景秀美的旅游胜地。

江西位于北回归线附近，气候温暖，雨量充沛，年均降水量1341毫米到1940毫米；无霜期长，为亚热带湿润气候，十分有利于农作物生长。全省生态环境良好，森林覆盖率达59.7%，居全国前列。矿产资源丰富，铜、钨、铀、钽铌、稀土、金和银矿藏被誉为“七朵金花”。

江西是中国革命的摇篮。八一南昌起义打响了革命武装斗争的第一枪，成为“军旗升起的地方”①。毛泽东、朱德在井冈山创建了第一个农村革命根据地，而后在赣南瑞金建立了中华苏维埃共和国临时中央政府。江西为中国革命牺牲的能查到姓名的烈士达25万人之多。“井冈山精神”是江西人民的传家宝，也是全国人民的宝贵精神财富。

改革开放20多年来，在邓小平理论、“三个代表”重要思想、科学发展观和党的基本路线指引下，经过全省人民共同奋斗，经济建设和社会发展取得了举世瞩目的成就，全省工农业总产值与经济总量不断跨上新的台阶。20世纪末提前实现了翻两番的战略目标，基本建立起社会主义市场经济体制，经济发展后劲不断增强，人民生活水平正向小康迈进。进入21世纪以来，全省社会主义现代化建设取得了显著成就。至2005年，全省提前一年完成“十五”计划主要发展目标，全面和超额完成了“十五”时期的各项任务。江西正呈现出中部地区崛起之态势。

江西是农业大省。粮食、油料、蔬菜、生猪、蜜橘、淡水鱼类等农副产品在全国占有重要地位。如今传统农业正向现代化农业转变，生态农业、绿色农业有长足发展。养猪、制沼和种果相结合的生态农业方式在赣南实施并取得良好效益，正逐步向全省推开。治山治江治湖的“山江湖工程”被联合国专家誉为跨世纪和可持续发展的范例。

江西工业突飞猛进。享誉中外的景德镇瓷器异彩纷呈；德兴铜矿是亚洲最大的铜矿；贵溪建有全国最大的铜冶炼厂；新中国制造的第一架飞机于1954年在江西洪都机械厂诞生，2005年，K－8教练机已走出国门，在一些发展中国家“生根发芽”。如今，汽车、航空、精密制造、有色冶金、中药和生物医药、电子信息和现代家电、食品、精细化工以及新型建材、电子工业等行业已经成为全省工业的支柱产业。改革开放以来，江西现代工业全面兴起，高新技术产业跨越式发展。江铃汽车、昌河汽车等一批在全国具有较强竞争力的企业集团，成为全省新型工业化发展的代表。全省相继建设了一批大中型骨干企业，形成了汽车、机械、电子、化工、冶金、建材、食品、纺织、医药等多门类的工业体系，布局日趋合理，支柱产业优势茁壮成长，主要工业品产量成倍增长，一批工业企业和产品接近或达到国内先进水平。

江西为长江三角洲、珠江三角洲和闽江三角洲的腹地，与上海、广州、厦门、南京、武汉、长沙、合肥等城市或港口的直线距离大多在六七百公里之内。改革开放以后，江西通过统筹规划，合理布局，多方筹集资金，使水利、能源、交通、通讯等基础设施大为改善。1996年通车的京九铁路，从南至北穿越江西26个县、市、区，长达700余公里，占京九铁路总长度近1/3。公路建设以曾未有过的又好又快的行状推进。全省已建成昌九、昌樟、温厚、九景、黎温等多条高速公路，在2005年，全省高速公路通车总里程达1580公里。境内现有4个民用航空港，开通了至北京、上海、香港等地的几十条航线。

在实施“科教兴赣”战略的过程中，江西初步建成了支持全省经济社会发展的教育和科技体系。教育投资逐年增加，有效地改善了中小学办学条件，基本实现了九年义务教育和扫除青壮年文盲的目标。高等教育和职业教育发展迅速，全省有普通高校32所，重点院校和重点学科的建设得到加强，南昌大学已进入全国高等教育“211”工程。江西致力于立足本省、适应国际国内科技迅猛发展的人才队伍建设。一支政治素质好、开拓精神强、具有现代专业知识并经过实践考验的各级各类高素质领导人才队伍，一支有创业意识、有竞争能力、善经营管理的高素质企业家队伍，一支有奉献精神、有创新意识、学术和技术领先的科技人才三支队伍正在迅速形成与壮大。

社会主义精神文明建设在江西取得丰硕成果，为经济社会发展和现代化建设提供了强大的精神动力和良好的舆论环境。全省各级党委和政府坚持用“井冈山精神”教育广大干部群众，爱祖国、爱江西、爱家乡成为广大干部群众自力更生、艰苦奋斗的创业精神。进入21世纪，江西人民决心更加紧密团结在以胡锦涛为总书记的党中央周围，高举邓小平理论和“三个代表”重要思想伟大旗帜，认真贯彻落实科学发展观，在省委、省政府的领导下，团结一致谋发展，一心一意干事业，为实现江西在中部地区的崛起，为实现构建和谐江西、全面建设小康社会的宏伟目标而努力奋斗。

《中华人民共和国江西日史》的编撰，既遵循了编年体的撰写规范，又沿用了记事体的编写体例，是逐日、逐月、逐年编写省史、省志的开山之作。“欲识大道，必先知史”。人类社会的发展始终遵循“以过去决定现在”和“以现在决定将来”的法则。《中华人民共和国江西日史》编撰者坚持“立足当代，经世致用”的宗旨，遵循“成当今之务，树将来之势”的编纂原则，以其独特的编纂风格和表现真实历史的魅力，成为广大读者了解江西、认识江西、热爱江西的百科全书。翻开这部凝聚着数十位专家学者历时数载精心编纂而成的历史巨著，读者可以真切地感受到一个充满神奇魅力的江西与共和国同呼吸、共命运的风雨历程：既有丰富的经验教训，也有里程碑式的辉煌成就；既有震撼灵魂的痛史，更有激励人心的篇章。

《中华人民共和国江西日史》作为一部记载省级当代历史的著作，在编纂过程中始终把江西的发展放在共和国发展的历史背景中并以科学发展观予以审视，全方位地反映全省政治、经济、社会、文化、工业、农业、科技、教育等方方面面，展示江西当代历史发展的全貌。为此，该书采用了日、月纪实与年度精辟概述的双重性笔调，有文有图、图文并茂的风格，收集遴选了2000余幅历史图片，生动、真实、全面、系统地记载了江西57年的发展历程。做到叙述成就不夸张，记录问题不掩饰，敢于把挫折和失误、迷狂和躁动，一一如实地记录下来。对那些足以影响江西发展进程的具有标志性意义的重大历史事件，在《中华人民共和国江西日史》中均有较为详尽的表述。对那些华而不实、渲染过分、后果惨重的问题，也本着痛定思痛、引为教训的原则，做了真实的记录。其是非功过，留给后人评说。从这一思路来认识本书的编纂，基本完整留存了当代的大量信息，达到“叙往事、思来者、利后世”之目的。

以史为鉴，可知兴衰。知往长智，可助通今。《中华人民共和国江西日史》作为总结几十年来的经验教训和研究事业的成败兴衰的详尽线索和丰富的第一手资料，现经人民出版社出版，是当代江西史建设中的一件大事。我们相信，它的问世于众将有益于推动江西经济建设与社会进步。让我们满怀信心，登峰瞭望江西正在走向崛起的光明前景！

中华人民共和国日史编辑委员会主任
原中国人民抗日战争纪念馆馆长、研究员 张承钧

2007年6月2日

注① **“军旗升起的地方”**：1933年6月30日，中央军事委员会决定，以南昌起义的8月1日为中国工农红军（中国人民解放军前身）纪念日，同年7月1日，中华苏维埃共和国批准了这个决定。从此，8月1日成为中国人民解放军建军节。南昌城中建有八一广场和八一南昌起义纪念碑。1997年，江泽民为八一南昌起义纪念馆题词“军旗升起的地方”。

凡 例

一、《中华人民共和国江西日史》以马列主义、毛泽东思想、邓小平理论、“三个代表”重要思想和科学发展观为指导，以中共十一届三中全会以来的路线、方针、政策为指针，以各时期中共中央文件以及中共中央《关于建国以来党的若干历史问题的决议》为依据。运用辩证唯物主义和历史唯物主义的立场、观点和方法，全面、系统地反映江西的历史，力求做到思想性、资料性、准确性、真实性与科学性的统一。

二、本书编写依照《中华人民共和国日史》的体例，以日为单位记事，客观地记载中华人民共和国成立以后江西每日发生的大事、要事，内容涉及政治、军事、经济、司法、科技、文化、教育、卫生、体育、文艺、宗教等方面。上限自1949年10月1日起记事，下限至2005年12月31日结束，共57年。江西各地在1949年10月1日前已陆续解放，省会南昌于1949年5月下旬解放，这段历史在1949年的概要中作了补充介绍，并配有一组图片。全书共计八大册：1949年至1959年合为一卷，1960年至1969年合为第二卷，1970年至1979年合为第三卷，1980年至1985年合为第四卷，1986年至1989年合为第五卷，1990年至1994年合为第六卷，1995年至1999年合为第七卷，2000年至2005年合为第八卷。

三、本书采用记叙性现代汉语文体，叙而不作，记而不论，力求质朴流畅、条理清晰。

四、本书分为总序、凡例、年概要、日记（少量日期不确定事件记录在月末的“本月”或年底的“本年”之中）、编后记五个部分。

五、本书参考资料丰富，文字部分以中共江西省委机关报——《江西日报》为主要参考资料，综合参考江西省志、行业志、地方志和有关著述等，如：《农垦志》、《林业志》、《水利志》、《农牧渔业志》、《粮食志》、《气象志》、《财政志》、《商业志》、《供销合作志》、《轻工业志》、《电子工业志》、《中国电力工业丛书·江西卷》、《中国煤炭志·江西卷》、《乡镇企业志》、《交通志》、《南昌铁路局铁路志》、《城乡建设志》、《侨联志》、《政协志》、《民政志》、《外事志》、《档案志》、《司法行政志》、《教育志》、《科学技术志》、《文化艺术志》、《江西出版史志》、《卫生志》、《南昌市志》、《南昌年鉴》以及《当代江西简史》、《当代江西五十年》、《中国共产党江西历史图志》、《江西红土地盛开文明花》、《江西石油五十年》等。本书所用图片来源于上述各报刊书籍以及各行业、各大学、各企事业单位提供的照片资料。对上述各类志书中少量存在相互矛盾的资料，本书在取舍中进行了核实确认，尽量做到资料、数据准确无误。本书概述观点主要参考《当代江西简史》、《当代中国的江西》、《当代江西五十年》等书撰写。

六、关于本书编纂的具体原则：

（一）书中记载的机构名称、社会团体、会议名称等，在第一次或最初几年记录时使用全称，其后则用简称。如中共江西省委、江西省人民政府、江西省革命委员会等，第一次出现用全称，以后重复出现则简称省委、省政府、省革委会等，江西省××厅简称省××厅，“文化大革命”简称“文革”；

（二）关于本书中所列数字或数据，主要依据江西省统计局编《江西统计年鉴》当年发表的数据为参考。文中不再一一注明（注：1998 年“全省本年主要经济指标”数据为当年统计公报，1999 年“全省本年主要经济指标”数据资料引自 2000 年 3 月 27 日《江西日报》）。有关本省财政收支情况，以当年价格计算，各年均同。1955 年前的物价有些为旧币：1 万元相当于币制改革后的 1 元，本书未作换算，特此说明；本省财政为 1949 年 6 月江西省人民政府成立后建立的，1949 年江西省财政收入包括公粮实收 13.5 亿斤，税收 213 万元，折米 1.22 亿斤；

（三）书中人名后一般不加“先生”或“同志”，如毛泽东同志、周恩来同志、郭沫若先生等，称毛泽东、周恩来、郭沫若等；

（四）所记录事件，当发生的日期难确定时，以《江西日报》刊载或新华社电讯日期为准，在条目中加入“日前”、“近日”、“近期”等。如：8 日　省委根据中共中央《关于建立检察机构问题的指示》，日前作出在全省建立各级人民检察机关的决议（8 日为《江西日报》刊载消息之日）。凡当月、当年发生事件，一律不标×月、×年，跨年度事件则标明注明×年×月。如：会议于 28 日结束（当月结束），会议于 12 月 1 日结束（会议跨月结束），会议于 1980 年 1 月 2 日结束（跨年跨月）；

（五）书中叙述事后发生的事件，一般均加括号。如：南昌铁路分局改名为南昌铁路运输分局，划归广州铁路管理局领导；上饶铁路运输分局成立，属上海铁路管理局领导（两分局均于 1957 年 12 月 31 日被撤销）。

目 录

第一卷

CONTENTS

1949年

概要

江西经历了喜迎解放、建立新政权、建立新的经济社会秩序及恢复发展生产等一系列重大事件。全省各个领域都呈现出崭新的面貌。

江西全境解放 4月下旬，在毛泽东主席、朱德总司令发布《向全国进军的命令》中，中国人民解放军在西起湖口东至江阴的千里战线上发起了渡江战役。第二野战军第四、第五兵团突破安庆至九江段国民党长江防线，迅速占领彭泽县东北的马当要塞，打开了进军江西的北大门。4月22日，解放彭泽县城。旋即挥师南下，一路攻城夺镇。至5月上旬，连克景德镇、乐平、婺源、波阳、上饶、弋阳、贵溪等县。解放了赣东北广大地区，切断了浙赣线。5月17日，第四野战军第十五兵团在湖北黄岗至武穴一线渡江，挺进江西，解放赣北重镇九江、瑞昌、武宁等县。5月19日，二野第四兵团进击赣中，威逼南昌。20日，第四兵团第十三军第三十七师强渡抚河，与南昌外围的守敌激战，敌军惨败。5月22日解放省会南昌。23日，人民解放军举行入城仪式，10万多南昌群众涌上街头迎接解放军大部队进城。6月8日，二野第四兵团与四野第十五兵团在南昌会师，于南昌、樟树一带休整待命。7月初，主力沿赣江及浙赣铁路向南向西推进，相继解放吉安、泰和、安福、永新、高安、新余、宜春等县。7月23日解放萍乡。7月27日，解放军发起赣南战役，兵分两路沿赣江东西两侧向赣南的国民党军队进行猛烈追击。8月14日解放赣南重镇赣州。接着乘胜追歼国民党军残部，解放龙南、定南、全南地区。8月23日，解放红色故都瑞金。9月30日解放石城县城。至此，江西全境解放，结束了国民党在江西22年的统治。

新政权建立 南昌解放后，即开始了新政权的建立工作。根据《中国人民政治协商会议共同纲领》规定，首先建立起临时的具有过渡性质的政权——军政管制委员会。中共中央决定陈正人、范式人、杨尚奎、陈奇涵、邵式平回到江西工作。6月6日，南昌市军事管制委员会宣告成立。中国人民革命军事委员会任命陈正人、陈奇涵、邵式平、邓华、赖传珠、杨尚奎、黄霖、邓飞、陈泊、李凡夫、牛荫冠11人为委员，陈正人为主任，陈奇涵、邵式平为副主任。军管会下设军政、物资、交通、文教、公安5个接管部。同时，自上而下地委任人员组成人民政府和其他机构。6月9日，成立南昌警备司令部，陈奇涵兼司令，陈正人兼政委。6月16日，江西省人民政府宣告成立，邵式平为主席，范式人、方志纯为副主席；云青为秘书长，李杰庸为副秘书长；方志纯兼民政厅厅长；彭加伦为教育厅厅长；赵发生为工商厅厅长；牛荫冠为财政厅厅长；陈泊为公安厅厅长。6月19日，中共江西省委成立，陈正人、范式人、杨尚奎、陈奇涵、邵式平为委员（不久改称常委），陈正人为书记，范式人、杨尚奎为副书记。6月25日，江西军区宣告成立，陈奇涵为司令员，陈正人为政治委员，杨国夫、贺庆积为副司令员，彭嘉庄为副政委。全省人民政权机关的建立，使江西人民在中国共产党的领导下开始执掌全省的军政大权，开始一系列的除旧布新的工作。军管会成立后，在省人民政府的配合下开始全面的接管工作。军管会所属的五个接管部门，先后按系统逐级接管国民党的一切公共机关及官僚资本所经营的所有企业。其中有国民党省政府所属的厅、处、科室及国民党南昌市政府所属机关、新闻出版机构、金融机构、邮电部门及南昌的大专院校等。6月底，接管工作告一段落。

建立和健全各级地方政权 省人民政府着手调整全省行政区域，正式设置九个专署（南昌、九江、袁州、抚州、吉安、赣州、瑞金、乐平、上饶）、一个省辖市（南昌）、5个县级市和82个县。逐步建立和健全各市县的各级地方政权。

建立新的金融、经济秩序 6月9日，中国人民银行江西分行成立。由军管会物资接管部副部长赵发生兼任经理。该行逐步办理兑换、汇兑、贷款、存放款等项业务。同时，军管会颁发布告，宣布市场上一切经济来往均以中国人民银行所发行的人民币为计算单位。7月23日，省人民政府颁布《江西省金银管理暂行办法》，规定除经政府机关批准外，严禁一切金银带出解放区；在解放区内允许人民储存金银或向人民银行按牌价兑换人民币，但不得用以计价行使流通和私相买卖。

恢复和发展交通及生产建设 7月3日，南昌铁路临时办事处成立，以统一指挥，组织力量，迅速修复交通，便利运输与支援前线。7月5日，省总工会筹备委员会成立，具体部署今后工作，即把全省工人团结起来，在发展生产、繁荣经济、劳资两利、公私兼顾的原则下，迅速做到完全复工复业，并领导其他各阶层大力支援前线，进行各种建设。8月13日，省委、省政府、省军区发布《告江西农村群众书》，号召努力支前，剿匪反霸，建立革命秩序，恢复发展生产，实行生产救灾，并想办法救济和抚恤烈属，优待军属及工作人员家庭。8月26日，省委、省政府又发出《关于目前工商贸易工作的指示》，要求加强城乡联系、开展城市物资交流，发动群众组织农民生产，恢复和发展城市的工业生产。

建立必要的宣传、舆论和文化机构，培养革命干部，改革教育制度 5月28日，南昌新华广播电台开始播音，6月3日，改为南昌人民广播电台。6月7日，省委机关报——《江西日报》创刊。6月20日，省政府、省军区决定成立“八一革命大学”，招收了3000名知识青年，以培养建设新中国的革命干部。学习期限为半年，校长陈正人。7月20日，省立新闻学校开学，校长为莫循。8月27日，省教育厅公布《江西教育改革方案》，废除旧的教育制度和课程，确定以毛泽东思想为全省教育的指导思想，培养为人民服务的建国人才；确定教育方向为：教育与生产结合，教育与大众结合。同时决定以八一革命大学、南昌大学为基础，与原省立工专、农专、体专等合并为南昌大学；南昌医学院归华中局领导；以原省立医专为基础，与原省立助产学校、护士学校合并为省立医专。

剿匪反霸，建立新的社会秩序 解放初期，江西境内有各种番号的大小股匪200余股，其肆虐于全省广大湖区和山区，严重危害人民生命财产的安全和社会稳定。7月上旬，省委、省军区联合召开剿匪会议，确定“以军事打击为主，政治瓦解为辅，集中力量打击主要股匪”的方针，并作出了分三期进行剿匪的部署。7月中旬，开始第一期剿匪作战。历时月余，共歼匪9200余人，缴枪万余支，南昌、抚州地区中心的股匪基本被歼。9月，开展第二期剿匪作战。历时近1个月，全省共歼匪万余人（包括宁都附近翠微峰的黄镇中股匪和井冈山地区的肖家璧股匪），缴获各种武器1.5万件。赣西南大部分股匪被歼。10月，开展第三期剿匪作战。历时3个月，全省共歼匪1.7万余人，缴枪2万余支。三期剿匪取得了重大胜利，但尚未完全肃清匪患。9月14日，省政府颁发《人民法庭暂时组织条例》，以建立新的社会秩序，保护人民的生命财产安全。

救灾工作 6月到7月间，全省遭受特大洪水。全省遭受水灾地区有22个县，其中以南昌、九江、鄱阳、新建、进贤、余干、湖口、彭泽、永修等9县灾情最重。被水漫决圩堤421座，受灾面积300万亩，其中颗粒无收的田地150余万亩，损失稻谷近600万石。8月，省政府采取一切措施进行救灾工作。全省发放救济粮、救济物资救济灾区人民，并拨出大米1250万公斤，以工代赈，为灾区修复圩堤。在非灾区发动水利贷款，组织群众修建防洪抗旱工程。

全省本年经济指标完成情况 工业总产值2.64亿元（以当年价格计算，以下各年同），农业总产值9.88亿元，粮食作物总产量77.53亿斤，全省财政收入为0.8亿元。年末全省总人口为1314.04万人。

（注）江西财政为1949年6月省人民政府成立后建立的，1949年全省财政收入包括公粮实收13.5亿斤，税收213万元，折米1.22亿斤。

中国人民解放军第二、四野战军的部队在南昌会师

1949年5月23日，南昌人民热烈欢迎人民解放军入城

入赣部队向群众散发宣传单

解放军三十七师召开庆功大会，南昌群众前往祝贺

入赣部队严格执行群众纪律，冒雨露宿街头

第四野战军所部渡过赣江追歼敌人

南昌新聞
南昌解放
本市昨日空前盛會
慶祝解放歡迎人民解放軍
大會通過致毛主席朱總司令賀電
電賀第三野戰軍
慶祝大上海勝利
人民捧着赤誠
來迎接自己

《江西日报》前身《南昌新闻》

正大學生護校會
昨日起正式罷課
正大學潮愈嚴重
學生復又罷課後
要求發放公費
粉碎匪軍破壞企圖

《中国新报》关于中正大学学潮、铁路工人保护机器的报道

中共南昌地下党组织领导下的南昌学生工作委员会旧址——国立中正大学（现为南昌陆军学院）

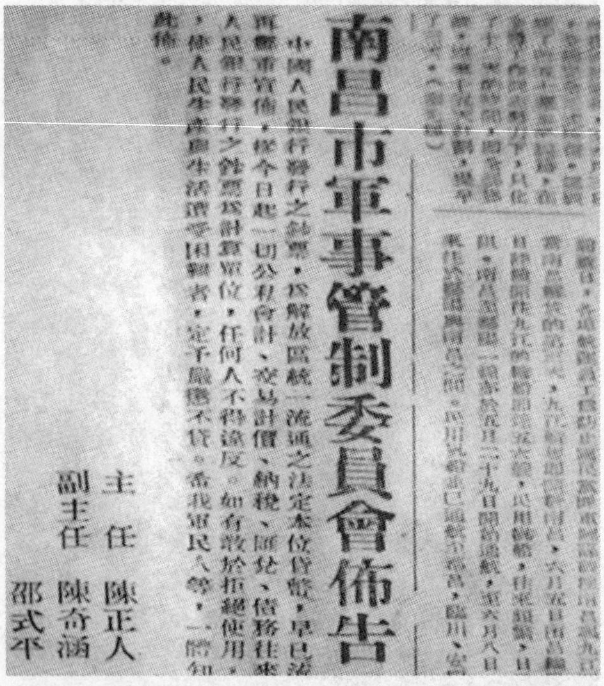
南昌市軍事管制委員會佈告

中國人民銀行發行之鈔票，為解放區統一流通之法定本位貨幣，早已流……再鄭重宣佈，從今日起一切公私會計、交易計價、納稅、匯兌、債務往來……人民銀行發行之鈔票為計算單位，任何人不得違反。如有敢於拒絕使用……，使人民生產與生活遭受困難者，定予嚴懲不貸。希我軍民人等，一體知……此佈。

主任 陳正人
副主任 陳奇涵 邵式平

南昌市军事管制委员会布告

南昌市人民政府成立
鄧飛、陳南生分任正副市長
確定按原系統分別進行接管
三七師嘉獎有功部隊
省府委員會正式成立
主席副主席及委員宣佈就職

南昌市人民政府成立、省人民政府委员会正式成立的报照

皖浙赣边游击队

皖浙赣边游击队领导者陈建吾、倪南山等

婺源游击根据地

江西日报

1949 年 6 月 7 日出版的《江西日报》创刊号

游击队员向解放军介绍情况

进军赣南的解放军部队在深山中搜索前进

闽粤赣边纵队使用过的臂章

粤赣边游击队与解放军第十五军在梅岭关会师

人民解放军缴获敌人的汽车

人民解放军在翠微峰俘虏的土匪

江西全境解放简图

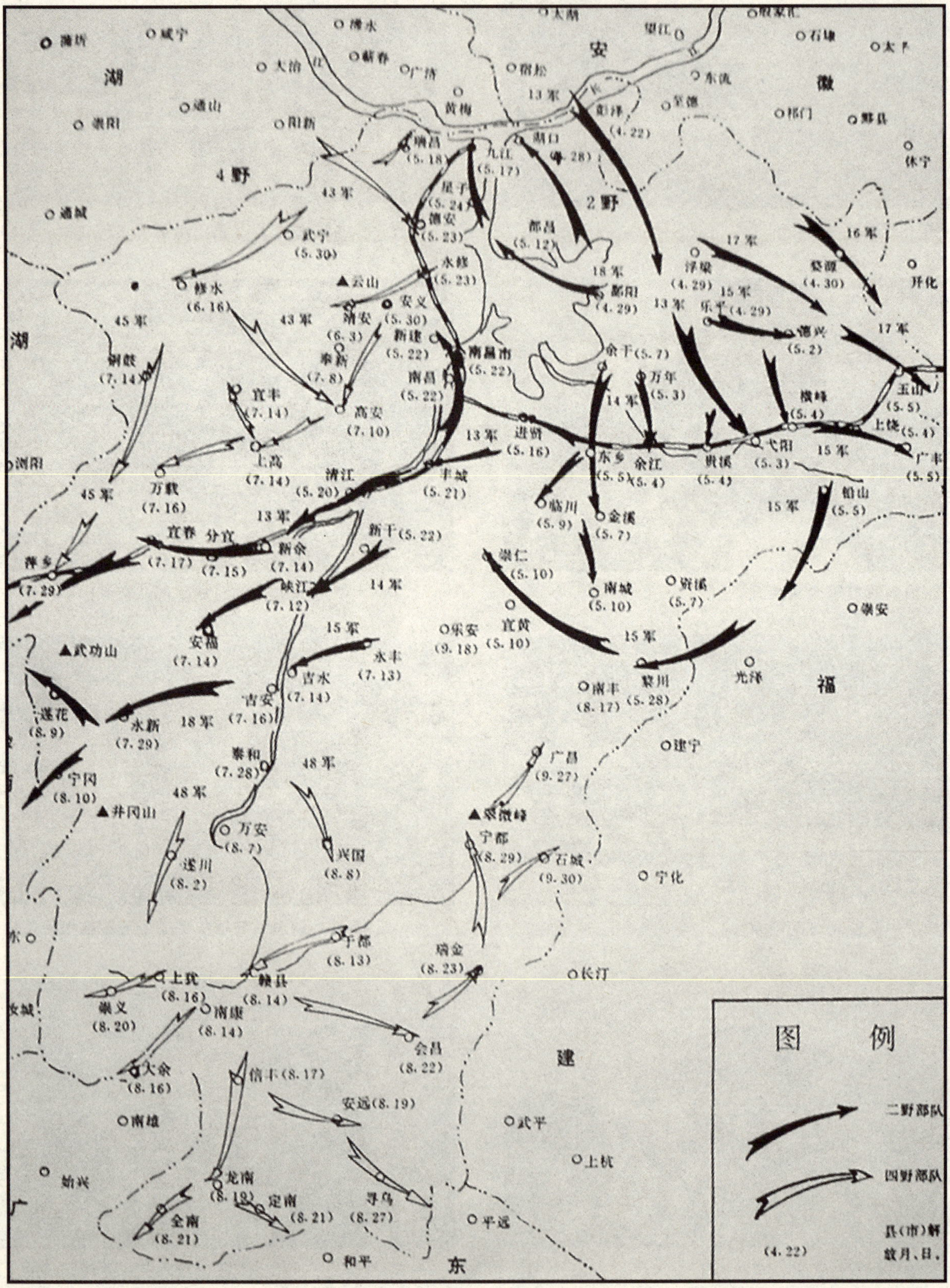

1949
10月
October

公元1949年10月 农历己丑年【牛】													
日	一	二	三	四	五	六	日	一	二	三	四	五	六
						1 国庆节	2 十一	3 十二	4 十三	5 十四	6 中秋节	7 十六	8 寒露
9 十八	10 十九	11 二十	12 廿一	13 廿二	14 廿三	15 廿四	16 廿五	17 廿六	18 廿七	19 廿八	20 廿九	21 三十	22 九月小
23 初二	24 霜降	25 初四	26 初五	27 初六	28 初七	29 初八	30 重阳节	31 初十					

1日　中共南昌市委书记黄霖在南昌市各界人民代表会议上作《关于南昌市人民大团结，大胆恢复与发展工商业》的总结报告；南昌市市长邓飞在会上作《关于三个月的接管工作与政府工作的报告》。报告分五个部分：（一）接管工作；（二）支前工作；（三）市政建设；（四）生产工作；（五）教育工作。

1日　中共江西省委、省人民政府、省军区和南昌市各界代表联合发贺电，祝贺毛泽东当选中央人民政府主席，朱德等6人当选为副主席。

1日　省公路局即日起开行南昌至莲塘的往返班车。

1日　全省人民和文艺工作者举行盛大庆祝会并演出文艺节目，庆祝中华人民共和国成立。

2日　《江西日报》发表题为《关于巩固人民民主专政拥护世界持久和平》的社论。

2日　凌晨5时，省军区司令部召集驻防南昌武装部队在省军区司令部门前广场举行升国旗仪式。

2日　解放军某师肃清井冈山股匪，将红旗插上井冈山。林彪、邓子恢、谭政、萧克、赵尔陆、陶铸来电祝贺。

2日　南昌市各界10万人在体育场隆重集会，庆祝中央人民政府成立，并举行保卫国际和平大游行。

陈正人在省、市军民庆祝中华人民共和国成立大会上讲话

3日　上海铁路管理局浙赣线南昌区职工第一次代表大会闭幕。大会历时5天，成立浙赣路南昌区职工筹委会、南昌铁路办事处委员会和政治处。符然任党委代书记，马树梅任政治处主任。

4日　江西省支前部队司令员邵式平、政治委员杨尚奎和副司令员杨国夫联合发布命令，决定取消司令部交通处，原交通处长赖绍尧升任司令部参谋长。

5日　省人民政府发出通令，禁止各地私自动用税款和不按规定征收、上缴税款。

5日　南昌市人民政府发布《关于建设摊贩市场及增设菜市场集中营业管理的公告》。

6日　省人民政府召开首届财政会议。会议确定了开源节流、保障供给、统一江西省财政的方针。

7日　八一革命大学2039名学员下乡。省委领导号召学员们到农村去，到农民群众中去，指出农村是马列主义、毛泽东思想最好的学校，理论与实践相结合、知识分子与工农相结合，是新旧知识分子的分界线。

8日　江西省军事管制委员会主任陈正人、副主任陈奇涵、邵式平联合签署发布通令。通令指示现在凡仍借用公私房屋，妨碍学校开学的部队机关，一律限于10月14日之前搬出，违者须受纪律处分。

9日　南昌市第一职业中学举行首届学生代表会议，出席代表300余人。此会议于12日结束。

10日　南昌市人民教育馆开放。内设图书阅览室、报纸阅览室、娱乐室三部分，计有新书1000余册，全国各地报纸20余种。并在体育馆内设有南昌市人民政府教育馆分馆，也于同日开放。

10日　南昌地委召开县委书记联席会议，历时5天，会上总结了过去4个月的工作。4个月来筹粮2000万斤；消灭股匪17股，约900人，收缴各种枪支50支，弹药8.8万发。

10日　赣闽线南城万年大桥竣工并提前修复临川至黎川的道路。同日，萍乡铁路工人修复湘东大桥并通车。

10日　省政府卫生处召开江西省卫生行政会议。通过七项重要决议：（一）确定省立南昌医院直接由省卫生处领导；（二）员工薪金，按省人民政府颁布的工薪标准试行办法计算；（三）医务及技术人员之升迁、奖罚与调动，归省卫生处统一处理；（四）各级医院应建立院务委员会；（五）加强城市卫生防疫工作的领导；（六）建议省卫生处出版医药卫生刊物；（七）加强医务人员政治学习。会议指出，当前的主要任务是支援前线与后方剿匪。省政府主席邵式平为大会题词：“为发展民族的、科学的、大众的卫生事业而努力。”会议于14日结束。

10日　全省第一届金融贸易会议召开。会议制定了恢复与发展商业，引导私资投于营销事业，贯彻发展生产、繁荣经济的工作方针。会议于25日结束。

10日　崇仁县委近日决定：腹心地区以反恶霸挖匪根为主，边缘地区仍以剿灭零散匪徒为主，号召全部消灭汪澜匪部残余。

11日　第四野战军医科学校与南昌医学院（原“国立中正医学院”）在南昌医学院大礼堂举行合并大会，合并后改名为华中医学院。

11日　全省工会工作会议召开。会上，省总工会筹委会主任郭光洲传达与贯彻全国工会工作会议的精神与决议，并讨论了有关工会组织工作、生产、公私企业中的民主运动、私营企业中的劳资关系、工人的文化教育、福利事业等问题。会议于14日结束。

12日　省人民政府颁发《江西省公粮仓库管理暂行细则》。

13日　截至当日，中国人民银行江西省分行储蓄部已办理活期折实储蓄存款户1236户，计24970个单位，定期折实储蓄存款户28户，计54576个单位，总计存款达6652万余元（旧币。旧币100元相当于新币1分钱。——编者）。

13日　省委宣传部召开省、市各机关全体干部、职员学习政协文件的动员大会。会上，省委宣传部部长详细阐明学习人民政协几个历史文献的重要意义和学习的方法、组织、计划、时间、制度。会议于14日结束。

14日　为增加生产繁荣农村经济，省人民政府特明令规定保护耕牛四点办法，明令禁杀耕牛。

14日 省人民政府发出通知，要求各级政府迅速向群众贷放大批麦种，以备粮荒。为解决1949年灾区冬作种子，以补救明春粮荒，特向中原临时人民政府申请拨麦种150万市斤，贷给各灾区冬种。并提出贷放灾区麦种的四条具体办法。

14日 南昌市人民政府为执行“发展生产、劳资两利”政策，在《江西日报》上颁布《劳资关系暂行处理办法》、《处理劳资争议暂行办法》和《私营工商企业劳资双方订立集体合同暂行办法》三则布告。

14日 江西省工矿管理局划归省建设厅领导，并下设工矿企业科。

15日 省人民政府发出通知，执行《华中货物税征收暂行办法》，此前执行的税目、税率同时废止。

15日 赣州地委召开县委书记、县长联席会，讨论贯彻省委工作方针，根据不同地区不同情况具体布置1949年秋冬、1950年春耕前的工作任务。要求通过剿匪反恶霸、减租减息、征收公粮等运动，发动群众，逐步形成实行土改的条件。会议于19日结束。

16日 为保障南昌市私人土地所有权，南昌市人民政府公布《南昌市土地登记暂行规则》、《南昌市土地所有权移转登记暂行办法》、《南昌市土地各项权利登记及注销暂行办法》和《南昌市人民政府办理土地勘丈暂行规则》。

16日 南浔段山下渡及赛湖两桥工程全部修复，并于即日起恢复按日行驶直达客车。客车每日晨7时自南昌开出，12时15分到达九江。于13时40分自九江开出，18时55分到达南昌北站，票价为2600元（旧币）。

16日 从即日起，江西邮政管理局根据全国国内统一邮资调整各类资费：（一）明信片（单）：50元（旧币，下同）；（二）平信：100元；平快信：200元；（三）挂号信：300元；（四）双挂号信：500元；（五）快信：400元；（六）双挂号快信：600元其他邮资仍按华中邮政管理总局规定收取。

16日 南昌市救济总会成立。将原万寿宫、慈爱救济院、慈善总会三个单位合并为南昌市救济总会。会址设在清节堂8号原慈爱救济院院内，办理本市救济工作。

17日 为了减少走私和偷漏税收，省人民政府对铁路、公路、航运、邮局进行检查，并就客运、货物问题作出八条规定，命令有关方面执行。

17日 以鲁金斯基为组长的苏联电影工作小组一行17人，经九江来南昌参观访问，省、市领导和各界群众1000多人到车站迎接，省委书记陈正人设宴招待。这是新中国成立后江西省接待的首批外国客人。

17日 中原区临时人民政府工业部电令：任命贺晋年任江西钨锡公司总经理，任命张同钰兼副总经理，任命宋尔廉、石汶为副总经理，任命陈才沅为军事代表。

17日 省人民政府税务局发行杏黄色1000元面额印花税票和绿色、蓝色500元面额印花税票各一种，以上三种印花税票从10月21日起配发各局使用。

18日 省委宣传部发出《关于学习人民政协文件的通知》。

18日 江西钨业公司自人民政府接管后，举行首次生产会议，决定恢复民窑重点开采。

18日 截至当日，中国人民银行江西省分行已通汇的地区，在省内的计有：九江、庐山、景德镇、赣州、吉安、弋阳、武宁、南城、鹰潭等27处。省外除上海、南京、北京、天津、汉口、汉阳、武昌等地已经通汇外，增加：江苏省的徐州、扬州、南通、六合、无锡、镇江、常州、苏州；安徽省的合肥、蚌埠、安庆、芜湖、阜阳、滁州；浙江省的杭州、绍兴、宁波、金华、兰溪、奉化、诸暨、衢州；河南省的开封、洛阳、朱集、信阳、南阳；河北省的石家庄；湖南省的长沙、湘潭、岳阳；山东省的济南、青岛；山西省的太原等42处。

18日 南昌市人民政府发布《关于救济和安置市区内流落无依靠之老弱残废乞丐的通告》。南昌市人民政府设立乞丐收容所，先后收容和安置乞丐及残老孤幼、游民、妓女等6428人（截至本月28日，收容乞丐230余人，所收容的乞丐已分别编成小组，有计划地进行教育与改造，对愿意归家者政府供给路费回原籍；无家可归者，政府负责分别予以介绍职业，参加劳动）。

18 日 江西钨锡公司传达中央钨、锡、锑专业会议精神，确定钨、锡、锑实行统购统销，并由中南重工业部设立有色金属管理总局统一管理。

19 日 江西省人民政府财政经济委员会成立，范式人任主任，牛荫冠任副主任。

19 日 省军区发布《第三期剿匪命令》，命令全军区部队结合反霸斗争，发动群众，对分散之匪展开清剿。

19 日 省人民政府卫生处规定出售药剂制品的价格。新鲜牛痘疫苗每打（12 支）400 元（旧币）；伤寒混合疫苗每瓶（100 市撮 2 毫升装）2000 元（旧币）；十滴水每瓶（200 市撮 2 毫升装）1000 元（旧币）。

20 日 全省工会工作会议召开。确定了日后工运以 1 万人以上城镇及 100 人以上矿区为主要的组织对象；省青委书记杨泽江作题为《关于工厂中青工工作及建团问题的报告》，省妇联书记危秀英作了关于女工工作的报告。省工会筹委会主任郭光洲在会议上作总结报告。报告提出：要贯彻大家办工会的方针，做好以下几项工作：（一）普遍建立工人代表会；（二）建立工会要以代表为基础，由代表们回到群众中酝酿成熟后即进行组织；（三）工会筹委会成立后，要大量吸收会员；（四）工会的负责人一定要经过民主选举产生；（五）工会建立以后，必须建立领导核心。会议于 25 日结束。

21 日 省人民政府通令公布《江西省农林场园整理办法》，（一）整顿方针：（1）实行试验、繁殖与推广相结合，普及提高农林技术，发展生产，改善农民生活；（2）实行技术与政治、业务与群众相结合，技术为政治服务，业务从群众出发；（3）依靠工人发展农、林、园艺事业；（4）树立廉洁、艰苦、民主作风；（5）调整合并原有机耕设备。（二）省属农、林、园艺场调整：（1）原农林试验场，以试验、研究为主，仍由省农林处领导；（2）原庐山林场与庐山森林植物园合并，由林业总场领导，以试验、研究为主；（3）原机械农垦管理处江西分处领导的南昌实验农场，改为省机械农场，由省农林处领导；原农具修理厂附设于机械农场；原邓家埠合作农场仍由机械农场继续领导与管理；（4）设立家畜防疫所，由省农林处领导；原兽医专科学校、家畜病医院、兽疫血清制造所以及新设的家畜防疫大队，统一附设于家畜防疫所；（5）原赣北棉场改为彭泽棉场，原南丰果园改为南丰果树苗圃，原三湖果园改为三湖果树苗圃，仍由省农林处领导；（6）原婺源茶场、修水茶场、河口茶场、泰和耕牛改良场、永修棉场、景德镇林场仍由省农林处领导；（7）原婺源茶场职业学校并入修水茶叶职业学校，由修水茶场领导；（8）省属农、林、园艺场人事关系由省农林处任免；（9）省属农、林、园艺场内的人员，在不妨碍其业务原则下，可以兼任当地农林部门的职员，但不得兼薪。原上清宫林场、铜锣山林场、麻姑山林场、鹅峰山林场、原山林场分别改为贵溪林场、宁都林场、南城林场、万载林场、吉安林场，连同湖口、景德镇林场，均由省农林处领导。

21 日 省人民政府税务局发布公告。公告根据中原临时人民政府奖励特产外运的规定，自即日起，全省对猪鬃、桐油两项特产停止征税。

21 日 南城县四、五两区发生严重牛瘟，省家畜防疫所会同南昌大学农学院畜牧兽医系、省立兽医专科学校各专家于当日赴南城县牛瘟疫区救治。

21 日 省工会工作会议转入讨论劳资关系等问题，会议一致认为，订立集体合同是保证劳资两利最好的办法。

22 日 中国人民银行江西省分行为开拓本币市场，坚决禁用银元。南昌专署组织金融工作队下到南昌、丰城、高安、樟树、新淦、三湘镇开展工作。

22 日 南昌市公安局在中山堂首次召开全市公安工作会议，总结四个月来全市公安工作。中共南昌市委书记黄霖、市长邓飞、市公安局局长等先后讲话。

22 日 崇仁县城关区人民政府于本年 8 月即筹备组织各行各业同业工会共计 19 个，由 19 个行业推选委员 19 人，正式成立崇仁县城关区工商业联合会，这是江西省成立最早的一个工商业联合会组织。

23日 自本年7月23日至10月23日的3个月中，江西省公路局抢修队修建桥梁60座，其中大桥3座，共计1812米。

23日 经省人民政府资助的王梅笙征集的革命文献及历代钱币在南昌市法院后街青年会展览。革命文献包括中华苏维埃纸币及革命文件30余件，其中中华苏维埃共和国中央政府“第一号布告”最为珍贵。此活动于27日结束。

24日 南昌市私立葆灵女中经市政府核准续办，当日正式上课。高、初中共设8个班，有学生200余人。

24日 盘踞在宜春明月山一带的国民党“国防部青年救国团赣西北义勇总队第二纵队”副纵队长谢明远，经人民政府派人规劝，带领部下官兵46人，携带长短枪百余支、子弹4500余发、手榴弹310枚等，向人民政府投诚。

24日 《江西日报》报道，日前，江西省军区政治部号召所属剿匪部队，在执行剿匪任务中同时执行工作队的任务。并要求各团要组织工作队专门进行发动群众的工作。

24日 赣州市召开首届各界人民代表大会，出席会议代表共101名。会议着重研讨工商业问题，共收到提案34件，274案，最后通过了三项重要提案。大会于27日闭幕。

25日 南昌市人民政府发布通告，从即日起成立南昌市房地产管理处，所有民政局、建设局原属之地政科、公产科亦归并为该处，负责办理房地产一切事宜。

25日 南昌市总工会筹委会在中山堂召开第一届码头工人代表会议，会议历时九天。市委书记黄霖，市长邓飞亲临大会并作出指示。大会的主要内容为：（一）取消业主把头“二八”、“三七”抽头等明抽暗扣的封建剥削制度；（二）建立码头工人的统一组织与管理；（三）成立码头工人工会。

25日 省人民政府税务局发布公告。公告内容为：（一）解放后入境的盐，如持有完税凭证随货凭运，一律不再补征；（二）解放前江西境内未经征税的存盐在运销时，按新税额每担4000元（旧币）一次征收；（三）已分散零售商店的食盐，一律不再补征；（四）新入境的食盐，不能提供完税凭证的为漏税者，按违章杂件处理；（五）贸易公司分运各地食盐，准许由该公司备齐证明随货凭运，并将每次分运数量、起运地点，通知各税务机关，由税务机关发给临时证明，其税款由运输的贸易公司暂给欠据，解决处理。

25日 省人民法院开办第一期司法人员训练班，培训司法工作人员，充实各级司法机构。本期受训学员156人。

26日 省人民政府邮政管理局所属各级邮局自即日起开办收寄装钞报值信函业务。每件报值暂以人民币2万元（旧币）为最高，报值费率分为两种：（一）原寄局与投递局均为通汇局时按汇率收取；（二）原寄局与投递局，如有一方为不通汇局时，即按省内或省级普通汇率收取。报值费起算数为150元（旧币），该项业务暂以湖北、湖南、江西三省内外各局互寄为限，代办所及信柜均暂不收寄及投递。

26日 全省青年工作会议召开。南昌、九江、吉安、赣州、抚州、浮梁、袁州、上饶各分区及南昌、九江、赣州、吉安、景德镇各市和南昌大学、军政大学各级青委、青年干部50余人参加了会议。会议研究并确定了日后青年运动方针是发动组织广大青年参加清匪、反恶霸、双减发展生产等工作。会议于31日结束。

27日 南昌市人民政府发布布告。布告内容如下：（一）凡各界居民所有纠纷事件应诉请当地区政府或人民法院予以调解；（二）自己动手打人或持械杀人者，除赔偿被害人全部医药费及损失费外，并受到严厉制裁；（三）聚众殴打或械斗者，其主谋或教唆犯判处徒刑或死刑，从犯按情节轻重予以处分；（四）聚众械斗伤害他人之身体或杀人致死者，不论首从均依法论处。

27日 袁州市举行首届入团仪式，批准132名青年加入共青团组织。

27日 省人民政府发布通令，要求健全各级粮政机构，并决定折征杂粮的办法。

28日 上海铁路管理局派工务处处长汪菊

潜兼任樟萍段修复工程处处长。

29日　晚8时40分，南昌市顺化门外吊桥发生火灾，殃及310余户。灾后，南昌大学进修班学生捐款3万元（旧币）救济灾民，省人民政府拨发5.5万斤救济米。

30日　南昌大学改革委员会发布公告，秋季招考的理、工、农学院各学系，文学艺术学院外语系，体育专修科等院系新生及转学生，经评定，将录取理学院新生64名；工学院新生152名；农学院新生112名；文学艺术学院、外国语文系新生60名；体育专修科新生15名；转学生录取13名；寄读生改正式生10名。

31日　南昌市革命家属委员会成立。

31日　东乡县农代会召开，到会代表541人。县农协筹委会成立。

本月　华中矿砂公司在南昌成立，属华中外贸局领导，主要负责江西、湖北、湖南省矿砂业务。

本月　月初，抚州军分区在三期剿匪中，毙匪37名，俘匪148名，投诚170名。收缴六零炮、轻机枪、冲锋枪、卡宾枪、手枪等共447支，还缴获了电台、电话机、战马等，大股土匪已被肃清。月底，吉安军分区自本年9月24日进驻以来，肃清了遂川、宁冈、永新、安福及井冈山地区20余股、约3000名匪特武装。投诚者600余名，缴获马步枪2100支，短枪114支以及冲锋枪、卡宾枪、轻机枪、重机枪、六零炮、电台、各种子弹及其他军用品。袁南剿匪部队自本年8月中旬开始进剿以来，“赣西北青年义勇纵队”之千余名残匪土崩瓦解。

本月　全省公路桥梁接近修竣，计修通公路2646公里，修复桥梁42座，共延长8460米，已全部通车。并组织南下抢修队随军进入广东。

本月　省人民政府法院制定本月工作计划：（一）继续清理汉奸案件，组织民刑庭干部职员，限期清理完竣；（二）筹办司法人员短期训练班，并于本年10月1日开课；（三）预建两三处专区司法分庭机构。

本月　萍乡县人民政府发布“府字第一号布告”，对国营高坑、安源两矿区内私人开采土井进行登记、审查，凡有碍国营矿区资源及工程进行者，不得继续开采。

本月　江西省农林试验总场试种黄麻品种，共收集42种，其中以“印度绿茎黄麻”为第一，每亩产量398市斤；“印度154号”为第二，每亩产量367市斤；“台湾桃园黄麻”为第三，每亩产量328市斤。该场计划1950年在各产麻区举行区域试验，同时繁殖大量推广，以发展本省麻业。

本月　省教育厅核准南昌市私立20个学校继续开办。其中业经核准的有：翘材、绪远、志成、章贡、江南、豫章、葆灵、章江、同盟、鸿声、天健、振德、洪都等15所中学和江西中医、江西合职、中华高商、圣类思高级护士学校、真毅高级护士学校等5个职业学校。

本月　浙赣铁路机务段包车组工人，以新的劳动态度，实行包乘负责制，并制定乘务员八大注意事项。上饶、南昌机务段开始实行包乘制。

本月　据省农林处调查，彭泽县棉花产量创新高，估计每亩平均能产籽花120斤，最高则产200余斤，目前市价1担棉花能换10担米，因此该县农民植棉信心提高，并纷纷要求买棉种，省人民政府特批准1950年贷棉种20万斤。

本月　省邮政管理局刊登启事，公布11月份订阅各种报纸价目：《江西日报》每份80元（旧币，下同），每月2400元；《长江日报》每份120元，每月3600元；《解放日报》每份90元，每月2700元；《东北日报》每份80元，每月2400元。

本月　乐平分区行政督察专员公署迁驻景德镇，改称浮梁分区行政督察专员公署。共辖7个县1个市：乐平、浮梁、万年、余干、鄱阳、德兴、婺源县、景德镇市。

本月　省人民政府决定，将江西省立高级商业学校改名为江西省财经学校，内设统计中专部。

本月　赣西南行政公署公安处在赣州成立。

本月　南昌新甡纺织染厂在上海购置2800枚纱锭。

本月　吉安市取缔全部妓院。

本月　中共乐平地委迁址景德镇市，改称中共浮梁地委，隶属省委领导。

1949
11月
November

公元1949年11月　农历己丑年【牛】													
日	一	二	三	四	五	六	日	一	二	三	四	五	六
		1 十一	2 十二	3 十三	4 十四	5 十五	6 十六	7 十七	8 立冬	9 十九	10 二十	11 廿一	12 廿二
13 廿三	14 廿四	15 廿五	16 廿六	17 廿七	18 廿八	19 廿九	20 十月大	21 初二	22 小雪	23 初四	24 初五	25 初六	26 初七
27 初八	28 初九	29 初十	30 十一										

1日　自即日起，萍乡煤矿完全取消包工制，民主选举领工。

1日　中原区临时人民政府颁布《华中筵席税征收暂行办法》，规定酒馆、饭馆为税收代征义务人。江西省予以执行。

1日　南昌市首届各界妇女代表会议召开，成立南昌市民主妇女联合会筹备委员会。到会代表235人，市妇委书记胡瑞英在开幕式上讲话；并向毛泽东主席和亚洲妇女代表筹备会发去致敬电。会议于3日结束。

2日　自即日起，私立江南中学经省人民政府核准备案。

2日　省委宣传部发出《关于纪念苏联十月社会主义革命32周年的通知》。

4日　南昌市接管原国民党“警察局消防队”和“商会救火会”，将其改组为南昌市公安局消防队。

5日　中国新民主主义青年团江西工作委员会制定《江西省中等学校学生代表会组织章程》（草案）。

5日　省人民法院下达《江西省各级司法机关办理民、刑案件暂行办法》。

7日　省人民政府发出《关于统一江西省事业费开支的通令》，规定江西省事业费开支，由江西省财政厅根据省人民政府确定的数字分期统一拨给省级有关部门支配。

7日　省财政厅召开江西省首届财政会议，在总结过去工作的基础上，确定1949年后一个时期的工作任务，即大力开源、掌握政策、照顾全局、厉行节约、支援前线、保障供给，随后省人民政府批转了这次会议的总结报告。

7日　省人民政府税务局发布公告，奉中原区人民政府10月29日令，公布商业税、印花税、屠宰税、地产税、娱乐税、筵席税6种税征收办法（自1949年11月1日起，各区各地统一施行，过去上列6种税征收办法于同日一律作废）。

7日　按照省委宣传部发出的《关于纪念苏联十月社会主义革命32周年的通知》要求，南昌市各界代表千余人聚集中山堂，热烈庆祝苏联十月革命节。

7日　省人民法院颁发《江西省人民法院分

院、分庭及县、市法院的工作范围》。

8日　省水利局派员参加中央人民政府召开的各解放区水利联席会议。水利部部长傅作义在总结报告中指出，1950年水利工作的重点是：受洪水威胁的地区，应着重于防洪排水；干旱地区，应着重开渠灌溉。20日下午，周恩来总理召集部分代表座谈，强调水利工作是恢复与发展生产的关键之一，鼓励大家全心全意从事这项工作，为人民服务。会议于21日结束。

9日　南昌市物产展览会召开成立会议，会长为南昌市市长邓飞。12月1日，南昌市首届物产展览会开幕，上海、杭州、武汉工商界及江西省33个县市代表团参加。展览会历时34天。

10日　省人民法院举办第一期司法人员训练班，学员158名，结业后分配到全省各级人民法院工作，其中10人分配到省人民法院。训练班于1950年2月10日结束。

11日　省人民政府制定《关于各级干部任免暂行办法》，对任免各级行政干部须具备的条件及任免权限作了规定。

11日　遂川县人民法庭召开有4万多名群众参加的公审大会。依法判处犯有杀害苏区干部、群众和工农红军2000余人、烧毁民房5000多间等罪行的任伪江西省井冈山绥靖区“反共自卫”第二纵队司令等职的匪首萧家璧、罗普权死刑。遂川县人民政府批准将萧、罗两匪执行枪决，并发布告昭示全县人民。

遂川县人民政府召开宣判匪首萧家璧、罗普权大会

12日　省军区政治部宣传队奉华中局指示，扩编成立江西省军区政治部文艺工作团。

13日　省人民政府发出布告，指示各地提早征粮，各阶层负担率应以中原区临时人民政府邓子恢主席的指示为准，依靠群众全力查黑田。

14日　省人民政府工商厅成立合作指导科，负责全省合作社工作。

15日　中苏友协江西省分会筹委会召开成立大会。省委书记陈正人为省筹委会主任。筹委会通过四项决议，决定向斯大林、毛泽东、刘少奇发致敬电。

15日　南昌大学农学院举行开课仪式。

15日　赣西煤矿局撤销，改名为萍乡煤矿公司。1950年3月，改称萍乡矿务局，隶属中南军政委员会重工业部领导。

15日　新余县首届一次各界人民代表大会召开，出席大会的代表有280人。大会研究了秋粮征收和双减反霸以及废除保甲制度等问题。大会于18日闭幕。

16日　江西省贸易公司、粮食公司改组为华中粮食公司南昌分公司。

16日　江西省电信指挥局即日起调整电报及长途电话价格。

16日　为促进赣湘物资交流，即日开通南昌至长沙直通货运。

16日　南昌各界青年及学生举行盛大联欢晚会，纪念世界青年日及学生周。

17日　省委、赣西南区党委抽调千名干部下乡，全力进行剿匪，铲除匪窝，拔除匪点，即日起全部下乡开展工作。

17日　南昌高级水利职业学校改名为江西省水利专科学校，并正式开学，学生146人。1950年并入南昌大学。

17日　南昌市首届一次各界人民代表大会通过《关于培修富大有堤计划大纲》，并成立富大有堤培修委员会（本月29日举行富大有堤培修工程开工典礼，并正式开工。次年2月4日工程完工）。

18日　根据省人民政府《关于整顿与改造各城市慈善救济团体的通知》精神，江西省民政厅组织对社团调查。

18 日　江西省文学艺术联合会筹备处在中山堂召开南昌市文艺工作者座谈会，号召文艺工作者改造自己，站在工人阶级立场上从事创作。

18 日　省人民政府金融管理处发布加紧缉查的通知，除银钱业外，其他公司行号均不得经营存放款、汇兑、贴现等业务，违者令其停业，并以扰乱金融论处。

18 日　南昌市人民政府工商局、劳动局召集绸布、棉纱、土布、百货等行业资方代表 20 余人，商议订立集体合同，解决劳资纠纷。

18 日　省人民政府发出通知，本月南昌市工薪米价一律按 270 元（旧币）计发。南昌市机关、学校、公营企业员工工薪，一律按半款半米发放。

18 月　南昌市设立花纱布交易所，通过以棉换纱开展纱布的购销活动，控制和稳定纺织品市场。

19 日　省军区召开排以上干部大会，贯彻整编、精简、节约方针，转入练兵和生产，这是江西省建设正规军的开始。

19 日　南昌大学筹备就绪，各院系先后开课；全校学生共 1557 人。政治学院 275 人，理学院 132 人，工学院 640 人，农学院 292 人，外文系 90 人，体专科 128 人，教职员工 251 人。

20 日　中国人民保险公司江西分公司开业，在南昌市都司前第一办事处开始办理火险、运输险、运输兵险等业务。

20 日　南昌解放之初，江西省大部分地区尚未解放，为保障人民财产安全，建立革命秩序，特制发了临时通行证。现江西省已全部解放，从即日起，废止临时通行证，需外出者携户口簿到当地派出所登记。

21 日　南昌市店员工会筹备委员会成立，第一次店员代表大会闭幕。会期三天。会议要求三个月之内发展 60% 工会会员。

21 日　南丰县发现鼠疫，患者五六十人，死亡十余人。省人民政府派防疫大队 20 多人前往施救，有 3000 人注射了预防疫苗。

22 日　省人民政府税务局奉华中税务局电示“花爆按 30% 征税”规定，决定自即日起本省各机关照此办理。

23 日　省人民政府发出《创办革命烈士子弟补习学校的通令》。先后在吉安、赣州、宁都、上饶、浮梁创办五所革命烈士子弟补习学校，学制两年。接收全省各地孤苦无依的青少年烈士子弟 1900 多人。

23 日　省人民政府拨款开始修筑万安县上横大水坝。万安县上横大水坝是吉安分区最大的水坝，可灌溉稻田 2300 多亩。

23 日　庐山冬防委员会成立，设立巡防、消防、总务、宣传 4 个组。

24 日　江西省及南昌市党政军机关干部千余人举行晚会，欢迎中央政府委员陈嘉庚等人。

24 日　南昌大学、华中军大江西分校、江西医专、华中医学院、南昌师范、一中、二中、赣中、葆灵女中、豫章中学等公、私立学校 14 个单位集会，决定召开学生代表会议。

24 日　省人民政府建设厅农林局特调派 75 名职员，分赴盐城、高安、进贤、新建、南昌等虫灾严重且收成减损 35% 的县，帮助开展工作。

24 日　省人民政府颁发《江西省金库暂行办法》。

25 日　苏联著名导演克拉西莫夫等 7 人参加的北京电影制片厂后方摄影队一行 30 余人抵达南昌，摄制江西革命史料，把中国人民英勇斗争的事迹向世界宣传，南昌市党政军民千余人举行盛大的欢迎晚会。外宾们参观了南昌市革命历史遗迹，在南昌、九江等地拍摄革命历史资料。

25 日　新华社汉口电，武汉各界踊跃捐献的革命历史文物，其中有江西瑞金中央苏区红军烈士纪念塔照片，照片上有朱德总司令题字：“世界工农群众永远地记忆着这些先烈们的遗迹”，字迹仍清晰可辨。这些文物将送南京博物馆（院）陈列。

26 日　省工商厅合作指导科组织四个工作组分别到南昌市第三区惠民门，赣州专区南康县龙回乡、唐江镇，吉安专区吉安县河东街、上达村、油溪村，上饶专区鹰潭镇石鼓渡村、理源韦村，进行组建新型（不分红）合作社的示范工作，总结在新解放区建立新型的半社会主义性质合作社的经验。

26日 黎川至杉关段公路正式通车。至此，赣闽公路全线畅通。

27日 省人民政府发布通令，要求健全各级粮政机构，决定折征杂粮办法。

27日 中国人民银行江西省分行南昌市直属第二办事处由中山路邮政储金汇业原址迁至中山路466号（翠花街口）营业。

29日 南昌市团委根据团中央建立少年儿童队的决议，在法院前小学召开江西省少年儿童工作会议，确定要在学习中建队。

29日 省教育厅召开全省第一届教育行政会议。九江、吉安、上饶、浮梁、抚州、赣州、袁州、南昌等专署和县教育科负责同志及教育厅代表共60人参加，研究有计划地恢复、有步骤地改进学校教育工作和加强工农教育工作。会议主要目的在于检查和贯彻教育方针的执行（解放后，江西省恢复了公私立大、中、专科学校167所，完全小学1541所，乡村小学5976所）。会议于12月6日结束。

30日 截至本月底，中国人民银行江西省分行汇兑总额共计1587826.43万元（旧币），省内通汇计56个县市，外省已通汇152个城镇。并决定开展定期货币储蓄业务。

30日 受暴雨影响，九江、南昌、新建、余干、湖口、永新等15个县共491个圩堤，被冲决口800多处，被淹耕田550万亩，损失稻谷215.4万担，受灾人口达90多万人。

本月 省军区党委机关报《人民军队》于中旬出版。

本月～12月 全省各机关积极筹建共青团组织（12月1日，公路局批准39名青年入团；12月5日，南昌专区干校批准40名青年入团；12月9日，省立新闻学校批准24名青年入团）。

本月 赣州市工商界本月复业70家，占全市商业资金的94%以上。

本月 月初，南丰县股匪纷纷投降；赣西南军区本月歼匪1200名，残匪纷纷被缴械，全区秩序安定。省军区发表本月战绩：毙俘、投诚土匪4000余名，缴获机步枪9500多支。

本月 解放军第二野战军第四兵团第十四军第四十师全体将士在广东省阳江县召开庆功大会，特致电江西省委，感谢在江西作战休整期间江西各界的热诚支前。

本月 景德镇市总工会最新统计，本月复工的瓷厂共1375家，工人9551人，带动了其他各行各业的复工。据市政府工商科统计，10月份开业者4333家，11月份有105家申请开业。

本月 省人民政府派出大批水利技术人员下乡，帮助各地农民修堤防洪，11月下旬至翌年3月底止，修竣15个县（市）的圩堤，堤线总长3000余公里。

本月 近两个月以来，南昌市电信局在市内扩充共电式电话300部，外线机器设备修复完工，现已着手将机关、团体、学校、报社、医院等用户原装磁石式话机换装共电式话机。

本月 南昌市航运局改为江西省人民政府航务管理局。

本月 位于南昌市民德路的九县联立洪都中学改名为南昌市立中学，由南昌市教育局局长何恒兼校长（1953年改名为南昌市第三中学）。

本月 华中军政大学江西分校于月底进行编队，第一期招收3613名青年知识分子学员，编为4个大队25个中队（含1个女生中队）。

本月 中共赣西南区委成立，赣州地委被撤销，其所辖县市直属区党委，及赣州、吉安两地委划归赣西南区党委领导。杨尚奎兼任赣西南区党委书记和赣西南军区政委。解放军第四十八军军长贺晋年兼赣西南军区司令员（1950年初，赣西南行政公署成立，杨尚奎兼任行署主任）。

1949 12月 December

公元1949年12月							农历己丑年【牛】						
日	一	二	三	四	五	六	日	一	二	三	四	五	六
				1 十二	2 十三	3 十四	4 十五	5 十六	6 十七	7 大雪	8 十九	9 二十	10 廿一
11 廿二	12 廿三	13 廿四	14 廿五	15 廿六	16 廿七	17 廿八	18 廿九	19 三十	20 十一月小	21 初二	22 冬至	23 初四	24 初五
25 初六	26 初七	27 初八	28 初九	29 初十	30 十一	31 十二							

1日　江西省人民邮政储金汇业局即日起正式复业办理储金汇兑业务。

1日　省公路局成立省公路局交通运输公司。在南昌市中山路广益昌对面设立南昌营业所，发售各线车票，接运各种货物。

1日　中国人民保险公司南昌分公司（后改为江西省分公司）成立（1959年1月1日，江西省保险公司撤销，国内保险业务停办）。

1日　省人民政府颁布《江西省金库暂行办法及实施细则》，规定各地属于省财政之税款等一律交当地银行入库，逐级上缴。

1日　省委作出关于妇女工作的决定，指出当前妇女工作任务应以农村为主，并参加清匪反霸，减租减息和发展生产；提出妇女工作的方针任务；建立群众性的妇女组织；各级党委必须加强对妇女工作的领导和转变妇女干部思想作风。

1日　省文联筹备处召开南昌市文学艺术界代表会议，包括戏曲界在内的文艺各界代表105人与会。会上正式成立江西省文联筹委会，选出石凌鹤、刘筱衡（著名京剧演员）等25人为筹委会委员。会议期间，省人民政府主席邵式平、省委宣传部部长彭加伦到会讲话。会议于12日结束。

2日　《江西日报》刊载了全省各界人士发表的谈话，决心以实际工作坚决拥护周恩来外长11月29日就国民党残余匪帮企图逃往越南等地一事所发表的声明。

3日　南昌市总工会筹委会机关工作者工会成立，有会员72名。

4日　江西省人民图书馆经过整顿后正式开馆，馆址设在南昌市百花洲。

5日　南昌市公安消防队在原消防瞭望台最高处装设火警标志设备，规定：夜晚使用红光灯，白天使用三角红旗；太平灯一盏标志无火警，红灯、三角红旗标识有火警。

5日　萍乡煤矿公司开展生产突击运动，5天产煤1900吨。

5日　南昌市第一次学生代表会议开幕，成立南昌市学生联合会筹备委员会。

6日　江西省贸易公司改称华中盐业公司南昌分公司，地址在南昌市妙济观。

6日　南昌市公共房产管理委员会成立，选

出7人为委员会委员，邵式平任主任委员。办公地点设在市政府办公厅。

8日 南昌市人民政府制定《本市油、盐、纱布、米酒、土产商行、货栈管理暂行条例》，于即日公布实行。

8日 省委作出《关于加强与贯彻生产领导的指示》，指出生产发家、勤劳致富是党与人民政府在农村中的基本政策，并以法令的形式向农民宣布：（一）保障农民佃权，不允许地主随便收地夺佃，同时宣布，分地时基本上是以原耕为基础，实行必需的抽补，一般不多予变动；（二）奖励生产，宣布日后要按常年产量征收公粮，因殷实劳动而超出常年产量者不多负担，开熟荒生产者三年至五年不负担，奖励劳动英雄；（三）雇用自由，雇长工短工均允许工资由双方协议；（四）买卖自由，保护私有，保证农民有对自己财产自由处理权；（五）借贷自由，借贷利息由双方面议。要求各地领导经常注意生产，并贯穿到一切工作中去，防止在各项工作中忽视恢复与发展生产的问题。规定日后各地的工作报告，一定要有关于组织与领导农业生产的内容。暂时提出增产6%的要求，责成各地、县制定具体计划，于12月20日前报送省委。

9日 省委向中央报告，江西省境内大股土匪基本被歼灭。

10日 省人民政府制定《江西省防治鼠疫办法》。

10日 浙赣线樟树至萍乡段200公里路基修复竣工，即日全线通车。

10日 南昌市文学艺术界第一次代表会议开幕，成立南昌市文学艺术界联合会筹备委员会。

10日 危秀英代表江西妇女出席在北京召开的亚洲妇女代表会议。

10日 中共南昌市第一次党代表大会召开，到会代表93人。省委副书记范式人对会议提出三项要求：分析客观情况；提高思想水平；加强批评和自我批评。大会决定进一步贯彻“恢复与发展工商业、建设新南昌”的方针。大会于17日结束。

11日 浙赣铁路株萍段修复通车后，萍矿煤炭销售由滞转旺，并向武汉华中钢铁公司供应土焦。

12日 省委在《关于大量训练与培养新干部的指示》中规定：妇女应占受训总学员人数的15%～20%。

12日 省人民政府航务管理局自即日起恢复本省内河船舶检查丈量制度。

12日 省邮政管理局与广州储汇局恢复通邮及电汇业务。

12日 省人民政府成立修堤委员会，决定省人民政府全体工作人员参加修堤。

12日 中国农工民主党江西省党务整理委员会、中国民主同盟江西省支部临时工作委员会、中国国民党革命委员会江西省分会筹备委员会，已分别奉该党北京总部通知，在江西成立省级组织。自即日起，对外均公开联系，整顿各民主党派在江西的现有组织。

13日 省人民政府发出《关于广泛开展冬季除螟的指示》；同时颁发《除虫须知》。

15日 南昌市机关、部队、学校、人民团体各界代表组成以省人民政府主席邵式平为主任的“南昌市各界庆祝斯大林七十寿辰筹备会”，赶制2丈高1丈宽的斯大林巨像及各种礼品。本月21日在中山堂召开3万余人的盛大祝寿会。省委副书记范式人号召大家团结在斯大林的旗帜下，为保卫世界和平而奋斗。同日，南昌市物产展览会在会场内布设祝寿台，发起为斯大林祝寿万人签名运动。

16日 南昌市六区新村乡农会贴出宣布取消吃人的剥削制度标语，并敲锣打鼓庆祝。

17日 分宜县召开区委书记、区长联席会，严禁乱打乱杀，整顿干部作风，纠正无组织无纪律状态，端正政策。

18日 南昌市总工会筹委会劳动保护部在《江西日报》刊登“介绍失业工友就业启事”，公布南昌市公安局在失业工友中招收人民警察的条件，并负责为失业者介绍工作。

18日 华中军大江西分校举行开学典礼，全校教职员4000余人参加。

19日 省税务局近日召开全省第二届税务会议，决定在本系统开展反贪污运动，利用税收淡月整训干部，首批受训的税务人员400多人，其中新招收的学生100人。

20日 樟树赣江大桥（长540米），支流桥（长120米）修复竣工。该桥于本年10月17日开工，架梁采用鹰架法及悬臂法，仅用65天就将2000吨钢梁安装完毕。樟萍段修复工程处工程师黄寿益负责全面技术指导。

20日 江西纺织行业第一个基层工会——新甡纺织染厂工会正式成立，共有会员312人。

20日 南昌市工商界第一次代表大会开幕，选举成立南昌市工商业联合会筹备委员会，李善元当选主任委员；谭通令、王德兴、潘式言、徐启文、张修锡、何智等当选为副主任委员；江协茗当选为秘书长。邵式平代表省委、省人民政府亲临大会表示祝贺。

21日 省人民政府发布通令，规定公粮质量标准。

21日 省人民法院召开首次全省司法工作会议。出席会议的有全省各专区和南昌市、景德镇市人民法院院长、司法科长、民政科长、监狱长和省人民法院各庭、科负责人。会议主要研究建立、健全机构，配备干部，接管案件和监狱管理等问题。会议于25日结束。

23日 铁道部公布浙赣线杭州至南昌货物列车牵引定数为1300吨，至1956年1月提高至1500吨。

25日 江西省贸易公司百货公司改组为华中花纱布公司南昌分公司。

25日 江西省文联筹委会召开第一次委员会会议，选出9名常务委员，并推选石凌鹤为筹委主任，李林、江橹为副主任。

28日 农工党中央重组中国农工民主党江西省工作委员会，任命何序东为主任委员。何序东在北京期间，廖少仪代理主任委员。此后，农工党江西省党务整理委员会在农工党江西省工委领导下工作。

29日 晚9时20分，南昌市顺化门吊桥街发生大火，烧毁瓦房69间，茅板房114间，受灾312户，1327人。

30日 江西省总工会、南昌市总工会筹备委员会召集公私企业讨论认购公债问题。省人民政府主席邵式平等领导参加会议，并号召工人阶级起模范带头作用，工人们表示热烈响应。

31日 省人民政府卫生处完成建国后江西省卫生事业机构、病床、医务人员等首次统计。统计结果：全省有医院94所，医疗保健所（站）45个，医院病床1940张（其中市区1508张，县区432张），卫生工作人员3559人（其中卫生技术人员2875人）。

本月 省人民政府颁布《关于表彰革命战争中牺牲之烈士并抚恤优待家属暂行条例》。

本月 全省农村废保改村，建立村农会，亦称村政府（即行政村），设村长；取消甲、闾，设选区，设主任。

本月 浮梁分区余干、万年、鄱阳等县受水灾面积达57.4万余亩，余干县10万人已有4万外出逃荒。各县人民政府成立生产救灾委员会，组织生产自救，结合秋季征收进行修堤。

本月 全省境内铁路、公路、航运、邮电迅速恢复。修复原有公路3200余里，至本月底抢修桥梁568座，延长公路1万余米，赣闽、赣浙、赣皖线均已修复通车（浙赣铁路和南浔铁路分别于12月22日、12月15日全线通车。水运有600公里通航。全省已有邮局93所，修复电报线5234千公里，电话线5004公里）。

本月 省军区发出生产工作指示，号召全军区指战员积极参加新民主主义经济建设。月底，组织成立了各级生产建设委员会，并制定具体生产计划。

本月 全省各界拥护中央政府发行胜利折实公债。省总工会、青年团省工作委员会、省妇委会、南昌市工青妇筹委会、工商界一致认为，实行这个办法，有利于恢复与发展生产，能够克服胜利中的困难，并表示坚决拥护。

本月 省人民政府制定《工薪标准试行办法改米为分的规定》，即“按照平均每月实得工薪数目，折分计算，每元折合二分半”，通令各厅、院、局、行、南昌市人民政府、赣西南行署、各专署、市、县、各公营企业、学校。自本月起，均一律照此改正折分发薪。

本月　江西省农业院农具厂工程师曾昭明研制出建国后省内第一台12马力煤气内燃机，较建国前每台重量由1吨多减至200多公斤。

本月　江西农具厂炉工周德辉改进三节炉进风口和装炉方法，使炉的焦铁比达到173∶1，创造了中南区焦铁比的新纪录。

本月　经省委批准，成立中共庐山总支委员会。

本月　九江兴中纱厂公私合营。解放前九江兴中纱厂有官办的江西兴业公司的投资。解放后人民政府于1949年12月没收官僚资本作为该厂公股，并于1950年改组董事会，董事长由省商业厅副厅长袁诚贤担任，并派公股方代表1名参加董事会。九江市市长冯安国任董事，省财政厅拨给该厂大米20万斤，合人民币2.12亿元（旧币）。兴中纱厂是江西省首家实行公私合营的工厂。

本月　于都县在县城西北修建革命烈士纪念塔及革命烈士纪念亭。

本月　在北京筹备亚澳工会及亚洲妇女代表会期间，景德镇市工人赶制礼品瓷送给斯大林和国际民主妇联主席戈登夫人及国际工会主席赛扬，并附江西省妇女给斯大林和戈登夫人的贺信。

本月　南昌市3982位妇女在20天里为解放军赶制棉衣6万套。

本月　创办于1923年的南昌市珠市小学与联立二小合并（合并后的学校多年被省、市、区授予先进单位）。

本月　江西省在鹰潭设立粮油直属库。

本月　省建设厅副厅长张同钰率领工程师两人赴上海考察茅麻新法脱胶工艺，并向上海环球机器厂订购一批茅麻胶机械设备。

本月　中南钨锑锡专业会议在武汉召开。省建设厅副厅长张同钰及石汉等5人参加会议。

本月　省妇委组织工作组到南昌、高安、兴国3县和景德镇市重点村检查妇女工作。

本　年

本年　省人民政府民政厅接管伪江西省民政厅、省训团、省参议会、省人民政府社会处、地政局、卫生处和监察行署7个单位及其所属机构。

江西省人民政府证章

本年　南昌市有大专院校6所、师范1所、中学15所、职业学校6所、小学54所、幼稚园1所。

本年　省人民政府在民政厅设郊区生产科，会同郊区政府发展蔬菜生产，供应市场。

本年　江西省公路局、江西省航务局成立，隶属省建设厅领导。

本年　全省全年原煤产量32万吨，占全国原煤总产量的1%。

本年　江西在这一时期的主要任务是恢复和发展国民经济。在农村进行土地改革，城市开展民主改革。工农业生产、商业、交通、金融、文化、教育、卫生等事业迅速恢复，并有了新的发展，许多方面超过了全省历史最高水平，为开展江西省第一个五年计划建设创造了有利的条件。

本年 据统计，全省共有纺织职工4000余人，固定资产原值不足1000亿元（旧币），全年生产棉纱5900件，棉布2341万米，总产值为2090亿元（旧币）。

本年 中正大学与江西工专、江西体专、江西农专合并组成南昌大学，江西工专的土木工程科与中正大学的土木系并入南昌大学工学院。

本年 由傅省胥等主修，程学恂等编的《新建县志稿》120卷首1卷纂成。部分志稿藏于南昌市新风楼。由曹锡度、江思清编纂，始修于1945年的《鄱阳县志稿》24卷脱稿，鄱阳县地方志办公室存有该稿本。由上饶县县志馆纂修的《上饶县简志》出版油印本。

本年 至年底，江西省公安厅成立；省辖市成立公安局1个（南昌市）；成立行政公署公安处1个（赣西南）；成立分区行政督察专员公署公安处9个（九江、上饶、浮梁、抚州、南昌、袁州、吉安、赣州、宁都）；成立专辖市政府公安局5个（景德镇、九江、吉安、抚州、赣州）；成立县人民政府公安局82个。全省公安机关共有干部1816名。

1949年6月江西省公安厅成立时的办公地点；7月23日启用的“奉新县人民政府公安局”印章

1950年

概 要

省委书记陈正人，省政府主席邵式平，省军区司令员陈奇涵发表新年讲话，指出：1950年是国家进入建设的第一年，所碰到的困难，必须靠人民去克服。发展生产，厉行节约，努力搞好经济、文化和国防建设；准备进行或着手进行土地改革，以利于发展农业生产；继续加强全国人民的大团结，继续加强中国和苏联及世界各民主国家的团结。7月，江西省人民政府委员会正式成立，并召开第一次会议。会议听取了省人民政府近一年来的工作报告；确定1950年工作任务；通过《江西省财政收支概算》、《省人民政府组织条例》及省人民政府组成人员名单。

当年，全省在剿匪、肃清残匪、开荒造田、修复圩堤、救灾反霸、减租减息、发展生产方面取得了重大成绩。成立和调整了部分组织机构。恢复了工业生产，进行了商业、合作社、税收、文化、教育、卫生等方面的工作。1月，省委、省政府发出《关于人民胜利折实公债推销工作的联合指示》，推销发行折实公债，成立了省人民折实公债推销委员会。全省人民踊跃认购公债。

干部队伍建设 人民政权建立后，在筹建和组建各级地方政府领导班子的过程中，遇到干部严重不足的困难。省委、省政府注重从工农和知识分子中培养和选拔新干部，补充拓展干部队伍，着重训练和提高老苏区党员和干部的政治理论水平和政策水平，增强适应新形势的工作能力。并创办八一革命大学。全省各级人民政府的成员，大都是南下干部、解放军干部、坚持游击战争的干部，新参加革命的知识分子和工农积极分子以及老苏区干部。

群众团体的建立 解放前夕，全省各地民盟、农工等组织密切合作，协助中共地下组织为江西的解放作出了贡献。人民协商参政从1950年起，在全省范围内陆续召开了各级各界人民代表会议。6月召开全省首届工人代表大会，通过了省总工会章程，成立了江西省总工会。7月召开全省第一届农民代表会议，通过了《江西省农民协会工作与斗争纲领》和《江西省农民协会组织章程》，成立了江西省农民协会。同月还召开了江西省首届妇女代表大会，通过了省妇女联合会组织章程，成立了江西省妇女联合会。8月召开全省首届各界人民代表会议，有不少爱国民主人士参加，会议正式成立江西省各界人民代表会议协商委员会，并选举了主席、副主席和委员共92人，制定和颁布了《江西省各界人民代表会议组织条例》，通过了《中华人民共和国土地改革法江西省实施细则》，会议决定设立政治法律、财政经济、文化教育、土地改革4个研究委员会作为协商委员会的工作机构。11月召开青年团江西省首界代表大会，成立了团省工委。各县市相应成立了工农青妇团体。

土地改革试点工作 新中国成立后，省委和省政府根据中共中央和中央人民政府的部署，抓住全省历经剿匪反霸、社会秩序趋于稳定的有利形势，开始了土地改革的准备工作。3月，省委制定了《江西省土地改革实施细则》。4月，省委组织力量有重点地对农村阶级关系、土地占有情况进行调查研究。6月，省委提出了江西土地改革实施的初步意见。9月，正式通过了《江西省土地改革实施细则》。11月，成立了江西省土地改革委员会，对土改试点作了总结，从思想上、政策上、组织上为全省土地改革的开展奠定了坚实的基础，并着手进行土地改革工作。

开展禁烟、禁毒运动 旧社会绵延不绝的贩毒吸毒、卖淫嫖娼等丑恶现象对社会的危害性甚烈。新中国成立后，省委和省人民政府立即决定根除这些丑恶现象。8月，省政府明令禁种罂粟，禁止毒品，全省范围立即开展了群众性反烟毒斗争，重点打击团伙制毒贩毒的主犯、惯犯和现行罪犯。

镇压反革命 解放初期，国民党在省内留下来的一大批反革命分子不甘心失败，继续进行造谣、暗杀、放火、投毒、组织地下军与地下政权等活动。省委贯彻中央双十指示（即1950年10月10日中央发出的《关于纠正镇压反革命活动的右倾偏向的指示》）。11月，省人民政府召开第四次委员会议，纠正镇反工作中宽大无边的偏向。12月初，一场镇压反革命的运动迅速在全省范围内展开。

全省本年经济指标完成情况 工业总产值4.91亿元，比上年增长59.2%（以上年为100，按可比价值计算，以下各年同）；农业总产值11.61亿元，比上年增长18.3%；粮食总产量89.81亿斤，比上年增长19.95%；全省财政收入为1.17亿元，比上年增长46.25%。年末全省总人口为1568.12万人，比上年增长19.33%。

1950
1月
January

公元1950年1月							农历庚寅年【虎】						
日	一	二	三	四	五	六	日	一	二	三	四	五	六
1 元旦	2 十四	3 十五	4 十六	5 十七	6 小寒	7 十九	8 二十	9 廿一	10 廿二	11 廿三	12 廿四	13 廿五	14 廿六
15 廿七	16 廿八	17 廿九	18 十二月大	19 初二	20 大寒	21 初四	22 初五	23 初六	24 初七	25 腊八节	26 初九	27 初十	28 十一
29 十二	30 十三	31 十四											

1日 省、市各界举行万人大团拜，欢度解放后第一个元旦。省委书记陈正人、省军区司令员陈奇涵、南昌市委书记黄霖、南昌市长邓飞参加了在八一公园举行的万人团拜会。陈正人发表新年讲话，邵式平发表《新年展望话江西》的讲话。

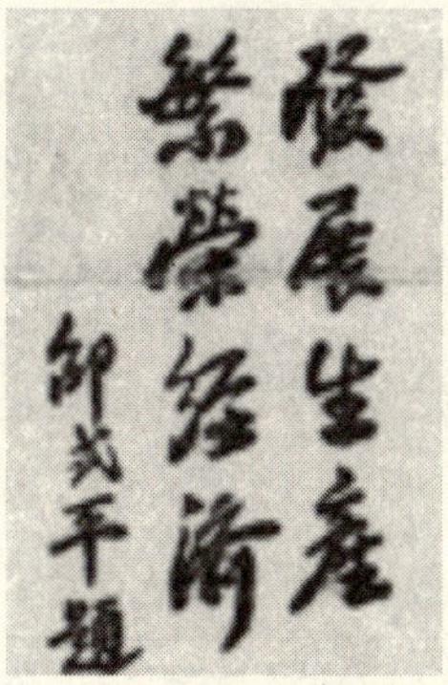

江西省人民政府主席邵式平的题词

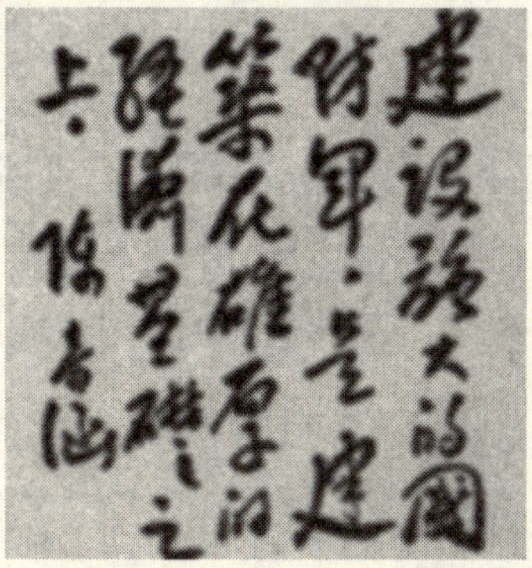

江西省军区司令员陈奇涵的题词

1日 省人民政府卫生处颁布《江西省疫情报告暂行办法》，规定各县、市按旬上报疫情，报告病种分甲、乙、丙3类，共17种传染病。

1日 浙赣铁路修复通车。

1日 《江西日报》报道，省军区经过5个月发展地方武装1.53万余人。全省各县区均已建立起营、连武装部队，在配合主力部队剿匪和维持地方秩序方面起到了很大作用。

1日 江西省农业厅成立，厅长邓洪，农业厅主管江西省农、牧、副、渔业（同年9月，更名农林厅。1955年2月复改农业厅）。

1日 江西出版公司与江西教育印刷厂合并，组成江西文教印刷厂；原《民国日报》印刷厂被接管后改称为江西日报社印刷厂。

1日 华中军政大学更名为中南军政大学，华中军政大学江西分校随之更名为中南军政大学江西分校。

1日 省人民政府工商厅改称为江西省商业厅。

2日 全省不少地方发生牛瘟，江西兽医专科学校研究部的学生分赴现场，控制牛瘟蔓延。

3日 华中花纱布公司南昌公司开始营业。

4日 省人民政府发出《加强税收工作领导的通令》。该通令指出：（一）各级政府应进一步加强对税收工作的领导，掌握政策，完成任务；（二）税收政策、法令、税目、税率等统一归中央，各地不得擅自修改或拒不执行；

（三）在3月份以前配齐税务部门的主要领导干部，日后税务干部只准增加不准减少；（四）从1月1日起税款完全归中央政府，各地不得擅自动用；（五）税收超额部分分给各专县，提成20%；（六）税收干部要加强政治、政策、业务学习，对贪污分子要依法严办，对税收有功人员给予奖励。

5日 宁冈县在征集公粮中，先搞征粮试点，取得经验后再全面推广。全县只用25天时间完成了400余万斤公粮征收任务，超额完成1.5万斤。

6日 南昌市人民政府发布《公共房地产接管条例》（共九条），规定本市公共房产，不论是机关、部队、团体或个人居住的，均须按本条例接管登记，不得例外。

6日 江西省第一次妇女工作会议在南昌召开。陈正人、邵式平到会讲话，危秀英作工作报告。会议确定了妇女工作的方针任务，通过了《江西省民主妇女联合会筹备委员会暂行组织条例》，成立了江西省民主妇女联合会筹备委员会。危秀英当选为主任，胡德兰当选为副主任，王惠明任秘书长。会议于11日结束。

8日 省财政委员会召开全省各市市长联席会议，分配全省公债任务。省人民政府主席邵式平指出：重要在于协商，以求迅速完成任务。

9日 上海—广州9/10次直达旅客列车开通。列车进南昌站，该列车发售头等、二等、三等客票及二等硬卧车票（1958年改为27/28次，不进南昌站）。

10日 省农业厅召开厅务扩大会议，讨论和制定全省开荒64万亩，增产粮食600万担的五项计划。并召集各专署、市、县负责人进一步研究具体的农业生产实施办法。

10日 江西省折实公债推销委员会成立。邵式平任主任，范式人、邓飞任副主任。中国人民银行江西省分行开始发行1950年第一期人民胜利折实公债。至当日止，据全省25个市、县的不完全统计，全省工商界购买折实公债121.3万份，占完成全省2百万份的62.65%。每份含大米6市斤、面粉1.5市斤、白细布4市尺。

11日 省人民政府决定，凡固定假日照旧工作的，一律发给双薪；月薪制者，固定假日不得扣除工资；按日计薪者，工资照发；计件工资制者，有基本工资规定的，即按基本工资发给，没有基本工资规定的，则按月实际工作日的平均工资额发给。此项决定从1949年10月1日起实行。

11日 省总工会筹委会在南昌召开江西省邮政代表会。讨论江西省邮政工会章程，成立江西省邮政工会筹委会，并规定了会后邮政工会的工作方针与任务。会议于18日结束。

12日 袁州地区宜丰县崇浦区农协召开村农协宣传委员会，研究党报的订阅，在群众中开展读报活动。每村订《袁州日报》、《江西日报》各一份，固定一人接送报纸及兼办公事，每月给100斤谷的报酬。各村组织读报组，由识字的干部、民兵任读报员，在农民中开展读报活动。

12日 省、市妇联筹委会联合召开千人大会，动员各界妇女认购国家胜利折实公债，听取危秀英传达亚洲妇女代表大会精神。

13日 上海铁路工会南昌地区办事处分会成立大会于当日召开。参加成立大会的代表及功臣228人。省委书记陈正人、省人民政府主席邵式平、南昌市委书记黄霖到会并讲话。

13日 南昌市码头工会筹委员召开码头工人代表会，选出代表出席在北京召开的全国搬运工人代表会，于15日启程赴京。

13日 因敌机不断侵扰，省军区、南昌市警备司令部通告南昌市各机关、学校、团体、商户、市民等切实遵守防空纪律，听从指挥，免遭意外损失。

13日 民革江西省分会筹委会、民盟江西省支部临时工作委员会和农工民主党江西省党务整理委员会分别发出告成员书，号召认购和推销国家胜利折实公债。

14日 省人民政府发出通知，根据南昌市本月6日、13日两日的米、布、盐、油、柴5种实物的市价，计算出每分之值合人民币2.016万元（旧币），本市各公营企业、学校、机关等单位，照此标准发给本月员工的工薪。

15日 截至本日，吉安地区已建立村政权2101个，村农民协会1475个，发展农会会员9.17万余人。

15日 南昌市总工会筹备委员会为解决工人具体问题，实现劳资两利，促进生产，繁荣经济，召开第一次手工业工人代表大会，并成立南昌市手工业工会筹委会和各行业的分筹委会。

15日 江西省首届学生代表大会召开。大会决定成立江西省学生联合会；总结半年来全省学生运动工作，确定日后学生运动方针与任务，交流全省各地学运经验。陈正人、邵式平出席大会并讲话。大会向全省学生发出努力协助政府完成征粮任务的公开信。

15日 省军区在过去五个月中改造国民党遗留下的散兵游勇两万余人，少数参加了解放军，大部分遣送回原籍参加生产劳动。

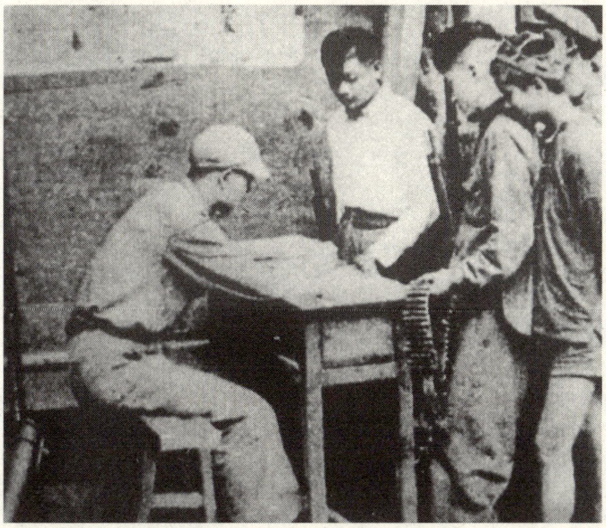

国民党旧职人员向人民政府登记

17日 省人民政府要求各厅、院、局等单位都成立防火委员会。

18日 《萍矿工人报》创刊。

18日 浮梁分区余干、波阳两县于1949年夏汛遭受严重水灾，两县溃决圩堤100余处，灾民达25万人。各级政府组织两县人民发展生产，种菜、种粮、捕鱼捞虾和纺织。

21日 江西省工人干部学校开学，参加学习的学员200余人。陈正人要求把学校办好，培养出更多的工运骨干。

21日 省人民政府发布《江西省农林园管理办法》，规定农林场园方针任务，提出“以场养场”要求。

22日 宁都分区召集宁都、于都、兴国、瑞金、石城等县2.5万余人，公审被解放军活捉的叛徒、大土匪黄镇中。黄镇中在土地革命时期混入红军并任连指导员，1933年叛变后任国民党保安十九团团长，杀害无辜百姓万余人，搜刮民财不计其数。黄镇中被处以极刑。

宁都县公审匪首黄镇中大会现场

23日 袁州专区萍乡县召开农代会，研究发展生产的新办法，宣传开生荒五年、开熟荒三年免交公粮的政策，抓住冬季时节修好水利。并号召在春节期间不赌博，不大吃大喝，树立俭朴的生活作风。

24日 省人民政府发出《关于1950年新年春节拥军优属工作的指示》。各地组织机关、学校、人民团体、公私营企业及工商界，以各种形式慰问部队，走访军烈属和革命伤残军人，救济贫苦军烈属。

24日 省总工会筹委会发表谈话，呼吁联合国代表大会立即开除台湾蒋帮代表，承认真正代表中国人民的合法代表团，拥护中央任命张闻天为中华人民共和国首席代表。

24日 省市工人、青年、妇女等各界群众团体，各民主党派发表声明：拥护中越建立邦交关系，并抗议驻越南法军迫害华侨的暴行。

25日 省电信指挥局召开全省第一次电信工作会议。会议总结半年来的工作，并制定管理民主化、电信企业化的具体工作计划。

25日 全省第一次公安工作会议在南昌市召开。历时13天，于2月6日结束。会议传达贯彻全国公安高级干部会议精神，总结工作经验，部署日后工作。省人民政府副主席范式人、方志纯和省委组织部部长刘俊秀、省委秘书长刘瑞森到会讲话。

27日 江西农学院教授、世界著名昆虫学家杨惟义在《江西日报》发表题为《四季治螟方法》的专题文章，用通俗易懂的语言和比喻，向农民阐述严重危害水稻的螟虫生活、繁殖规律和春夏秋冬四季多种简单易行的方法，消灭螟虫，确保农业丰收。

28日 省委、省人民政府发出《关于人民胜利折实公债推销工作的指示》。

28日 省总工会筹委会为保障工人的正当权益，向各级工会发出三点指示，制止资本家打骂及解雇工人的不法行为，号召工人团结起来，在工会的领导下，捍卫自己的合法权益。

28日 九江市恢复长江南北轮渡。

29日 省文联筹委会组织省市50多个文艺单位，利用京剧、赣剧、话剧、秧歌、腰鼓等形式，向南昌市民大张旗鼓地开展推销公债大游行的宣传活动。

30日 南昌市劳动局成立劳资纠纷仲裁委员会。

30日 省农业厅召开茶叶生产会议，划定修水、武宁、浮梁、上饶等地为生产外销红茶区，落实3.5万担外销红茶的任务。将余干、遂川、万年、东乡、兴国等地划定为内销青茶区，建议设立专门机构领导全省茶业生产。

30日 省农业厅发出通知，要求各地重视特产经济作物生产，发出《对林权问题处理的四点意见》。并在东乡、贵溪、上饶、泰和、安福、崇仁等产麻区成立麻农合作社，并计划扩大麻田5万亩，发展黄麻生产，优惠收购黄麻，协助麻农运销。

31日 省人民政府颁布《江西省工商汽车管理暂行办法》（共8条），允许工商车辆自由营业，但对往来车辆仍办理登记及签发路签。

本月～3月 南昌桥梁工程队在更换梁家渡抚河特大桥钢梁中，创浮运法每孔仅需15分钟的全路最高纪录，获铁道部奖励。省人民政府主席邵式平在竣工剪彩及颁奖仪式上讲话。该队工长陈贵发被评为全国铁路劳动模范和江西省特等劳动模范。

本月 苏联外交部东亚司司长费德林等一行40余人骑马、徒步访问井冈山。

本月 南昌、九江两市先后将城市区公所改为公安派出所，内设民政干事，实行“政警合一”体制。

本月 江西省人民防疫委员会成立。方志纯任主任委员，洪明贵任副主任委员。

本月 萍乡矿务局建井队成立。由汉口煤矿设计院设计的高坑立井续建工程开工，该井年生产能力60万吨，为当时我国江南最大的生产炼焦煤矿井（1952年8月部分建成投产，1957年5月全部建成投产）。

建国初建成的萍乡高坑电厂

本月 全省控制了烈性传染病霍乱。

本月 中原临时人民政府颁发布告通令：江西省钨、锑、铋特种矿品，不许私人买卖，由国营钨锡公司统一产销，以维护国家权益；并公布缉获走私和矿品给奖暂行办法。中南矿砂公司在南昌成立办事处，负责收购钨砂、精锡等矿产品，调往上海出口。

本月 九江兴中纱厂经劳资双方协商，废除“搜身”制度，于元月底将厂门口的铁栅栏拆除，工人进出工厂不再受非法搜身的侮辱。之后，该厂大批工人参加工会。

本月 萍乡、丰城、玉山、修水等地出现贪污腐化、违法乱纪的干部。各地党委、政府从元月起，开始组织以学习为主、批评为辅的教育方法，整顿干部思想作风，并奖励模范干部，开除腐化堕落分子。

本月 政务院颁布《工商业税暂行条例》，规定工商业所得税采用14级全额累进税率征收。

本月 南昌市开始征收利息所得税，税率为5%。

本月 华东支前公路修建总指挥所江西分所组成，主要承担上饶至分水关公路的改建。翌年8月，该线改建工程竣工，成为江西省第一条桥涵永久化、路面平整化、全线双车道的公路。

本月 省妇联筹委会机关刊物《江西妇运》创刊。本年7月成为省妇联机关刊物。

1950
2月 February

公元1950年2月							农历庚寅年【虎】						
日	一	二	三	四	五	六	日	一	二	三	四	五	六
			1 十五	2 十六	3 十七	4 立春	5 十九	6 二十	7 廿一	8 廿二	9 廿三	10 廿四	11 廿五
12 廿六	13 廿七	14 廿八	15 廿九	16 三十	17 春节	18 初二	19 雨水	20 初四	21 初五	22 初六	23 初七	24 初八	25 初九
26 初十	27 十一	28 十二											

1日　省人民政府发布《妥为保管国民党中央政府、中央各级机关档案》的通令。通令指出：若有国民党中央政府、中央各级机构的档案、图书等物资，除及时报告外，并应妥善保管，待中央统一指导处理，不得与地方行政机构的档案混同。

1日　省委发出《关于切实保护工人正当权利及适当处理劳资关系问题的指示》。南昌、赣州、九江等地出现资本家打骂工人、虐待学徒、延长工时、降低工资，甚至无理解雇工人的现象。省委指出，必须切实保护工人的正当权利，按照劳资两利的原则，适当处理劳资关系问题。全省各地工商联组织应配合劳动部门和工会，协商调解劳资关系，保证劳资两利的实现。

4日　南昌富大有堤加固工程历时67天完工。

5日　江西省反动党团登记委员会最近成立，领导全省开展反动党团登记工作。

7日　省人民政府召开各专区、市财政科（局）长、省委行政处长、省人民政府总务处长会议，贯彻华中第一届财政会议决议，讨论“包干制”执行等问题。

8日　省军区部队朝鲜籍人员共4407人在南昌集中，编成第四团、第五团，于本月22日、23日，由原第一五六师朝鲜籍副师长全宇率领回国。

9日　省贸易公司袁州分公司近日从万载、宜春、萍乡等地收购的夏布、茶油、皮蛋等土特产品，运往广州出售，换回机械器材及其他工业品。

10日　南昌市建设局开始管理建筑工程。凡新建、改建及修理的一切公私建筑物，须依照规定，申请建筑许可证。核发新建许可证90份、改建许可证15份、修理许可证56份。为加强对营造厂商的管理，发展城市建设，保证建筑物的安全，重新办理营造厂商登记。申请登记的382家，其中核准的344家，已领证的266家，未领证的78家，待审查的38家。

11日　青年团袁州地区工委，在农村发展40名青年入团，开始在农村建立青年团组织。

11日　省人民政府发出春节期间开展拥军优属的通知，要求全省各机关团体、学校、每人向前线官兵、驻军、荣誉军人及军烈属写一封慰问信，并组织向当地驻军拜年。

12日　乐安县人民政府机关接收保存的旧

政权档案，因烤火引起火灾，档案被毁。

14日 省人民政府发出关于清理监押案犯的通令，要求各地、县、区政府司法机关清理在押案犯。

15日 省委发出《关于纪念“三八”妇女节的通知》。通知要求各级党委和妇女委员会要重视这个节日，动员妇女参加以生产为主的劳动竞赛，按各地条件，制定竞赛办法。

15日 省人民政府和省军区联合颁布《关于保护森林资源的通知》。

15日 省军区、省人民政府发出《关于各机关部队发动造林与护林运动的联合通令》，规定所需建筑用材及燃料，军区系统须持师以上证明文件；地方部队、党政机关须持有县团级机关函件；经当地专署以上政权机关核准，发给许可证，指定砍伐地区，一律严禁任意自由砍伐。

16日 省市各界代表集会庆祝中苏友好同盟互助条约的签订。省委书记、中苏友好协会江西省分会会长陈正人讲话。20日，南昌市各界人民为庆祝中苏友好同盟互助条约的签订及搞好春节拥军优属、拥政爱民并欢送人民解放军四野某部而举行盛大的集会与游行。

17日 南昌市成立城乡建设研究会。

17日 省委、省人民政府、省军区发出《给江西省人民的拜年信》，号召全省人民“开展1950年的大生产运动”，“劳动致富、改善生活、克服国家困难、巩固革命胜利。”

20日 省市各界代表5万余人在体育场举行大会，庆祝中苏友好同盟互助条约的签订。

21日 南昌市绸布行业率先订立劳资集体合同。继后，各地区许多行业先后签订了劳资集体合同。

22日 省工委暨省总工会筹委会召开全省工运工作会议，研究并解决目前工运工作中存在的问题。

23日 南昌市妇女委员会组织妇女配合军鞋厂日前已完成5万双军鞋的生产任务。到3月21日已有11799名妇女参加做鞋，并在各区成立检查评比委员会，督促工作。

24日 省商业厅召开江西省工商贸易会议。会议总结了过去的工作，制定了1950年的工作方针和任务。会议认为，自1949年10月江西省金融贸易会议以来，工商部门开展了市场管理工作，在各主要城市进行工商登记，改造同业公会，成立工商业联合会筹备委员会，为日后恢复与发展工商业奠定了组织基础。会议于3月3日结束。

25日 中共江西省委党校成立，省委书记陈正人兼任校长。

25日 省委作出《关于1950年在职干部学习的决定》，要求分层次学习《社会发展简史》、《政治经济学》、《帝国主义是资本主义的最高阶段》、《新民主主义论》、《论联合政府》和《论人民民主专政》等著作。

25日 省人民政府发出《各分区本年育苗办法并有重点的恢复县苗圃的指示》，规定：1950年本省林业工作方针为普遍护林和恢复县苗圃，大量采种育苗，以打下日后造林的基础。

25日 萍乡煤矿召开工代会，成立萍乡煤矿总工会和矿山管理委员会，并上书毛泽东主席，实现全年产煤26万吨。会议于3月2日结束。

26日 省委文艺工作团在春节期间分成两个演出队，于即日出发，分赴南昌分区所属奉新、靖安及吉安等各区县巡回演出。演出之余并开展征粮、修堤、减租减息工作。同时，搜集素材，创作形式多样的文艺作品，供演出队演出。

27日 省农业厅、民政厅、中国人民银行全省分行联合召开生产度荒与农贷会议。

27日 省农业厅发出通知，1950年全省农业生产计划在1949年生产水平上，增产稻谷500万担，种植棉花35万亩；其他如茶叶、麻类作物、畜牧等，均须在原有基础上，得到恢复与发展。

27日 省人民政府发出《关于召开江西省首届各界人民代表会议的决定》，确定了各界人民代表会议召开的日期、会议的职权、各界人民代表资格、名额与产生办法。由27人组成筹备委员会，方志纯为主任委员兼秘书长，刘一峰为副主任委员，李杰庸、吕良为副秘书长。

27日 全省第三次税务会议召开。出席会议的有全省各县、市及专区税务局长共87人。

会议要求各税务局在保证国家财政收入、战争供给、发展生产的前提下，布置日后的税收任务。会议通过了四项决定：（一）用轮训办法，提高税务干部的政治思想水平；（二）整顿组织机构，裁减业务不多的税务所；（三）建立统一的工作制度；（四）加强检查，发现与培养税源。省人民政府主席邵式平指出：税收工作是政权组成必不可少的部分，税务工作者要好好向人民宣传税收政策，培养人民的纳税观念；要掌握政策，从发展经济中去增加税源。会议于3月5日结束。

28日 省军区公布，2月份共歼土匪800余名，击毙惯匪首领梁叶等144名，俘获闽、浙、赣三省“反共自卫总队”副总队长王德有等551名匪徒，“伪北江行署”主任冯佩贤等103人投降。缴获各种枪支649支、子弹1.78万余发、手榴弹55枚等。

萍乡市公安局缴获反革命组织的各种武器装备

本月 江西钨锡公司传达中央钨锡锑专业会议精神，确定钨锡锑实行统购统销，并由中南重工业部设立有色金属管理总局统一管理。

本月 安福县浒坑发现钨矿并组织开采。

本月 上饶专区余干县受灾逃荒群众响应政府“修复圩堤，发展生产”的号召，返乡参加修堤的达1700余人。全县非灾区群众发扬互助互帮精神，有800余人参加义务修堤。从1949年12月中旬起至本月中旬，已完成400余里圩堤的修筑任务。

本月～3月 开春以来，横峰、玉山、万年、南丰、黎川、九江、德安、瑞昌、永新、遂川、上犹、新余、清江、分宜、新干、丰城、吉水、宜丰、峡江、南昌20个县的农民，种蔬菜、打柴、搞运输，依靠生产度过春荒。并结合兴修水利、选种、施肥，开展春耕生产。

本月 南昌市胜利印刷厂、前进印刷厂合并组建省军区印刷厂。

本月 交通银行南昌市支行复业。5月改组后，正式成立交通银行南昌市支行。

本月 中南行政区江西省联运公司开业。

本月 南昌市砂石公司正式成立，属大集体企业性质，下设卵石生产组和黄砂生产组，是江西省最早的砂石生产企业。

1950

3月 March

公元1950年3月							农历庚寅年【虎】						
日	一	二	三	四	五	六	日	一	二	三	四	五	六
			1 十三	2 十四	3 元宵节	4 十六	5 十七	6 惊蛰	7 十九	8 妇女节	9 廿一	10 廿二	11 廿三
12 廿四	13 廿五	14 廿六	15 廿七	16 廿八	17 廿九	18 二月大	19 初二	20 初三	21 春分	22 初五	23 初六	24 初七	25 初八
26 初九	27 初十	28 十一	29 十二	30 十三	31 十四								

1日 省军区政治部发出每人节约1两米救济灾民的指示，全省主力部队和地方武装自即日起半年为期，帮助灾民度过饥荒，并号召部队就地协助灾民开展生产自救。

2日 上午11时，国民党1架美制轰炸机在南昌市顺化门外上空投弹6枚，炸毁半边街民房16间，炸死6人，炸伤14人。省、市政府有关方面负责人亲临现场，组织指挥抢救和善后安置工作。南昌市公安局、第四公安分局及有关派出所组织公安干警维护现场治安秩序。

3日 全省开展“节米救灾”和“节约募捐”活动。至5月底，全省共节约粮食160多万斤，募集救灾捐款3585亿元（旧币），支援灾区。

3日 全省首届工商贸易会议召开，贯彻全国粮、盐、花纱布等主要物资的大调拨计划，以配合全省的大生产运动。会议于10日结束。

5日 江西省人民政府卫生厅成立。许德瑗任厅长、厅党总支书记。洪明贵、邱倬任副厅长。设1室4科，编制50人。同时撤销省人民政府卫生处。

5日 解放军四六六团进驻梅岭、溪霞，围剿“国防部青年救国军湘赣挺进纵队第一支队”。至5月，捕获匪首陈德胜等70余人。

5日 省人民政府制定本年度全省小型灌溉工程计划。在82个县中，共修建小型农田水利工程2460座（包括新建或修复的旧有水库、塘坝、陂堰、沟渠等），全省能增产稻谷14.2余万担。

5日 省邮政管理局召开全省首次邮务会议，纠正官僚、腐化作风，明确业务和工作任务，制定逐步实行邮政企业管理民主化的方针。

6日 修水县溪乡发生牛瘟，7天内死耕牛21头。县防疫站当日派出兽医人员赴疫区施行救治，及时控制疫情蔓延。

6日 全省首次工商代表会议召开。会议作出《江西省1950年的工作任务的决议》。决议指出，自全省解放以来，由于公私兼顾、劳资两利、城乡互助、内外交流的政策逐步实现，城市工商业已初步恢复。

8日 南昌市警备司令部、市公安局召开全市各界代表会，并成立防空治安委员会。在全市建立报警网，设立防空监视哨，避免敌机已飞临上空才拉警报的现象。同时规定，在敌机空袭时，除指定部分人员负责对空射击外，其他人员均不能鸣枪自扰。

8日 赣西南行政公署积极恢复工业生产，经过三个月的努力，截至当日，已有造纸、制糖、麻袋、机电、印刷5个厂复工，解决万余工人就业。

11日 南昌市各界妇女在八一公园召开全市首次纪念“三八”国际劳动妇女节大会，到会1.5余万名妇女。大会向毛泽东主席、斯大林致敬，并通电全国，反对台湾敌机轰炸上海、南京、杭州、青岛等城市。

11日 省建设厅改为省交通厅，主管全省交通运输，兼管工矿业务。半年后，工矿业务移交给新成立的省工业厅。

13日 南昌市首届纺织业工人代表大会召开。大会讨论了尽快恢复和发展南昌地区的纺织工业等问题，表彰了劳动积极分子。大会历时两天。

14日 省卫生厅下达《关于加强防疫工作的紧急指示》，要求本年度以预防天花、霍乱和鼠疫为重点，加强传染病管理，组建防疫机构，推动全省普及种痘工作。

15日 华中花纱布公司南昌公司更名为中国花纱布公司南昌分公司。

15日 南昌市房地产管理处公布《关于更换伪政府所发本市土地所有证（状）办法》。

16日 全省遣俘工作划归民政部门管理，先后在南昌、九江、上饶、萍乡设遣俘招待所。

16日 吉安市公安局破获“华总”吉安潜伏组特务案，逮捕国民党军上校组长曾传允等5名案犯，击毙1名拒捕案犯。

19日 全省首届粮食局长联席会议召开。会议确定1950年的中心任务为：整顿收支，消灭混乱，掌握调度，坚持制度，党政负责，保证统一；保管为主，防止损失，集中管理，合理经营建设；妥善布置，按时完成调运；加强领导检查，整编机构，实行奖惩，提高业务水平。会议于28日结束。

20日 新建县潢溪乡一带脑膜炎流行，省卫生厅派出医务人员携带药械，赴病区进行救治。

21日 当天为“反对殖民制度斗争日”，是全世界民主青年为世界和平、民主独立而斗争的纪念日。省团工委及省学联依照团中央、全国青联、全国学联的通知，有计划地开展宣传活动，发出《纪念“反殖民制度斗争日”的通知》。

21日 中国茶叶公司设南昌支公司，并建立上饶、婺源、浮梁三个茶厂。各茶厂制茶机械日内即由上海启运。

21日 全省第二届卫生行政会议在南昌召开。会议确定了卫生以预防为主的总方针，并着重讨论研究卫生编制、工薪、经费、干部、制度等问题。会议于27日结束。

22日 元月以来，南丰县发生了杀害区委书记杨维汉等4人的重大案件。崇仁、万年、南丰等县发生了包围区政府，杀害区中队长杨文林，抓走区中队战士30余人，夺去各种枪支30余支的重大案件。闽赣边匪首廖其样（祥）、严正等纠集“大刀会”匪徒共600余人，突袭江西省资溪县城，杀害县委宣传部长、区长等7人，抢劫公粮40余万斤的恶性事件。两个月来全省发生此类案件18起，杀害我干部、战士21人，杀伤2人，绑架55人，被抢各种枪支57支，大批物资受损。

22日 省人民法院转发中南军政委员会政法字第一号通令：（一）受理民、刑案件均不收费；（二）旧“六法”已废，旧律师一律停止执行职务，不经改造不能参加司法工作；（三）简化手续，主要以便民为原则。

22日 江西省编制委员会正式成立，邵式平为主任，方志纯、李望淮为副主任，范式人、刘俊秀、牛荫冠、刘瑞森、郭光洲、危秀英、杨泽江、莫循8人为委员。该委员会的任务是：领导各级政府及省级机关进行整编，贯彻与实现统一国家财经工作的措施。

22日 解放军驻广昌部队在广昌县立中学礼堂召开英模大会。特等英雄梁永财、特等战斗英雄白景、特等模范唐守光出席英模大会并讲话。这支铁军曾从黑龙江一直打到广东粤江，现在又积极投身地方生产。

23 日 省委文工团二队在中山堂演出话剧《胜利渡长江》，导演张承舜。演出持续了 5 天。

25 日 省人民政府发出《清明节应纪念烈士的通知》，在全省开展祭扫烈士墓活动。

25 日 华中粮食公司南昌分公司实行有步骤地供应大米。从即日起对薪金人员及其家属，每人每月供应大米 22 斤。私营工厂职工从 4 月起执行。

25 日 省人民政府发出指示，要求各地积极发展棉、麻生产。具体规定：（一）岱字棉在彭泽、湖口、永修 3 县推广，德字棉在九江、安义、吉安、安福、永新 5 县推广；（二）印度黄麻在上饶、吉水两县推广；（三）根据全省农业情况，注意棉、麻良种必须有计划地重点试种，然后逐渐扩展到面；（四）推广费用，由省人民政府负担；（五）各推广县、区人民政府在办理棉、麻良种贷借过程中，应注意种子防潮、防混杂；（六）加强棉、麻良种栽培技术指导，提倡精耕细作；（七）生产的皮棉、麻皮统一由商业、贸易部门优价收购；（八）及时办好良种贷借手续。

26 日 省农业厅派出技术人员分赴全省各专区及国营林场，指导育苗、护林，使 1950 年培育 970 万株树苗的计划得到落实。南昌市建设局制定市区植树保护办法。

26 日 省人民政府副主席方志纯、省委组织部长刘俊秀等 94 人组成 8 个工作组，分赴各专区巡视，督促加强春耕生产领导和开展减租减息运动。

26 日 省财经委员会召开财政和税务两个方面的会议。决定整顿财政收入，节约开支；进行清仓库，严格财政管理制度。

27 日 省民政厅代表省人民政府接受中央机关资助江西苏区的节约救灾捐款 2600 万元（旧币）。

28 日 南昌市政协第一次会议在南昌市人民政府礼堂召开。会议推选南昌市委书记黄霖为主席，市长邓飞、市工商联筹委会主任李善元为副主席。黄霖在讲话中指出：要认真贯彻这次会议的决议和确定的任务，团结互助，为建设新南昌而努力。

28 日 省委发布《春耕生产动员令》，掀起春耕生产运动。在全国农业生产总计划要求下，江西 1950 年农业生产的总任务是在 1949 年农业生产水平的基础上增产 6%，即增产 500 万担稻谷；贯彻减租减息政策，安定群众生产情绪，安定社会生产秩序，解决群众生活困难。

29 日 江西省运粮司令部成立，各专区成立调粮指挥所，完成粮食调运任务。范式人任司令员，牛荫冠任副司令员。

30 日 省军区文艺工作团日前参加中南军区文艺会演，矢明等人创作的《歌唱江西》获创作奖、演出奖、导演奖。其中，《江西是个好地方》这首歌是根据解放军第一五六师宣传队采集的江西民歌《瓜子仁》调而改编的。

本月 上海电影制片厂在宁都、兴国拍摄故事片《翠岗红旗》外景，这是在江西省拍摄外景的第一部故事片。

本月 全省国营煤矿根据国家燃料工业部第一次全国煤矿会议确定的“安全第一”方针以及政务院财经委员会发出的全国各煤矿彻底进行保安大检查的通令，先后建立保安制度，实施安全检查。

本月 九江、上饶、抚州等灾区出现严重春荒。灾区各级政府组织灾民种春菜，开展多种副业生产，帮助灾民生产自救。传唱着“菜是救命粮，有菜能度荒，无菜饿断肠”的顺口溜。

本月～4 月 弋阳、永新、波阳、高安、南昌、广丰、新建、南城、永丰、宁冈、进贤、丰城、峡江、临川、德安、靖安、玉山、乐平、上饶、新干、九江、星子、吉安、婺源、铅山 25 个县通过区、乡农代会，开展减租退租，结合催缴公粮尾欠，解决缺粮、缺种困难，推动了春耕生产。

本月 江西省农业科学研究所在省农林试验总场的基础上成立。当年，在南昌县横岗开荒造田（地），设立试验地。1955 年冬至 1956 年初，省农业厅在横岗成立国营莲塘机械农场，省农科所试验地并入该农场。后该农场被撤销。1958年成立省农科所示范农场。

本月 省公安厅制定《旅店管理规则》、《公共娱乐场所暂行管理办法》、《管理刻字摊店暂行条例》、《旅店业违警暂行处罚法》、《印刷刻字铸造业违警暂行办法》。

本月 省财政厅、赣西南行政公署和江西日报社共同投资26亿元人民币（旧币）筹建赣西南人民造纸厂，这是新中国成立后江西省第一家机制纸厂。

本月 由省财政经济委员会统计检查室、财政厅、工业厅联合组织进行江西省第一次工业普查。

本月 中国银行江西省分行正式成立营业部。

本月 在南昌市工商管理局企业管理科的基础上，成立南昌市企业管理处，下设业务指导处、行政科、秘书科等科室。

本月 由乐平鸣山煤矿调出第一批干部和工人约200人进入乐华锰矿进行开采生产。

本月 中共庐山委员会成立，隶属九江地委领导，机构规格为县级。

1950

4月

April

公元1950年4月						农历庚寅年【虎】							
日	一	二	三	四	五	六	日	一	二	三	四	五	六
						1 十五	2 十六	3 十七	4 十八	5 清明	6 二十	7 廿一	8 廿二
9 廿三	10 廿四	11 廿五	12 廿六	13 廿七	14 廿八	15 廿九	16 三十	17 三月大	18 初二	19 初三	20 初四	21 谷雨	22 初六
23 初七	24 初八	25 初九	26 初十	27 十一	28 十二	29 十三	30 十四						

1日　全省开征薪给报酬所得税（本年6月19日中财委电令停征）。

1日　乐华锰矿运出第一批锰矿石支援鞍山钢铁公司生产。

1日　江西省人民胜利折实公债推销委员会在省人民银行召开第一期公债发行总结大会。从1月10日至3月31日，全省200万份发行任务，实销215万份。

1日　省委、省人民政府、省军区联合发表《告江西省人民书》，动员群众克服困难，迅速掀起春耕高潮。

1日　由省教育厅主办的《教育工作》杂志创刊。

2日　波阳、余干、万年三个县十余万农民，赶修圩堤近三个月，将全长1870余里的圩堤修竣完工，82万余亩稻田受益，并全部播种。

3日　江西省卫生材料厂正式成立，生产酊、水膏剂，年产值2.1亿元（旧币）。江西制药工业从此开始起步。

4日　省人民政府向全省各级政府发出训令，严格检查各地税务工作中贪污浪费现象，惩办贪污分子，指出要把反贪污浪费作为日后的工作制度之一。

5日　赣西南区的永新、吉水、遂川、吉安、安福、永丰等县发动群众，有计划地进行开荒。至当日，6个县已开荒2.78万余亩，另有3770余亩正在开垦中。开出的荒地都种上了农作物。

5日　根据政务院《关于改变粮食加工标准，增加食用粮食的决定》，全省开始加工发售“九二米”和“八一粉”。规定50公斤糙米至少加工成46公斤食米，50公斤小麦至少加工成40.5公斤面粉。不出售精米、精面。

6日　中南军政委员会重工业部有色金属管理总局发出通知，将江西钨锡公司改组为中南军政委员会重工业部有色金属管理总局江西省分局。

6日　省委召开江西省首次党代表会议，决定协同政府完成六大任务：（一）肃清残余匪特，巩固革命秩序；（二）开展生产运动；（三）大力发动群众，准备和实行土地改革；（四）完成国家财经任务；（五）建立各界人民代表会议制度，改造乡村政权；（六）培养干部与加强文化教育建设。并号召全省党员紧密团结起来，开展党内批评与自我批评，团结广大人民群众，为实现六大任务而努力奋斗。

7日　省人民政府转发政务院《关于统一全国税政的决定》和《全国税政实施要则》。

9日　省人民政府发出护林指示，禁止机关、部队及群众任意砍伐森林，并要求各地发动群众，订立护林公约，共同遵守。

9日　省委、省人民政府、省军区发出通知，责成各地驻军协助地方机关组织自卫力量。

9日　永新县召开农民代表会，成立县农民协会，并着重讨论了减租退租及生产等工作。会议决定：（一）讨论通过农会纪律及章程；（二）制定代表的组织纪律和工作制度；（三）减租退租结合反霸、清匪；（四）区干部必须具体分工，点面结合，做好工作。会议于11日结束。

10日　邵式平在省人民政府政务会议上发表《关于春耕生产运动几个问题》的讲话，强调：修堤工程是各级人民政府成立以来最大的建设，要领导群众把圩堤修好；开荒问题，仍坚持“垦生荒五年，熟荒三年，免征公粮”，“今春开垦的荒地、土改时一般不分”；减租退租问题，各级领导要掌握政策，坚定信心，把减租退租与春耕生产结合起来；不得无故荒田、不得无故减产；春耕生产问题，要在恢复1949年农业生产水平上提高6%，全省增产500万担稻谷；奖励劳动模范，省人民政府将制定评劳模的标准，秋后召开劳模大会。省人民政府发出通知，切实执行邵式平的指示。

11日　中国土产公司江西省分公司成立。

11日　中国百货公司江西省分公司成立。

11日　南昌市人民政府公布城市土地地价等级。

11日　省人民政府发出指示，要求各地大力发展双季稻生产。

11日　省人民政府在南昌市郊召开7万余人的生产动员大会。

12日　省人民政府发出财税字第5号令，确定全省税务人员编制为2900人。

12日　省人民政府发出《关于执行〈财政经济统一决定〉的决定》。财政工作实行高度集中的管理体制，统一财政政策、制度和供给标准；财政资金由省统一调拨，人员按统一编制核实，同时建立统一于中央的金库、粮库以及决算制度，加强粮库保管，保证国家各项收入；清理仓库，切实掌握与爱护国家各项资产；遵守执行各项制度，节约开支，克服一切破坏统一及各种本位主义与地方主义；严惩腐化堕落分子。《江西日报》为此发表题为《为保证国家收入贯彻中央财经统一决定而斗争》的社论。

13日　省委、省人民政府、省军区发出《关于清理物资的通知》，指出清理物资是贯彻中央关于统一财经决定的重要任务之一。规定不论财政、企业与党政军机关接收的生产性的、节余的和购买的一切公家物资，必须在5月底清完上报。

13日　省人民政府发出《厉行节约、严禁贪污浪费的通令》，要求各级党政机关厉行节约，反对铺张浪费，不请客送礼，不兴建房屋，杜绝任何贪污，违反规定情节严重者处以重刑。

13日　省人民法院召开全省第二次司法工作会议，参加会议的有14人。会议主要研究和布置建立机构、配备干部、实行巡回审判以及施行诉讼程序和准确量刑等问题。省人民政府主席邵式平到会并发表题为《怎样学会使用人民民主专政的武器》的讲话。主要内容为：（一）司法工作者要研究政策，研究怎样做；（二）要提倡合法斗争，对一切不守国法的要以法治之；（三）人民法庭是司法深入乡村的具体体现，是保卫革命利益的，大家要好好学习人民法庭条例；（四）司法工作要配合土地改革，要为消灭封建而斗争。会议于15日结束。

14日　省人民政府发出《关于经费开支的通知》，对个人生活费和公杂费的供给标准，按照行政级别分别作出规定。

18日　省人民政府奉中南军政委员会财政经济委员会命令，没收蒋介石、宋美龄、孔祥熙、熊式辉、何应钦、陈诚、刘峙、关铁城、吴鼎昌在庐山的房产12处，清点造册收归国有。

18日 省人民政府发布通令，要求各地组织群众开展秧田治螟。

19日 南昌军分区召开营级以上干部会议，整顿思想作风，并贯彻中南军区高干会议精神。会议发扬民主，运用批评与自我批评检查每个人的工作与思想作风，清查了由战争环境转入和平建设环境而产生的堕落思想。会议最后对所属部队提出了六大任务：（一）各部队加强爱国主义思想、土地改革政策、纪律及阶级教育；（二）肃清残匪，巩固人民民主政权，保护国家财产；（三）彻底完成主力部队地方化的任务；（四）完成清仓及财产统一工作，加强统一的观念；（五）完成生产任务、厉行节约；（六）加强部队整训，准备实施文化教育。会议于28日结束。

20日 南昌市郊公安局进行户口大调查。调查至年底，查出南昌市现有64419户，共266712人（其中含南昌县划入的25个乡）。

20日 赣西南区减租退租从3月下旬起全面展开。截至当日，吉安、南康、上犹、赣县、于都等县农民已退回租谷310余万斤。这不仅帮助困难农户解决了生产资料和生活资料，而且在农村中树立了农民的优势，安定了农民的生产情绪和社会秩序。

24日 江西省人民政府救灾委员会成立，方志纯任主任委员，刘一峰、欧阳武、牛荫冠任副主任委员。

25日 全省第一次民政会议在南昌召开。会议于5月3日结束。

28日 省委宣传部在原乐群电影院旧址兴建的文教电影院开业。该电影院为南昌市第一家国营电影院。1958年5月27日，该电影院改建竣工后更名百花洲电影院。

28日 省人民政府发出《四季治螟令》。

29日 省委党校第一期学习班开学典礼在八一礼堂举行，有学员2000名。在开学典礼上，陈正人发表《目前的形势和任务》的讲话，指出全省1950年冬至1951年春的任务是实行土地改革。只有实行土地改革，才能使农业的中国变成工业的中国，才能彻底清灭封建势力，使农民得到彻底解放。并要求加强组织性、纪律性，以求认识真理，正确地完成土地改革的任务。邵式平发表《农村政权建设与农会问题》的讲话，方志纯发表《农村社会、政治情况与我们的改革》的讲话，陈奇涵发表《人民武装建设》的讲话。

29日 省委、省人民政府、省军区发布《关于动员党、政、军人员帮助农民春耕生产的决定》，要求全省党、政、军各机关所有干部及勤杂人员和部队的全体指战员，均须立即无代价地帮助附近农民生产两天，并做到不吃群众的饭，不收群众的报酬，爱护群众的生产工具，作息时间与群众一致，向群众宣传党的政策，遵守群众纪律，向群众学习生产知识。

30日 南昌市劳动局会同有关部门，成立失业工人救济委员会，对已失业的2580余名工人进行救济，并把失业工人组织到各种形式的合作社工作，使大部分失业工人得到安置。

30日 中国人民银行江西省分行大力吸取存款，截至月底，全省存款额达1076亿元（旧币），比3月底余额增加66.42%，已超额总行分配存款任务70%以上。这是实施现金新管理办法、稳定物价和人民币信用提高的结果。

本月 瑞金县重修1933年4月毛泽东在沙洲坝带领当地群众挖的水井，并立“红井”井标。该井是红军长征后，人民群众拼着性命保留下来的，没有被反动派破坏。瑞金县开始筹建革命烈士纪念馆。于1953年4月竣工。

重修后的“红井”

本月 中南军政委员会发布《春耕生产十大政策》：（一）保证劳动收益权；（二）保证雇工自由；（三）保证借贷自由；（四）贯彻减租、停止退押；（五）保障产权、田权，地主依法减租，农民依法交租；（六）保护耕牛、牲口，禁止屠杀耕牛，奖励添置耕牛；（七）奖励开垦荒田，熟荒三年、生荒五年免纳公粮；（八）调整公粮负担；（九）严禁破坏生产；（十）奖励劳动致富。

本月 全省各级人民法院贯彻中央颁发的《人民法庭暂行条例》，迅速组建人民法庭。到年底，全省共成立县、市人民法庭82个、区分庭120个，保障了清匪反霸、土改、镇反的顺利进行。

本月 中共上饶市委改为中共上饶镇党委。同年11月，中共上饶镇党委复改为中共上饶市委。

本月 为贯彻政务院《关于统一全国国营贸易实施办法的决定》，将省贸易公司和各专区分公司撤销，分别建立各专业公司。

建国初期成立的江西省副食品公司赣州分公司批发部

1950 5月 May

公元 1950 年 5 月 农历庚寅年【虎】													
日	一	二	三	四	五	六	日	一	二	三	四	五	六
	1 劳动节	2 十六	3 十七	4 青年节	5 十九	6 立夏	7 廿一	8 廿二	9 廿三	10 廿四	11 廿五	12 廿六	13 廿七
14 廿八	15 廿九	16 三十	17 四月小	18 初二	19 初三	20 初四	21 小满	22 初六	23 初七	24 初八	25 初九	26 初十	27 十一
28 十二	29 十三	30 十四	31 十五										

1日 省军区首届党代表大会召开。参加会议的有省军区直属单位及各军分区党代表340人，列席代表49人。会议传达中南军区高级干部会议精神，部署本年度工作任务。省军区政治委员陈正人致开幕词。他指出，在上级的正确领导下，迅速解放了江西全境，及时清灭了4万以上的土匪，初步发动了群众，稳定了社会秩序，并开展了生产运动。大会还向海南岛前线解放军将士胜利登陆作战发出贺电。

江西军区部分师以上军官合影

1日 浮梁专区贸易公司国营景德镇瓷业公司成立，担负景德镇陶瓷的收购、国内销售和调拨出口任务。

1日 经省劳动局批准，兴中纱厂实行劳动保险。

1日 中苏友好协会江西省分会筹委会，为纪念“五一”国际劳动节、“五四”青年节和纪念马克思诞辰132周年，在百花洲江西省图书馆举办苏联照片展览。其内容有最近苏联大选、职工生活、集体农场及文娱活动等图片百余张。展览于5日结束。

2日 中南军政委员会、中南军区联合发出建立税警团的命令，江西省税警团于本月底组建完毕。

2日 中国人民银行江西省分行从即日起，开办保本保值定期储蓄业务。存入按当日折实牌价计算，存后如物价上涨，则按折实牌价计算本息，可以保值。物价下跌，则按原存货币计算本息。物价涨跌不大，则按折实或货币计算本息，由储户自选，备受储户欢迎。

3日 根据中南军政委员会的指示，省人民政府主席邵式平签发《关于禁止各地进口酒精的通知》。

3日　省委召开全省地委书记会议，听取各地当前开展生产救灾、减租退租、剿匪反霸的情况汇报，并落实日后三个月发动群众搞好春耕生产，准备实行土地改革的任务。

3日　南昌市举行6万人大会，庆祝“五一”国际劳动节和“五四”青年节暨庆祝海南岛全部解放。省人民政府主席邵式平出席大会并发表讲话，号召工人下定决心克服目前困难，团结各界人民努力恢复和发展生产，建设新江西、新中国。会议最后通过了给毛泽东主席暨中央政府的致敬电及给海南前线人民解放军的致敬电。

3日　《江西日报》报道，代理业是牙行和经济人的行栈，是依仗官僚势力，欺行霸市，操纵与垄断市场的行当。南昌市工商局于4月初着手改组信托牙行业，以利于商业经营，防止投机倒把，遂成立代理业公会，以利于经济的繁荣与发展。

5日　省人民政府令指出：手工业产品日后的方针以外销为主，内销为辅。

5日　南昌市首届工人代表大会召开，成立南昌市总工会。会议听取了关于10个月以来工会筹备工作的报告，通过了工会组织草案。省委书记陈正人、省人民政府主席邵式平、中共南昌市委书记黄霖、市长邓飞出席了大会。黄霖向大会作报告，要求大家切实执行“发展生产、繁荣经济、公私兼顾、劳资两利”的政策。并要求代表协助维持营业，度过暂时困难。会上选出了南昌市总工会新的领导班子，全体成员宣誓就职。最后，大会通过了给毛泽东主席、朱德总司令、中华全国总工会的致敬电。会议于10日结束。

9日　《江西日报》报道，修水县渣津、古市两地，1949年8月出现天花病人，至1950年2月中旬，疫情日趋严重。渣津区古市乡1.2万人，传染上天花的360人，死亡180人，经县防疫队救治，145人治愈，接种牛痘1900余人。修水县人民医院立即投入救治，并呈报省卫生厅及九江专区。省防疫大队第二中队和专区医院派出医疗队前往患区。除救治804名病人外，还为6240余人接种了牛痘，疫病得到控制。

12日　省卫生厅举办江西省首届“五一二”护士节表彰会，表彰一等功臣6名、二等功臣13名、三等功臣23名。

12日　《江西卫生通讯》创刊，由省卫生厅主办。

12日　省卫生厅在南昌市举办全省卫生展览，展品19040件，其中469件有关鼠疫防治的展品被选送北京，参加全国卫生展览。展览于15日结束。

12日　省人民政府委员会第一次会议召开。省人民政府主席、副主席暨全体委员就职典礼在南昌市中山堂举行，出席会议1000余人。到会的有省人民政府主席邵式平、副主席范式人、刘一峰（副主席方志纯、饶思诚因病请假）及委员。邵式平致开幕词，宣布江西省人民政府委员会成立及第一次全体委员会议的主要议题；听取省人民政府近一年来的工作报告，确定1950年工作任务；通过江西省财政收支概算，省人民政府组织条例及省人民政府工作人员名单。最后，邵式平号召大家同心同德，团结一致，努力工作，完成全省人民给予政府的使命。省委书记陈正人致词，指出：在政府工作的共产党员，必须依照毛泽东主席的指示，保持艰苦奋斗，为人民服务的优良作风，保持谦虚的态度、实事求是的精神，与党外人士密切合作，虚心向群众学习，巩固与群众的密切联系。江西省人民政府委员会由36名委员组成，其中16名委员为民主党派成员和爱国人士。会议于19日结束。

15日　《江西日报》报道，省粮食局为保管好国库公粮，近日从上海购进大批白朗杜维氏水分测试器、铁壳米温器、样品分组器等近10种科学保管仪器和滴滴（DDT）、六六六杀虫药粉、各种粮虫标本及介绍整治方法的书籍。省粮食局拟从南昌各直属粮库试验，取得经验后向全省粮库推广。

19日　邵式平在省人民政府委员会第一次会议所作的施政工作报告中指出，解放以来，肃清国民党遗留在文化教育上的思想毒素，恢复并建设新民主主义的文化教育，就是我们在这一时期文化教育上的基本方针。

21日　南昌市青年学生1600余人举行盛会，

纪念“五二一”南昌市学生“争民主、反饥饿”的学运日。

21日 省工、青、妇团体及省卫生厅、教育厅联合发出纪念“六一”国际儿童节的通知。

23日 省人民政府财政经济委员会向各行各业、专署市、县政府发出指示，为沟通城乡关系、调节物资供求，应尽快筹设各级合作社机构。

24日 南昌人民广播电台周年纪念播出特别节目，号召“大家动手办广播”。省委书记陈正人题词：“发展人民广播事业，使它成为联系与教育人民的有力工具”。省人民政府主席邵式平题词：“把广大工农的创造广播到广大人民中去”。

24日 省人民政府发出《关于建立中心小学的几点意见》。

24日 南昌市各界人民代表千余人在中山堂举行保卫世界和平签名活动报告大会。至7月24日，全市共有25万市民在《斯德哥尔摩和平宣言》上签名。

24日 《江西日报》报道，省妇联筹委会发出通知，号召全省各级妇女干部广泛宣传、贯彻中央政府颁布的《中华人民共和国婚姻法》，重视妇女儿童的权益，使正确的婚姻制度能贯彻到群众中去。

25日 青年团江西省工委、省学联发出《和平呼吁书》，号召全省青年、学生参加保卫世界和平签名活动。《和平呼吁书》要求无条件禁止原子武器成为毁灭人类的工具，并严格管制，确保执行好。

26日 全省城市工商业会议召开，决定把“重点维持工商业，有计划地组织转业、防止盲目性发展、缩减没有销路、没有前途的生产”作为这一时期调整工商业的总方针。调整工商业主要是调整公私关系、劳资关系、供销关系。具体的调整措施有：（一）扩大对私营工商业的加工订货和统购包销；（二）调整经营范围，调整价格；（三）调整税收；（四）调整私营企业的劳资关系。

29日 玉山县人民政府在桑田区召开公审抢粮分子首犯李河水、从犯吴体才、应益林大会。李河水在国民党统治时期任伪保长十余年，玉山解放后，他勾结土匪李藩林等，杀害中村村长王子年、农民陈增高及苏区老干部陈安忠等3人，又于4月10日勾结土匪，截抢22艘运粮船，将5.2万余斤公粮抢光。经群众控告，将三犯捕获归案。经公审判处首犯李河水极刑，判处从犯吴体才有期徒刑10年、应益林有期徒刑7年。

29日 中南军政委员会重工业部电示，任命宋尔廉为江西省分局局长，任命石汶为副局长。

29日 省人民政府发出第二十四号通令，指示南昌、九江、抚州、浮梁专署及南昌市、南昌、新建、进贤、高安、丰城、清江、新干、九江、瑞昌、湖口、彭泽、德安、星子、永修、临川、余干、万年、波阳19个发生水灾的市、县人民政府，切实加快复堤工程的速度，加强护堤防汛的领导，使圩堤安全度汛，确保农业丰收。

30日 南昌市举行首届运动大会。参加比赛的运动员有工人、解放军及学生1.9万余人。竞赛的项目有团体项目69项。举办此届运动会的目的是把体育由学校普及到工厂、部队，由城市推广到农村，由知识分子发展到广大人民群众中去，让广大人民群众身体健康起来。大会于6月5日闭幕。

30日 省人民政府发出通令，令赣西南行署及各专署、市、县人民政府限期普遍建立司法机构。

30日 省人民政府再次发出关于清理积压案犯的指示，对清理重点对象以及区别对待、分别处理等原则作了规定。据此，全省各级公安机关对关押的案犯进行了认真的清理。

31日 《江西日报》报道，全省农业科学研究所组织4个防疫队，分赴各地开展耕牛防疫。截至本月底，全省已对7000多头耕牛进行防疫注射。

本月 省人民政府创办中国人民解放军江西省贵溪荣誉军人学校。接收由山东、河南两省荣誉军人学校转来的江西籍伤残军人。翌年6月，创办江西省清江荣誉军人学校，接收抗美援朝战争中伤残的江西籍军人。

本月 南昌市人民政府公布《南昌市契税暂行条例施行细则》，由房管局征收契税。

本月~6月 九江市对失业工人的救济工作获得一定成绩。据统计，共以工代赈救济660人，发放救济粮10万斤；动员回乡生产的有234户，计1011人，发放救济粮128575斤；有2077个码头工人开荒，政府贷给粮食6.5万斤；另外对鳏、寡、孤、独无劳动能力者及生活十分困难的失业工人89户，计317人，发放紧急救济粮9280斤；总共发放救济粮212755斤，使九江市4000余名失业工人生活无忧。

本月 5月下旬至6月上旬，袁州专区各县经过整顿农会，结合继续减租、反霸、划乡等工作，取得了显著成绩。全专区8个县共建立了345个乡政权，打倒了213个恶霸。据不完全统计，清理祠堂财产，减退租、催缴公粮尾欠等，计9519670斤。这一切有力地打击了封建势力，树立了农民优势，给贫苦农民解决了夏荒，提高了农民的生产积极性。

本月 江西省劳动局成立。1950年10月至1953年1月，省劳动局和南昌市劳动局合并办公。

本月 省人民政府对全省工商业进行第一次调整。调整商业的主要措施有：减少国营商业零售门市部，扩大国营商业的批零差价和地区差价，取消不必要的交易所，减少交易手续费，国营商业扩大加工、订货、收购业务，人民银行贷款给私营商业等。

本月 省农业厅、南昌大学森林系、省地质调查所、省木材总公司等单位抽调31人，组成4个森林调查队，分赴奉新、靖安、武宁、宜丰、铜鼓、修水、赣县、南康、宁都、大余、于都、兴国12个县调查山林分布、林产品销售、护林防火等方面的情况。

本月 省人民政府制定《江西省合作社组织章程草案》，并在省直机关试行。

本月 新华书店江西省分店根据中央人民政府出版总署《关于统一全国新华书店的决定》以及中南总分店工作会议精神，改称为新华书店江西分店。新华书店江西分店上属新华书店中南总分店和新华书店总管理处，下辖各地新华书店支店。

本月 省军区直属单位及南昌、上饶、九江、抚州、袁州（今宜春）5个军分区开展垦荒生产，垦种荒田2万余亩。

1950
6月
June

公元1950年6月							农历庚寅年【虎】						
日	一	二	三	四	五	六	日	一	二	三	四	五	六
				1 儿童节	2 十七	3 十八	4 十九	5 二十	6 芒种	7 廿二	8 廿三	9 廿四	10 廿五
11 廿六	12 廿七	13 廿八	14 廿九	15 五月大	16 初二	17 初三	18 初四	19 端午节	20 初六	21 初七	22 夏至	23 初九	24 初十
25 十一	26 十二	27 十三	28 十四	29 十五	30 十六								

1 日　中南军区司令部气象管理处南昌气象台建立，并开始地面气象观测。这是建国后江西省最早建立的气象台。

1 日　南昌市万余儿童集会庆祝“六一”国际儿童节，会后举行列队检阅。

2 日　全省各气象台站执行军委气象局制定的气象情报保密制度。

7 日　省商业厅召开工商科局长会议，部署工商业复查登记工作。

9 日　南昌市军管会颁发《关于成立检举、搜集委员会及收集办法》的布告，收集国民党军队撤退前后遗留在南昌市各公共机关、公共企业之各种物资、财产、档案等。

10 日　省文联筹委会主办的《江西文艺》月刊创刊，江橹任主编。

10 日　江西省防汛工作总指挥部正式成立。邵式平兼任主任，陈正人兼任政委。省农业厅厅长邓洪、省水利局局长陈凤池、省军区副司令员贺庆积兼副主任，办公地点设在省水利局。同时，要求各专署、市、县成立相应的防汛组织，严明纪律，克服麻痹思想，确保安全度汛。

10 日　南昌专署所属的一些县区出现严重夏荒，农民靠吃糠、野菜和树叶度日。南昌地委、专署发出紧急指示，迅速将贷粮、救济粮及减租果实发放到困难群众手中，以期度过夏荒。同时，省人民政府财政经济委员会拨出大批无息贷粮，帮助农民解决夏荒困难。

10 日　民盟江西省第一次代表大会在南昌举行。大会指出，全省各级民盟组织要拥护《共同纲领》，并为其实现而奋斗。大会选举产生民盟省支部第一届委员会，主任委员为许德瑗。会议于 16 日结束。

15 日　省文联筹委会为改革地方戏而筹建的实验演出场所——江西地方剧院竣工，在开幕式上演出了《新打狗劝夫》、《芸娘》等南昌地方戏剧目。

16 日　《江西日报》报道，南昌、修水、寻乌、安远、东乡、弋阳、临川、万载、吉安、萍乡、崇仁、定南、铜鼓等县发生蝗虫、负泥虫、稻苞虫和危害棉苗的蚜虫，面积达数万亩。各地政府发动群众，并组织农技人员深入田间帮助农民扑灭害虫，使虫害得到有效控制。

16 日 江西省种子公司在南昌成立。

16 日 《江西日报》报道，省航运局为发展航运事业创造条件，将先后举办海员轮训班，将全省 30 万名海员组织起来，为国家建设服务。省人民政府主席邵式平等出席首期轮训班并讲话，鼓励大家学会航运管理，提高航运技术，为发展江西的航运事业出力。

17 日 江西省工商业复查登记发照委员会成立，21 日开始工作，工商户数复查前为 8307 户，经复查登记，为 9109 户。

18 日 《江西日报》报道，南昌地委、专署联合召开县委书记、县长、公安局长联席会议。整顿干部思想作风，尤其是针对干部中存在的命令主义、官僚主义作风，用说服教育的方法，开展批评与自我批评，帮助犯错误的干部提高认识，增强克服错误的决心，使整顿干部思想作风更加深入。

20 日 江西省合作总社筹备社成立，地址设在南昌市象山路 78 号。同时，省工商厅撤销合作指导科。

21 日 省种子公司召开种子改良和推广工作会议，提出《江西三年内完成种子整理，五年内良种普及计划》，确定种子工作方针以改良稻、麦、棉、麻种子为主，评选鉴定农家品种，推广改良品种。

21 日 中南军政委员会重工业部在萍乡市召开首次煤矿保安会议，传达贯彻燃料工业部大区管理局长会议通过的《关于煤矿保安工作的决定》。主持会议的重工业部副部长曾志到高坑矿下井视察。

22 日 江西省首届工人代表大会在南昌市开幕，有 310 名代表出席大会。大会听取了省总工会筹委会一年来的总结报告，讨论并决定全省日后工运的方针与任务，通过章程及选举产生了江西省工会联合会。大会期间，邵式平等省领导及各民主党派代表向大会致词。

22 日 省委文工团为纪念南昌解放一周年，在中山堂演出四幕话剧《红旗歌》。

22 日 由省委宣传部、省文联、省文工团组成的土改调查创作组，分赴新建灾区调查，收集素材进行创作活动。活动于 8 月 11 日结束。

26 日 南昌市第二届各界人民代表大会第一次会议在市政府礼堂开幕。参加会议的各界代表 253 人，经省人民政府批准，将代行人民代表大会的职权，选举市长、副市长、委员，组成市人民政府委员会。会议对调整工商业、公私关系、劳资关系及税收等问题进行了讨论，通过《关于调整工商业几个问题》等决议。工商界代表李善元当选为南昌市人民政府副市长。会议审定通过了《南昌市人民政府一年来的施政报告》、《南昌市 1950 年的财政收支概算》、《南昌市各界人民代表会议组织条例》及《南昌市人民政府组织条例》。会议于 30 日闭幕。

28 日 省商业厅发出《关于调整工商业公私关系几项具体措施的指示》。指出：第一，各国营贸易公司应在当地政府工商机关统一领导下工作，各公营企业单位一律参加同业公会及工商业联合会，以团结、领导和帮助私营工商业者发挥经营积极性；第二，贯彻内地贸易自由政策，放宽市场管理尺度；第三，调整批发价与零售价的适当差额；第四，缩小国营门市零售，改营批发业务，减少供销店，改善供销代销办法；第五，采取加工订货办法，扶助重点工商业，开辟土特产品销路，畅通城乡内外贸易；第六，加强教育，提高干部政策水平。

28 日 省人民政府发布《发动群众进行除治虫害令》。

30 日 江西省复员军人委员会成立。邵式平任主任委员，彭嘉庆、方志纯任副主任委员。负责军队转退役干部战士的接收安置工作。1951 年 12 月 7 日更名为江西省转业军人建设委员会，各专署、市、县均成立此机构。

本月 省人民银行拟定放款计划，于本月发放贷款余额增至 50 亿元（旧币），扶助南昌市私营企业发展。

本月 全省规模最大的造船厂组建。该厂前身是江西省航运管理局机修所。

本月 南昌市成立了中西药业药品协管委员会。

本月 在全省82个县中，有50个县发生旱灾，其中永丰县受灾田地达40万亩。各地群众在各级政府的领导下，有效地进行抗旱减灾活动。

本月 省军区指战员积极参加反对美帝侵略保卫世界和平签名活动，据不完全统计，到月底，全军区签名人数达3.2万余人。

本月 出卖邓演达的叛徒陈敬斋被省公安厅捉拿归案，押解到北京。最高人民法院依法判处陈敬斋死刑。

本月 九江市开办第五期妇女识字班，有200余人参加。据不完全统计，44个县全年举办各种形式的妇女识字班3000多个，学员6万余人。

本月 萍乡矿务局机厂（中型修理厂）工人发明煤车轮中心眼绞刀、车水管丝扣工具、刨螺丝槽夹铁、三头钻架4种新工具，使该厂超额完成了6月份的生产计划，产品质量也有了很大提高，创造了新的纪录。

本月 中共瑞金分区地委改为中共宁都地方委员会。宁都地委成立后隶属赣西南区党委领导。

本月 省人民政府颁布《实行土改时期切实做好保护民族文物的工作通令》。

1950

7月 July

公元1950年7月 农历庚寅年【虎】													
日	一	二	三	四	五	六	日	一	二	三	四	五	六
						1 建党节	2 十八	3 十九	4 二十	5 廿一	6 廿二	7 廿三	8 小暑
9 廿五	10 廿六	11 廿七	12 廿八	13 廿九	14 三十	15 六月大	16 初二	17 初三	18 初四	19 初五	20 初六	21 初七	22 初八
23 大暑	24 初十	25 十一	26 十二	27 十三	28 十四	29 十五	30 十六	31 十七					

1日 经铁道部批准，上海铁路管理局南昌办事处改为南昌铁路分局。即日，南昌铁路分局成立，分局长由上海铁路管理局副局长栗培元兼任。

1日 省人民政府执行政务院财经委员会决定，对税收进行调整。调整内容包括调整税种、税目以及税率量。

1日 南昌市失业工人救济委员会救济处办理失业知识分子登记，安置和救济贫民、失业工人、知识分子共53045户，150644人。

1日 江西火柴厂正式成立。其前身是南光火柴制造厂股份有限公司，是江西首批公私合营的工厂，是轻工业部民用火柴定点生产厂家之一，也是江西省火柴科技情报站、江西省火柴质量检测中心站所在地。

1日 省卫生厅为促进乡村卫生事业的发展，在莲塘乡创办全省第一家乡村卫生实验院。

3日 南昌铁路分局在南昌市中山堂举行正式成立典礼。

4日 省人民政府地质调查所改为第四地质调查所，隶属中南军政委员会资源勘测处领导。

5日 南昌市各界代表3000余人在八一礼堂举行反对美帝国主义公开侵略行动大会，同时继续展开和平签名活动，并正式成立了中国保卫世界和平大会江西省分会。

5日～16日 江西省首届农民代表大会在中山堂召开。来自全省82个县的752名代表参加了大会。大会确定了日后全省农运工作的方针任务，制定了土改细则，通过了《江西省农民协会工作与斗争纲领》、《江西省农民协会组织章程》，正式成立江西省农民协会，并选出农协委员77人，选举刘俊秀任省农协主任。大会提出了江西省土改实施细则的初步意见，并已呈请省人民政府批准，各地代表一致提出土改前要做好五件大事：（一）在政府领导下继续反恶霸，反匪特，贯彻减租，抓紧夏收夏种和秋收秋耕，搞好生产；（二）整顿农会、民兵、妇女会等组织；（三）帮助乡村干部改进思想作风；（四）查清田亩；（五）监督地主转移土地，破坏耕畜，农具。大会分别向毛泽东主席、中共中央、中央人民政府、人民解放军、中南军政委员会、中共中央中南局等发出致敬电。

6日 省人民政府就土地改革问题举行座谈会。出席座谈会的有全省各民主党派、机关、团体的代表共40余人，会议由邵式平、刘一峰主持。会上，传达了全国第二次土改工作会议精神，讨论了全省土地改革问题的情况，并号召大家向各阶层人民展开宣传，得到了与会各界代表的一致响应和拥护。

7日 浮梁地委土改试点工作团深入万年县六区，宣布没收地主的土地、耕畜、多余的粮食及其在农村中多余的房屋，分给无地、少地的贫雇农；稳定了中农思想，广大农民生产积极性有了很大的提高。

7日 赣西南军区司令部公布1950年上半年剿匪战绩，半年歼匪3900余名。

11日 上午10时，萍乡矿务局新大进煤矿发生老窿积水破壁，矿井被淹事故，井下人员38人获救，19人死亡。事故发生后，萍乡矿务局迅速成立了善后处理委员会，处理善后事宜，并会同当地政府、公安局组成了慰问队，前往慰问死难者家属。次日，全省各产煤地、市先后召开保安会议，开展群众性安全大检查。

12日 省国营各级专业公司贯彻执行中央统一调配物资清点指示，在省商业厅领导下完成清点工作。全省共查出意外损失共达25亿余元（旧币）。

13日 省人民政府发出《关于印发南昌大学农学院长杨维义提出的提倡三耕（春耕、秋耕、冬耕）杀灭稻虫方案的通令》。

14日 省人民政府发布《关于严防假票侵入捣乱金融，加强反假票斗争的指示》。

15日 新华社江西分社奉命与《江西日报》分开办公，其组织与工作统一由新华社总社管理，社址仍设在南昌市阳明路。

17日 省政务会通过省人民政府《关于召开江西省首届各界人民代表大会几个问题的决定会》，对增补大会筹备委员会名额、大会中心内容、筹委会办公地点、增加区域代表、大会准备工作、大会报到日期及大会参考文件等作了决定。

17日 江西省首届妇女代表大会在中山堂开幕，全省各界妇女代表300余人出席了大会。大会确定了日后的工作方针、任务，通过了《江西省妇联组织章程》，选举出省妇联执委，并正式成立江西省民主妇女联合会。同时，省妇联召开第一次执委会，选举危秀英为主任，胡德兰、赵辉为副主任，朱旦华兼省妇联秘书长、省妇联宣传部长和女工部长，赵辉兼组织部长，孟素为生产部长，周涵真为福利部长。大会于21日闭幕。

18日 全省各人民团体在省总工会举行会议。会议决定成立中国人民反对侵略台湾、朝鲜运动委员会江西省分会，并规定自7月23日至29日为“反对美国侵略台湾、朝鲜运动周”。

20日 南昌市城市建设委员会成立，邵式平兼任主任委员。

21日 中央中南工矿考察团、中南重工业部、人民监察委员会事故检查组、江西省人民政府调查组先后到达萍乡矿务局。经过连续7天检查，认定7月11日萍矿事故的原因是领导及工程人员麻痹大意错误坚持历史工程计划所造成的。

21日 经省人民法院报请省人民政府批准，“中统”特务王鹤林在南昌被执行枪决。

21日 省人民政府发出《关于召开江西省首届各界人民代表大会通告》，决定8月中旬在南昌召开省首届各界人民代表大会，并就代表资格、名额分配及代表产生办法作了规定。

22日 省人民政府发出《将中医组织起来，提高科学技术水平》的指示。

23日 中央中南工矿考察团一行55人，在张维汉率领下抵达南昌，考察江西劳动保护情形及工矿生产中的关键问题，提出解决办法供中央政府参考。

23日 民盟江西省支部、农工党江西省工委、国民党革命委员会江西省分部筹委会，联合在省人民政府交际处邀请各界代表座谈，反对美帝侵略我国台湾和朝鲜。

23日 江西省各界人民代表会议筹委会制定《江西省首届各界人民代表会议筹备委员会办事规则（草案）》。

24日 赣州市西河浮桥重建竣工。桥长204米，宽3.5米。

24日 省农业厅召开江西省畜牧兽医会议，讨论加强日后耕畜保健工作。

25日 抚州专区土改试点在南城二区和七区开始进行。参加试点工作的同志有地委干部学校101人，地委、专署、公安处十余人，南城县委40多人。两个区共划新乡21个，平均每乡约有7名至9名干部掌握工作进程。抚州地委要求这两个区要逐级召开代表会，实行群众路线和合法斗争，推动土改试点工作的进行。计划到9月中旬进行试点总结。

27日 根据省委宣传部的决定，省委文工团抽调80人参加南昌人民广播电台收音员训练班，学习时间为一个月，结业后分配到全省各县从事广播工作。

江西人民广播电台收音员训练班全体学员合影

27日 袁州地委工作队与宜春县委60余人，到达宜春土改试点区，开展土改试点工作。

28日 江西省教育厅改名为江西省文教厅。

28日 《江西日报》报道，南昌市暑期初高中毕业学生，除继续升学者外，全部由政府统一分配就业。

29日 省委党校在市八一礼堂举行首期党校结业典礼。省委书记陈正人、省人民政府主席邵式平及民主党派代表许德瑗，省委组织部长刘俊秀，省委党校其他负责人均出席结业典礼并讲话。同时为81名模范学员授奖。

30日 省委文工团改为江西省文工团，为配合土改宣传，排演《九尾狐》、《阴谋》、《小姑贤》、《送红袄》及该团创作的《媒婆说亲》等剧目。

本月 政务院财政经济委员会电令中南财委：中央决定将南昌水电公司等11个电厂（公司）收归国营，统一由中南军政委员会重工业部代管。

本月 省卫生厅根据卫生部发出的《关于各地应结合卫生防疫运动普遍开展饮水消毒工作的通知》，在全省组织培训了大批义务消毒员，对井水、塘水、河水、湖水等水源进行消毒处理。

本月 据不完全统计，自开展和平签名活动以来，全省参加和平签名的人数已达112.5万余人。其中，有20万工人参加了签名。目前，此活动继续在城乡间广泛开展，广大人民群众纷纷表示要以实际行动维护和平。

本月～8月初 《江西日报》编辑部收到瑞金人民写的《上毛主席书》共19件，表示他们将以高涨的革命热情拥护土改，并衷心要求早日实现土改，得到彻底翻身。

本月 九江兴中纱厂在九江市人民政府与国营经济的扶助下，在劳资双方共同努力下，稳步渡过难关，走向发展，全月棉纱产量达752件，超计划0.3%。兴中纱厂为全省最大的纺纱厂，现有纱锭1.8万枚，工人1025人，职员49人。

本月 根据贸易部《关于国营贸易机构几种主要统计报表的决定》，全省各级贸易机构普遍建立统计报表制度。

本月 南昌铁路中学开始在第三交通路（现洛阳路）筹建。1951年9月开学。

本月 中央老革命根据地访问团在江西省收集革命史料2000余件。

1950 8月 August

公元1950年8月							农历庚寅年【虎】						
日	一	二	三	四	五	六	日	一	二	三	四	五	六
		1 建军节	2 十九	3 二十	4 廿一	5 廿二	6 廿三	7 廿四	8 立秋	9 廿六	10 廿七	11 廿八	12 廿九
13 三十	14 七月小	15 初二	16 初三	17 初四	18 初五	19 初六	20 初七	21 初八	22 初九	23 初十	24 处暑	25 十二	26 十三
27 十四	28 十五	29 十六	30 十七	31 十八									

1日　全省50多个县发生旱灾，20多个县发生虫灾。省人民政府决定成立江西省抗旱灭虫委员会，由邵式平兼任主任，指示各地迅速发动群众开展抗旱、灭虫活动。

1日　南昌市驻军及南昌市各界181个单位，共7万余人，在八一公园广场隆重举行纪念“八一”建军节23周年及反对美帝侵略我国台湾和朝鲜大会。会后举行了火炬游行。

1日　省人民政府发出《关于登记失业知识分子办法》的通知，通知规定：凡解放前后从事教育工作及大学、专科毕业学生与一般文化、艺术、新闻、科学工作者，现在尚无职业者，均可凭毕业证或服务机关证明文件及当地区以上政府介绍信，到当地失业工人救济委员会办理登记手续。

1日　南昌桥工队创造了换桥孔1小时55分的全国纪录。为此，上海铁路局及时呈请铁道部给予表扬，并为全体职工记大功一次，赠给“光荣创造新纪录”锦旗一面。

1日　从即日起，中国人民银行江西省分行所属各单位，执行中国人民银行总行颁布的全国统一汇款汇费优待办法。

2日　省人民政府发布关于禁烟禁毒六项规定的通知。随即在全省范围内开展群众性禁烟禁毒活动。

3日　省委根据中南局《关于组织各省进行百乡调查的意见》，组织大批干部深入农村进行调查研究，写出有关土改运动政策的调查报告，对全省开展土地改革运动起到决策作用。

4日　省总工会发出指示，要求全省各地厂矿自8月份开始，开展提高产品数量、质量，降低成本的生产竞赛，并从这次竞赛中评选出劳模代表，出席全国工农兵劳模代表会议。

5日　省委召开第二次江西省党员代表大会，传达党的全会精神和毛泽东主席的讲话，通过《为完成土改与生产建设而斗争》的决议，作出全省争取两年完成土改的决定。全省各地工商联组织积极支援土改工作，南昌市工商联筹委会成立支援土改委员会，调处481起土改案件，使农民收回利益折合人民币约13万元（旧币）。大会于23日闭幕。

6日　《江西日报》报道，目前，全省各地正在展开土地改革宣传，通过宣传各地农民纷纷表示拥护土地改革法。于都、兴国、吉安、贵溪等县不少农民还上书各级人民政府，要求及早分田。

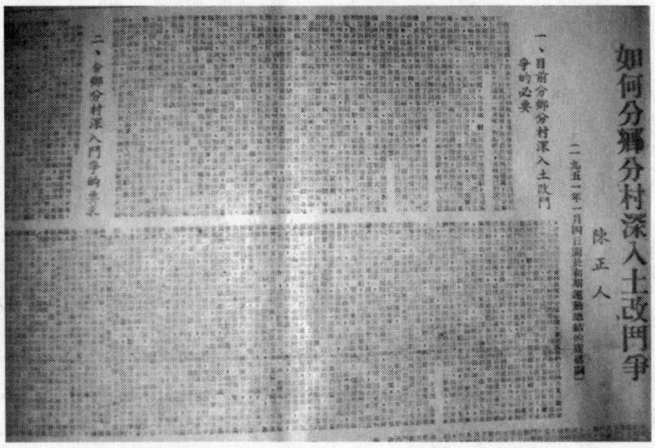
如何分鄉分村深入土改鬥爭

陳正人

一、目前分鄉分村深入土改鬥爭的必要

二、分鄉分村深入鬥爭的要求

《江西日报》刊发的陈正人《关于如何分乡分村深入土改斗争》的讲话

7日　省各界人民代表大会筹委会制定《江西省首届各界人民代表大会宣传纲要（草案）》，要求各地利用一切宣传工具，对江西省首届各界人民代表大会的重要意义、中心内容、代表资格及代表产生办法进行广泛宣传。

7日　省政协召开第一次会议，推选32人为省政协常务委员会组成人员。

10日　截至当日，省人民政府各直属机关基本完成学习整风运动文件的任务，开始转入写反省笔记的阶段。

11日　省人民政府通知，自8月份起供给制个人包干标准统一按中央规定标准执行。其中，勤杂人员粮食113斤、一般干部115斤、中灶165斤、小灶215斤。

12日　中南军政大学江西分校改称中南军政大学第四分校。月底，第四分校第二期招生，从解放军第四十一军、第四十八军和江西省军区接收2500名优秀连排干部学员，设4个大队，20个中队。

12日　南昌市人民政府所属各单位代表1100余人，在南昌胜利剧场听取邓飞市长所作的题为《怎样检查领导与检查自己》整风动员报告。从而端正对整风运动的认识，以检查改进工作为目的，深入开展整风运动。

12日　省人民法院奉最高人民法院指示，向全省各级人民法院抄发《华东地区逮捕人犯暂行条例（草案）》，以禁止乱捕乱押。

14日　凌晨1时，台湾一架飞机窜扰新余县罗坊、界水乡上空，投下“反共”传单和少量食物。

16日　萍乡县公安局破获“华中反共革命救国军第一纵队”反革命阴谋武装暴动案，其“司令官”王可成、“副司令官”陈绍贵等首要分子及骨干34人全部落网。

18日　《江西日报》报道，宜春两个土改试点乡中村乡和绛桥乡先后整顿农会，针对农会中存在的问题，着重解决了贫雇农与中农之间的思想隔阂；树立团结思想，充分扩大队伍；打破宗族观念，摧毁封建组织；进行民主教育，改善干群关系4个问题，使农民组织在原有基础上得到了进一步巩固和发展。

20日　为配合土地改革宣传，经省委宣传部批准，省文联筹委会号召南昌市7家剧院联合举行《七巧姻缘》（石凌鹤、叶红编剧）观摩公演。公演于9月4日结束。

21日　江西省首届各界人民代表会议举行预备会议，邵式平以《团结努力，把我们这个会议开好》为题，就会议召开的历史条件和其所担负的重大任务作了报告。

25日　中南影片经理公司南昌发行站成立。这是江西省第一个电影发行机构。

27日　江西省首届各界人民代表大会开幕。出席大会的代表共825人。民革江西省分部筹委会、民盟江西省分部筹委会、民盟江西省支部委员会、农工党江西省工委各推选代表10人出席。这次大会经中央政府政务院与中南军政委员会批准，代行江西省人民代表大会职权。大会听取并审议了省人民政府成立以来的施政、军事、财经工作报告；根据中央政府颁布的土地改革法制定江西省土地改革法实行细则，根据中央政府颁布的《省各界人民代表会议组织细则》，制定江西省各界人民代

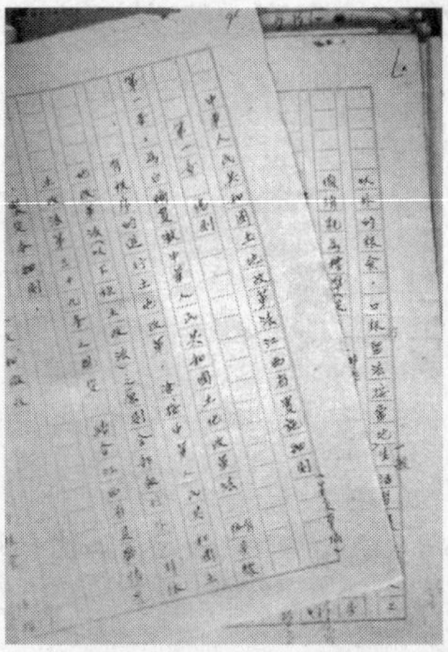
中华人民共和国土地改革法江西省实施细则草稿

表会议组织条例；选举省政协主席、副主席和委员共97人；省政协代行政协江西省地方委员会职权。讨论江西省当前应兴应革事宜。大会听取了省委书记陈正人作的《关于江西省土地改革实施问题》的报告，会议期间，省人民政府主席邵式平作《关于一年两个月的施政报告》，省军区司令员陈奇涵作《一年来的军事工作的报告》，省人民政府副主席兼财委会主任范式人作《一年来财经工作的简要报告》，省文教委员会主任彭加伦作《关于文化教育问题的几点意见》的报告，省劳动局局长李杰庸作《关于劳动政策与劳动保护办法》报告。大会一致同意上述报告，并提请省人民政府采纳，成为以后实施以上各项工作的依据。代表们听取了代表资格审查委员会对代表资格审查结果的报告。大会以不记名投票办法，选出江西省各界人民代表会议政治协商委员会，陈正人当选为主席，陈奇涵、方志纯、刘一峰、欧阳武当选为副主席，邵式平等92人当选为委员。会议通过将省土地改革实施细则交省人民政府报核施行，并将省委书记陈正人所作的《土地改革实施问题报告》及省土地改革委员会主任刘俊秀对土地改革中具体问题的解释作为以后指导全省实行土改的依据。大会临时动议，通过了为永远纪念为革命牺牲的烈士，在南昌建立革命烈士纪念塔的决议。

省首屆各界人民代表會議
完成任務勝利閉幕
通過土改問題報告及土地改革實施細則
成立江西省協商委員會陳正人當選主席
省協商委員會主席
副主席與委員名單

《江西日报》刊载的省首届各界人民代表会议通过土改问题报告及土地改革实施细则

28日 江西省第一期民政干部训练班开学。培训学员145人。12月，接办第二期，培训学员100人。

30日 全省各界人士抗议美机射伤我国人民。民革江西省分部筹委会、民盟江西省支部、农工党江西省工委以及中国人民反对美国侵略朝鲜台湾委员会江西省分会、省总工会、省农协会、新民主主义青年团省工委、省妇联、省学联筹委会先后或联合发表声明，拥护周恩来外长的声明，要求制裁侵略军队，愤怒抗议美机侵犯我国领空，扫射鸭绿江沿岸，伤及我国人民的暴行。

本月 至1951年2月28日，上海铁路管理局南昌分局实行《全国铁路职工疾病伤残补助试行办法》，共缴纳劳动保险基金5.27亿元（旧币），解决职工的死、伤、疾、老、生育问题。其中1.1130亿元（旧币）拨到工会作为会员借贷基金，9725人享受到借款待遇。1903万元（旧币）作为救济基金，1000人得到困难补助9280万元（旧币）。

本月 南昌市开工兴修南北向交通干道——八一大道（于1956年建成，全长5000米，宽60米）。

本月 上海市人民政府将中华樟脑株式会社部分机构、设备和职工迁至江西吉安，改名为中华樟脑厂。该厂成为我国传统化工产品——樟脑生产主要基地，也是建国后江西省第一家化工企业。该厂于1956年改名为江西樟脑厂。

本月 省人民政府明令禁种罂粟，禁止毒品，在全省范围内开展群众反烟毒斗争，重点打击团伙制毒贩毒主犯、惯犯、现行犯。并本着“检查从严、处理从宽”原则，争取改造胁从者。

本月 自1949年12月至本月，南昌市米谷交易所充分发挥调剂作用，共成交稻谷527324石，米522971石，基本上改变了南昌历年来粮价暴涨暴跌现象，连续5个月使粮价保持正常。

1950

9月 September

公元1950年9月							农历庚寅年【虎】						
日	一	二	三	四	五	六	日	一	二	三	四	五	六
					1 十九	2 二十	3 廿一	4 廿二	5 廿三	6 廿四	7 廿五	8 白露	9 廿七
10 廿八	11 廿九	12 八月小	13 初二	14 初三	15 初四	16 初五	17 初六	18 初七	19 初八	20 初九	21 初十	22 十一	23 秋分
24 十三	25 十四	26 中秋节	27 十六	28 十七	29 十八	30 十九							

1日　省军区英雄模范代表大会召开。大会总结了省军区一年多来的英模工作，英模代表作典型事迹报告。战斗英雄康起、爆破英雄邢文治出席10月1日在北京举行的全国战斗英雄代表大会。大会于6日闭幕。

战斗英雄康起（前排左五）、爆破英雄邢文治（前排左六）出席全国战斗英雄代表大会的合影

2日　中南区石油公司奉令组建南昌石油公司。为组建该公司，中南区石油公司调配了十余名干部，红军干部赵凯轩率领20余名干部职工，其中有中南区公司预定的人事科长，业务科长，财会科负责人等，由汉口、长沙先后出发到达南昌。

2日　中国茶叶公司与苏联全苏粮谷输出公司订立中苏茶叶贸易合同。中方供苏茶叶10050吨，其中祁红（含浮红）880吨、宁红300吨。

4日　省财政经济委员会副主任兼省财政厅厅长牛荫冠在江西省各界人民代表大会上作《关于调整工商业及公私关系和税收等问题》的发言。

5日　根据中南军政委员会《关于加强对外贸易的指示》，全省积极开展出口贸易，相继组建南昌畜产厂、茶叶和矿产品三个外贸分公司，直接收购、加工、调拨出口畜产品、茶叶和矿产品。

9日　中共江西省纪律检查委员会正式成立，陈正人兼任书记。

9日　早晨7时5分，南昌市嫁妆街49号失火，毁房屋166栋，243户863人受灾，伤60人。

10日 南昌市总工会在南昌中山纪念堂前广场举行欢送会，欢送江西省工人劳模代表赴北京参加全国工农兵劳动模范代表大会。

10日 据不完全统计，在江西省和平签名活动中，签名者已达530万余人。

10日 截至当日，中国人民银行江西省分行为扶助恢复本省渔业发展，发放渔业贷款共计3亿9615万元（旧币）。

10日 省人民政府发出《关于司法工作几个问题的指示》。主要内容有：司法工作的方针与任务；对旧司法工作的接管；各级人民法院的组织与干部配备；领导关系与工作作风、工作制度等问题。

11日 省军区直属各单位1000余人在军区政治部大礼堂举行授赠中南、东北解放纪念章大会。

12日 省人民政府颁布《江西省关于贯彻中共中央谁种谁收政策的布告》。

12日 经省人民政府及省计委同意，中国人民银行江西省分行即日起到10月15日在全省范围内，按票面1元兑换人民币1500元（旧币）的规定比价，收兑土地革命时期苏区发行的各类钞票。

14日 江西省人民政府监察委员会成立，杨尚奎任主任。该委员会专司查处政府机关工作人员、公营企业职员、服务合作社干部、公立医院、学校教职员的违纪失职员和腐败行为。1955年3月改为监察厅。1959年10月撤销。

14日 省人民政府发出赣法刑字第17号通令，规定普通刑事案件应遵照通常程序办理，不得违反。

15日 省人民政府成立工业厅，行使原建设厅工矿局职权，管理江西省国营和公私合营工业。1956年10月改为省工业厅、省电业局；1957年3月，省工业厅改为省轻工业厅，省电业局改为省重工业局。

15日 省人民政府成立文化教育委员会。1954年12月改为江西省人委文教办公室（又称第二办公室），1956年6月撤销；1958年1月复设省人委文教委员会，1959年7月撤销；1964年4月复设江西省人委文教办公室。

16日 萍乡县公安局破获“中国国民党勘乱委员会国特室赣西区办事处”反革命组织，捕获首犯刘汝霖，主犯黄祖缅、陈绍明、陈柯、文策、文福元、王伟、宋康佑、彭树富、杨盛富、陈明山、潘开元等12人。

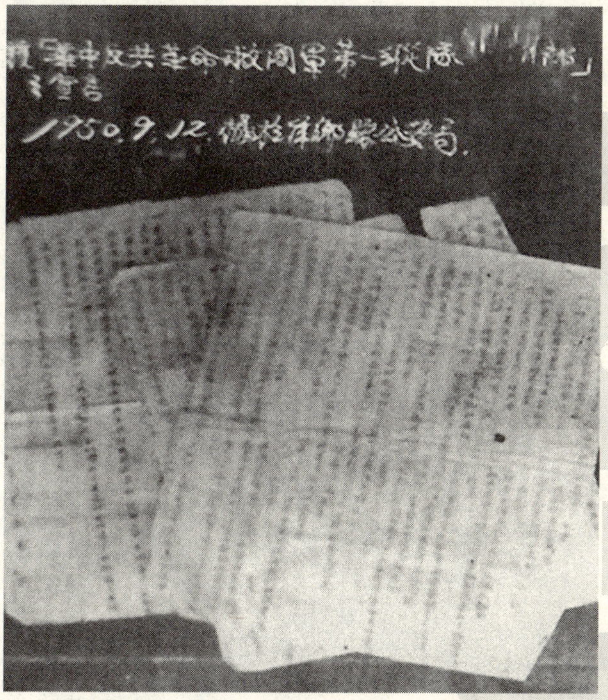

萍乡破获“华中反共革命救国军第一纵队”地下组织暴动案的反革命罪证

16日 《江西日报》编辑部就葛敬周因维护群众利益进行正确批评而遭吉安县委威胁打击一事致函中共吉安地委，要求中共吉安地委帮助吉安县委深刻检讨，并对此事作出正确处理。

17日 省人民政府指示各地发动群众，抓紧季节播种红花草，打好1951年春肥基础。

18日 中南军政委员会第26次会议决定：江西省（市）合作事业管理局行政编制55人，专（市）区合作事业指导科编制8人，县（市）合作事业指导科编制6人。

18日 《江西日报》发表题为《进一步加强代表会议的领导发挥代表会的更大作用》的社论。

19日 省合作总社筹备社召开会议，传达全国合作工作者第一次代表会精神，要求贯彻《中华人民共和国合作社法（草案）》、《中华全国合作社联合社章程（草案）》和省、市、县合作社，城市消费合作社，农村供销社章程准则修正案。并决定在土改区、地产区和城市工矿、机关团体、学校等有组织的单位重点试办各种供销合作社和城市消费合作社。

19日 江西省农业厅改为农林厅，邓洪任厅长。内设林业、水利二局，设秘书室、农场管理科等9个科。

19日 漆裕元（民盟江西省支委候补委员）任江西省人民政府参事室副主任。

20日 省人民政府发出指示，要求各地发动农民开展冬耕、冬种、积肥、开荒。规定开垦熟荒免征农业税1年至2年，生荒免征3年至5年。土改政策规定，解放后开垦的荒地归原垦者耕种，不计入土改田亩数目。

20日 自即日起，南昌人民广播电台对全省播送记录新闻。记录新闻包括中央及省人民政府的重要政令、指示，江西省重要新闻，各地工作经验介绍等。

21日 省人民政府在《江西日报》公布关于征粮指示的全文。要求各地设立各级征粮委员会，专门负责领导征粮工作，并要求各地保证征粮政策的正确贯彻和如期完成任务。

21日 省人民政府发出《关于加强税收工作的指示》。《指示》要求各地税务部门加强税收，简化手续，并规定了调整税收的内容和具体办法。

21日 省文联筹委会在省图书馆举办建国后江西省首届美术展览。展览持续至27日结束。

25日 省人民政府根据中央政府颁布的《新解放区农业税暂行条例》，公布《新解放区农业税暂行条例江西省施行细则》。规定农业税以户为单位，按农业人口每人平均全年农业收入累进计征。

25日 萍乡矿务局高坑矿超洪突击队副队长邓文益参加全国工农兵劳动模范代表大会，并荣获“全国劳动模范”称号，为江西省煤炭系统的第一位全国劳动模范。

29日 省商业厅发出通知，要求全省国营贸易机构参加同业公会，其目的为密切公私关系，实现国营经济对私人经济的领导，使公私经济分工合作，各得其所。

30日 省人民政府发出《关于广播收音工作的指示》，要求各级党委、政府、人民团体重视广播收音站工作，尽可能扩大收音网。并对收音站的隶属关系、人员编制及任务作出明确规定。

本月 经省人民政府批准，成立参事室。1953年9月经省人民政府批准，成立文史研究馆。

本月 省委作出《关于创办江西省技术工人养殖学校的决定》。

本月 全省开始实行全国统一的合营及公私合营工矿企业统计报表制度。

本月 省人民政府决定在省财经学校的基础上，组建江西财经专科学校，增设统计专科。

本月 吉安分区行政督察专员公署改称为吉安区行政督察专员公署。

本月 江西省人民政府南昌分区行政督察专员公署改称为江西省人民政府南昌区行政督察专员公署。

1950
10月
October

公元1950年10月　农历庚寅年【虎】													
日	一	二	三	四	五	六	日	一	二	三	四	五	六
1 国庆节	2 廿一	3 廿二	4 廿三	5 廿四	6 廿五	7 廿六	8 廿七	9 寒露	10 廿九	11 九月大	12 初二	13 初三	14 初四
15 初五	16 初六	17 初七	18 初八	19 重阳节	20 初十	21 十一	22 十二	23 十三	24 霜降	25 十五	26 十六	27 十七	28 十八
29 十九	30 二十	31 廿一											

1日　全省各界10万余人在南昌体育场举行集会，热烈庆祝中华人民共和国成立一周年。会后举行游行活动。

省市军民在南昌举行庆祝中华人民共和国建国一周年游行

4日　省人民政府批准成立“省市（南昌市）专（南昌专署）干部业余文化实习学校”，主要招收参加革命工作3年、18岁以上、政治条件较好、有培养前途、身体健康、志愿入学者。教学采用选课制，分初中、小学两部，每周一、三、五晚上课（1952年该校改名为省机关干部业余文化实习学校，1955年3月改名为省机关干部业余文化学校，1958年撤销）。

5日　省人民政府颁发《江西省各级司法机关办理民、刑案件暂行办法》。

6日　江西电信管理局九江电信局两个测量队自本年6月份起开始对湖口、彭泽、德安等县长途电话线路进行实测，在149个工作日内，共测线杆999根。

7日　省人民政府发出指示，要求各地动员群众保护耕牛，防止少数不法分子非法出卖、宰杀耕牛。

8日　省委根据中共中央《关于建立检察机构问题的指示》，日前作出在全省建立各级人民检察机关的决议。

8日　省人民政府颁布《严禁砍伐森林》的布告。

9 日　以希加拉为团长的世界民主青年联盟代表团一行 20 人抵达南昌访问。南昌市各界青年 3 万余人举行欢迎会。

10 日　中南区财委主任邓子恢发布《执行中央关于本区 11 个电厂收归国营统一领导的指示》。

11 日　上饶专区革命烈士纪念碑和黄道烈士墓竣工。

13 日　省军区召开高级干部会议。会议确定肃清残余土匪，保卫土地改革，大力支援抗美援朝战争为军区的中心任务。

15 日　据调查统计，南昌市有纺织业 16 户，开工机器 237 台，纱锭 4144 枚，针织业 40 户，开工机器 400 余台，绒巾业 40 户，开工机器 74 台，麻织业 3 户，开工机器 6 台，纱产量由上年 8 月份的 7218 匹增至本年 8 月份的 14500 匹，增至本年 9 月份的 21559 匹。

16 日　中国石油公司中南区公司南昌分公司正式成立。该公司受中南区公司和省商业厅双重领导，业务以中南区公司为主，组织行政归地方领导。

1950 年中国石油公司南昌分公司开业纪念合影

19 日　《江西日报》报道，省人民政府决定成立江西省援助皖北、苏北、河北、河南灾民寒衣劝募委员会。以刘一峰为主任，黄先、欧阳武为副主任，并向各级政府发出指示，发起劝募寒衣运动。

20 日　经国家内务部批准，乐平专署改称浮梁专署，移至景德镇市；瑞金专署改称宁都专署，移至宁都县。本年，全省划为 9 个专区，辖 6 市 82 个县。吉安、赣州、宁都专区之上设赣西南行政公署。

20 日　省军区召开首届英模代表大会，出席大会的代表共 246 名。大会传达了全国战斗英雄会议精神，交流经验，制定了《军区立功运动临时条例》。大会于 26 日结束。

江西军区召开首届英模代表大会，总结交流剿匪等工作经验，表彰先进。图为大会现场

21 日　万载县人民法庭开庭审判匪首辛乾、辛国保。该两名匪首过去为蒋匪军军官，在万载一带成立反动组织，欺压人民，进行反革命活动，两次向解放军假投诚，阴谋继续活动，最终被公安机关破获。法庭经过审判，并经专署批准，判决该二匪以极刑，当场枪决。

23 日　省军区发出命令，命令剿匪部队，县、区武装工作队和民兵积极配合和参加土改运动。

24 日　省卫生厅制发《江西省各县、市训练旧产婆的暂行办法》，要求团结与改造旧产婆，灌输科学接生方法，保护妇幼安全，同时在南昌县小兰乡建立新法接生试验区。

24 日　江西省结核病防治所成立。

24 日　经省委批准，省商业厅拟定《关于中国土产公司江西省公司机构设置与经营办法》。确定土产公司的经营方针是：开展土产品的购销工作，大力组织土产出口与省内外推销，促进城乡内外物资交流，恢复与发展工农业生产。

25 日　为支援皖、苏、冀、豫灾民，南昌市实募寒衣 33114 套。

26 日　省人民政府颁布《1950 年冬季小型

农田水利工程进行办法》。要求各专区、县（市）政府积极兴办小型农田水利，经费由受益户自筹，必要时由人民银行贷款。省水利局以奉新、安义、靖安、高安、泰和、万安、赣县、南康8县为农田水利工程示范区，派出工程队巡回指导，各专区、县（市）也试办示范工程。

26日 省农林厅召开全省农业生产会议。会议总结了一年来的农村生产工作，确定了日后生产任务。会议指出，全省有2870万亩水田，增产稻谷86.1万担，超计划112%，开荒431264亩，增产稻谷644977担；培筑圩堤共修土方16553371立方米，保障了1949年受灾水田2711323亩免遭水灾；完成原计划修筑大型水利工程任务的103%，兴修小型水利工程4130座，超过计划的68%，各县群众自动兴修小型水利工程达29500座，受益田193.4万亩。同时，在推广良种方面有很大成绩，收购茶叶32800担，培育林苗1046余万株，造林323.7万株。会议决定广泛开展冬耕冬种工作，奖励开荒，保护耕畜，奖励耕畜繁殖；兴修农田水利工程，就赣、信、抚、饶、修5大河系圩堤涵闸进行修建；造林工作以护林为主。会议于29日结束。

27日 南昌市振华染织厂向杭州购买电力织布机28台及配套纬纱卷筒设备，这是江西省使用的第一批电力织布机。

29日 省土地改革委员会派出3个巡视检查组，分赴上饶、浮梁、南昌专区巡视检查土改工作。

29日 省文联筹委会主办的《新文艺》，从第43期起改为周刊，并在《江西日报》上刊出。

本月 江西大吉山钨矿破土兴建全国第一座日处理合格矿125吨的机械化钨选矿厂。

本月 中南区重工业部钻探总队在江西萍乡高坑筹建第二钻探队，委托萍乡矿务局代管，又称萍矿钻探队。12月，第一台蒸汽钻机开钻。

本月 乐平县钟家山煤矿开办，这是建国后江西省第一家县营煤矿。

本月 丰城县破获“国防部青年救国军赣中总队司令部”反革命阴谋暴乱案。该案由国民党上校军官徐克信接受“国防部青年救国团”团长胡轨的指派，在清江、丰城、高安等十多个县发展反革命成员数百人，徐任司令官，下设9个支队，13个大队，26个中队和一个地下“县政府”，委派了各级反动职务，破案时缴获“派令”32张，联络信15封，手枪2支，子弹120发，捕获中队长以上骨干82名。

本月 抗美援朝战争爆发后，全省财政系统贯彻执行中央“巩固国防、稳定市场”的方针，机关、团体、部队的银行存款短期冻结。

本月 省人民政府投资393.49亿元（旧币）在南昌市兴建江西造纸厂。1952年10月1日正式投产，主要生产新闻纸等机制纸。

本月 中国人民保险公司南昌市支公司成立，以强制保险和自愿保险两种方式举办国内保险。

本月 全省各级人民法院和人民法庭积极参加镇压反革命运动，配合抗美援朝、土地改革、民主改革和工农业生产，依照政策、法律，惩办土匪、恶霸、特务、反动党团骨干、反动会道门头子和其他反革命罪犯。

1950 11月 November

公元1950年11月　　农历庚寅年【虎】													
日	一	二	三	四	五	六	日	一	二	三	四	五	六
			1 廿二	2 廿三	3 廿四	4 廿五	5 廿六	6 廿七	7 廿八	8 立冬	9 三十	10 十月小	11 初二
12 初三	13 初四	14 初五	15 初六	16 初七	17 初八	18 初九	19 初十	20 十一	21 十二	22 十三	23 小雪	24 十五	25 十六
26 十七	27 十八	28 十九	29 二十	30 廿一									

1日　江西省鼠疫防治所成立。

1日　玉山气象站建立并开始地面气象观测，这是建国后江西省建立的第一个气象站。

1日　省人民政府、省农民协会联合发布《区、乡农民代表大会组织通则》。

1日　省人民政府决定成立省合作事业管理局。该局为行政机构，直属省人民政府领导，与省合作总社筹备社合署办公，负责领导全省合作行政管理与经营业务，以及全省手工业的社会主义改造。

2日　南昌市军事管制委员会颁布《关于反动党、团、特务人员申请悔过登记实施办法》。规定：凡自动真实登记，彻底悔过，缴出所有武器、电台及一切证件，检举揭发潜伏组织及其人员，协助人民政府破获敌人有功者，依情减免其罪行或给予奖励；凡企图隐瞒、抗拒、破坏登记者，依法严惩，并坚决镇压。市公安局开始办理反动党团及特务人员登记。至2月16日，共有2283人登记。

3日　省合作总社筹备社成立江西省合作货栈并开展各项经营业务。

4日　各民主党派中央派出土地改革工作队，部分土改工作队队员到江西省参加农村土地改革运动。

5日　南丰县水南乡农民向毛泽东、斯大林各敬献南丰蜜橘1000公斤。斯大林赞誉南丰蜜橘为“橘中之王”。

7日　省委作出《关于武装建设的决定》，提出有计划、有步骤、有重点地在群众斗争中建设民兵。

8日　省军区设立人民武装处，由省军区副司令员贺庆积兼任人民武装处处长。同年12月改为人民武装部，各军分区增设人民武装科，各区设民兵大队部，各县设人民武装支队部。

9日　南昌市回族群众代表40余人在南昌市清真寺举行时事座谈会，讨论当前时事和学习《各民主党派联合宣言》。与会者表示，坚决支援抗美援朝、保家卫国运动，并拥护《各民主党派联合宣言》。

9日　江西省基督教召集南昌、赣州、吉安、九江、萍乡等33个地区的代表，在南昌举行会议。会议讨论了基督教革新问题，全体代表一致表示，要以最大决心在5年内完成自治、自养、自传的目标。会议通过了《建议组织江西省基督教协进会筹备委员会》及拥护《中国基督教在新中国建设中努力的途径宣言》等7项提案。会议于15日结束。

11日 南昌人民广播电台更名为江西人民广播电台。

解放初期的江西人民广播电台增音室

12日 省妇联发出《关于动员全体妇女积极参加土地改革的指示》。

12日 南昌大学教职工300余人举行时事座谈会。大家对美帝侵略朝鲜扩大战争一致表示愤慨，并发表由全校教职员签名的宣言。宣言表示誓以实际行动支援抗美援朝、保家卫国，必要时将以投笔从戎、请缨杀敌的行动来参加这场战斗。

13日 江西省救济委员会成立。方志纯任主任委员，刘一峰、欧阳武、李杰庸、吕良任副主任委员。

13日 省人民政府拨款69亿元（旧币）给新牲纺织厂购置5台细纱机，完成新增4万纱锭任务。省工业厅厅长刘尊五在该厂主持召开增锭座谈会。

14日 江西省革命烈士纪念塔筹建委员会成立。陈正人任主任，邵式平等任副主任，原定在今南昌市老福山街心花园建纪念塔，后改在今南昌市八一大道建革命烈士纪念堂。

14日 为迎接全省900多万人口的土地改革运动，由省委、省人民政府及省委党校组成的4个土地改革工作团，分赴全省各土地改革地区协助进行土改工作，其中省内民主党派派出24人。

15日 南昌圣类思高级护士学校无理开除阅读《白毛女》、《论人民民主专政》、《新人生观》等书籍的该校学生刘仁化，南昌市学生及各界纷纷抗议。次年5月10日，该校实施帝国主义奴化教育的法国医院院长戴清德被驱逐出境。

15日 省人民政府发出命令，要求在尚未实行土改的地区积极贯彻减租、反霸、退押、废债等社会改革，为土改创造条件。

15日 省委发出加强土改保卫工作的指示，部署公安机关加强侦察破案工作，防止敌人的破坏活动，保障土改胜利完成。

15日 南昌市各界人民代表会议政治协商委员会邀请全市各界代表百余人在南昌市人民政府俱乐部举行时事座谈会。会上，代表们一致表示必须以实际行动来支援抗美援朝、保家卫国运动，并提出广泛开展时事学习、反对收听“美国之音”；基督教开展“三自”（自治、自养、自传）爱国运动；工商界提出不造假、不搞投机倒把，搞好生产经营等意见和行动目标。

18日 保卫世界和平大会委员会江西分会与反对美国侵略我国台湾及朝鲜运动委员会江西分会在南昌举行联席会议，决定将两个分会合并，改组为中国人民保卫世界和平反对美国侵略委员会江西分会。会议决定江西分会的任务是：推广抗美援朝、保家卫国运动；鼓励各界青年上前线参加抗美援朝的战斗；慰问中国人民志愿军及朝鲜人民军等。

19日 南昌市公安局公布《奖惩实施办法》。该办法规定：对各界人民群众举报敌特活动线索的行为实施奖励，并鼓励反动组织的人员立功自赎。

20日 江西省合作事业管理局成立，统一管理全省合作事业，包括对手工业的社会主义改造。1954年8月，省合作事业管理局改为省手工业管理局，1958年1月并入轻工业厅。1961年5月复设省手工业管理局。

21日 中国人民保卫世界和平反对美国侵略委员会江西分会在中苏友协礼堂举行第一次常务委员会，到会19人。会议决定，各分区和主要县（市）分别成立总支会和支会，推动抗美援朝、保家卫国运动在全省范围内展开。同时办理志愿参加抗美援朝的报名工作。当日，即有32名爱国青年报名，自愿参加志愿军部队。

21日 省人民政府发出《关于召开县、市各界人民代表会议的指示》。指示要求：全省各地在结束秋征转入土改与社会主义改造这一关键时期，必须召开一次县、市各界人民代表会议，以集中讨论以土改工作为中心的议题，作出土改计划，贯彻11月15日省土字第3号通令中所指出的迅速准备转入土改与社会改革工作，进行社会主义改造。

21日 民革江西省分部、民盟江西省支部、农工党江西省工委、省总工会、省农民协会、青年团省工委、省学生联、省妇联、省中苏友协、南昌市基督教协联合发表书面意见，拥护周恩来外长抗议美军驻日占领军指挥官麦克阿瑟擅自释放屠杀中国人民的日本甲级战犯重光葵。

23日 经政务院批准，撤销上饶广平镇建制，恢复上饶市，属上饶专区管辖。

24日 省人民政府决定1951年扩大植棉面积为60万亩。全省现有棉田34.4万亩，与目前人民衣被需要量相差很大。

24日 江西省人民政府人事局成立。

24日 省财经委员会发布关于恢复《城市政教费附加与秋季工商税限本月底江西省一律入库的决定》。指定在南昌、樟树、丰城、赣州、唐江、吉安、九江、修水、抚州、宜春、萍乡、上饶、鹰潭、广丰、玉山、河口、贵溪、景德镇、鄱阳、乐平、宁都21个县（市）镇进行附加征收。

24日 《江西日报》报道，全省1950年农业税的征收工作基本完成，其中上饶、宁都、南昌三个专区已经全部完成，其余各地已完成80%以上。为更好地增强国家的国防与经济建设力量，全省各地正在全力进行扫清公粮尾欠，并对故意拖延的不法分子进行必要的惩处。

25日 省财经委员会发出《关于景德镇瓷业方针及若干问题的通知》，要求首先保证和维持从事瓷业的十余万人的生活，再逐步进行经济改组和技术改造。

26日 全省各民主党派及人民团体，对法帝国主义驻越南陆空部队擅自侵入我国国境并扫射轰炸我国军民的侵略行为一致表示抗议。民革江西省分部、民盟江西省支部、农工党江西省工委、省总工会、省农民协会、青年团省工委、省学生联、省妇联、省文联、中苏友好协会江西省分会、南昌市基督教协联合声明，拥护外交部发言人严正声明，坚决为粉碎一切侵略而斗争。

26日 南昌市人民法院颁发布告，宣布：将帅新年、金烈、李显潮三个抗拒、破坏“反动党团特务人员登记”的蒋匪特务分子处以死刑，立即执行枪决。

27日 南昌、上饶、弋阳、宁都、新建、永新、吉水、九江、乐平、丰城等22县（市）部分区、乡青年农民踊跃报名参加武装队伍。至12月17日止，有2159名青年农民被批准入伍。

28日 中共中央批准：增补方志纯、刘俊秀为中共江西省委常委。

29日 民盟江西省支部、农工党江西省工委、省总工会、省农协、青年团省工委、省学联、省妇联、中苏友协江西省分会一致抗议，反对美帝单独与日媾和，拥护苏联政府给美国政府的备忘录中坚持的立场，痛斥美帝欲重新决定中国台湾、澎湖列岛主权的主张。

29日 省人民政府发出《关于土地改革法中所称一般荒山与森林的地权林权处理问题的指示》，规定成片一脉连贯的森林、荒山均为大森林，归国家所有和经营；地主、祠堂、庙宇的森林，由所在地区乡政府发动群众共同管理经营；荒山收归国家所有，由附近群众集体植树造林。

29日 省文工团一队60余人赴宁都、于都县赖村、银坑等区参加土改。省文工团二队50余人去贵溪县老区参加土地改革。

30日 省人民政府委员会第四次会议在省

人民政府大礼堂举行，会议历时3天。会议部署了全省土地改革工作，邵式平到会并讲话指出，要放手发动群众，彻底消灭封建制度；陈奇涵作了有关报告，指示要掌握4个关键，反对3种偏向。

本月 中国石油南昌分公司在南昌市郊打缆洲利用旧仓库和旧盐仓建起了第一个油库，红军干部段玉明（女）任油库主任。

本月 全省向皖北、苏北、河北、河南灾民募捐棉衣18.5万套（含代金折合棉衣）。

本月 江西省立水利专科学校并入南昌大学，隶属南昌大学工学院。

本月 南昌市人民法院针对过去一些私商与政府机关订立加工、订货、招标、建筑合同中违约骗款、盗卖公物、使国家财产遭受严重损失的情况开始试办公证工作。规定：凡公家与私人订立之契约，双方当事人及保证人签押后，应将原契约移送至法院公证。

本月 省抗美援朝分会召开会议，决定在全省范围开展群众性抗美援朝运动。据43个市、县的不完全统计，工商界捐献抗美援朝购买飞机、大炮款103亿2678万元（旧币其中有捐献黄金）。其中，南昌市捐款数折合购战斗机5.6架；景德镇市超额完成购买2架飞机的捐款任务。

本月 省财政厅设立财政检查科。12月，省财政厅审计处撤销。此后长达30年，江西省一直没有设立专职审计机关，仅由各级财政检查、监察机构部分行使审计监督职能。

本月 省人民政府发出《关于加强税收工作领导的指示》。该《指示》第三条规定了税务人员6项守则：（一）认真办事；（二）廉洁奉公；（三）利民便商；（四）诚恳和蔼；（五）研究政策；（六）遵守纪律。

本月 中华书局南昌分店和商务印书馆南昌分馆与三联书店、中华书局、商务印书馆、开明书店、联营书店五大民族资本出版企业联合组成中国图书发行公司，并召开会议，积极共谋联合之路。

本月 江西省土地改革委员会成立，刘俊秀任主任。该委员会具体指导全省土地改革运动，并制定《江西省土地改革实施细则》。

本月 江西省首届青年代表大会召开，成立了共青团江西省工作委员会。

1950
12月
December

公元1950年12月　农历庚寅年【虎】													
日	一	二	三	四	五	六	日	一	二	三	四	五	六
					1 廿二	2 廿三	3 廿四	4 廿五	5 廿六	6 廿七	7 大雪	8 廿九	9 十一月大
10 初二	11 初三	12 初四	13 初五	14 初六	15 初七	16 初八	17 初九	18 初十	19 十一	20 十二	21 十三	22 冬至	23 十五
24 十六	25 十七	26 十八	27 十九	28 二十	29 廿一	30 廿二	31 廿三						

1日　省军区举行首次人民武装工作会议，出席会议的有军区司令员陈奇涵、副司令员杨国夫、贺庆积等20余人。省委书记陈正人、省人民政府主席邵式平出席会议。会议总结了全省一年来的民兵建设工作，讨论和确定了1950年冬到1951年春的基本方针和任务。会议于5日结束。

2日　九江市军事管制委员会通知，由九江市石油支公司看管和使用英商亚细亚、美商美孚两石油公司的九江市金鸡坡油库。

吉安分公司上世纪90年代的办公楼

吉安石油分公司上世纪50年代的办公楼

建厂初期的赣南石油化工厂炼油车间

2日　中南军政委员会发出《干部在土改工作时期的八项纪律》：（一）严格执行政府法令；（二）坚决保护农民利益；（三）依法严惩不法地主；（四）明确划清敌我界线；（五）绝对禁止贪污受贿；（六）切实服从农协决议；（七）坚决服从上级指示；（八）严格请示报告制度。

2日　为贯彻中央军委、政务院《关于招收青年学生、青年工人参加各种军事干部学校的联合决定》，成立江西省军干校招生委员会。全省有9000余名学生参加军干校。

5日　省妇联机关报《江西妇女》创刊。1953年3月底停刊。

6日　南昌市万余名大、中学生在市体育场举行纪念“一二·九”、“一二·一”学生运动斗争日，并举行了抗美援朝、保家卫国游行大示威。省人民政府副主席刘一峰、南昌市委书记黄霖、省学联主席邵荷春到会并讲话，勉励全体同学要继承“一二·九”、“一二·一”的光荣革命传统，热烈响应祖国号召，积极参加国防建设。

7日　全省3000名干部在八一礼堂举行省市机关干部大会，庆祝朝鲜平壤解放。邵式平到会并作报告，号召全体干部以实际行动做好本职工作来庆祝胜利。

8日　省人民政府发出《配合土改开展一九五〇年冬学工作的指示》。

9日　全省各界致电祝贺朝鲜人民军和中国人民志愿军部队。

9日　省人民政府发布通令，公布实施《江西省契税暂行条例施行细则》。

9日　省人民政府发布通令，遵照政务院的指示，决定各级监狱、看守所即行移交公安部门管理，兼受司法部门的业务指导。

10日　省总工会发布关于建立各工厂、矿山工人纠察队的决定，目的为加强防卫、保护厂矿安全生产。

10日　省工业厅召开全省第二次工矿会议。会议决定将兴中纱厂1.88万枚纱锭增至4万枚。

10日　全省第三次司法工作会议召开。与会者100余人。中南军政委员会司法部副部长徐风笑、省人民政府主席邵式平出席会议。会议讨论贯彻首届全国司法会议的精神，明确当前工作，明确建立与健全人民法庭的重要性，研究严厉镇压反革命，制裁不法地主破坏活动的必要性，以保证土地改革顺利进行。会议于17日结束。

11日　省人民政府第四十五次政务会议召开，批准成立省合作社联社筹备委员会（简称省联社）与省合作事业管理局合署办公，原省合作总社筹备社同时撤销。

12日　南昌市第二中学成立军干校保送委员会。报名同学表示要发扬八一起义光荣传统，成立了“八一战斗队”。

12日　江西日报社召开首届通讯干部联合会议，商讨进一步开展土改宣传工作。南昌、袁州、上饶、吉安、宁都5个地委机关通讯干部及1950年冬进行土改县的县委宣传干部共45人参加。会议于18日结束。

13日　南昌县小兰乡小兰村合作社成立。邵式平莅临祝贺。小兰乡合作社是全省最早成立的合作社之一。

14日　省人民政府发出指示，要求各地在1951年积极恢复苎麻与发展黄麻生产，以适应工业原料日益增加的需要。

16日　南昌市军管会从颁布《肃清特务匪徒，巩固革命秩序，保卫生产建设》布告以来，历时45天共登记特务分子及反动党团人员687名，一般党、团员自动交材料者1597名。收缴各种证件3800件，收报机1部，短枪9支，子弹81发等。

17日　兴建的余江县白塔渠正式开工。白塔渠是建国后江西省兴建的第一座5万亩以上灌溉工程。

18日　省委、省人民政府联合发出《关于开展合作工作的指示》，提出慎重稳步建立合作社的方针。规定农村组织供销社500股为一社，先在土改区、特产区、水产区进行。要求各地有计划地整顿现有社，清理国民党时期遗留的旧社，自上而下建立供销社系统和各级合作社领导机构，培训大批合作社干部，迅速建立专、县合作科（局）。

19日　《江西日报》报道，省人民政府发布指示，为配合土地改革并适应农民对文化、政治学习的要求，各地应利用冬季农闲时间，有计划、有组织地开展1950年冬学工作。

20日　省人民政府主席邵式平签发《关于地主违抗法令，进行各种破坏，抗拒土地改革法及人民政府的行动，对违法地主必须实施管制的决定》的公告。

20日　省人民法院抚州分院审结陈求隆、陈兰芳上诉黄良春、黄接宗、黄挺生山地权案。

20日　杀害方志敏烈士的主谋郭绍阳等被判处死刑，执行枪决。

玉山县怀玉山区高竹山木樟树——方志敏被俘处

方志敏（中）与刘畴西、王如痴在狱中的合影

21日　南昌市各界、中苏友好协会江西省分会、南昌市分会在中山堂举行庆祝斯大林71岁寿辰晚会。省人民政府主席邵式平、省军区司令员陈奇涵、省人民政府副主席刘一峰等相继讲话祝福。晚会最后放映影片《诗人莱尼斯》。

22日　全省各民主党派及人民团体，一致拥护我国代表伍修权支持苏联代表维辛斯基在联合国安全理事会控诉美国侵略中国的发言。民盟江西省支部、民革江西省筹委、农工党江西省工委、省总工会、省农民协会、青年团省工委、省学联、省妇联代表纷纷发表讲话，抗议美帝庇护日本细菌战犯。

22日　为加强抗美援朝宣传活动，中南影片经理公司南昌办事处与南昌市5家电影院决定自即日起举办电影宣传月活动。影片有：《赵一曼》、《中华儿女》、《白衣战士》、《无形的战线》、《百万雄师下江南》、《吕梁英雄传》、《大西南凯歌》、《卫国保家》、《红旗漫卷西风》，苏联影片《胜利而归》、《小英雄》、《易比河会师》、《愤怒火焰》、《普通一兵》、《人民之女》等。宣传月活动至翌年1月14日结束。

22日　政务院财政经济委员会颁发《私营企业重估财产调整资产办法》，省工业厅转告兴中、新牲两厂，根据《办法》规定，进行清产核资工作。

23日　全省组织志愿赴朝参加战地工作的医务人员354名，卫生厅请示组织战地医疗队。

24日　《江西日报》刊登全省各界人民拥护周恩来外长的声明，一致抗议所谓"朝鲜停战"提案，民盟江西省支部、民革江西省筹委、农工党江西省工委、省总工会、青年团省工委、省学联、省农协、省妇联、省文联筹委、中国人民保卫世界和平反对美国侵略委员会江西省分会、中苏友好协会江西省分会发表书面谈话，誓以实际行动粉碎美帝一切侵略阴谋。

24日　中国人民保卫世界和平反对美国侵略委员会江西省分会与南昌市分会，在省人民政府交际处邀集各民主党派代表、各界爱国人士、留美学生共50余人举行座谈会。会议由中苏友协江西省分会副主席刘一峰主持。与会者控诉美帝侵略的暴行，并一致表示以实际行动抗美援朝，争取和平。

26日　南昌市工商界举行抗美援朝示威游行，11325人联名上书毛泽东主席，表示声援抗美援朝，保家卫国和实现爱国公约的决心。

27日　赣州市将原"保安救火会防护团"改组为赣州市人民义务消防团。

29 日 省军区下达“配合邻省围剿，清灭边境残匪”的命令，对闽赣边的联合会剿作出统一部署。

30 日 南昌市天主教各团体、学校及教友129人在私立公进小学举行反美爱国座谈会，发表《反美爱国革新宣言》，坚决与帝国主义割断联系，实行自治、自传、自养。

30 日 省人民政府决定，并报中南区财政经济委员会批准，在南昌市兴建一座5万枚纱锭和2000台织布机的江西纺织厂。

31 日 省人民政府颁布《麻醉药品管理暂行条例及施行细则》、《麻醉药品临时登记处理办法》。

31 日 中国人民银行江西省分行为发展全省红茶出口贸易，扶助茶农增产，在修水、铜鼓、武宁、浮梁等县开办茶园整修贷款业务，截至当日，共计贷放人民币12.9亿元（旧币）。

本月 省军区人民武装处改为人民武装部，各军分区增设人民武装科，各区设民兵大队部，各县设人民武装支队部。

本月 全省天花流行，患者1597例，死亡413例。省卫生厅制定了《江西省扑灭天花计划》，计划年内按3000人到4000人口培训一名种痘员，并完成全省第二次普种牛痘工作。

本月 省人民政府办公厅发出通知，决定成立省人民政府消费合作社，入股社员凭购买证购买商品，给予优待。

本月 截至本月，全省9个专区、82个县均建立了妇联或妇联筹备委员会，196个区建立了妇联，2864个乡建立了妇代会，共有会员1093287人，有专职妇女干部1058人。

本月 省委发出《关于镇压反革命工作的指示》，为贯彻落实中共中央关于镇压反革命的指示，省委结合江西的实际情况，对镇反工作作出具体部署。

本月 江西农具工厂炉工周德辉改进了节炉风口和装炉方法及焦炭喷洒盐水，使焦铁比达到173:1（公斤/吨），创中南区焦铁比新纪录，被评为全国劳动模范。

本月 省财政经济委员会转发中南区《关于国营经济对合作社优待的暂行办法》，规定国营贸易公司对几种主要商品按批发价格优待合作社的比例：纱布、植物油2%，细粮、粗粮、煤油等3%，食盐5%，煤炭6%，国营工矿对合作社售货优待3%；国家运输对合作社按运输规章减一等；电讯对合作社按公电收费；新成立的合作社在一年内减税5亿元（旧币），并再以对折优待2500万元（旧币）。凡根据合作社法（草案）组织的合作社并经政府登记批准取得合法资格者，均可享受本条例之优待办法。

本年

本年 年初，省人民政府根据《中华人民共和国暂行审计条例》，制定《审计暂行条例（草案）》。

本年 3月至5月，中国茶叶公司江西省公司所属上饶茶厂副厂长王轩然及属下人员利用职务之便，进行集体贪污，分别受到惩处。

本年 有色金属管理总局江西分局决定在赣州市花园塘筹建选矿试验室。

本年 省财政经济委员会计划室与省工业厅开始对包括煤炭在内的8种重要物资实行统一平衡调配。

本年 本年秋天至1951年3月28日，南昌专区抗美援朝运动普及与深入发展，共有523879人受到爱国主义教育。全专区101个集镇有260510人参加了反美侵略示威游行，给中朝部队写了7581封慰问信，做了6916个慰问袋，捐助人民币762亿元（旧币）。

本年 自5月以来，南昌市共救济失业工人7087名，基本解决了失业工人的生活困难问题；另有400余名失业知识分子得到救济或安置。

本年 全省组织城镇贫民1066户、3577人到新干、德安、婺源等县参加土改分田，从事农业生产。

土改初期，分到田地、耕牛的农民喜笑颜开的情形

本年 南昌大学农学院院长杨惟义在江西省开展“三耕结合三光”治螟活动（“三耕”，即积极秋耕、普遍冬耕、提早春耕；“三光”，即禾田稻根拔光、捡光、烧光），得到省人民政府主席邵式平的肯定和支持。全省各地开展这项活动后，效果显著，南昌、新建、安义三县成绩最突出。1954年，全省螟害率从1949年以前的10%～20%降低到1%。

本年 全省各地结合土地改革，大力兴修冬季水利工程。据省水利局检查，从1月起至12月底，鄱阳、南昌、新建、余干、临川、进贤、丰城、清江、九江、安义、彭泽、永修、新余、高安、星子、等县、市共完成3253926个土石方。全省各地的土石方工程已开工，南昌市富大有堤1500米石方护岩工程基本完成。

本年 有色金属江西分局抗美援朝分会捐献“赣南钨矿工人号”战斗机一架。

本年 三二〇厂（现洪都机械厂）的生活区与生产区开工修建。由南昌市八一建筑工程公司设计、施工。新建两种类型的二层宿舍72幢，建筑面积3万余平方米，南昌市劳动局调配处集中3000余名建筑工人参加施工。

本年 国营江西省汽车运输公司和江西省航运公司分别从省公路局、省航务局机关划出，成立独立核算的企业单位。

本年 全省成立20个手工业生产合作社，有社员2635人，分布在景德镇、瑞金、宁都县等少数地区。

本年 秋季，中南军政委员会重工业部武汉钻探总队派马炳卯等赴萍乡，组建中南第二钻探队，开展萍乡地区煤田勘查工作。当年，中南第二钻探队在萍乡高坑煤矿大井北钻下第一孔，这是建国后江西省钻下的第一个孔。

本年 中方供应波兰中国红茶120吨，其中宁红一级60吨、宁红二级60吨。

本年 省建设厅改组，省水利局改属省农业厅领导。1951年7月，省水利局更名为省农林厅水利局。

本年 年底，民盟江西省支部、民革江西省筹委、农工党江西省工委在全省开展各民主党派成员重新登记和组织整顿工作先后基本结束。经过成员重新登记和组织整顿，全省30个市、县保留和建立了民主党派组织，共有成员800余人。

1951年

概要

全省的工作方针与任务是：深入开展抗美援朝爱国主义运动；完成农村土地改革与土改复查及城市民主改革；进一步镇压反革命；有计划地恢复与发展工农业生产；发展文化建设事业；加强人民民主政权建设。当年，江西省第一届民兵代表大会召开，大会确定整顿巩固民兵组织，健全各级民兵领导组织机构，加强民兵建设，担负起镇反和保卫地方秩序的任务。召开了江西省第一届英雄模范大会。部队战斗英雄、民兵英雄、工农业劳模出席了大会。在全省开展了爱国主义增产节约运动。开展了贯彻婚姻法运动。

土地改革全面展开 当年春，省委抽调干部组成9个土改检查组，由省党、政主要领导带队分赴全省各地市检查土改工作。4月以后，全省各级政府、农会暂停土改工作，省政府颁布了春耕生产的十大政策，组织农村群众全面开展春耕运动，并制定了1951年农业生产以恢复粮食生产为主，有计划地恢复副业生产。12月，省政府决定加速完成土改与复查，深入贯彻民主改革。第一期土改结束后，省委和省政府部署在全省全面铺开土改。7月至10月，进行第二期土改；11月至1952年3月进行第三期土改。据统计，全省第一、二期土改中，参加土改的乡计有3784个，占全省7179个乡的52.7%，人口合计为870.32万人，占全省农业人口1400余万人的61.4%。

城市工矿企业的民主改革 民主改革的方针是：充分发动群众，肃清封建反动势力，从政治上彻底改造旧企业、旧城市，使群众成为发展生产及人民民主专政的支柱。上半年，全省镇压反革命运动基本结束，全省逐步开展了城市和工矿交通企业的民主改革。10月，省委召开第二次城市工作会议，对全面铺开民主改革作出具体部署。民主改革的过程按照民主斗争、民主团结、民主建设三个阶段进行。

关怀老革命根据地人民 解放之初，省委及时提出了对老区人民"热情爱护、积极扶助"的工作方针。8月，中央人民政府派内务部长谢觉哉访问江西老区，政务院发出《关于加强老根据地工作的指示》。在全省范围内开展烈、军属和为革命致残人员调查登记的基础上，普遍进行了追恤革命烈士、发放追恤费、收葬烈士遗骸、抚慰烈士亲属、收养和教育烈属遗孤等工作。在江西开办了5所烈士子弟学校。

开展抗美援朝爱国主义运动 省政府召开1951年首次行政会议，着重讨论执行政务院关于管制美国财产、处理接受美国津贴的文化教育、救济机关及宗教团体问题。正式成立管制美国财产委员会。4月，省、市各界代表6万余人集会，听取志愿军代表报告中朝两国人民抗击美帝国主义侵略朝鲜的英雄事迹报告。

剿匪运动 省军区结合土改工作，积极开展剿匪运动。至3月份共击毙匪首13名，总计歼匪1076名。年末，省委、省军区发出《关于清匪工作的联合指示》，强调要加强清匪工作队和各级清匪治安组织。土改已完成的地区，清匪肃特任务要逐步移交公安武装负责。

民兵建设 江西省第一届民兵大会召开。大会确定整顿巩固民兵组织，健全各级民兵领导组织机构，加强民兵建设，担负起镇反和保卫地方秩序的任务。11月，省党、政、军联合作出1951年冬1952年春民兵建设的联合决定。确定民兵建设的工作方针是：树立斗争思想，加强对基干队的训练教育，健全各级人民武装部的组织机构等。

文化艺术、卫生事业的改革 全省首届文化会召开。文联、剧协（戏剧）、音协、美协相继成立。组建了江西赣剧实验团。暑期开始，在全省知识分子中展开了集中的思想改造学习运动。

活跃城乡市场 当年春，在南昌举办了盛大的全省首届物产展览交流会，加强了城乡物资交流，活跃了市场。

初建航空工业 年初，中央作出建设我国航空工业的决策。4月，华东空军所属的第二工厂奉命迁入南昌，与南昌航空站合并建立起新的飞机制造厂。同时接受了人民解放军空军飞机维修任务，当年共修好38架“雅克－18”飞机。

自然灾害 4月下旬，全省遭连日大雨，赣江两岸大部分地区被洪水侵袭。5月，全省许多地区降雨量少于常年1/2。至9月，大部分水塘水库干涸，渠泉断流。全省78个县受旱，成灾面积588万亩，共减收14.4亿斤稻谷。

全省本年经济指标完成情况 工业总产值6亿元，比1950年增长32.50%；农业总产值11.96亿元，比1950年增长3.2%；粮食总产85.68亿斤，比1950年减少4.6%；全省财政总收入1.42亿元，比1950年增长21.37%；年末全省总人口为1643.91万人，比1950年增长4.85%。

1951

1月 January

公元1951年1月							农历辛卯年【兔】						
日	一	二	三	四	五	六	日	一	二	三	四	五	六
	1 元旦	2 廿五	3 廿六	4 廿七	5 廿八	6 小寒	7 三十	8 十二月小	9 初二	10 初三	11 初四	12 初五	13 初六
14 初七	15 腊八节	16 初九	17 初十	18 十一	19 十二	20 十三	21 大寒	22 十五	23 十六	24 十七	25 十八	26 十九	27 二十
28 廿一	29 廿二	30 廿三	31 廿四										

1日　中华书局南昌分局与商务印书馆南昌分馆合并，组建中国图书发行公司南昌分公司。

1日　中国蛋品公司江西省分公司成立。

4日　全省各民主党派、人民团体坚决拥护政务院关于“肃清美帝经济、文化侵略势力”的命令与决定，纷纷发表书面谈话，揭露美帝国主义以“投资”名义对中国人民进行恶毒掠夺，挂着“救济”和“慈善”的招牌，达到奴役中国人民之目的。

4日　省委抽调干部组成9个土改检查组，由省党、政主要领导带队分赴全省各地、市检查土改工作。检查中发现有的地区出现“和平土改”、走过场、赶时间、过高估计工作成绩等情况。省委书记陈正人在江西人民广播电台向全省人民播讲《如何分乡、分村深入土改斗争》的报告，受到中共中央和中南局的重视，并转发全国。

4日　南昌市美国公私财产管制委员会和接受美国津贴的文化教育救济机关及宗教团体处理委员会成立，宣布即日起管制并冻结美国在南昌公私企业财产及存款；登记全市接受美国津贴的文教救济机关及宗教团体。从5日至20日有35个单位登记，16个单位办理了登记手续。

4日　中南工业部煤炭管理局总工程师谢子贞率工作组到萍乡矿务局王家源矿进行新采煤方法试点，在四号井砚子槽使用走向长壁后退式采煤法取得成功，为江西省和全中南区煤矿生产改革揭开序幕。

4日　省政府决定：为配合全省英模大会的召开，1951年2月30日至3月20日在南昌市举办江西省物产展览会，由南昌市市长邓飞等44人组成筹备委员会，下设秘书、总务、产品征集、财务、宣传等办事机构。

4日　江西省抗美援朝卫生工作委员会成立。

4日　江西省首批志愿医疗手术队一行12人，离赣赴朝鲜战地，南昌市4000名群众到车站献花献礼，热情欢送。

4日　《江西日报》报道，全省各国营矿山、工厂开始重视保安工作。各矿山、工厂纷纷建立保安委员会，制定保安措施，防止美蒋特务潜入破坏。有色金属江西分局下属矿山、工厂规定每月底的最后一天进行保安大检查，杜绝事故发生。

5日 全省各民主党派、人民团体、工商联、协会纷纷发表书面谈话，热烈庆祝汉城光复，祝贺中朝人民的伟大胜利。

5日 省政府召开1951年首次行政会议，着重讨论执行政务院关于管制美国财产、处理接受美国津贴的文化教育、救济机关及宗教团体问题。正式成立省管制美国财产委员会，省政府主席邵式平兼任主任委员。会议号召全省人民发扬爱国主义精神，肃清美帝国主义的经济、文化侵略势力。省政府主席邵式平、副主席刘一峰、饶思诚及各会、厅、院、局、行负责人20余人参加会议。

6日 江西省各界人民代表会议政治协商委员会致电中国人民保卫世界和平反对美国侵略委员会并转朝鲜人民军、中国人民志愿军全体指战员，对光复朝鲜人民民主共和国首都汉城表示祝贺，并表示坚决支持中朝两国人民的正义斗争。

7日 省政府发出指示：要求全省各县市政府立即将辖区内的美国政府和美国企业的一切财产加以管制，对所有银行的一切美国公私存款加以冻结。

8日 省委、省政府、省军区发出《关于1951年民兵建设的决定》，要求健全各级人民武装机构。

9日 万年、铜鼓、万载、铅山、德兴等县日前相继召开烈军干属代表会议，检查与改进优抚工作。代表们就一年来的工作进行了认真总结，表示要尽力帮助烈、军、干属解决生活中的困难。兴国、弋阳、上饶、石城、吉水、万载、吉安、武宁等县部分土改乡、村发生严重浪费土改果实现象，少数干部和积极分子大吃大喝，有的地方地痞流氓混入土改队伍中挥霍浪费。上饶某区第二十五村，斗争果实共1200多斤粮食，却被吃掉了1800多斤。

10日 省学联发表欢送信，代表全省4.3万青年学生，欢送参加军干校的同学光荣北上。对保卫祖国、捍卫世界和平行动表示坚决支持。

10日 全省卫生工作会议在南昌召开。省政府主席邵式平出席会议并作报告。会议确定：全省卫生部门要围绕“抗美援朝，保家卫国”的总任务开展工作；全省卫生机构由80个恢复和扩充到120余个；卫生防疫、环境卫生有很大的改善，急慢性传染病没有大的流行；全省3000余名医师办理了执照；制药业从无到有得到发展。会议于16日结束。

11日 全省首批参加军干校的524名青年离赣，奔赴国防建设的光荣岗位。各校师生、学生家长6000余人到车站欢送。

11日 南丰县各界人民2000余人举行集会，热烈庆贺驻军剿灭伪“豫章山区绥靖副司令”李彬匪部。

12日 省政府下达《整顿医院工作的指示》，号召全省大规模整顿医院，准备担负救护和医治伤兵的任务。

12日 南昌市工商界近3万余人举行盛大游行，庆祝中国人民抗美援朝、保家卫国暨朝鲜反攻胜利。市委书记黄霖、副市长李善元参加并讲话。游行队伍冒着寒风燃放鞭炮，沿街长达五六华里，高呼“打倒美帝国主义、团结一致抗美援朝”等口号，时间达4小时之久。

13日 省政府主席邵式平签发《关于江西省煤矿临时登记办法的通令》。通令指出：自解放以来，全省尚未对煤矿业进行有系统地调查登记，为有计划扶助、恢复与发展煤炭生产，特制定九条办法，各地必须切实执行。

14日 南昌市首届烈、军、干属代表会议闭幕，正式成立南昌市革属委员会，推选27位代表组成革属委员会。其任务是：领导全市革属生产自给，协助政府推行各项政令，加强革属之间的联合与团结。

14日 团省委就青年在土地改革工作中存在的几个问题发出指示：（一）各级团组织、干部必须树立以土地改革为中心的思想；（二）各级团组织必须抓紧抓好民兵组织建设；（三）积极吸纳优秀青年入团；（四）在斗争中整顿团组织，民主选举书记和委员；（五）认真组织青年总结土改工作经验。

15 日　省妇联发出通知：号召全省妇女做好 1951 年拥军优属工作：（一）写慰问信，做慰劳袋；（二）鼓励自己的丈夫、孩子、兄弟踊跃参加民兵；（三）到军烈属家贺年、送礼、开联欢会；（四）帮助荣军属、复退军人安家生产；（五）帮助政府反奸肃特。

15 日　为响应中共中央《关于慰劳中朝人民部队，救济朝鲜难民的通知》，省委发出指示：要求各地大力宣传中朝人民携手抗美的重要性，坚定胜利信心，教育广大干部群众认清慰问中朝部队和朝鲜难民的政治意义，掀起反美热潮。并指出，因江西距朝鲜较远，只限募集现金（包括人民币和金、银首饰），发动群众写慰问信 5 万封寄往前线和难民区。

15 日　全省各市、县工商界普遍建立集体纳税制度。制度规定清理资金财产，培养财会干部，努力完成新一年工作任务。

16 日　全省县级以上合作社财务会计干部会议历时 10 天结束。会议明确了财务工作人员的职责，决定清理资金财产，培养财会干部，努力完成新一年工作任务。

16 日　江西省县级国营贸易建设委员会成立，由省商业厅派出 1 人任主任，中南工商分局 1 人任副主任。该委员会统一管理全省国营贸易的购材、调配、验收、保管、发货，参加开标，签署合同，并监督执行。

17 日　全省第二批参加军干校的 273 名青年离赣北上。其中，南昌专区 50 名，吉安专区 30 名，赣州专区 90 名，浮梁专区 15 名，上饶专区 24 名，抚州专区 24 名，宁都专区 10 名，南昌大学学生 30 名。南昌市各校学生、群众代表 1600 余人凌晨到车站热烈欢送。

17 日　《江西日报》报道，省政府收到河南省陈留专署的答谢信，对江西人民无私捐助的救灾物资表示感谢。信中说：1950 年入春以来，陈留地区先后遭受轻重不同的旱、虫、雹、水等灾害，造成部分地区灾荒。省政府发动全省人民群众捐助大批寒衣，不但缓解了河南省受灾地区灾民的冬寒问题，更重要的是鼓舞了灾民战胜灾害的决心和信心。

18 日　省政府发布《关于 1951 年县地方财政收支的通令》，该通令要求从 1951 年起建立县地方财政。

18 日　中苏友好协会江西省分会发出通知，要求全省各地中苏友好协会分会，在本月 22 日纪念列宁逝世 27 周年之际，根据具体情况开展纪念活动，学习列宁终生为革命事业奋斗的精神。

18 日　省政府就加强森林管理发布指示，要求全省各地暂停砍伐木材，所有已砍木材必须登记备案。全省各军政机关、国营、私营企业及木材经销商所需木材，必须先申请，经审批后，方可砍伐。

18 日　《江西日报》报道，中国粮食公司江西省分公司调沪粮食历时 40 天，动员 210 人提前完成调运任务。南昌、吉安、赣州三地 600 万斤粮食调运任务提前 14 天完成，其他地区也都提前 8 天至 10 天完成了调运任务。

19 日　南昌市天主教团体发表宣言：坚决拥护政务院颁布的《管制美国在华财产及冻结美国公私存款》、《关于处理接受美国津贴的文化教育、救济机关及宗教团体的方针的决定》、《接受外国津贴及外资经营之文化教育救济机关及宗教团体登记条例》。宣言指出，教友要加强团结，提高觉悟，扫除亲美、崇美、恐美思想，把百年来美帝国主义对中国经济、文化侵略势力彻底消灭干净。

19 日　省委宣传部就做好春节宣传工作提出要求：（一）深入广大群众之中宣传抗美援朝、保家卫国运动；（二）抓住春节之际深入宣传土地改革的重要性；（三）配合政府做好春节双拥活动的宣传；（四）深入广泛地开展发展生产的宣传教育。

19 日　省政府发布 1951 年农业生产指示，强调 1951 年农业生产以恢复粮食生产为主，在 1950 年生产 449.35 万吨的基础上增产 8%，力争 10%；有计划有重点地恢复副业生产，发展棉麻特产；普遍搞好护林、重点造林工作；保护耕牛，防止畜疫。

19 日　南昌市盐销商将高税存盐补偿计 233 担食盐捐献给国家，支援抗美援朝战争。

19日　省政府、省军区联合发布通令，嘉奖广丰、玉山、上饶等县民兵勇敢剿匪，捕捉匪首，并要求上饶军分区按照功绩大小分别对有功人员予以记功或奖励。

人民解放军张贴剿匪标语

19日　《江西日报》报道，自1950年5月以来，南昌市共救济失业工人7087名，基本解决了失业工人的生活困难，另有400余名失业知识分子得到救济或安置。

20日　全省各民主党派、人民团体就"苏联履行中苏两国三项协议，将财产无偿移交我国政府"发表意见。一致表示：要学习苏联履行协议的崇高精神，努力支援国防建设，搞好抗美援朝运动，以实际行动巩固中苏人民之间的友谊。

20日　全省90多名爱国青年光荣参加西北军区文化教育工作，离赣北上。日前，西北军区接兵人员在南昌举行答谢招待会，南昌市委书记黄霖、市长邓飞、省委组织部长刘俊秀、省政府秘书长丁振达、省军区秘书处等有关方面负责人以及青年家长代表参加了招待会并讲话，鼓励应征青年树立革命到底的决心，努力学习和工作，开发有丰富宝藏的大西北。

20日　《江西日报》报道，1950年12月，上高、靖安、高安、新干等县纷纷召开工人代表大会，成立了各县工会组织。将发动工人搞好生产，整顿与扩大工会组织，搞好劳资关系等确定为工会的主要工作任务。

21日　全省各民主党派、人民团体纷纷发表书面谈话，拥护周恩来外长为和平解决朝鲜问题和亚洲重要问题向联合国第一委员会提出的四项提议，一致表示要积极捐款捐物，搞好工作和生产，支援抗美援朝战争。

22日　《江西日报》报道，全省各地开展诉苦运动，摧毁封建堡垒，深入进行斗争，从政治、经济、武装、思想、组织各方面消灭恶霸地主的残余势力。永修县人民结合各种斗争，挖出24支枪、3259发子弹、8枚手榴弹；南昌、丰城、进贤等地运用合理合法的经济斗争，仅废债一项折合稻谷30万石；抚州、宜春、弋阳、湖口、临川、崇仁等地组建贫雇农主席团，开展"查敌人"、"查翻身"、"查做主"运动，掀起土改斗争新高潮，巩固了农会组织，清除了混入工会的地痞流氓分子。

23日　有色金属江西分局工作人员控诉美帝国主义掠夺我国钨砂罪行。从1946年至1949年赣州市解放前夕，美国人共抢走钨砂1378.2608公吨，占总产量的90%以上。

23日　《江西日报》报道，本月上旬，南昌专区展开了修堤灭虫运动。188座圩堤开工，完成土方2538306方，动员民工1554934人；小型水利工程开工1685处，完成12处；涵闸开工74座，完成石方233方；完成冬翻田1847627亩，拔秧根21936亩，发动男女老少269991人。

24日　省政协邀请南昌市宗教界人士26人，在省政府办公厅交际处召开"推进宗教革新运动座谈会"。

24日　《江西日报》报道，清缴反动武装武器的斗争获得很大成功。宁都、南昌两专区及九江、湖口、信丰、会昌、遂川、鄱阳、余干、乐平等县，在反抵抗、反破坏、剿匪等斗争中，共缴获机枪9挺、炮1门、长短枪831支、手榴弹736枚、子弹65843发，以及土炮、长矛等武器。永修县缴获长、短枪 24 支、子弹 3259 发、手榴弹 8 枚、刺刀 1 把。

25 日 中国人民银行江西省分行召开全省金融会议。会议制定了 1951 年度工作计划，确定贯彻执行“巩固金融稳定与全面开展银行工作”的双重任务，推行“由点到面、点面结合”的工作方法。工作计划要点是：推行货币管理；开展私人业务；扶助物资交流。会议于 2 月 3 日结束。

26 日 省航运公司首届工人代表大会闭幕（于 21 日召开），成立了中国海员工会江西航运公司委员会及航运公司管委会，建立了奖惩制度。

27 日 江西省医务工作者抗美援朝行动委员会分会宣告成立，办公地址设在南昌市章江路 57 号。

28 日 南昌、袁州、抚州、上饶等军分区及所属各县人民武装部门纷纷召开民兵代表会议，对民兵工作进行总结。强调要在发展中提高民兵质量，健全民兵组织，强化斗争意识，维护民众利益。

28 日 省财政经济委员会颁发《私营工商业年终双薪或年终奖处理办法》。该办法共两条：（一）年终双薪或年终奖有规定者继续执行，营业状况不好者，可经劳资双方协商处理；（二）年终双薪或年终奖没有规定的私营企业，营业状况好的，必须执行年终双薪或年终奖办法；营业状况不好者，经劳资双方协商处理。

29 日 南昌市 2500 余名中西医医务工作者在南昌市中山堂集会，抗议美帝单独对日媾和并武装日本。会后举行示威游行，高呼“反对美帝扶植日本法西斯再起”等口号。

31 日 上饶县郑坊区同善社首领、特务分子张森化纠集反动骨干分子 40 余人，诱骗群众 300 余人，偷袭郑坊区政府。经部队军事搜剿与政治瓦解，将暴乱平息。打死 14 名，俘虏 280 余名暴乱分子。

31 日 南昌市摊贩业公会为稳定春节物价向全市人民提出八项保证：（一）阉鸡 5200 元/斤（旧币下同）；（二）母鸡 5000 元/斤；（三）牛肉 3400 元/斤；（四）不使用不合法的衡器；（五）猪肉 5200 元/斤；（六）不卖猪婆肉和私宰牛肉；（七）不卖灌沙泥的鸡；（八）其他蔬菜价格一律不涨，按春节前 3 天平价出售。

31 日 《江西日报》报道，省电信指挥局及所辖各局，继 1950 年底提前 5 天完成土改县之间通讯任务后，转入县与辖区、乡之间的电话架设工程。约在 1 个月内架设电话线路 1339 公里，整修 10 门电话机 12 部，20 门电话机 5 部。加快了各县、区、乡土改工作的进程。

本月 省文联筹委会从浮梁工人剧院邀请 40 名饶河班演员，在南昌成立赣剧实验剧团，后又调上饶信河班青年演员 20 人充实该剧团。此次饶河班、信河班合班组团，进入南昌，由省文联筹委会石凌鹤、李林等在筹建赣剧实验剧团时定名为赣剧，原称赣剧的南昌地方戏则定名为南昌采茶戏，并征得文化部的同意。

本月 以陈钧为组长、吴允中为副组长的省委工作组到萍乡矿务局整顿中共地下党组织。

本月 赣西南民兵组织发展迅速，自 1950 年 1 月至本月，一年中参加民兵的人员达 9 万余人，对土匪、特务分子的破坏活动给予了有力打击。

本月 江西省公安总队组建，辖 11 个大队，100 个中队，共 7260 人（6 月，改番号为中国人民解放军江西省公安总队）。

本月 省政府任命省公安厅厅长王卓超兼任省人民检察署检察长，省公安厅副厅长白步洲兼任省人民检察署副检察长。

本月 全省各级人民法院遵照司法部、省公安厅的指示，将监狱、看守所、劳动改造队交给公安机关管理。

本月 省委发出《关于土改斗争的指示》。要求各地在土改斗争中，有步骤地瓦解一切反动会道门组织，孤立与打击首恶分子；在农村普遍进行反动党团特务登记工作，彻底打垮地主阶级。

本月 自 1950 年 12 月以来，全省土地改革运动认真贯彻中共中央、中南局及省委“大胆放手发动群众”的指示，各地反恶霸、反抵抗、反破坏等斗争规模日益扩大，仅吉安、抚州两地就有 652695 人参加了这场斗争。南昌、九江、袁州、上饶、浮梁、赣州、宁都等地开展以反霸为中心的减退租、废旧债、反抵抗斗争，彻底摧毁地主阶级的剥削制度。

1951

2月 February

公元1951年2月							农历辛卯年【兔】						
日	一	二	三	四	五	六	日	一	二	三	四	五	六
				1 廿五	2 廿六	3 廿七	4 立春	5 廿九	6 春节	7 初二	8 初三	9 初四	10 初五
11 初六	12 初七	13 初八	14 初九	15 初十	16 十一	17 十二	18 十三	19 雨水	20 元宵节	21 十六	22 十七	23 十八	24 十九
25 二十	26 廿一	27 廿二	28 廿三										

1日　萍乡矿务局采纳工人郭福生等的合理化建议，在井下以竹代木护顶、护帮。此后，以竹代木在全省煤矿中普遍推广，取得重大的经济效益和社会效益。

1日　江西邮电管理局正式成立。黄奕棋、何振宁分别担任该局正、副局长。

2日　南昌市人民法院在南工剧院举行公审大会，对3名码头封建恶霸进行公开审判。受苦受难群众纷纷上台控诉其罪行。省总工会主席郭光洲及各界代表1600余人参加了公审大会。判决后，码头工人举行大游行。

2日　《江西日报》报道，全省各地翻身农民接受1950年水旱虫灾惨痛教训，积极开展冬修灭虫运动，为春耕生产做准备。南昌、丰城、新干、进贤、靖安、高安、宜春、吉水、九江、鄱阳、遂川等县组建了县、乡、村修堤灭虫委员会，统一领导修堤灭虫工作。仅南昌县九区冬修水利就完成52.1万土方的修堤任务。

3日　《江西日报》报道，省兽疫防治队积极开展兽疫防治工作，在九江、宜春、萍乡、分宜等地完成了对1.34万头耕牛防疫注射任务，受到农民欢迎。

3日　省、市各机关、团体及工人、学生、妇女代表600多人慰问省军区、南昌军分区、省公安厅、市公安局指战员。南昌市人民政府代表全市30万人民群众将“中国人民的屏障”锦旗献给省军区。

4日　江西省第三批参加军干校学生150名乘火车离开南昌。

4日　省政府、南昌市政府发出通知，要求各直属机关加强春节保卫工作，要求严格执行内部管理制度，设立警卫岗哨，做好保密工作。

4日　中国人民保卫世界和平反对美国侵略委员会江西分会组织全省各界推选5名代表作为赴朝慰问团成员，携带毛泽东主席瓷像数千枚和金日成瓷像、锦旗及慰劳品赴朝慰问中国人民志愿军和朝鲜人民军。

5日　全省各民主党派、人民团体发表声明：坚决拥护周恩来外长关于坚决深入开展抗美援朝斗争、反对美帝对我国进行诽谤的严正立场，揭露美帝企图继续侵占朝鲜，以达到侵略我国台湾、单独与日媾和、重新武装日本、扩大侵略战争的阴谋。

5日 南昌市美术协会在南昌百花洲人民图书馆举行大规模年画宣传展览，宣传抗美援朝、土地改革成绩，支援抗美援朝、土地改革运动。活动于7日结束。

5日 《江西日报》报道，南昌市23个大、中、专学校学生，寒假期间开展大规模时事宣传、拥军优属和支援土改活动。南昌一中、二中、南师、医专、市中等学校600余人组织工作队、支工队、宣传队下乡参加土改工作。

7日 省委举行春节工人代表座谈会，主要听取工人代表意见，改进工作方法，密切党与群众联系。省委书记陈正人参加座谈会并讲话，希望到会代表对省委工作提出宝贵意见。到会铁路、公路、机械、水电、纺织、商业、教育、医务等各界劳模代表80余人出席，对各行业工作存在的问题提出了意见和建议。

8日 省政府在春节期间拨米15万斤，在南昌、上饶、九江、景德镇、吉安、赣州6地救济贫民3500名，收容乞丐、游民250名，拨给省民政厅所属收容育幼所、麻风院春节过节费50多万元（旧币）。

9日 省政府主席邵式平在江西人民广播电台发表题为《为1951年农业生产任务胜利完成而奋斗》的讲话，强调农业生产仍然是全省1951年的一个重大政治任务。

10日 《江西日报》报道，南昌市各国营经济部门，主动采取加工、订货、贷款、收购等方式，扶助私营工商业克服暂时资金周转困难，度过春节债务难关。据统计，有98家单位获得4.65亿元（旧币）的春节贷款。

11日 省总工会发表告江西省工人书，抗议美帝对我诬蔑并武装日本，号召全省工人继续深入开展抗美援朝运动，普遍开展爱国主义生产竞赛。

12日 省委、省政府、省军区发出《关于迅速配备各级民兵组织机构干部的联合决定》，要求各地在3月15日前，将各级民兵组织机构的干部配齐。

12日 《江西日报》报道，全省各阶层人民群众、各机关和人民团体，热烈开展慰劳中朝部队和救济朝鲜难民募集运动，至本月底共募集慰问金2.8357亿元（旧币）。

13日 省政府就做好全省评选劳动模范工作发出通知，该通知要求做好以下几方面工作：（一）各地评选劳模的材料3月10日交省劳模评选委员会；（二）评选劳模重心放在区、乡、工厂、矿山；（三）贫雇农占60%、中农占40%、佃富农每专区可选1名至2名无反动问题、执行政府法令较好、勤于耕作者。

14日 省市各界代表1000余人，在南昌中山堂举行晚会，庆祝中苏友好同盟互助条约签订一周年，省中苏友好协会会长陈正人出席并讲话，号召全省人民巩固中苏友谊，反对美帝单独对日媾和，重新武装日本，扩大侵略战争的阴谋。

15日 省政府发布《关于建立森林采伐管理制度禁止滥砍滥伐的命令》，规定木材砍伐权统一归省林业主管机关，搬运配销归省木材公司管理。无林业主管机关签发的砍伐许可证所砍伐之木材和无木材公司运销证所搬运之木材，概由当地政府没收查处；各军政机关、公私企业及木业行商所需木材，由木材公司配销，不准私自交易。

16日 《江西日报》报道，自1950年12月以来，全省土地改革地区农村妇女踊跃投身土地改革运动，积极参加斗地主、分田地、闹翻身斗争。丰城、余干等地妇女走上控诉台，痛诉被地主、恶霸欺辱、剥削的迫害史，斗倒恶霸地主；弋阳、乐平等地妇女拒绝地主贿赂，揭穿敌人反扑阴谋。在斗争中各地积极培养妇女干部、扩大妇女组织，仅乐平县土改后妇女会成员由20681人增至30937人，妇女干部由354人增至8375人。

16日 省政府发出《关于代耕工作的指示》。本年，全省为1.3万余户烈军属代耕土地90余万亩。

16日 南昌市3万余名工人在八一体育场举行大会，反对美国单独对日媾和重新武装日本，抗议联合国非法通过美帝诬蔑我国为“侵略国”的提案。会后举行了火炬示威游行。

16日 自1950年11月至今，中国人民银行江西省分行在全省各地开办耕牛贷款业务，调剂地区间的缺牛问题。共贷出54.84亿元（旧币），使3.1万多户贫农、600多户雇农、2400多户中农购买到耕牛计15870余头，耕种土地34.2万余亩。

17日 江西北潦灌溉工程竣工，其主干渠长26华里、支干渠30余条，长100华里，可灌溉4万余亩稻田。解放前，由于地主以风水迷信煽动安义、修水两县群众械斗，造成潦河水灾频繁。解放后，两县人民政府积极配合，农民主动协作修堤，使潦河开始造福两岸人民。

17日 江西省各界人民政治协商委员会发出通告，号召全省军民深入开展抗美援朝运动，粉碎美帝重新武装日本的罪恶阴谋。通告指出，美帝为挽救侵略失败局面，操纵联合国，纠集附从国通过诬蔑我国为“侵略国”的提案，派特务赴日本私自媾和、武装日本，妄图卷土重来，达到霸占朝鲜之目的。

17日 江西省首届民兵代表大会在南昌中山堂召开。各军分区代表263人，各民主党派、各界代表21人出席大会。中南军区人民武装处处长王璞、省委书记陈正人、省军区司令员陈奇涵、省政府秘书长丁振达参加会议并致词。大会主要内容有：（一）交流1950年工作经验；（二）传达本年度民兵工作任务，研究执行任务的方针、方法。会议奖励了30名民兵英模。大会于24日结束。

19日 南昌机务段撤销，成立向塘机务段。该机务段设有扇形机车库1座，检修蒸汽机车，是建国后江西省境内最大的机车运用和检修基地。

19日 省农林厅选派70余名机关干部组成优良稻种推广队，携带160万斤优良稻种，分赴吉安、赣县、南昌、上饶、临川等24个县推广与改良稻种，力争粮食产量比1950年增产10%。

19日 江西省贸易工作会议在省商业厅礼堂召开，省、市及各专区的工商科、局长与各业、贸易公司经理及业务、计划部门负责人和16个县的工商科长、国营商店经理参加了会议。此次会议是全省贸易部门空前未有的盛大集会。会议主要内容有：传达中央及中南贸易会议精神，传达和贯彻全国贸易总方针、政策、任务，布置全省贸易工作。会议于28日结束。

20日 省委就深入学习工会法发出指示，要求全省党员干部从思想上进一步认识工会法的重要性，规定全省第二期土改结束后，各级党组织和党员要进一步深入开展学习工会法。

20日 南昌市第一届妇女代表大会在葆灵女中礼堂召开。民主妇女代表及工人、学生、居民、宗教、医务、机关等界代表及特约代表、列席代表共226人出席。大会选举产生了南昌市民主妇女联合委员会，制定了南昌市各界妇女爱国公约，提出了工作任务。决定“三八”国际劳动妇女节举行全市妇女反美援朝示威游行。大会于23日结束。

20日 江西省农林工作会议在南昌召开。会议确定1951年农业生产方针和任务是：以恢复粮食生产为主，在1950年的基础上增产8%～10%；有计划有重点的发展棉、麻特产和副业；保护天然林，保护耕牛，防止畜疫发生。并有重点地恢复副业生产，以充实国防力量。会议于3月1日结束。

21日 青年团江西省工委、省学联致函朝鲜青年纪念“反殖民制度斗争日”，对朝鲜青年反美斗争表示坚决支持，希望两国青年加强团结，紧密合作，粉碎美帝侵略阴谋。

21日 省合作事业管理局召开南昌、九江、吉安、赣州4个专区合作总社业务负责人会议，商讨50亿元贷款（旧币，下同）分配问题。确定分配赣州专区总社8亿元，吉安专区总社9亿元，南昌专区总社8亿元，九江专区总社15亿元，省合作事业管理局掌握10亿元为机动使用。上述贷款专用于发展棉、麻、甘蔗3种作物。会议于23日结束。

22日 省政府发出《关于1951年春季造林育苗的指示》，提出在大面积的荒山地区实行合作造林，公家出苗木、山地，群众出劳力，均折成股份，按股份分配收益；小面积荒山可由私人造林，执行谁栽谁有的政策。

23日 江西省政府税务局改名为省政府财政厅税务局。

23日 江西省林业局和赣南等5个林区管理所成立，省农林厅副厅长杜雷兼任该局局长。

24日 省政府为防止各地耕牛大量损失，克服春耕生产的严重威胁发出紧急指示，要求：（一）各地要严防地主阶级、特务分子破坏；（二）各级政府要加强耕牛饲养宣传教育；（三）严禁宰杀耕牛；（四）各地政府有关部门要做好耕牛瘟疫防治工作。

24日 全省工、农、青、妇、学五团体就纪念“三八”国际劳动妇女节联合发出通知，要求全省各级工、农、青、妇、学组织，积极响应全国总工会、全国妇联等五团体的号召，开展反美援朝运动，在纪念“三八”国际劳动妇女节之日，组织全省工、农、青、妇、学举行声势浩大的反美援朝示威游行。

25日 首届江西省物产展览会正式开幕，省直各机关、团体、南昌市领导、各界来宾、特邀代表600余人出席剪彩仪式。省政府主席邵式平致开幕词，指出此次物产展览会对交流经验，促进流动，繁荣经济，丰富人民生活具有十分重要的意义，并对物展会的筹办、召开等工作给予充分的肯定。上海、杭州、武汉、福州等市派代表参加并展出了各地产品。展览会为期41天，参展单位682个，展出1399种品种，60余万人参观展览。举办这次展览会充分展示了江西省和兄弟省市人民解放一年来获得的丰硕成果。

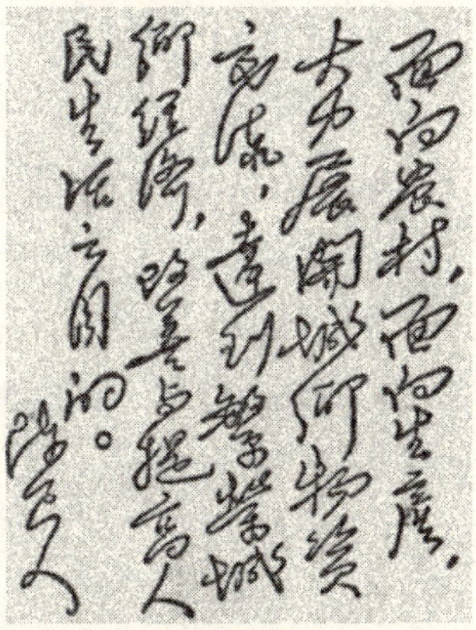

中共江西省委书记陈正人为展览会的题词

25日 省委就完成全年农业生产任务发出指示，要求：（一）全省农业生产任务要比1950年增长8%～10%，主要发展水稻、棉花、黄麻；（二）要充分调动贫雇农的生产积极性，保证他们的生产所有权；（三）要切实帮助贫雇农解决生活中的困难；（四）要打击地主阶级的各种破坏活动，保证生产顺利进行；（五）要加强领导，做好农业生产的后勤服务工作。

26日 全省国营煤矿开始实行《中华人民共和国劳动保险条例》。同时，进行第一次工资改革，执行八级工资制。

27日 省卫生厅通告：自3月5日起举办全省失业医务人员登记，凡医师、护士、助产士、药剂师、调剂员以及其他医务人员失业在家、生活困难者可到卫生厅办理登记手续。

28日 江西省机器厂自制最大煤气引擎机装配成功。此引擎机最大功率70马力，是省农业厅为开拓农田灌溉定造的。

28日 省军区结合全省2/3地区土改工作，积极开展剿匪运动。3个月内击毙匪首13名，总计歼匪1076名，缴获轻机枪8挺，各种枪支306支、子弹66142发、刀具73把。

28日 《江西日报》报道，各地工人和农民纷纷举行游行示威，反对美帝单独与日本媾和重新武装日本，企图扩大侵略战争。18日赣州市8000工人和郊区7000农民集会游行，高呼“打倒美帝国主义”等口号；21日景德镇3000余工人游行，高呼“粉碎美帝阴谋”等口号。

28日 全省圩堤修复工程已动员8304675个人工，完成16181627个土石方，完成总任务18948506个土石方的85.4%。

28日 中央教育部批准江西省私立信江农业专科学校改为江西省立信江农专。

本月 省邮政管理局开展报纸发行竞赛活动，提出“多发行一份党报多增加一份抗美援朝保家卫国的力量”，“推行村村有报运动”，“配合土地改革积极发行党报”等口号。

本月 政务院决定江西省税务局隶属省财政厅领导。

1951

3月 March

公元1951年3月 农历辛卯年【兔】													
日	一	二	三	四	五	六	日	一	二	三	四	五	六
				1 廿四	2 廿五	3 廿六	4 廿七	5 廿八	6 惊蛰	7 三十	8 妇女节	9 初二	10 初三
11 初四	12 初五	13 初六	14 初七	15 初八	16 初九	17 初十	18 十一	19 十二	20 十三	21 春分	22 十五	23 十六	24 十七
25 十八	26 十九	27 二十	28 廿一	29 廿二	30 廿三	31 廿四							

1日　省总工会号召全省工人深入开展爱国生产竞赛活动，以实际行动拥护中央政府颁布的劳动保险条例，感谢政府对工人阶级的关怀。

1日　全省农林工作会议闭幕。会议的主要精神是：布置任务，贯彻政策，加强生产，充实财富。各地农林主管干部、国营银行、贸易等部门代表、特邀代表以及南昌大学农学院杨惟义院长和植棉劳模2名，共计155人参加了会议。

2日　《江西日报》报道，全省大部分农村结合土改、抗美援朝运动，积极兴修小型水利设施。泰和县修好水利工程52处；余干县祥林乡掘水塘20多口；萍乡县三侯乡每天抽出200多个劳力参加筑坝工作；乐平九区修竣石坝12座、土坝14座、疏圳19条、水塘4口；鄱阳一区挖好水库175个，可保1.73万亩水田用水；上高界埠区疏通了十几年来被恶霸地主视为破坏风水的长渠，可灌溉水田1000多亩。

3日　全省各民主党派、人民团体纷纷发表声明：坚决拥护世界和平理事会首届会议通过缔结五大国和平公约宣言及九项重要决议，决心和全省1500万人民团结一致，努力贯彻并实施宣言与决议，彻底粉碎美帝侵略阴谋。

3日　南昌市文化艺术、学生界组织1.2万人举行盛大示威游行，拥护世界和平理事会宣言和决议，反对美帝重新武装日本。

3日　民革江西省分部筹委会、民盟江西省支部、农工党江西省工委联合发表声明，拥护世界和平理事会首届会议关于缔结五大国（中、苏、英、美、法）和平公约宣言。

4日　省政协、中国人民保卫世界和平委员会江西分会邀请各界代表，围绕“斯大林就目前国际形势发表谈话”、“世界和平理事会的宣言和决议”、“反对美帝武装日本”三个问题进行座谈讨论，一致提议要广泛开展反美爱国和争取和平的群众运动。

5日　江西日报社向在江西省各机关、团体从事新闻的同志发出呼吁：贯彻全国新闻工作会议决议，积极迅速行动起来，组织读报组，学习时事政策，提高认识水平，掌握知识和技术，搞好工作和生产。

5日　民盟江西省支部召开重点地区工作干部扩大会议，会议以抗美援朝为中心任务，号召全省盟员在毛泽东旗帜下胜利前进。省民盟支部成员，南昌、九江、景德镇、吉安、高安、进贤、新余等市县民盟负责人共计33人参加会议。会议于9日结束。

5日　江西省首届邮电会议在省邮电管理局举行，标志着全省邮电企业开始走向历史发展新阶段。吉安、九江、赣州等专区、南昌市及附近各县邮电局长和工会负责人、省邮电管理局各科室负责人共79人出席了会议。省政府主席邵式平出席会议并作报告，省邮电管理局局长传达了中南邮电会议精神并介绍省局邮电合一经验。会议要求全省邮电机构于本年6月底以前完成合一工作。会议于10日结束。

6日　省政府颁布《春耕生产标语口号》，其内容是：（一）土地还家，努力生产好发家；（二）往年种田为地主，1951年种田为自己；（三）挖掉穷根靠斗争，安上富根靠生产；（四）劳动发家最光荣，好吃懒做最可耻；（五）打破生产顾虑，争取1951年丰收；（六）已分土地，确保地权，不再重分；（七）未分土地，谁种谁收，不准地主夺田；（八）努力生产，减轻产量负担；（九）借贷自由，利息双方自议；（十）雇工自由，工资双方自议；（十一）贸易自由，发展城乡交流；（十二）雇工、借贷，保证不提高成分；（十三）劳动增产，保证不提高负担；（十四）奖励劳模，开展爱国生产竞赛；（十五）组织起来，实行劳动互助；（十六）丰收果实都要投入生产，反对贪污浪费现象；（十七）施肥选种，实行精耕细作；（十八）修堤挖塘，防止水旱灾害；（十九）保护牲畜，严禁宰杀耕牛；（二十）植树造林，不准滥伐树木；（二十一）多种棉麻，增加经济作物；（二十二）减租退押，防止春荒夏荒；（二十三）提高警惕，严防地主翻把；（二十四）肃清匪特，保障社会治安；（二十五）镇压反动，保卫翻身胜利；（二十六）发扬民主，巩固人民政权；（二十七）努力生产，增加抗美援朝力量；（二十八）争取丰收，改善江西省人民生活。

6日　省土改委员会对贯彻公平合理分配土地改革斗争果实发出指示，主要内容是：（一）各地必须以村为单位依法没收地主的土地财产；（二）分配斗争果实必须贯彻填坑补缺，照顾需要，有利生产发展原则；（三）分配斗争果实必须走群众路线，充分发扬民主，严防少数工作队或积极分子说了算的做法。

7日　全省1951年农业贷款工作准备就绪。贷款配额为499.2亿元（旧币，下同），另加大型水利贷款54.4亿元，渔业贷款15亿元，共计568.7亿元，较1950年增加5%以上，对全省完成农业生产任务提供了有利条件。

7日　省政府针对贯彻执行婚姻法中存在的问题发出指示：（一）各级政府必须严肃认真地肃清地主阶级、特务、反革命分子破坏婚姻法所制造的各种谣言；（二）各级政府干部必须加强婚姻法的学习，广泛深入宣传婚姻法；（三）各级政府必须把贯彻执行婚姻法列入工作重要日程；（四）各级政府要对婚姻法的执行情况进行一次检查，并及时上报检查情况。

8日　南昌市各界妇女6万多人汇集南昌八一体育场，庆祝"三八"国际劳动妇女节。省政府主席邵式平、省政协副主席欧阳武、省妇联主席危秀英、南昌市委书记黄霖、市长邓飞莅临大会并致词。会后举行了盛大示威游行，女工人、女干部、女学生、农村妇女、回民妇女、女基督教徒、修女、尼姑等打着旗帜，高呼"反对侵略战争"等口号。

胸前戴着白色和平鸽纪念章的南昌市葆灵女中的学生

9日　省政府发出命令，鉴于1950年全省受虫害的地区达74个县，受害面积近400万亩，损失稻谷2亿斤以上，要求各地提早春耕，彻底消灭虫害。做到：（一）凡休闲冬耕稻田尽快春耕；（二）清除稻田中的禾和杂草，烧灰肥田；（三）能存水的稻田一律灌满水淹死害虫。同时，公布1951年度棉粮、麻粮比价。棉粮比价：土棉（中级皮棉）每斤换10斤（中熟）；改良棉

（中级皮棉）每斤换 12.5 斤（中熟）。麻粮比价：黄麻（中级原麻皮）每斤换 2.5 斤至 3 斤（中熟）。

9 日 中国人民银行江西省分行举办纪念“三八”国际劳动妇女节妇女爱国储蓄活动。活动具体内容是：（一）特定 3 月为妇女储蓄运动月；（二）3 月份内在本行存储蓄的各种存折、存单均加盖“爱国储蓄”戳记；（三）凡盖有“爱国储蓄”戳记的存单存折，年终发给赠品或提高利息。

10 日 省人民检察委员会召开第一次委员会议，宣布正式成立省人民检察署。王卓超任省检察署检察长；白步洲、兴马迁士、于洪深、鼓应、李如翱、赵辉、张有法、向法宜任副检察长。会议通过四项决议：（一）在全省范围逐步建立各专、县、市人民检察署；（二）目前要配合公安、司法机关镇压反革命；（三）加强干部学习，加强培训干部；（四）省人民检察委员会会议原则上每月召开一次。

10 日 江西省首届英模大会在南昌中山堂召开。全省各地、各条战线推选的 504 名英雄模范、劳动模范胸佩红花出席会议。省政府主席邵式平、省政府副主席范式人、方志纯、刘一峰、饶思诚、省军区司令员陈奇涵、省政协副主席欧阳武出席大会并致词。省委、省政府有关方面负责人，各民主党派、人民团体代表 100 余人参加会议。大会主题是“表彰英模、弘扬先进、交流经验、互相学习、建设新江西”。会议通过《江西省首届英模大会爱国公约》（20 日，省政府批准《英模爱国生产公约》为全省人民爱国生产竞赛公约）。会议于 18 日结束。

范式人在省首届英模代表大会上致开幕词

13 日 全省各民主党派、南昌市各宗教团体发表声明，坚决拥护《中华人民共和国惩治反革命条例》，表示要严防一切反革命分子混入各民主党派、各宗教团体内隐藏起来，进行破坏活动。

13 日 出席省首届英模代表大会的英模分组讨论时事，控诉日本帝国主义侵华罪行，坚决反对美帝武装日本，表示要为增强国防力量而奋斗，为粉碎美帝侵朝战争做贡献。267 位农业劳模提出 6 项保证，向山西省农业劳模李顺达互助组应战：（一）保证动员广大农民完成 9900 万担粮食生产任务；（二）保证江西省植棉 34 万亩、黄麻 11.5 万亩；（三）保证宣传政府政策，提高农民生产积极性；（四）保证每人组织一个互助组；（五）保证帮助军、烈属解决生活困难；（六）保证制定生产计划，完成生产任务。

14 日 省委召集企业及工会干部会议，研究如何贯彻工会法问题。针对少数公营企业不了解工会法的重要性和私营企业资方认为工会法对工人有利而想钻工会法的空子等问题，决定有领导、有计划地检查工会法的执行情况，要求各企业的行政领导必须认真配合本企业工会对工会法执行情况进行检查。

15 日 铁道部公布《中苏联运规则及补充细则》，规定南昌站为办理中苏联运货物运输车站。

16 日 据查，由美国主办的赣州天主堂孤儿院 3400 余名孤儿被虐杀。该孤儿院从 1896 年至 1951 年 3 月 16 日共收容孤儿 4059 名，死亡的婴儿计 3415 名，死亡率达 84.2%。1949 年 8 月 14 日该市解放至 1951 年 3 月 16 日共收容孤儿 105 名，死亡 73 名，死亡率达 69.6%。1951 年 6 月 28 日，赣州市人民政府正式接收美国所谓“慈善事业”机关——赣州市天主堂孤儿院。

17 日 江西省贯彻执行中央 1950 年“双十指示”，最近逮捕了一批反革命分子，其中有地主恶霸、特务惯匪、反动党团骨干、反动会道门头子等。破获特务、地下军案114件，给土匪、特务以严厉打击，稳定了社会秩序，有力地配合了农村土改顺利进行。

18日 出席省首届英模大会的全体英模举行示威游行，热烈响应世界理事会决议，坚决抗美援朝，反对美帝重新武装日本。

19日 省政府为贯彻执行国家劳动保险条例发布通告，要求：（一）各级政府与劳动部门应召集各企业行政、工会负责人专门讨论劳动保险条例的贯彻问题；（二）各级政府及劳动部门、各企业行政负责人及私营资方应认真学习劳动保险条例和工会法；（三）要认真宣传劳动保险条例和工会法；（四）协助建立劳动保险管理机构，制定劳保、会计、仓库等制度。

19日 《江西日报》报道，全省各地牛瘟严重，近日来，仅星子、清江、靖安、铜鼓、新干、丰城、吉安等县个别区、乡死亡耕牛683头。

19日 省首届英模大会公布英模光荣榜：工业劳动模范80名；农业劳动模范261名；军队英雄模范55名；公安英雄模范24名；民兵英雄模范32名；文教模范工作者20名；财经模范工作者28名；政法模范工作者23名。

江西省人民政府主席邵式平（后排左二）和劳模在会场门前合影

20日 省政府批准并决定首届英模大会通过的爱国生产公约为全省人民爱国生产竞赛公约。该公约共10条：（一）拥护毛泽东主席，热爱祖国；（二）开展爱国运动，积极抗美援朝；（三）加强国防建设，保卫胜利果实；（四）肃清土匪特务，巩固社会治安；（五）完成土地改革，消灭封建势力；（六）加紧工业生产，开展爱国竞赛；（七）加紧农业生产，完成增产任务；（八）爱护国家财产，保守国家机密；（九）努力工作学习，誓为人民服务；（十）发挥带头作用，永远保持光荣。

20日 景德镇市组织1000多名码头工人公审封建把头，30多名受害群众上台控诉，一致要求政府为民除害，严惩封建恶霸。

22日 省水利局、中南第四地质调查所与兴国县政府派人组成兴国水土保持实验站，开始水利科研工作。实验区设在兴国渣江区，面积约40平方公里。

24日 《江西日报》针对全省牛瘟流行快，兽医和疫苗短缺，少数地区领导不重视防治，因而造成耕牛大量死亡，危及春耕和农民生活问题发表短评。该短评指出，各地必须对牛瘟流行引起重视，只有靠本地区的力量、发动群众，吸取群众防治牛瘟经验，将瘟牛与好牛隔离，积极防治，才能杜绝瘟疫流行，保护耕牛以利春耕和农民生活需要。

24日 根据中央统一财经工作的方针，全省各贸易机构开始建立现金入库制度。

25日 《江西日报》报道，自1950年1月至3月，全省40多个县共死亡耕牛7000余头。其原因有：（一）少数耕牛患炭疽和边虫病死亡；（二）保护工作没做好；（三）不法地主对耕牛不注意饲养；（四）土改中几家共分一头牛，无人专管；（五）没收地主的牛没人管理；（六）牛贩偷宰耕牛或故意冻死、饿死、跌死耕牛。

26日 南昌县小兰村农民议订爱国生产竞赛条件，向全省农民提出挑战，保证完成增产任务，争取全年农副业生产双丰收。

26日 省政府通报表扬抚州专署重点检查农业生产工作经验，鼓励各地加强生产组织领导。要求赣西南行署、各专署、各县政府在农业生产中必须加强领导和检查工作，以点带面推进工作，确保农业丰收。

26日 省军区召开第二届党代表会议，决定把加强部队训练，提高战斗力，支援前线作为当年首要任务。会议于4月10日结束。

27日 南昌铁路分局10名技术工人赴朝鲜参加支前运输。南昌铁路职工代表及职工家属代表1500余人举行大会欢送。陈正人、邵式平、陈奇涵等亲赴车站送行。

28日 农工党江西省工委为响应抗美援朝总会的号召，指示全省农工党员为实现抗美援朝总会规定的工作任务而奋斗。要求每个农工党员对周围的每个人都能进行抗美援朝的爱国宣传教育。

31日 省总工会二次会议通过《江西工人爱国公约》，具体内容如下：（一）拥护毛泽东主席，热爱祖国；（二）开展爱国运动，积极抗美援朝；（三）努力提高技术，开展生产竞赛；（四）协助肃清匪特，巩固革命秩序；（五）坚决支援土改，巩固工农联盟。

31日 全省第一期土改工作基本结束。

31日 从1950年11月至今，全省支援抗美援朝共捐款18亿7379万元（旧币）。

本月 省民政厅派工作组到波阳等县进行建乡试点，选举正、副乡长，成立乡政府。当年，全省共建乡1876个。

本月 江西省护士助产学校成立。该校为江西省卫生学校前身。

本月～4月 全省各地普遍召开县级各界人民代表大会和区、乡农代会，围绕抗美援朝开展爱国生产运动，订立爱国生产公约，讨论十大政策，制定生产计划，推广先进技术，发展粮、棉、麻生产，造林、护林、兴修水利，争取农业丰收。

本月 江西省医药公司正式成立，经营中、西成药和医疗器械、化学试剂、玻璃仪器4大类医药产品。该公司隶属省卫生厅，刘世发担任首任经理。

本月 省防疫大队派医师章祖宪等两人到余江调查，经证实余江为血吸虫病流行区。

本月 赣西南军区撤销，成立赣州军分区，隶属江西省军区。

本月 江西省人民检察署成立，由省公安厅兼管，行政上属于最高人民检察院和省政府（1955年1月，省人民检察署改名为江西省人民检察院）。

1951

4月

April

公元1951年4月							农历辛卯年【兔】						
日	一	二	三	四	五	六	日	一	二	三	四	五	六
1 廿五	2 廿六	3 廿七	4 廿八	5 清明	6 三月大	7 初二	8 初三	9 初四	10 初五	11 初六	12 初七	13 初八	14 初九
15 初十	16 十一	17 十二	18 十三	19 十四	20 十五	21 谷雨	22 十七	23 十八	24 十九	25 二十	26 廿一	27 廿二	28 廿三
29 廿四	30 廿五												

1日　鄱阳湖堤闸竣工。闸孔宽240米。直接受益稻田共28940亩。

1日　省政府颁布春耕生产十大政策口号：(一)确保地权，努力生产发家（土改区适用）；(二)谁种谁收，不准荒废田地（前者土改区适用，后者全省适用）；(三)积极生产，减轻产量负担（全省适用）；(四)借贷自由，利息双方自议（全省适用）；(五)雇佣自由，工钱双方自议（全省适用）；(六)保障佃权，不得夺佃逼租（主要适合未进行土改地区）；(七)贸易自由，发展城乡交流（全省适用）；(八)减租退押，防止春荒夏荒（主要适合未进行土改地区）；(九)奖励劳动，提倡劳动互助（全省适用）；(十)镇压反革命，保护生产秩序（全省适用）。

2日　省合作社联合社筹备委员会召开首届筹委会议，牛荫冠等21位委员出席。选举牛荫冠、武人睽、史奋、王大川、郭光洲、危秀英、杨泽江、赵发生、王眉微、邓飞、傅肖先11人为筹委会常务委员。会议决定全省本年发展合作社2000个、社员200万名，股金200亿元人民币（旧币），并大力协助与组织城乡物资交流。

3日　省政协第二次会议与省政府委员会第五次会议在省政府大礼堂举行联合会议。省政协委员49人、省政府委员28人出席会议。省政府各厅、院、行、局负责人，南昌市机关科长以上干部等263人参加了会议。会议中心内容是：总结1950年施政工作与土地改革，确定1951年工作任务。

3日　省政府颁布春耕生产动员令：(一)各级政府、各级农会和各地干部必须迅速结束或暂停土改工作，组织农村群众开展全面春耕运动；(二)各级政府要认真贯彻政务院关于1951年农村生产的决定，调动群众的生产积极性；(三)各级干部必须深入实际，了解情况，帮助农民群众解决生产、生活中的困难；(四)各地要充分利用群众开展抗美援朝运动激发出来的热情，组织农民进行春耕和生产爱国竞赛运动。

3日　赣、抚两河水位暴涨。赣江上游水位当日上午达97.78米，超过警戒线2.28米；南昌段水位5日上午达21.31米，超过警戒线

0.31 米。

4 日 南昌市纪念“五一”国际劳动节筹备委员会成立。省、市机关 47 位代表被推选组成筹委会，邓飞任主任委员。决定“五一”国际劳动节举行以抗美援朝、搞好爱国生产运动为主题的示威游行。

4 日 江西省合作事业管理局首届合作会议开幕。全省各专署、市、县及萍乡煤矿合作部门负责人共 85 人出席会议。省财委、商业厅，省总工会、省妇联负责人出席会议并讲话。省委书记陈正人出席会议并在讲话中指出：一定要从解决群众困难出发，建立、健全合作社的民主管理制度，才能把合作社办好。

4 日 《江西日报》报道，抚州专区股匪肃清。该区自土改开始剿匪，至 1951 年 3 月底共消灭土匪 5 股，击毙和俘获匪特 527 人，缴获大小枪支 420 支、机关枪 2 挺。

6 日 全省 76 名光荣参加中南卫生部陆军医院护士学校的爱国女青年乘车离赣。军干校省保送委员会、省文教厅、省青委、省学联设宴欢送。

6 日 江西工人剧院更名为江西剧院，江西工人剧团更名为江西京剧团。剧团以企业化方式经营，做到自给自足。

7 日 省军区第二届党代会闭幕。出席会议的有军直、后勤及各军分区等 11 个代表团，省党政各机关负责人到会祝贺。省委书记陈正人、省军区党委副书记陈奇涵到会致词。

7 日 丰城县四区的十多名特务分子潜入区政府，企图杀害守监人员，阴谋劫狱，被守监发觉，阴谋未逞。守监人员在追拿特务时，一人头部受伤。当夜一名特务被擒，三名可疑分子被捕。

9 日 江西省各界人民代表会议政治协商委员会号召各界人民代表加紧普及和深入抗美援朝工作，并提出四项要求：（一）所属工作岗位要制定抗美援朝工作计划；（二）建议人民代表会议开展签订爱国公约活动；（三）推动当地各界人民积极参加“五一”大游行示威，镇压反革命，反对美帝武装日本，保卫世界和平运动；（四）协助当地抗美援朝分会举行拥护缔结和平公约的签名活动和反对美帝武装日本的投票活动，经常在人民群众中进行爱国主义的宣传教育。

10 日 省委发出《普及和深入抗美援朝宣传教育工作》和《准备迎接“五一”大示威游行的决定》。主要内容有：（一）运动方针是：“处处开展、层层深入、步步提高”；（二）全省所有党、团员、干部均须参加，每人要亲自带领 10 人至 20 人参加示威游行；（三）各宣传、教育、文化、艺术等机关、团体都要加强宣传、教育活动并积极参加；（四）运动中心内容是反对美帝武装日本，拥护世界和平理事会的决议和宣言；（五）宣传方式是先党、团员，后干部、群众中的骨干分子，然后召开各种形式的群众大会进行教育；（六）要建立宣传员队伍，全省要建立 5 万人的宣传员队伍；（七）全省城市、农村都应举行“五一”示威游行；（八）要大量印发抗美援朝、反对美帝侵略等宣传品；（九）各级党委要加强领导，切实做好工作。

10 日 省妇联发出《关于发动妇女参加抗美援朝与“五一”示威游行的通知》。该通知指出：（一）各级妇联干部都要负责宣传教育和带动妇女群众参加抗美援朝与“五一”游行；（二）各地要通过妇代会、控诉会等形式，使每位妇女都要得到爱国主义的教育；（三）要认真总结经验，把抗美援朝作为推动一切工作的动力，带动做好各项工作。

10 日 江西省首届文学艺术工作者代表大会召开。工人、部队及各分区文艺工作者、民间艺术等 14 个代表团共计 237 位代表出席。大会主要任务是：检查解放以来全省文艺工作，正式成立统一领导全省文艺运动的文联及各协会机构；贯彻以抗美援朝、保家卫国为主导思想的爱国主义文艺运动的方针、政策。省文联筹委会主任石凌鹤致开幕词，省委宣传部部长彭加伦、省政府副主席方志纯、文教厅副厅长吕良等讲话。大会讨论并通过省文联组织章程。选出第一届省文联委员会委员 44 人，主席为石凌鹤，副主席为刘天浪、江橹。大会于 19 日结束。

11 日　省人民法院召开第一次分院院长会议。主要检查、总结第一期土改期间的人民法庭工作和镇反运动中的审判工作；布置各级人民法院训练法庭干部、充实法庭力量，加强业务指导等工作；研究贯彻婚姻法、工会法、清理积案等问题。会议于18日结束。

12 日　省政府颁布政字第5号布告：(一) 免除1949年公粮、税收、田赋柴草代金尾欠；(二) 对1950年公粮尾欠，如能收取，可做地方解决群众困难之用；(三) 严禁向群众摊派粮款；(四) 严格餐票使用制度，不准随便印发餐票(粮票)。

12 日　省农民协会号召全省农协干部和会员认真贯彻省委《关于普及和深入抗美援朝的宣传教育工作》及《准备迎接“五一”大示威游行》的决定，激发爱国主义热情，掀起春耕生产高潮，带头准备并参加“五一”示威游行。

12 日　南昌市工商界648位各业代表集会，控诉日寇与国民党反动派的罪行，表示坚决抗美援朝，协助政府镇压反革命。

13 日　民盟江西省支部、民革江西省筹委会、农工党江西省工委各自制定迎接“五一”示威游行、深入开展抗美援朝运动计划。要求各民主党派成员在各自工作单位加强学习，协助本单位制定抗美援朝爱国公约，积极参加“五一”示威游行。

13 日　中国人民银行江西省分行对南昌市95个单位的货币管理执行情况进行检查，发现过半数的单位有超留库存现象，个别单位还有用现运现、分库、抵库现象，严重违反了国家货币管理规定。活动于5月3日结束。

14 日　省总工会在江西剧院举行时事报告会，省委宣传部部长彭加伦作深入开展抗美援朝运动报告。省直属机关，省工、农、青、妇等团体1500余名干部出席了报告会。

14 日　省政府遵照中南军委会的指示，召开省防汛总指挥部成立大会。决定省政府主席邵式平兼任主任；省军区副司令员贺庆积、省委组织部部长刘俊秀、农林厅厅长邓洪、水利局局长陈凤池兼副主任；交通厅厅长傅肖先、公安厅厅长王卓超、上海铁路管理局南昌分局局长于化琪、邮电管理局局长黄奕棋、公路局军事代表武蕴藻、航运局局长于锦文兼委员。省防汛总指挥部即日起开始工作，一切日常工作由水利局办理。

14 日　南昌大学、南昌师范、南昌一中等校3000余学生深入居民区开展普及抗美援朝运动宣传活动，10万居民受到爱国主义的教育。活动于20日结束。

14 日　《江西日报》报道，省卫生厅城市卫生实验区在南昌一中、二中对2552名学生进行健康情况检查，发现76.7%的学生存在20多种健康问题，其中患沙眼者占总人数的51.5%。

15 日　南昌专区召开首届妇女代表会议，323名妇女代表出席。此次会议选出任惠君等41名委员，正式成立了南昌专区民主妇女联合会。会议于19日结束。

16 日　省政协征得省政府同意，召开全省秘书工作会议，传达全国省、市政协秘书长会议精神。省直各部门，各地、市、县政府和市政协，县常务委员会秘书共183人出席会议。会议于24日结束。

17 日　省委召开全省第一次城市工作会议，确定本年城市工作中心任务为：做好工运工作，搞好生产，做好财政、文教、整党建党、培养干部、巩固政权、统一战线、支援土改等工作。会议部署了城市民主改革运动，决定在南昌、九江、赣州、景德镇、吉安、上饶等市及25个县城、3个镇的48个企事业单位和街道进行试点。会议于26日结束。

17 日　省抗美援朝分会发出通知，要求全省各专区、市、县均应在“五一”前普遍成立抗美援朝分会，统一领导，推动抗美援朝运动深入发展（20日，省抗美援朝分会又与省农民协会联合发出通告，建议全省各地农村务必在4月底前正式建立区、乡抗美援朝领导机构，负责统一领导有关抗美援朝爱国主义宣传教育，推动土地改革和镇压反革命工作深入进行）。

17 日　省政府组织237名机关干部和技术人员，以专区为单位分成9个组下乡检查各地春耕生产工作。

19日 《人民日报》发表题为《南昌市人民法院通过公证工作保护国家财产》的文章，并配发了题为《建立公证工作，保护国家财产》的评论，指出这一经验“已引起中央司法领导机关的注意”。

19日 省抗美援朝分会抽调8名工作人员组成联络巡视组，分赴袁州、上饶、吉安、抚州4个分区，检查、了解抗美援朝运动普及深入程度，以推进全省范围抗美援朝运动的开展。检查于20日结束。

20日 省政协召开江西省各界人民抗美援朝代表会议。会议号召全省人民进一步深入开展抗美援朝运动，推行爱国公约，捐献飞机大炮和优待军属烈属。

20日 江西人民广播电台为普及、深入开展抗美援朝运动，联合省、市抗美援朝分会、省、市总工会、省、市妇联先后举行职工和妇女广播控诉大会，揭露美帝武装日本的阴谋，控诉美日、蒋匪的暴行。全省258853人收听，各界群众给电台打电话1299人次，写信159封，一致表示要为死难者报仇。活动于21日结束。

20日 南昌市各大、中学校师生员工5800余人分别集会，拥护五大国缔结和平公约宣言，并一致投票反对美帝武装日本。

21日 省委正式公布第一批爱国主义教育报告员名单。省委报告员：陈正人、邵式平、陈奇涵、范式人、方志纯、刘瑞森、刘俊秀、李望淮、陈钧、彭加伦、莫循、黄凯、王大川、黄先、邓洪、刘奠五、赖绍尧、吕良、牛荫冠、李杰庸、梁达山、赵发生、许德瑗、王眉徵、兰庭祥、杨国夫、贺庆积、魏洪亮、郭光洲、杨泽江、危秀英、丁振达。赣西南区党委报告员：杨尚奎、罗孟文、刘建华、孙萍、钟民。南昌市委报告员：黄霖、邓飞、郭坦、李宏、黄华青、阎华、何恒、刘克文、胡端英、张达山。南昌地委报告员：白栋材、吴甄铎、刘志诚、刘化东、陈宇。浮梁地委报告员：黄永辉、金少英、李华封、程细和、石明之、程震文、张云樵、吕亮屏、陈孝。袁州地委报告员：张如屏、吴继周、惠北海、洪澍、王侯山。宁都地委报告员：李庭序、朱开铨、赵亚平、张时超、庄健。抚州地委报告员：宋诚、王铁、王寒、张立文、黄羽、夏新民、曾川。上饶地委报告员：周甦、杜润民、何行进。吉安地委报告员：李立、朱继先、张进、颜志敏。九江地委报告员：陈化净、李光宇、王纪明、王力群、史梓铭、龙标桂。以上报告员均经过省委及地、市委讨论通过，标志着全省爱国主义宣传教育工作阵容实力大为增强。

22日 新干县沂江堤、清江县潇江堤分别在当日上午7时和上午8时决口。造成两处决口原因是：连日春雨，各河流水位暴涨，护堤工程不合标准。

23日 省委通过省级报告员条例：（一）每人保证每两月至少向人民群众报告一次；（二）报告须事先写出全文或提纲，最少要有要点；（三）报告对上级尚无规定及最新政策发表的意见，必须先报省委审查；（四）报告后要将题目、对象、人数、地点、时间等情况报省委宣传部。

24日 上午7时，新干县石口村的堤坝决口，淹没新干、清江农田5.1万亩。省防汛总指挥部与南昌专署调集3000多人防守晏公堤，并在龙溪闸上首开挖赣东堤排洪。新干、清江两县组织7000民工进行堵口，于5月上旬完工。

25日 南昌市军事管制委员会主任陈正人、副主任陈奇涵、邵式平签署南昌市军事管制委员会命令。针对春雨连绵，赣江水位暴涨，南昌市富大有堤险情紧急，决定成立富大有堤防汛总指挥部。邵式平为总指挥，杨国夫、邓克明、邓飞为副总指挥，刘振东为参谋长，刘克文、朱吉麟为副参谋长。总指挥部设在南昌市豆芽巷。防汛总指挥部即刻开始工作，组织动员机关干部、部队战士、学生、民工6000余人紧张投入抢堵。邵式平、邓飞等赴险处指挥（至27日，10处险段已修复8处，两处正在紧张抢堵，其余区段均在继续加高培厚）。

25日 早6时，赣东大堤丰城拖船埠以上约2.5公里处决口，冲断浙赣铁路，中断行车8天又18小时。洪水退后，丰城县动员1.3万人堵复决口，使用经费14.9万元（旧币）。

26日　省政府办公厅召集省直机关负责人会议，讨论抢修富大有堤问题。决定成立省政府防汛分指挥部，各机关负责人轮流值班，掌握汛情，调配任务。省政府防汛分指挥部在圩堤附近大卡车上指挥抢险。分指挥部工作人员由省政府办公厅抽调干部担任，暂设指挥组、联络组、供应组、工程组、海员组。

26日　全省境内近日阴雨连绵，赣江水位猛涨，沿江两岸大部分地区遭洪水侵袭，赣州、泰和、吉安、新干、樟树、丰城等城市均遭水灾，市区交通中断。沿江一带地势低洼农村、房屋及小麦、禾秧等农作物悉遭淹没，地势稍高的农村也被洪水包围。沿江地区的县区领导机关采取紧急措施，发动并组织广大群众与洪水斗争。省水利局派出工程技术人员赶赴各地指导抢救，对灾情严重的清江、丰城、南昌增派人员协助抢险。

27日　省政府发布《关于执行社会团体登记工作的指示》，要求全省开展社团清理整顿工作。

27日　《江西日报》报道，在普及深入抗美援朝运动中，全省各地共计227324万人在“热烈拥护缔结和平公约运动”中签名。其中，南昌市6045人，赣州市7500人，九江市6358人，景德镇市75588人，南昌分区50476人，抚州分区81748人。各地人民群众在签名活动中，充分表现了爱好和平反对侵略的意志。这一运动正通过迎“五一”示威大游行继续发展深入。

27日　《江西日报》报道，全省各国营贸易部门采用代销、委托收购、委让加工、贷款等方式扶助合作社解决经营困难，使合作社得以巩固和加强，在配合国营贸易、稳定物价、扶植农民生产等方面起到了积极作用。

27日　《江西日报》报道，全省部分农村流行天花，莲花县良坊乡50多个小孩患天花死亡，南昌官塘乡七八个村天花流行，洪湖乡楞上村每个小孩都患上天花。省卫生厅积极展开春季种痘工作，以防止天花流行，计划春秋两季完成350万人口种痘任务，春季先完成200万人。培养种痘员4000人。要求天花流行地区不分男女老少都要种痘。

28日　省政府发出《关于举办机关干部业余文化补习学校的指示》。

29日　省政协常委会第四次会议在南昌举行。会议审议通过了《关于筹备召开省各界人民代表会议第一届第二次会议准备工作方案》。

30日　省政府为补救烂秧及水灾区缺秧困难发出紧急通知：（一）各地要号召农民节省秧苗，发扬互助精神，在两利原则下调剂秧苗；（二）加强秧田管理、培育壮秧；（三）切实帮助农民解决缺种困难。

30日　南昌市庆祝“五一”国际劳动节工人纠察队在南昌市人民体育场举行大检阅。市长邓飞、省总工会主席郭光洲、市总工会主席阎华出席检阅仪式。检阅队伍沿中山路、胜利路、阳明路行进，高呼“保卫世界和平”、“反对美帝侵略台湾、朝鲜”等口号。

30日　上饶专区大力推广优良稻种，得到广大群众积极拥护，掀起生产热潮。省种子管理处派技术干部20人协助推广。全区各县采取集中区、乡、村的重点推广方式，36万斤稻种全部下田，生长情况良好。

本月　《江西中医药》杂志创刊。这是建国后国内最早正式出版和公开发行的中医药学术月刊，该刊由南昌中医药学会主办。

本月　国营江西国药局成立，经营中药材、饮片、中成药。隶属省卫生厅领导。

1951

5月
May

公元1951年5月							农历辛卯年【兔】						
日	一	二	三	四	五	六	日	一	二	三	四	五	六
		1 劳动节	2 廿七	3 廿八	4 青年节	5 三十	6 立夏	7 初二	8 初三	9 初四	10 初五	11 初六	12 初七
13 初八	14 初九	15 初十	16 十一	17 十二	18 十三	19 十四	20 十五	21 十六	22 小满	23 十八	24 十九	25 二十	26 廿一
27 廿二	28 廿三	29 廿四	30 廿五	31 廿六									

1 日　南昌市工人、部队官兵、郊区农民、学生、工商业者、民主党派、宗教团体、机关干部、居民等 16 万人，举行以“抗美援朝、反对美帝武装日本、保卫世界和平”为主题的盛大示威游行。省委书记陈正人、省政府主席邵式平等省、市领导走在游行队伍前面，引导队伍前进。示威队伍分两路行进：一路从中山路、胜利路、民德路到八一公园；一路从环湖路、墩子塘、阳明路、沿江路、中山路、象山路到六眼井路。每个角落都充满着“打死美帝野心狼!”的歌声，回响着“反对美帝武装日本”的吼声。

1 日　全省各市、县举行抗美援朝、反对美帝武装日本、拥护缔结和平公约示威大游行。南昌、浮梁、吉安、九江、抚州、袁州、上饶 7 个专区城乡游行人数达 535.78 万人，约占 7 个专区总人口的 44%。

1 日　省卫生厅贯彻执行第一届全国环境卫生和卫生工作会议精神，制定《江西省饮水消毒实施方案》。

2 日　江西省第二届学生代表大会在南昌中山堂开幕。全省各中专、大专以上学校代表 258 人出席。会议中心内容是：总结第一届学生代表大会以来的工作，决定今后的方针与任务，交流经验，改选省学联执委会。

2 日　江西省人民反特展览在南昌市八一礼堂开幕。展览共设立 17 个展览室，陈列着缴获匪特用以杀害革命人民的各式美制武器、电台和炸药以及反动派令、密令、文本等各种罪证。揭露了蒋匪帮在江西罪恶的特务组织及其阴谋活动。展览历时 21 天，105432 万人参观了展览，提出书面意见 9678 条。

4 日　南昌市各界青年 3 万余人在人民体育场举行游园大会，纪念“五四”青年节。全市各工厂、学校、机关共出板报 93 块，漫画 300 余幅，各种表演节目 60 余个，宣传抗美援朝运动和镇压反革命斗争，使广大青年受到一次深刻的爱国主义教育。

4 日　省政府针对九江、南昌、浮梁专署植棉工作中几个具体问题发出指示：（一）所有棉种一律由政府贷给农民，收获后按贷一斤还一斤收回，动员棉农将改良籽棉全部送政府收购；（二）肥贷问题要严禁强迫命令，允许棉农自愿贷购；（三）种棉保险问题由群众自愿；（四）农贷、保险、种子、推广、病虫害防治、肥贷、合作等各业人员，由县统一组织调配；（五）粮食调度由粮食公司统一考虑，严禁劳民伤财，造成极大浪费；（六）土产运销与棉区供应要及时统一筹划，解决农民后顾之忧。

5日 省妇联发出加强宣传镇压反革命工作指示要求：（一）各级妇联干部必须认识镇压反革命的重要性与严肃性，配合各市县的宣传动员，在妇女群众中进行深入宣传教育；（二）要教育广大妇女认清只有把反革命分子肃清了，大家才能过上和平日子；（三）要运用各种形式，以活生生的事实宣传教育群众；（四）各级妇联组织要认真总结经验，及时汇报工作。

6日 省委就继续普及与深入开展抗美援朝运动发出指示：（一）各级党委应加强领导，要求在本年5月底做到“每处每人都受到抗美援朝教育”；（二）无论城市乡村，都要继续举行签名、投票活动，争取在5月底江西省要达到1000万人签名、投票；（三）要有意识地以爱国主义武装群众，推动工作；（四）要充分认识这场宣传教育的重要性，从思想上、实际行动上加强工作。

8日 《江西日报》报道，全省各地进一步普及与深入开展抗美援朝运动以来，截至4月30日，全省400万人签名投票，拥护缔结和平公约，反对美帝武装日本。其中南昌市签名者有20.8万人，投票者有20.2万人，达全市总人口的2/3；吉安专区签名者有93.2万人，投票者有77.4万人；南昌专区签名者有27.2万人，投票者有27.15万人；袁州专区签名者有50.5万人，投票者有49.4万人；景德镇市签名者有6.358万人，投票者有5.2万人；赣州市签名投票者有5万人。全省人民接受以抗美援朝为主题的爱国主义教育的人数占全省人口总数的50%。

8日 南昌市政府发出通知，要求全市各公私营企业工人收听中国人民志愿军代表作题为《关于志愿军在朝鲜战场英勇作战事迹报告》的广播大会，一律放假半日，工资照发。

8日 志愿军代表柴川若、窦少毅乘车抵达南昌。省政协、各民主党派、各群众团体、省市党政机关干部及工人、学生、部队代表3000余人举行欢迎大会。

热烈欢迎志愿军英模大会会场

9日 上海铁路局南昌分局600余名员工举行欢送大会，欢送分局南昌桥工队69名职工光荣奔赴朝鲜前线参加保护与抢修桥梁工作。

群众欢送南昌桥工队参加抗美援朝

9日 省、市各界代表6万余人集会，欢迎并听取志愿军代表报告中朝两国人民抗击美帝侵略的英雄事迹报告。省总工会主席郭光洲代表全市工人致欢迎词，省委书记陈正人、省政府副主席范式人在志愿军代表报告后讲话，号召全省人民继续扩大和深入进行抗美援朝运动，做好镇压反革命和搞好土地改革、生产建设等工作。

9日 江西省和各市抗美援朝分会在江西人民广播电台举行欢迎中国人民志愿军代表广播大

志愿军英模代表接受江西大学生献旗

会，听众达41万人。3天中收到慰问金126533671元（旧币），金戒指8个，黄金1.1两，锦旗104面及其他大量慰问品。17760名听众要求为志愿军伤病员输血。广播大会于11日结束。

11日 省土地改革委员会颁布《迅速全部分配土改斗争果实的通令》，指出春耕进入紧张阶段，又值水灾为患，为完成春耕播种任务，必须积极发挥土改斗争果实作用。（一）凡已没收而未分配的田地、鱼塘、菜园，必须尽快分配；（二）耕牛一般可4户分一头，不允许农会保存不分；（三）其他斗争成果，如农具、粮食、衣服、金银等也必须尽快分配；（四）坚决反对干部包办或强迫、命令将斗争成果转入合作社；（五）各地5月底必须全部将斗争成果分完；（六）贪污浪费或故意将斗争成果不分者，要严厉处分。

12日 全省40余个县发生轻重不同的旱象，部分严重地区发生水田龟裂，有的禾苗枯死。到6月11日止，全省估计有150万亩以上农田遭受旱灾威胁，旱死禾苗10万亩以上，数十万亩稻田因天旱而未能插秧。

13日 省政府文教厅颁布征集革命文物启事，规定征集文物为：（一）秘密或公开时期革命运动的文告、报纸、摄影、图片、表册、货币、邮票、印花、土地证、杂志、图书、宣言、标语、传单、电影、年画、木刻、雕像、传记、墓志、档案、路条、粮票等；（二）革命先烈的遗物，如兵器、旗帜、标志、证章、印信、肖像、衣服、用具、日记、手稿、信札、墨迹等。

14日 省政府颁布《江西省国有林征收育林费暂行办法》，这是江西省首次规定征收育林费。

14日 省政府颁布实施《江西省婚姻登记暂行办法》。

14日 南昌市各界人民10万余人，在八一体育场举行控诉反革命分子罪行大会。会上，群众对程时奎、李右襄等罪大恶极的特务分子进行控诉，有54名反革命骨干分子被判处刑罚。

南昌市10万余人在八一体育场举行控诉反革命罪行大会

15日 省财政厅召开全省第五届财政工作会议。省委书记陈正人在会上讲话指出：在我们全体干部中，思想上要有远见，做长期大规模建设的打算。

17日 全省首届土产会议召开。会议提出努力打开土产销路、活跃物资交流。通过现货交易、订立合同和协议等方式，成交471万元（旧币）。同时解决了交通运输、税务、银行等部门的配合问题。全省各专区工商科长、贸易公司经理、各土产较多的县、市工商联、土产

西藏解放后，藏商纷纷来景德镇市选购瓷器

行业和商业代表，各食糖、夏布、纸张、瓷器、烟叶等行业的生产者及手工业者代表，另有省税务局、省合作管理局、省人民银行、交通运输等部门的代表及河北、武汉、广东等地代表共180余人出席。省政府主席邵式平出席会议并着重阐述了物资交流工作的重要意义。会议于26日结束。

20日 省公安厅厅长王卓超在中共江西省第三次党代会上报告全省镇压反革命工作情况。报告说：全省的镇反工作取得了伟大成绩，给了敌人以摧毁性的打击，各级公安机关先后破获国民党“华中剿总吉安联络站”、“军统南昌第二潜伏组”等特务案933件，破获“中国人民自由军”、“华中反共救国军”等地下军案241件，镇压暴动事件18起，处置抢粮事件20余起，消灭土匪36股，捕获土匪1600余名。

22日 南昌市30万人民欢庆南昌解放两周年。全市各机关、学校、团体、商店悬挂国旗表示庆贺。省、市各界代表1400余人举行纪念晚会。

23日 省委发出《关于进一步加强妇女工作的指示》。主要内容有：（一）进一步发动与组织广大妇女群众积极参加大生产运动；（二）在妇女群众中普遍和深入地进行以抗美援朝为主题的爱国主义教育；（三）发动妇女群众进一步参加镇压反革命运动；（四）贯彻执行婚姻法；（五）巩固与扩大城乡妇女基层组织——妇代会；（六）加紧培养提高新老干部并积极慎重地培养、发展女党员。

23日 江西省第三批抗美援朝慰问品，如毛巾、鞋袜、牙刷等日用品，扑克、棋子、收音机等文娱用具，共24种、27190件，分装17个大箱、11个竹篓运往朝鲜前线。

25日 据省抗美援朝分会不完全统计，全省签名拥护缔结和平公约宣言的已达8365655人，投票反对美帝国主义重新武装日本的已达8011074人。

25日 全省最大规模的赣西南人民造纸厂正式投产。赣西南及赣州市各党政机关、团体负责人及代表前往祝贺。该厂生产的主要产品有新闻纸、有光纸、牛皮纸、道林纸等6个品种。

杨尚奎为赣西南人民造纸厂开幕典礼剪彩

27日 省委近日召开扩大会议，着重讨论镇压反革命问题。会议决定，在继续开展镇压反革命的基础上，迅速清理积犯，同时提出清理中、内层问题。会后，省委发出关于目前镇反工作的五点指示。

28日 省、市各界人民热烈拥护中央政府和西藏地方政府和平解放西藏办法的协议，数以万计的职工、学生、店员、居民纷纷走出工厂、学校、商店游行，庆贺西藏即将和平解放。

29日 为继续开展抗美援朝运动，龙南、宁都、大余、泰和、吉水、永新、吉安、安福、遂川、宁冈、峡江、万安、武宁、德安、瑞昌、彭泽、永修、都昌、九江、余干、万年、乐平、婺源、清江、丰城、靖安、新建、分宜、上高、萍乡、宜丰、资溪、宜黄、黎川、临川、南城、广丰37个县于近期分别召开抗美援朝代表会议，控诉美帝侵朝罪行。各县会议的召开激发了全省人民群众的爱国热情，增强了搞好生产建设的积极性。

30日 省总工会对公私营工矿企业在开展

镇压反革命运动中要注意的几个问题发出指示要求：（一）各级工会必须将镇压反革命运动作为工会工作的中心，将激发出的热情引导到爱国主义生产竞赛上去；（二）要组织职工认真学习《惩治反革命条例》，掌握斗争武器；（三）要协助公安部门做好材料收集整理工作，代表职工向司法机关提出处理意见；（四）要建立工人纠察队，严防反革命分子破坏。

30日 全省第四批抗美援朝慰问品15973件，锦旗273面，集装成10个大竹篓、24个木箱运往朝鲜前线。

31日 南昌市基督教协会举行控诉美帝利用基督教进行侵略阴谋罪行大会。各教会团体工作人员、执行、教友200人参加。

本月 省人民法院将监狱和看守所移交给公安机关管理，至本月底，清理、移交工作完成。

本月 全省400万人参加反对美国侵略朝鲜示威游行；300万人参加反对美国重新武装日本的投票和拥护和平公约宣言签名。全省共捐献购飞机大炮款1618亿元（旧币），捐献慰问中朝部队和朝鲜难民慰问金42亿元（旧币）；为志愿军赶做军鞋27万双，送慰问品7万多件。

本月 中南军政委员会卫生部交给江西省接收治疗4600名志愿军伤病员任务。省政府作出紧急部署，决定省、专区分别成立接收委员会。南昌市各公立医院收治志愿军伤病员577人。

本月 全省许多地区的降雨量少于常年平均值的1/2，至本年9月，许多水塘水库干涸，河流、水井枯竭，渠泉断流。江西省受旱78个县，其中重灾33个县，受旱农田782万亩，成灾面积558万亩，其中无收的388万亩，共减收14.4亿斤稻谷。

1951 6月 June

公元1951年6月							农历辛卯年【兔】						
日	一	二	三	四	五	六	日	一	二	三	四	五	六
					1 儿童节	2 廿八	3 廿九	4 三十	5 五月小	6 芒种	7 初三	8 初四	9 端午节
10 初六	11 初七	12 初八	13 初九	14 初十	15 十一	16 十二	17 十三	18 十四	19 十五	20 十六	21 十七	22 夏至	23 十九
24 二十	25 廿一	26 廿二	27 廿三	28 廿四	29 廿五	30 廿六							

1日　上午，南昌市各中、小学校、工厂、街道儿童3.2万多人，分别在南昌市18个会场收听南昌人民广播电台举行的“六一”国际儿童节庆祝大会广播。下午举行游园大会，3.2万名儿童观看了体育、戏剧、舞蹈等70余个精彩节目。中南电影摄影队到场拍摄了大量有关此活动的镜头。

1日　为统一接收志愿军伤病员，省卫生厅成立医院管理处。并决定在横峰县莲荷、吉安市凤凰圩、抚州县城、鄱阳县城、宜春市彬江等地建立7所预备医院。

1日　《江西日报》报道，全省少年儿童工作一年来成绩显著，到4月底统计，全省6个市、78个县成立了少年儿童组织，共有少年队员139507名，儿童团员60余万名，有30多名优秀少年队员光荣加入了青年团。

1日　《江西日报》报道，井冈山上第一所毛泽东小学开学，工农群众子女40多名进校学习，学生学费、杂费、书费均由政府供应。

1日　省委、省政府、省军区联合决定：自6月起，区以上各级人民武装组织一律改为人民武装部。

2日　南昌市开工修建第四交通路（今北京西路）。

3日　民革江西省分部筹委会、民盟江西省支部、农工党江西省工委、省总工会、共青团省委、省学联、省妇联，以及南昌市工商联筹委会、南昌市各宗教团体热烈响应中国人民抗美援朝总会《关于推进爱国公约，捐献飞机、大炮和优待烈军属运动》的号召。省总工会干部学校300多名学生一小时内就捐出433.5万元（旧币），其中，南昌大学工学院土木科五年级20多名学生捐献出25.5万元（旧币）。

3日　省农民协会就农民进城清算工商业兼地主剥削财产问题发出通知：（一）各地必须事先明确清算项目，推选代表进城清算，经过城乡关系处理委员会处理；（二）清算过程中遇抵赖或确实有困难者，应向当地政府或法院申请处理；（三）凡进城清算者，都必须到乡、区县农协开具加盖公章的介绍信；（四）要主动与各地工商联联系，争取各方支持。

4日　省文教厅召开处理接受美国津贴初等学校会议，研究贯彻政务院《关于处理接受美国津贴的文化教育机关及宗教团体的方针的决定》。九江、赣州、崇仁等县27个学校代表40人及学校所在地的教育行政干部10人出席会议。省政府主席邵式平亲临会议讲话。会议于8日结束。

5日 省抗美援朝分会举行第四次常务委员会议，讨论捐献飞机大炮和优属工作，号召广泛开展宣传教育运动，为实现中国抗美援朝总会号召而努力。

7日 省委就改进江西日报社的工作，充分发挥报纸在实际工作中的指导作用作出决定：（一）提高《江西日报》的思想性与战斗性，逐渐增加马列主义、毛泽东思想的宣传；（二）报纸编辑部的整个活动，应面向群众，树立人民大众喜闻乐见的文风；（三）各级党委、政府中的共产党员领导干部应负责为《江西日报》积极写稿，对读者提出的各种问题、批评和建议，各级党委必须重视与负责解答；（四）各级党委对《江西日报》通讯站工作人员应在政治上、生活上、工作上给予关心与支持；（五）争取实现土改后全省发行5万份报纸的任务。

8日 省委、省军区对清剿土匪的工作联合发出指示，要求各地必须组织清匪治安委员会，由党、政、军和公安部门参加，军民结合，有组织、有领导地开展清剿土匪工作。

8日 省政府明确规定：违纪失职工作人员的处分，除军队系统外，概由各级政府监督管理；行政惩处种类有劝告、警告、记过、记大过、降级、撤职6种。

9日 省政府发出《关于加紧整理油茶山的指示》。

10日 《江西日报》报道，万载、黄茅、罗城、三兴、高城等区先后遭受雹灾，雹如鸡蛋大小，重的达150克以上，被害农作物达2000余亩，毁坏房屋69间，伤10余人。

11日 中国人民银行江西省分行举行全省农村金融会议，决定今后全面开展农村金融工作，为畅通物资交流，发展农业生产服务，在本省土特产区筹建营业所。会议于28日结束。

12日 省政府第六次会议在省政府礼堂举行，27名委员出席。省政协常委、省政府直属各委、厅、局、署、院、行的负责人40余人列席会议，省政府各机关科长以上干部参加旁听。省委书记陈正人出席会议并讲话，省政府主席邵式平主持会议并作会议总结。会议一致通过了《关于抗美援朝、镇压反革命、春耕生产、财政收支等报告的决议》和省政法委员会组成人员名单以及其他提案。会议于14日结束。

13日 全省各地人民近日响应抗美援朝总会号召，开展捐献飞机大炮运动。吉安、抚州、袁州、赣州、九江、南昌、上饶、浮梁、宁都等地均召开抗美援朝捐献会议，掀起捐献热潮。吉安捐“井冈山号”飞机，九江捐“工商号”飞机，袁州捐“妇女号”飞机，赣州捐“赣州号”飞机，抚州捐“临川号”飞机和大炮1门。景德镇市市民在10天内捐献人民币3亿多元（旧币），工商业者在动员大会上当场捐献1.06亿元（旧币）。遂川、鄱阳、永丰、吉水、丰城、萍乡、高安、上饶等县农民赶定增产计划，表示要勤生产，多打粮，捐献飞机。

各地群众踊跃捐献，支援抗美援朝

14日 省公安厅、省人民法院、省财政厅联合发出通知，自6月1日起，各级人民法院将所属监狱、看守所编制及编制内人员供给关系移交给公安机关。

15日 省农民协会、省妇联、省学联分别发出捐献飞机的号召。省农协号召要在开展生产竞赛，保证完成增产任务8%～12%的基础上，每人捐献人民币5000元（旧币），全省1500万农村人口，争取捐献飞机40架。省妇联号召全省700万妇女行动起来，采取“多的多出，少的少出，各人自愿，绝不强迫”的措施，捐献“江西妇女”号飞机一架。省学联号召每名学生捐出零用钱，发动学生利用参加劳动服务、演剧义卖等方式，将收入捐出购买“中国学生”号飞机。

16日 省文联响应全国文联号召，开展捐献“鲁迅”号飞机运动，邀集南昌市业余戏剧工作者举行3天义演活动。活动于18日结束。

17日 省委决定撤销中共赣西南区委，建立中共赣州地委，并将宁都地委并入赣州地委。杨尚奎调省委任专职副书记。

18日 省委向中南局、中央和毛泽东主席呈报《关于省委扩大会议总结部署镇反工作报告》。毛泽东对报告的两处写了批语。

18日 中国人民保险公司江西省分公司召开农村保险工作会议，决定全面开展耕牛保险。到8月中旬，全省承保耕牛已达10万多头。会议于25日结束。

19日 省文教厅召开全省第四届文化教育行政会议。会议于26日结束。

20日 江西省各界人民抗美援朝代表会议在南昌举行。全省81个县及南昌、九江、赣州、吉安等市各阶层人民群众组成的10个抗美援朝代表团，共计938人参加了会议。省委书记、省抗美援朝分会会长陈正人出席会议并讲话。会议讨论通过了省抗美援朝分会关于实现中国人民抗美援朝总会三项爱国号召的具体建议，号召全省广大人民进一步广泛开展增加生产，增加收入运动，争取筹献飞机81架。并决定将所捐飞机命名为“江西‘八一’空军师”。

《为完成捐赠“八一”空军师而奋斗》的宣传画

21日 全省第二届交通会议在南昌举行。会议认为，畅通城乡物资交流重要关键之一在于大力组织民间运输工具，开展广泛的群众性运输工作，并要将这批群众性的运输工具很好地与近代化的运输工具结合起来，以便减少运输上的一切困难。会议于7月结束。

21日 省委召开第一次全省组织工作会议，传达贯彻中共中央最近召开的全国组织工作会议精神，讨论通过《江西省1951年7月至1953年6月组织工作计划》。会议强调，要大批训练、培养、提拔干部，充实与健全各级组织机构；有计划、有步骤、有准备地进行整党、建党、审干，壮大党的力量，为今后大规模经济建设做好准备。至10月24日，全省有中共党员12728名。会议于7月6日结束。

22日 中国人民赴朝慰问团中南区分团江西代表返抵南昌。省政协、省抗美援朝分会、各民主党派、人民团体代表及大、中学校学生代表共600余人到车站欢迎。

22日 全省税务工商代表会议召开。会议通过了《江西省工商界爱国主义纳税公约》。会议于28日结束。

22日 南康县三区，信丰县古坡、双溪等区近期先后发生山洪暴发。南康三区受灾农民2083户，损失产量8162担；信丰古坡、双溪受灾农民450户，损失产量9856担。赣西南区党委、赣西南行政公署调拨粮食8.5万斤救济受灾群众。

24日 截至当日，据不完全统计，全省30万亩稻、棉田发生虫灾，各地发动妇女、儿童、农民等进行捕杀，部分地区已制止虫灾蔓延或基本消灭虫灾。

铅山县鹅湖区石溪乡2000余名群众参加灭虫

25日 省合作事业管理局根据中南区合作事业管理局《关于在土改地区放手发展合作社，

以适应农民急需推销土产要求的通知》，决定将全省合作社系统的四级经营改为三级（省、专为一级）经营，定期举办土产交流会，省每半年一次，县每两个月一次；并合理制定购销价格，兼顾生产、推销、消费之间的经济利益。

26日 南昌市各界1200人举行欢迎赴朝慰问团江西代表凯旋归来大会。赴朝慰问团艾寒松、聂轰、朱国清、陈在康、江协志5位代表，报告了慰问中的收获和见闻及中朝人民军并肩战斗的英勇事迹。代表们指出：只要祖国人民拿出较大的力量，支援朝鲜前线，满足前线飞机、大炮等武器和司机、医疗、翻译等人员的需要，我们就能获得最后的胜利。

26日 省学联热烈拥护中央人民政府《关于广泛招收青年学生参加各种军事干部学校，加强国防建设的决定》。号召全省青年学生积极响应祖国这一号召，争取站到祖国最光荣的岗位上去。

南昌市立中学的同学踊跃报名参加军干校

27日 军事干部学校江西省招生委员会成立。省委宣传部部长彭加伦任主任委员，省文教厅副厅长吕良、共青团省工委书记杨泽江为副主任委员，省军区政治部余英川、省总工会常志、省妇联危秀英、省卫生厅刘达迁、省学联赖作舟为委员。下设秘书处，分宣传、指导、总务三部。

27日 南昌市医务界和各群众团体500余人为江西省第二批志愿援朝医疗手术队举行欢送大会。医疗队由医师4人、护士21人、化验员和司机各1人组成。

27日 经中南区军政委员会批准，设立庐山特别区人民政府（县级）。

29日 省政府决定撤销赣西南行署，成立赣州专署。原赣西南行署所直辖的赣州市、赣县及南康、大余、信丰、上犹、崇义、龙南、定南、虔南、安远等县划归该专署管辖（8月1日赣州专署正式成立）。

29日 国营萍乡煤矿、有色金属江西分局所属各矿山、南昌车务段南昌站等37个单位认真实现增产捐献计划。据初步统计，截至当日，已捐献155409800元（旧币）。

30日 南昌市各界举行纪念中国共产党成立30周年庆祝大会，50多个单位献词献旗向毛主席祝贺。到会的有共产党员、各民主党派代表、各机关团体、部队、工厂、学校代表及街道居民、宗教界人士共8万余人。省委书记陈正人、省政府主席邵式平、南昌市委书记黄霖等到会讲话。

30日 省财政经济委员会迅速积极开展私营企业重估财产工作（至10月底，各地私营企业重估财产、调整资本工作相继完成。南昌市核定重估59个行业2106户，资产增加66%；景德镇市核定重估909户，资产平均增加153%）。

本月 全省接收志愿军伤病员4682名。经过治疗，到7月底这批伤病员大部分痊愈，其中有2880名军人转业参加地方建设。

本月 中共吉安地委成立。

本月 南昌、九江、吉安、赣州、景德镇、抚州、上饶、波阳8个3万人口以上的城市进行工商登记，登记的内容是工商业户数、资本、从业人员。登记方法是自报登记、行业评审、最后总评、审核发证。

本月 省水利厅在南昌县瓜山、九江县芗溪、高安县万石建机灌站3处，分别灌田1100亩至2000亩。主机为江西机器厂生产的70马力立式4缸煤气机，配14寸离心泵。

本月 吉安区行政督察专员公署改称江西省人民政府吉安区专员公署。南昌区行政督察专员公署改称江西省人民政府南昌专员公署。上饶专署改称江西省人民政府上饶区专员公署，驻地在上饶市（镇），下辖1个市、9个县，即上饶市、玉山、广丰、铅山、横峰、弋阳、贵溪、余江、东乡等县。

1951
7月
July

公元1951年7月							农历辛卯年【兔】						
日	一	二	三	四	五	六	日	一	二	三	四	五	六
1 建党节	2 廿八	3 廿九	4 六月大	5 初二	6 初三	7 初四	8 小暑	9 初六	10 初七	11 初八	12 初九	13 初十	14 十一
15 十二	16 十三	17 十四	18 十五	19 十六	20 十七	21 十八	22 十九	23 二十	24 大暑	25 廿二	26 廿三	27 廿四	28 廿五
29 廿六	30 廿七	31 廿八											

1日　南昌市8万人集会，庆祝中国共产党成立30周年。

1日　中国人民保险公司江西省分公司自即日起开展旅客意外保险业务。

1日　为纪念在革命斗争中英勇牺牲的人民英雄，瑞金县建成革命烈士纪念塔。塔高13米，塔身呈炮弹形，基座为五角形，基座四周立有毛泽东、朱德、周恩来等题词石碑10块。

瑞金是第二次国内革命战争时期中央革命根据地的中心，1931年，中华苏维埃共和国成立，首府设在瑞金，故称为“红都”

雄伟的瑞金革命烈士纪念塔

2日　南昌市八一大桥桥面修理工程开工（9月17日竣工）。

2日　南昌市人民印刷厂试验铅印改进牛胶成功，为全省印刷事业作出了重大贡献。

3日　省政府发出指示，要求各级政府发动群众，开展水稻选种。指示内容包括：（一）普遍号召农民群众开展水稻田间单穗选种；

（二）良种普及重点县进行评选工作，产生县选良种；（三）组织农民群众互换良种及调剂良种。

4日 为加强国防建设、保卫世界和平，截至当日，据不完全统计，南昌市、九江市、吉安市、赣州市、景德镇市、上犹、龙南、大余、南康、临川、南城、黎川、万年、鄱阳、宁都、宜春、萍乡、万载、高安等地青年学生有8156人报名参加军干校。

4日 省政府签发政府令，决定全省存山存滩的木材，一律征收特种育林费，以缩小本省与外地木材差价，有效制止抢购木材、滥伐林木现象，支持国家木材需要和增强全省林业建设的经济力量。

5日 中国铁路体育宣传列车代表团自广州到达南昌铁路分局。该代表团由参加全国篮、排球比赛大会的一部分中国铁路选手及体育工作人员共25人组成。代表团此行主要目的是进行篮、排球友谊比赛，并带来苏联新体育影片及美帝侵朝照片，准备在南昌分局演出和展出。

6日 省政府转发抄没罪犯文物暂交省文教厅的命令。规定凡本省（市）公安厅（局）及法院将所有抄没之古玩文物，请文物管理委员会鉴定，并由该会暂行接收。在该会未成立前，将详细目录交文教厅暂行接收保管。

7日 《江西日报》发表题为《开展工厂矿山的民主改革运动》的社论，指出民主改革一般应从镇反开始，主要是政治斗争，不应着重经济上的清算。必须掌握“打击敌人，团结群众，反对封建，保护资本”，团结教育资本家的政策原则。

8日 省政府发出指示，决定设立家畜保育站，并对家畜保育工作任务作了规定。

9日 《江西日报》报道，全省将从本月下旬开始全面开展清理积案工作，各地相继成立清理与审判委员会，并召开县区乡代表会议，广泛发动群众参加。

10日 南昌市抗美援朝分会在中山堂召开全市各界人民抗美援朝代表会议。会议决定全市人民在1951年下半年内捐献飞机9架。

南昌市召開抗美援朝代表會議
决定增產捐獻飛機九架
會議認爲：抗美援朝工作須進一步加強；絕不能因朝鮮停戰談判而鬆懈麻痺
本省青年熱烈投考軍幹校
報名已達一萬二千人

《江西日报》报道，南昌市决定增产捐献9架飞机

11日 省公安厅发出禁毒指示，决定于13日召开地、市、处局长会议部署查禁烟毒工作。

12日 全省机关团体代表500人，于凌晨7时在南昌火车站迎接来省休养的志愿军伤病员。

13日 由中国人民赴朝慰问团江西代表及民主党派、省总工会、省青委、省妇联、工商联、省学联、宗教界等各阶层代表组成的中国人民赴朝慰问团、江西回国代表报告工作团130余人分两路赴全省各市、县向广大群众作报告。

13日 江西省首批30名医生为响应政务院关于充实国防建设中卫生人员的号召，光荣参加国防建设。

15日 江西日报社根据中南局、江西省委关于改进报纸工作的决议，在各专区设立通讯站。

17日 九江、浮梁圩区水位猛涨，昌江上游警戒水位16日晨比15日涨4.5米，下游也涨了1米多，浮昌路桥5座被冲没，鄱阳西河小圩被浸，淹田200亩，两个圩涵洞漏水。滨湖群众积极准备防汛。

18日 南昌市反革命案件审查委员会审理出一批反革命罪犯，并举行控诉与处理反革命罪犯大会。全市40多个收听会场大约3.6万多人收听大会实况广播。

20日 省农林厅制定《棉花丰产竞赛办法》，号召全省棉农开展棉花丰产竞赛运动。

21日 省政府规定，税务系统分局以下原则上一律改为薪金制，适当提高待遇标准，自7月份起实行。

24 日　南昌大学文工团 130 余人，分赴有色金属江西分局大庾西华山、虔南大吉山矿场、乐平锰矿、萍乡煤矿及天河煤矿参加民主改革运动。

24 日　省委发出《关于两年来统战工作的基本总结与 1951 年统战工作任务的指示》。指示指出：在城市团结民族资产阶级是统战工作的重点。必须通过工商联、工商局、工商业者积极分子、政治协商委员会等纽带，开展对民族资产阶级的统战工作。党委统战部门和政府工商管理部门应密切配合，实现对工商联的政治领导和业务领导。

26 日　省、市党政机关，工、青、妇人民团体及宗教界、工商界、各区居民代表等组成慰问组，到医院慰问志愿军伤病员。

27 日　省人民武装部公布 1951 年上半年民兵剿匪成绩。全省参战人数共计 8921 名，作战 782 次。死伤匪首 33 名、匪众 37 名。俘虏匪首 59 名、匪众 772 名。投降匪首 1 名、匪众 96 名。清缴短枪 49 支、冲锋枪 3 支、土枪 156 支、刺刀 21 把、梭镖 1349 杆及各种子弹 53531 发、手榴弹 108 枚。

28 日　江西省人民反特展览会在景德镇市举行，观众达 43056 人。展览会于 8 月 8 日结束。

30 日　瑞金县举行全县首届老革命根据地人民代表会议，选出代表赴北京参加首都国庆盛典。会议于 8 月 1 日结束。

本月　江西省社团审查委员会成立，黄先任主任委员。

本月　根据 1951 年 5 月第三次全国公安会议作出的《关于组织全国犯人劳动改造问题的决议》，在省委、省政府领导下，由公安、财委、财政、农林、工业、商业等部门组成劳动改造生产指导委员会在全省组织劳动改造工作，创办了一批劳改单位。

本月　省工业厅确定全省工业以纺织工业为第一，机电工业为第二，造纸工业为第三的工业发展方向。

工人抢修纺织机械，抓紧恢复生产

1951

8月

August

公元1951年8月　　农历辛卯年【兔】													
日	一	二	三	四	五	六	日	一	二	三	四	五	六
			1 建军节	2 三十	3 七月小	4 初二	5 初三	6 初四	7 初五	8 立秋	9 初七	10 初八	11 初九
12 初十	13 十一	14 十二	15 十三	16 十四	17 十五	18 十六	19 十七	20 十八	21 十九	22 二十	23 廿一	24 处暑	25 廿三
26 廿四	27 廿五	28 廿六	29 廿七	30 廿八	31 廿九								

1日　南昌有线广播台开始广播。

1日　由省文教厅等机关团体联合主办的“江西省抗美援朝保家卫国展览会”在省图书馆开幕。此次展览规模大，主要内容是展出中南军政委员会文化部运来的3000多幅图片。

1日　省军区部队及南昌市人民13万余人举行盛大集会，庆祝“八一”建军节。

1日　省政府命令接管圣类思医院，并正式改名为南昌第二人民医院。

1日　南昌市4家电影院庆祝“八一”建军节，放映《翠岗红旗》。电影票减价1天优待部队官兵。

1日　省内第一家国营大型百货商场——南昌八一商场开张营业。商场共5层楼，内设25个柜组。

1日　江西省人事局更名为江西省人事厅，内设机构照旧。厅直属机构省干部疗养院划出，单列为事业单位。

3日　省政府新闻出版处正式成立，在省文教厅礼堂召开成立大会。

4日　省卫生厅发布公告，要求全省医师、中医师（军事系统除外）按《江西省医师、中医师请领资格证书办法》申请登记。

6日　江西省第三次党代表会议召开。出席会议的代表512人。会议对全省当前形势做了全面分析，总结了过去的工作经验，确定了今后的方针和任务。会议强调学习好文件，掌握思想武器，充分发扬民主，开展批评与自我批评，确定今后应加紧进行土地改革、民主改革、整党建党等8项任务。会议于26日结束。

6日　国家内务部长谢觉哉率领南方老革命根据地访问团，带着毛泽东主席“发扬革命传统，争取更大光荣”的亲笔题词，到江西革命老根据地进行为期一个月的访问。省党政军机关抽调人员配合慰问团访问，对老区人民进行广泛的宣传和重点救济。

7日　省政府发出抗旱工作指示，要求各级政府加强组织领导，动员干部深入发动群众投入抗旱斗争。

8日　全省各民主党派、各人民团体发表声明，一致抗议美帝签订对日和约草案，决心以实际行动回击美帝企图奴役亚洲的计划。

8日　省民政厅为进一步做好今后救济福利工作，召开全省首届人民救济代表会议。决定正式成立中国人民救济总会江西省分会。会议选举方志纯为执行委员会主席，罗孟文为监察委员会主任。会议于10日结束。

8日　省公安厅再次召开紧急会议，统一部署禁烟行动。

9日　为补充全省国营粮食企业网点不足，省政府决定由粮食部门委托各地合作社代购粮食。

10日　上饶、吉安、铜鼓、峡江、莲花、安福等县及横峰县姚家乡近日分别召开了老革命根据地人民代表会议，表示继续发扬光荣传统，搞好革命工作。

13日　省军区人民武装部发布关于动员民兵参加抗旱的指示。

13日　全省禁毒行动分3个战役、2个战区开展。共逮捕毒犯585名，缴获鸦片1500两及其他毒品、毒资等。行动于25日结束。

14日　江西省各地农业劳动模范赴汉口参观团启程参观中南区土产展览会。该团共160余人。

14日　截至当日，据南昌市45个区的统计资料，南昌专区受旱晚稻共有373900余亩，占晚稻总面积的7.8%。其中缺水的有192000亩，龟裂稻田有115300余亩，稻田发白的有7100亩，因旱未栽禾的有57720亩，濒临绝产的有11768亩。

17日　民革江西省分部筹委会、民盟江西省支部委员会、农工党江西省工委联合发表书面谈话，拥护外交部部长周恩来关于"美英对日和约草案"的通过并签字及"旧金山会议"的声明，反对美英单独对日媾和非法武装日本。

18日　《江西日报》报道，到7月底，据不完全统计，在全省27个县的224个乡已经展开的土改试点工作中，现已结束土地改革的有49个乡，已划分阶级成分的有38个乡，已成立贫雇农组织展开斗争的有44个乡，开始建立贫雇农组织酝酿斗争的有3个乡。

18日　中央人民政府南方老革命根据地访问团在赣州市进行访问和慰问演出，并访问了方志敏烈士的母亲。访问团演出剧目有《母亲的心》。全市5万人举行欢迎会。

中央人民政府南方老革命根据地访问团团长谢觉哉在瑞金县沙洲坝访问红军烈士杨金鸿69岁的老母亲

中央人民政府南方老革命根据地访问团访问方志敏烈士的母亲方老太太

谢觉哉在赣南访问时的情形

19日　省委写信给老根据地人民，号召执行毛主席指示“发扬革命传统，争取更大光荣”。

19日　南昌市公安局在惠民门小学召开被镇压反革命分子家属座谈会。会上，反革命分子的家属纷纷发言，表示一致拥护政府镇压反革命的措施。

20日　省政府颁布命令：由当地人民政府分别接管7所教会医院（南昌2所、九江3所、赣州和吉安各1所）。

20日　截至当日，全省有654个乡开展土改运动，占全部未进行土改区的20.4%，现已结束土改的有59个乡。

20日　中国人民银行江西省分行召开江西省支行行长会议。会议确立下半年的工作方针是继续深入货币管理，大力开展农村金融工作，广泛开展私人业务。会议于9月5日结束。

26日　江西省第一批抗美援朝志愿医疗手术队完成任务回到南昌（31日，省抗美援朝分会在中山堂举行欢迎返省首批志愿医疗手术队晚会）。

27日　《江西日报》发表题为《把市县各界人民代表会议开好》的社论。

31日　截至月底，南昌市有90%的机关、学校、工厂、街道和市郊农村订立了爱国公约。

本月　中南军政委员会重工业部有色金属管理总局江西分局奉令改称为中南工业部有色金属管理总局江西分局。同时，江西分局所属大庾、龙南、虔南、广昌、宁都、雩都、上犹、吉安8个管理处分别改名为大华、龙华、南华、金华、宁华、平华、杨华和安华管理处。

本月　南昌、抚州、九江、赣州、吉安等专区部分地区呈现不同程度的旱象与旱灾。据初步统计，目前全省缺水的中晚稻田有130余万亩，干旱龟裂中晚稻田有13万余亩，已干死的稻田有7000余亩。省政府发出紧急抗旱指示，组织群众控制旱情旱灾。

本月　全省各地卫生人员响应参加国防建设号召，先后报名者830余人。南昌市有560余人，其他地区有260余人，目前报名人数仍在不断增加。

本月　吉安市政府投资10.3亿元（旧币）建成“井冈山纪念堂”和“井冈山烈士纪念塔”。

本月　南昌市恢复市辖区建制，先后共设4个城区委、3个农业区委（1953年8月，成立中共水上区委）。

1951
9月
September

公元1951年9月							农历辛卯年【兔】						
日	一	二	三	四	五	六	日	一	二	三	四	五	六
						1 八月大	2 初二	3 初三	4 初四	5 初五	6 初六	7 初七	8 白露
9 初九	10 初十	11 十一	12 十二	13 十三	14 十四	15 中秋节	16 十六	17 十七	18 十八	19 十九	20 二十	21 廿一	22 廿二
23 廿三	24 秋分	25 廿五	26 廿六	27 廿七	28 廿八	29 廿九	30 三十						

1日　省政协首次召开各民主党派、无党派人士双周座谈会。

1日　省政府通报表扬省著名农业特等劳模罗来贵率领南昌县小蓝村全体农民抗旱选种的事迹。

全国劳模罗来贵

1日　江西省革命烈士子弟学校举行开学典礼，方志纯兼任校长。

2日　省农民协会给各级农协发出《关于广泛订阅〈江西日报〉的指示》，要求从本月起，每乡及每个大自然村订阅1份《江西日报》，并广泛组织读报组。

2日　《江西日报》报道，浮梁专区举行首届土产交易会。景德镇市代表与鄱阳代表签订了乌豆4万斤、绿豆1万斤的交易合同。

3日　南昌市抗美援朝分会召开市各界人民庆祝抗日战争胜利六周年纪念晚会。参加会议的有全省各民主党派、人民团体、机关、工厂、学校的代表近千人。

8日　上海铁路管理局南昌分局第6批赴朝支援前线的108名员工起程赴朝鲜前线。

9日　省政府发布《领导群众继续坚持抗旱与及早准备扩大冬种的紧要指示》。

9日　上海铁路局南昌分局在南昌市体育场举行第一届运动大会。

9日　省政府发布关于扩大冬种面积的指示，要求全省1951年冬季作物在1950年的基础上扩大1倍。

9日　《江西日报》报道，省文教厅联合省委宣传部、新闻出版处、省文联、省美协、江西画报社、省邮电管理局、新华书店江西省分店、南昌市委宣传部、市文教局、市文联、市美协等单位，组成江西省年画创作出版委员会，并公开征集年画创作作品。

11日　江西省第二次各界人民代表会议开幕。出席会议的代表有882人。大会通过了主席团及秘书长名单。省委书记陈正人致开幕词，省政府主席邵式平讲话。中央人民政府南方老根据地访问团秘书长郑绍文讲了话。省军区司令员陈奇涵、政委孔石泉、中南军政委员会文化部副部长许凌青、省政协副主席欧阳武、省委代表刘瑞森、民盟代表许德瑗、农工党代表廖少仪、民革代表刘文涛、青年团省工委代表蔡敏、省总工会代表郭光洲，省文联代表石凌鹤、省学联代表赖作舟及南昌市工商联代表王德舆先后讲话。大会通过各委员会主任、副主任、委员名单。会议于22日结束。

11日 南昌专署召开所辖各县农林科长扩大会议，制定出全区冬种工作计划，决定在1950年的基础上扩大面积72%。

12日 南昌市飞机制造厂（即三二〇厂）首次接受中国人民解放军空军8架“雅克－18”飞机维修任务（在苏联专家指导下全部修好，12月初试飞全部合格并交付部队使用。在此期间，又陆续接受多架待修“雅克－18”飞机的维修任务，至年底共修好38架）。

13日 省政府发出《发动群众采集林木种籽的指示》。

15日 省政府召开“江西省老红色区代表会议”，选举100名代表赴北京出席中央人民政府成立两周年庆祝大会。

15日 省政府发出《江西省土改区与未土改区农业税暂行条例施行细则令》，规定土改区实行20个税级的累进税制，未土改区仍执行40个税级累进税制。

15日 截至当日，据不完全统计，全省认捐数字已超过81架战斗机的目标，捐献款已达322亿元（旧币）以上，约占认捐数字（以81架战斗机计）的25%以上。

16日 访苏访德代表团庄栋、何双进两位代表在八一体育场向全市工商界、宗教界、居民、妇女、市郊农民等4万余人作传达报告。

19日 为加强物购管理，防止盲目采购及稳定市场，全省机关、部队、学校、团体、企业等部门采购物资及汇拨款项工作移交南昌市工商管理局办理。

21日 据不完全统计，从1950年7月至今，全省共受理婚姻案件13396件。

22日 江西老革命根据地人民代表参加首都国庆节观礼代表团在团长杨尚奎率领下起程前往北京。

23日 青年团省工委、省学联和南昌市民主青年联合会召开江西省各界青年代表会议，成立省民主青年联合筹备委员会。

24日 根据中南局、中南军区7月26日指示和中央人民政府政务院6月13日颁发的编制原则，省公安厅成立公安部队，各专署公安处、南昌市公安局成立公安大队，各县（市）局成立公安中队。

25日 自即日起，省政府决定停止征收特种育林费。

25日 南昌市各人民团体9月13日联合发出通知，号召全市人民观看电影《白毛女》。截至当日，南昌市放映《白毛女》140场，观众人数达10万多人次（占全市人口的1/3），突破了南昌市电影放映的最高纪录。

25日 省农协召开执委扩大会议，确定了今后农民运动的方针与任务。决定彻底完成土地改革和土改复查；继续普遍深入抗美援朝运动；镇压不法地主、反革命分子及肃清残匪特务；恢复与发展农业生产与副业生产；整顿农协组织，加强与提高农民群众的觉悟性与组织性，巩固人民民主专政。会议于29日结束。

29日 据统计，为支援抗美援朝，赣州专区各界人民已捐现款112.1亿余元（旧币，下同），已超过原全专区105亿元的计划。

29日 南昌市第三届各界人民代表会议讨论通过了《南昌市人民政府组织条例》，决定在全市设立6个区，市内设4个区，市郊设2个区，分别建立区政府。市内区政府下设街公所、坊委会。各区政府于本月27日已正式成立。

30日 南昌市国庆腰鼓表演大会在南昌市八一体育场举行。

本月 江西财经专科学校招收统计专科1个班，这是建国后全国第一个高等统计专业（大专层次）班。

1951
10月
October

公元1951年10月							农历辛卯年【兔】						
日	一	二	三	四	五	六	日	一	二	三	四	五	六
	1 国庆节	2 初二	3 初三	4 初四	5 初五	6 初六	7 初七	8 初八	9 寒露	10 初十	11 十一	12 十二	13 十三
14 十四	15 十五	16 十六	17 十七	18 十八	19 十九	20 二十	21 廿一	22 廿二	23 廿三	24 霜降	25 廿五	26 廿六	27 廿七
28 廿八	29 廿九	30 十月大	31 初二										

1日 南昌、赣州、宜春、抚州、景德镇市等地各界30万余人分别集会游行，欢庆中华人民共和国成立两周年，省政府主席邵式平出席南昌市庆祝大会并发表讲话，号召全省人民要努力实现毛泽东主席指示："发扬革命传统，争取更大光荣"，继续贯彻"抗美援朝，土地改革，镇压反革命运动，恢复发展农业生产，开展文化教育和加强民主政权建设。"

南昌市各界13万余人举行盛大集会庆祝国庆节大会

2日 省军区首届运动大会在南昌市八一体育场举行。开幕式上，到会的军区及省市领导，各民主党派人士及军区直属队等指战员共3000

省军区首届运动大会开幕，运动员步入会场

余人。这次比赛的项目有球类、田径、劈刺、射击等。大会选出出席中南军区运动大会的优秀选手183名。运动会于12日结束。

4日 南昌市各界人民代表大会三届二次会议召开。大会选举邓飞为南昌市人民政府市长，张云樵为第一副市长，李善元为第二副市长，并举行了就职典礼。大会决定成立南昌市民主改革委员会。大会于6日结束。

5日 省委开办南昌市机关干部学习马克思列宁主义夜校，并在省委大礼堂举行开学典礼。

省委书记陈正人要求全体学员养成认真读书、开动脑筋的习惯，以战斗的精神学习马列主义。驻南昌各机关党、政、军、民负责人，民主党派负责人，南昌大学教授代表，南昌市公私立中学校长等400余人参加了典礼大会。

5日 省政府发布《为加强伐木管理贯彻护林政策的命令》，规定砍伐国有林、私有林和土改中应没收征收和分配的森林均应缴纳山价，林权归谁所有，山价就归谁征收。

5日 省税务局召开全省首届税务工作模范代表大会。大会选出特等模范1人，甲等模范12人，乙等模范24人，丙等模范22人。大会于11日结束。

7日 《江西日报》报道，九江、赣州、景德镇、吉安、樟树等市，纷纷开展私营企业重估财产调整资本工作。

9日 南昌市政府宗教事务处并入省政府宗教事务处，并正式成立江西省人民政府宗教事务处。省文教厅副厅长吕良兼该处处长。该处主要工作任务是研究有关宗教问题政策及处理接受美国津贴的文教、救济机关及宗教团体的工作。

10日 省政府决定，从本年11月1日起开始征收牲畜交易税。

10日 省委发出《关于强化对农协领导、充分发挥农协作用的指示》。

10日 省委决定组织《毛泽东选集》发行与宣传委员会，由陈正人任主任委员，范式人、杨尚奎、邵式平等任副主任委员，负责领导发行工作。

10日 省军区全体指战员集体加入中苏友好协会，并分别举行了入会仪式。

11日 省委决定组成民主改革委员会，陈正人为主任，范式人等为副主任。各专、县、市相继成立城市民主改革委员会。

12日 为响应毛泽东主席"一定要把淮河修好"的号召，南昌大学决定派土木科四年级、五年级，水利系三年级、四年级四班同学（共54人）即日启程参加治淮。

12日 中南区卫生部、教育部批准江西省立医学专科学校改为江西医学院。

12日 《毛泽东选集》第一卷在南昌首发，新华书店江西省分店门市部和12个营业书店同时上架销售《毛泽东选集》第一卷。

13日 省政府发出《关于执行强制保险的通知》，规定南昌、九江、上饶、景德镇、吉安、赣州等城市行政机关及粮食部门的直属粮库，均要实行财产强制保险。

15日 信丰县安息区55对新婚夫妇在区政府举行集体婚礼，标志着开始废除封建婚姻制度，实行男女婚姻自由。

17日 赣州市各界3万余人在人民体育场举行控诉、处理反革命分子罪行大会，匪首杨明等判处死刑，其余被控人员判处有期徒刑或教育释放。

19日 南昌市文艺工作者为纪念鲁迅先生逝世15周年举行集会，到会的有省文工团、省文联、市中苏友协等29个单位的700余人。

20日 8点30分，南昌市新中国砖瓦厂正在建筑中的34门输窑的窑棚倒塌，当场压伤工人26名，其中重伤5名；据估计，财产损失达2亿元（旧币），工程全部停顿，造成严重损失。省政府监察委、民政厅、省财委、省总工会等7个单位联合组成检查小组，对此事故进行调查。

20日 省委为加强对全省工商业者的领导与业务指导，决定成立省委工商业工作委员会，牛荫冠为主任；刘瑞森、赵发生为副主任。

20日 省委召开全省第二次城市工作会议，着重解决开展民主改革运动统一认识和统一步调问题。省委书记陈正人出席会议并作报告，省委副书记范式人作大会总结报告。会议决定利用诉苦、串联等方式，从思想上把群众发动起来，组成强有力的队伍。会议于30日结束。

20日 省委召开全省土地改革和土改复查工作会议。会议确定了以土改为中心，密切结合冬季生产，继续深入开展抗美援朝和镇压反革命运动，加强领导，集中力量，将土改作为今冬明春压倒一切的中心任务。会议于31日结束。

21日 南昌市人民法院在八一体育场召开近3万人的群众大会，当众宣判两名杀妻犯死刑。参加公判大会的有省、市政府领导及民主妇联负责人等。

21日 截至当日，为支援抗美援朝，全省捐款946.23亿元（旧币），为计划全部捐款额的77.8%。

21日 江西省第六次公安会议在南昌召开。会议总结了第一期镇反工作，部署了第二期镇反工作任务。会议于30日结束。

23日 南昌市开始在居民区建立街公所，1至5区共设街公所24个。

25日 全省人民在抗美援朝运动中发挥巨大力量。据统计，全省1700万人口中，有11881596人投票反对美帝武装日本，12432610人签名拥护五大国缔结和平公约，12668164人参加"五一"示威大游行，捐献慰劳金4398830168元（旧币），并有3.3万余青年自动报名参加军干校，有1.17万余人自愿报名给志愿军伤病员输血。

25日 省、市抗美援朝分会为庆祝中国人民志愿军一年来的伟大胜利，在江西人民广播电台举行"省市各界纪念志愿军出国作战一周年缴纳献款广播大会"，省抗美援朝分会秘书长彭加伦及省市领导、志愿军伤病员代表等在会上讲话。两日内共收到捐款50亿元（旧币）。活动于26日结束。

25日 省文教厅召开全省第五次文化教育行政会议。会议确定大力开展冬学运动，稳定和发展小学教育，并大力培养人民教师。会议于11月2日结束。

25日 省委下发《关于管理干部职务名单的规定》，要求实行党委组织部门与政府人事部门分工负责的干部管理制度（11月26日，中共中南局批转该规定）。

26日 中南军区根据军委总参谋部命令颁发的《全国气象台、站等级及业务范围暂行标准规定》，确定九江、赣州的气象站为甲种气象站，吉安、玉山、遂川的气象站为乙种气象站。

26日 《江西日报》报道，白喉症开始在南昌市流行。据南昌市立医院统计，这种病症在本市传播所及地方有永叔路、西瓜套、陈家桥、南站、干家塘、象山北路、三家店、张家山等处。得病者多是5岁以下儿童。

宜春县卫生院派出的工作人员，为儿童注射白喉防疫针，以保证孩子们的健康

本月 江西省酒类专卖事业公司成立，归省税务局领导。

本月 省军区作战处设气象参谋，管理江西省气象台、站。

本月 江西省文艺干部学校在南昌六眼井包家大屋开学，设音乐科、戏曲科、戏剧科、创作室。校长、副校长分别由石凌鹤（兼任）、时佑平担任。

本月 遂川县人民政府在井冈山茨坪建革命烈士公墓和井冈山革命先烈纪念塔。

井冈山革命先烈纪念塔

1951

11月 November

公元1951年11月 农历辛卯年【兔】													
日	一	二	三	四	五	六	日	一	二	三	四	五	六
				1 初三	2 初四	3 初五	4 初六	5 初七	6 初八	7 初九	8 立冬	9 十一	10 十二
11 十三	12 十四	13 十五	14 十六	15 十七	16 十八	17 十九	18 二十	19 廿一	20 廿二	21 廿三	22 廿四	23 小雪	24 廿六
25 廿七	26 廿八	27 廿九	28 三十	29 十一月小	30 初二								

1日　全省第二届农村生产会议举行。会议确定1952年农村生产方针是：开展全省爱国主义丰产运动，组织起来发展生产，战胜灾害，改进技术，提高单位面积产量，发展农林生产。并确定恢复抗战前（1934年至1937年）粮食生产水平（在1951年原计划的基础上增产11%），发展棉麻经济作物（种植面积比1951年增加6倍），普遍开展造林护林运动。会议于12日结束。

3日　为检查和处理干部中存在的官僚主义、命令主义的作风，省政府向各专署、市、县人民政府发出《检查处理某些区、乡干部的官僚主义、命令主义的作风的指示》。

4日　为庆祝苏联十月革命34周年，全省人民和全省23万中苏友协会员开展宣传活动。省、市中苏友协在八一体育场放映苏联电影《伟大的转折》，免费招待各界群众；并在中山堂举行庆祝大会。活动于7日结束。

6日　政协全国委员会土地改革工作团来赣检查工作。

7日　省财政厅实施财政部颁发的《合作社交纳工商税暂行办法》。

10日　上海铁路管理局南昌分局南昌中心站为进一步促进城乡物资交流，提高车辆周转率，节省国家财富，吸取了苏联始发直达列车编组先进经验，编成有史以来第一趟由南昌至沈阳的直达货物列车，为国家节省2.1亿多元（旧币）资金。

11日　省委、省政府、省军区作出关于1951年冬1952年春民兵建设的联合决定。确定今冬明春民兵建设的工作方针：要在民兵干部中和广大民兵与群众中树立与阶级敌人进行长期斗争的思想；在照顾人民武装全面建设的基础上，加强对民兵基干队的训练教育；为加强民兵的组织领导，必须迅速地健全各级人民武装部的组织机构；地方党委及各级政府必须重视民兵工作的领导。

12日　《江西日报》报道，全省各地人民积极进行缴纳捐款活动。据10月底统计，全省已缴纳捐款1000亿元（旧币），占全省认捐战斗机81架的83%。

12日　民革江西省分部筹委会和南昌市支部筹委会召开座谈会，纪念孙中山先生诞辰85周年。

12日　省商业厅召开江西省第二次物价会

议。出席会议的有省、市、各专区及重点县的工商贸易部门代表共200余人。会议决定要进一步巩固物价稳定，强调要统一步调、坚持牌价、加强市场管理。会议于22日结束。

13日 省委、省军区发出《关于清匪工作的联合指示》，强调要加强清匪工作队和各级清匪治安组织。土改已完成的地区，清匪肃特任务要逐步移交公安武装负责。

13日 《江西日报》报道，全省水利建设已取得巨大成绩。在防洪工程中，仅修堤一项完成土石方2600余万方，小型农田水利（包括新建与整修）共完成8.23万余座。

15日 南丰县水南乡橘农向毛泽东和斯大林各敬赠蜜橘1000公斤。

南丰县水南乡的妇女们在采摘蜜橘

19日 《江西日报》报道，中国盐业公司江西省分公司为满足农民需求，大量供销食盐，完成了货币回笼任务，促进了物价稳定。

19日 南昌水电公司经理宋廉生等由于集体贪污，已被撤职依法惩办，政务院人民监察委员会通报了此事及处理意见。

19日 省政协成立总学习委员会并召开第一次会议。总学习委员会主要负责省政协、各民主党派和有关人民团体的学习组织工作。

21日 省政协组织各民主党派、工商界、宗教界人士29人参加农村土地改革工作。

22日 《江西日报》报道，南昌铁路分局南昌站全体职工积极学习苏联先进经验，改进技术作业，本月仅以列车停留时间缩短一项计算，即节省人民币4.7亿元（旧币）。中转时间完成既定标准100%；旅客人数完成100.2%；卸车数平均每天超额100%；货物列车正点达到99.3%。

22日 为了严防匪特阴谋破坏与不法分子不法活动，保护人民生命财产安全，南昌市自本年11月25日起至1952年3月25日止，展开冬季防特、防盗、防火工作，并颁布《南昌市人民冬防实施办法》，成立南昌市人民冬防委员会。

22日 由南昌市各机关、各民主党派、各人民团体等1100余人组成工作队，下乡参加土地改革。

23日 《江西日报》报道，省人民监察委员会作出《关于监督与检查〈婚姻法〉贯彻执行的几项指示》。指示要求，各级人民监察委员会必须学习和贯彻《婚姻法》，协助各级政府认真对所管干部特别是区乡干部进行《婚姻法》教育，彻底肃清干部中的封建残余思想；对执行《婚姻法》的违法失职机关和工作人员，要进行批评教育或实施法律制裁；执行好的则予以表扬。

23日 江西人民通俗出版社成立。

24日 省政府发出关于1951年冬学运动的指示。要求各级行政领导充分认识开展冬学运动的重要意义，很好地运用这一方式，配合中心工作，加强教育和组织广大农民群众，提高其政治觉悟、生产积极性和文化水平。

25日 南昌市建设局择定市郊鱼尾闸瀛上村、贤士湖等处，勘测布置为公墓地区，并筹设公墓管理所，专门办理、经营丧葬事务。

25日 省委召开首届全省宣传员代表会议。会议总结与推广了全省一年来建立和巩固宣传网的经验，确定1952年全省宣传网建设的方针与计划，使宣传网更有效地为增产节约、土地改革、民主改革等运动服务。出席这次会议的有来自城市、工厂、矿山、铁路、农村、机关、学校等方面的宣传员代表共522人。

27日　中南局批准增补江西省军区副政委孔石泉为省委委员、常委。

28日　美国在九江办的但福德医院改名为九江专区妇幼保健院。

29日　彭泽县全国农业劳动模范吴宣文种植岱字棉14亩，其中1亩丰产田收籽棉881斤，折合皮棉320斤，创当年全国植棉亩产最高纪录。

29日　《江西日报》报道，省政府为奖励农业劳动模范，发出了关于开展全省评选劳模的指示，并规定了农业劳模评选标准：（一）特等农业劳动模范当选的条件为积极参加抗美援朝，响应政府号召，宣传、鼓励生产竞赛，热心参加互助组；改进耕作技术，提高产量超过一般农民50%以上者；能想办法，削减各种自然灾害成绩显著者。（二）一般农业劳模当选条件为积极参加生产，其单位面积产量超过一般生产水平者；参加劳动互助或在某一生产运动中起宣传组织带头推动作用者；积极参加抗美援朝，响应政府号召者。

29日　2时10分，3697号机车7506次小运转货物列车，在由南昌开往向塘行至青云谱北辙约700公尺处时，发生覆车事故，损失达2亿元（旧币）以上。

29日　省委举行扩大会议，讨论布置精兵简政增产节约工作。会议于12月1日结束。

30日　根据中共中央《关于"三反"斗争的指示》，全省在县以上党政机关、企事业单位开展反贪污、反浪费、反官僚主义的"三反"运动。

30日　萍乡矿务局高坑矿青年采煤工郭清泗，首创手镐一班日采煤79吨的全国新纪录。从此开始，在全局形成创纪录劳动竞赛热潮（1952年7月8日，新华社记者张海涛在报道中指出：郭清泗创造的手镐采煤方法以及其他煤矿工人对手工操作的许多改进，对在现有落后的设备条件下，高度发挥煤矿潜力，起了重大作用）。

全国手镐采煤最高纪录创造者郭清泗

本月～1952年8月　全省两期共扩兵7.735万人，补充志愿军及解放军野战部队。

本月　南昌市各机关、民主党派、群众团体、专科以上学校组织1100余人下乡参加土地改革。南昌大学有490余名师生报名参加，组成南昌大学土地改革工作团并停课学习土地改革文件，听取各首长有关土地改革的报告。

本月　全省第一座工矿有线广播站萍乡煤矿广播站建成并播音，在矿区公共场所安装号筒式扬声器20多只，而后在职工大院安装舌簧扬声器2000余只。

永修县第一区一乡徐凤楼宣传组，利用有线广播宣传党的方针政策

1951 12月 December

公元1951年12月							农历辛卯年【兔】						
日	一	二	三	四	五	六	日	一	二	三	四	五	六
						1 初三	2 初四	3 初五	4 初六	5 初七	6 初八	7 初九	8 大雪
9 十一	10 十二	11 十三	12 十四	13 十五	14 十六	15 十七	16 十八	17 十九	18 二十	19 廿一	20 廿二	21 廿三	22 冬至
23 廿五	24 廿六	25 廿七	26 廿八	27 廿九	28 十二月大	29 初二	30 初三	31 初四					

1日　省政府主席邵式平发布命令，转发《中南区城镇基层单位治安保卫委员会组织条例》。不久，省公安厅向全省各级公安机关发出指示，要求立即按该条例执行。

1日　全省第一届农林生产会议在南昌召开。在“开展爱国主义丰产运动”、“组织起来发展生产”的号召下，总结经验，加强政治思想领导，贯彻政策，做好一切冬季生产工作；确定赶上历史上的最好粮食生产水平（抗日战争前为115亿斤），并发展棉麻经济作物，普遍开展造林护林运动，为完成1952年农林生产计划而奋斗。会议于12日结束。

3日　中苏友好协会江西省分会第一次代表大会暨成立大会在南昌举行。大会选举陈正人为中苏友好协会江西省分会会长，邵式平、陈奇涵、刘一峰、欧阳武、彭加伦为副会长。大会于7日闭幕。

5日　中南军政委员会江西灾区访问团同省派遣人员一同抵达抚州，深入农村进行慰问。

6日　《江西日报》发表题为《关于在江西省范围内深入开展“王水盛思想”的讨论和批判》的社论。指出，王水盛思想是当前农村小生产者落后思想的反映，是一种自私、狭隘的思想。

6日　《江西日报》报道，全省参加今冬明春土地改革的干部已整训完毕，并投身到土地改革运动中。全省规模宏大的土地改革运动正由点到面稳步展开。

6日　省政府作出关于慰问旱灾地区工作的决定。全省1951年旱灾严重，是数十年来少有的大旱灾。

6日　省委召开省、市各机关团体干部动员大会，主题是响应毛主席、党中央和人民政协全国委员会第三次会议增产节约号召，贯彻中南局、中南军政委员会对增产节约的决议。到会干部有3000余人。会上，省委书记陈正人作动员报告，强调要大张旗鼓地展开反贪污、反浪费、反官僚主义斗争（15日，省增产节约委员会成立，陈正人为主任，范式人、陈奇涵、欧阳武为副主任）。

7日　省政协举办报告会。省政府主席邵式平和省政协副主席刘一峰、欧阳武分别作中南军政委员会第四次会议和政协一届全国委员会三次会议精神的传达报告。

8日　南昌市千余青年集会纪念“一二·九”爱国运动16周年，同时有百余学生举行入团仪式。省委宣传部、省中苏友协、中南影片公司放映《中华儿女》、《沙漠苦战记》两部影片。

8日　《江西日报》报道，11月底，全省捐献运动结束。据11月底统计，已入库献款1238亿元（旧币），超过中南总分会要求（55架战斗机）的50%以上，也超过6月份省抗美援朝分会根据正常年完成81架战斗机的目标。

南昌市人民向志愿军捐献的坦克

8日　省委召开全省工商工作汇报会议。会议指出，对民族资产阶级的统战方针是有团结有斗争，斗争为了团结，以团结为主，争取多数，孤立与适当打击少数反动分子，在经济上有发展有限制。采取三条政策：一是加强领导，扶助工业不扶助商业，今后不准商业联营，手工业联营也不提倡；二是欢迎有利于国计民生的私营工商业进一步发展；三是指导转业，由商业转向工业、手工业和土产运销。会议于15日结束。

9日　《江西日报》报道，省政府在财政粮拨交贸易部门调剂供求时，由于采取结合征收公粮入库一次拨交贸易粮的办法，为全省粮食部门节省费用1100余万斤大米；以800元/斤（旧币，下同）计算，即折合人民币89亿元。另外，粮食公司方面也节省51亿元（旧币），两项共计为国家节省费用140亿元（旧币）。

10日　省政府正式颁发《江西省政府办公厅档案管理试行办法》，作为各级党政机关做好建立档案工作的依据。

11日　省政府举行主席办公会议，讨论开展土地改革中的文艺创作问题。会议由邵式平主持。会议决定由陈正人、邵式平等17人组成省文艺创作评审委员会，邵式平为主任委员。

13日　省委、省军区指示：原由部队担任的工矿、企业、交通、犯人劳改监护及地方政府机关、仓库等警卫任务，一律于12月31日前分别交由公安武装、企业警察或民兵接替。

14日　中国红十字会第二医防服务大队共121人，分3组赴江西老区14个县开展农村卫生工作。

15日　省政协与民盟、民革、农工党省级组织和省工商联协商，成立省增产节约委员会协商委员会分会。并于12月21日和24日召开扩大会议，决定在省政协和全省各民主党派机关开展增产节约和“三反”运动。

15日　《江西日报》报道，为响应毛泽东主席和党中央及中南局“增产节约”的号召，全省各地党、政机关团体纷纷召开动员会、座谈会，并组织学习，制定增产节约计划。

17日　省总工会发布关于在全省工人中开展爱国主义增产节约运动的指示。要求全省工人阶级必须充分认识开展增产节约运动的重要意义，为实现这一任务而奋斗。增产节约的中心内容是增加产量、提高质量、减少废品。要求发挥工业潜力、机器效能，改善劳动组织，改进生产管理制度；提高劳动效率，端正劳动态度及纪律，提高技术，创造发明，采用先进生产方法、工作方法及先进经验，开展合理化建议与爱国生产竞赛等；在全省工厂、矿山、企业、商店、作坊等行业的工人中，进行增产节约的宣传教育；各市县、各产业的各级工会，应立即召开会议，认真研究，具体布置，并将布置情况及工人对此运动的反应报告省总工会。

17日　省政府第九次会议召开。会议通过了当前中心工作任务的决议，决定加速完成土改与复查；继续贯彻民主改革；指出开展增产节约运动是当前的中心工作任务。会议决定由省人民检察署、省人民监察委员会、省人民法院、省委纪律检查委员会联合组成省节约检查委员会，杨尚奎为主任，并设立了专门办事机构。会议于21日结束。

18日　《江西日报》报道，省粮食局召开全省加工食米改进会议，要求从增加加工出米率方面来增产节约。经精打细算的结果：加工出米率每100斤稻谷可以比过去增加5斤至6斤。以此计算，连粮食局在省内每年的加工米（以5亿斤计算），就可以增加食米收入2500万斤；如连粮食公司及其他各公营单位加工粮食计算在内，则全省一年可多收加工食米1.1亿斤。

19日　鄱阳县植麻劳模蔡金鳌经精耕细作，每亩产麻872斤，创全省植麻亩产新纪录。

19日　为迎接中央政府派来的中国红十字总会第二医疗大队来江西省工作，省政府发布指示，要求各级政府应广泛宣传毛泽东主席、中央政府对老革命根据地人民的关怀，宣传卫生工作与增强健康的重要性；全体医防队将分赴各县（市）进行医防工作，各级人民政府应全力配合，支持其工作。

19日　全省各市、县人民政府依据《关于中南区城市房地产登记暂行规则》和《中南区城市建设使用土地暂行办法》进行城市房地产审查登记。1952年核发省政府房地产契纸，确定房地产所有权。

20日　省政府第九次会议通过了杨尚奎《关于大力扶助老区人民恢复与发展生产建设的报告》。会议根据中共中央《关于实行精兵简政、增产节约、反对贪污、反对浪费和反对官僚主义的决定》精神，对全省开展增产节约和“三反”运动作出了部署。

23日　中国学生访苏代表团代表抵达南昌市，在江西人民广播电台向江西省青年学生播讲苏联学生的学习和生活情况。

24日　南昌市军事管制委员会发出布告，取缔南昌市“圣母军”反动组织。“圣母军”又名“圣母祈祷会”，是借宗教外衣掩护为帝国主义所操纵反共反人民的反动组织。南昌市军事管制委员会除将南昌市“圣母军”首恶分子依法逮捕，按照《中华人民共和国惩治反革命条例》惩治外，还决定自即日起取缔该组织，并公布对“圣母军”人员登记及退出办法。

24日　省政府为便利城乡物资交流，贯彻执行十大政策，重申取消通行证制度，要求全省各市县人民政府对政府机关、团体或个人阻拦商运等事情，应依照情节分别予以处分。

24日　省军区直属大队（包括后勤部等团）举行反贪污、反浪费、反官僚主义动员大会。省军区副政委孔石泉作动员报告，指出：1951年已处理和已揭发的贪污数字，说明有的干部和共产党员，以假造账目、多报冒领、克扣荣金、勾结私商、非法营利、接受贿赂等卑劣手段，贪污公款，数目巨大。号召结合整党开展群众性的检查运动。

25日　为全面开展增产节约与反贪污、反浪费、反官僚主义的运动，省人民检察署、省监察委员会、省人民法院、省委纪律检查委员会4个单位，联合组成省增产节约委员会。并设立专门办事机构，在省增产节约委员会领导下，进行检举、检查、处理控告和严惩贪污分子、严重浪费分子与严重官僚主义分子。该会即日开始办公。办公地址设在南昌市阳明路省委纪律检查委员会内。

27日　省增产节约委员会召开省、市直属各机关团体代表会议，到会代表有600余人。会议精神是充分放手发扬民主，开展批评与自我批评，要求大家“知无不言，言无不尽”地进行检举、揭发贪污、浪费、官僚主义分子和自动坦白其贪污、浪费的行为。会议于1952年1月2日闭幕。

27日　省总工会发出《关于发动工人揭发

贪污、浪费及官僚主义的通知》。该通知要求，各级工会可以发动广大职工揭发各单位所存在的贪污、浪费及官僚主义现象。除在报纸上进行公开检举外，还可直接向省增产节约委员会告发。

27日 南昌市爱国天主教徒和各界人民群众1400余人在天主堂举行控诉“圣母军”罪行大会。九江市天主教三自革新委员会委员也参加了大会。

28日 省委就开展“三反”运动向中共中央和中南局作出第一次报告（中南局12月31日转发了这个报告。1952年1月4日，中共中央又将此报告转发各中央局及分局、省、自治区、省直辖市党委，毛泽东写了批语：江西省委这个报告很好，认真地和有力地解决了问题，和有些地方党委所作空泛无力的报告大不相同，请在党刊上予以发表）。

30日 省政府主席邵式平签发《关于直属机关增产节约的几项具体办法的决定》。要求做到：（一）充分发动教育群众，提倡节约，反对浪费，使大家自愿展开此运动；（二）严格执行预决算制度，建立专款专用制度、现金归库制度，停止非生产与不必要之建筑和较大修理与购置房子；（三）实行精减编制，减少层次（人力、物力），减少会议，实行集体办公，不得积压公文；（四）禁止宴会、纪念会、招待会、专业会等铺张浪费现象；（五）公文、电报、刊物要减少，印刷费应严加管制，免除重复浪费；严格管制水、电使用；（六）清理家底，据实向省财委报告；（七）各单位应根据本办法，具体研究，并组织检查组，严格进行检查。

31日 全省400多个乡开展反恶霸斗争。

本月 万载、宜春、上高、宜丰4个县发生急性肺炎，患者830人，死亡310人。

本月 中国昆虫学会南昌分会成立，杨惟义任理事长。

本月 全省第一所技工学校——江西省初级技术学校在南昌市创办并开始招生。

本月 庐山北山公路开工兴建，次年8月1日竣工通车。庐山北山公路是庐山历史上第一条登山公路。省政府主席邵式平亲临剪彩。

本年

本年 全省创办福利院20所，养老院11所，儿童福利院3所，共收养社会孤老残幼人员2282人。

江西省最大的福利院（今南昌市福利院）

本年 省民政厅在全省进行革命烈士登记。至1952年底，全省登记革命烈士20余万名。

本年 全省发生旱灾，受旱农田1267.6万亩，因灾减产粮食14.4亿斤。全省共拨出救济粮655万斤，救济款142亿元（旧币），发放农贷稻谷8700万斤，银行发放贷款200亿元（旧币）。

本年 江西省外科医院主治医师李建业在省内首次进行胆囊切除术及胆道取石术取得成功。

本年 中国药学会江西分会成立。

本年 江西省人民图书馆更名为江西省图书馆。

本年 萍乡县农业劳动模范彭光贤双季稻亩产创1035斤；其铁锅选种、快速催芽、培育壮秧、水浆管理等先进经验在全省推广。

本年 根据中央政府、革命军事委员会和政务院的决定，华东空军原第二十二厂由南京迁到南昌，与中原空军移交的南昌航空站合并，在原国民党空军第二飞机制造厂和航空研究院旧址上修复组建了国营三二〇厂（又名国营洪都机械厂，现名南昌飞机制造公司）。

本年 全省第一家专业性造船厂江西造船厂建成。

本年 全省小麦普获丰收。中国粮食公司江西省分公司为防止新麦上市时麦价过贱伤农，在全省主要产区实行稳价收购。

本年 全省水利建设获得巨大成绩。在防洪工程中，仅修堤一项即培修土方达2600余万立方，小型农田水利包括新建与修理的共完成8.23万余座。

本年 江西省机器厂试制成功12马力柴油机和70马力煤油机。这是当时全省功率最大的机器。

本年 全省国营农场发展到64个，职工900人，耕地面积1.29万亩。年内开荒面积724亩，其中军垦农场开荒104亩，机械农场开荒320亩，其他农场开荒300亩。

本年 在铁、木、造纸、陶瓷、皮革、针织、石灰等行业，全省试办手工业合作社49个，有社员6124人。

本年 全省各级党校和干训班培训妇女干部1399名。

本年 年底，全省组织老革命根据地访问团，各团均配备一个电影放映队随团活动，深入闽浙赣、湘赣、湘鄂赣、中央苏区、井冈山等老革命根据地进行访问、放映。

1952年

概要

全省开展了以工业建设为中心的经济建设，提出四大改革（土改复查、民主改革、镇反、思想改造）与四大建设（以工业建设为中心的经济建设和文化教育建设、政权建设、党的建设）任务。全省开展“三反”（反贪污、反浪费、反官僚主义）、“五反”（反行贿、反偷税漏税、反盗窃国家财产、反偷工减料、反盗窃国家经济情报）运动，厉行增产节约运动；完成民主改革；完成清理 资产、核定资金；实行工资改革；加强计划统计工作；培养专业干部；进行生产改革与实行经济核算制。

开展“三反”、“五反”运动 为贯彻执行中共中央《关于实行精兵简政、增产节约、反对贪污、反对浪费和反对官僚主义的决定》。1月，省政府监察委员会发布《“三反”运动的指示》。2月，省委发出了关于开展“三反”运动的指示，号召在全省展开反贪污、反浪费和反官僚主义的“三反”运动。3月，在城市工商业中开展大规模的反行贿、反偷税漏税、反盗骗国家资财、反偷工减料、反盗窃国家经济情报的“五反”运动，至10月，运动结束。“三反”运动教育了干部的大多数，清除了腐败分子，挽救了一批犯错误的同志，开创了艰苦奋斗、廉洁奉公、全心全意为人民服务的社会新风尚。但由于“三反”采取群众运动的斗争方式，一个时期内未能实事求是对存在于党员干部中的贪污现象和贪污分子作客观分析，估计过重过多，出现了一些过失的偏差，对此，运动后期作了纠正。“五反”运动之后，省政府对私营工商业进行新的调整，鼓励并扶助其发展，在促进国民经济的恢复和发展中发挥了重要作用。

清查暗藏的反革命 全省各级公安机关适时地把清查暗藏反革命分子列为经常性工作，通过清理基本队伍，清理要害人员，查出了一批反革命分子，保障了社会安定。

个体农业的改造 当年开始，省委、省政府根据江西实际，按照中央的部署，有计划、有步骤地领导农民通过互助合作道路，逐步实行对个体农业的社会主义改造。当年春季，省委明确指示大力发展互助组，到年底，全省互助组发展到12.3万多个。互助组在克服生产资料不足，增强抵御自然灾害能力、省工省钱、节约成本增加收入等方面显示出较大优越性。10月，省委召开全省地、县委书记联系会议，传达贯彻了南昌农村工作会议精神，布置研究农村工作，确定以土改复查、农业生产、建党为1952年冬至1953年春的三大中心任务。11月，土改复查试点工作基本结束，大规模土改复查运动全面展开，省委颁布了全省土改复查计划的通知。省委书记杨尚奎在全省地、县委书记会上宣布：

江西同全国一样，工作重点开始由民主改革转入经济建设。

工业的恢复和发展 全省开展以工业建设为中心的经济建设。2月，江西省建筑工程公司成立，11月，省建筑工程局成立。年底，下正街发电厂兴建的5000千瓦汽轮发电机组（当时全省单机容量最大的机组）投产发电。我国第一座机械化黑钨重力选矿厂安装从美国丹佛设备公司引进的日处理100吨到150吨整套重选设备，在大吉山钨矿安装成功投产。南昌市建成江西造纸厂和江西化工厂。经过三年努力，到本年底，全省工业总产值和主要产品产量大部分已达到和超过历史最高年份的水平，公路、铁路和交通运输、邮电事业全部恢复并有新的发展。

金融、商业工作 7月，中国人民银行江西省分行召开全省农村金融工作会议，确定全省要建立1000个信用合作社，做好信贷、保险工作，促进农业爱国生产运动的开展。11月，全省进行第二次商业调整。全省国营商业部门采取调整措施：一是收缩经营品种；二是收缩国营机构；三是调整批发起点；四是调整批零价、地区差价；五是适当放宽市场管理。全省发放贷款，支援农业建设。全省市场物价稳定，人民币的计价和储蓄职能提高，折实和保本保值储蓄转向货币储蓄，并执行全国统一的利率标准。

老区建设 4月，成立江西省革命老根据地建设委员会，发布了《关于加强革命老根据地工作的计划大纲》。老区各地、市、县先后也组成老区工作委员会。9月，省政府对老区由一般扶助转入重点扶助，从财力物力方面支持老区改善农业生产条件，并扶助老区文教卫生事业的发展。全省开展以“除害灭病”为中心的爱国卫生运动。成立了江西省人民政府防疫委员会，建立省卫生处防疫总站，下设3个分站，8个防疫队，2个鼠疫防治所和1个血吸虫病防治所，专职人员有360人。

文化教育工作 开展扫除文盲运动，推广“速成识字法”提高了扫盲效果。7月，江西省高等学校暑期毕业生统一分配委员会成立。南昌大学进行了院系调整，在南昌大学基础上成立江西师范学院。自此，高等院校毕业生由省统一分配。年底，改革旧有教育取得进展，取消部分旧有课程，开设了新的课程，在学校开始建党、建团、建立少先队。省政府发布了《优待工农子女入学的暂行规定》。

全省本年经济指标完成情况 工业总产值6.97亿元，比1951年增长29%，比1949年增长1.72倍；农业总产值15.35亿元，比1951年增长25.4%；粮食总产量115.01亿斤，比1951年增长34.23%；全省财政收入2.29亿元，比1951年增长61.27%。年末全省总人口为1655.69万人，比1951年增长0.73%。

1952
1月 January

公元1952年1月 农历壬辰年【龙】													
日	一	二	三	四	五	六	日	一	二	三	四	五	六
		1 元旦	2 初六	3 初七	4 腊八节	5 初九	6 小寒	7 十一	8 十二	9 十三	10 十四	11 十五	12 十六
13 十七	14 十八	15 十九	16 二十	17 廿一	18 廿二	19 廿三	20 廿四	21 大寒	22 廿六	23 廿七	24 廿八	25 廿九	26 三十
27 春节	28 初二	29 初三	30 初四	31 初五									

1日　中国图书发行公司南昌分公司挂牌成立。该公司是由中华书局南昌分店和商务印书馆南昌分店组建成立的，中华书局南昌分店原址为第一门市部，商务印书馆南昌分馆原址为第二门市部。

2日　于1951年12月27日召开的全省机关、团体首次代表会议闭幕。会议一致认为，要开展节约运动，首先要反对浪费，反对官僚主义。省委副书记杨尚奎在大会上作题为《开展一个忠诚坦白与民主检查运动》的讲话，全省“三反”运动由此开始掀起高潮。

4日　省卫生厅颁布《中医诊所管理暂行条例及施行细则》。

4日　省政府制定《处理湖沼、河港渔业纠纷原则》。规定：（一）根据国家土地改革法第十八条规定，湖沼河港一律收归国有，各地不得强调行政界限与历史上的所有权，擅自出租；（二）渔民作业范围，不应受到行政区域的限制，但不应有“共产党来了，到处都可捕鱼”的错误思想，各地渔民可暂按原范围（即旧有的沿袭下来的作业范围）进行捕捞；（三）凡有湖沼河港纠纷的地区，除应严防封建残余势力从中挑拨鼓动外，必须参照《中南区渔业暂行条例》有关规定调查处理。

5日　省政协遵照政协全国委员会《关于开展各界人士思想改造的学习运动的决定》，制定学习计划，布置开展学习运动。

6日　《江西日报》报道，南昌、赣州、吉安、景德镇等市及宜春、丰城等县各国营贸易部门采取各种措施，稳定1952年春节期间的物价。各地私营工商业也积极响应政府关于稳定年关物价的指示，坚决反对暴利思想，保证物价不涨价，不掺假。并通过互相挑战，制定奖惩制度，共同监督执行。

6日　南昌市人民法院在八一体育场召开宣判大会。大会判处南昌市税务局集体贪污首犯刘锡骥、文辉死刑，剥夺政治权利终身。刘锡骥、文辉贪污犯罪团伙采取对违章偷税者勒索等手段贪污总款额折合大米23236斤，刘锡骥实得大米18160斤。南昌市党、政、军及各界群众3万余人参加了宣判大会。会后，刘锡骥、文辉两主犯押往刑场执行枪决。

7日　省农林厅推广蔡金鳌、庞有礼植麻丰产经验，号召全省农民为提高麻类作物单位面积产量而奋斗（22日，省政府发出指示，要求各地切实配合国家经济建设需要，扩大黄麻生产面积）。

7日　南昌市各机关团体、企业开始大张旗鼓地与贪污、浪费、官僚主义进行斗争。在6天中，坦白了大小贪污行为的有368人，贪污款额总共2亿余元（旧币）。在贪污人员中70%是留用人员，30%是新干部。

8日　青年团江西省工委发出通知，要求全省团的干部、青年团员及广大青年，积极响应毛泽东主席关于"增加生产，厉行节约"的号召，坚决向一切贪污、浪费、官僚主义进行斗争。并要求各级团组织的领导，应以身作则，检查与肃清贪污、浪费、官僚主义，厉行节约。

9日　为便利人民检举，在省政府、市政府设置人民意见箱，收集群众意见。

在"三反"运动中，许多领导和机关都设立了意见箱，收到了大量的检举信，仅南昌市邓飞市长的意见箱便收到了200多封检举信。机关干部在查看群众来信

9日　省政府发放100亿（旧币，下同）生产补助金，扶助老革命根据地人民恢复与发展生产。即日发放第一批生产补助金计30亿元。

10日　民革江西省分部筹委会、民盟江西省支委、农工党江西省工委调派干部参加南昌市"五反"工作队，在工商界中开展反行贿、反偷税漏税、反盗窃国家资财、反偷工减料、反盗窃国家经济情报的"五反"运动。

10日　《江西日报》报道，省政府就开展春节拥军优属工作发出指示。要求：（一）及时开展拥军优属工作，使革命烈士家属、革命军人家属、革命干部家属以及残废军人、复员军人在政治上、生活上普遍受到尊重与优待；（二）进行动员、启发、宣传教育活动，形成拥军优属的优良习惯；（三）各级政府应在春节前后，切实检查一年来组织烈属、军属和残废、复员军人生产和工作的情况；（四）在春节前后或春节期间，召开烈、军、干属座谈会，邀请当地驻军、残废军人、复员军人和各界代表参加；（五）在进行土地改革的地区，应注意教育群众，照顾烈、军属及残废军人、复员军人的土地、房屋、种子、农具、耕牛、口粮等问题，特殊困难不能维持者，由地方政府酌情发给救济粮。

13日　《江西日报》转载《长江日报》报道：中共遂川县委及其成员腐化堕落，蜕化变质，受到严肃处理。遂川县委受撤销组织的处分；县委书记焦尔恭受开除党籍处分；县委委员孙元法（县长）受留党察看一年处分，并建议政府撤销其县长职务；县委委员鲁斌（县公安局长）受开除党籍处分，并建议政府将其撤职法办；县委委员韩峰（县委宣传部长）受当众警告处分；中共吉安地委对此问题采取自由主义态度，受指责处分；中共江西省委对此问题处理的不及时也作了自我检讨。

14日　南昌市工商联筹备委员会举行工商界动员大会，号召迅速开展反行贿、反欺诈、反逃税、反贪污、反浪费的"五反"运动。

15日　中国人民银行江西省分行召开第二届全省农村金融会议。会议总结了1951年11月农村金融工作汇报会议以后的全省农村金融工作进行情况，确定1952年上半年的农村金融工作是：扶助农业生产，发放周转性贷款，帮助农业、副业、手工业生产；根据可能条件，努力进行农村储蓄工作，巩固并继续发展农业保险，重点发展信用合作社；执行现金管理，并结合合作社，联系工商业，组织货币流通，使生产与运销相适应。会议于21日闭幕。

17日　《江西日报》报道，中共金溪县委主要负责干部蜕化堕落，严重违犯党纪国法。省纪委进行了严肃查处：县委书记王炳田、县委委员兼县长杨建中给予开除党籍处分，并建议县人民政府将杨建中撤职法办；县委委员、公安局长孙化林，给予党内撤销职务处分，并建议行政上给予处分；县委委员、宣传部长张士引给予党内警告处分；中共抚州地委在处理金溪县委党员领导干部所犯错误上，缺乏严肃性，须进一步对上述问题进行彻底检讨。

17日　省政府就《关于分配中央、中南区发给灾区的142亿元（旧币）和邓子恢允拨的60亿元（旧币）救济款及其使用办法》发出指示。指示内容有：（一）各级干部要广泛、深入地宣传中央、中南区对江西人民的关怀，鼓励灾区人民生产自救、节约备荒的热情与信心。（二）必须继续积极地领导贯彻冬耕生产、副业生产，以达到生产自救的目的。（三）在救济款发放工作上，各地必须指派得力、可靠干部负责，防止挪用、积压、贪污、浪费或舞弊等情况发生。（四）各地对救济款的使用，必须按照以下几种办法：1. 要有重点救济，尽量使用到重灾区，不要过于分散，应鼓励群众生产自救；2. 此款的10%～20%应由县控制，以备1953年青黄不接时，临时救济无法生活之重灾户；3. 其余80%～90%，给1951年重灾区用“以工代赈”的办法来兴修水利；4. 在生产节约备荒运动中，水利、农业、合作社、贸易等部门必须切实有效地协助人民，以达到战胜灾荒的目的。

18日　省委制定《关于在职干部学习的计划》。

19日　省人民监察委员会就开展“三反”运动发出指示，要求：（一）充分保障人民的民主权利，号召群众消除顾虑，大胆检举、揭发贪污、浪费、官僚主义的事实；支持群众的批评，务必使批评者受到法律的保护；多设意见箱与人民接待室；（二）配合有关部门，组织力量，有重点的进行检查工作。在运动开始阶段，着重监督与检查包庇、隐瞒错误与压制民主的现象，并及时有效地进行处理；在运动深入以后，应协助搞好调查研究，正确地处理问题；（三）各机关各部门特别是财经企业部门应立即组织检查网，参加这一运动；（四）严肃认真地处理每个案件，正确分析情况，判明是非，区别情节。

20日　萍乡煤矿凿井创全国纪录。萍乡煤矿王家源矿4号井第八组，在早、中、晚班中共凿井21米，创石门凿井全国最高纪录，架棚23座。同时，一天中节省了炮药52个，雷管34个，折合人民币约95万元（旧币）。与该组1951年11月份生产纪录比较，本月生产效率提高10倍。

20日　省增产节约委员会召开委员会议，听取省市直属机关各增产节约分会“三反”运动情况汇报。省政府主席邵式平指出：省市级机关所有工作人员应集中力量，向大贪污分子进攻，在政府中要肃清资产阶级的腐蚀；这场斗争不达目的绝不罢休。

“三反”、“五反”运动的宣传画

21日　南昌市西河大堤培修工程竣工。培修加固堤长5676米，宽14米至15米。

23日　《江西日报》发表南昌市工商联筹委会副主委王德舆题为《正当的工商业者，积极行动起来，忠诚坦白，大胆检举》的文章。

23日　省政府发放第二批生产补助金计70亿元（旧币）。其中，96.3%发给农村，3.7%发给城市。

24日　中央人民政府茶叶考察团陪同苏联专家到婺源考察。

26日　省政府发出《发动群众防荒备荒与灾荒作斗争指示》，指出：（一）发动群众生产自救、生产与救灾相结合是当前与灾荒作斗争的基本办法；（二）必须认真贯彻执行关于全省扩大冬季生产克服1953年灾荒问题的决议和布置；

（三）省政府立即成立生产救灾委员会，民政、农林、水利、贸易、合作、银行、卫生、土改委员会均派人参加，由邵式平负责领导；（四）全省专县生产救灾委员会，均应派员到灾区视察并帮助区乡切实解决生产救灾中的困难问题。

26日 省政府通报表扬铅山县粮食局女会计卢守凡。对她为爱护国家财产，勇敢地揭发问题，不怕打击并坚持向贪污分子做坚决斗争的精神给予充分肯定。要求各级政府以此广泛地进行教育，开展对卢守凡的学习。

30日 《江西日报》发表题为《各界人民积极行动起来，向贪污和行贿分子进行无情的坚决斗争》的文章。

31日 省政府发出《土地改革中分配山林池塘的问题补充指示》，指出：（一）分配山林一般以乡或村为单位分配。凡属于经济林和杉木山要以村为单位分配以乡为单位调剂。（二）分配山林的原则，应以原耕为基础，以户为单位，人口为标准分给无山、少山的贫雇农与贫苦的烈军属，特别是首先照顾原耕户靠山维持生活的贫苦农民。（三）应根据山林不同的性质与不同的收益规定不同的分配办法：1. 凡属于经济林，经群众讨论，民主评定合理分配；2. 杉木山的分配，根据照顾群众利益与国家建设需要以及杉木山数量与质量的具体情况进行处理；3. 凡能分配的木材山（一切风景林与坟墓林不在分配之内），一般应以村或乡为单位分给农民群众共同经营；4. 凡能开发造林或能栽培经济林的荒田，应尽量分配给农民群众所有，并积极帮助其开发；5. 凡应设收征之池塘应按下列三种不同情况分配：(1) 凡专供灌溉水利而不能养鱼的池塘，应按该池塘所灌溉的田亩随田分配，共同使用；(2) 凡以灌溉水利为主，同时又附带养鱼者，按该池塘灌溉水利的田亩随田分配；(3) 凡专以养鱼或以养鱼为主，灌溉水利为辅的池塘，折成田亩分给群众。如不便分配者，或因专供当地群众饮水、洗衣之池塘可由当地群众合作经营，或由群众共同使用。

本月 江西省生产救灾委员会成立，邵式平任主任委员。

本月 月初，省委要求镇反与土改工作相结合，分四步做好工作。第一步访贫问苦，扎根串联，发动群众，向人民群众宣传镇反工作的政策，表明处置反革命分子的原则。第二步结合政治斗争和反霸斗争，捕、杀五个方面的反革命首恶分子，进一步收缴武器，摧毁反革命组织，肃清反革命残余势力。第三步结合划分阶级，没收与分配地主的土地、财物，发现隐藏的、漏网的反革命分子，追捕逃犯，镇压不法地主的反抗。第四步结合查田亩、查阶级、发地照工作，继续发现漏网的敌人，结合整顿农村组织，训练干部，教育群众，建立治安保卫委员会，管制反革命分子，整顿户口。

本月 全省农村冬学运动普遍展开。全省冬学人数原计划为150万人，规定训练冬学教师2万人。但据统计，全省参加冬学的农民达2257778万人，冬学教师也增加到3万人以上。其主要原因是农民政治觉悟提高，经济生活得到改善，对政治、文化学习有了迫切的要求。

本月 中苏友好协会江西省分会为纪念中苏友好同盟互助条约两周年发出指示。指示要求：（一）各地友协以支会为单位，组织一次为期一周的中苏友好宣传活动；（二）各单位、各街坊可根据当地条件，举行群众性或代表性的庆祝会、干部大会；（三）各地友协务必抓紧时机发展组织；（四）各地、市、县友协分会在这一活动中必须组织力量，培养积极分子，开展经常活动。

1952
2月 February

公元1952年2月							农历壬辰年【龙】						
日	一	二	三	四	五	六	日	一	二	三	四	五	六
					1 初六	2 初七	3 初八	4 初九	5 立春	6 十一	7 十二	8 十三	9 十四
10 元宵节	11 十六	12 十七	13 十八	14 十九	15 二十	16 廿一	17 廿二	18 廿三	19 廿四	20 雨水	21 廿六	22 廿七	23 廿八
24 廿九	25 二月大	26 初二	27 初三	28 初四	29 初五								

1日　省、市政协召开联席会议。省政协主席陈正人、省政府主席邵式平、副主席范式人对“继续深入开展‘三反’运动”问题分别作了报告和指示。副主席范式人对今后运动的开展提出四项措施：（一）在发动群众的基础上，进一步地带动和依靠群众；（二）运用在“三反”运动中取得的经验，及时处理中、小贪污分子，号召他们将功折罪，积极参加反贪污斗争；（三）充分发动工人、店员进行检举，广泛组织机关干部深入检查；（四）号召店员充分发挥工人阶级的优良品质，大胆检举不法商人，政府保证其不致失业，检举案犯较大而有功者，给予适当奖励。会议通过《关于动员各界人民继续深入开展“三反”运动的通知》。

1日~21日　省军区全面开展反贪污斗争。军区后勤部汽车队仅2月4日至7日就揭发了贪污1000万元（旧币）以上的贪污犯11名；袁州分区教导队被检举和自动坦白出来的贪污款项达1.7亿多元（旧币）。

5日　省政府就召开全省第二届劳动模范代表会议发出指示，内容有：（一）各级领导必须重视这一工作，抓紧时间，组织力量，结合中心工作，开展选模运动；（二）认真负责深入地进行选模宣传，自上而下召开各级会议，将选模意义、劳模标准和选模方法告知群众，启发群众并进行充分讨论；（三）在进行选模时，必须组织人员，深入了解劳模事迹，掌握材料，一定要具体、实在、全面，各级领导同志必须亲自审查，签名盖章；（四）为了总结生产成绩，交流增产经验，树立劳模旗帜，明确生产方向，开展1952年大规模的爱国增产运动；市县劳模会议必须在会前做充分准备，加强领导，务使劳模会议开好。

5日　《江西日报》报道，全省各专区的反贪污、反浪费、反官僚主义运动正广泛展开。各专区分别成立了增产节约委员会和节约检查委员会等组织机构，统一领导“三反”运动。南昌、吉安、浮梁、九江、袁州、抚州、赣州等专区依照“充分发扬民主，放手发动群众”的精神，分别召开了专署直属机关干部代表会议、干部大会和党、团员动员大会。

6日　省政协根据全国政协的来函，经与抗

美援朝江西省分会商定，通知各市协商委员会和各县常务委员会承办市、县抗美援朝分会会务。

7日 南昌市政府发出布告，主要内容有：(一）在“五反”运动期内，各私营商店、企业的经理以及其他主要负责者，一律不准擅自离开；（二）任何行业，不准歇业与解雇员工，或不发和少发工资，不准威胁、利诱员工与国家机关内部的受贿人员，不准与这些人员互订攻守同盟协议，非经工会同意，不得调动员工；（三）凡未经批准私自宣布歇业或变相歇业、解雇或变相解雇者，都是非法的，一律无效，必须立即复业与复工，已付出的解雇金、遣散费，不得收回，员工复工后工资照给，不得借故扣除。

9日 南昌市机关抽调干部800余人对南昌市工商界的不法行为近日进行全面检查。

11日 全省各民主党派负责人参加省政协组织的土地改革参观团，到余江参观土改全过程。行前，听取省委副书记杨尚奎作《关于农村土地制度改革政策和工作情况的报告》。3月15日，土改参观团返回南昌。

13日 志愿军归国代表和朝鲜人民访华团中南分团代表8人（其中包括朝鲜人民访华代表2人）来赣访问。省、市领导和各界群众3000余人到车站迎接。代表团在访问期间，先后到9个专区的40多个县作关于朝鲜战局的报告189场，听众达60余万人（4月19日，代表团结束访问，省政府副主席范式人、南昌市委书记黄霖代表省、市各界人民向代表团致谢）。

14日 省政府就限期查报财粮工作中的违法乱纪破坏制度等问题发出通令，要求各地接此通令后对中南监委报告中所列各专、县的一切问题，不论已否处理，均须立即进行检查，说明情况，提出彻底处理办法，特别是对于财粮制度、公粮款上缴、犯错误干部的教育等情况，必须提出明确具体的有效办法。

15日 南昌市工商界举行“五反”大会。会上宣布了对一批坦白较好的工商业者免予刑事处分。

17日 省政府发布《江西省各级人民政府行政费支出管理办法》和《江西省文教、卫生、社会新闻及经济建设事业费支出管理办法》。

20日 抗美援朝江西省分会通报全省人民捐献情况。全省入库捐款达1448.59亿元（旧币，下同），折合战斗机96.57架。其中，南昌市：149.70亿元，折合战斗机9.98架；南昌专区：201.44亿元，折合战斗机13.43架；九江专区：136.86亿元，折合战斗机9.02架；浮梁专区：153.42亿元，折合战斗机10.23架；上饶专区：149.36亿元，折合战斗机9.96架；宁都专区：103.85亿元，折合战斗机6.93架；赣州专区：165.05亿元，折合战斗机11.07架；吉安专区：139.98亿元，折合战斗机9.34架；袁州专区：140.72亿元，折合战斗机9.39架；抚州专区：108.21亿元，折合战斗机7.22架。

21日 《江西妇女》发表文章，号召全省广大妇女向与贪污分子作斗争的铅山县粮食局女会计卢守凡学习。

22日 省政府主席邵式平、副主席范式人、方志纯，就《人民日报》刊载《江西省人民政府某些领导人官僚主义作风十分严重》问题进行公开检讨。检讨深刻地分析了产生官僚主义作风、脱离群众的思想根源是对人民的事业缺乏认真负责的态度；提出努力学习，严明纪律，健全制度等措施以纠正错误。日前，省委、省政府派检查组赴彭泽县彻底查处克扣财政收入和冒领事业粮等违法乱纪问题。

22日 中南军政委员会农林部木材会议决定江西木材交货地点为奉新、玉山、贵溪、神岗山、南城、吉水、马家洲、龙南、星子、萍乡、唐江、遂川、临川、彬江、下浦、湘东、老关、山下渡18处。

28日 省委召开省、市机关县团级以上干部500多人的会议，听取省委书记陈正人作题为《坚决克服右倾思想，组织一个打虎高潮》的报告。报告着重指出，当前“打虎”运动的主要障碍仍是严重的右倾思想及几种错误认识和表现。（一）很多干部对“三反”、“五反”是一场尖锐的阶级斗争认识不足；（二）对资产阶级进攻革命无孔不入认识不足；（三）有的同志“打虎”，表面积极，实际不打，表现两面态度；（四）敌我不分，放弃真正的敌人，错误地在工人群众中去找“老虎”；（五）被敌人软化，勇气不大；（六）借口保护技术人员和专家，而对其中的“老虎”抱着姑息的态度；（七）怕出偏差，斯斯文文；（八）容忍“打虎”队伍不纯，内部有不坚定分子甚至混进坏分子也不及时处理；（九）对可能堕落成为“老虎”的某些老干部估计不足；（十）不依靠工人阶级。

本月 江西省建筑工程公司成立（同年11月，省建筑工程局成立。1953年4月，省建二局与省建公司合并。1954年1月，省建二局与省建公司分开。1955年10月，省建二局改为省城市建设局。1957年5月，省城建局与省建委合并。1958年3月，成立省建二局，同时撤销城建局、省建委。1964年11月，省建二局与省建公司合并）。

本月 江西省合作事业管理局制定《关于加强革命老根据地合作工作三年计划纲要》，确定对瑞金、兴国、宁都、于都、德兴、横峰、宁冈、永修8个县和万载、铜鼓、遂川、修水、弋阳、乐安、赣县、南康、信丰9个县部分地区的102个行政区，在1952年底普遍建立区供销社。从1952年到1954年底，在这些地区的1098个乡中建立供销网408个，发展社员120万人，占这些地区总人口208.8万人的60%，争取15岁以上的人口都参加合作社，以适应革命老区推销土特产品和生产、生活资料供应的需要。

本月 中苏友好协会江西省分会为庆祝中苏友好同盟互助条约的伟大成就，决定举行全省大规模的“中苏友好月”活动，要求每一个会员都受到一次教育，做到在3月底前，全省会员达到150万人，并在各县建立重点乡的友协组织。

本月 省财经委拨出专款人民币100亿元（旧币，下同）为工人建造宿舍，分配兴中纺织厂35亿元、新牲纱厂7.8亿元。

新牲纱厂细纱间新添了6台国产的筒子机车，提高了纱的质量和产量

本月 省工业厅召开第一次专、市、县工业会议，贯彻中南局财委整顿地方工业指示和省财委的整顿方案。经过整顿，在专市建立工业专管机构。

本月 省政府通过整顿机关刊物，向中央人民政府呈报《江西省各机关现有刊物表》，认定全省有公开刊物6种、非公开刊物3种、内部刊物70种（其中省级机关10种，专县级机关60种）。

本月 省政府发布《关于大力贯彻婚姻法及保障妇女权利的指示》，动员全省再次掀起贯彻婚姻法的高潮。

1952

3月 March

公元1952年3月							农历壬辰年【龙】						
日	一	二	三	四	五	六	日	一	二	三	四	五	六
						1 初六	2 初七	3 初八	4 初九	5 惊蛰	6 十一	7 十二	8 妇女节
9 十四	10 十五	11 十六	12 十七	13 十八	14 十九	15 二十	16 廿一	17 廿二	18 廿三	19 廿四	20 春分	21 廿六	22 廿七
23 廿八	24 廿九	25 三十	26 三月小	27 初二	28 初三	29 初四	30 初五	31 初六					

1日　江西省生产办公室成立。杨尚奎、刘俊秀、邓洪、杜雷、陈凤池、王大川、张国震、黄先、袁诚贤、武人揆、王海丰、李尚庸、孙圣海、李连斌等为委员，邓洪为办公室主任；杜雷、陈凤池、李尚庸为副主任。办公室地址设在省农林厅。自3月1日起至8月底止，全省有关防洪、防旱、备荒及春耕生产等工作，概由该办公室负责指挥。

2日　省委发出《关于在公私合营和私营厂矿中开展“三反”“五反”运动》的指示，确定私营厂矿只搞“五反”，不搞“三反”；公私合营厂矿，行政领导以资本家为主的，以“五反”解决问题，行政领导以公方为主者，以“三反”解决问题。

3日　《江西日报》报道，省政府作出开展防洪、防旱、生产备荒运动的决定。要求各专署以1/2的干部领导土改、复查和开展防洪防旱生产备荒动员，县以下单位一律停止“三反”工作，全力投入对土改、复查和生产准备的领导。

5日　省政府针对生产救灾款积压不发的严重问题发布命令，要求各级人民政府立即进行检查，逐级负责，限3月15日以前将所发灾款与老革命根据地救济款一律发到群众手上或以工代赈的事业上。如过期仍积压，将给以严重处分，令省救济分会秘书长黄先负责检查。

6日　省政府就各地沿公路两侧大量挖掘坟砖出售问题发出通令，要求，（一）各专、市、县、区、乡政府立即进行彻底检查，凡因修公路、工厂、学校、仓库或房屋收购挖掘坟砖之部门除应作出专门检讨，追究责任外，并应在各级代表会上由各级政府主要干部及收购坟砖单位负责人员公开作检讨，将书面检讨送政府备查；（二）立即召集有关部门会议妥善补救，挽回影响，并制定出有效办法，防止这种现象继续发生；（三）组织沿公路及附近民兵缉查专门从事挖掘坟砖之分子，并按情节轻重，分别给予惩处；（四）未经分配与征用的特殊用途的土地，如修建而必须拆除者，得事先通知有关群众，限期移坟。任何机关、部队、工厂、学校，如再收购坟砖，应给予严重处分。

8日　南昌市妇女代表大会召开。全市各界妇女代表千余人在中山堂举行纪念“三八”国际劳动妇女节大会，并举行抗议美国侵略者在朝鲜后方与我东北地区进行细菌战的示威游行。

10日　省委发出《关于集中全力掀起春耕生产运动》指示，要求全省大量组织、发展季节劳动互助组，有重点地组织常年互助组。截至5月，全省已有常年互助组8547个，季节性互助组123114个，组织起来的劳动力约占全省农业劳动力的14%。

10日　全省各民主党派、各人民团体纷纷发表声明，坚决拥护外交部长周恩来的声明，抗议美帝国主义在朝鲜和我国东北地区进行细菌战的罪恶行为。

12日　省政府就各级财政部门的“三反”运动与业务工作作出规定，要求：（一）县及县属市镇以下各机关，一律暂不进行“三反”；县属以下城市一律暂不进行“五反”，如已开始者，应立即停止，全力进行业务工作，不得延误。县级以下干部中有贪污问题者除由其本人向直接上级证明放下“包袱”外，应要求其在业务工作中立功，以期将功折罪；（二）省级、南昌市、专署级及省辖市（专署所在地之城市）、专辖市的各财经部门及企业、公私商店、合作社，应以“三反”为中心，但必须抽出1/3无问题或问题不大并已予开脱的工作人员（农业、水利等有关春耕生产与防灾救灾的部门应抽出1/3以上工作人员），指定专人负责领导，立刻根据上级与本政府各项指示、命令与上下级取得联系，开展业务工作，检查督促贯彻当前主要业务，严格执行，不得延误；（三）各工厂、矿山的生产与建设，必须尽量设法保持正常状态，保证按期完成任务，不得因“三反”而使生产与建设工程遭受损失。

13日　省政府指示：各专区省立医院改由各专署直接领导，名称更改为“××专区人民医院”，取消“省立”字样。

14日　省救灾委员会通报全省各地发放中央、中南局救济江西省灾情及老革命根据地群众生活款项情况。并针对发放中存在的偏差问题，提出要求：（一）生产救灾款的使用必须严格遵守“因地制宜，生产自救”，及“通过群众生产自救”两条基本原则；（二）竭力避免干部包办代替，一定要征求群众意见；（三）以工代赈应是多种多样，少买器材，多发口粮，发错了的即予追回，发生贪污、浪费现象，应追究责任，依法惩处；（四）发放情况要及时总结报告。

15日　江西省医务工作者抗美援朝行动委员会和南昌市医务工会在中山堂举行反对美国侵略者进行细菌战动员大会。省、市卫生机关，各医药团体和医事学校等30多个单位，共数千人参加。会后在许德瑗带头下，签名参加抗美援朝细菌战防御队，600余人向主席台递了决心书、志愿书、申请书。12日，江西省细菌战防御专门委员会成立。许德瑗为主任委员。

17日　省商业厅决定，全省商品仓库实行统一管理，在南昌市南站仓库的基础上，建立南昌国营贸易仓库群。4月上旬，南昌、九江除专业性（石油）仓库处，均由仓储公司集中管理。

18日　九江兴中纺织厂首次纺出32支棉纱。

19日　省合作干部学校成立，校址设在南昌市叠山路。

20日　南昌市总工会召开全市工人、店员斗争大会，控诉破坏“五反”运动的不法奸商。省总工会主席郭光洲、南昌市市长邓飞和各私营行业的工人、店员2400余人参加了大会。市人民法院在会上当场逮捕了以停工、停薪、停伙食威胁工人，破坏“五反”运动的不法奸商。

21日　江西省细菌战防御专门委员会举行第一次全体委员会议，刘之纲、杨惟义等20位委员出席。会上对细菌战防御工作作了初步决定：（一）组织现有科学工作者和医务工作者迅速成立预备队，以便机动使用；（二）充实防疫组织，扩充群众防疫基层队伍，并建立疫情通报网；（三）专门委员会立即进行调查研究工作。

21日　《江西日报》报道，中国人民银行江西省分行配合全省春耕准备工作，自1951年冬季到1952年春季，连续贷出大宗贷款。1951年冬季计划贷出各种农贷886亿余元（旧币），实际贷出482亿余元（旧币）。1952年春季，除将1951冬季剩余的贷款贷出外，并增贷水利、耕牛、改良农具、普通稻田肥料、渔业、病虫害药械等贷款803亿余元（旧币），另外，200亿元（旧币）纸浆贷款也已开始贷放。

22日 江西省土地改革展览会筹委会成立，并举行第一次会议。省土改委员会主任刘俊秀、省委宣传部副部长莫循出席并主持会议。会议决定：全省各地应举办土改展览会。5月中旬前，各专区先选择人口集中、交通方便的一个县作为土改展览会的重点试办县。省土改展览会暂定6月中旬举行。到秋季土改复查运动展开后，再将展览推广到各县各区。会议推选莫循为筹委会主任，吕良、王大川为副主任，刘俊秀、邓洪、黄先、白步洲、张国震、李定坤等为委员。

江西省土地改革展览会大门

22日 上饶机务段sd7型646号机车赵守义包乘组创日行1020公里新纪录，为全省铁路行驶之最。

23日 《江西日报》报道，罪大恶极的反革命分子，亲手残害方志敏的刽子手曾中俊，于1951年10月在湖南省石门县落网。曾中俊是江西瑞金人，一贯反共反人民，曾任国民党"赣闽粤边区剿匪"上校联络员、团长。1935年1月，方志敏不幸被曾匪俘获后，曾中俊便青云直上，升为国民党师长，少将司令等。解放后，曾中俊起初隐匿在湖南常德，企图潜逃四川计划落空，以后便潜伏在湖南省石门县深山中。

24日 中南军政委员会卫生部指示江西省卫生厅接管解放军所属的袁州、吉安、抚州、宁都、赣州、浮梁6所分区休养所及泰和第七十二预备医院。

25日 江西省省级机关生产处理委员会成立。其职责是根据政务院《关于统一处理机关生产的决定》精神，对清理省级机关生产作出具体部署。

25日 抚州专署直属机关和抚州市委、市政府机关700余人举行反贪污坦白检举大会。大会当场逮捕了对抗"三反"、拒不坦白的徐文等4个大贪污犯，并对5名坦白比较彻底和检举别人的贪污分子呈请上级免予刑事处分。

26日 省政府发出《开展造林护林运动》的指示。其内容有：（一）将造林成活率作为考核全省各地造林任务的主要标准；（二）1952年的造林应以较大的荒山为主，专区、县苗圃工作必须专业化，做到专人专责，专款专用；（三）造林一般以民造公助为原则，大力推行合作造林；（四）在春季造林的同时，各地应推行封山育林，造林、育林必须紧密结合护林。

27日 省生产救灾委员会、中国人民救济总会江西省分会号召全省各级政府、机关、团体全体工作人员，在自觉自愿原则下，自4月1日至7月30日止，每人每日节约1两米，以支援灾区人民生产和生活自救。

28日 省农民协会号召全省农民紧急行动起来，在全省农村普遍开展春耕生产运动，实现省政府农业增产计划。做到：（一）认真学习爱国增产政策；（二）根据自愿原则组织起来，同时防止强迫命令和放任自流；（三）集中力量克服春荒，防止旱、洪、虫灾发生。

本月 全省土地改革基本结束。省委提出"大量发展临时季节性互助组，重点试办常年互助组"方针，号召全省农民走组织起来发展生产的道路。

本月 由文教印刷厂、省军区印刷厂、省政府印刷厂、人民印刷厂、人民银行印刷厂、兴民印刷厂、卫生印刷厂、江西日报印刷厂、第四军区医学院印刷厂、省商业厅印刷厂、新路印刷厂11家印刷厂合并组建江西印刷公司，这是全省最大的印刷企业。

本月 省委农村工作委员会成立（1953年改为省委农村工作部）。

本月 经省委决定，成立江西省基本建设委员会，任命黄先为主任。（1956 年 1 月正式成立了江西省第一届基本建设委员会，设委员 37 人。1957 年经省政府同意，省建设委员会与省城市建设局合并，成立省建设委员会）。

本月 省政府就清江荣军学校领导乏力，不认真为荣退残废军人服务问题发出通令。决定派检查组检查荣军学校的问题，并通令各专区在“三反”运动中彻底检查各荣军院，切实做好荣退伤残军人服务工作。

本月 铁道部部长滕代远到萍乡地区视察工作，并召开领导干部会议，鼓励铁路职工把铁路运输搞好，支援抗美援朝战争。

1952

4月

April

公元1952年4月 农历壬辰年【龙】													
日	一	二	三	四	五	六	日	一	二	三	四	五	六
		1 初七	2 初八	3 初九	4 初十	5 清明	6 十二	7 十三	8 十四	9 十五	10 十六	11 十七	12 十八
13 十九	14 二十	15 廿一	16 廿二	17 廿三	18 廿四	19 廿五	20 谷雨	21 廿七	22 廿八	23 廿九	24 四月大	25 初二	26 初三
27 初四	28 初五	29 初六	30 初七										

1日　江西省中等师资进修学校成立。

1日~2日　省春耕生产检查组分赴全省各地进行重点检查。检查组由省委书记陈正人、省政府主席邵式平、省委副书记杨尚奎、省委秘书长刘瑞森、省土地改革委员会副主任王大川、省妇联主任危秀英、省委宣传部副部长莫循、省农林厅长陈凤池、省人事厅长李华封等率领，连同中央、中南局来江西检查春耕生产的同志共百人，分9路赴各专区进行重点检查，进一步了解并帮助农民解决春耕生产中存在的问题。

2日　省政府发布《春耕生产动员令》。要求：开展春耕生产运动要在广泛深入宣传生产政策、调动农民生产积极性、发展劳动互助组织的同时，解决好几个问题：(一) 争取时间，春耕播种；(二) 做好救济发放工作；(三) 积极防洪防旱，修好水利，严防虫害；(四) 发动和组织爱国生产竞赛，培养模范，推动生产；(五) 国营企业、粮食、贸易、合作社等机构要解决农副产品销路和生产资料供应；(六) 加强农业生产的领导。

2日　江西省老革命根据地建设委员会成立。邵式平为主任委员，方志纯等12人为委员。并发布了《关于加强革命老根据地工作的计划大纲》。

2日　为反对美国细菌战，省政府决定成立江西省防疫委员会，邵式平任主任委员，贺庆积、莫循任副主任委员。

2日　省政府指示各地加强公粮保管工作。

3日　临川县委召开区委书记联系会议，讨论开展“千斤万亩”爱国丰产运动。省委书记陈正人到会并讲话，指出：丰产运动成功关键在于充分加强思想领导，广泛开展宣传教育，充分调动广大农民群众的积极性。

4日　上饶地委召开各县县委书记联系会议，讨论加强春耕生产的领导问题。会议认为，克服干部的“骄、松、怕、浮”情绪，是争取本年农业丰产的关键问题。会议号召全专区农业劳动模范和农民积极分子，带头开展增产竞赛，精耕细作，提高单位面积产量，努力实现“千斤万亩”目标。

5日　省政府就发放5000万斤生产救灾粮问题发出指示，指出：(一) 发放救灾粮的原则主要是解决重灾区重灾户在春耕生产中缺口粮问题；（二）发放方式各地要通过民主评定，并限于4月25日以前发到灾民手中；（三）防止平均主义，反对干部自私、徇私做法；（四）防止浪费。

9日　省政府发出指示，确定1952年全省水产工作方针是：大力恢复群众性的捕捞生产，积极开展淡水养鱼。要求全省主产鱼类在1952年恢复到新中国成立前的100万担生产水平。

10日　《毛泽东选集》第二卷在全省各地发行。《毛泽东选集》第一卷自1951年10月12日开始发行，至1952年3月底，全省共发行41401册，各地要求购买者仍不断增加。

10日　省军区司令部人民武装部就动员全省民兵积极参加春耕生产发出指示，要求：（一）在民兵中广泛深入地进行爱国增产教育，大力宣传生产政策，增强民兵参加春耕生产的积极性；（二）做好防旱、抗旱、春耕播种工作，力争全年农业丰收；（三）积极参加劳动互助与生产合作组织；（四）肃清残余匪特，保卫春耕生产；（五）加强民兵建设，注意扩大民兵组织。

11日　省政府发出《采取防御细菌战十条简便方法》的通知。

11日　著名京剧表演艺术家尚小云率剧团来南昌，在南昌剧场演出京剧《金山寺》、《御花园》、《战金山》等剧目。

12日　中央人民政府文化教育委员会批准有色金属管理局江西分局有线广播电台自费建设，命名为赣南矿区广播电台，当即进行筹建（1953年停建）。

12日　《江西日报》报道，全省反贪污斗争经过3个月获得很大成绩，开始全面进入追赃、定案处理阶段。这一阶段的工作方针是：扫除一切思想障碍，正确贯彻“严肃与宽大”、“改造与惩治”相结合的政策方针。

13日　省级机关生产处理委员会根据《中央人民政府政务院关于统一处理机关生产的决定》，召开各机关生产单位领导干部会议，讨论有计划、有步骤处理省级机关生产交接工作问题。省政府副主席范式人作有关统一生产问题的报告。

15日　省总工会就庆祝“五一”国际劳动节发出指示，要求：各地工会组织必须抓紧这一时机，广泛地揭穿不法资产阶级对工人阶级猖狂进攻，腐蚀、分化工人队伍，破坏共同纲领的种种罪行，并宣传解放军建军以来的胜利及其伟大意义。

15日　省政协发出《关于处理人民意见试行办法》。办法规定：对于任何询问、建议、要求、申诉的人民群众要一律热情接待；对于人民意见，要按其性质加以整理，除能自行及时处理者外，分别及时转交人民政府，民主党派，人民团体等有关负责机关调查处理，务使每个意见有着落，有交待；对于已处理的问题，均应征求有关人民群众对处理的意见，并搜集处理后之反应；若仍有意见时，应根据实际情况再做适当处理或解释，处理不当则转有关机关及时纠正。

17日　《江西日报》报道，中国百货公司江西省分公司先后降低851种商品的牌价。其中，日用品类有牙膏、牙刷、香皂，针织类有各种袜子、毛巾，文具类有各种铅笔、金笔、纸张，以及南货类。卷烟类，五金类，搪瓷类，胶鞋类，等商品均比原价降低3%～39%，平均降低10%以上。营业额比降价前平均增加26.38%，人民群众的购买力普遍提高。

18日　省级党群机关暨南昌铁路分局人民法院开庭受理一批贪污案件。4000余群众高呼“团结起来，争取反贪污斗争的胜利”、“肃清旧社会的污毒，树立新社会廉洁朴素风气”等口号。在“坦白受宽大，抗拒必严惩”的事实教育下，当场有18名贪污分子要求上台补充贪污事实，81名贪污分子当场订出退赃计划，表示尽快全部退回赃款。

19日　《江西日报》报道，青年团省工委、省学联发出《关于学生工作的通知》，要求立即领导学生恢复学习秩序，按照教育计划进行各科学习。强调在学生中不进行“三反”运动，但应根据具体情况进行“三反”、“五反”斗争的思想教育，高校的思想改造运动，要在维持学习的情况下进行。

21 日　农业部授予彭泽县农民吴宣文“爱国丰产”金质奖章。他种植的棉田亩产达 40 多公斤棉籽。

23 日　省政府就大量供应农具问题发出指示，内容是：（一）各地要组织与扶助铁匠炉、木匠铺，大量供应农民迫切需要的农具，做到价廉物美，修购方便；（二）试验制造新式机械农具；（三）地、县要创造条件，创办农具工厂，组织农具制造炉、铺等；（四）各级银行、合作贸易单位要对当地农具制造业在资金、原料、运销等方面给予大力扶助。

23 日　《江西日报》报道，全省已成立 82 个信用合作社，共 6 万多社员，对调剂生产资金，活跃农村经济，解决农民生产资料困难等起到了积极作用。

农村大力发展信用合作社和供销合作社

24 日　全省土产交流会议结束。会议制定了第二季度购销计划，进行了 300 亿元（旧币）的土产交易。

28 日　省防汛指挥部成立。邵式平兼任主任，省委组织部部长刘俊秀、省军区副司令员贺庆积、农林厅厅长邓洪、水利局局长陈凤池兼任副主任；省交通厅厅长傅肖先、省公安厅厅长王卓超、上海铁路局南昌分局局长于化琪、省邮电管理局局长黄弈棋、省公路局局长武蕴藻、省航运局局长于锦文等兼任委员。指挥部即日起开始办公，一切日常工作，由水利局负责。专区、市、县设立防汛指挥部，市、县以下各级防汛机构，仍按照 1951 年条例立即建立。

29 日　省委再次组织 9 个生产检查组，由陈正人、杨尚奎、方志纯、危秀英等分别率领，分赴各专区进行检查，了解并帮助解决当前春耕生产中存在的问题。

30 日　省委、省政府邀请在南昌的各行各业劳动模范 50 余人举行“五一”国际劳动节座谈会。邵式平、杨尚奎、郭光洲相继讲话，劳模们对某些官僚主义作风提出了尖锐批评。会后，省委、省政府、省总会、南昌市委、市政府、市总工会联合设宴招待与会劳模。

本月　国家副主席宋庆龄视察江西，游览九江市区及星子县景区。

本月　全省各专区（市）机关企业人民法庭首次开庭，分别处理一批贪污案犯。赣州、南昌、抚州、九江、上饶等地认真贯彻“坦白从宽，抗拒从严”、“过去从宽，今后从严”的政策，分别根据贪污分子坦白、立功程度和退赃态度好坏等，进行了不同的处理。

本月　省政府决定将“三反”运动中接收过来的“新江南”、“为民”、“解放”、“八一”等 11 家公营建筑公司和建材企业于 5 月 12 日正式合并成立江西省建筑工程公司，由省财经委领导。

本月　省政府决定，将机关企业、公营单位的自备车船移交交通部门统一经营。省汽运公司接收机关、企业汽车 100 余辆，航运公司接收省粮食局、水上公安局、军区后勤部等 8 个单位的运输船舶 62 艘。

本月　危秀英在《江西妇运》上发表题为《打退资产阶级的猖狂进攻，争取妇女彻底解放》的文章，号召全省妇女参加“三反”、“五反”运动。

本月　根据中南卫生部（1952）医字第 1071 号文件通知，在全省各县建立卫生科（1956 年，县、市、区卫生科统一更名为卫生局）。

本月　全省水运推广苏联内河先进运输技术——“一列式”拖带运输法获得成功。此种拖带技术利用被拖船回流，减少水流阻力，从而提高工效一倍多。这是全省水运拖带技术的一次重大变革，一直延续使用了 20 多年。

1952
5月
May

公元1952年5月							农历壬辰年【龙】						
日	一	二	三	四	五	六	日	一	二	三	四	五	六
				1 劳动节	2 初九	3 初十	4 青年节	5 立夏	6 十三	7 十四	8 十五	9 十六	10 十七
11 十八	12 十九	13 二十	14 廿一	15 廿二	16 廿三	17 廿四	18 廿五	19 廿六	20 廿七	21 小满	22 廿九	23 三十	24 五月小
25 初二	26 初三	27 初四	28 端午节	29 初六	30 初七	31 初八							

1日　南昌市人民热烈庆祝“五一”国际劳动节，8.5万余人集会游行。省政府主席邵式平出席大会并讲话，号召巩固“三反”、“五反”斗争的胜利，开展增产节约运动，粉碎美帝国主义的细菌战。

南昌市各界人民庆祝“五一”国际劳动节

1日　江西省保险公司由省财政厅领导。

1日　南昌市总工会文教部、市文联联合成立“红五月”工厂文艺活动委员会，省文工团、省文艺干校、省、市文联及其他单位专业和业余文艺工作者140余人，深入各厂矿进行辅导，创作一批新剧目。活动持续到15日。

2日　萍乡站建成一台轨道衡。这是全省铁路的第一个轨道衡。

3日　全省第二次私营煤矿工作会议召开。公私营煤矿，专区、县工商科及有关单位代表43人出席。会议着重批判了单纯追求生产任务、忽视工人健康的剥削阶级残余思想，要求做到彻底消灭事故，确保安全生产。会议于6日闭幕。

4日　青年团省工委发布决定，表扬全省17名模范青年团员。他们是：郭清泗、李德余、张永北、周依龙、罗时铁、冯玉妖、陈翊科、刘兆凤、李页里、吴俊桢、李月飞、陈永兴、卢守凡、廖九娣、李留斌、熊扬荣、黎志勤。

4日　省政府主席邵式平对全省加紧防汛工作作出指示：（一）省防汛指挥部即日开始办公，各专、县防汛指挥部当即成立。县以下按照防汛范围成立防汛指挥所；（二）防汛指挥即日上堤检查，发现险情即刻组织抢险；（三）各级政府特别是防汛地区人民政府应迅速进行宣传，组织、动员、发动群众，提高警惕，严防坏人乘机破坏，同心协力，争取防汛胜利，保证农业丰收。

5日　南昌市、九江专区等地防汛指挥部正式成立。其主要职责是：（一）健全组织领导；（二）提高警惕，克服麻痹思想；（三）做好防汛器材准备；（四）防汛工作要结合防旱、防虫、防荒，争取增产丰收。

7日　全省各专区部分县、区近日均发生不同程度的负泥虫、象鼻虫、铁甲虫、卷叶虫、稻蝗虫等病虫害。另有危害棉花的棉蚜虫、叶跳虫，危害松林的松毛虫等病虫害。全省水稻受害面积共170余万亩，其中35万多亩灾情较严重。经过农民群众一个多月的灭虫，至6月下旬各地基本上制止了病虫害的蔓延，防治稻田达1139053亩，消灭各种害虫71614斤。

8日　民革江西省分部筹委会、民盟江西省支委、农工党江西省工委联合发表声明，拥护外交部部长周恩来发表的声明，抗议美国政府宣布单独对日和约生效的挑衅行为。10日，省政协召开各界代表座谈会。

8日～15日　南昌市举行“红五月”工人戏剧观摩公演活动，学习贯彻毛泽东《在延安文艺座谈会上的讲话》发表10周年。28个单位（包括工厂、家属）参加演出，演出人员695人，演出节目60个（包括话剧、歌舞剧、快板剧、地方剧、京剧、滑稽相声、快板、舞蹈、歌咏等各种形式），观众达7000余人。

9日　省政府公布施行《江西省城市房地产税稽征暂行办法》。

9日　省政府就克服商业及手工业的工时混乱与不合理现象发出指示，要求：（一）商业及手工业工时，一律实行8小时至10小时，最高不超过12小时的工作制度；（二）在商业方面，应将营业时间和工作时间分开。营业时间，原则上不做硬性统一规定，根据不同情况分别处理；店员采取轮班休息制，在休息时间，不能无故外出，如有不请假，自行外出或过时不归耽误营业者，以违反劳动纪律论处；（三）无劳资关系的父、子、夫、妻合营等商店，工时则不受该行业集体合同限制；（四）青工学徒工作时间不能过长，原则上规定8小时至10小时，除了与业务有关之杂务外，其余如养猪、做饭、挑水、种菜等可免除。

10日　《江西日报》报道，省政协号召全省各界人民广泛学习《中华人民共和国惩治贪污条例》和政务院《关于中华人民共和国惩治贪污草案的说明》。要求各市政协，县常委会，协同各民主党派，人民团体，结合“三反”、“五反”运动，深入群众展开宣传工作，协助人民政府贯彻《惩治贪污条例》的各项规定，以保证“三反”、“五反”运动取得彻底胜利。

11日　南昌市“五反”人民法庭首次开庭。各行业代表以及尚未处理的严重违法户和完全违法户共2500余人到会。审判会根据“坦白从宽，抗拒从严”基本原则，对21户违法工商户宣告判决。少数抗拒坦白，狡辩抵赖，顽固不化，甚至破坏“五反”运动的违法资本家受到了严肃处理。

12日　省军区发出指示，要求各军分区发动民兵和广大群众组织联防，严密监视敌机活动。

13日　省文教厅通知，要求各地学校学习和试行中央教育部颁发的中学、小学、幼儿园三个暂行规定（草案）。

15日　当日夜，国民党飞机在南昌县的万家洲、市汊、长湖、漳溪、沙潭等地，投下大批带菌的昆虫和反动传单（16日夜，又一架国民党飞机窜入新建县第七区、第九区、第十区的20个乡上空盘旋，投撒反动传单等）。

15日　省科普协会筹委会召开常委会，通过《江西省科学技术普及协会筹备委员会章程》。

17日　省合作事业管理局决定，以竹浆、造纸、农具、夏布、瓷器、织布（铁木机）、石灰手工业作坊等为重点，发展手工业生产合作社。

19日　江西省组织物资交易代表团赴上海参加华东物资交流大会。

22日　省政府发出开展夏令卫生运动的通令，要求人人都能掌握最起码的卫生常识，贯彻实行“五净”（道路净、房院净、锅碗净、衣被净、身体净），消灭“五害”（老鼠、跳蚤、苍蝇、蚊子和虱子）。

22 日 萍乡煤矿王家源矿石门钢铁队在“红五月”中创造了石门月凿井 307.7 米新纪录。中央办公厅回信庆贺他们“所创造的全国新纪录的重要成就”。

23 日 省市各界文艺团体 700 余人，举行庆祝毛泽东《在延安文艺座谈会上的讲话》发表 10 周年纪念大会。邵式平出席会议并讲话，指出，江西省的文艺工作还远远落后于客观形势发展。其主要表现在：（一）文艺思想混乱；（二）阶级性不明确；（三）战斗性不强。他向文艺界提出三点意见：（一）开展学习毛泽东文艺方针的运动，掌握毛泽东《在延安文艺座谈会上的讲话》的基本精神，开展批评与自我批评，划清无产阶级与资产阶级的思想界限；（二）开展大规模的创造运动；（三）发动广大工人、农民群众参加创作活动，使他们成为文艺大军的组成部分。

23 日 省公安厅就敌机侵扰问题向各级公安机关发出通知，要求：发现敌机立即上报，事后续报，在敌机多次侵扰又有空投可能的地区，组织民兵昼夜值班，加强监视。在有残匪的地区或已发现匪特联络可疑现象的地区，特别要加强防控。

25 日 江西人民广播电台成立三周年。三年来，全省广播事业已逐渐成为广大人民群众政治、文化生活中不可缺少的一部分。

江西人民广播电台收音员训练班学员学习使用收音机

26 日 省委城市工作政策研究室根据对南昌市的调查，提出工厂、商店利润分配的意见：除去税收部分，工厂纯利，资方所得 55% ~ 60%，工人福利占 15%，公积金占 25%。全省原则上执行了这个意见。

27 日 《江西日报》报道，全省连日降雨，各河水位暴涨。赣江上游章水，下游支流袁河、抚河，支流潦水（安义）、饶河、信河等水位均超警戒线。

28 日 《江西日报》报道，九江全专区种植改良棉面积在不妨碍主要粮食作物增产的原则下比 1951 年增加了 2 倍以上，约占全省改良棉总面积的 50%，基本上完成了任务。目前，全专区正进入补种、移苗、锄草、追肥、灭虫、保苗的紧张阶段。

28 日 月底，省政府第三次组织生产检查组，先后分九路赴各专区、县进行重点检查，推动全省各地开展广泛、深入、持久的爱国增产群众性竞赛运动，帮助农民及时修订增产计划，解决生产中存在的困难问题，争取全省普遍丰收。邵式平亲自带队督促检查。

30 日 江西人民广播电台近期在南昌召开第一次全省专职收音员会议，出席会议的各县收音员 100 余人。省委宣传部副部长莫循在会上作题为《必须做好广播收音工作》的报告。

31 日 省政协常委会第七次会议在南昌举行。会议通过关于设立学习委员会的决定及确定学习委员会委员名单。

本月 全省第六次财政工作会议确定 1952 年工作方针：在不放松收入的原则下，重点加强管理支出，建立完整的省级财政制度和监察监理制度，实施企业财务管理，严肃财政纪律，肃清贪污浪费，贯彻政策，完成国家财政任务。

本月 全国铁路掀起“满载、超轴五百公里”生产竞赛运动高潮。南昌铁路分局每节货车厢净载重由 27.9 吨提高到 30 吨，机车日行车公里由 323.9 公里提高到 434.5 公里。

本月 全省第一支煤矿救护队——萍乡矿务局矿山救护队成立，队员 5 人。到 1990 年，全省煤矿的矿山救护队共有救护人员 953 人。

本月 省政府规定，全省各地行商未经各级工商科（局）批准、登记、发给许可证者，不许在任何地方进行交易，否则属非法经营，一经查获，按投机倒把、捣乱市场论处。

本月 庐山登山公路修建委员会成立。庐山登山公路修建工程开工（翌年 8 月 1 日竣工通车）。

1952

6月

June

公元1952年6月							农历壬辰年【龙】						
日	一	二	三	四	五	六	日	一	二	三	四	五	六
1 儿童节	2 初十	3 十一	4 十二	5 十三	6 芒种	7 十五	8 十六	9 十七	10 十八	11 十九	12 二十	13 廿一	14 廿二
15 廿三	16 廿四	17 廿五	18 廿六	19 廿七	20 廿八	21 夏至	22 闰五月小	23 初二	24 初三	25 初四	26 初五	27 初六	28 初七
29 初八	30 初九												

1日~15日　南昌市爱国卫生运动获得初步成绩。全市共清除垃圾46599担，疏通沟渠6470丈，粪窖加盖55个，取缔卫生不良厕所和粪窖21个，16624户居民设置了捕蝇瓶。

南昌市人民政府卫生局每天派洒水车在市内街道洒水，减少灰尘飞扬

1日　省政府决定将省防疫大队、省鼠疫防治所与省卫生试验所合并，成立江西省防疫总站（1953年6月改为江西省卫生防疫站）。

1日　《江西日报》报道，解放三年来，全省儿童福利事业逐步得到发展。截至本年4月止，全省保育院、托儿所、哺乳室、子弟学校、幼儿园和救济性质的育儿所共计79所，收托儿童5832名。此外，农村建立农忙托儿所和互助托儿组共313个、受托婴幼839名。

1日　省政府颁布酒类专卖规定。从本年6月1日开始执行。规定对市场管理、照顾守法酒商合法利润、经营及调剂市场供需和专卖市场稳定发展，起了积极作用。

2日　《江西日报》报道，全省在兴国等7个县完成造林17万亩的任务。省林业局为完成这一任务，集中训练学员共74人，组织7个造林队，前往兴国、宁都、雩都、广昌、大庾、南昌、新建7个县指导造林。同时，重新建立了护林委员会155个，村护林小组667个，封山育林23.807万亩。

3日　江西省文物管理委员会成立。省政府聘请该委员会委员23人。主任委员饶思诚，副主任委员许德瑗、石凌鹤，下设办公室、调查研究室、陈列室3个业务组。

4日　省劳动厅和省卫生厅就夏季卫生保健工作联合发出通知：（一）建立和健全基层卫生组织，加强领导，进行卫生宣传教育，教育职工自觉遵守公共卫生；（二）改善生活和环境卫生；（三）注意调节工作场所温度和湿度；（四）根据各厂矿实际情况，改进卫生设备和按时发给劳动必需品；（五）动员全体职工接受各种预防注射，遇有传染病发生，应赶快送医院隔离，并速报卫生防疫机构实施消毒。

5日　九江水位达18.05米，致使鄱阳湖水无法外泄。当日9时，吴城水位达18.23米，洪水已浸入市区。星子县水位达18.11米。湖口水位达17.63米。5日21时鄱阳水位达19.35米，仍在续涨中。

7日～9日　抚州专区连日降大雨，临川、崇仁、南城、南丰、乐安、黎川、宜黄等县均遭水灾，部分县城进水，均多系山洪暴发所致。临川和进贤两县交界处杨柳圩，水位仅距堤面1米，省防汛总指挥部连夜将7100个麻袋、5300个草袋等抢险器材运抵该段。下游温家圳街市进水深1米以上。抚河支流南昌县六区沙滩圩堤（无圩名）因水位上涨，圩堤溃决，决口长3丈，水头向莲塘方向奔流，当地政府领导群众以沉船堵无效，情势危急。省水利局得报后，立即派工程师星夜驰往协助抢险，并拨40车木料及20余车麻、草袋抢救。9日，决口未扩大。

全省兴修了许多水利工程，竣工的临川县宜公西岸堤第二闸可使1.85万亩田免受水、旱灾害的威胁

9日　《江西日报》报道，南昌专区10个县普遍发生虫害，高安、进贤、靖安、丰城等县相当严重。各地群众在当地党委、政府领导下，积极与虫害作斗争。

12日　省防汛指挥部发出指示，要求各专区、县（市）防汛指挥部及各指挥所，针对夏汛各河溃决27处圩堤的情况，为防洪水再次侵袭，应做好三项工作：（一）各地圩堤迅速检查一次，修好危险地段；（二）清点整理防汛器材，集中登记妥善保管；（三）切实统计灾情上报。

12日　南昌市各界人民在中山堂举行集会，声援法国人民的保卫和平运动，抗议法国政府非法逮捕杜克洛的暴行。大会由中国人民保卫世界和平委员会江西省分会和南昌市分会联合主持。各民主党派、工人、妇女、学生、文教、宗教、工商各界及机关团体等代表500余人参加。

13日　省农林厅发出洪灾过后抢修补种的紧急通知，要求各专区、县、区立即组织人员对水利工程进行普遍检查。动员群众修补、加固水利工程。遭洪水淹没的稻田水退后，要发动群众，因地制宜补种迟禾或其它作物，做到不荒一亩田。

15日　省农业厅召开全省第三次家畜保育工作会议。各专区、县家畜保育工作人员，省机械农场畜牧兽医人员全部出席，省农科所，省兽专学校，保险公司，省妇联等应邀派员参加。会议主题是：改善饲养管理、大力繁殖改良，开展防疫及群众性的治疗工作。省政府主席邵式平出席会议并讲话。会议于18日闭幕。

16日　省政府发出《关于清理积案的指示》，要求全省清理积案工作在8月底基本完成；积案在100件以上的县应立即组织成立以县长或副县长为主任、法院院长为副主任的清理积案委员会（到9月15日止，全省共清理积案90%以上）。

18日　江西省首届教育工会代表大会开幕。全省各专区代表153人出席。大会中心任务是广泛团结全省教工，加强对文化教育工作者的思想和组织领导，正式选举和成立省教育工会组织。

21日　省政府发出《关于保障人民健康，开展爱国卫生运动的指示》。

22日　省政府发出《关于普遍按区建立供销合作社的指示》，要求各专区、县政府加强对合作社的领导，将目前农村的乡社、集镇社合并为区社，认真配备县、区合作社领导干部。规定区社主任由相当于副区长一级的干部担任，做到社员多、资金多、收益多，满足社员的要求多。

23日 省政府向各县发出《关于县以下区是否成为一级政权问题》的函，内容是：全省各县的区，一般不应作为一级政权，不应召开区各界人民代表会议。依据《区人民政府及公所组织通则》规定设区公所，为县级政府派出机构。矿区、城镇区及个别必须成为一级政权的区，应报经省政府批准设区政府，并依照规定每三个月召开一次各界人民代表会议。

23日 省委召开全省第二次组织工作会议。各地委、南昌市委、省级群众团体及部分建党试点县委组织部长、省政府各厅人事科长以及主要工厂、矿山、铁路党委组织部长或人事科长共159人出席会议。会议中心内容是贯彻中央、中南局培养和提拔干部、发展新党员的指示。自第一次组织工作会议以来，全省共发展党员2936名。会议于7月1日结束。

24日 省委发出关于处理机关内部反革命分子的指示。

24日 为解决农民夏荒困难，支援农民爱国丰产运动，全省发放口粮贷款折合稻谷900余万斤。中国人民银行江西省分行发放生产贷款2500亿元（旧币）。

24日 省文教厅发出《江西省小学实施新学制要点》，要求全省小学从1952年秋季初小一年级起实行五年一贯制。

25日 全省各民主党派、人民团体在保卫和平日（6月25日），向金日成、彭德怀暨中国人民志愿军、朝鲜人民军致电，祝贺中、朝军队两年来取得的伟大胜利。代表江西人民坚决支援中朝人民军队的正义斗争，表示要在“三反”、“五反”运动中积极完成各项任务，支援抗美援朝战争。

25日 南昌市各界人民纷纷召开纪念会、座谈会，纪念抗美援朝两周年。各民主党派、人民团体、工商界、各区居民代表，购买食品、香烟，开展一人写一封慰问信等活动，慰问志愿军伤病员和志愿军家属。

26日 省委直属机关召开首届党代表会议。650名党员代表出席会议。会议主要内容是：总结“三反”运动，统一思想，提高认识，迎接大规模经济和文化建设。会议确定：加强思想领导，巩固“三反”胜利，提高工作效率，保证完成行政任务，为今后工作服务的方针。省委书记陈正人出席会议并作报告。会议于7月1日闭幕。

27日 省政府发布加强防旱抗旱紧急指示，主要内容是：（一）组织干部深入群众进行思想动员，做好抗旱的充分准备；（二）各县应普遍检查境内水利工程；（三）1951年旱灾严重的地方，如1952年兴修的水利工程数量不多或灌溉面积不大，均应按照需要利用农闲时间，发动群众抓紧兴修；（四）检查抗旱工具，以70天无雨而不受干旱为标准，确保抗旱工作。

27日 省政府近日发放第三批生产补助粮600万斤，约合12亿余元（旧币），作为继续补助老革命根据地人民生产的专款。

28日 《江西日报》报道，省政府发出关于加紧领导夏收夏种工作的指示，要求：（一）充分发挥组织力量，胜利完成栽种任务；（二）全面进行水稻选种，贯彻普及良种计划；（三）总结春耕生产成绩，开展竞赛及评比选模运动；（四）继续防洪防旱，确保农业丰收。

28日 《江西日报》报道，省农林厅就开展群众性水稻选种发出指示，要求：（一）全省计划选水稻单穗共250万担；（二）优良品种可以结合单穗选种评选出来，就地繁殖推广并进一步培育改良；（三）1952年继续在各县直接推广种植各种籼粳稻改良品种20万亩，连同群众自行留种换种，共达200万亩。

28日 南昌列车段运转车长苏彦忠乘458次货物列车至清江、蛟湖间，发现守车摇摆剧烈（后查实是钢轨折断），立即采取果断措施，使131次旅客列车停在蛟湖站，防止了一起列车颠覆重大事故。

29日 省军区司令部、政治部为动员民兵保卫夏收近日发出指示，要求：（一）加强对民兵的政治思想教育，提高民兵的阶级觉悟和革命警惕性，树立长期对敌斗争观念；（二）以民兵为骨干结合广大劳动群众，保卫夏收，提倡互助；（三）严防森林火灾，严禁任意砍伐现象；（四）展开对匪特斗争，加强对不法地主的管制；（五）加强民兵的组织纪律性教育；（六）各级人民武装部应协同政府及有关部门加强对夏收的组织领导。

30 日　南昌市人民政府和各界人士举行联席扩大会。会议宣告在全市结束“三反”、“五反”运动。决定在此基础上，开展增产节约运动。

30 日　全国高等学校招生委员会决定在南昌市设立考区，开始招生。

30 日　省委暨南昌市委举行庆祝中国共产党成立 31 周年纪念晚会。省、市机关干部、民主人士、志愿军伤病员、工人、学生代表 900 余人出席。省委书记陈正人出席晚会并讲话，南昌市委书记黄霖、民主党派省级组织代表、工人代表、志愿军伤病员代表、省学联代表也在晚会上发言。

30 日　南昌、九江、赣州、吉安、袁州、抚州、浮梁、上饶地委分别举行纪念活动，庆祝中国共产党成立 31 周年。各地区民主党派和民主人士应邀参加。庆祝活动至 7 月 1 日结束。

本月　全省第一个血防机构——江西省血吸虫病防治所在浮梁成立（1958 年 4 月 29 日，该所迁至南昌市，改名为江西省寄生虫病研究所）。

本月　中国烟酒专卖事业公司江西省分公司成立，管理全省卷烟经营及酒类专卖。

本月　中南重工业部有色金属管理总局江西分局组建钨矿测探队，开展西华山、大吉山、岿美山等钨矿勘查工作。这是建国后全省第一支钨矿勘查队。

本月　全省第一次劳改工作会议召开。会议强调加强对劳改工作领导和对犯人教育、管理工作，使全省劳改工作迅速开展起来。

本月　省新闻出版处通报全省各机关、团体，明确规定：编印书籍或刊物，须经批准，以避免“政治上的错误”和“经济上的损失”，造成出版工作的混乱。

本月　中国人民公安部队江西省公安总队改番号为中国人民解放军江西省公安总队，隶属中南军区公安司令部建制。

1952

7月 July

公元1952年7月 农历壬辰年【龙】													
日	一	二	三	四	五	六	日	一	二	三	四	五	六
		1 建党节	2 十一	3 十二	4 十三	5 十四	6 十五	7 小暑	8 十七	9 十八	10 十九	11 二十	12 廿一
13 廿二	14 廿三	15 廿四	16 廿五	17 廿六	18 廿七	19 廿八	20 廿九	21 三十	22 六月小	23 大暑	24 初三	25 初四	26 初五
27 初六	28 初七	29 初八	30 初九	31 初十									

1日　南昌市人民武装部成立。

1日　省政协举行庆祝中国共产党成立31周年纪念座谈会。全省各民主党派、无党派民主人士、文教界、宗教界、学生、妇女代表等100余人出席。省政府主席邵式平、省军区司令员陈奇涵、南昌市委书记黄霖出席座谈会并讲话。参加座谈会的代表也相继发言，一致表示要努力学习、做好工作，为迎接经济和文化建设的到来做好准备。

1日　省妇联第一期妇女干部培训班开学，学员290余人，学习时间两个月。

2日　省政协一届三次会议与省政府第十次会议在南昌联合举行。出席会议的有省政协、省政府委员会全体委员，省政府直属各委、厅、院、署、行、局、处正副职领导及各专署专员，南昌市正、副市长应邀列席，共80余人。会议宣布，全省“三反”、“五反”运动胜利结束。会议指出，开展“五反”斗争的南昌、九江、景德镇、吉安、赣州、上饶、抚州等市，有工商业者26278户，经过核实，守法户9537户，占36.3%；基本守法户13983户，占53.2%，半守法违法户2580户，占9.8%；严重违法户150户，占0.6%；完全违法户28户，占0.1%。会议通过《关于七、八、九三个月中心工作的决定》，听取和审议省政协常务委员会工作报告，通过《江西省政治协商委员会组织条例》。省政府主席邵式平出席会议并作政府工作总结报告。省政协主席陈正人就团结与进步问题作了讲话。会议于10日闭幕。

3日　省政府颁布蓄水防旱紧急动员令。要求各级干部、群众紧急动员起来，做好水利工程修复工作，争取防旱抗旱胜利，保证粮食丰收。

4日　省监察委员会举行第五次会议。各专署专员和监察处处长、省直属各机关监察科、室的负责人应邀列席参加。省委纪律检查委员会等有关部门负责人应邀出席。省政府主席邵式平、副主席方志纯、饶思诚出席，省监察委员会主任杨尚奎作总结发言。

4日　省农民协会通过《江西日报》向全省各级农协及全体农民刊发信函，要求全省各级农协和全体农民进一步动员组织起来，开辟水源，储蓄水量，防旱抗旱，努力完成夏收夏种，争取全年丰收。

6日　江西省各界人民代表会议协商委员会就全省防旱抗旱工作发出通知。号召各县人民代表会议常务委员会和全省各界人民代表，协助政府，开展宣传组织工作，动员群众与旱灾作斗争，争取抗旱防旱胜利。

7日　《江西日报》报道，抚州专区南城、临川、宜黄、南丰、乐安、黎川、金溪等县11.3万亩禾田受旱，1.45万亩裂缝，1.013万亩发白，8.4万亩缺水。

8日　刘少奇给安源工会复信。

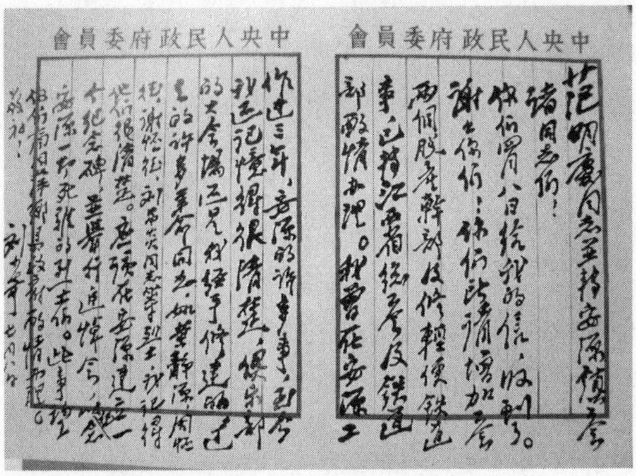

刘少奇复信的影印件

8日　省委颁布发展新党员的指示与计划。其内容为：要求从省级机关抽调15人至20人，各专区地委抽9人至12人，县委抽7人至10人担任专职组织员，负责发展党员工作，全省每个党员都要培养2名至3名入党对象。

8日　省政府向全省各级政府发出指示，要求各级政府根据中南军政委员会的决定，建立财经统计机构，配备统计干部，限期做好这项工作。

8日　《江西日报》报道，全省第四批抗美援朝志愿手术医疗队赴朝鲜前线。日前，省抗美援朝分会举行欢送大会，1600余人到会参加欢送。

8日~10日　省粮食公司召开所属各公司经理会议。主要议题是：配合全省早稻丰收，对防止“谷贱伤农”等问题进行研究和布置。会议要求所属公司敞开收购农民手中新粮，以解决农民卖粮难问题。

9日　南昌市人民法院召开群众代表大会，对骗财杀婴凶犯进行公开审判。2500多名妇女代表参加了宣判大会。法官宣判：凶犯以收养女婴为名，骗取弃婴人钱财后，采取丢抛野外冻死、饿死等手段残杀女婴数人，罪大恶极，判处死刑，立即执行。

9日　省政府举行第一百二十八次行政会议。省政府主席邵式平，副主席方志纯、刘一峰、饶思诚及省政府各委、厅、院、行、署、局负责人共20余人参加会议。会议通过了《江西省政府关于1952年市地方财政管理暂行办法》和《关于南昌市建筑一座烈士纪念塔，以纪念全省英勇牺牲的革命烈士的问题》。

10日　省政府转发政务院《中央节约检查委员会关于结束“五反”运动追缴财务的具体手续及入库的规定》。

10日　中国人民银行江西省分行召开全省农村金融工作会议。会议确定全省要建立1000个信用合作社，做好信贷、保险工作，促进农业爱国生产运动的开展。

10日　南昌市举办城乡物资交流大会。全省各专区、70个县市和8个省外地区，省内国营、合作、合营及公私营工商业者代表584人参加。交流的物资有百货、布匹、文具、五金电料、土特产、手工业品、机器、食品8大类100多种，成交总额为1170余亿元（旧币，下同）。邵式平、黄霖出席开幕式并讲话。大会于24日结束。陈正人出席闭幕会并讲话，号召私营工商

大会交易场上的各地代表团与南昌代表团签订夏布、瓷器等合同

由于农业生产的迅速提高和土特产的畅销，农民的购买力空前增加，工业品获得广大市场，形成了城乡物资大交流。图为城乡物资交流宣传画

业都服从国营经济和工人阶级的领导，大胆积极进行正当合法经营，为国家经济繁荣作贡献。至12月中旬，全省共召开了102次城乡物资交流会，购销总额达10260亿元。

10日 江西省文艺界整风学习委员会举行整风学习动员大会。省、市文联、省政府文艺科、市政府文化科及所属文化馆、省文工团、军区文工团、省文艺干部学校、江西画报社、南大艺术科等500余人参加。省委宣传部秘书长张进作题为《开展文艺界整风学习运动》的动员报告。此前，省文艺界整风学习委员会已正式成立，李定坤为主任委员。

11日 上海铁路局向塘材料厂起重组创30吨车皮装53加仑油桶310个的全国新纪录。

15日 《江西日报》报道，省人民银行为扩大城乡物资交流，活跃市场经济，于1952年6月中旬配合贸易部门加工订货收购业务，对全省私营工商业实行扩大放款。到7月中旬止，全部余额比6月底增加81%。

16日 省政府指示各级政府举办义仓积谷防荒，对义仓的组织领导、粮食募集方法和保管使用原则作了具体规定，号召各地积谷防荒。

17日 省政府召开第一百二十九次行政会议，讨论并通过了知识分子思想改造运动计划，成立了以省委书记陈正人为主任委员，省政府主席邵式平，副主席刘一峰、饶思诚、欧阳武及刘瑞森、莫循、许德瑗、吕良、刘干才为副主任委员，王卓超、于洪琛、李定坤、廖伯坦、吴云圃、张任之、胡世基、王朝俊、姚汉元、向涛、陆明、李长远、许德瑗、张进、魏东明等26位为委员的知识分子思想改造学习委员会，负责全省知识分子学习改造工作。参加这次思想改造的有南昌大学教师280人，全省中等以上学校教师3000人，南昌市小学教师1100余人，文学艺术工作者700人，共计5000人（20日，举行开学典礼，邵式平在开学典礼上讲话）。

17日 万安县雨量站降雨285.3毫米（本月18日晨5时，天色变绿，迅速变黑，多处发生山崩。泰和，万安等县冲倒房屋4095间，受灾人口近2万人，死亡38人，受灾农田近4万亩，冲坏小型水利1152处，油榨坊11处）。

18日 《江西日报》报道，省政府抽调省直机关干部49人，组成乡村财政调查组，分赴南昌、赣州、抚州、吉安、九江、宁都、浮梁、上饶8个专区进行调查，以整顿和健全乡村财政收支制度。

20日 省政府在南昌市举办全省中等专业学校教师思想改造学习会。全省中等专业学校的2500余名教师参加开学典礼。省政府主席邵式平参加开学典礼并讲话，号召全体教师下定决心，自我改造，做一名光荣的人民教师。这次思想改造学习会于9月29日结束。

20日 《江西日报》报道，九江、彭泽、湖口、瑞昌等县产棉地区普遍发生红蜘蛛虫害。20%棉田棉株叶脱落成光杆，20%～30%棉株叶片脱落一部分，棉叶变红。

21日 省人民委员会批准同意省公安厅关于整顿民警队伍工作的意见。

21日 全省开展禁烟禁毒运动，逮捕毒犯585名，其中判处死刑10名，摧毁鸦片种植场、地下烟馆、地下毒品转运站和运销网络，没收毒具，焚烧毒品，根治了鸦片毒害。运动持续到11月份。

21日 江西省高等学校暑期毕业生统一分配委员会成立。陈钧任主任，吕良任副主任，刘乾才、吴清明等13人为委员。自此，高中等院校毕业生由省统一分配。

23日 全省工资改革工作会议召开。全省各级党委、财委、劳动部门、工会代表及主要公营、公私合营厂、矿与交通企业行政、工会的负责人、工人代表与劳资干部共235人参加了会议。省政府主席邵式平、副主席范式人、省总工会主席郭光洲出席会议并讲话。会议确定：在增产节约总任务下，工资改革为各厂、矿八九月份的中心任务。会议于8月8日结束。

24日 《江西日报》报道，省抗美援朝分会发起捐献武器支援抗美援朝运动以来，至1952年5月底，全省各界人民共捐款1589.46亿元（旧币），可折合战斗机106架，超过原捐献81架计划的29.63%。

24日 省政协举行宗教界人士座谈会。会议支持约翰逊揭露细菌战罪行的正义行动，抗议英国政府对约翰逊的迫害与诽谤。省基督教卫理公会、圣公会、内地会、青年会、兄弟会、安息日会以及天主教代表40余人参加了座谈。省政协副主席刘一峰主持会议。

25日 省商业厅发出《立即开展工业品推销竞赛运动的指示》，并派出检查组分赴各专区16个初级市场开展工业品推销运动。

27日 《江西日报》报道，全省早稻全面进入收割阶段，各地涌现大批丰产典型户，萍乡市水稻丰产模范易瑞生平均单产达694斤、彭光贤平均单产为651斤。全省水稻单产估计比上年增产10%～20%。省政府责令各级政府认真总结经验，严防夸功虚报现象发生。

萍乡县易瑞生互助组为了使来年达到更高产量，积极做好一切准备工作。图为易瑞生动员全组总结经验

28日 省军区司令部近日在南昌召开第一届全省气象工作会议，各气象站负责人参加。这次会议是建国后全省召开的第一次气象工作会议。

29日 《江西日报》报道，全省75个县市的粮食上市，各地粮食公司与当地合作社积极配合开展粮食收购工作。全年粮食估计比上年增产24%。

30日 省政府公布《江西省政府公费医疗预防实施暂行办法》。该办法规定：从7月份起，实行公费医疗制度，经费列入财政预算。同时，成立江西省公费医疗预防实施管理委员会。

30日 省政府各级财政部门设置财政监察机构，省财政厅监察室改处，各地、市、县财政部门设财政监察科，配备监察员。

30日 省军区司令部公布全省民兵一年的战绩。一年来，全省民兵积极配合地方武装清剿大批匪特，作战1637次，5946名民兵参战，共计歼灭土匪及反革命分子1527名，缴获大量武器弹药及通讯器材。

31日 省委、省政府、省政协、省军区、省抗美援朝分会、各民主党派、人民团体和民主人士代表全省人民向中国人民解放军、中国人民志愿军、军烈属、荣誉军人、转业军人和革命残废军人发出慰问电，庆祝中国人民解放军建军25周年，并致崇高敬意，表示要团结全省人民为加强国防建设作贡献。

31日 省政协召开第八次常务委员会议。会议着重讨论组织各民主党派以及在政府机关工作的无党派人士、工商界和宗教界人士学习共同纲领的问题。一致通过了以莫循为主任，欧阳武、许德瑗、于洪深为副主任，刘一峰、刘瑞森等20人为委员的省政协学习委员会。省政府主席邵式平，副主席刘一峰，省协商委员会副主席欧阳武、委员郭光洲、危秀英、白栋材等出席了会议。

本月 向塘机场开工。由江西省建筑工程公司向塘工程处承建建筑工程。

本月 李光斗任江西省人民法院院长。

1952
8月
August

公元1952年8月　　农历壬辰年【龙】

日	一	二	三	四	五	六	日	一	二	三	四	五	六
					1 建军节	2 十二	3 十三	4 十四	5 十五	6 十六	7 立秋	8 十八	9 十九
10 二十	11 廿一	12 廿二	13 廿三	14 廿四	15 廿五	16 廿六	17 廿七	18 廿八	19 廿九	20 七月大	21 初二	22 初三	23 处暑
24 初五	25 初六	26 初七	27 初八	28 初九	29 初十	30 十一	31 十二						

1日　省抗美援朝分会举行庆祝八一建军节25周年纪念大会。全省各民主党派、人民团体、机关干部、工商界代表以及军烈属代表等500余人参加大会。

1日　新建的南昌发电厂竣工发电。改变了国民党反动派统治时期的电力不足、灯光不亮的现象。南昌市市长邓飞参加竣工发电庆祝大会并剪彩。

1日　江西省速成识字法师资训练班举行开学典礼。全省各县政府和工会的文教干部、青年团工作干部和妇女工作干部320人以学员身份参加了开学典礼。省政府主席邵式平出席典礼并讲话。指出，推行速成识字法是一个重大的政治任务，各级政府必须高度重视，把速成识字法工作列为日常工作中的重要议题。

1日　省军区举行庆祝八一建军节25周年纪念

江西军区庆祝八一建军节25周年体育运动大会会场

速成识字法的创造为工农兵群众的识字教育开辟了一条新的道路，南昌市震华锯木工厂的工人在专心学习

60公斤举重第一名获奖者许运兴

撑杆跳第一名获奖者潘志轩

大会及体育运动大会开幕典礼。人民解放军驻赣部队及各界人民代表6000余人出席开幕典礼。省委书记兼省军区政治委员陈正人出席典礼并讲话。他指出，我们必须建立强大的空军、海军、陆军，实现正规化、现代化，我们就一定能战胜帝国主义，建设社会主义工业化国家。省政府主席邵式平、省军区副司令员雷震、南昌市委书记黄霖等出席并相继讲话，号召全体指战员发扬革命传统，争取更大光荣。

4日 省委作出《关于"三反"运动的基本总结》。总结指出，通过"三反"运动，整顿了干部队伍，加强了党的团结和战斗力，对严重违法乱纪的党员干部给予了党纪、政纪处分或刑事处罚。

6日 省委举行全委扩大会议，着重讨论准备开展以工业建设为中心的经济建设问题。

7日 《江西日报》报道，中国人民银行江西省分行为扶助农业爱国丰产运动，大力开展农村金融工作。1952年上半年共发放农业贷款1882亿元（旧币，下同），短期周转性放款余款共达606亿元；农业保险全省承保耕牛109万余头（占全省耕牛总数68%以上），理赔耕牛18438头，承保棉田12.3万亩，试办养猪保险1022头；农村营业所存款与储蓄余额731亿元；组织信用合作社567个，信用互助组685个。

8日 南昌市人民政府发布《关于开展查田定产工作指示》，并在该市永人乡、钟陵乡、桃花乡、塘山乡进行查田定产工作试点。

9日 省军区司令部调选的13名民兵英模启程赴京参加国庆阅兵典礼。

11日 南昌市政府发布《南昌市城市建设使用土地暂行办法实施细则》、《南昌市管理营造业工业暂行规则》。

12日 《江西日报》报道，全省22个重点县举办土改展览会圆满闭幕。展览期间，观众非常踊跃，许多农民赶路六七十里前往参观。丰城、抚州两县10天内参观展览人数达9万余人。

土改展览会"总序幕"中的"翻身图"，形象地反映了在中国共产党的领导下，推翻了压在农民身上的帝国主义、封建主义和官僚主义三座大山的历史

13日 赣州市南河浮桥举行开桥典礼。该桥在解放前夕被国民党逃溃匪军烧毁，赣州市人民政府为恢复交通，拨出经费1.686亿元（旧币），组织工人进行抢修，仅用23天时间修复通行。桥全长226.8米，桥面与桥船木板厚4.5厘米。

14日 《江西日报》报道，九江专区部分地区干旱不雨，灾情危急。武宁、瑞昌、德安、九江等县最为严重，受灾面积达26万多亩，占耕作面积的30%。其中，裂缝干枯田达7.9813万亩，干塘7535口，干堰837条。武宁县蒋家乡有塘440口，全部无水，群众吃水都成问题。

15日 省公安厅厅长王卓超在省委扩大会议上作《关于第二阶段镇压反革命运动的报告》。报告指出，第二阶段镇反工作的重点放在第一阶段镇反不彻底的方面和地区，进一步镇压反革命。

15日 南昌铁路分局向塘乘务段400天（自1951年7月14日到1952年8月15日）安全行车78万公里，防止大小事故343件，为国家增加财富14.3亿多元（旧币）。

15日 吉安专区举办物资交流大会。交流大会期间共成交230.798亿元（旧币，下同），购销总额447.1596亿元。交流大会于21日结束。

16日 省政府就机关、工厂雇用工人的问题发出指示。要求：（一）凡经劳动介绍所介绍的失业职工一律不需具保；（二）各机关、工厂自行招聘的职工，一般不需具保；（三）介绍或招聘职工，有关部门应附上审查意见和用人单位的依据。

16 日～21 日 南昌市政府接受广大人民的要求，驱逐隐藏在天主教内进行破坏活动的帝国主义分子荷籍传教士柯来恩、法籍传教士杜天任。

18 日 省政府成立查田定产委员会。范式人、杨尚奎、牛荫冠、宋志霖、韦新、黄先、邓洪、杜雷、李杰庸、张国震、王大川、刘寒影、朱旦华、吴清明 14 人为委员，主任为范式人，副主任为杨尚奎、牛荫冠。委员会下设办公室，主任为宋志霖。

18 日 省邮电管理局召开全省邮电系统工资改革工作会议，贯彻中南区工资改革精神，以废除旧工资制，实行“按劳付酬”的八级工资制。全省 98 个邮电局（10 人以下的单位未出席）的局长、工会主席以及各局职工代表共 267 人和省邮电管理局工资改革工作组人员 88 人参加了会议。

19 日 省政府人事厅发出《迅速登记专门技术人员的通知》，要求全省各级人事部门务必于 1952 年 8 月底前登记、统计完专业技术人员，逐级汇计报省厅统一调配使用。

19 日 省政府文教厅、省军区政治部文化科、南昌市政府文教局、市总工会文教部联合发出通知，号召各界人民观看《人民的战士》影片。要求：各机关、团体、学校、工厂、部队有计划有组织地动员广大群众学习人民战士——刘兴邦的高度爱国主义精神，更积极地进行抗美援朝工作，参加祖国的经济建设，并随时准备粉碎来犯敌人的侵略。

20 日 省查田委员会发出《关于进行查田定产工作的指示》。指出各级干部必须掌握与正确处理如下事项：（一）深入发动群众，依靠群众，防止强迫命令，不许包办代替；（二）贯彻实事求是的精神，防止草率态度；（三）正确处理查田定产与土改复查等工作；（四）培训干部，提高素质；（五）加强领导，成立查田定产委员会；（六）召开代表会议，制定定产方案。

20 日 全省爱国卫生工作会议在南昌召开。各专区卫生局长、各市县卫生局长，各医院院长，各医药卫生机关、团体、学校及有关机关单位代表共 175 人出席了会议。省政府主席邵式平作题为《关于继续贯彻爱国卫生运动》的报告，要求爱国卫生运动做到“普及”、“提高”、“经常化”。会议决定：普及种痘，做到消灭天花；整顿或重点建立工厂、矿山、学校卫生组织；争取全省当年完成培训 1 万名接生员，成立 550 个接生站、6 个老根据地妇幼保健所、43 个妇幼保健站。会议于 26 日结束。

迅速发展的卫生事业，使疾病和死亡率大大下降。图为城市、农村新面貌的速写

21 日 省民政厅召开第三次全省民政工作会议。各专区、市、县民政干部、民政厅工作人员、民政干部训练班学员、被邀请参加的 7 个乡的干部共 250 余人出席了会议。省政府主席邵式平出席会议并讲话，强调了民主建政工作的重要意义，并指示要重视革命根据地工作。会议确定了民主建政的四项任务：（一）市、县人民代表会议普遍代行人民代表大会职权，为当前建政工作服务；（二）普遍召开乡人民代表会议；（三）区一般不作为一级政权，个别矿区、城镇区及其他必须成为一级政权的区，报经省政府批准后，即应按期召开人民代表会议；（四）根据中央人民政府、政务院的指示和本省少数民族情况，有计划有步骤在少数民族聚居的地区建立民族区域自治和民族民主联合人民政府。会议于30日结束。

21日 《江西日报》报道，农业劳模易瑞生互助组为推动全省农业丰收，向全省互助组发出友谊挑战。表示：（一）全组5户，保证晚稻亩产690斤、争取700斤；（二）做好保水防旱；（三）做到除虫保苗；（四）积极积肥追肥；（五）保证除清杂草；（六）进行单穗选种；（七）加强学习，提高警惕，严防敌特破坏活动。

易瑞生互助组在田间除害虫

22日 省合作事业管理局召开全省专、市、县合作科长、主任会议，到会的有94个单位。会议确定下半年的中心任务是：全面开展群众性的增产节约运动，整顿基层组织，建立规章制度，提高业务素养，办好合作社。全省现有基层合作社1275个，工业生产合作社42个，全省有27%的人口参加了合作社组织，农村社员410万人，城市社员27万人。会议于31日结束。

23日 南昌专区合作总社举行首次内部物资交流大会。各县基层社代表176人参加了大会。大会签订了交易合同437件，成交额达114亿8522万元（旧币）；成交货品有土布、毛头纸、黄烟、冬豆、薯粉、粉丝、粉皮、瓜子、土棉、豆豉、竹具、缸钵、棉带子、扫把等49种产品。大会于25日结束。

24日 《江西日报》报道，全省部分地区晚稻、棉地虫害严重。铅山、余江、弋阳、大余、崇义、上犹、赣县、龙南、南康、德兴、婺源、万年、鄱阳、余干、清江、新余、南昌、靖安、宁冈、永新、吉安、安福、遂川、乐安、黎川、金溪、崇仁、南城、铜鼓、萍乡、武宁等38个县晚稻发生稻苍虫、稻瘿蝇、螟虫、稻蝗、稻椿象、浮尘子、稻飞虫、卷叶虫、钻心虫等虫害，受害面积达54.9471万亩。东乡、余江、安福、吉安、乐平、鄱阳、永修、九江、彭泽、新余、高安、清江、新干、丰城、修水等县棉地红蜘蛛先后被扑灭，但叶跳虫在蔓延，严重影响棉花产量。另外，贵溪塘湾、文坊、上清等地发生竹蝗灾，危害竹林。

25日 省查田定产委员会在省政府各直属单位抽调20名干部，组织4个巡视检查组，分赴赣州、吉安、浮梁等专区了解查田定产情况。省查田定产委员会副主任牛荫冠希望巡视组在各地查田定产委员会的协助下做好巡视检查工作。

25日 南昌市25家公营工厂开始全面开展工资改革运动，改革国民党统治时期遗留下来的不合理的多等级随意工资制，实行“按劳付酬”的八级工资制。

26日 《江西日报》报道，省贸易公司连续参加华东、华北、中南三大行政区及南昌市城乡物资交流大会，交易额达1530多亿元（旧币），为全省土特产找到了广阔市场，基本解决了全省土特产品销售问题。同时还引进了大红枣、黄花菜、石膏、水果、百货等产品，建立了新的贸易关系，促进了物资交流，活跃了城乡经济。

26日 中南首届戏曲观摩会演大会在武汉举行。江西省组成戏曲观摩会演代表团，团长傅圣谦、副团长刘云，演员和观摩代表总计84人。演出赣剧《断桥》、南昌采茶戏《太君辞朝》、赣南采茶戏《采茶山歌》和《卖杂货》等剧。《选郎》、《采茶山歌》获会演节目奖。

26日 省粮食公司召开全省首届试验杀虫会议，讨论和研究了试验杀虫方法，并举行了一次从未使用过的氯化苦熏蒸杀虫试验。全省各主要粮食保管单位的专业干部25人参加了试验工作。经过72小时熏蒸，杀虫功效达100%。试验杀虫于29日结束。

27日 省政府举行第一百三十四次行政会议，通过成立省劳动就业委员会决议。省劳动就业委员会由方志纯、李杰庸、陈钧、黄先、吕良、郭光洲、李尚庸、傅肖先、王实先、于洪琛、白步洲、赖观海、张有法、赵辉、徐柏如、黄贤度、许德瑗、武人骙、赖绍尧、邱倬、杜雷、袁诚贤、廖少仪、于化琪、刘寒影 25 人组成。方志纯为主任委员；陈钧、李杰庸、郭光洲、吕良、黄先、李尚庸为副主任委员；徐柏如为秘书长；黄贤度为副秘书长。会议还通过调整省财委工薪委员会名单。主任委员：李杰庸；副主任委员：张支樵、常志、杨宁普；委员：赵发生、宋志霖、赖绍尧、王眉微、张昆、徐柏如、武人骙、阎华、黄奕棋、武蕴藻、刘剑秋、刘腾、蔺俊岳、白洁、张志良、潘望峰、尚友、林秉南、高凤来、时朴齐、姜竹杆、应方。

29 日 省政府颁布《关于湖、沼、河、港及鄱阳湖草洲暂行管理办法》，共六章十五条。办法规定：全省境内湖、沼、河、港及鄱阳湖草洲一律收归国有，由国家管理机构负责管理，任何单位和个人必须经当地政府审核后，报请管理机构登记批准，方可按要求使用上述湖、沼、港、鄱阳湖草洲等。

29 日 省劳动就业委员会举行第一次会议。会议决定根据中央人民政府、政务院关于劳动就业问题的决定，结合全省实际情况，拟定工作计划和行动步骤，通知各县立即成立机构开展工作。委员会规定每月开会一次。

30 日 南昌市总工会向全市工人发出号召：号召全市工人立即行动起来，积极参加工资改革运动，努力学习掌握工资改革政策、方针与技术标准。在企业中的党、政、工、团统一领导下完成工资改革任务，为爱国增产节约运动打下有力基础。

30 日 《江西日报》报道，全省早、中稻普遍丰收，新谷大量上市，8 月上半月比 7 月全月新谷上市量增加了二倍。省粮食公司大力扩展收购点并委托合作社代购，全省新谷收购点由 7 月份的 552 个增至 883 个。收购新谷量 8 月上半月比 7 月全月增加了 326.25%。全省农民纷纷踊跃归还银行贷款。南昌、高安、临川、清江、永新等地农民敲锣打鼓，集体将贷款归还人民银行。清江县永港乡农民自动组织了收贷委员会，于 8 月 14 日将全乡农民贷款 1000 余万元（旧币）全部送到银行。

31 日 省政协发出通告，号召全省各市政协及省、市、县各界人民代表大会，发挥爱国热情和带头作用，协助政府完成查田定产和农业税收任务。

31 日 省委、省军区发出组织民兵联防的指示，决定在莲花、井冈山、武宁、修水、怀玉山、山头关、石城、筑门岭、大余等地实施重点联防。

31 日 省农民协会给全省农民发出公开信。要求全省各级农协、乡村干部和广大农民兄弟，根据省委、省政府的指示，搞好查田定产，争取晚禾丰收，全力作好三项工作：（一）消除各种顾虑，积极参加与完成查田定产任务；（二）再鼓干劲，争取晚稻丰收；（三）提高警惕，防止敌人破坏，加强对地主的管制。

本月 全省单机容量最大的汽轮发电机组在下正街电厂投产发电。

南昌市水电公司安装了一台新型发电机，保证供应工业生产充足的电力，该厂工人在细心地检视发电机件

本月 根据省政府《加强老革命根据地工作 1952 年计划大纲》，开始在全省扶助 419 个老区重点乡恢复和发展生产。

本月 省卫生厅在兴国县设立省性病防治站，巡回检查兴国、宁都、修水、铜鼓等县性病高发区防治工作。

本月 全省各级党委认真贯彻中央和中南局指示，积极慎重发展新党员。全省有 79 个县开办了第一期建党训练班，共训练入党对象 12925 人，其中有 32 个县共发展新党员 4480 人。省、地、县各级机关干部和工矿企业8万余人参加党课学习。全省共配备697名专职组织员和1496名兼职组织员负责党建工作。

本月 省工业厅组建花鼓山煤矿工程处钻探队（1953年3月更名为江西省工业厅钻探队，为建国后全省地方组建的第一支勘探队伍）。

本月 苏联茶叶专家贝可夫、哈利巴伐来我国考察。中国茶叶公司成立中苏茶叶考察小组，先后到上饶、婺源等地茶厂考察。

本月 省委、省政府决定：袁州专区与南昌专区合并，成立新的南昌专区。

本月 省委决定将宁都地委并入赣州地委。在此时期，宁都地委领导宁都、兴国、于都、石城、瑞金、会昌、寻乌、广昌8个县委。

1952

9月

September

公元1952年9月							农历壬辰年【龙】						
日	一	二	三	四	五	六	日	一	二	三	四	五	六
	1 十三	2 十四	3 十五	4 十六	5 十七	6 十八	7 十九	8 白露	9 廿一	10 廿二	11 廿三	12 廿四	13 廿五
14 廿六	15 廿七	16 廿八	17 廿九	18 三十	19 八月大	20 初二	21 初三	22 初四	23 秋分	24 初六	25 初七	26 初八	27 初九
28 初十	29 十一	30 十二											

1 日　全省各民主党派、人民团体发表声明，抗议美帝国主义滥炸朝鲜平壤城乡的罪行，表示要进一步开展增产节约运动，以实际行动支援朝鲜人民军和中国人民志愿军。

1 日　清江革命残废军人学校正式开学，第一批招收 20 名学员。

2 日　省政协举行庆祝抗日战争胜利七周年座谈会。省各民主党派、人民团体、无党派民主人士代表共 67 人应邀出席。座谈会一致拥护将要开幕的亚洲及太平洋区域和平会议，表示要动员全省人民，发挥巨大力量，保卫祖国和平建设。

2 日　南昌市召开工场、作坊产销会议。南昌市各工场、作坊代表、贩运商、工人、农村织户、消费者、国营专业公司、合作社、机关团体代表共 125 人参加了会议，并邀请了本市工商界代表 200 人列席会议。会议主题是：改进工场、作坊生产，满足广大群众需求，进一步沟通产销关系，为国家经济建设服务。

3 日　省农业厅发出《关于开展秋冬积肥运动的通知》。要求各专署、县人民政府做好五项工作：（一）开展圈猪积肥运动；（二）修盖厕所，收积人粪尿；（三）推行城粪下乡，开辟各种肥源；（四）扩大绿肥种植面积；（五）恢复和建立石灰窑，广泛施用石灰，预购和供应化肥、油饼，收集骨肥。

3 日　捷克斯洛伐克军队文艺工作团 39 人由杭州抵南昌，当日晚在八一礼堂与省军区、省文艺工作者举行联欢会。

4 日　省财政经济委员会就全面开展爱国主义增产节约运动发出指示，要求：（一）增产节约是建设人民国家的总方针和基本方法，是一切工作的根本方针和总任务；（二）全省增产节约计划任务初步核定为 3000 亿元（旧币，下同），加速周转、节省国家计划资金 4000 亿元；（三）各部门要充分运用“三反”运动胜利成果、坚定不移地依靠广大职工群众，开展群众性的运动，保证任务胜利完成；（四）必须克服与防止资本主义经营思想与经营作风、形式主义的做法和消极情绪。

5 日　鹰潭军分区成立。奉中南军区命令，浮梁军分区与上饶军分区合并，改称鹰潭军分区。12月，改称上饶军分区。

6日 省政府转发《中南区规费暂行通则》，对全省民政、公安、交通、工商、卫生、建筑、房地产、司法部门51项收费作出规定。

6日 南昌大学、江西医学院、江西农专、江西财专、江西兽专5所高等学校450名应届毕业学生举行毕业典礼。省委副书记杨尚奎、省文教厅副厅长吕良、省人事厅厅长陈钧、在校学生代表500余名参加毕业典礼。吕良致欢送辞，杨尚奎代表省委向毕业生表示祝贺，勉励大家将学到的课堂知识用到为人民服务的工作中去，在实践中不断提高本领，作出贡献。

6日 省政法委召开全省司法改革工作会议。省法院、专区分院、市法院、县法院院长及各专署副专员、市长、省直属政法部门共132人出席会议。省政府主席邵式平、省委副书记杨尚奎出席会议并讲话。会议根据全省司法机关情况，制定了司法改革方案。会议于16日结束。

8日 省财政厅向所属单位发出开展增产节约运动的指示。指示要求：制定增加国家收入和节约支出的具体指标；并要求全省财政系统（含财政、粮食、税务、保险、交通银行、专卖公司）干部在取得"三反"斗争胜利的基础上作出新的成绩。

10日 22时，台湾一架飞机侵入江西省境内，在余干县五区友爱乡空投4名武装特务，被当地对空监视哨发现。浮梁专区党委迅速组织军、警、民兵和群众万余人全力围剿；次日上午生擒特务王布、周家骅，击毙2名敌特，缴获美式冲锋枪、卡宾枪各4支，手枪2支及电台、手摇发电机、橡皮船、望远镜等。这股空降特务是受美国中央情报局扶持的"自由中国运动"特务组织所派遣。

11日 省查田定产委员会发出指示，要求在全省全面开展查田定产运动，指示各专区、县查田定产委员会学习南昌专区关于查田定产工作的试点总结，结合本地实际，认真贯彻实施。并指出：查田、定产工作应先查田，后定产，不可混同；要依靠群众，群策群力，从乡、区、县到专区统一标准；土地等级一般规定15等，每等土地间粮产差额应控制在30斤。

11日 省政府第一百三十二次行政会议决定将九江、袁州、南昌、吉安、赣州、宁都、抚州、上饶、乐平9个专区调整为6个专区，即九江、宜春、吉安、赣州、抚州、上饶专区。

12日 省军区发出命令，将全省9个军分区合并为6个军分区，撤销浮梁、宁都、袁州3个军分区。

13日 省查田定产委员会发布关于专区与专区、县与县之间进行联评工作的通知。通知要求：（一）本省各专区、县之间的交界乡，均必须由本地区政府派员，协助乡干部主动进行联评；（二）交界地联评工作，由交界线北、东方乡政府负责召集，南、西方要主动协助；（三）联评工作要在召开各县人民代表大会前完成；（四）联评材料必须正确，防止互相隐瞒现象，影响全省定产工作；（五）省和专区查田定产委员会要对所属工作进行检查，掌握并平衡工作情况；（六）本省与外省交界处的联评工作，由交界乡主动与对方联系商定，并应逐级上报材料和评定情况。

13日 省政府就土地房产所有证发放问题发布指示。同时发布《江西省颁发土地所有证补充实施办法》。要求：全省各专区、市、县人民政府在确定地权、颁发地照工作中应做到：（一）明确发证目的，保证农民所得土地及各阶层土地所有权不随便变动；（二）凡查田定产工作和土改复查工作已彻底完成的地区，均可发证；（三）发证前各地必须切实解决土改中遗留及群众之间土地房产纠纷问题；（四）县、区政府应培训人员，做好发证工作；（五）各级发证情况由乡、区、县、专区逐级汇报统计，报省统一核实全省的人口和土地面积。

15日 省检察署和已成立检察署的各级检察长日前参加同级法院裁判委员会，对审判活动实行监督。

16日 省商业厅召开省、市两级评模授奖大会，省粮食公司、省盐业公司和南昌市贸易公司获单位奖，30人获个人奖，7个单位获小组奖。

16日　省劳动就业委员会召开会议，南昌、九江、吉安、上饶、景德镇、赣州6市，临川、萍乡、丰城、鄱阳县县城及清江县樟树镇、新建县吴城镇等12个地区的劳动就业机构代表参加会议。省总工会、南昌市总工会、省妇联、南昌市妇联、省青委、南昌市青委及省政府有关厅局也派出代表参加会议。会议通过了《江西省劳动就业委员会关于失业人员统一登记施行细则（草案）》、《江西省政府〈贯彻执行政务院关于劳动就业问题的几项具体规定的命令〉（草案）》。根据本省具体情况，决定报请省政府核准在乐平、万载、宜春、河口镇、唐江镇等地建立劳动就业委员会。省劳动就业委员会主任方志纯作总结报告。会议于22日结束。

17日　省政府举行第一百三十七次行政会议，决定成立江西省司法改革委员会。委员会名单如下：主任方志纯；副主任李光斗；委员刘文涛、王卓超、黄先、陈钧、马迁士、郭光洲、艾寒松、魏东明、王大川、危秀英、张进、张有法、刘奇峰、张元辉、刘寒影、林敏、周章志；办公室主任刘英。

18日　《江西日报》报道，全省普降大雨，鄱阳湖水位相继上涨。进贤县靠近湖岸六区的36548亩晚稻、1000余亩芝麻、2400多亩荞麦和绿豆等被洪水淹没，损失甚重。

19日　省监察委员会根据中央监委指示精神，要求本省各级监察委员会认真配合司法改革工作，指出本省各级法院严重存在旧司法观点、旧司法作风，组织不纯，少数反革命分子及其他坏分子在各级法院中掌握或影响着人民审判工作，损害了人民的利益。并要求各级监察委员会配合司法机关设立意见箱，建立检举接待室，受理人民检举有关司法改革的案件，征求人民对司法工作的意见。

20日　省政协举行司法改革工作座谈会。各民主党派、民主人士、工商界、宗教界人士40余人出席。省政协副主席欧阳武主持座谈会，省人民法院副院长刘文涛介绍全省司法部门三年来的情况和旧司法人员的八大罪状。会议一致认为，开展群众性司法改革运动，是完全符合广大人民群众的利益，表示要积极发动群众参加司法改革运动。

20日　《江西日报》报道，丰城县部分地区秋雨连绵，山洪暴发，淹没冲毁晚稻、经济作物达5100多亩。

21日　南昌市全体工人向亚洲及太平洋区域和平会议写信致贺。信中说：这次亚洲及太平洋区域和平会议能在北京隆重召开，标志着亚洲及太平洋区域30多个国家16亿人民的团结得到进一步加强，为稳定世界和平将发挥重大作用。表示要与全世界人民一道，为打败美帝国主义的侵略而奋斗。

22日　省粮食局由省财政厅划出，成立江西省粮食厅，为省政府直属机构。

22日　省政协总学习委员会召开动员大会。总学习委员会主任莫循作关于学习《中国人民政治协商会议共同纲领》的动员报告。

22日　省人民法院、南昌市人民法院、南昌专署司法科、南昌县人民法院联合举行司法改革动员大会。4个单位150名司法工作人员到会。省人民法院院长李光斗作动员报告，号召各单位和司法人员认真学习、领会政策，消除各种错误想法，彻底肃清旧司法观念和作风，做一名优秀的人民司法干部。

22日　全省第二届文学艺术工作者代表大会在南昌举行。全省各专区、厂矿工人文艺队、农村剧团、连队俱乐部、民间艺人、山歌能手、地方剧团演员、雕刻、陶瓷艺人代表共304人出席大会。省、市文联机关干部、省文工团、军区文工团、省文艺干校等400多名文艺工作干部列席旁听。大会主题是：大力开展创作运动与文艺批评，开展群众性的文艺运动，改选省文联及各协会组织，巩固文艺界整风成果，迎接大规模经济建设。大会选举张进为省文联主席，李定坤、李林、刘天浪为副主席。大会于28日闭幕。

24日　长江水位上涨，进贤东北复兴圩、彭泽珠瑯圩、泰字号圩、九江瑞昌赤心堤（江堤）、余干鱼池圩、二四都圩、九都圩、新建禾五联圩等圩堤，内外坡坍塌渗漏，南昌集成圩日前漫决。省防汛总部拨出抢险经费，派技术人员携带草袋1000条，乘船赴险圩抢修，并飞调煤轮前往圩决口救人。

24日 江西省赴苏联参观的农民代表团成员刘定芳、罗海保返抵南昌。当天下午，省政府办公厅举行座谈会，省政府主席邵式平等省领导到会与代表亲切交谈。

到苏联参观的农民代表刘定芳（右）、罗海保（左）抵南昌时和献花儿童的合影

24日 省、市政协委员和中苏友好协会省、市分会邀集各民主党派、人民团体代表、无党派民主人士64人，举行座谈会，庆祝中苏会谈获得成功。代表们一致认为，中苏双方同意延长共同使用我国旅顺口海军基地的期限，有着极为重要的意义。

25日 《江西日报》报道，全省邮电企业"三反"运动进入组织建设阶段，开始调整组织机构，精减人员，建立各种制度，工作效率得到普遍提高。

26日 南昌市工商界举行第二届第一次代表会议。国营、私营、公私合营的工商企业、合作社及手工业者代表共800余人出席了会议。南昌市市长邓飞、省政协副主席欧阳武出席会议并讲话。会议正式成立南昌市工商业联合会，王德舆当选为主任委员。会议于26日结束。

27日 省政协召集全省工商业代表开会，商讨筹备召开省工商业代表会议和成立省工商联事宜。28日，省工商业代表会议筹备会议举行首次会议，南昌市、各专区、市、县、镇私营工商业代表及省贸易公司、省合作总社、中国人民银行江西省分行代表和特邀代表53人出席。会议主要任务是：成立省工商业联合会筹备处，筹备召开省工商业代表会议，成立省工商业联合会。省政府主席邵式平出席会议讲话，号召全省工商业者要搞好物资交流，活跃城乡经济，迎接大规模经济建设。会议确定筹备处主任潘式言，副主任于洪琛、廖少仪、刘痴生、王德、余昭华，秘书长张修锡。

28日 南昌军分区与袁州军分区合并组建的南昌军分区宣告成立。军分区机关驻南昌市环湖路。

29日 省政府就开展秋季作物丰产评比运动，总结丰产经验及贯彻农业丰产奖励政策发出指示。其具体内容为：（一）各级人民政府要成立丰产评比委员会，指定专人负责此项工作；（二）各级领导干部必须深入群众，了解情况，掌握重点，做好工作，避免流于形式；（三）省、专、县各级农林部门，要组织力量总结突出的丰产经验；（四）必须坚持实事求是，不草率、不马虎的原则，认真评比总结。

30日 江西省文化事业管理局成立，与省文化教育委员会合署办公。

本月 景德镇市人民政府接收的一批旧政权档案材料，放在无人照管的仓库内，不慎失火，档案全部被烧毁。

本月 省人民法院召开全省第四次司法工作会议，会期10天，150余人出席。会议根据中央、中南局和省委、省政府指示，研究布置开展司法改革运动。会后，全省各级人民法院开展司法改革运动，历时三个月。

本月 中共新干县委划归吉安地委领导。

本月 中共南昌、袁州地委合并，成立新的中共南昌地委。

1952
10月
October

公元1952年10月 农历壬辰年【龙】													
日	一	二	三	四	五	六	日	一	二	三	四	五	六
			1 国庆节	2 十四	3 中秋节	4 十六	5 十七	6 十八	7 十九	8 寒露	9 廿一	10 廿二	11 廿三
12 廿四	13 廿五	14 廿六	15 廿七	16 廿八	17 廿九	18 三十	19 九月小	20 初二	21 初三	22 初四	23 霜降	24 初六	25 初七
26 初八	27 重阳节	28 初十	29 十一	30 十二	31 十三								

1日 省、市各界人民在八一体育场举行庆祝中华人民共和国成立3周年纪念大会。会后举行了盛大游行。解放军、工人、农民、学生、机关干部及各界人士共18万人参加了集会和游行。邵式平参加集会讲话，号召全省人民“发扬革命传统，争取更大光荣”，为国家工业化而奋斗。全省其他城市，如赣州、九江、抚州、吉安、上饶、景德镇等共有6.7万人集会，庆祝中华人民共和国成立3周年。会后举行了游行活动。

1日 全省第一个初级农业生产合作社——永修陈翊科初级农业生产合作社成立。

2日 《江西日报》报道，江西造纸厂隆重举行庆祝国庆暨工厂开工典礼仪式。省、市党政机关领导和各工厂代表40余人前往该厂祝贺。该厂经过两年建厂和4个月的机器设备安装，从设计到厂房建设，从机器制造到设备安装，完全是靠自己力量完成的。邵式平前往祝贺并剪彩。

4日 省委召开全省工矿工作会议。各地委、市委、国营、地方国营、公私合营、工矿、交通、企业、党政工团负责人、工人代表共200余人参加会议。会议决定迅速开展以生产改革为基本内容的爱国增产节约竞赛活动，完成企业的生产改革运动。会议于14日结束。

6日 在第一届全国戏曲观摩演出中，中南区代表团江西省戏曲观摩演出队演出南昌采茶戏《选郎》。

7日 省政府颁布《举行群众性爱国卫生常识测验的通令》。要求各专、市、县人民政府通过卫生常识的测试，进一步了解群众性爱国卫生运动的情况，以便制定爱国卫生运动措施，推进爱国卫生运动深入发展，提高广大人民群众健康水平。

8日 省政府举行第一百三十九次行政会议。会议决定成立3个委员会及其组织人员名单：（一）成立江西省物资交流合同执行检查处理委员会，赵发生为主任委员，李光斗、马廷士、武人骙、潘式言为副主任委员，袁诚贤为秘书长，王海丰、刘奇峰、王德兴等18人为委员。主要任务是巩固各专、市、县物资交流会的收获和成果，维护合同的严肃性和明确法律责任。（二）成立省识字运动委员会，邵式平为主任委员，莫循、郭光洲、许德瑗、吕良为副主任委员，张有法、危秀英等10人为委员，吕良兼秘书长，孔源兼副秘书长。主要任务是在党和政府统一领导下，开展有组织有计划的识字运动。（三）成立省工商业联合会筹备处，潘式言为主任委员，于洪琛、廖少仪、刘痴生、王德兴，余昭华为副主任委员，赵发生、武人骙、王眉微等13人为委员，张修锡为秘书长，李柱、顾强、周明生为副秘书长。主要任务是负责筹备召开江西省工商业代表会议和成立江西省工商业联合会的各项准备工作。会议决定，在1953年1月20日召开全省第二届英模代表大会。李杰庸、萧元体、方德鑫、邓洪、欧阳武、王铁、王卓超、刘文涛、刘之纲、许德瑗、吕良、王修、杨惟义、石凌鹤、傅肖先、袁诚贤、刘莫五、童洗生、徐柏如、武人骙、郭光洲、张有法、危秀英、张国震、宋尔廉、何伟、于化琪、吴继周、潘式言、彭梦儒、刘振球、曾旭果32人为筹备委员会委员；李杰庸为主任委员；郭光洲、彭梦儒为副主任委员；彭梦儒兼秘书长；常志、张有法、石凌鹤、张国震、朱旦华、刘寒影为副秘书长；曾旭果兼办公室主任。

8日 省委召开全省地、县委书记联系会议。会议传达贯彻中南局农村工作会议精神，布置研究农村工作。各地委书记和负责农村工作的地委委员，各县县委书记及省市机关主要负责干部168人参加了会议。会议确定以土改复查、农业生产、建党为今冬明春三大中心任务。会议于16日结束。

8日 赣州市举行城乡物资交流大会。参加大会的有省内外27个代表团以及乡镇代表共436人。物资交流会于18日结束。成交总额达537.5亿元（旧币，下同），购销总值为1075亿元。

10日 省公安厅近日召开全省侦察工作会议，要求加强专案侦察工作，通过加强调查研究、情报、技术侦察等工作，有力地打击敌特活动（11月，省委批准了这次会议制定的工作计划）。

11日 省政府作出《关于1952年农业税征收工作的指示》，确定总的方针是：查田定产，依率计征，依法减免，取消一切附加和摊派任务，争取11月中旬公粮入库完毕。

12日 《江西日报》报道，9月中下旬，南昌、九江专区部分产棉地区分别开展棉花收购工作，彭泽、九江、永修3县至9月24日止收购籽棉40余万斤，安义县合作总社第一天收购籽棉达9702斤。

14日 省政府就失业人员统一登记办法发出指示：（一）确定南昌、赣州、景德镇、九江、吉安、上饶6个市，临川、翻阳、萍乡、丰城4个县和清江县的樟树镇、新建县的吴城镇设立劳动就业委员会，负责失业人员登记工作；（二）凡城市失业人员、合乎有关条件，一律登记，其他老、弱、病、残无业人员，由民政部门救济或收容；（三）居住在农村的失业知识分子，由各地区人民政府指定专人负责；（四）农村剩余劳动力进城就业须由县、市就业委员会批准。

14日 省政府就解雇和雇用人员问题颁布具体规定。（一）一切国营、公私合营、私营、合作社以及银行、保险等企业因生产改革、劳动重组等如有剩余人员，由原单位发工薪，一律不得解雇；如需增加新人员，须经劳动就业委员会批准，统一调配；（二）凡未经劳动行政部门批准，擅自解雇或企图解雇职工、擅自停工、停薪、停伙者，一律按违法论处；（三）一切机关、团体、学校雇佣或解雇职工或临时工，必须经上级人事部门及劳动就业委员会批准，否则一律无效。

14日 江西省物资交流合同执行检查处理委员会成立。该委员会简称江西省合同检查委员会。

14日 省查田定产委员会发出通知，要求全省各级查田定产委员会认真学习高安县第一区查田定产工作经验，尽快做好查田定产工作。规定：（一）查田定产工作由县统一掌握定产；（二）要做好典型调查，详细掌握其真实性、代表性和可靠性；（三）要实事求是地做好等级划分工作，严防差别拉大；（四）要召开人民代表会议，制定好定量方案；（五）要做好填造册籍，统计正确，及时上报。

15日 《江西日报》发表省民政厅《江西

省三年来的政权建设和民政工作》的文章。文章称：解放3年来，省各界人民代表会议召开过2次会议。6个市82个县普遍召开各界人民代表会议，南昌、九江、景德镇、赣州4个市和横峰、万年等16个县召开的各界人民代表会议，已代行人民代表大会职权。选举了市、县长和政府委员。全省778个区（镇）建立了区公所，少数经批准成立了区（镇）政府，全省9947个乡（镇）都成立乡（镇）政府，乡长、副乡长和政府委员都由代表会议选举产生。

15日　省妇联发出关于发动妇女参加土改复查运动，培养骨干整顿健全基层组织的指示。全省各级妇联干部有2466人参加土改运动。

16日　省政府通知，要求自1952年5月起，交通银行的领导关系由人民银行移交给同级财政部门负责。

16日　中国人民保卫世界和平委员会江西省分会、省政协、省总工会、省农民协会、省青联、省妇联、省中苏友好协会、省文联联合发表声明，拥护北京和平会议的决议。表示要和全国人民一道，团结一致，反对美帝国主义侵略，为世界和平而奋斗。

16日　省政府就1952年农业税征收工作向各级政府发出指示。要求：（一）必须坚决贯彻查田定产，依率计算，依法减免，逐步实现统一累进，并取消一切附加（摊派）的总方针；（二）各地必须加强领导，正确进行定产与评议产量工作；（三）各地必须做好轻灾少减、重灾多减、特轻灾不减、特重灾全免工作。

17日　省政府发出土地所有证收费工作的指示，规定各地在完成土改后，应颁发土地所有证，并征收证照费。

17日　省政府为进一步降低物资运输成本，合理调整并统一全省搬运物资，颁布《江西省试行搬运办法》。要求全省各地自11月1日开始试行。

17日　省委根据省政府总党组的提议，撤销原有各厅的分党组，在省政府总党组下，设立财经、政治、文教三个系统分党组。

18日　省政协常委会第九次会议在南昌举行。会议听取和审议省政协秘书处的工作报告，与会省政协常委列席了省政府委员会第十一次会议，听取和讨论省政府工作报告。会议于21日闭会。

18日　赣州市标准钟塔楼破土动工。赣州市兴建标准钟塔楼，钢筋混凝土结构，6层，高20米，投资1.92万元（1953年5月1日竣工投入使用。1967年“文化大革命”期间，标准钟机件被拆除。1985年12月，耗资3万元购进并安装中国钟厂制造的电子石英钟，12月29日调试就绪，重新开始报时）。

18日　全省查田定产工作获取很大成效，全省7000个乡已完成查田、评等工作，占全省总乡数的70%左右。中南区查田定产委员会派出26名干部与省里派出的10名干部，组织成3个查田定产检查组在九江、上饶、抚州等专区了解指导定产及秋收准备工作。

18日　省政府举行第十一次会议。省政府委员会全体委员出席了会议，省政协常委、省政府直属各委、厅、院、行、局领导、南昌市市长、各专署专员列席了会议。省政府主席邵式平致开幕词。会议通过了江西省第二届人民代表大会于1953年春召开的决议。

18日　中苏友好协会江西省分会召开中苏友协全省工作会议。会议主要议题是：贯彻中苏友好协会总会关于在全国范围内举行“中苏友好月”的决定。南昌市、各专区、各专区辖市、各大企业的友协领导干部，各重点县的友协负责干部，县以上的友协专职干部共116人参加了会议，省、市各人民团体、宣传部门、文教机关和有关单位的负责人应邀出席了会议。省中苏友好协会秘书长莫循主持会议，省委副书记杨尚奎出席会议并讲话。会议通过了“中苏友好月”江西省实施计划。会议于24日结束。

19日　省政府就组织集体送粮推行合同制问题发出指示。指示要求：各专、县、区，特别是县、区长必须重视集体送粮推行合同制，按计划有组织、有秩序、有领导地做好集体送粮入库工作，保证国家和人民的利益。

19日　南昌市开工兴建革命烈士纪念堂

（1954年4月19日落成，占地面积1800平方米）。

20日 参加中国人民第二届赴朝慰问团的江西省军烈属代表李页俚等3人回国（并于12月30日前往景德镇、上饶、抚州、宜春、樟树、吉安、赣州专地向各界群众作传达报告。27天中作报告77场，听众达10万余人）。

20日 省农民协会号召全省农民踊跃缴纳爱国公粮，做到：（一）把缴纳爱国公粮当做最光荣的事来做；（二）保证粮质，做到“坏粮不出户、好粮送进仓”；（三）要有计划、有组织、有秩序、有指挥地送粮入库；（四）送粮和秋冬生产必须密切结合；（五）提高警惕，防止地主、反革命分子进行破坏。

20日 省文化事业管理局召开全省首次电影工作会议。全省各影院经理、各放影分队、小队队长及工会、友协等与电影事业有关的代表53人参加会议。会议对思想领导、业务改进、轮训集训、机件修理等问题作了必要的规定。会议于25日结束。

20日 省妇联召开宣教、福利工作会议。这次会议是为1953年春彻底贯彻婚姻法做准备。各专区、县、市妇联正、副主任以及宣教、福利部长140人参加了会议。省妇联主任危秀英传达了中南妇联筹委会妇女工作会议精神和决议，省委组织部长刘俊秀到会指导。

21日 全省第一批工资改革试点工作结束。全省地方国营、公私合营的主要工矿企业第一批51个单位（包括试点单位）工资改革后，85%～90%的职工增加了工资。通过工资改革，提高了职工的政治觉悟，掀起了学技术、学先进的热潮。

22日 省人事厅转发人事部《关于各级人民政府工作人员退职处理暂行处理办法》。

24日 省、市中苏友好月办公室成立，莫循为办公室主任。办公室负责统一领导全省和南昌市“中苏友好月”活动。

25日 抗美援朝江西省分会在南昌市工商联大礼堂举行全省各界纪念中国人民志愿军赴朝作战2周年大会。省、市各机关、各民主党派、各人民团体及各界代表900多人参加了大会。省政府主席邵式平出席大会并讲话，号召全省人民继续加强抗美援朝工作，响应毛泽东主席“增加生产，厉行节约，以支持中国人民志愿军”的号召。

25日 省委、省政协、民革省分部筹委会、民盟省支部、农工党省工委、青年团省工委、省抗美援朝分会、省总工会、省农民协会、省青年联合会筹委会、省妇联、省学联、省中苏友好协会向中国人民志愿军表示致敬和慰问，表示要深入开展增产节约运动，加强抗美援朝工作，为保卫祖国建设和世界和平而奋斗。

25日 省学联第二届执委扩大会议在南昌举行。省学联执委21人，部分市、县学联主席、各大、专学校、高级中学和少数初级中学的学生会主席、青年团地、市工委学生干部等36人列席会议。会议通过学联三项任务：（一）团结同学努力学习，提高学习能力；（二）进行爱国主义教育；（三）开展文娱体育活动，增强体质。会议于30日结束。

27日 省、市（包括南昌地委）直属机关举行干部大会。大会动员在职干部开展理论学习。省委宣传部副部长莫循作理论学习动员报告，省直机关2900余名机关干部参加了学习动员会。

27日 井冈山革命烈士纪念塔在茨坪落成。

27日 民盟江西省支部召开第二届盟员代表大会。61位代表出席大会。省委统战部部长刘瑞森作报告，省政府主席邵式平到会祝贺。大会选举王秋心、刘九峰、谷霁光、陈言等12人为民盟省支部第二届委员会委员。大会于31日闭幕。

27日 《江西日报》报道，南昌、新建、丰城、进贤、靖安、上饶、铅山、广丰、弋阳、贵溪、九江、修水、德安、都昌、永修、吉水、永新、吉安、遂川、莲花、宁冈、临川、崇仁、黎川、南城、资溪、浮梁、乐平、德兴、鄱阳、婺源、萍乡、宜春、万载、上高、赣县、南康、龙南、宁都、兴国、瑞金、于都、会昌、广昌、宜黄45个县召开县各界人民代表会议，代行人民代表大会职权。临川、赣县、萍乡、黎川、上高等16县于10月中下旬选举产生了县人民政府县长、副县长、政府委员和改选了人民代表会议常务委员会主席、副主席、委员。其他各县正在筹备进行中。

27日　《江西日报》发表题为《必须开好代行人民代表大会职权的各界代表会议》的社论。

27日　省文教厅对南昌、新建等市、县任意破坏古墓发出通报，要求各级政府做好古墓保护工作。

27日　南昌市首届文学艺术工作者代表大会举行，工人、农民、戏剧、音乐、美术、文学等文艺工作者代表172人参加。大会选举产生了南昌市首届文学艺术委员会，南昌市文联正式成立。大会于11月1日闭幕。

28日　南昌市人民政府决定在街道中开展民主建政运动，肃清封建残余势力，健全街道基层组织。这次运动从12月开始，分三期完成。

29日　省编制委员会批准各级财政部门设置财政监察机构（11月1日，省财政厅将原财政检查科改为财政监察室）。

30日　《江西日报》报道，丰城、萍乡、广丰、临川、永新、乐平等县及南昌专区合作系统先后召开物资交流大会。大会主旨是：扩大城乡物资交流，满足农民生产生活需要。参加交流大会的有国营贸易、合作部门及私商代表等。

31日　省英模筹委会颁布《关于召开各级农业劳动模范会议办法》。办法对召开会议的目的、召开方式、劳模条件、劳模名额、评选办法、劳模奖励等作了明确规定。

31日　省政府为贯彻中央人民政府1952年农业税收工作“查田定产，依率计算，依法减免，逐步实现统一累进，并取消一切附加”的总方针，组织4路检查组分赴全省各专区检查农业税收工作。这次检查活动于11月1日结束。

31日　《江西日报》报道，各地晚稻普遍丰收，南昌、上饶、抚州、赣州、九江等专区晚稻产量普遍较往年增产一成至二成，最高亩产量达925.8斤。

南昌县古岗村农业生产合作社晚稻丰收

本月　有色金属管理总局江西分局在国营企业中进行首次工资改革，干部实行职务等级工资制，固定工人实行八级工资制。

本月　截至1952年10月，全省已建立信用合作社1027个，信用互助组790个，社（组）员590992人。

本月　省土地改革委员会召开分配山林座谈会议，肯定在土地改革与复查运动中获得分配山林的初步经验有以下三点：（一）充分发动群众，深入调查研究，正确贯彻政策；（二）分配山林是件复杂细致的工作；（三）根据不同地区不同情况，确定不同的计算方法与计算标准是贯彻合理分配的重要环节。

本月　苏联专家沃兹涅辛期斯基、兰德格拉夫到大吉山考察。

本月　省财政厅粮食局与中国粮食公司江西省公司合并，成立省粮食厅。

本月　经中央和中南局批准，中共浮梁地委与上饶地委合并，成立中共上饶地委，驻上饶市。合并后的上饶地委初期领导2个市委、16个县委（原上饶地委领导1个市委、9个县委加上原浮梁地委所辖的1个市委、7个县委），合并后的上饶地委领导干部设书记、副书记、委员职位，未设常委职位。

1952 11月 November

公元1952年11月 农历壬辰年【龙】													
日	一	二	三	四	五	六	日	一	二	三	四	五	六
						1 十四	2 十五	3 十六	4 十七	5 十八	6 十九	7 立冬	8 廿一
9 廿二	10 廿三	11 廿四	12 廿五	13 廿六	14 廿七	15 廿八	16 廿九	17 十月大	18 初二	19 初三	20 初四	21 初五	22 小雪
23 初七	24 初八	25 初九	26 初十	27 十一	28 十二	29 十三	30 十四						

1日　省卫生厅发出通知，要求全省各级卫生机构，对各地缴送爱国公粮农民因急病需要急诊时，一律先免费收治，待救治后再办理有关免费证明手续。

1日　省政协通知全省各级政协，动员和组织各界人士积极参加“中苏友好月”的各项活动。要求在规定期间，协助当地中苏友好协会召开各种座谈会、报告会或晚会，宣传苏联十月社会主义革命胜利35周年来的伟大成就。

1日　省歌剧团、省文艺干部学校宣告成立。

2日　省政府第二届英模代表大会筹备委员会就召开全省第二届英模代表大会发出指示：（一）各级领导必须明确认识、做好英模评选工作；（二）要广泛宣传推选英模的重要作用；（三）评选英模必须走群众路线，听取群众意见。

3日　省政协号召全省人民贯彻省政府第十一次会议关于召开省第二届人民代表会议决议，使此次会议依法代行省人民代表大会之职权。

3日　萍乡县芦溪区年丰乡已实现了千斤丰产。全乡群众举行庆祝千斤丰产大会，县人民政府授予奖旗。

4日　省政府公布《江西省车船使用牌照税稽征办法》。该办法自1953年1月1日起施行。

4日　省农民协会号召全省农民参加“中苏友好月”活动。这次活动要求：（一）全省各级农协应制定活动计划；（二）区、乡农协组织要利用黑板报、读报组、识字班、夜校、山歌、快报等方式开展宣传教育活动；（三）以乡或村为单位召开座谈会，认清中苏友好的重要作用。

5日　省政府举行第一百四十二次行政会议。会议成立召开全省烈、军、干属、革命残疾人代表会议筹备委员会。委员会由方志纯、黄知真、刘俊秀、莫循、邓洪、黄先、白步洲、刘之纲、王铁、李世才、方德鑫、刘九峰、吴清明、危秀英、朱开铨、石凌鹤、许德瑗、袁诚贤、韩立彬19人组成；方志纯为主任委员；朱开铨为副主任委员。会议还通过了省人事厅副厅长王铁为省劳动就业委员会副主任委员，省政府秘书长黄知真、省民政厅厅长朱开铨为委员。

6日　省文化事业管理局在南昌人民剧院隆重举行苏联十月社会主义革命35周年苏联影片

展览开幕典礼。省文化事业管理局主任李林致开幕词，省政府主席邵式平出席开幕典礼并讲话。

7日　省市各界人民代表3400余人，在八一礼堂举行庆祝苏联十月社会主义革命35周年纪念大会。省政府主席邵式平参加大会并致词，号召全省人民学习苏联先进经验，迎接祖国大规模经济建设与文化建设的到来。全省各主要城市九江、赣州、吉安、樟树、南城等地还举行了苏联影片展览或图片展览。即日，全省"中苏友好月"活动宣告开始（17日，南昌市在八一公园举行中苏友好图片展览开幕式）。

7日　省卫生厅召开全省爱国卫生工作第三阶段工作会议。各专署和市、县卫生科（局）长，各专区人民医院院长和省、市各卫生机构负责人72人参加会议。省政府主席邵式平到会讲话，号召全体卫生工作人员必须加强卫生教育，大力训练卫生基层干部，使爱国卫生运动做到经常化。会议于12日结束。

8日　南昌市司法改革委员会召开人民司法代表会议。全市工、农、青、妇、机关、民主党派代表350余人出席。市人民法院全体工作人员到会旁听。会议主旨是：吸引群众参加司法工作，建设人民司法制度，铲除旧司法恶习。

10日　省政协举行庆祝苏联十月社会主义革命35周年座谈会。各民主党派、民主人士、教育界、医务界、工商界、宗教界人士80余人应邀出席。会议一致认为，要加强中苏两国友谊，共同反对帝国主义的侵略，保卫东方和世界和平。

10日　全省工商业代表会议召开。449名代表参加会议，省委书记陈正人、省政府主席邵式平到会讲话。会议选举产生了省工商业联合会执行委员会、监察委员会。执委会主任委员潘式言，副主任委员刘痴生、王德舆、余昭华、张修锡、郭民苏、熊永祥、万兆彩、陶逸民、焉寿瑞、蔡金梁，监察委会主任委员章藻生。会议于16日闭幕。

10日　全省宗教界代表大会召开。全省各地天主教的主教、神甫、修女，基督教的牧师、会长、执事，佛教的法师及各教教徒代表共134人出席会议。会议动员各教教徒贯彻"三自"革新精神，积极参加国家经济、文化建设。省政府主席邵式平出席会议并作报告。会议于19日闭幕。

11日　南昌市人民政府部署取缔妓院、改造妓女工作。

12日　省第二届英模代表大会筹备委员会就建立联络制度发出通知。要求：（一）省筹委会设联络科，负责收集各地材料；（二）各专署指派联络员1至2人负责掌握各县评选劳模情况；（三）各县可成立英模筹委会，指派专人掌握区乡评选劳模情况；（四）各军分区统一由政治部负责评选劳模工作。

12日　全省劳动就业工作开始全面进入登记审查阶段。广大群众衷心拥护《中央人民政府政务院关于劳动就业问题的决定》，失业工人、失业知识分子、家庭失业妇女、待业青年等纷纷报名登记。南昌市共组织了322名工作人员直接办理失业人员统一登记工作。

12日　江西省民船联合运输社成立。省航运局召开船工代表会议，到会代表140余人，对统一运输、改善经营、船只调度、劳资关系、船工教育等问题进行了商讨。

13日　省文教厅、省总工会联合召开全省扫除文盲工作会议，各专、县、市文教科（局）长，工会、产业文教干部及省委宣传部、省土改委、省青年工委等各有关单位75人参加了会议。省委宣传部副部长莫循、省文教厅厅长许德瑗、副厅长吕良出席会议并讲话。会议对全省扫盲工作做了计划安排。会议于17日结束。

14日　铅山县第四区太源乡改称太源畲族自治乡。

14日　省委宣传部于本月14日、17日两次发出《关于学习〈斯大林同志在苏联共产党第十九次代表大会上的演说和马林科夫报告〉的通知》。号召全体在职干部认真学习、了解世界形势，学习先进经验，改进工作方法，提高领导水平。

15日　南昌市妇科医学界举行"苏联无痛分娩法"报告会。邀请了省立外科医院妇产科主任杨学志作报告，两位妇女作了无痛分娩法的亲身体验介绍。全市街道、农村、工人家属、工商界妇女1800人到会听取了报告和介绍。

15日 截至当日，全省已有46个县召开各界人民代表会议并代行人民代表大会的职权，选举正、副县长和政府委员。

16日 江西省文物管理委员会成立，饶思诚任主任委员。

16日 全省土地改革复查试点工作基本结束。全省各级干部1425人分别到223个试验乡参加了复查工作。南昌、上饶、吉安、抚州等专区已作总结，大规模土改复查运动即将开始。省委颁布了全省土改复查计划的通知。通知要求参加土改复查的地区，每乡抽调8人至10人，全省共组成10万人，对8000个乡、130万人口的地区进行土改复查，从11月15日开始至1953年2月底结束。

17日 省委、省政府联合下发《推行速成识字法开展扫除文盲运动的指示》。指示要求：（一）全省男女青壮年以上各类人员中的文盲、半文盲在7年内扫清；（二）县以上各级政府都要成立扫盲组织，配备专职干部；（三）各级领导要重视扫盲工作，按计划、分步骤完成任务；（四）各级党委和政府要注意培养和提高师资队伍。

17日 省劳动就业委员会在南昌市建设局举行第二次工作会议。全省12个地区和南昌市劳动就业委员会负责人，各专署、省有关厅、局负责人及该会委员出席了会议。中南区劳动就业委员会派代表参加了会议。省民政厅厅长朱开铨、省人事厅厅长王铁等有关厅局负责人到会发言。省劳动就业委员会主任方志纯作会议总结。会议指出，各级政府要提高认识，增强信心，发动群众，认真组织，合理调配，做好劳动就业工作。会议于21日闭幕。

18日 接中共中央通知，陈正人、范式人、孔石泉调中央部门工作；杨尚奎接任省委书记，增补肖元礼、刘瑞森、牛荫冠为省委常委。

19日 省政府命令废止1951年3月16日颁发的《江西省管理伐木暂行办法》，执行《中南区伐木管理暂行办法》。

19日 省政协、省各民主党派、人民团体联合发表声明，拥护我国外交部长周恩来给联合国大会主席皮尔逊的复电，坚决反对联合国通过关于朝鲜问题的决议案。

19日 省农协向全省各级农民协会发出指示。指示要求全省各级农民协会，在“中苏友好月”活动中做到：（一）广泛组织农民群众听报告、参观图片展览、看电影等，使80%的农民受到一次社会主义前途及中苏友好的教育；（二）以农民协会小组、互助组、友协小组为单位，开展学习讨论；（三）鼓励农民接受先进经验，以推动互助合作和冬季生产运动。同日，省、市“中苏友好月”办公室举行学习苏联先进经验座谈会。科学工作者、工业劳动模范及有关单位代表26人应邀出席。到会者一致认为，要打破保守思想，发挥爱国主义、集体主义精神，交流经验，掀起群众性的学习热潮，为大规模的经济建设和文化建设作准备。

19日 省政协举办多场报告会，由省第二届赴朝慰问团代表胡宗澹、朱国靖、李页俚分别向省市机关干部、工人、学生、军队、工商界、宗教界及城市居民作赴朝慰问情况的报告。报告会于24日结束。

21日 《江西日报》报道，省监察委员会、省农林厅联合发出通知，要求全省各地抓紧时机立即进行冬耕灭虫工作，做到扩大冬种、彻底冬耕、灌水浸田、铲埋杂草、割烧茭笋残秆、清理棉田果园，争取1953年农业更大丰收。

21日 省政府指示省内各级政府大力开展老革命根据地重点乡免费医疗工作。要求各

大批医务工作者下乡为农民群众服务，南昌县小兰乡卫生所的医务人员在为孕妇检查身体

级政府必须抓住时间及重点，首先照顾419个重点乡的贫苦烈军属及复员转业在乡军人等，在年底前完成免费医疗重点乡1.76万人的任务。

22日 省、市人民法院在南昌世界剧院召开群众大会。大会由旧司法人员向案件受害人公开赔礼道歉并作自我检查，以肃清旧司法观点，彻底改革司法工作。案件所在地有关群众800余人参加了大会（27日，省、市人民法院全面开展司法改革运动，建立了34个巡回审判组、11个调解委员会）。

22日 《江西日报》报道，全省司法改革运动全面铺开。全省有10个单位进入组织整顿及建设阶段，58个单位正在“三查”，23个单位准备转入“三查”。截至本日，全省检查了38155个案件，发现大小问题4644起。

22日 省建工局在南昌市召开全省首次建筑工程会议。这次会议主要是贯彻全国建筑工程会议关于“有组织有计划地迅速地大规模地发展国营建筑事业”的方针，传达中南区建筑工程会议精神，提出工作任务，规定几项制度，决定在建筑工程部门建立政治工作机构，讨论1953年全省工程任务的计划。会议提出，在全省建筑行业推行“平行分段流水作业法”和“立体交叉流水作业法”。会议主要目的是为国家全面开始经济建设工作做准备。会后，省政府主席邵式平签发《江西省首次建筑工程会议总结报告》。

23日 省、市中苏友好月办公室在八一体育场举行中苏友好月歌舞联欢大会。省市各机关、工厂、企业和学校的青年1.2万人参加了联欢。

23日 第七次全省公安会议在南昌召开。会议提出了完成镇反任务的具体措施。会议于12月3日结束。

24日 省政府下达《大力开展老区重点乡免费医疗的指示》。随后，省卫生厅组织规模较大的医疗队赴老区开展巡回免费医疗。

25日 《江西日报》报道，全省各产棉区合作社收购的棉花达全部产量的50%，提前5天完成了9月、10月、11月3个月收购总计划的104%，确保了国家纺织工业原料的供应。

全国闻名的棉花丰产模范吴宣文，1951年创造了亩产881斤全国高产新纪录，获得了中央人民政府农业部的爱国丰产奖

25日 全省第四次财政经济会议召开。省财经部门各厅、行、局负责人，各专署、县（市）财政经济委员会副主任（即专员、县长），专、县级财政科长、工商科长、粮食局长、人民银行中心支行行长等200余人参加了会议。省政府主席邵式平出席会议并讲话，号召各级干部加倍努力，为完成1953年大规模经济建设任务做好充分准备。会议于12月2日闭幕。

27日 南昌市市长邓飞调北京工作，白栋材继任南昌市市长。

27日 省、市中苏友好月办公室就深入开展中苏友好月运动发出通知。通知要求各级中苏友好月办公室做到：（一）总结经验，结合实际，掀起学习苏联的群众性热潮；（二）要从城市扩大深入到基层、乡村，达到深入人心的目的；（三）及时介绍并推广好经验，培养一支宣教队伍；（四）在活动中要大量发展中苏友好协会会员，壮大队伍。

28日 南昌市政府举行爱国卫生模范大会。市长白栋材到会与代表交谈，要求并希望把爱国卫生运动广泛、持久地开展下去。南昌市共选出爱国卫生模范291名，其中模范单位59名，模范户52名，个人模范180名。

28日 省、市中苏友好月办公室发出《举行中苏友好月测验的通知》。指出此次测验目的是了解群众受教育的情况，测验内容主要是有关苏联十月社会主义革命及其对中国的影响等。

29日 省委批转省公安厅《镇反任务的工作报告》。

29日 《江西日报》报道，赣州、吉安、抚州等地区农村纷纷召开会议，欢迎访问苏联归来的农民代表作报告，广大农民群众普遍受到了社会主义和集体主义的教育。许多农民表示，要听毛主席的话，跟共产党走，学习苏联，搞好生产。

30日 全省首届烈、军、干属、革命残废军人代表会议召开。

本月 全省职工开展速成识字运动。九江、吉安、景德镇、赣州等地区和铁路系统等，由试点转向全面铺开。至11月15日，全省举办职工速成识字实验班和速成班共720个，参加学习的职工达29294人。全年计划扫除职工文盲5万人。

本月 全省进行第二次商业调整。全省国营商业部门采取调整措施：一是收缩经营品种；二是收缩国营机构；三是调整批发起点；四是调整批零价、地区差价；五是适当放宽市场管理。

本月 全省进行了两期宣传贯彻婚姻法的试点工作。根据5个专区的不完全统计，试点乡共574个，参加试点工作的干部8075人。省贯彻婚姻法运动委员会办公室先后组织4批干部分赴各地进行试点工作指导。

本月 九江专区54714名妇女参加常年和季节互助组、合作社，到1953年，全专区有815名妇女担任互助组正副组长，258名妇女任合作社正副社长。

本月 省委书记杨尚奎在全省地、县、委书记会上宣布：江西同全国一样，工作重点开始由民主改革转入经济建设。

1952

12月

December

公元1952年12月 农历壬辰年【龙】													
日	一	二	三	四	五	六	日	一	二	三	四	五	六
	1 十五	2 十六	3 十七	4 十八	5 十九	6 二十	7 大雪	8 廿二	9 廿三	10 廿四	11 廿五	12 廿六	13 廿七
14 廿八	15 廿九	16 三十	17 十一月小	18 初二	19 初三	20 初四	21 初五	22 冬至	23 初七	24 初八	25 初九	26 初十	27 十一
28 十二	29 十三	30 十四	31 十五										

1日　全省首届烈军干属革命残废军人代表会议在南昌召开。全省烈属、军属、残废军人、复员军人及拥军优属模范共800余名，代表全省43万户烈军干属革命残废军人150余万人参加了会议。陈正人、邵式平、陈奇涵、欧阳武到会并作报告，方志纯作会议总结。会议从到会的278名模范中，评选出特等模范20名，甲等模范76名，一般模范182名。会议于6日闭幕。

1日　全省土地改革展览会开幕。省党政领导及各界代表500余人参加，省政府主席邵式平到会并讲话。当天，有73个单位、1.13万多人参观展览。展览会至翌年2月13日闭幕。期间，观众达31.8万余人次。展览会以实际生动、有血有肉的事实，向广大人民群众和干部进行了一次深刻的阶级教育。

封建婚姻给无数的青年男女造成了终生痛苦。图为婚姻馆里陈列的18岁大姑娘配9岁郎的结婚模型

土改展览会革命史迹馆展出革命烈士英勇斗争的史迹。图中中立者为方志敏烈士塑像

1日　农业部同中南区农林部组织的冬季治螟检查组到达江西，省监察委员会及省农林厅派员配合，组成两个检查组，赴南昌、赣州等专区

各县进行检查。

3日 全省大规模土改复查运动开始，铺开到3856个乡，占未复查乡的48.7%。省委根据运动情况提出四项要求：（一）应特别注意运动深入程度；（二）复查必须结合生产，促进生产，形成一支农业生产大军；（三）要建立与健全各级联络机构，加强指挥机构工作；（四）复查工作要防止左右偏向，集中力量孤立打击不法地主。

3日 《江西日报》报道，全省公粮入库任务基本完成。至11月25日，全省秋粮入库达95%以上，绝大部分县、市圆满完成了秋粮入库工作。

3日 省政府就各级政府随便调用学校学员搞其他工作再次发出指示。指示要求：（一）凡因调用学员搞其他工作影响教学者，由调用机关负责，立即通知学员返校；（二）必须由学校学员参加的社会活动，以不妨碍学员上课学习为原则；（三）学员可不参加的活动，不令学员参加。

4日 苏联艺术工作团一行8人抵达南昌。中苏友好协会江西省分会副会长邵式平、省政协副主席欧阳武、省军区司令员刘振球、省委秘书长刘瑞森、中苏友好协会江西省分会总干事莫循、省政府秘书长黄知真，南昌市市长白栋材及各有关方面负责人和各界群众5000多人到南昌车站热烈欢迎。晚上，中苏友好协会江西省分会设宴招待贵宾。5日、6日，苏联艺术工作团在南昌表演节目，省、市机关干部、各界代表及各工厂、省市文艺工作者、南昌市各校学生、各界妇女、宗教人士共6000余人到场观看。全省14万多人收听了表演实况广播。在南昌演出期间，艺术团成员还参观了江西省土改展览会。

苏联艺术工作团参观江西土改展览会，听了被地主挖掉双眼的贫农王祯则的控诉，向王祯则献花

全国劳模万绍鹤

5日 邵式平给劳动模范万绍鹤和他所在的农业互助组写信，表彰他及时送公粮入库，支援抗美援朝和国家建设的爱国热情。

5日 全省第一届文化馆工作会议召开。全省各县、市文化馆（站）长，各专署文教科，南昌市文教局文化科负责人120人出席了会议。会议主要目的是：检查和总结全省3年来的文化馆工作、进一步贯彻执行中央“双定”方针、任务，研究1953年工作计划。会议于16日闭幕。

6日 省政府发出指示，要求全省各地在今冬明春以乡为单位，开展群众性的耕牛检查评比运动，并结合农业部颁发的《一九五二年农业丰产畜牧部分奖励暂行办法》，进行奖励。

易瑞生互助组的耕牛，都做到了栏干食饱

6日 《江西日报》报道，全省中苏友好月活动结束。从11月7日开始，全省各地采用多种形式，开展学习苏联先进经验活动。全省516万人观看了苏联电影，39万人参观了苏联图片展。

7日 《江西日报》报道，全省各地开始大规模的农田水利冬修工作，全省计划修建较大水库1000座，小型山谷水库3000座，中型和小型水渠400条，修建塘坝15万座。全部修成后，可灌溉土地200多万亩。

7日　省委抽调省级机关干部153人，分赴南昌专区的丰城、高安、分宜和赣州专区的上犹、宁都、石城等县，进行土改复查工作。

7日　中华全国体育总会江西省分会在南昌成立。省政府主席邵式平、省军区司令员陈奇涵到会并指示，省委宣传部部长莫循作政治报告。会议确定了日后体育工作的方针任务，选举省教育厅厅长许德瑗、青年团省工委宣传部部长蔡敏等29人为中华全国体育总会江西省分会委员，同时推选许德瑗为省体育分会主席，蔡敏和章瑞麟为副主席。

8日　全省公安、街道、妇联联合行动，对取缔妓院、改造妓女采取第一次行动。

9日　邵式平视察南昌市容，针对存在的问题，写信给南昌市领导，要求进行整顿。

10日　省政府办公厅颁布《档案管理试行办法》和《资料管理试行规则》。

10日　《江西日报》报道，南昌铁路分局提前51天完成全年国家运输任务，总进款任务提前87天完成，为国家增产节约财富113.5亿元（旧币）。

10日　省政府举行第一百四十六次行政会议。省政府副主席兼政府政治法律委员方志纯作关于婚姻法执行情况的报告。会议决定：1953年春开展贯彻婚姻法运动月，并开办女司法干部培训班。

12日　省司法改革委员会抽调省法院、省监察处干部13人，分赴九江、上饶、吉安、抚州、赣州等地、县检查司法改革工作，帮助各地做好司法改革建设工作。

13日　全省第七届财政工作会议提出1953年财政工作基本要求：抓紧组织收入，加强支出的重点管理，在中央三级财政体制下建立完整的县级财政体制；实现预算立法，坚决贯彻预算条例，贯彻中央整顿财政"包筹禁"的方针；大力贯彻财政监督检查，严格财政纪律，杜绝贪污浪费，厉行节约，为国有工业建设积累资金。

15日　省政府正式成立省政府问事处，负责处理全省各地人民群众来信来访工作。

16日　经报省政府和最高检察署中南分署同意，南昌新生纱厂、江西贸易公司、省木材公司、省食品公司、省供销社、省人民医院等相继建立人民检察通讯组，聘任42名政治思想好、作风正派、热爱人民检察通讯工作的职工担任省检察署的人民检察通讯员。

17日　江西省扫盲工作委员会成立。杨尚奎任主任。

18日　省政府就执行中南军政委员会登记与调配技术干部的决定发出通知，决定成立省技术干部登记与调配委员会。王铁任主任，黄先、刘奠五任副主任，杜雷、赖绍尧等10人任委员，负责全省技术干部的登记与调配工作。

18日　中国人民第二批赴朝慰问团江西代表一行3人抵达南昌。省抗美援朝分会、省政协、省委统战部、江西八一革命大学、省妇联、省人民法院、南昌市人民政府、省工商联负责人及省市各民主党派、人民团体、机关干部、学校学生代表100余人到车站欢迎，并举行座谈会。从19日起至28日赴朝慰问团在南昌市作传达报告21次和广播报告1次，听众达8万余人。

18日　重工业部发出通知，决定将中南重工业有色金属管理总局及所属的江西分局等4个分局撤销；成立中央重工业有色金属工业管理局中南分局，分局设在长沙市，宋尔廉任该局局长。

19日　省政协、省委、民革江西省筹备委员会、民盟江西省支部、农工党江西省工委会、省总工会、省农民协会、青年团省工委、省妇联、省青年联合筹委会、省学联、省中苏友好协会、江西省工商业联合会联合发表声明，坚决拥护我国外交部部长周恩来给联合国大会主席皮尔逊的复电，支持周恩来代表中国人民发表的严正声明和正义要求。

20日　八一革命大学第四期老革命根据地老革命关系人员训练班举行开学典礼。参加开学典礼的有江西在第二次国内革命战争时期参加中国共产党、青年团、贫农团、赤卫军、少年先锋队、儿童团及苏维埃红军等组织以及在红军北上干部中挑选出来的1000余名学员。省政府主席兼八一革命大学校长邵式平参加典礼并讲话，勉励参加学习的老同志安心学习，好好学习。

23 日 省委宣传部就建立全省理论学习教育网发出通知。通知内容为：（一）在南昌市成立马克思、列宁主义夜校，省、市机关及南昌地专直属机关理论教员和学习指导员为学习对象；（二）省委宣传部成立学习室，负责指导学习和协助讲师团教学工作；（三）建立学习卡片制度，登记教学情况；（四）成立讲师团，由杨尚奎、邵式平、方志纯、刘俊秀、白栋材、刘瑞森、罗孟文、牛荫冠、黄先、李杰庸、郭光洲、王卓超、黄霖、莫循、吴继周、周维、王真、王大川、张国震、张进、于洪琛、吴允中、杨宇普、田稼丰、刘寒影、常志、张有法、赵辉、朱丹华、艾寒松、魏东明、黄知真、王眉微、吕良、赵发生、宋志霖、杜雷、王海丰、黄永辉、彭梦庾、张云樵、朱轮、石少培、何恒、李庭序、王侯山、张宇晴、张骞、王文郁、史梓铭、王纪明、龚标贵、梁定商、姚少诗、李玉、储非白、金少英、何行之、彭协中、石明之、朱继先、夏骏青、赵筹、陈树仁、钟民、彭涛、杨锐、刘铁英、张哲、张浙、盛辉组成。

24 日 省政府颁发《关于成立江西省贯彻婚姻法委员会，领导全省贯彻婚姻法运动的决定》。由方志纯兼任主任，黄永辉、李光斗、朱开铨、危秀英为副主任。

25 日 南昌市第三届劳动模范大会召开。全市工业、农业、文教、卫生、公安、民政、机关团体评选出的 432 名劳动模范出席了大会。省政协、省政府、南昌市委、南昌市政府、各民主党派、人民团体负责人到会祝贺。大会主题是：交流先进经验，为开展大规模经济建设创造条件。

25 日 全省公安、街道、妇联对取缔妓院、改造妓女采取第二次行动。

26 日 省编制委员会同意省公安厅将监管劳改局改为省公安厅第四处。

27 日 省政协、省抗美援朝分会联合召开拥护世界人民和平大会决议的座谈会。各民主党派、民主人士、教育界、医务界、工商联、宗教界、少数民族代表 40 余人应邀出席。与会人员一致认为：世界人民和平大会的召开，标志着全世界爱好和平人民的大团结，表示坚决拥护和平大会的各项决议。

29 日 省检察署与省公安厅近期组织联合工作组，检查赣南矿公安局看守所，查出错捕乱押 87 人，造成假案 5 起，牵涉 200 多人。看守所干部对在押人犯刑讯逼供、克扣口粮等违法乱纪问题也很严重，检查后对这些问题分别进行了处理。看守所负责人被逮捕法办。

30 日 省政府向各专区、县、市政府发出《关于开展 1953 年春节期间拥军优属运动的指示》。该指示要求：（一）在春节期间，有计划、有组织地召开军民联欢会、烈军干属和革命残废军人座谈会；（二）通过以上会议，检查一年来的优抚工作；（三）结合土改复查与老革命根据地工作，认真做好登记烈士、烈属的工作；（四）没有优抚委员会的地方，应立即成立，优抚委员会不健全的地方，应进行调整或改选。

30 日 省政府决定在各级行政部门进行年终工作检查，要求在思想上、工作上、作风上、制度上都能有所改进，以加紧完成迎接国家大规模经济和文化建设的准备工作。

30 日 《江西日报》报道，江西第一座规模宏大的机械化新矿井，正在萍乡矿区加速建设中。这座新矿井的第一期工程已大部分完成，从井下到井口直达地面洗煤的全部运输系统的机械化设备也已安装完毕。这个矿井目前已正式采用局部机械化采煤。

30 日 在国营萍乡矿务局所属矿区内发现了储藏量丰富的完整新煤田。这是经过地质学家的勘察和钻探工人的初步钻探后所证实的。

31 日 原江西省铅山县太源畲族自治乡改为贵溪县文坊畲族民主联合区（乡级）。

本月 江西省文艺工作团改为江西省话剧团，矢明任团长。

本月 省政府决定省文教厅将文化工作分出，仍设教育厅。

本月 全省百货系统建立批发站和召开供应会议，15 日正式成立南昌、九江、上饶、赣州等批发站及南昌等 45 个县（市）百货商店，成为独立核算单位、执行银行划拨清算制度。

本月 省民政厅为全省革命烈士家属、革命军人家属制发“光荣烈属”和“光荣军属”牌。

本月 江西纺织厂在香港招收39名纺织技术工人。

本月 21岁的农村女青年、县特等修堤模范、共产党员谭春花当选为余干县副县长。

本年

本年 全长2890米、宽50米至60米的南昌八一大道碎石路面修建完成（1956年改建成混凝土路面）。

本年 通过国营商业机构的加工订货，棉花、棉纱、棉布的统购统销，重点企业的公私合营，全省纺织工业已纳入计划生产轨道。3年恢复时期实现生产翻一番，总产值已达4301万元（旧币）。

本年 大余炼锡厂采用烧结法分解含三氧化钨20%～30%的炼锡炉渣，成功地产出合成白钨，揭开全省钨冶炼生产的序幕。

本年 全省发运援助朝鲜大米1860.5万公斤，获朝鲜人民军赠送的题有“国际主义的热情，深深鼓舞了我们”锦旗一面。

本年 农业部发布命令，表扬获得1951年度农业丰产模范第一批受奖人员。其中，江西省有：（一）水稻丰产模范集体彭光贤互助组；（二）水稻丰产模范周传全、杨世标、易瑞生、刘位发、刘桂清、吴修林、陈文帮；（三）棉花丰产模范吴宣文、文金珠；（四）其他农作物丰产模范刘永兴（洋麻）、姜德明、蔡金鳌（黄麻）。

本年 全省推广南特号、赣农3425等水稻良种220多万亩，小麦金大2905、中大2419良种6700多亩，岱字棉良种近40万亩。

本年 自1952年省科学技术普及协会筹委会成立以来，省科学技术普及工作日益开展起来。据统计，到目前为止，全省共举办专业技术系统讲座335次，机关干部科学讲座83次，一般科学常识讲演1165次，出版通俗科技资料104种，对全省工农业生产及广大劳动人民科学技术水平的提高起了一定作用。

本年 省农学院设立红土壤利用系，开始对红土壤改良进行专门研究。省农科所成立后，南昌县柏岗开荒3844亩，进行农林牧结合、综合利用的改良红土壤系列试验和研究。

本年 全省依法没收地主土地1515万亩，耕牛11万余头，主要农具118万件，房屋107万间，稻谷79万余吨，全部分给了贫苦农民。

本年 全省农业互助合作得到了发展，农村已有常年互助组11227个，季节性互助组126443个，组织起来的劳动力132.6万余个，占全省728万农业劳动力的18.2%。

本年 省交通厅内河航运管理局及省交通厅运输局先后成立。全省水运、港口、航道、航临、水运工业由航运局统一管理，汽车运输及公、铁、水联合业务由省运输局统一管理。原江西省航务局、省航运公司、省汽车运输公司、中南行政区江西省联运公司均宣告撤销。

本年 省政府第一百二十七次行政会议根据政务院及中南军政委员会的要求，指示统一与整理省政府直属机关内部刊物。

本年 江西兽医血清制造厂程道杰等试制猪瘟结晶紫疫苗成功。

本年 秋季，江西省农具工厂工程师曾昭明等设计的福特拖拉机水田驱动轮，在永修（今恒丰）机械农场下水田试验，效果良好。

本年 年末，南昌铁路分局先后派遣21批、432人赴朝支援朝鲜人民反侵略战争。

1953年

概要

全省的工作方针和任务是：巩固各项社会改革成果，大力开展工农业生产，完成增产节约计划，转入以工业为主的全面建设。工业建设贯彻基建第一的方针，抓紧厂矿生产；农村要大力开展互助合作运动，试办农业生产合作社；全省开始有计划地实行对私营工商业的社会主义改造；加强文化卫生建设；培训选拔干部，抓紧建党建团工作。

经过三年民主改革和国民经济的恢复，江西已基本具备转入大规模经济建设的条件。从当年起，全省工作的重点是：民主改革转入经济建设，由恢复国民经济转向社会主义改造和社会主义建设。1月至6月，省委先后举行两次扩大会议，统一思想，部署工作重点转移。8月16日，省委召开理论教育工作会议，具体部署干部的在职学习，开展以经济建设理论为内容的学习热潮。11月，全省广泛深入进行党在过渡时期的总路线和总任务的学习。为总路线的贯彻执行创造了条件。

“一五”计划　本年，国家发展国民经济的第一个五年计划开始实施。江西省“一五”计划是在服从国家以重工业建设为中心的主要任务的前提下，根据国家的统一计划，贯彻为农业服务的方针，有计划地进行地方国营工业的新建、扩建与改建。对农业、手工业进行社会主义改造，并稳步地将全省资本主义工商业纳入各种形式的国家资本主义轨道，对资本主义工商业进行社会主义改造。江西省“一五”计划规定的任务主要有三项：一是以发展工业为中心，有计划地进行国营地方工业的新建、扩建和改建。计划在五年内工业总产值达到12亿元。二是集中力量，积极稳妥地发展农业生产合作社，开展以互助合作为中心的农业增产运动，并进行对手工业的社会主义改造。三是积极稳步地将全省私营工商业基本纳入各种形式的国家资本主义轨道，建立对资本主义改造的基础。从本年起，全省开始了有计划地实行对私营工商业的社会主义改造。

普选工作　1月，中央人民政府委员会第二十次会议通过《关于召开全国人民代表大会及地方各级人民代表大会的决议》，决定于本年召开由人民普选产生的乡、县（市）、省各级人民代表大会，并在此基础上召开全国人民代表大会。省政府作出决议，认为人民政权的巩固和国民经济的恢复，为召开人民代表大会打下了有利基础，各级政府应把筹备召开“人大”作为今后的重要工作。按照《中央人民政府政务院为准备普选进行全国人口调查登记的指示》，从6月开始，全省范围内陆续展开了基层普选工作。

爱国增产运动　1953年农业生产的方针为：充分发动群众，组织起来，全面开展爱国增产运动。

省委、省政府联合发出《关于结束土改、全面展开爱国增产运动的指示》。并提出了“三变”的口号，即变旱地为水田，变低产为高产，着力改善农业生产条件。为加强对农业的社会主义改造工作的指导，2月，省委农村工作部成立，并召开全省第一次互助合作会议，布置全省试办农业合作社的计划。至年末，成立农业生产合作社42个，临时性、季节性互助组有16万个，常年互助组1.6万个，组织起来的农户占全省农村总户数25%左右。

商品流通体制 将统一管理、统一经营的国营商业流通体制改为统一领导、分级管理的体制。10月，全省粮食会议传达中央《关于实行粮食的计划收购与计划供应的决议》，决定成立各级粮食管理机构，取消粮食自由购销，并要求各级政府加强粮食工作的领导，切实贯彻粮食统购统销政策。12月，省政府发布《关于粮食统购统销工作的指示》，开始实行粮食统购。此后又相继对油料、棉花以及糖料、烤烟、生猪、桐油、木材等农副产品实行了统购统销。

改革劳动工资体制 随着大规模建设的开展，逐步扩大了对工人、干部、学生统一分配的范围。对转业、复员军人优先安排工作。原私营工商业职工也由国家统一安排工作。此后，自由就业、自谋出路完全被统一分配所代替，形成了统包统配的劳动人事体制。对工资制度进行了改革，主要实行货币工资制，机关和事业单位实行职务等级工资制。一些企业试行计件工资，鼓励多劳多得。

扫盲与婚姻法运动 3月，省教育厅召开第一次全省中等学校教学工作会议，明确保证质量是学校工作的主要任务。4月，省委、省政府联合发出《关于扫盲工作的通知》，要求扫盲工作机构应整顿加强，配备必要的专职干部，建立必要的工作制度。7月27日，省教育厅召开全省第六届教育行政会议，传达和贯彻全国第二次教育工作会议精神，提出了整顿小学的意见。年底，省委发出《关于贯彻婚姻法运动的指示》。布置贯彻婚姻法运动月的工作。

全省本年经济指标完成情况 工业总产值7.86亿元，比1952年增长17.3%；农业生产在遭受严重水旱灾害的情况下，仍保持了1952年的水平，农业总产值15.14亿元，比上年减少1.5%；粮食总产量115.16亿斤；全省全年财政收入为2.59亿元，比上年增长13.1%；全省公路建设有很大发展，至年底共有通车公路4200多公里，为1950年的160%。年末全省总人口为1695.25万人，比上年增长2.36%。

1953
1月 January

公元1953年1月 农历癸巳年【蛇】													
日	一	二	三	四	五	六	日	一	二	三	四	五	六
				1 元旦	2 十七	3 十八	4 十九	5 小寒	6 廿一	7 廿二	8 廿三	9 廿四	10 廿五
11 廿六	12 廿七	13 廿八	14 廿九	15 十二月大	16 初二	17 初三	18 初四	19 初五	20 大寒	21 初七	22 腊八节	23 初九	24 初十
25 十一	26 十二	27 十三	28 十四	29 十五	30 十六	31 十七							

1日　省税务局设新税制办公室，开始推行新税制工作。

1日　南昌铁路分局改名为南昌铁路运输分局，划归广州铁路管理局领导；上饶铁路运输分局成立，属上海铁路管理局领导（两分局均于1957年12月31日被撤销）。

1日　省市3万工人举行歌舞联欢会，迎接第一个五年计划的开始。

1日　萍乡矿区被列为第一个五年计划全国煤炭工业重点扩建的15个老矿区之一，并开始实施扩建。

1日　江西省赣剧团成立，团长高履平，副团长左云祥。

1日　南昌市正式试行商品流通税。

1日　《江西日报》刊登省委、省政府、省军区致全省人民贺年信。

3日　南昌市政府成立东湖疏浚委员会，即日起清理东、西、南、北四湖。

3日　南昌市机关马克思列宁主义夜校在南昌地委礼堂举行开学典礼。参加开学典礼的有省、市、南昌地委、南昌铁路分局党委、第六军医大学等所属机关单位的理论教员、学习指导员共500余人。省委宣传部副部长张进就马列主义夜校教育计划作了简要报告。省委宣传部部长莫循在开学典礼上讲了话。

3日　南昌市物资交流所广泛开展物资交流，大力组织春节物资供应，解决购销中的困难。至2月10日（物资交流会之日）购销总额达260亿余元（旧币）。

4日　省委派出5个巡视组，分赴抚州、九江、吉安、上饶、赣州农村，推动第二期土改复查工作。

5日　省委、省政府、省军区发出《关于建立人民武装委员会的决定》，要求省、专区、县、区、乡以党委为主，吸收有关部门主要干部参加，组成各级人民武装委员会。

5日　为推动冬耕灭虫工作，省农林厅抽调干部80余名，组成6个检查组，分赴各专区、县全面检查冬耕灭虫。并要求各专区、县组织力量，配合检查组进行工作。

6日　省委宣传部发出通知，要求南昌人民广播电台对初级班、中级班学员播讲湖北省委宣传部副部长许道琦《半封建、半殖民地的旧中国》的讲演稿、中南局秘书长杜润生《苏联从资本主义到社会主义过渡时期关于社会主义经济建设的理论和实际》的讲演稿以及中南局宣传部部长赵毅敏的报告《苏联从资本主义到社会主义的过渡时期关于社会主义革命及其理论》。

6日　省委发出《关于开好三级干部会议总结第一期土改复查经验，展开第二期土改复查运动的指示》。指出：全省第一期土改复查运动的3935个乡，已在1952年12月底左右基本全部结束。当前，全省复查运动正处在第一期收尾、准备开展第二期土改复查运动阶段。

6日　省委发文，表扬省委宣传部副部长艾寒松的创作精神。艾寒松在繁忙工作中，挤出时间钻研理论，从事创作，他写作的《怎样做一个共产党员》一书，在全国产生了较大影响。

6日　《江西日报》报道，南昌师范学校由于采用苏联先进教学法，如实物教学、计划教学、教师责任制（包教、包学、包用）、五级分制等，在教学上获得很大成绩，提高了教学质量和学生的学习热情。

7日　为贯彻中南区有关搞活市场的指示精神，省政府发出《关于对木材经营管理的紧急指示》。规定：个人私有山林及土改中分给农民的私有山林，林主按政府法令规定，完全有自由采伐、自由出售经营之权。国家木材经营单位（木材公司）重点在主要林区采伐收购杉松规格材，允许私商在非主要林区收购非主要树种和杉松非规格材；确定龙南等25个县为主要林区，赣州市等17个市、县、镇为木材主要市场。

9日　省公安厅发布《江西省城市户口管理补充办法》的布告。

9日　《江西日报》报道，萍乡矿务局高坑矿第十组工人丁本海，在学习郭清泗先进采煤方法的基础上，创造了斜形横截采煤法，提高生产效率50%，产量超过定额4倍。

10日　省政府发布《优待少数民族子女入学暂行办法》。

11日　省合管局决定将省供销社供应、推销两个经理部改名为批发购销管理处，各专区、市设立批发购销站，为省、专区的业务机构；县级原有供销部撤销，按商品流转方向建立批发站。同时，由省供销社业务处和专区、市批发购销站各选派一名业务干部组成驻外小组，以南昌专区社代表为组长，开展对土特产品的推销工作。

12日　江西省贯彻婚姻法运动委员会办公室成立，即日起开始办公。

12日　《江西日报》发表题为《充分发扬民主，深入开展民主运动，全面结束土地改革》的社论。

12日　省政府发布通令，决定成立省护林防火指挥部，由省财委副主任兼省农林厅厅长邓洪任总指挥。指出各专区及林区县亦应建立护林防火指挥部或护林防火办公室，负责指挥护林防火工作。

12日　省委召开省委扩大会议。省委副书记刘俊秀传达中央和中南局有关指示，省委副书记杨尚奎作题为《关于当前工作方针和任务》的报告。杨尚奎根据会议讨论的情况，着重指出：目前，必须集中力量发展工业，特别是重工业，并加强农业生产和互助合作运动的领导，为国家工业化而奋斗。会议于19日结束。

14日　中央和中南局批准，江西省委由杨尚奎、邵式平等26名委员组成。杨尚奎任省委书记，刘俊秀任省委第一副书记兼农村工作部部长，白栋材任省委第二副书记兼南昌市委书记。其他省委常委有：邵式平、陈奇涵、方志纯、牛荫冠、肖元礼、刘瑞森、罗孟文、郭光洲。

15日　刘寒影被任命为江西日报社副社长兼总编辑。

16日　江西省采茶剧团成立，矢明兼团长，殷刚任副团长。

16日　中央办公厅致信祝贺萍乡矿务局王家源煤矿超额完成1952年生产任务。

16日　省选举委员会召开普选工作会议，总结全省第二期基层选举工作，布置第三期基层选举工作有关事宜。会议于21日结束。

16日　《江西日报》报道，南城县庙前乡花楼下村雇农邓金水，1952年耕种的10.5亩水稻，每亩平均收1230斤谷；其中有1亩8分4厘丰产田收3605斤谷，创造了每亩产稻谷1959斤5两的全国两季水稻高产新纪录。邓金水被选为南城县特等劳动模范。

17日 江西省日侨事务委员会成立。方志纯兼任主任。

17日 省委向全省各地委、市委转发南昌市委《关于加强国营、地方国营企业领导的决定》，并报请中南局批准。

17日 省抗美援朝分会决定在全省范围内继续深入开展抗美援朝运动，以加强全省各界人民爱国主义和国际主义思想教育，鼓舞全省人民继续支援中国人民志愿军，保卫与建设祖国，争取抗美援朝的更大胜利。

17日 上饶专区妇联与专署卫生科联合指示所属各地普遍推行新接生法。

17日 省政府通知各专署、行署成立建筑工程处。

18日 省委发出《关于贯彻婚姻法运动的指示》。2月5日至9日，省委召开贯彻婚姻法运动会议，具体布置3月份贯彻婚姻法运动月工作。

19日 全省第四次司法工作会议召开。会议着重总结了依靠群众路线办案的经验，确定了全省司法工作的方针和任务。

20日 全省首届农业展览会开幕。展会共设农业劳模馆、合作互助馆、农作物馆、畜牧兽医水产馆、森林水利馆和工农联盟馆6个馆。

20日 省委组织部发出《关于目前加强农村整党工作的指示》。规定：凡农村中确有严重问题的党员必须开除党籍者，经区委审查提出初步处理意见，由县委审查批准；如发现个别属敌我界限者，必须进一步查清，如确实是敌特与阶级异己分子，则应坚决予以清洗，并报县委备案。对某些问题尚不能及时作出肯定性结论时，则不必急于处理，但必须在今后工作中继续搞清楚再作处理。要求各地委、县（市）委必须迅速作出整党具体计划，并按照计划密切结合土改复查与民主运动，抓紧进行整党，及时总结经验，纠正偏向，并将进行情况与问题随时报省委组织部，争取在2月底全部结束农村整党，于3月中作出全面总结报告。

20日 省政府新闻出版处召开全省第一届新闻出版行政会议。会议主要精神为贯彻全国第二届出版行政会议所提出的出版工作计划化的方针。会议传达了中央出版总署署长胡愈之《为进一步地实现出版工作的计划化而奋斗》的报告精神，要求做好全省出版、印刷、发行工作，更好地为人民服务，更加适合国家和人民的需要。

20日 全省第二届英模代表大会在南昌召开。大会期间，全体英模代表听取了省委书记杨尚奎、省政府主席邵式平的报告。通过典型报告交流了先进经验，进行了评选工作。在工业方面评选出14个模范小组和179名个人模范；在农业方面评选集体模范县、区、乡和191个互助组，并评出个人模范218名。此外，在部队、机关、团体中共评选出262名英雄和模范。

部分劳动模范游览庐山

21日 省政府举行第一百五十一次行政会议。会议讨论了加强处理人民来信和接见人民工作。省政府副主席方志纯阐述了处理人民来信和接见人民工作的重要意义。会议一致通过了《关于处理人民来信和接见人民工作暂行办法》。

21日 省政府通知各地将所拨人民币30.1亿元（旧币）作为春节期间对贫困军烈属、革命残废军人的生活补助。此钱款根据各地军烈属、革命残废军人的人数分配，以老革命根据地为重点，以贫困军烈属、革命残废军人尤其是其中的孤老残弱为主要对象，并限本年春节前发放到位。

21日 省政协召开座谈会，邀请各民主党派、无党派民主人士、教育界、医务界、工商界、少数民族代表，座谈中央人民政府委员会《关于召开全国人民代表大会及地方各级人民代表大会的决议》，与会人士一致表示拥护。

21日 省工商联与南昌、景德镇、赣州、上饶、九江、吉安六市工商联联名，在《江西日报》发表题为《江西全省工商界拥护召开全国及地方各级人民代表大会》的文章。

22日 《江西日报》报道，全省司法改革运动基本结束。据不完全统计，全省内部检查刑、民事案件达10万件以上，占全省3年来总收案数80%左右；查出大小问题1.3万余起，约占检查案卷总数的13%。为了进一步做好结束工作，应重点做好区乡调解工作，认真总结依靠群众路线办案的经验。

23日 省政协召开各界人士座谈会，拥护开展贯彻婚姻法运动。座谈会由省政协副主席欧阳武主持，大家一致表示要在毛泽东主席和中国共产党领导下，为彻底消灭封建婚姻制度，求得妇女的彻底解放而奋斗。

23日 《江西日报》报道，省体育分会决定从本月23日至25日在南昌市、南昌专区、九江专区、赣州专区4个地区，重点选拔优秀足球运动员代表江西省出席1953年中南区足球比赛大会。

29日 省委发布《关于加强宣传网的指示》。指出：自从党中央颁布《关于在全党建立对人民群众的宣传网的决定》以来，全省的宣传网工作已取得显著成绩。省委要求各地、县、市、区党委进一步加强对宣传网的领导。

29日 省政府发布《江西省1953年春节清洁大扫除运动的实施办法》。规定：（一）广泛发动群众，举行清洁大扫除运动，彻底做好“五净”，保持户内外经常清洁。（二）由各市、县、区爱国卫生运动委员会负责，召集各机关、团体、学校统一布置。（三）各级行政负责同志应亲自领导，切实做好动员、布置、督导各级干部及各有关部门人员，明确分工，展开大规模的卫生宣传。并做好下列工作：搞好室内清洁卫生；搞好个人卫生；搞好环境卫生；大力挖灭蝇蛹；不在汲水码头和井旁、饮水塘洗涤衣物。

全国卫生模范单位——南昌市戴家巷的居民，积极开展春季爱国卫生运动

29日 省政府主席邵式平就弋阳县农场1952年工作总结作批示：该场注意经济核算，及时总结经验，给附近农民以较好的影响与帮助，希望全省国营农场加以仿效。

31日 省政府委员会在省政府大礼堂举行第十三次委员会议。会议讨论了关于召开全省各级人民代表大会及当前工作任务的问题。省政府主席邵式平作报告。全体委员一致通过了《江西省政府关于召开全省各级人民代表大会及当前工作任务的决议》。

本月 国家计划委员会决定：江西省大吉山、西华山、岿美山3个钨矿被列入国家第一个五年计划156个重点工程项目之内。1954年6月，分别批准这3个矿计划任务书。新建钨矿综合日采选能力分别为2650吨、2500吨和2000吨。

本月 燃料工业部从萍乡矿务局抽调一批管理干部和技术人员参与组建全国和大区煤炭工业的地质、设计和基建管理。

本月 南昌市开始实行公费医疗。江西省公费医疗预防实施管理委员会成立。

本月 全省各地全面开展贯彻中南军政委员会《关于活跃初级市场六项措施》。全省城乡物资交流日趋活跃，市场营业额不断增加，私营工商业者经营情绪日益提高。

本月 全国商业厅（局）长会议提出“泻肚子”口号，即压缩商业库存，挤出资金投资于工业建设。为贯彻这一精神，全省压缩库存，收缩网点，减少商品品种，使国营批发阵地缩小。

本月 为贯彻执行中南区调整工资津贴的指示，成立省调整工薪委员会，负责审批调整工薪工作。

本月 根据省委指示，江西日报社各地记者站受报社和各地党委领导，记者站站长可列席各地、市、县、区党委会议。

本月 省检察署迁至南昌市北湖路25号办公。

本月 省委宣传部、省建工局、省劳动局等有关部门共同成立江西省基建工人冬训委员会，组织工人开展以政治教育和技术教育为内容的冬训。同月，省政府建筑工程局建筑工程公司将原有固定工人5482人编成4个大队。

全省5000多名建筑工人参加集中训练

1953

2月 February

公元1953年2月 农历癸巳年【蛇】													
日	一	二	三	四	五	六	日	一	二	三	四	五	六
1 十八	2 十九	3 二十	4 立春	5 廿二	6 廿三	7 廿四	8 廿五	9 廿六	10 廿七	11 廿八	12 廿九	13 三十	14 春节
15 初二	16 初三	17 初四	18 初五	19 雨水	20 初七	21 初八	22 初九	23 初十	24 十一	25 十二	26 十三	27 十四	28 元宵节

1日　江西省防疫委员会改名为江西省爱国卫生运动委员会。邵式平任主任委员，莫循任副主任委员。爱卫会办公室设在省卫生厅。

2日　省文化事业管理局在南昌市人民电影院举行电影教育工作队队员训练班开学典礼。训练时间为6个月，训练结束后，全省增加30个电影放映队。

2日　南昌市政府发布《坚决取缔反动会道门规定取缔办法》（1953）府公字第十七号令布告，规定：所有“一贯道”、“同善社”等反动组织立即解散。此后，陆续逮捕了首恶分子87人。

3日　省妇联发出《关于发动妇女做好春节期间拥军优属工作的通知》。

3日　省军区司令部布置评定气象技术人员技术等级工作。这是建国后全省气象系统首次进行的评级工作。

3日　省政府主席邵式平规定：每星期四上午9时至12时为省政府主席接见人民群众时间。凡须会见者，可事先到省政府人民问事处登记。

4日　省委农工部召开全省第一次互助合作会议，传达中南区建立农业合作社的指示精神，布置全省试办农业合作社的计划。

5日　南昌市人民法院在八一体育场召开有4万多群众参加的宣判大会，判处8名有严重罪恶的黑律师2年至7年有期徒刑或群众管制。这些人乘人民律师制度尚未建立之机，与某些旧司法人员互相勾结，诈取钱财，干扰司法工作，经群众检举揭发，受到人民法院的惩处。

5日　省委召开各地委及南昌市委宣传部长、专区及南昌市妇联主任、青委书记联席会议。会议具体布置了3月份贯彻婚姻法运动月的工作。省委书记杨尚奎在会上作指示。会议于9日结束。

7日　省委批转省公安厅《关于加强公安机关政工机构建设和政治工作计划》，专辖市以上公安机关设政工机构，县公安局配政工干部。

7日　“三反”、“五反”运动后，为加强监察工作，省政府发布《关于建立省直各财经机关与国家企业部门监察组织的决定》，要求省直财经厅局与专业公司在3月底以前建立监察机构。

7日　省政协常委会第十次会议在南昌举行。会议通过《关于拥护中央人民政府委员会〈关于召开全国人民代表大会及地方各级人民代表大会的决议〉的决议》。

8日　省特等劳动模范南昌铁路局向塘机务段张金玉包车组学习了苏联的鲁宁式机车保养法、高尔布阔果夫焚火法、伊万诺夫500公里作业法和拉茨阔夫斯基放水法等先进经验，改进了机车的通风设备，使机车的煤耗大量减少，8 天节省煤 7 吨多。在分局行车调度所、机车高度所及段值班人员配合下，创造了冬季改点超轴新纪录，计牵引 2617 吨，超轴 217 吨，沿线提前 13 分钟超额完成了技术速度。

张金玉包车组交接班

10 日　南昌师范模范教师马希贤改制 300 倍以上显微镜最近成功。全部器材成本仅值 22 万元（旧币）。不但对科学普及和生物教育实验方面是一个很大的贡献，同时节省了国家的开支。

南昌师范教师马希贤利用普通的黄铜三脚放大镜制成的显微镜

13 日　省政府颁布《江西省管理书籍编印、翻印的暂行办法》。

15 日　南昌市各界代表在八一礼堂举行庆祝中苏友好同盟互助条约签订三周年纪念晚会。省中苏友好协会理事白栋材作报告，号召在全市掀起一个学习苏联的热潮。

16 日　南昌市 5000 人举行春节文艺大游行。游行的文艺形式有：富有民间风味和政治内容的腰鼓、花篮、蚌壳灯、狮子舞、采莲船、高跷、龙灯，共 22 个乐队。

18 日　省委召开第二次工矿工作会议，传达了中南局第二次工矿工作会议决议，讨论和布置全省基本建设和生产改革工作，以保证 1953 年基本建设与生产任务的完成。

20 日　中国人民第二届赴朝慰问团江西代表胡宗澹、朱国靖、李页俚率领电影放映一队前往老革命根据地瑞金、宁都、兴国等地进行为期 20 天的宣传活动。

瑞金沙洲坝人民逢年过节自动慰问烈军属。图为沙洲坝小学的学生正在扭秧歌，慰问烈属杨衍桂全家

20 日　中共中央主席、国家主席、中央军委主席毛泽东从武汉乘船夜抵九江。次日，省委书记杨尚奎、九江地委负责人陪同视察九江。这是建国后毛泽东第一次来江西。23 日，毛泽东乘军舰巡视长江。

23 日　1952 年 12 月 1 日开幕的全省土地改革展览会结束。展览会历时 86 天，观众达 31.8 万人次。

24 日　《江西日报》就广丰县县长陈英等打击检举者的事件发表长篇报道，并配发题为《向压制批评者展开斗争》的社论。

24 日　全省第一届民间艺术会演大会在南

昌中山堂召开。省文化事业管理局副局长石凌鹤致开幕词，指出这次会演的目的是发掘与发扬全省优秀的民间艺术，选拔优秀节目参加全国会演，并从全国会演中选拔优秀节目，对外进行文化交流。到会的有全省各专区民间艺术代表211人。各专区参演的节目有：上饶的古典舞，赣州的民间音乐、民间乐器，南昌的花鼓、打狮子、帐子戏、卖花线，吉安的盾牌、棍子舞等。九江专区表演的“跳马灯”；南昌专区表演的“木排舞”、“三星鼓”；吉安专区表演的“盾牌舞”获特等奖；抚州专区表演的古典舞“和合舞”、“跳傩”获荣誉奖。会演于3月2日闭幕。

“木排舞”的剧照

“三星鼓”的剧照

“盾牌舞”的剧照

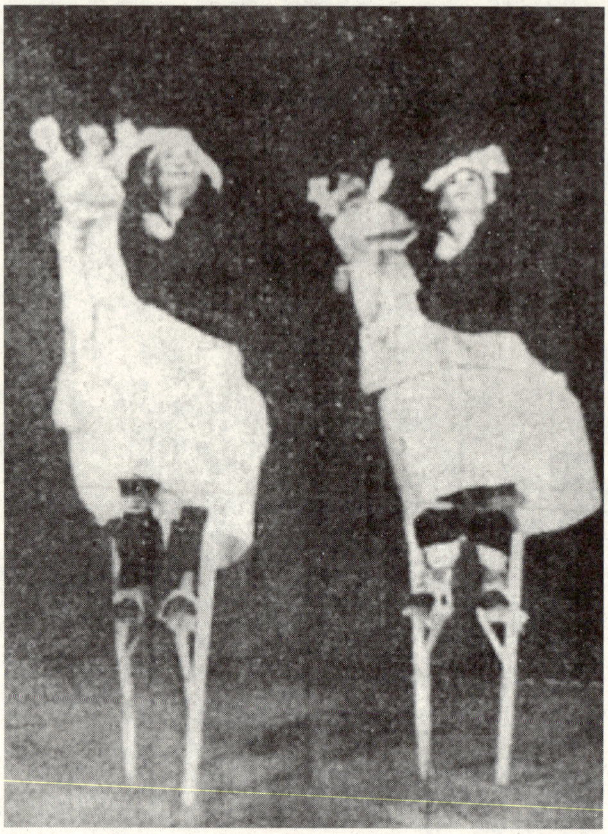

“跳马灯”的剧照

25日 省政府机关工作人员代表大会在南昌市工人文化宫电影部举行。省政府秘书长黄知真致开幕词，省政府主席邵式平作《开展反对官僚主义、命令主义、违法乱纪》的报告。

25日 省政府指示各专署、各县（市）人民政府和法院，加强建立与健全区乡调解工作，确定调解委员会的任务是在同级政府领导下，调解人民内部一般民事纠纷与处理轻微刑事案件，通过调解工作向群众宣传政策、法令，加强人民内部团结，提高生产热情。

25日 全省卫生行政会议在南昌召开。会议要求：进一步贯彻“面向工农兵，以预防为主，团结中西医，卫生工作与群众运动相结合”的四大卫生方针。会议表彰了省级爱国卫生运动60个模范集体，40名个人。邵式平到会作报告。会议于3月4日结束。

28日 地质部和重工业部联合组成中南有色局地质勘查大队，队址设在江西大余。

本月 省委农村工作部成立。刘俊秀兼任部长。

本月 江西省戏曲改进委员会成立。石凌鹤任主任委员，李林、矢明兼任副主任委员。

本月 全省技术干部登记工作基本结束。根据中南技术干部登记调配工作会议的决定，积极准备全省后备技术干部的归队工作。

本月 省委、省政府、省军区组织慰问团，由省军区政治部主任李仕才任团长，省民政厅厅长朱开铨任副团长，下设10个慰问组，分赴全省各伤病员医院、革命残废军人学校以及各专区老革命根据地进行慰问和检查优抚工作，并发给每个伤病员4万元（旧币）慰问金。

本月 江西人民广播电台贯彻省委以农业为重点的方针，调整人员和节目，集中力量精办省内新闻和农民节目。将编辑科改为编辑部，下设新闻、农业、播音、文艺、收音联络、群众服务、通联、资料8个组。

本月 全省419个老革命根据地重点乡已开始恢复与建设工作。省政府已于1952年分3批发出190亿元（旧币）的生产补助金，基本解决了这些老革命根据地重点乡人民群众缺少生产工具的困难。

本月 萍乡矿务局按照全省第二次工矿会议精神，开始全面实行计划管理，编制作业计划，建立调度机构和制定劳动定额，并重点推行按指示图表组织正规循环作业。

本月 省政府发出《对目前发证与收费工作的紧急指示》，要求1953年底全省征收土地证照费942万元（旧币）。

本月 中南工业部有色金属管理总局江西分局并入中央重工业部有色金属工业管理局中南有色分局，由赣州迁往长沙。原江西分局管辖的企业全部划归中南分局领导，8个管理处撤销，改称钨矿，计有7个钨矿及其他4个直属单位。杨华区、金华区矿场分别划入西华山和画眉坳钨矿。

1953

3月 March

公元1953年3月							农历癸巳年【蛇】						
日	一	二	三	四	五	六	日	一	二	三	四	五	六
1 十六	2 十七	3 十八	4 十九	5 二十	6 惊蛰	7 廿二	8 妇女节	9 廿四	10 廿五	11 廿六	12 廿七	13 廿八	14 廿九
15 二月大	16 初二	17 初三	18 初四	19 初五	20 初六	21 春分	22 初八	23 初九	24 初十	25 十一	26 十二	27 十三	28 十四
29 十五	30 十六	31 十七											

1日　省妇联发出纪念“三八”国际劳动妇女节告全省妇女姐妹书，要求全省广大妇女积极参加贯彻婚姻法运动。

2日　省政协发出通知，号召各界人民群众积极贯彻婚姻法。

2日　全省城乡物资交流大会在南昌市举办。参加物资交流大会的有：省外5个大城市、12个中小城市和7个省的代表团，省内7个专区和市的代表团，贸易代表2027人，来自初级市场占80%。大会成交额1007万元（旧币）。物资交流大会于4月1日结束。1月至5月，全省各地分别召开了物资交流大会共47次。

4日　九江市获“江西省甲等一级卫生城”称号，同年12月获“全国卫生城”光荣称号。

4日　文化部社会文化事业管理局致函江西省文化局，要求保护南昌八一起义指挥部及朱德领导的国民革命军第三军军官教育团团址、贺龙指挥部旧址等建筑。起义指挥部原为1栋5层楼的江西大旅社。

7日　省政府发出指示，要求各地提早春耕，实行深耕，应比1952年增加深耕0.5寸至1寸，耕翻层不少于3.5寸。在深耕的同时，要多施肥料，以改良土壤。

8日　全省爱国卫生展览会在南昌举办。主要内容是：揭露美帝国主义细菌战罪行，展示中国人民反细菌战成就。

8日　接受苏联技术援助的赣南上犹江水电厂正式动工兴建（至1959年8月，4台1.5万千瓦国产水轮发电机组全部建成投产，成为赣南电网的主力电厂）。

8日　省军区发出《一九五三年民兵工作计划》，提出要在全省范围内普及民兵制度。

9日　南昌市举行斯大林逝世追悼大会。

数万余群众在斯大林像前致哀

10 日 省委发布《江西省一九五三年互助合作运动计划》。

10 日 省银行开始推行 8 种结算方式（支票结算、电信拨划结算、托收承付结算、保付结算、托收无承付结算、计划结算、特种账户结算、信用证结算）。

10 日 省科协筹委会专职干部定编 9 人。《人民科学》杂志创刊。

10 日 省军区举行首届歌舞演唱观摩会演大会。参加观摩演出的人员共 328 名，包括连队、机关、学校 12 个代表队，演出歌咏、舞蹈、演唱共 56 个节目，指战员自己创作的节目有 28 个。会演大会于 17 日结束。

12 日 省贯彻婚姻法运动委员会和省人民广播电台联合举办全省贯彻婚姻法广播大会，听众达 40 万人。

12 日 据统计，南昌市在贯彻婚姻法运动中，有 17653 对新人依法办理了结婚登记手续，有 2569 对夫妇依法办理了离婚手续。

12 日 江西省卫生工作者协会成立（1959 年 4 月该会撤销）。

14 日 省委发出《贯彻婚姻法运动的补充指示》。

14 日 省文化事业管理局发出《筹建江西省博物馆的通知》，通知指出：自即日起，在科学馆原有基础上，改组为江西省博物馆筹备处，科学馆机构随即取消。

14 日 中南区木材公司江西省公司改组为江西森林工业局。

14 日 省政府发出《1953 年度乡镇行政机关经费供给标准的通知》。

15 日 省政府决定，将原江西画报社改名为江西省文化事业管理局美术创作室，主编《江西画报》。

15 日 《江西日报》发表文章公开披露：省木材公司领导存在着严重的官僚主义作风，致使所属各级机构普遍存在制度混乱，强迫命令等违法乱纪行为，造成国家财产的巨大损失，全省共损失木材 5.788 万立方米，现金 20 余亿元（旧币，下同），总共损失约值人民币 200 余亿元。

16 日 全省第二次监察工作会议召开，传达中央监察工作会议决议，总结全省两年来监察工作经验，提出了 1953 年全省监察工作的具体任务：（一）监督国家的政策、法令的贯彻和执行情况；（二）健全各级监察组织，培养和提高干部的工作水平。省政府主席邵式平到会作指示。会议于 19 日结束。

21 日 省教育厅召开第一次全省中等学校教学工作会议。会议听取了省文化教育委员会副主任吕良《关于如何贯彻中央 1953 年教育建设方针的报告》，充分讨论了中央 1953 年关于“整顿巩固、重点发展、保证质量、稳步前进”的教育建设方针，并且明确保证质量是学校工作的主要任务。会议于 28 日结束。

22 日 省委、省政府发出关于结束土改、全面开展爱国增产运动的批示，宣布全省土地改革运动已全面结束。

23 日 南昌港水上人民法院在八一体育场正式开庭，公审水上恶霸和反革命分子朱正姝、吴广济、周广根、王祥生等，将朱正姝、吴广济等罪犯判处死刑，王祥生、况百慧、郑金松等罪犯分别判处有期徒刑。

23 日 省政府通令各地提早春耕，彻底治螟。要求：（一）凡未秋耕或冬耕的板田，一律要在清明前耕完；（二）凡未拔掉稻蔸的红花草田，也要在清明前耕完；（三）翻耕后随即耙碎，在地势较低、水源便利的地区进行灌水浸田。地势较高的稻田堵口储水，淹死躲在稻蔸内的害虫；（四）田塍的杂草铲光；（五）野茭白一概挖起，埋入土中；（六）在进行春耕中要结合深耕。

24 日 省委发出《关于学习与推广“五三”工厂经验的指示》，确定南昌、九江、赣州市各选一个厂矿作试点，6 月份后全面推广。

25 日 省政府发布《自 1953 年 3 月 1 日起恢复征收失业工人救济基金的通知》。

25 日 省统计局召开全省首届统计工作会议，贯彻全国统计会议精神，结合全省具体情况研究《一九五三年江西省统计工作计划》（草案），解决机构、干部、统计制度及方法等问题。

省政府主席邵式平与省政府副主席牛荫冠到会作指示。会议于4月1日结束。

28日 省政府发布《在全省开展七万个互助组的爱国增产竞赛运动的通知》。

28日 省委召开各国营与地方国营厂矿及省级与南昌市各有关部门座谈会。省委书记杨尚奎在会上对1953年的基本建设提出了三点要求：（一）要保证完成任务，不准跨年度；（二）要纯洁队伍，做到安全不出乱子；（三）要在完成任务、组织队伍中建党、建团，培养干部。座谈会于31日结束。

29日 省委、省军区、省公安厅、公安总队联合发出《彻底清剿全省残存匪特》的指示，要求进一步发动群众，全面侦察，重点围剿，进而全面清剿，予以彻底肃清。

30日 南昌专署召开全区秘书工作会议，专门研究档案归档、调卷等管理制度。

31日 庐山登山公路修建工作自1952年11月开工以来，伤亡事故严重。至本日，因放炮不慎，炸死工人4名，因安全设施不好烧毁工棚9栋、伙房8栋，烧死工人9名。

本月 省政府规定：3月为全省贯彻婚姻法宣传月，在全省开展宣传婚姻法、检查婚姻法贯彻执行情况的群众运动。

本月 萍乡煤矿委员会提出“为国家建设找资源，为萍矿发展创条件”的口号，组织以总工程师张伯平为首的资源调查队。经三个月的实地调查，在浙赣铁路沿线找到12块有开采价值的煤田。

本月 江西省计划局成立，徐之光任局长。该局隶属江西省财政经济委员会。

本月 南昌机械厂、吉安专区机修厂、新中国电镀厂并入江西机器厂，改为国营企业。同年8月6日，第一机械工业部第四机器工业管理局下文定名该厂为南昌柴油机厂，隶属该局管理。

本月 根据中南财委对整顿地方工业的指示精神，在直属系统及专、市、县机械企业中进行清产核资与“四查”（查质量、成本、浪费、管理）工作，建立与健全计划、统计、财务管理制度。

本月 抚州农具厂并入江西农具厂。江西农具厂10月更名为江西机械厂。

本月 中南地质局组成江西省永新铁矿勘探大队并再次勘查永新乌石山、莲花株岭坳铁矿。高高耸立的钻探机遍布在矿区的山林里，工人们在为开发祖国宝藏而紧张地工作。

本月 中国人民银行江西省分行帮助农民发展农业生产，1953年发放的农业贷款比1952年增加了1倍。并抽调18名干部，组成6个工作组，协同中心支行各工作组，深入到县、区推动工作，以使农贷及时发放到农民手中，支援春耕生产。

本月 自本年3月起，全省在各专、县普遍设立农业技术指导站。技术指导站的任务是：对互助合作组织和农民、牧民、渔民进行具体的技术指导。

本月 国营景德镇瓷业公司魏忠汉、查鹏试制加工瓷的金水成功。景德镇市领导奖励二人奖金150万元（旧币）。

本月 萍乡矿务局王家源矿场发现新煤层，使一口旧矿井延长开采时间15年。经钻探工人日夜不停地钻探，发现在矿井下的东、西两个断层之间还有一条1200米长的可采煤层。矿井开凿工程已动工。

本月 政务院任命马廷士为江西省人民检察署检察长，免去王卓超兼任的江西省人民检察署检察长职务。

本月 江西省鄱阳湖草洲湖港管理处成立，隶属省农林厅。

本月 省工业厅转发纺织工业部（1953）纺劳字第九十六号函，令各纺织厂改善童工工作条件和待遇，日后绝不允许招年龄在14岁以下的男女童工进厂。

本月 财政部、卫生部布置检查全国卫生系统卫生事业财务工作，江西省成立由财政、卫生、监察三个厅组成的联合办公室，各地（市）成立了中心督导组，开展对全省卫生系统财务大检查。全省292人参加了财务检查，共检查了133个单位。

1953

4月

April

公元1953年4月							农历癸巳年【蛇】						
日	一	二	三	四	五	六	日	一	二	三	四	五	六
			1 十八	**2** 十九	**3** 二十	**4** 廿一	**5** 清明	**6** 廿三	**7** 廿四	**8** 廿五	**9** 廿六	**10** 廿七	**11** 廿八
12 廿九	**13** 三十	**14** 三月小	**15** 初二	**16** 初三	**17** 初四	**18** 初五	**19** 初六	**20** 谷雨	**21** 初八	**22** 初九	**23** 初十	**24** 十一	**25** 十二
26 十三	**27** 十四	**28** 十五	**29** 十六	**30** 十七									

1日　省税务局为加强监察工作，将该局检查科改为监察室，配备干部14名。

1日　南昌市政府决定在城区原辖区内，以4000人至6000人口为范围，建立街道居民委员会，并设治安保卫、调解、文教、卫生、优抚等工作委员会。原有城区各街公所、坊人民代表会及居民联组等撤销。

1日　省政府委员会举行第十四次会议。会议听取了省民政厅厅长朱开铨传达邓小平副总理《关于召开各级人民代表大会基层选举问题的报告》，省政府副主席方志纯作《关于全省3年来民主建设工作的总结报告》。会上，正式成立省选举委员会。主席为方志纯，委员有陈奇涵、刘一峰、饶思诚、刘瑞森、欧阳武等共19人。

1日　《江西日报》报道，省供销合作社大力加强肥料供应工作，与广州等地接洽，准备供应全省硫酸铵（肥田粉）17.5万余担，已经运达各县、区合作社16万多担。

2日　省政府向全省公布省选举委员会组成名单。

2日　省选举委员会召开第一次会议，通过了《江西省选举委员会办公室组织规则》，并推选黄知真为选举委员会秘书长，副秘书长为朱开铨、廖少仪、陈言；办公室主任为朱开铨（兼），副主任为廖少仪（兼）、姚勇。

3日　全省第二届妇女代表大会在南昌召开。大会选举产生省妇联第二届执行委员会，赵辉当选为主任。大会选出了代表江西省出席全国第二届妇女代表大会的20位代表。大会于6日闭幕。

5日　省委抽调60余名干部组成6路检查组，分赴各专区检查工作后举行汇报座谈会。会议听取了各检查组工作汇报，对当前农村情况、有关政策、思想指导等进行分析和研究。大会于8日闭幕。

6日　省政府监察委员会发布《关于国营永修农场领导所犯官僚主义错误的处分决定》，对有关人员作如下处理：（一）场长王陆明，以严重官僚主义对待工作，放弃领导责任，表现严重失职，并违反劳动力统一调配的规定，不经劳动部门批准，与私商订立包工合同，造成经济上和政治上的损失，应负主要责任，决定给予降职处分；（二）副场厂兼基建科科长孙水林，是基建工程的直接负责人，对于农场基建上的各种错误，应负直接责任，决定给予降职处分；（三）私商包工队曹国华、陈长春、李敏和，利用包工名义招摇撞骗，克扣工人工资，逼迫工人挨饿工作，鼓动少数不明真相的工人，准备围殴农场干部，已交司法机关依法惩办。

6日 省工业厅与省总工会文教部联合发出《关于开展工矿企业中技术教育的联合指示》，对工矿职工技术教育的组织领导、教师、教材、经费等作出了具体规定和要求。

7日 《江西日报》对国营江西机械厂大量出产废品、次品提出批评后，白栋材召集了该厂党、政、工、团、工作组负责干部，及《江西日报》记者召开座谈会。该厂负责干部表示诚恳地接受批评，并愿在报纸上公布改正错误的办法。

8日 省委召开春耕生产检查汇报会。会议认为，当前领导农业生产的关键是"大力宣传、贯彻党的政策，打消群众顾虑，稳定土改后农村新的生产关系"。会议要求各地正确解决和全面掌握发展生产与互助合作的关系，及时纠正互助合作运动中的急躁冒进情绪，把7.5万个互助组减少至3万至4万个。

8日 省失业工人救济委员会技术训练班第二期结业，92名失业工人被分配到省水利局工作。

8日 中苏友好协会江西省分会与南昌市分会在南昌象山北路中苏友好阅览室举行《悼念伟大革命导师斯大林同志图片展览》。展览共分7个部分，内容着重介绍斯大林对十月革命、社会主义建设、苏联卫国战争、保卫世界和平与中苏友好等方面的伟大贡献。展览于24日结束。

10日 《毛泽东选集》第三卷在全省各地新华书店发行。

10日 省总工会举行全省工会代表会议，贯彻全国总工会六届二次执委扩大会议精神，统一对工会工作的基本方针与任务的认识，提出了今后工会工作的方针与任务。会议讨论了省总工会主席郭光洲关于《江西省三年半工会工作的基本总结》的报告，并选举周德辉等13人为出席全国第七次劳动大会的代表。会议于16日结束。

11日 南昌市政府接受《江西日报》批评，认真检查不重视人民群众来信的错误，并提出今后加强处理人民群众来信和接见人民群众的办法。决定每星期六上午为市长接见群众时间，并继续充实与健全市政府人民问事处的机构；责成秘书处立即召开秘书工作会议，讨论加强人民群众来信工作；对于街头意见箱，除检察署与公安局仍保留外，统一由市监委管理，市法院可在法院门前设立意见箱。

13日 省委召开全省第一次私营企业工作会议。会议确定党和政府对私营企业的工作方针为：公私兼顾，劳资两利，依靠工人，团结资方，逐步推行工人监督生产。

13日 省委在《关于迅速展开工矿安全卫生自检运动的指示》中，表扬自解放以来连续40个月没有发生事故的萍乡矿务局龙虎矿邓诚芳小组。

14日 省政府决定：省建筑工程局与省建筑工程公司合并。

17日 民革江西省分部筹委会举行委员扩大会议，讨论解决民革省分部筹委会领导层团结问题。民革中央常委李世璋出席会议。会后，民革中央改组江西省分部筹备委员会，改组后的民革省分部筹委会召集人为刘之纲。

18日 省委、省政府联合发出《关于扫盲工作的通知》。该通知要求：凡专署及已开展扫盲工作的县（市）地区，其扫盲工作机构应整顿加强，配备必要的专职干部，建立必要的工作制度。全省自1952年7月开展扫盲工作以来，根据统计，已有306881名文盲半文盲青壮年进入识字班学习。

18日 全省第一次工矿宣传工作会议召开。各国营、地方国营厂矿企业及有关地、市委宣传部均派干部参加。会议结合目前厂矿实际工作情况深入研究与学习中南局宣传部对工矿宣传工作的指示，了解主要厂矿的情况。会议于24日结束。

19日 新华社南昌分社报道，全省当年造林已达100多万亩。赣江、抚河、信河上游丘陵山岳地带栽种了数亿株的松树、杉树、油桐树和油茶树。各地农民积极组织护林队，订出护林公约。

20日 省教育厅发出《关于南昌一中教室坍塌跌伤学生事件的通报》。通报说，4月8日上午，南昌一中初二（五）班学生在第二礼堂楼上上课，下课后，集中在讲台处。因重量集中，楼梁折断，楼板倾塌，学生连课桌随之下坠。全班学生49名，跌下44人，其中38人轻微擦伤，6名学生受重伤。该校校长雷大丰受警告处分，校总务主任杨瀛受记过处分。

21日 针对组织互助组中发生小冒进倾向，省委给上饶地委指示信，要求坚决克服“干部中的急躁冒进情绪而在工作中产生强迫命令与形式主义、脱离群众、脱离实际的倾向”，真正贯彻自愿互利原则。

21日 新华社南昌分社报道，一座崭新的矿工城正在萍乡矿区加速建设。这座矿工城从1950年开始修建，初步计划建设房屋面积10万平方米，将在1954年完成，1952年年底已有4万平方米以上工程完工。住宅区内有医院、疗养院、保健食堂、浴室、合作社、电影院、广播电台、报社、职工子弟学校等。

22日 省政府发出《关于1953年县（市）财政收入及预算管理的通知》，决定各县（市）自1953年起建立一级财政。

22日 景德镇市政府陶瓷生产管理局成立。

22日 全省第一次检察工作会议在南昌召开。南昌、赣州、吉安、抚州、上饶、九江专署，南昌、景德镇、赣州、上饶、九江市检察署和南康县检察署负责人共12人出席。省检察长马廷士传达最高检察署中南分署检察工作会议精神和毛泽东主席关于“检察工作是人民民主专政的武器，要把检察工作扶起来！法律没有一个监督机构，就不能正确地执行”的指示。省政府副主席牛荫冠到会讲话。会议确定了1953年全省检察工作应以检察盗窃国家财产、发生责任事故、不法分子的破坏和官僚主义、命令主义、违法乱纪等行为为中心任务。会议于25日结束。

24日 全省第四次民政工作会议在南昌召开。会议的中心议题是学习《中华人民共和国全国人民代表大会选举法》，为全省普选工作训练干部。省民政厅厅长朱开铨作会议总结，对选举工作如何开展反官僚主义、命令主义，反违法乱纪的斗争和如何结合生产等问题作了详尽说明。会议于5月13日结束。

25日 出席国际保卫青年权利大会（3月22日至27日在维也纳举行）的中国代表之一、江西省农业劳模陈翊科回到南昌（27日，陈翊科向《江西日报》全体干部报告了出国观感）。

26日 赛湖农场发生火灾，烧毁房屋（草棚）24栋及其他物资，损失达5亿元（旧币）。

28日 赣州市发现全省首例乙型脑炎病患者，至9月疫情波及29个县（市），发病人数1408人，死亡413人。疫病流行期间，省政府下达了《防止流行性乙型脑炎和小儿麻痹传染病的指示》。中南区卫生部派110人来江西省协助防治工作。

本月 全省国营商业全面推行经济核算制，按经济区设立批发站，实行统一领导，分级管理，核定资金，废止贸易金库制度，业务往来实行合同制，废止物资大调拨制度。

本月 省政府发布《江西省规费征收若干具体问题的规定》、《江西省各县市规费种类及征收标准表》，对公安、卫生、工商、民政以及财政机关规费项目名称、费额标准重新作出规定。

本月 中国石油公司中南区公司南昌分公司改称中国石油公司江西省分公司。行政归省商业厅领导。

本月 江西省药品检验所成立。

本月 江西省音乐工作组成立。

本月 全国煤矿钻探工作会议决定增加江西萍乡矿务局钻探任务，确定由焦作矿务局派出钻探组支援萍乡矿务局。

本月 省人民法院设司法行政科，编制8人，主要负责管理、法纪宣教和人民调解工作。

本月 中华全国自然科学专门学会联合会南昌分会筹委会成立，与省科普协会筹委会合署办公。

本月 根据政务院《关于充实统计机构，加强统计工作的决定》，在江西省财经委员会统计室的基础上成立江西省人民政府统计局，王枫任副局长，人员编制 50 人。

本月 瑞金县对沙洲坝原中华苏维埃共和国中央执行委员会旧址按原样进行修复，并开放毛泽东、谢觉哉、何叔衡、徐特立办公室，供各界人士参观。对叶坪村原中央局旧址进行修复陈列。

1931 年第二次国内革命战争时期毛泽东在瑞金叶坪住过的房子

瑞金沙洲坝是苏维埃中央政府所在地，1933 年毛泽东在此住过

本月 南昌市几家小型机械合作社合并，组建南昌市机器修造合作社，先后更名为南昌市合作机械厂、南昌轻工业机械厂和江南机械厂（1969 年定名为江西第四机床厂，由集体所有制转为全民所有制）。

本月 省财政经济委员会通知，将南昌市有关城市建设业务工作划归省建筑工程局管理。

1953

5月 May

公元 1953 年 5 月　　农历癸巳年【蛇】													
日	一	二	三	四	五	六	日	一	二	三	四	五	六
					1 劳动节	2 十九	3 二十	4 青年节	5 廿二	6 立夏	7 廿四	8 廿五	9 廿六
10 廿七	11 廿八	12 廿九	13 四月小	14 初二	15 初三	16 初四	17 初五	18 初六	19 初七	20 初八	21 小满	22 初十	23 十一
24 十二	25 十三	26 十四	27 十五	28 十六	29 十七	30 十八	31 十九						

1 日　南昌市开始办理婴儿出生登记。

1 日　南昌市人民庆祝“五一”国际劳动节，并举行了 5 万人的盛大游行。省委第二副书记兼南昌市委书记白栋材参加大会并讲话。省军区政治部主任于英川、省总工会主席郭光洲、民主党派代表许德瑗、工业劳模谈妙根、农业劳模史三鹅、战斗英雄田广文相继讲了话，并一致表示：加强抗美援朝为争取实现朝鲜停战及和平解决朝鲜问题而奋斗，为完成和超额完成 1953 年国家经济建设计划而奋斗。

4 日　省公安厅发出通知，要求加强对反革命分子的管制，纠正“左”和“右”的偏向和其他违反政策的现象。

4 日　省林业局举行全省林业工作会议，确定开展群众性防火护林运动。

5 日　江西省工人疗养院开业。工人疗养院设有 100 个床位，专门收留因过度劳动、营养不良而身体衰弱和有轻微慢性病经短期休养可以痊愈的职工。疗养院坚持“休养为主、治疗为辅”的方针，设有医疗室、化验室、医药室等，配备相应的医护人员。

5 日　《江西日报》报道，为了进一步提高青年在生产、工作、学习上的积极性和创造性，共青团江西省工委决定通报表彰自 1952 年“五四”以来，在各条战线上涌现出的 16 名青年模范。他们是：郭清泗、张金玉、万哉樵、喻冬莲、吴金桃、陈翊科、邓金水、徐积连、李页俚、欧阳祥发、邱清生、尧民从、李月正、袁凤娥、罗桂香、高民阳。

6 日　南昌市爱国卫生运动委员会组织 8 个检查组，省、市有关单位领导亲自参加，深入检查工厂、机关、企业、学校、居民区、饮食和卫生等行业卫生工作。

7 日　省政府发出《关于重视学生生命安全的通报》。

7 日　《江西日报》报道，大吉山钨矿 1953 年开展规模巨大的探矿工作。仅 1953 年，巷道开拓长度相当于该矿有史以来 40 多年间巷道开拓长度的总和。

9 日　萍乡机务段超额完成 1953 年第一季度生产和财务计划，在全国铁路机务段劳动竞赛中被评为第一名，荣获铁道部优胜红旗及奖金。

10日　《江西日报》报道，井冈山地区发现巨大铁矿。这里的铁唇都是水成赤铁矿，大约是3亿年以前同水浅海沉积形成，铁唇分布面积很广，铁的质量很好，铁唇最厚的地方达9米，这样厚的水成铁矿在我国并不多见。

两位农民向地质工作干部报矿

10日　青年团江西省首届代表大会在南昌召开。大会期间，代表们听取并讨论了刘俊秀的政治报告和吴清明所作的《关于三年多来江西青年运动的基本总结和今后任务的报告》，审查了三年多来全省青年团工作，确定了日后的工作任务，选举了青年团省的领导机关——中国新民主主义青年团江西省委员会和出席青年团第二次全国代表大会的代表。吴清明当选为团省委书记。大会于17日闭幕。

11日　省爱国卫生运动委员会举行联席会议，总结于4月下旬结束的全省春季爱国卫生突击运动的经验，以便更好地指导全省爱国卫生运动。与会者有省爱委会委员及有关单位代表共43人，省爱国卫生运动委员会主任莫循主持会议。

12日　省文教厅发出《关于瑞金一中死伤学生事件的通报》。该通报说，瑞金县第一中学校领导麻痹大意，忽视师生生命安全，以致酿成该校1952年12月31日发生倒墙压死压伤师生8人的事件。基于上述肇事责任，经赣南专署呈报省政府批准，给予该校校长万竹君行政记过处分，给予副校长刘绳东刑事处分，给予教导主任钟大来行政撤职处分。同日，《江西日报》发表题为《重视学生安全和健康》的短评。

13日　江西省庐山林业学校、上饶农业学校林科、赣州农业职业学校林科合并并成立赣州林业学校。校址设在赣州市，规模600人。

14日　新余市政府颁布《关于开展饮用水消费工作的实施办法》。

15日　中、苏两国政府签订协定，确定国营三二〇厂为苏联援助我国“一五”建设的156项建设单位之一，在“一五”期间扩建成为年产500架雅克－18初级教练机的飞机制造厂（1954年1月13日，中央计委批准国营三二〇厂建厂计划任务书）。

15日　全省第一个农业生产合作社在萍乡县芦溪胡家坊成立。

17日　《江西日报》报道，全省宣传贯彻婚姻法运动1953年3月开始，分两期铺开，全省铺开乡共计9177个，占全省乡数的89.4%。到日前为止，全部结束运动的乡共7502个，占全省总乡数的73.2%。

18日　省委党校第七期开学。给学员讲课的有：省委书记杨尚奎讲《关于过渡时期总任务的报告》，省委副书记刘俊秀讲《加强对农村工作领导与发展农业生产》，省委副书记方志纯讲《反对官僚主义、反对命令主义、反对违法乱纪》。

20日　台湾国民党一架军用飞机飞入江西省贵溪上空散发传单。

21日　江西省妇女干部学校建成并开学。省妇联副主任朱旦华兼任校长（该校于1956年与省团校合并，统称江西省团校，内设妇干班。1964年妇干班停办）。

21日　《江西日报》报道，省选举委员会办公室正式开始办公。全省各县、市选举准备工作已完成。截至5月15日，全省有6市、82个县的选举委员会成立。

21日 赛湖农场发生水灾，水淹面积876余亩。

22日 为提高干部对普选工作的认识，积极迎接各级人民代表大会的召开，省直属机关党、政、群系统干部3500余人，在八一礼堂听取省政府主席邵式平作《人民是国家的主人》的普选工作报告。

23日 南昌市级机关干部在工商联礼堂举行庆祝南昌市解放4周年纪念晚会。白栋材作报告，简要地总结了南昌市解放四年来在政治改革、恢复生产建设、经营贸易、文化教育等各方面的巨大成就。

23日 省委发出《关于加强处理人民群众来信、接见人民群众来访工作的指示》，要求各地建立组织配备干部、组成处理群众来信与接见群众来访的战线，分析、研究、综合一定时期群众来信来访的内容，供领导掌握政策作参考。

24日 省民政厅开始对各专、市、县民政工作部人员进行培训。

25日 省财委发出《关于做好农贷税收等工作的指示》，其中就农村自制酿酒、油榨、烟丝的免税界限作出规定。

29日 省工业厅根据全国纺织保全会议精神，指示所属纺织厂在7月1日以前，必须成立保全科，负责领导纺织机械的维修。

本月 江西省中医进修学校成立。该校是江西历史上第一所由国家兴办的中医学校（该校是今江西中医学院前身）。

本月 省建筑工程局成立推广先进经验管理委员会。该委员会由省委直接领导。石天行为主任委员；石天行、徐国顺、张惟和、高世珍、魏文贤、矣贺武、刘浩7人为委员。

本月 为了克服乡级基层干部领导生产的忙乱现象，全省大部分地区实行了“轮班值日制”，初步解决乡干部工作与生产的矛盾。这种办法主要是乡的半脱产干部包括乡长、农会主席、民兵中队长、妇女主任、文书等轮流值日，每人每月值班6天。

本月 省内科医院开始推行苏联医疗保护制度。

1953

6月

June

公元1953年6月 农历癸巳年【蛇】													
日	一	二	三	四	五	六	日	一	二	三	四	五	六
	1 儿童节	2 廿一	3 廿二	4 廿三	5 廿四	6 芒种	7 廿六	8 廿七	9 廿八	10 廿九	11 五月大	12 初二	13 初三
14 初四	15 端午节	16 初六	17 初七	18 初八	19 初九	20 初十	21 十一	22 夏至	23 十三	24 十四	25 十五	26 十六	27 十七
28 十八	29 十九	30 二十											

1日　南昌市邮电局为了满足城市发展的需要，扩建长途电话线路，安装了复式供电交换总机，机件全部由中国电器公司生产的，沟通了省、市、县有线电话联络。

技工们在做最后的检验，以保证通话效率

1日　《江西日报》报道，全省少年儿童队组织日益发展。全省已拥有30万名少先队员和7000名辅导员，并有不少优秀少先队员经过培养教育，光荣地参加了新民主主义青年团。

1日　全省儿童保健事业在党和人民政府的亲切关怀下蓬勃成长。目前，全省儿童保健机构已有很大发展，成立了两个妇幼保健站，680个接生站和1个妇幼卫生工作巡回队。全省工矿、机关、学校成立的托儿机构和公立的托儿机构有43处，收托儿童3400多名。

南昌市私立回民幼儿园是1952年在人民政府协助下建立的，回民小朋友在做游戏

2日　省委召开1953年第二次省委扩大会议。会议传达了中央农村工作会议和中南局会议的精神与指示；检查了1953年上半年由改革转为建设，从农村抽调干部转入城市工作的执行情况；确定了日后如何加强经济建设等问题。省委书记杨尚奎、省委第一副书记刘俊秀分别就城市

工作、工矿工作、农村工作的方针、任务、政策、做法、领导等问题作总结报告。会议于18日结束。

6日 都昌县八区阳峰乡41岁的妇女杨细佬，一胎生下3个男孩，大人孩子均健康。区委书记亲自看望杨细佬，县妇联和卫生院也即刻派人慰问。

6日 《江西日报》报道，我国著名避暑圣地——庐山，开始接待1953年第一批游客（在日后几个月内，有成千上万的战斗英雄、劳动模范、机关干部和青年学生，源源不断地从全国各地来到这里，愉快地度过暑期）。

10日 省选举委员会发布关于普选工作的实施计划。其内容为：（一）全省基层选举工作分三期完成：第一期：6月中旬开始至7月底，以城镇为中心，完成全省各城镇的选举工作。第二期：从8月下旬至10月初，完成第一批农村基层选举工作，要求各县完成30%左右。第三期：从11月中旬至12月底，基层选举工作全部完成。（二）全省各县人民代表大会应在1954年1月以前召开。

10日 省选举委员会从省政法委员会、省民政厅、公安厅、省人民法院及省选举委员会办公室等部门抽调干部22名，组成4个普选试点工作组，分赴南昌市、樟树、永新、九江市和九江县，进行普选试点工作。

10日 《江西日报》报道，萍乡煤矿开始对我国钢铁工业供应焦炭，改变了湖北省汉阳地区钢铁工业一蹶不振和萍乡焦炭没有销路的状况。

13日 南昌、赣州市回族群众欢度开斋节和尔代节。南昌、赣州两市回族群众怀着欢乐的心情，天还未亮就穿上新衣，戴上了新的民族白帽，到清真寺庆祝自己的节日。

14日 省工商业联合会举行第二次常委扩大会议。省财委副主任李杰庸在讲话中指出，加强对私营工商业者的思想教育，是工商联的重大责任。各地常委发言，总结了省工商联半年的工作，并作出确定省工商联经费和会址建设的决议，推选出席全国工商联第一届会员代表大会代表。会议于20日结束。

15日 省委转发中央通知，批准方志纯任省委第一副书记，仍兼省政府副主席；刘俊秀改任省委第二副书记，白栋材改任省委第三副书记。

16日 省委召开理论教育工作会议。省委副书记刘俊秀作指示，省委宣传部部长莫循作总结报告，就如何贯彻中央关于理论学习的指示提出了要求。

20日 省政府成立干部业余政治学校。省政府副秘书长彭梦庾兼任校长。在成立大会上，省政府主席邵式平讲解了斯大林《列宁主义基础》、《论列宁主义的几个问题》等著作，并作了动员报告。

21日 南昌市第二届人民体育运动会举行。参加者有工厂、郊区农村、学校、机关等137个单位，共有8836名运动员。

南昌市第二届人民体育运动大会运动员入场式

南昌二中运动员创造了全省女子田径项目丙组400米接力赛跑新纪录

省军区运动员李君伟获举重轻量级第一名，举重 295 公斤，打破了全国纪录

22 日　全省第六次司法工作会议举行。出席会议的有全省 95 个司法单位的正副院长及审判员 101 人。会议确定日后全省司法工作的中心任务是加强司法建设，保障国家经济建设顺利进行。省法院院长李光斗传达了全国第二次司法工作会议精神，总结全省第五次司法工作会议后的司法工作。省政府主席邵式平到会并作《大规模经济建设中的司法工作》的讲话。会议于 29 日结束。

23 日　省政协发出通知，要求各市政协和各县政协常务委员会，大力协助当地政府做好普选工作。

25 日　省委发出《关于执行中共中央关于 1953～1954 年干部理论教育工作指示的具体计划》。要求：（一）参加高级组、中级组学习的干部，通过《联共（布）党史》第九章至第十二章的学习，都能系统地了解苏联实现国家工业化、农业合作化和进行社会主义建设的基本规律，以便根据具体条件正确地运用苏联的经验，加速经济建设；（二）初级组学习的干部，通过《经济建设常识读本》的学习，了解全国新民主主义建设及其发展前途，认识党对经济建设的方针、政策的基本知识，从而领会在自己工作岗位上如何更好地为经济建设服务；（三）全体参加理论学习的干部，通过学习更加健全学习生活，提高学习理论兴趣，以便进一步学习马克思列宁主义与毛泽东思想，特别是高级组、中级组必须通过《联共（布）党史》的学习，为学习政治经济学做好准备。

25 日　全省第八次公安会议召开。会议讨论与研究了保卫生产救灾、解决镇反遗留问题、配合普选加强户口管理、加强基层保卫及侦察破案、公安组织整编和调整干部等问题。会议于 30 日结束。

26 日　省政府作出《关于减轻民船费税负担与简化运输手续的决定》。规定原 21 种费税简化为 8 种。

27 日　为了迎接从“七一”开始的新的理论学习热潮，提高干部对经济建设理论学习的认识，省委宣传部部长莫循在八一礼堂向省、市、南昌专区直属机关、南昌铁路分局等所属系统所有中级组与初级组学习辅导员以上干部作理论学习动员报告。

28 日　省教育厅负责组成由省、地抽调干部参加的工作队，1 月至 6 月在贵溪县进行了为期半年的整顿小学试点工作。

29 日　全省第六次司法工作会议通过决议，提出调解委员会工作三条原则。其内容为：（一）双方自愿，不得强迫；（二）必须按照政策办事；（三）调解不是诉讼的必经程序，不得以调解无效或未经调解而阻止当事人向法院起诉。

30 日　全省私营工商业自 1952 年 7 月“五反”以后，偷税漏税等违法行为仍不断出现，全省各地欠税总数当年上半年达 200 亿元（旧币）左右。

本月　国家重工业部部长王鹤寿、副部长吕东等到西华山、大吉山、岿美山等钨矿视察。

本月　省卫生厅决定在南昌市成立江西省防疫总站。

本月　景德镇市升格为省辖市后，从上饶地区划出，景德镇市委由江西省委直接领导（1958 年 10 月，浮梁县从上饶地区划归景德镇市管辖。1960 年 9 月，浮梁县建制被撤销后并入景德镇市）。

本月 省民政厅按照《城市基层政权组织法》规定，城区街政府改称街公所，为市政府派出机构。

本月 中南局宣传部在《关于通俗报刊调整问题通知》中，指示江西省应集中力量先把图文并茂的文艺刊物办好。省新闻出版处公布全省内部审查执行情况，确定全省已申请登记的和办理了登记手续的共 73 种，其中，政法系统 6 种，文教系统 28 种，财经系统 22 种，党、团、工、军及群众 17 种。

本月 中国石油公司赣州支公司改称中国石油公司江西省分公司赣州供应站。

本月 省检察署就检察纠正赣南钨矿公安局乱捕、乱押、刑讯逼供违法乱纪，破获所谓“反共救国处”等 5 起假案，造成徐绪太等人严重冤狱事件，向全省各级公安、检察机关发出通报。

1953

7月 July

公元1953年7月							农历癸巳年【蛇】						
日	一	二	三	四	五	六	日	一	二	三	四	五	六
			1 建党节	2 廿二	3 廿三	4 廿四	5 廿五	6 廿六	7 小暑	8 廿八	9 廿九	10 三十	11 六月小
12 初二	13 初三	14 初四	15 初五	16 初六	17 初七	18 初八	19 初九	20 初十	21 十一	22 十二	23 大暑	24 十四	25 十五
26 十六	27 十七	28 十八	29 十九	30 二十	31 廿一								

1日　江西省妇幼保健院建立。

1日　省总工会发出《关于对工人群众加强劳动纪律教育的指示》，要求：各级工会应向工人群众进行一次广泛深入的教育，巩固劳动纪律，加强对职工群众政治思想工作，加强共产主义教育；巩固劳动纪律必须和组织劳动竞赛相结合，必须建立明确的奖惩制度。

1日　中央人民政府工商行政管理局依照《保障发明权与专利暂行条例》颁发专字第3号专利证书，批准中南有色金属局江西省分局黄如瑾发明的“地形绘算器”专利，给予专利权期限5年。这是建国初期全国批准的4项专利之一。

1日　按照《中央人民政府政务院为准备普选进行全国人口调查登记的指示》，全省开始第一次人口普查，普查登记项目6项；调查时间自1953年7月1日零时至1954年6月底结束（最后查明全省总人口为16772865人）。

2日　为统一领导和指挥防汛、防旱、抗旱、生产等工作，省政府按照中南行政委员会通令，成立防汛、防旱、生产联合指挥部。省政府副主席牛荫冠任主任。

2日　文化部拨款筹建瑞金革命纪念馆。纪念馆主要是以现存的原有建筑物为基础，布置陈列有关革命文物，恢复原来面貌。

3日　省政协发出通知，要求各级各界人民代表会议代表认真学习、宣传《选举法》，做好普选前的各项准备工作，迎接全国人民代表大会及地方各级人民代表大会的召开。

8日　省委发出《关于组织农民进行丰产重点参观给各级党委的通知》。

13日　“捷克斯洛伐克电影图片展”在南昌展出。

14日　省政府委员会扩大会议召开。省政府委员、各厅、院、局、行署正副职领导和省属各企业公司的负责人参加了会议。省政府主席邵式平作《关于一九五三年上半年工作报告》。报告共分四个部分：（一）经济建设（包括基本建设、工业生产、农业生产、交通运输等）；（二）文教卫生；（三）普选工作；（四）施政领导。

17日　经中南行政委员会批准，江西师范

专科学校筹委会成立。

18日 聂荣臻视察九江庐山，并游览白鹿洞书院、秀峰等景点。

庐山白鹿洞书院

19日 省委、省政府发出《关于抗旱灭虫工作的紧急指示》，要求各级党政机关将抗旱灭螟工作作为争取中、晚稻丰收，完成全年农业增产任务的主要环节来抓。

20日 南昌市基督教徒代表大会举行，进一步推行“三自”革新运动。

21日 省政府发出《关于各地在“八一”前后切实检查优抚工作的指示》。

22日 由省民政部管理的城市救济工作移交给中国人民救济总会江西省分会办理。

23日 江西省高等、中等学校招生工作委员会分别于本月17日、23日成立。省教育厅厅长许德瑗任主任委员。

25日 全国煤矿第一届劳模代表大会在北戴河举行。江西代表周福生、郭清泗、张天保、陈杨庆、万九生等被评为全国煤矿劳动模范，赴北戴河参加全国煤矿劳动模范大会。

25日 中南局地质勘查大队和钻探队合并为赣南粤北地质勘探大队，队址迁赣州。在赣南设二〇一、二〇三、二〇四、二〇五4个分队，分别在西华、盘古、岿美、大吉诸山开展钨矿勘探。

26日 15时55分，南昌市三省巷失火，延烧康王庙、延庆寺、羊子巷等8条街巷，烧毁房屋232栋，431户受灾。消防队员重伤4人，轻伤48人。

27日 省教育厅召开全省第六届教育行政会议。会议传达和贯彻全国第二次教育工作会议精神，检查全省4年来的教育工作情况。并在检查工作的基础上，提出了整顿小学的意见。省政府主席邵式平到会并作指示。会议于8月8日结束。

28日 省政府发布《关于保证粮食收购供应计划加强市场管理的指示》，对南昌市等30个市、镇粮食初级市场普遍建立市场管理机构、进行有限度管理作了规定。规定除国营粮食企业外，任何机关、学校、部队、厂矿、交通等部门，一律不准从事粮食贩运买卖；私商买卖粮食必须遵守交易规则，凭证进场交易，禁止场外交易。

31日 省工商联通知各级工商联，调查并制止私商压价骗购农民新谷、牟取暴利的行为。

31日 截至当日，全省第一期基层选举结束。这期间开展基层选举的有678个乡，139个镇和两个市辖区，约占全省乡、镇总数的7%。

本月 中央书记处书记、政务院副总理陈云来南昌视察。

本月 省教育厅确定9所中学为省重点中学。中央人民政府教育部批准南昌一中、南昌二中、樟树中学、赣州中学、南昌师范为江西省重点学校。

本月 何行之任省人民法院院长。

本月 省统计局发出通知，首次布置各县进行粮食产量调查工作。

本月 省政府颁发《江西省建筑业中作业试行办法》。

本月 江西省海员工会成立。

本月 全省开始实行公制检量木材，废除以龙泉码计算材积的方法。

1953
8月
August

公元1953年8月 农历癸巳年【蛇】													
日	一	二	三	四	五	六	日	一	二	三	四	五	六
						1 建军节	2 廿三	3 廿四	4 廿五	5 廿六	6 廿七	7 廿八	8 立秋
9 三十	10 七月小	11 初二	12 初三	13 初四	14 初五	15 初六	16 初七	17 初八	18 初九	19 初十	20 十一	21 十二	22 十三
23 处暑	24 十五	25 十六	26 十七	27 十八	28 十九	29 二十	30 廿一	31 廿二					

1日 省委宣传部文艺处、省文化事业管理局、省文联成立《曙光照耀着莫斯科》演出委员会，保证了该剧排演和演出的顺利进行。省话剧团、大众剧团自即日起联合演出该剧。

1日 抗美援朝江西省分会举行庆祝中国人民解放军建军26周年报告会。参加报告会的有：省、市各民主党派、民主人士、少数民族、工商界、宗教界、文教界、机关干部。

1日 庐山登山公路经过8个月的修建，正式通车。这条公路长24公里，从山角蜿蜒曲折伸展至山顶。为了庆祝这一工程圆满完成，九江市举行了隆重的通车典礼。

4日 月初，省粮食厅召开全省粮食工作会议，部署新粮收购工作。会议决定：新粮收购价格除贯彻按质定价、优粮优价的政策外，比1952年适当提高，缩小地区差价，以便提高初级市场的售价，使农民乐于售粮给国家，防止粮食盲目流转，直接增加农民的收入，鼓励农民增产粮食和扩大工业品销售市场；为便于农民就近出售及便于国家掌握粮食产量，决定在全省各类市场普遍收购粮食。

8日 省选举委员会召开全省选举工作汇报会。会议总结了第一期基层选举工作，讨论开展第二期基层普选工作的问题。会议于13日结束。

10日 省委发出通知，要求全省各地：（一）动员广大群众全力进行抗旱灭虫，秋收冬种；（二）动员与组织党、团员和积极分子带头，根据自愿和互利原则，用串联方式，放手大量发展临时性、季节性互助组；（三）认真掌握市场情况，完成收购粮食任务；（四）努力提高干部的思想水平和工作能力。

11日 省委发出《关于巩固劳动纪律的指示》，规定：（一）要求在工业及运输系统进行一次系统的劳动纪律教育；（二）劳动纪律必须通过教育予以整顿和巩固；（三）进行劳动纪律教育的内容，应着重说明个人利益与国家利益的一致性；（四）在巩固劳动纪律中，领导对群众所提出的问题，都必须采取认真对待的态度；（五）在私营企业中进行劳动纪律教育，必须服务于当前私营企业中增产节约运动。

11日 江西纺织厂举行基建施工奠基典礼，省委秘书长刘瑞森代表省委和省政府为该厂基建开工破土奠基。这座纺织厂建成后，将成为全部机械化生产的现代化工厂，总建筑面积在5万平方米以上，是全省规模最大的纺织厂。

江西纺织厂在南昌市郊迅速建设，这是我国大规模经济建设第一年中新建的大型工厂之一

13日 中南区高等学校院系调整委员会南昌分会成立，根据中南区高校院系调整委员会部署，实施全省高校院系调整工作。

15日 修水气象站测得最高气温44.9℃，创建国后全省气温最高值。

17日 全省普降暴雨，许多地方发生山洪灾害，受灾农田338万亩，冲毁农田2.6万亩，死198人，伤104人，冲毁房屋6776间，冲坏水利工程39361处。向塘至鹰潭铁路被冲毁775米，邓埠浙赣铁路桥桥墩被冲垮，停车4天。这次暴雨持续2天，于18日停止。

18日 省政府发出紧急通令，要求各专署、县人民政府抓紧雨后农时搞好秋种及晚稻插秧。

20日 全国高等学校暑期举行全国规模的统一招生。为了加强对招生工作的领导，成立全国高等学校招生委员会，各大区和设有考区的省、自治区、直辖市将成立招生工作委员会和分会。江西省南昌、吉安、赣州均设考区。考试于22日结束。

20日 匈牙利人民共和国电影周放映活动在南昌举行。电影周活动于29日结束。

21日 农工党江西省支委第二次干部会议在南昌召开。会议提出，全省农工党党员要坚决接受所在单位中共组织的领导，积极参加社会主义建设。会议于24日闭幕。

23日 分宜县农民在新余县大窝乡、鸭溪境内烧田埂驱赶野兽引发火灾。火灾持续了一天一夜，烧毁山林2280亩，烧毁各种树木13.98万株。

28日 省卫生厅为17名响应中央关怀西北少数民族人民健康的号召，报名参加西北少数民族医疗队，即将奔赴新岗位的中医师举行欢送会。中南行政委员会卫生局、省委统战部、省教委派代表参加了欢送会。

30日 南昌市政府发出禁赌通知，宣布赌博为违法行为，废除一切赌博债务，取缔赌场，没收赌具、赌资。

本月 省体育运动委员会召开全省学校体育锻炼试行标准座谈会。座谈会以南昌一中、二中、赣州师范、赣州中学、九江师范、萍乡师范等校为试行《体育锻炼标准》重点学校。

本月 第一次编制成江西省五年计划纲要草案。

本月 省文化事业管理局开办文艺干部训练班。全省文化馆、剧团等单位，文化行政干部70余人参加了培训，学期三个月。

本月 庐山由行政管理体制改为政府管理体制，撤销中共庐山委员会，成立中共庐山特别区委员会，隶属关系和级别不变。

1953

9月 September

公元1953年9月							农历癸巳年【蛇】						
日	一	二	三	四	五	六	日	一	二	三	四	五	六
		1 廿三	2 廿四	3 廿五	4 廿六	5 廿七	6 廿八	7 廿九	8 白露	9 初二	10 初三	11 初四	12 初五
13 初六	14 初七	15 初八	16 初九	17 初十	18 十一	19 十二	20 十三	21 十四	22 中秋节	23 秋分	24 十七	25 十八	26 十九
27 二十	28 廿一	29 廿二	30 廿三										

1日　省政府召开第一百七十七次行政会议。会议总结两个月来全省农村防旱、抗旱的经验与教训，并讨论做好秋季生产及部分水灾地区生产自救工作。出席会议的有省直属单位及有关部门负责人。

3日　全省第二次基本建设会议召开。会议专门研究了在土木建筑工程中如何抓住当前环节，推行计划管理，确保完成当年基本建设任务。省委书记杨尚奎、省政府主席邵式平就关于在基本建设中加强党的领导等问题作出指示。会议于13日结束。

9日　省教育厅召开会议研究小学毕业生升学问题，要求各专、区、市文教科、局和部分中学及有关部门采取积极措施，解决小学毕业生升学问题。省政府主席邵式平、省文教委主任吕良、省教育厅厅长许德瑗出席会议并作指示。会议于13日结束。

10日　《江西日报》报道，省政府指示各级政府，扩大冬、秋种面积，弥补灾害损失。要求冬种面积在1952年播种面积占耕地总面积46%的基础上提高至60%。

15日　全省第三次监察工作会议召开。会议总结了半年来全省监察工作经验，确定日后的方针和任务。中南行政委员会监察委副主任唐星、省政府主席邵式平到会作指示。会议于19日结束。

19日　抗美援朝江西省分会举行集会，欢迎江西省第四批抗美援朝手术医疗队归来，到会的有各民主党派、人民团体代表。

20日　省图书馆举办《庆贺朝鲜停战协定签订图片展览会》，其中有表现江西人民在抗美援朝运动中所作贡献和涌现出的模范人物事迹的照片。

21日　省政府发出《关于整顿小学教育的指示》。要求整顿小学教育工作必须遵照第二次全国教育工作会议的精神，根据各地具体情况加以整顿、巩固和提高。

23日　南昌八一大桥第四次修理工程开工。

29日　省政府主席邵式平率领由各界人民代表组成的抗美援朝慰问团中南分团，前往朝鲜前线慰问中国人民志愿军和朝鲜人民军。慰问团于1954年1月23日回到南昌。

30日 省委召开省直机关党员干部大会，动员开展增产节约运动。省委秘书长刘瑞森作《关于增产节约运动，为完成和超额完成国家计划和增产节约计划而奋斗》的报告。

本月 全省军烈属模范、农业劳模刘来娣、李友秀、刘三英随同第三届中央赴朝慰问团江西分团到朝鲜进行三个月的慰问中国人民志愿军的活动。

本月 月底，省委召开全省农村宣传工作会议。会议着重研究与解决当前全省农村生产宣传问题和提高宣传干部水平、加强宣传部门组织建设问题，突出地强调增产节约和解决有关群众生活困难的宣传问题。省委宣传部部长莫循阐明了这次会议的任务、目的和要求。省委书记杨尚奎作了农村情况分析及农村宣传工作问题的指示。

本月 南昌市工人文化宫在新市区中心——八一广场旁开始兴建。工人文化宫建筑总面积3万多平方米，它将是南昌市8万多名职工新的乐园。

本月 全省各厂矿在巩固劳动纪律的基础上，继续开展劳动竞赛，用增加生产、厉行节约、全面完成或超额完成第三季度生产计划的实际行动迎接国庆节。参加这次竞赛的有47个厂矿。

本月 全省煤矿工人的第一个休养所——萍乡矿务局工人休养所建成。

本月 根据国家统计局部署，开展1953年承包企业基本情况以及自营方式施工的建设单位职工人数调查。

本月 省文化事业管理局举办文化馆文物干部训练班，学习文物保护政策、法令和文物保护基础知识。

1953

10月 October

公元1953年10月							农历癸巳年【蛇】						
日	一	二	三	四	五	六	日	一	二	三	四	五	六
				1 国庆节	2 廿五	3 廿六	4 廿七	5 廿八	6 廿九	7 三十	8 寒露	9 初二	10 初三
11 初四	12 初五	13 初六	14 初七	15 初八	16 重阳节	17 初十	18 十一	19 十二	20 十三	21 十四	22 十五	23 十六	24 霜降
25 十八	26 十九	27 二十	28 廿一	29 廿二	30 廿三	31 廿四							

1日　省体育分会在八一体育场举行1953年全省庆祝国庆青年足球比赛大会。南昌市、赣州市、九江市、南昌专区、南昌铁路局、江西省军区等7个单位派队参赛。足球比赛大会于7日闭幕。

1日　省、市各界人民欢聚一堂，在八一体育场举行庆祝中华人民共和国成立4周年集会。杨尚奎、白栋材到会讲话。

2日　省委发出《关于调配劳改监管干部问题的指示》，要求根据第二次全国劳改工作会议关于“由分散到集中”的精神，决定从10月起至次年3月止，把基层劳改单位的犯人集中到省属劳改单位，各地委、县委应按犯人数的5%比例配备好干部。

6日　《江西日报》报道，为响应毛泽东主席关于“在全国范围内开展一个学习苏联的高潮”的号召，自8月起，省图书馆、江西医学院、铁路系统各工会、省立人民医院、市立医院等单位及社会团体，开办了业余俄文学习班。参加学习的有700多人。

7日　大吉山钨矿第一期探矿工作胜利结束，第二期探矿工作开始。通过第一期探矿，证明大吉山钨矿藏非常丰富。地质人员称，作为稀有金属的钨矿，矿脉含量规模（长、厚）如此高，在世界都是罕有的。

8日　省政府颁布《江西省一九五三年农业税暂行条件施行细则》。

10日　省教育厅根据教育部命令，通知全省停止推行小学五年一贯制。

12日　省政协发出通知，号召全省各界爱国人士、各界人民代表积极参加增产节约运动。并定于15日召开座谈会，讨论增产节约问题。

14日　为加强对部门工作的集中统一领导，省委发出通知取消省政府总党组，划分为工业、农林、财经、交通、政法、文教、党群7条战线，分管各有关部门工作；每条战线设立党组，直接受省委领导；各条战线之下的各厅、局、行设分党组，受战线党组领导。

15日　省政府发出《关于一九五三年农业税工作的指示》，要求在查田定产的基础上贯彻“依率计征、依法减免、增产不增税”的政策，今后3年内农业税负担稳定在1952年的实际水平上，不再增加，使农民得以休养生息，发展生产。

16日　南昌市开始实行粮食统购统销新措施。

17日　南昌市粮食公司改组为南昌市粮食管理局。

19日　省委召集省级工业、农村、财经、交通、政治、文教、党群等战线负责人召开会议，汇报和研究增产节约问题。省委第三副书记白栋材在会上作总结性发言；省委书记杨尚奎在会上作重要指示。

19日　全省扫盲工作会议召开。会议于29日结束。

20日　省林业局召开全省第四届林业工作会议，根据“巩固现有林业工作基础，着重提高质量，积极发展，稳步前进”的林业工作方针，要求在逐步消灭荒山的同时，保障已有森林不再遭受破坏，进而提高林木生长速度。会议确定了组织起来，发展生产，培养典型，推广全面为今后林业生产的发展方向。会议于30日结束。

21日　省招生委员会规定1953年暑期高中、师范、技术学校录取考生195名。其中，江西邮电管理局录取129名，中央地质部录取66名。

23日　全省粮食会议召开。会议传达了中央《关于实行粮食的计划收购与计划供应的决议》，决定成立各级粮食管理机构，取消粮食自由购销，并要求各级政府加强粮食工作的领导，切实贯彻粮食统购统销政策（12月15日，省政府发布《关于粮食统购统销工作的指示》。全省从本年12月初开始实行粮食统购，至翌年1月10日完成本年度收购工作。几个主要城市的粮食统销也于本年11月底、12月初开始，农村则在翌年1月下旬开始实行。此后，全省又相继对油料、棉花以及糖料、烤烟、生猪、桐油、木材等农副产品实行了统购统销）。会议于30日结束。

24日　南昌市各民主党派、人民团体、各机关、工厂、学校组织慰问队，到住有志愿军伤病员的医院进行慰问。

24日　省工商联发出通知，要求各地工商联必须在各级党委和人民政府领导下，在各行各业全面开展增产节约的宣传工作，组织工商业户学习文件，提高认识；动员私营工商业者发挥生产经营积极性；严格制止重犯“五毒”行为；接受工人阶级的监督和国营经济的领导，增加资金，扩充设备，扩大城乡物资交流。

25日　抗美援朝江西省分会在中山堂举行纪念中国人民志愿军出国作战三周年大会。参加大会的有省、市各民主党派、人民团体、各机关、工厂、学校、志愿军伤病员代表。

25日　南昌市新华书店、中国图书发行公司南昌分公司开始发行《斯大林全集》第一卷。这次在南昌市发行数量为5876本（精装514本，平装5362本）。

26日　省工业厅召开全省第二届工业计划会议，传达中南区计划会议精神，总结全省1953年地方工业计划执行情况，确定了1954年本省地方工业方针和任务。会议于11月1日结束。

29日　《江西日报》首先报道总路线的消息。

30日　江西省第五批抗美援朝手术医疗队从朝鲜战场归来。

30日　省公安厅发出《关于对实施粮食计划收购与计划供应保卫工作的紧急指示》，次日召开全省保卫粮食计划收购与计划供应紧急会议，具体部署保卫工作。

31日　江西省立南昌师范学校更名为南昌师范学校，简称“南昌师范”（1956年7月，教育部批准该校为重点学校，同时新开办南昌幼儿师范学校。1957年7月，两校合并）。

31日　省委纪律检查委员会、省监察委员会转发中南行政委员会、中南局纪律检查委员会《关于广丰县县长陈英所犯压制批评打击报复检举人错误的处分决定》的指示。

本月　省政府决定：将省卫生厅医院管理处改为江西省康复医院管理局，同时在原7个预备医院基础上改编成5个康复医院，继续接收并治疗志愿军伤病员。

本月　省妇联召开农村重点工作会议，研究

妇女在农业生产中如何发挥作用的问题及总结第一期普选工作。

本月 省政府第一百八十次行政会议决定机关内部刊物检查整顿三点原则：（一）省级机关内部刊物原则上以政法、财经、文教三个委员会为单位，针对所属业务范围，统一发布公报；（二）省府直属机关内部刊物，各单位根据具体情况与需要提出意见，报送有关委员会审查；（三）目前整顿范围，暂限于省政府各直属机关。

本月 省交通厅在赣江十八滩重点河段设立安全指挥站，航运部门开始对赣江赣（州）万（安）段的滩险进行维护性疏浚治理。

内河航运管理局航道勘测队已经完成了赣江十八滩的勘查测量工作

1953 11月 November

公元1953年11月							农历癸巳年【蛇】						
日	一	二	三	四	五	六	日	一	二	三	四	五	六
1 廿五	2 廿六	3 廿七	4 廿八	5 廿九	6 三十	7 十月小	8 立冬	9 初三	10 初四	11 初五	12 初六	13 初七	14 初八
15 初九	16 初十	17 十一	18 十二	19 十三	20 十四	21 十五	22 小雪	23 十七	24 十八	25 十九	26 二十	27 廿一	28 廿二
29 廿三	30 廿四												

3日　省公安厅作出全省第三阶段镇反运动总结，全省共逮捕五类反动分子7734名。

5日　省工商业联合会发出《关于号召私营工商业者进行自查补报与反偷漏税收行为的通知》。该通知要求各地工商联要号召与推动工商业者认真进行自查补报，坚决反对偷税漏税行为。省政法委配合自查补报、反对偷税漏税行为发出指示，要求开展税法宣传，反对偷漏税行为，保证税收任务完成。

5日　省政协召开各民主党派、工商界、文教界、医务界和宗教界人士等800余人的报告会，邀请省委统战部部长黄知真作《关于党在国家过渡时期总路线》的报告。各界人士一致拥护党在过渡时期的总路线，并愿为实现过渡时期党的总路线而努力。

6日　省文化事业管理局、中苏友好协会江西省分会为庆祝苏联十月社会主义革命胜利36周年，在南昌市人民电影院举办《苏联电影周》放映活动。

7日　南昌市人民电影院即日起放映《光明照耀到克奥尔地村》、《远离莫斯科的地方》、《在北冰洋上》、《苏联杂技表演》、《五彩动画片》、《最高的奖赏》6部优秀影片。

8日　中央发布《关于加强干部管理工作的规定》、《关于统一调配干部，团结、改造原有技术人员及大量培养、训练干部的决定》，对统一调整、重点配备、提拔领导干部和贯彻技术人员政策，大量培养、训练新的技术专家等问题作了规定。根据《规定》精神，全省当年选拔县级以上领导干部706名。

9日　江西师范学院正式开学。该院是以原南昌大学师范部为基础新成立的一所高等师范学校。参加开学典礼的有中央人民政府教育部副部长章蕴、省委第二副书记刘俊秀、省政府副主席刘一峰、饶思诚。

10日　省政府、省军区联合发出命令，决定原军区建制的气象科、气象站从11月16日起，除经费供给及通讯器材按中央军委、政务院决定由各级军区负责外，其余行政、党政、干部等工作由省政府负责。气象科由军队建制转为地方建制，直接受省财政经济委员会领导（当时委托省委农村工作部接收并领导）。

11日　南昌市广大店员职工发挥护税的积极性，配合税务干部找线索，揭发了不少私营工商户偷税漏税的非法行为。截至本日，据店员工会初步统计，店员职工检举的偷税漏税材料达2130件，偷漏营业额款数百亿元（旧币）。

16日 省政府发出《关于加强村财政管理工作的通知》。通知规定：县、乡自筹粮按特种资金（预算外资金）管理办法管理。

17日 江西人民广播电台转播中央人民广播电台演讲节目。其内容是：中华全国工商业联合会主任委员李烛尘讲《全国私营工商业者，努力改造自己，为祖国建设服务》；执行委员刘鸿生讲《在共产党领导下，我们私营工商业者，有了光明前途》；董少生讲《民生轮船公司，走上了国家资本主义的光明大道》。

18日 省财经委员会根据政务院《关于油脂、油料统一由国家经营的通知》，限令粮食部门全面接管各地油脂油料经营业务；取缔油脂油料自由市场；对南昌市、景德镇市、赣州市、九江市、吉安镇、抚州镇、钨矿、萍乡煤矿等地实行油脂计划销售，按人定量供应食油。省政府发出指示，对全省粮食经营和价格政策作统一规定；同时，通知全省各地开始实行油料、油脂统购。

20日 省政府、省军区联合发文，决定将省内治安任务移交各级政府公安机关管理，残余匪特由公安机关继续肃清，并要求在12月15日上报移交情况。

20日 省委宣传部给各地（市）委、县委、工矿企业党委并直属党委宣传部下达《关于全省干部学习党在过渡时期的总路线和总任务的通知》。通知要求各地在学习过程中着重研究：（一）党的总路线和总任务；（二）第一个五年计划；（三）农业、手工业合作化和国家资本主义问题；（四）党的统一领导和集体领导的原则问题。省委、省政府领导成员率先进行学习、讨论（两个月内，全省十多万名干部参加学习讨论过渡时期党的总路线和总任务）。

20日 省妇联通报表扬宁都县长胜区鱼青乡妇代会主任、水利工作模范王三秀生前的光荣事迹，号召全省妇女干部向王三秀学习。

23日 根据政务院《关于实行粮食计划收购和计划供应的命令》，全省开始全面贯彻执行粮食统购统销政策，禁止粮食私营。为完成粮食统购任务，全省动员区以上干部1.8万多人下乡进村，各县组织乡村干部和共产党员、共青团员110万人参加宣传动员。

23日 省人民法院向全省各级人民法院发出通知，布置保卫粮食统购统销工作。本月底，派出三个工作组重点帮助各地法院开展这一工作。

25日 全省第三次互助合作会议召开。会议传达了毛泽东主席关于召开第三次全国互助合作会议的两个指示和关于过渡时期党的总路线的指示，以及中共中央农村工作部负责人的重要讲话。

25日 江西省体育运动委员会成立，邓克明兼主任。

25日 中国石油公司江西省分公司九江供应站正式命名。

25日 省赣剧团在武汉演出《梁祝姻缘》、《牛郎织女》、《白蛇传》等剧目（12月4日，中南区与武汉市文艺界为江西省赣剧团的演出举行座谈会）。演出活动于12月26日结束。

27日 青年团江西省委员会号召全体团干部和青年团员学习与宣传党在过渡时期的总路线和总任务。

28日 省商业厅发出《关于城市、工矿区副食品供应工作决定》，确定由省贸易公司在重点城市和主要工矿区设立国营商店（部），经营各种副食品及生活必需品，首先解决边远山区、重点工矿企业副食品和日用工业品的供应。

30日 省委发出《关于学习党在过渡时期的总路线和总任务的指示》。

本月 宜黄县大王山发现钨矿。

本月 全省第二期3198个基层单位的选举工作已完成。在这些已完成普选的基层单位，人民民主制度更加完善与巩固，基层干部普遍受到一次群众性的鉴别和教育。

本月 省卫生厅与省教育厅联合发出《关于重点开展学校保健实验工作的通知》。

本月 根据国家统计局《一九五三年农业总产值问题调查估算方案》、《一九五二年农产品不变价格》的计算方法，省统计局首次计算上报全省农业总产值资料。

1953

12月

December

公元1953年12月							农历癸巳年【蛇】						
日	一	二	三	四	五	六	日	一	二	三	四	五	六
		1 廿五	2 廿六	3 廿七	4 廿八	5 廿九	6 十一月大	7 大雪	8 初三	9 初四	10 初五	11 初六	12 初七
13 初八	14 初九	15 初十	16 十一	17 十二	18 十三	19 十四	20 十五	21 十六	22 冬至	23 十八	24 十九	25 二十	26 廿一
27 廿二	28 廿三	29 廿四	30 廿五	31 廿六									

1日　民革江西省第一次代表大会在南昌举行。会议检查、总结了民革江西省分部筹委会4年来的工作，讨论如何学习贯彻国家在过渡时期的总路线等。大会成立了民革江西省委员会，刘之纲当选为主任委员。大会于5日闭幕。

1日　省委农村工作部与省农林厅联合召开全省第二次农场工作会议。会议根据全国国营农场座谈会的精神，结合江西省具体情况，确定了全省日后国营农场的工作方针、任务与要求。会议要求各专区必须办好一个农场，使国营农场真正成为指导生产技术和推动互助合作的阵地。会议于22日结束。

2日　省委召开各有关单位负责人会议，决定由省委委员组织6个巡视检查组，于本月5日、6日两日分赴南昌地委、抚州地委、九江地委、吉安地委、上饶地委、赣州地委，帮助各地做好冬季生产、购粮、互助合作工作。杨尚奎、刘俊秀在会上作指示。

10日　省商业厅、省合作事业管理局转发商业部《全国供销合作总社对合作社经营五金、交电、化工、医药等商品的优惠办法》。

14日　全省各民主党派、人民团体负责人发表拥护国家发行1954年经济建设公债的谈话，号召各自组织成员踊跃认购。

14日　省委召开省、市暨南昌地委机关、工厂、企业、部队高、中级党员领导干部学习动员大会。省委第三副书记白栋材作《关于结束〈联共（布）党史简明教程〉第九章的学习，开展党在过渡时期的总路线和总任务的学习》的动员报告。号召全省党员通过学习达到以下要求：（一）明确奋斗方向；（二）划清思想界限；（三）检查、改进工作；（四）制定1954年工作计划；（五）加强集体领导，增强党的战斗力。

16日　南昌市委召开全市机关、工厂、企业、学校、郊区党员干部学习贯彻党的总路线思想动员大会。市委书记郭光洲作《学习党的总路线，掌握党的总路线，为维护和贯彻执行党的总路线而奋斗》的报告。

16日　省工商联召开委员扩大会议。会议传达了全国工商联代表大会精神，对工商界进行党在过渡时期总路线的宣传、教育。省委统战部部长黄知真作《关于过渡时期党的总路线和国家资本主义问题的报告》。会议通过了《关于坚决拥护贯彻执行中国共产党在过渡时期总路线、总任务的决议》和《关于拥护踊跃认购国家经济建设公债的决议》。会议一致拥护党在过渡时期的总路线、总任务和对私营工商业所采取的利用、限制和改造的政策。并要求其成员以“主动地争取利用，自觉地服从限制，自愿地欢迎改造”的态度，努力经营有利于国计民生的事业，为国家建设服务，为人民需要服务。会议于31日结束。

18日 江西省木材公司恢复成立，并接管煤建部门的木材经营业务，统一管理全省林材市场销售业务。公司内设业务、储运、物价、计划、财务、秘书、人事7个科（室）。

18日 省政协举办报告会。省政府副主席方志纯作《把党在过渡时期总路线和总任务的学习在全省范围内热烈地开展起来》的报告。这一报告同日在江西人民广播电台广播。广播讲话至22日结束。

19日 省委农村工作部发出《关于江西省一九五四年农村信用合作工作方针和计划》。指出：为了解决农民困难，为了与高利贷作斗争，必须发展信用合作组织，吸收群众的余钱余资，使其与国家经济相结合，成为一支强大的物质力量。提出方针任务是：在巩固现有农村信用社的基础上，积极领导，稳步发展。

姚坊农业生产合作社万社长（右）将卖余粮的钱存入信用合作社，准备用于购买肥料和修理农具

22日 《江西日报》报道，苏联和各民主国家支援中国建设。苏联和捷克斯洛伐克民主共和国为江西提供一批自来水管。

苏联和捷克斯洛伐克民主共和国供给江西的自来水管

23日 南昌市政府举行全市各界人民代表会议协商委员会联席（扩大）会议，到会人员61人。会议祝贺白栋材调省委工作，张云樵继任市长，市委书记郭光洲兼任市政协主席。

23日 省检察署向全省各级检察署发出《关于配合当前粮食征购中心任务的指示》，提出：保证粮食统购、统销任务的完成，打击奸商抢购、套购、破坏粮食“双统”政策的犯罪活动。

23日 《江西日报》报道，井冈山革命烈士纪念塔与烈士墓落成。1952年元月，党和政府拨款7000万元（旧币，下同），在井冈山茨坪村瓢村岭山顶上开工修建革命烈士纪念塔；同年10月，拨款4490万元，在茨坪村寨山顶正式修建烈士墓。

24日 赣州地委、抚州地委、九江地委指示所属各级党组织，大力搞好农业生产合作社的试点与整顿，并做好发展互助合作工作。要求在现有的基础上，继续进行总路线和两条道路的宣传教育，帮助农民算好三笔账中互助合作这笔账，提高农民的社会主义觉悟；加强对互助合作的领导，办好各种类型的培训班，训练好互助合作的骨干，推动所属互助合作组织的发展。

26日 省文化事业管理局为检阅全省本年来的文艺创作，举办全省第一次文艺创作评奖活动和授奖大会。

26日 省公安厅对全省镇压反革命运动作总结。指出：1950年10月中央“双十指示”下达后，全省范围内开展了镇压反革命运动。运动分三个阶段进行，到1953年9月圆满结束。在运动中共发现五个方面敌人97328名，逮捕了7734名。镇反运动彻底地摧毁了全省各种反动组织及其社会基础，打击了反革命势力，维护了社会治安，纯洁了内部，巩固了人民政权。

26日 参加了苏联十月社会主义革命36周年庆祝典礼的中国妇女代表团团员、江西省农业劳模李页俚在苏联逗留28天后，于下午返抵南昌，并将在全省各地作巡回汇报演讲。

26日 江西省气象科成立。气象科下设业务股、供应股。

27日 省政协与抗美援朝江西省分会联合召开座谈会。座谈会拥护世界人民保卫和平大会通过的《关于缔结五大国和平公约的决议》。

29日 由四家小厂合并，成立了南昌市第一个内燃机生产厂——南昌市柴油机厂。并于近期试制成功285型高速柴油机，从此南昌市开始生产内燃机，成为我国最早柴油机生产厂之一。

30日 《江西日报》报道，南昌市普选工作自本年6月中旬开始至12月30日结束，共有237813名选民投了票，占全部选民的91%。

31日 省委发布《关于组织乡村医药联合机构实施办法》。实施办法为：组织乡村联合机构，实行医药下乡，推行地区责任制，以解决农村医疗困难。

本月 据统计，全省已有74个法院办理公证业务，受理申请公证事项4371件。

本月 根据中央《关于调查全国报刊的补充通知》精神，省委宣传部决定：合并《江西画报》与《江西文艺》，保留《学习建设》、上饶《农民报》、《井冈山报》、《南昌农民报》、《抚州农民报》、九江《农村报》、赣州《大众报》、《萍矿工人》等报刊。

本月 省委批准成立省政法委党组检察署分党组，马廷士任书记，陈怀民任副书记。

本 年

本年 全省互助合作化运动不断发展，组织起来的农户占全省农村总户数25%左右。其中，临时、季节性互助组有16万个，常年互助组1.6万个，农业生产合作社42个。

本年 上饶扩建火车站站房。经两次改造扩建，站房总面积为2050平方米，旅客候车棚1座，面积608平方米。这是赣东北第一大客运站。

本年 瑞金革命纪念馆筹备处成立并开始修缮一批革命旧址（至1957年，先后修缮了叶坪中华苏维埃共和国临时中央政府旧址、沙洲坝中华苏维埃共和国中央执行委员会旧址、中华苏维埃共和国人民委员会旧址等。瑞金在第二次国内革命战争时期是中央革命根据地的中心，中华苏维埃共和国临时中央政府所在地。1961年，国务院公布瑞金革命遗址为全国重点文物保护单位）。

本年 省博物馆筹备处一年来征集各种革命文物资料7000余件。

本年 遵照中南区《关于划小乡的指示》，全省农村划为783个区、9651个乡。

本年 省政府主席邵式平被中央爱卫会评为全国卫生模范；九江市和萍乡东阳村被评为全国爱国卫生运动模范单位。

本年 国家卫生部干部疗养院在庐山建立（1956年，该院交省卫生厅管理）。

本年 南昌市建立了第一家国营开元蔬菜市场；南昌市蔬菜经理部成立。南昌市先后设立郊区办事处、蔬菜办公室、副食品办公室、副食品局、蔬菜副食品产销办公室、蔬菜产销办公室等，负责管理全市蔬菜产销工作。

本年 南昌、新建、进贤、安义等县先后建立农业技术推广指导站，负责植树保护工作。

本年 省航运局设置省、地两级航道管理机构。

本年 南昌市邮电系统职工业余学校正式成立。

本年 江西八一麻纺厂建成投产。

本年 全国实行中央、省、县（市）三级财政体制，南昌市建立一级财政。

本年 国家开始实行第一个五年计划，江西省认真贯彻党中央提出的“整顿巩固，重点发展，提高质量，稳步前进”的方针，对全省各项工作都有很大的推动。

本年 第三机械工业部创办南昌第一航空工业工人学校。

本年 省农科所植保系王希仁对黑尾叶蝉生活史、生活习性、发生为害的规律、种群数量消长动态、预测预报技术以及防治措施进行了系统研究（1956年，他编写《水稻黑尾叶蝉预测预报试行办法》，供全国稻区试用）。

本年 九江专区妇联配合有关部门举办两期接生员培训班，共805人参加。上半年，全省培训新法接生员和改造旧产婆11199人。

本年 秋，中南区新闻出版处、长江日报社、中南人民出版社、新华书店中南总分店，江西人民出版社图书发行试点工作组在新华书店泰和支店开展“社会主义文化大调查”试点。全国“社会主义文化大调查试点”除有新华书店泰和支店外，还有新华书店河北省任丘县支店。

本年 国营江西国药局移交给南昌市商业局，成立南昌市贸易公司国药局。

本年 南昌汽车修理厂试制生产了全省第一辆双轴挂车。

南昌汽车修理厂工人们正在组装汽车

本年 省建筑公司第一施工所试制成功泡沫混凝土并投入批量生产，其抗压强度达到0.85Mpa，重量由每立方米1000公斤降低为400公斤，符合规定要求。

省建筑公司采用水泥搅拌机每小时能出5个土方的水泥，加快了工程速度

本年 全省手工业一面发展组织、一面着手进行整顿，取消了一批挂名的社员（只缴股金分红，不参加生产劳动）。年末，有手工业从业人数共27万，产值占工农业产值10%左右。有手工业生产合作社112个（比1952年增加11个），社员6231人，资金110万元，年产值6349万元，人均年产值为14466元。

本年 冬，省直属劳改单位及九江、吉安、赣州等地劳改单位开展冬季整训工作。在押犯人坦白检举出长短枪线索1440支，取出52支；各种子弹26650发，取出1822发；其他犯罪线索1520件，经查实有107件。

本年 江西卫生材料厂改名为江西化学制药厂，隶属省工业厅。该厂利用全省资源丰富的茶叶试制成功咖啡因，后新建咖啡因车间，次年投产。

本年 南昌柴油机厂在省内首次使用冲天炉

化铁。

本年 由江西砖瓦厂试制成功的大型砌块（50cm－130cm×24cm×90cm－100cm）首次用于省邮电局两层楼混合结构宿舍，中南区各省、市和全省各专区均派代表参观。省建工局投资兴建宜春西村石灰厂，年产石灰5000吨。省建筑公司工人出身的技师张桠南首创水泥水落管代替白铁水落管，1953年节约人民币7.7亿元（旧币）。

本年 省运输局推行计划运输，制定作业计划，推行循环调度，提高了车辆运用效率。省航运局大力组织“轮木结合”生产作业法，既解决了国营运力不足，又增加了集体船舶的收入。

赣江之上成群的民船正将大批砖瓦运送到工地去，保证了基建工地物质的供应

1954年

概要

按照中央撤销大区一级机构的决定，中共江西省委、省人民政府直属中央领导。省政府举行委员会扩大会议，提出1954年全省的工作任务是：大力发展农业生产，加强财政、金融、贸易、交通运输工作，保证完成全省工作生产和基本建设计划；开好县、市人民代表大会，准备召开全省人民代表大会；健全和运用民主法制，巩固人民民主专政；加强文化、卫生建设，积极开展群众性的体育运动；大力培养国家建设必需的人才，特别是工业建设的科技人才和管理人才；大力提高人民的社会主义觉悟和文化水平，推进各项文教事业的发展。

江西省第一届人民代表大会 3月基层选举结束之后，各县、市相继召开人民代表大会，召开全省"人大"的条件已经成熟。7月，江西省第一届人民代表大会第一次会议召开，会议讨论了《中华人民共和国宪法（草案）》，并通过省政府《拥护〈中华人民共和国宪法（草案）的决议〉》；审查和通过了《江西省人民政府关于五年来施政工作报告》；批准了省政府《关于1954年工作任务的决定》和《江西省1953年财政收支决算和1954年财政收支预算》；选举产生了省政府机构领导。并作出了《关于开展增产节约、生产救灾运动的决议》。

整顿乡政权组织工作 各乡政府设立生产合作、民政、财粮、文教卫生、人民武装、治保和调解委员会。

手工业改造 4月，全省第一次手工业供销合作会议确定了当年手工业改造的基本任务，要求积极发展手工业的供销合作，稳步发展手工业的生产合作，巩固提高现有的生产合作社，积极支援国家的工业建设和满足城乡人民需要，逐步实现个体手工业的社会主义改造。

全省国营和合作社商业进行第一次经营分工 工业品归国营，手工业归合作社；土产出口产品归国营，内销产品归合作社；国营搞批发，合作社搞零售；农业生产资料归合作社经营。与此同时，全省大力开展互助合作运动，认真办好农业生产合作社，稳步发展手工业生产合作社；确定1954年对手工业进行社会主义改造的基本任务。

计划经济体制的确立 江西省计划委员会成立，随后各地、县（市）和各部门相继建立计划管理机构。全省列入计划管理的统配物资有112种，部管物资115种，这些物资完全实行计划分配。在战乱结束不久，计划经济体制便于把有限的财力、物力和技术力量集中起来，统一使用，大体上满足了各项建设的需要，但有很大局限性。在全国统一计划下，江西只能重点发展原粮、原棉、原木、原矿，而对工业、交通、科技、文教投资有限。

文化领域的思想批判 从1954年秋开始，全国在文化学术界开展了一系列思想批判斗争。12月上旬，江西省文艺界、教育界结合本省个别作品，开展了对《红楼梦》研究中资产阶级唯心主义观念的讨论和批判。

其他重要事件 在全省城市和农村普遍开展宪法草案的宣传和讨论。全省开始实行粮食预购。全省范围内全面展开征收公粮与粮食统购统销。新中国生产的第一架飞机在洪都机械厂试飞成功。南昌柴油机厂试制成功我国第一台小型（30马力）移动式空气压缩机。全省多条公路修竣通车。

特大水灾 江西遭受百年未遇特大水灾，受淹农田730余万亩，粮食减产约17亿余斤，受灾群众367万人，全省各级党政领导机关动员大批人力物力支援灾区，2万多名干部和50多万军民参加抢险救灾，政府发放1000多万元救济款。洪水过后，政府再拨款1400万元，用于生产救灾和修筑复堤堵口工程。帮助灾区人民恢复生产，重建家园。同时，国家拨款469万余元，支援鄱阳县水利修复工程。全省沿江滨湖2000多公里圩堤堵口、加固工程也全面动工。增产节约生产救灾运动在全省范围展开。

全省本年经济指标完成情况 全省遭受百年未遇大水灾，后又出现严重旱情，但农业生产除棉花、油料减产外，仍基本保持了1953年水平，粮食总产量达115亿斤（完成原计划的94.34%），农业总产值15.15亿元，比上年减少0.5%；全省工业总产值8.36亿元，比上年增长11.3%；全省财政收入2.74亿元，比上年减少8%。年末全省总人口1729.74万人，人口自然增长率18.34‰。至年底全省城市储蓄达1.142亿元，比1950年增加近10倍，其中职工储蓄占60%以上。

1954
1月
January

公元1954年1月							农历甲午年【马】						
日	一	二	三	四	五	六	日	一	二	三	四	五	六
					1 元旦	2 廿八	3 廿九	4 三十	5 十二月小	6 小寒	7 初三	8 初四	9 初五
10 初六	11 初七	12 腊八节	13 初九	14 初十	15 十一	16 十二	17 十三	18 十四	19 十五	20 大寒	21 十七	22 十八	23 十九
24 二十	25 廿一	26 廿二	27 廿三	28 廿四	29 廿五	30 廿六	31 廿七						

1日　南昌气象台成立，担负全地区地面气象观测、经纬仪测风、天气预报等业务。该台为江西省气象系统由部队转到地方后建立的第一个天气预报台。

南昌气象台成立时的办公楼

5日　九江港被中央人民政府外贸部定为江海联运港口之一。

5日　省财经委员会召开各专区和南昌、景德镇市的专员、市长、粮食局长会议，研究全省在完成购粮任务后如何进一步做好农村粮食供应工作。会议确定了“保管仓库，保证供应，群众满意，有利生产”的粮食供应工作的总要求，并对农村粮食供应制定了动员摸底、评议定量、分期供应三步做法，以逐步将农民引向计划经济的轨道。会议于8日结束。

6日　省工商联在南昌市百花洲路会址（办公大楼）开始动工。6月13日竣工。筹资共158万余元（旧币）。

7日　省政府下发《江西省人民政府任免国家机关工作人员新闻发布办法的规定》，《规定》要求：凡经中央人民政府委员会、政务院、省人民政府任免或批准任免的国家工作人员，概由新华通讯社、《江西日报》公告宣布。

8日　省特等模范互助组——萍乡县澜潭乡

彭光贤互助组转为农业生产合作社。彭光贤互助组成立于1950年春，一直在全乡的生产上起带头作用，并在1953年灾后，创造了粮食亩产1040斤的纪录。

萍乡县澜潭乡彭光贤农业生产合作社的社员和第四村的农民们，积极兴修水利，以争取1954年更大的丰收

12日 省政府发布通令，宣布成立省护林防火指挥部，由省财经委员会副主任兼省农林厅厅长邓洪任总指挥；以省林业局为办公室，办理日常事务；各专署及林区县亦应建立护林防火指挥部或办公室，负责指挥护林防火工作。

12日 省政府举行第一百九十一次行政会议，讨论全省推销国家建设公债的问题。决定在本月底成立江西省各级推销国家经济建设公债委员会。委员会下按系统成立分会、支会及推销小组，在全省开展公债推销工作。

14日 省委发出《关于在春节期间加强进

为了加强工农联盟教育，南昌市郊区农民在春节前参观了南昌市的许多工厂，使农民群众认识到国家工业化的重要意义。图为化工厂的工人们热烈欢迎来厂参观的农民兄弟

行工农联盟的宣传教育的批示》，指出：工农联盟的宣传教育是党在过渡时期总路线教育的重要组成部分和基本内容之一。要求全省各地在春节期间采用各种不同方式，集中开展工农联盟的宣传教育工作，使人民群众正确理解工农联盟的重大意义，形成工人、农民群众之间互助信任、互相支持、互相友爱的氛围，并进一步巩固和加强工农的亲密联盟。

17日 南昌地委互助合作训练班组织著名农业劳动模范、生产合作社社长等267人分别参观江西机械厂、新牲纺织厂、江西造纸厂。这次参观旨在加深工人和农民之间的友谊，使农民体会到只有工业发展了才有农业的发展。

19日 团省委向各级青年团组织发出通知，要求各级团组织积极协助各级政府推销1954年国家经济建设公债。

20日 南昌气象台首次在《江西日报》和江西人民广播电台发布灾害性天气预报。

20日 青年团南昌市委先后召开全市各工厂、工地先进青年生产者座谈会，向全市团员、青年工人发出关于学习王崇伦生产革新精神的号

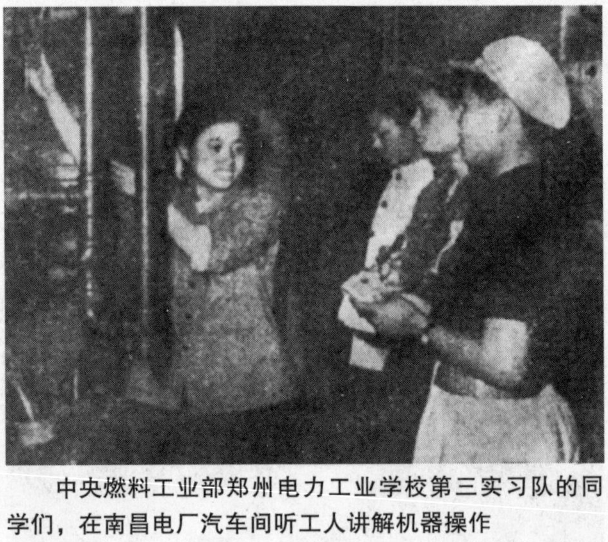

中央燃料工业部郑州电力工业学校第三实习队的同学们，在南昌电厂汽车间听工人讲解机器操作

召，在全市青年团员、青年工人中掀起了积极学习王崇伦生产革新精神高潮。南昌柴油机厂青年刨工龚腊根从1953年11月起到1954年3月止，改良工具3种，提高工作效率7.7倍，为国家创造了7000余万元（旧币）的财富，并推动了全组刀架和工具改良。南昌电厂青年工人万志明创

造了“方向电镀表”，对安全生产作出了贡献。江西机械厂青年工人胡春根改良了5种工具，提高生产效率3倍。

21日 中苏友好协会江西省分会在南昌市电影院举行纪念列宁逝世30周年纪念会。省市各界代表共900余人出席了纪念大会。会上，南昌市委书记郭光洲作了《纪念列宁，学习列宁主义，为在我国胜利地建成社会主义社会而斗争》的报告。同日，中苏友好协会江西省分会和南昌市分会举办列宁生平图片展，展出图片100多幅，展期4天。

21日 江西日报社邀请省工业劳动模范谈妙根、周德辉、罗来宏、裘邦治、虞宝盛、朱兰芬、卢希顺和省农业劳动模范易瑞生、彭光贤、卢炲一、万绍鹤、卢根堂、张成林、罗海保14人，座谈关于加强和巩固工农联盟问题。

21日 全省第三次劳动改造罪犯工作会议召开。会上传达了全国第二次劳改工作会议的精神，通过了1953年全省劳动改造工作总结及1954年劳改工作任务。会议于28日结束。

22日 农工民主党江西省委员会第一次代表大会在南昌举行。大会指出，要根据过渡时期总路线的要求，加强思想改造，积极参加国家经济建设和文化建设。省委统战部部长黄知真到会作《关于党在过渡时期的总路线》的报告。大会选举产生农工民主党江西省第一届委员会，主任委员为傅肖先。大会于28日闭幕。

23日 中国人民赴朝慰问团第五总分团团长邵式平及江西省代表40人结束在朝鲜的慰问活动后返回南昌。省市各界代表800余人在南昌火车站举行欢迎会。欢迎会上，邵式平介绍了慰问团在赴朝慰问3个月中的见闻，以及所受到的爱国主义和国际主义教育。

中国人民第三届赴朝慰问团第五总分团团长邵式平在省市各界代表欢迎会上讲话

25日 刘俊秀在全省第三次组织工作会议上指出，要保证年年增产，必须逐步推广一季稻变双季稻（包括中稻变早稻）、旱地变水田、荒地变熟地的“三变”增产措施。

25日 省委决定将原政法战线领导的统战工作部分划出，成立国家资本主义战线党组，由黄知真负责（1954年12月，改称国家资本主义办公室党组；1956年6月，该办公室被撤销）。

25日 省工会联合会发出《关于协助政府做好公债宣传与发行的指示》。要求在发行公债中，必须实行完全自愿原则，不能用摊派或挑战等方式进行认购。省工商联主任委员潘式言在江西人民广播电台作《全省工商业者发扬爱国主义精神，踊跃认购国家经济建设公债》的广播讲话。

26日 省商业厅召开全省各专区、市工商科、局长及各国营公司经理联合会议。会议提出了妥善安排市场的方案，要求全省各地正确贯彻对私营工商业利用、限制、改造的政策，根据需要，有计划、有步骤地发展各种形式的国家资本主义；要求全省各地国营商业按计划收购油料、烟草、棉花、土糖、毛猪等农副产品，以满足工农生产和人民生活及出口的需要；要求全省各地国营商业和合作社必须组织小型物资交流会，以活跃城镇市场。会议于30日结束。

29日 省政府发出《关于推销1954年国家经济建设公债的指示》，并公布《江西省各界认购1954年国家经济建设公债及缴纳债款领取债券办法》。当年，中央分配全省建设公债总额为1287万元（旧币），实际完成1516万元（旧币）。

30日 省政府在《江西日报》公布《关于春季造林工作的指示》，要求全省各级政府应加强督促检查和技术指导，以村或若干户为单位，以农业社和互助组为基础，采用以工记股、按股分红的办法，在2月19日以前完成合作造林任务。并动员群众在有条件的地方种植杉木，以发展杉林。

30 日 省政协举行认购 1954 年国家经济建设公债座谈会。号召各界在积极进行推销和认购的同时，做好宣传和组织工作，保证公债推销和认购工作的顺利进行。

本月～3 月 苏联专家组组长鲍列那耶夫等 28 人到大吉山、西华山、岿美山钨矿收集设计资料。

本月～4 月 苏联专家舍廖娃和万波夫到赣州有色试验所考察，建议采用台浮方法进行高硫毛砂黄铁矿的选矿。该所主任工程师孙善伦等根据这一建议研究出一套粒浮工艺，解决了黑钨精矿脱硫问题，使产品达到外销标准，还综合回收了多种有色金属。该成果 1955 年获得重工业部重大技术成就奖。

本月 全省各级人民法院为适应经济建设发展的需要，积极开展公证工作（据统计，截至 8 月，全省共受理公证 6274 件，其中 95% 左右均系公私之间的加工、订货、建筑、运输、承揽、统购、包销、批购、代销等合同公证）。

本月 景德镇市第一届人民代表大会召开，并选举产生该市新一届人民政府。

本月 萍乡市第一届人民代表大会召开，并选举产生该市新一届人民政府。

本月 全省各专区全部完成了农业生产合作社干部训练工作。参加这次训练的干部共有 1521 人，其中县、区专职干部及驻社干部 408 人，农业生产合作社社长、会计等 1113 人，为迎接互助合作运动高潮的到来创造了有利的条件。

本月 中南有色金属分局决定：成立杨眉寺钨矿；撤销新华矿场，成立赣州办事处；在赣州成立第二工程公司和设计公司（当年该公司迁往湖南长沙）；将长沙试验所并入赣州试验所，改名为中南有色金属局赣州试验所；赣南粤北地质勘探大队改名为中南分局地质勘探公司。

本月 由南昌市 600 余名手工业工人和小手工业者组成的漂染、针织、染织、皮件、皮鞋、藤器、木器、牙刷、机器修造、服装 10 个生产合作社，通过改进技术、增添设备、扩大生产等措施，资产已由创建初（1951 年）的 3.1 亿元（旧币，下同），发展到现在的 16.4 亿多元。

南昌藤器生产合作社生产的藤椅、藤箱和摇床等不但畅销本省，而且远销东北等地

南昌市第一皮鞋生产合作社由于采用了流水作业法，使产品质量高、成本低，东北各地鞋商纷纷前来订货

1954 2月 February

公元 1954 年 2 月							农历甲午年【马】						
日	一	二	三	四	五	六	日	一	二	三	四	五	六
	1 廿八	2 廿九	3 春节	4 立春	5 初三	6 初四	7 初五	8 初六	9 初七	10 初八	11 初九	12 初十	13 十一
14 十二	15 十三	16 十四	17 元宵节	18 十六	19 雨水	20 十八	21 十九	22 二十	23 廿一	24 廿二	25 廿三	26 廿四	27 廿五
28 廿六													

1 日　省农民协会发出公开信，向全省农民祝贺新春佳节，号召全省农民学好党的总路线，提高思想觉悟，坚定走合作化道路的信心和决心；加强互助合作社组织，逐步实现对农业的社会主义改造；积极参加普选，巩固人民民主专政；进一步开展增产节约运动和做好拥军优属等方面的工作。

2 日　省政府公布施行《江西省木材经营管理实施办法》。

9 日　省市机关、人民团体第一次国家经济建设公债推销分会成立。

9 日　省政府发出《关于加强司法工作的指示》。主要内容有：从司法方面保障社会主义工业化和农业、手工业、资本主义工商业社会主义改造的顺利进行；各级政府应加强对法院工作的领导；随着土改结束，应立即将土改法庭撤销，建立巡回法庭；某些被长期调去搞其他工作的院长应立即调回法院或调整解决，应尽可能减少法院审判员以上干部的流动，使法院干部专业化；重申除公安、检察、审判机关外，其他机关无捕押权。

9 日　政协江西省委员会常务委员会第十一次会议与抗美援朝江西省分会常务委员会举行联合会议。会议决定：组织全省人民慰问人民解放军代表团中南总分团江西分团，慰问驻赣中国人民解放军部队。

全国人民慰问解放军代表团江西分团到达江西军区时，受到指战员们的热烈欢迎

9 日　全省第七次司法工作会议召开。出席会议的有全省 96 个法院的正、副院长及负责人共 125 人。大会总结与布置全省司法工作。要求司法工作者深入工矿企业、交通运输部门，深入互助合作运动，深入市场和各种经济部门中，使

司法工作更好地为党在过渡时期的总路线服务。会议于18日结束。

9日　全省第三届农业工作会议在南昌召开。会议检查、总结1953年全省农业生产，确定1954年全省农业生产的方针任务是：继续贯彻党的总路线的宣传教育，大力搞好互助合作，全面开展爱国增产运动，为完成1954年增产任务而努力。会议期间，省政府主席邵式平和省委副书记刘俊秀到会作指示。会议于26日结束。

10日　中南区大城市球类比赛在南昌市人民体育场举行。参加比赛的有中南区体育运动委员会体育大队、武汉市、广州市、广东省梅县与南昌市5个单位，参赛运动员303名。共进行了34场比赛和示范表演。其中，广州市代表队获得了足球、男子排球、女子篮球比赛的第一名；武汉市代表队获得了男子篮球第一名；南昌市代表队获得了女子排球第一名。共有8600多名观众观看了比赛。比赛于15日结束。

中南区大城市篮、排、足球比赛大会在南昌市人民体育场开幕

中南区大城市球类比赛第一场足球赛由武汉代表队对南昌代表队，省政府主席邵式平为球赛开球

10日　省交通厅召开全省第四届交通会议。会议确定今后全省在交通运输方面的工作。会议要求：全省交通运输部门必须遵循党的总路线和中央对地方交通工作的方针，加强国营经济的领导地位，对私营运输实行统一计划、统一货源、统一运价、统一调度，将其运输力纳入国家计划内，满足运输的需要；加强地方国营运输企业的计划管理；加强公路养护与航道保护，逐步提高公路标准，并有重点地疏通航道。会议于17日结束。

11日　团省委发出《关于组织团员和青年参加农村两条道路讨论的通知》。要求全省团组织在各级党组织的领导下，组织团员和青年开展“关于农村两条道路”的讨论，通过讨论，提高农村团员和进步青年的社会主义觉悟，划清社会主义与资本主义的思想界限，明确前进方向。

12日　全省第九次公安会议在南昌召开。会议主要研究镇反运动结束后，怎样从公开的斗争向加强经常性公安保卫工作转轨的问题。会议于21日结束。根据这次会议的部署，全省开展了打击惯盗、惯窃和一贯违法犯罪的窝主、流氓、骗子、台基、老鸨的斗争。截至本年5月，全省共捕获各种刑事犯罪分子2109名。

13日　省人民法院通知全省各县（市）人民法院加强公证工作，已建立公证制度的法院，要建立公证室，订立公证制度的工作程序；凡未建立公证制度的县法院应指定1名至2名审判员或书记员兼办公证业务。

15日　省政法委员会近期召开全省政法部门负责人会议，讨论1954年政法工作的方针和任务。会议就政权建设、司法、检察、民政和革命老根据地工作，提出了任务和要求。要求各级司法部门必须在各级党政统一领导下，严格划清无产阶级与资产阶级思想界限，发扬艰苦朴素工作作风，防止主观主义和官僚主义现象的发生。

17日 全国人民慰问人民解放军代表团第五总分团江西分团成立，朱开铨任团长。慰问团分数路向驻赣人民解放军和公安、铁道兵部队以及正在学习和休养的革命军人慰问。

20日 省委、省政府发出《关于开展选评农业爱国增产劳动模范的指示》。要求各地根据不同情况，通过典型范例，并结合互助合作、粮食供应及普选等工作，提出选评劳动模范的标准，评选出农村中大面积增产的互助组、农业生产合作社及社中的优秀骨干。

20日 省委、省政府发出《关于继续扫盲工作，加强对扫盲工作的具体领导的指示》。

22日 省卫生厅召开全省卫生行政会议，参加会议的有全省各级卫生组织和医药卫生机构负责人共353人。会议总结了4年来全省卫生工作的成绩与不足，明确了今后卫生工作的方针与任务。要求全省各级卫生组织贯彻党在过渡时期的总路线，努力增进人民的身体健康，为国家经济建设和国防建设服务。会议于3月6日结束。

23日 省编委下发《江西省1954年各级党政群机构暂行编制及其说明的通知》，定编原则是精简行政机构，紧缩行政开支。

23日 全省第四次互助合作会议召开。会议全面总结全省1953年互助合作运动的经验，确定1954年全省互助合作运动的具体方针。要求认真办好农业生产合作社，积极组织常年互助组，大量发展临时季节性互助组，密切团结单干农民，全面开展爱国增产运动。会议于3月6日结束。

25日 全省财政、税务会议召开。会议检查、总结了1953年全省财政、税收工作，并确定1954年财政、税收工作方针与任务。会议要求：全省财政、税收工作应在中央统一领导和计划下，增加生产，扩大物资交流，积极培养财源；注意厉行节约，反对浪费，以增产增收、积累资金，保证国家的重点建设；加强国防力量，逐步改善人民生活。会议期间，省政府主席邵式平到会作指示。会议于3月9日结束。

26日 全省建筑工程先进经验观摩表演大会在南昌举行。参加这次观摩表演大会的有中南行政委员会建筑工程局，湖北、湖南、河南、广东、广西五省和武汉、广州两市的参观代表团及全省各专区、矿山、铁路、南昌市等建筑单位的职工代表共2000余人，观众达4万余人。观摩大会分室内和露天表演两部分：室内有设计、计划管理、合理化建议、先进工具及预制品等展览；室外表演有“木工流水作业法”、“泥工双手桥浆法”、“抹灰工流水作业法”、“材料堆放法”等单项工种操作表演及多工种联合操作表演。

27日 省农林厅水利局在《江西日报》公布《江西省今后农田水利工作的方针和任务》。提出全省今后农田水利工作的方针任务是：抓紧时机，广泛开展小型水利兴修；巩固原有圩堤，加强堤防管理，并建立永久性防洪与修堤机构；充分发挥机械交通作用，整顿与改进机械排灌站；解决好工程遗留问题，并做好水利基础工作，为今后大规模水利建设做好准备。

28日 陈奇涵被任命为中国人民解放军军事法院院长。由肖元礼接任省军区司令员职务。

28日 雅克－18飞机的成套图纸资料于月底从苏联运到国营三二〇厂。该资料的理论数据和主要结构可用于整机试制。因而缩短了试制飞机的时间，5月初完成了第01架飞机的全部部件。

本月 全省国营和合作社商业进行第一次经营分工：工业品归国营，手工业品归合作社；土

江西省合作汽水厂为满足人民群众暑天的需要，生产了大批汽水供应市场

产出口产品归国营，内销产品归合作社；国营搞批发，合作社搞零售；农业生产资料归合作社经营。

本月 省委为纠正某些厂矿在生产计划中存在保守倾向和在生产上出现前松后紧现象，组成4个重点检查组，分赴南昌柴油机厂、江西机械厂、新牲纺织厂、江西火柴厂、江西化学制药厂等单位进行检查。

本月 省委、省政府决定成立江西省高等学校工作委员会。

本月 省委发出《关于进一步深入对职工群众进行总路线宣传教育的指示》。要求各地必须结合职工的思想实际，结合增产节约运动，有组织、有计划、有准备地向职工全面讲解党的总路线的内容，使职工深刻了解实现社会主义工业化的重大意义，了解工业化是对农业、手工业和资本主义工商业的社会主义改造的物质基础，提高职工的社会主义觉悟。

1954
3月 March

公元1954年3月							农历甲午年【马】						
日	一	二	三	四	五	六	日	一	二	三	四	五	六
	1 廿七	2 廿八	3 廿九	4 三十	5 二月小	6 惊蛰	7 初三	8 妇女节	9 初五	10 初六	11 初七	12 初八	13 初九
14 初十	15 十一	16 十二	17 十三	18 十四	19 十五	20 十六	21 春分	22 十八	23 十九	24 二十	25 廿一	26 廿二	27 廿三
28 廿四	29 廿五	30 廿六	31 廿七										

1日　省政府、省军区发出指示，要求虎患严重地区的武装部、民兵和剿匪部队，组织打虎工作。

2日　景德镇市开工兴建河西人民公园（7月6日建成开放，公园占地面积7公顷）。

4日　由省农林厅水利局组织的15个检查组，分赴各专区防洪、抗旱重点县，检查防洪抗旱工作。

5日　全省开展多种活动，纪念斯大林逝世一周年。中苏友好协会江西省分会、南昌市分会、省图书馆联合举办图片展览，展出百幅苏联社会主义建设图片；新华书店南昌支店设立斯大林著作的柜台；南昌市四家电影院放映有关斯大林生平事迹的电影；江西人民广播电台也播发了纪念专稿和歌曲。邵式平为此在《江西日报》发表《加紧学习斯大林的学说，把我国建设成一个伟大的社会主义国家》的专题文章。

5日　省委宣传部召开全省中等学校工作会议，研究加强党对学校工作的领导、贯彻党和国家教育方针和知识分子政策问题。会议于10日结束。

7日　省政府发出《关于加强粮食集运和保粮护仓工作的指示》，要求各地在春耕前完成分散存粮库的集运工作的同时，应对粮库的粮食进行认真检查，保证所有仓粮不受霉烂损失；应健全粮库保管制度，严明保管责任。

8日　省市各界妇女900余人举行庆祝“三八”国际妇女节纪念大会。大会号召全省妇女在不同工作岗位上，宣传和贯彻党的总路线、继续宣传贯彻婚姻法、向苏联妇女学习、宣传和加强以苏联为首和平民主阵营的伟大力量，为缓和国际紧张局势、保卫世界和平而奋斗。

10日　省文物管理委员会举办“江西省文物展览会”，展出珍贵文物1220余件。

10日　《劳改工作研究》创刊。该刊主要介绍狱政、管理、教育罪犯和生产财务管理、犯人管理等各项工作的经验和方法，读者为劳改工作干部（1956年6月15日停刊）。

11日　《江西日报》以《紧密结合实际、划清界限，进一步广泛深入地开展农村两条道路讨论》为题发表文章，就1月19日该报发表瑞金县红星农业生产合作社社长刘之忠《我为什么要坚决走社会主义的光明大路》的自述以来，对全省开展关于农村两条道路大讨论进行总结。文章要求划清商业与副业的界限、农业生产合作社搞副业与农业社集体利益的关系，使社员进一步辨明方向。文章指出，通过这一讨论，推动了互助合作运动的发展，并开创了对农民进行社会主义思想教育的先例。

12 日 全省党政机关、事业单位工人的家属生活补助费、家属医药补助费、多子女补助费等合并为一项，统称为工作人员福利费。福利费使用，按中央人民政府《工作人员福利费掌管使用办法的通知》执行。

13 日 越南驻华大使黄文欢访游庐山。

15 日 省委发出《加强干部文化教育工作的指示》，要求各地大量培养和提拔工农干部，有计划地提高他们的政治、文化、业务水平，使他们成为各项建设事业的骨干。

15 日 团省委召开青年团地、县委书记联席会议，确定今后农村团组织的主要任务为：团结广大青年群众，积极参加互助合作，发展农业生产，完成和超额完成 1954 年国有农业增产计划。会议于 23 日结束。

16 日 省政府批准省编委《关于精简行政机构，处理编余人员的报告》，要求各单位对精简后的编余人员切实按《报告》确定的原则，妥善安置，防止草率从事，强迫命令或“一脚踢开”等不负责的做法。

16 日 省建筑工程局从所属建筑公司抽调工程师、技术员和技师共 58 人，赴东北支援全国重点工程建设（4 月 3 日，又抽调第二批干部 195 人支援国家重点工程建设）。

17 日 省委农工部、省农林厅近日召开全省农场工作会议。会议强调指出：要加强国营农场领导，改进经营管理，精打细算，杜绝浪费，降低成本，提高产量，充分发挥增产示范作用。

18 日 省财政经济委员会发出通知，规定在新发展的工矿区，统由国营商业、合作社商业供应日用品，私商不得前去发展。在工矿区设立商店、合作社、粮店、银行、税务及各种服务机构。

19 日 省文化事业管理局日前召开文化馆、站工作会议，学习党的总路线和文化部《关于整顿和加强文化馆、站工作的指示》。会议确定了 1954 年文化馆站的工作方针任务是：积极为党的总路线服务，通过各种群众性文化活动，满足工农劳动群众的文化需要，并以爱国主义和社会主义精神教育人民，使其成为保卫与建设祖国的积极参加者。

为开展群众性的音乐活动，赣州市文化馆组成以工人为主的赣州市业余合唱团

20 日 全省粮食计划供应工作近日在全省城乡全面展开。全省将通过 2500 个供应站，保证充分供应，满足人民对粮食的需要。此前，南昌、景德镇等七个城市和全省的县城、圩镇已分别于 1953 年 11 月、12 月开展了粮食计划供应。

21 日 省委在《江西日报》公布《江西省 1953 年互助合作运动总结》。总结指出，在 1953 年互助合作运动中，全省组织起来的农户数量占总农户的 25%，数量有所增加，质量也有所提高。在生产上，组织起来的农民都超过单干农民。“单干不如互助，互助不如合作”已被广大农民所公认。

21 日 乐平—德兴公路修复竣工，并试通车。这条公路的修成，便利了赣西北与赣中的交通，推动当地经济的发展。

22 日 第三次全省工业会议召开，确定以加强计划管理，实施生产区域一长制为全年的工作中心。指出工业只有解决了计划管理、技术管理、财务管理这三个方面的问题，企业管理的水平才能提高。会议于 4 月 5 日结束。

23 日 省委召开省、市和南昌地、专直属机关及其所属工厂、企业党员干部大会，动员学习党的七届四中全会文件。邵式平在会上作动员报告。报告要求各级干部，尤其是领导干部必须联系自己的思想和工作实际进行学习，进一步增强党的团结，改进党的领导方式，提高工作水平。

23日 贵溪县十一区樟坪乡正式成立畲族自治乡人民政府。在选举自治乡人民政府时，全乡433名畲族选民有412人参加投票。该乡畲族同胞敲锣打鼓，穿着民族盛装，载歌载舞，举行了隆重的庆祝活动。

贵溪县畲族樟坪乡

25日 根据国家内务部《关于健全乡政权组织的指示》，全省开始整顿乡政权组织工作，要求已成立的乡政府，设立生产合作、文教卫生、人民武装、民政、财粮、治保和调解委员会。

25日 省委农村工作部与省合作总社联合召开全省首次手工业生产合作会议。会议确定手工业合作工作的基本任务是积极发展手工业供销生产小组，重点试办手工业供销生产社，稳定发展手工业生产合作社，巩固提高原有社。会议于4月13日结束（至年末，全省有手工业合作组织1745个，社员34149人，为1953年的5.48倍）。

25日 省文学艺术界联合会召开委员会扩大会议。参加会议的有省文联全体委员和省文学戏剧、音乐、美术各协会委员共113人。会议以文学艺术工作如何服务于国家的总路线为中心议题，结合检查全省的文学艺术创作活动，整顿了文联组织，改变其团体联合会的性质为吸收个人会员自愿结合的组织。会议选出了由37名正式委员和4名候补委员组成的新委员会。选举李定坤为省文学艺术界联合会主席，石凌鹤、时佑平、刘天浪为副主席。会议于30日结束。

26日 省合管局向全国供销合作总社汇报全省供销社民主选举工作。据统计，到3月10日，基层供销社召开社员代表大会的占80%以上，县合作社成立县联社的有25个，占30.49%。

27日 省政府批准以原省建公司部分人员组建江西省第一建筑工程公司；以原建工局设计室留下的部分人员与原省建公司部分行政干部和上饶工程处部分人员组成江西省第二建筑工程公司。

29日 省津贴工资评议委员会发出通知，就1953年个别调整工资津贴问题作出几项规定：（一）各单位对可高可低、可动可不动者均不任意调整；（二）新提拔的干部，如确系职级不相称者，可做适当调整。

30日 省政府决定，八一革命大学改为江西省行政学院，主要负责政府系统中县级和区级干部的培训。

31日 省政府行政会议作出《关于清偿老苏区各种革命公债的决定》（7月1日开始清偿，由省各级人民银行办理还本付息具体手续）。

本月 省农林厅邀请全国水稻害虫专家30余人来江西商讨春耕治螟问题，省农林厅长邓洪主持座谈会。邵式平到会并讲话。

本月 省地质勘探队在井冈山北部探明两个铁矿蕴藏区。两处铁矿分布在离地面500米以内的范围，有的仅离地面几十米，具有极大的开采价值。

井冈山某铁矿区的地质人员在槽探内采取铁样后加工敲碎，以便化验

本月 省委决定撤销赣州地委，成立中共赣

南区委员会（同年6月正式成立。1956年9月，赣南区委设立常委会。赣南区委成立后，领导原赣州地委所属的17个县委、1个市委。1954年7月，广昌县委从抚州地委划为赣南区委领导。此后，赣南区委共领导18个县委、1个市委）。

本月　省委在《江西日报》公布《关于大力开展爱国增产运动的指示》。该指示要求：全省各地必须加强领导，统一认识，抓住中心，全面开展爱国增产运动。在增产运动中，各地必须对干部群众进行党的总路线教育；切实加强与自然灾害作斗争；帮助农民解决生产与生活资料的困难。并通过贯彻“科学技术与群众实际经验相结合”的方针，改进耕作技术，争取全年农业增产增收。

1954
4月
April

公元1954年4月							农历甲午年【马】						
日	一	二	三	四	五	六	日	一	二	三	四	五	六
				1 廿八	2 廿九	3 三月大	4 初二	5 清明	6 初四	7 初五	8 初六	9 初七	10 初八
11 初九	12 初十	13 十一	14 十二	15 十三	16 十四	17 十五	18 十六	19 十七	20 谷雨	21 十九	22 二十	23 廿一	24 廿二
25 廿三	26 廿四	27 廿五	28 廿六	29 廿七	30 廿八								

1日　南昌市私营伯特利玻璃厂实行公私合营，改名为江西玻璃厂；私营培康国药提炼厂实行公私合营，改名为南昌培康国药制剂厂。

1日　省政府办公厅召开全省档案工作会议，讨论通过《江西省人民政府档案管理试行办法（草案）》（15日，邵式平签发颁布《江西省人民政府关于加强各级政府机关档案管理工作的指示》、《江西省档案管理办法》）。

1日　省委批准《江西省1954年基本建设计划》。

1日　根据国家财经委员会《关于一九五四年农产品预购工作的指示》，全省开始实行粮食预购，按预购粮食总值15%～25%标准预购定金，供售粮户购买生产资料等用。预购对象为有统购任务的农业社、互助组、贫农、下中农，对富农只预购不付预购定金。

1日　省政府决定：全省实行油脂派购，在部署油料生产时，同时确定交售给国家油料统购任务数量，使生产油料的农民按交售任务和自食需要安排油料种植面积。

1日　省防汛总指挥部成立。指挥部下设秘书、情报、工务等科和4个机动抢险队。办公地点设在省水利局内。邵式平兼任指挥部主任。

1日　樟树镇新建火力发电厂土木工程全面动工。该厂建筑面积为1700平方米，发电能力比原电厂增加3倍。

3日　省护林防火指挥部在《江西日报》上发布紧急通报，指出截至目前，全省共发生大小山火433次，被烧山地21万余亩，烧毁林木260多万株。通报要求各地制止当前许多地区山火不断发生的严重事件，完善护林防火办法，进一步落实护林防火责任，确保森林资源不受火灾侵害。

3日　省妇联向全省各级妇联发出指示，要求各级妇联向广大妇女进行党的总路线的教育，提高妇女的社会主义觉悟和生产热情；充分发动妇女参加农业生产，解决妇女有关同工同酬、家庭生活等方面的问题，使妇女安心投入农业生产。

5日　清明节，省政府主席邵式平、省政府副主席方志纯、南昌市市长张云樵及省军区司令员、省民政厅厅长等率省、市各界代表80余人，前往瀛上烈士墓祭扫，敬献花圈。

5日 全省最大的机械水利工程——永修县九合圩第一抽水机站竣工，举行开闸放水典礼。这座抽水机站有两部150马力的蒸汽机和8台14英寸螺旋式水泵，土木工程有机器房、水闸和渠道及其他附属建筑等，水渠总长37华里，可保证2.2万亩稻田免受旱灾、水灾威胁。

5日 全省第二届统计工作会议召开。会议结合本省具体情况，制定1954年全省统计工作计划。对过渡时期的不同经济成分，将采用不同的统计调查方法，密切与计划工作相结合，以使统计工作在社会主义经济比重不断增长过程中得到不断提高。会议于13日结束。

5日 省财政经济委员会召开全省运输计划会议。会议认为：为改变全省运输分散、盲目、本位和无人负责的现象，使交通运输业更好地为国家社会主义建设和社会主义改造服务，必须做到：（一）交通运输部门和物资生产部门必须统一思想认识，整顿观念，共同贯彻执行运输计划，以保证产、运、销各项计划的全面完成；（二）建立和加强运输计划的组织机构，加强具体领导；（三）大力提高运输计划质量，反对夸大、落空、变更频繁，逐步消灭无计划托运，并贯彻1954年度运输计划指标；（四）重视安全运输；（五）进一步摸清物资情况，大力组织货源，实行物资排队，做好平衡运输。

5日 省文化局举办的电影放映队轮训班和新培养放映干部训练班开学。训练班学习的目的，是为了进一步提高放映干部的政治思想水平，加强业务学习和熟悉电影队、院企业化经营管理方法，使新学员学会放映机、发电机的操作规程及其原理、提高检修技术等。

6日 省工业厅召开全省铁厂会议。会议确定：全省应大力发展毛铁生产，满足农民对毛铁日益增长的需要。要求各铁厂今后必须采取有效措施，改进化铁炉等主要生产设备，实行长年连续生产；改进技术，提高成品质量；改善经营管理，提高生产效率。会议决定：在萍乡、九江、上犹、高安、南丰、上饶等地新建6个铁厂，在永新、莲花两地改建2个铁厂。

7日 全省基层选举工作自1953年6月开始，历时9个月，至1954年3月底，9793个基层单位选举工作全部结束。参加全省基层选举工作的干部有55209名，其中指导干部34661名，技术干部20548名。

9日 中国人民银行江西省分行提出贯彻开展“健全制度、厉行节约、严惩贪污、反对浪费”工作的具体计划。

10日 省政府发出《关于1954年上半年发放农业生产贷款的指示》。该指示要求：全省各级政府应把农贷工作作为互助合作与农业生产工作的重要组成部分，及时组织收货，指导所属财委、农林、贸易、合作、银行、交通等部门，互相配合，实行生产资料供应与货币投放相适合，推动农业生产发展。在农贷资金使用上，要优先支持国营农业及互助合作的需要，并适当照顾单干农民和手工业者，使有限的资金发挥更大的效能。

政府部门在为农民发放耕牛贷款

11日 《江西日报》发表题为《开展安全生产运动，确保水陆交通安全》的社论（4月1日，省交通厅曾向所属内河航运管理局、运输局、公路局发出第二季度内开展全省性安全生产运动的指示）。

12日 省政府发出指示，要求各地切实办好现有农场，积极发展新场，稳步建立起社会主义基础。同时指出，国营农场是社会主义的农业企业，其任务是为国家增产商品粮食及其他农产品，积累资金、经验和培养干部，对农民起示范作用。

13日　省政府发出《关于加强对耕牛的繁殖、保护，允许耕牛自由调剂的指示》。要求各地加强对现有耕牛的饲养管理和爱护，加速耕牛的繁殖，大力开展爱国增畜工作，并注意解决耕牛的余缺调剂。

13日　《江西日报》报道，高安县一区三潭乡全川农业生产合作社建立管理制度，按期公布账目，提高了社员们的生产积极性和办社信心。该社财务管理制度规定：现钱由保管委员负责保管，用钱须由会计打条，经社长批准（2万元（旧币）以上现款要经社员大会批准）；买回来的东西要由验收员查验、盖章，才能报销；社财务由社务委员会审查后列表公布。

14日　庐山特别区人民政府发出《区政府代管房地产暂行办法的通告》，共10条。

15日　省委举行扩大会议，传达、贯彻党的七届四中全会决议精神。出席会议的有全体省委委员，南昌市委和各地委书记、专员，军分区司令员、副政委以及省级直属机关处长以上干部共170余人。会议听取了省委书记杨尚奎传达党的七届四中全会决议精神，进行了小组讨论和批评与自我批评，着重检讨与批判了个人主义、骄傲情绪、自由主义、分散主义和资本主义，并总结了克服这些缺点的办法。会议于29日结束。

15日　《江西日报》刊登了省政府《关于做好代耕工作的指示》。要求：（一）各级政府对于当前的整顿代耕工作，必须抓紧督促检查；（二）对于代耕劳力的调剂，农民居住分散的部分乡仍以选区为单位计算代耕劳力，农民居住集中的乡，逐步做到以乡为单位计算和调剂代耕劳力，克服一乡之内代耕负担不平衡现象；（三）逐步改进和提高代耕方法；（四）为了使代耕负担合理，在烈、军属较多、代耕任务较重的12个老革命根据地县重点试行以财力补助代耕负担的办法；（五）其他各县，应结合代耕的检查整顿工作，调查各地群众的代耕负担情况，核算财力补助，报省民政厅，以便做好全面调整代耕负担准备工作（从1950年至1955年，江西省共发给了老根据地人民生产、生活补助费451298909元（旧币），为老根据地人民购买了大批生产资料和生活资料）。

发放给老根据地——会昌县杉背乡的部分耕牛

16日　全省1954年国家经济建设公债认购数已超过预计推销数，认购总数已达1736亿多元（旧币，下同），为预计发行数的133.3%。景德镇市认购数接近预计数的2倍，南昌市超过预计数78.8%。截至当日，已缴款192亿余元，占预计推销数的15%，为实际认购数的11.2%；南昌市缴款已达到实际认购数的18%。

16日　乐弋（乐平—弋阳）公路正式通车。

老革命根据地人民盼望多年的乐弋公路正式通车

17日　省文化事业管理局、省教育厅联合发出《关于注意并加强文物保护工作的通知》。

18日　省委农工部发布《江西去冬今春建社的几点基本经验》。几点经验是：（一）根据农村实际情况，制定可行的发展计划；（二）加强领导，训练骨干；（三）运用自我教育方法，做好思想发动工作；（四）正确处理劳力、土地、生产资料入社和利益分配；（五）订好生产计划，加强劳动组织；（六）整个建社过程，必须结合生产进行。

18日 《江西日报》报道，全省择定靖安县大屺、小屺、宜丰县黄冈山、宜春县武功山建立国营林场，面积达50余万亩，已完成造林面积达2625亩。新建的国营林场，将充分供应国家经济建设对木材的需要。

江西森林工业局樟树集材场，是中南地区最大集材场之一，全省所产木材多经这里集散。图为该场杉木集材区的一角

18日 省政府会同省政协邀请各民主党派、各人民团体负责人及有关单位代表，就全省组织参加宪法草案初稿讨论的名单、小组划分、讨论时间及有关具体问题进行研究。决定将参加讨论的代表编成9个小组，设立宪法草案初稿讨论办公室（5月6日，各小组根据宪法草案初稿讨论办公室规定，正式开始讨论，每周讨论两次，预计5月底结束）。

20日 省政府提出1954年农业生产方针任务：（一）普遍提高粮食作物单位面积产量，并开荒扩大耕地面积，扩大油料作物面积，注意发展其他经济（如棉花等）作物；（二）春季造林164万亩，育苗2733亩，抚育45.9万亩，更新17.3万亩；（三）繁殖牛、猪和家禽，改善饲养管理，做好防疫工作；（四）发展茶叶、水果和蔬菜生产。

21日 赣州市委指示所属各工厂、企业，组织职工群众向辽宁省鞍山钢铁公司机械总厂工人王崇伦学习。要求全市职工在进行党的过渡时期总路线教育的同时，结合学习王崇伦先进思想和事迹，把劳动竞赛向前推进一步，力争创造更大的成绩。

21日 省市各界成立各界人民庆祝“五一”国际劳动节筹备委员会，决定在“五一”前后广泛开展宣传活动。筹备委员会决定：筹备会下设办公室，自即日起开始筹备工作，决定于5月1日举行庆祝大会。规定由南昌市委宣传部组织省、市报告员，按原分配包干地区向各阶层群众作目前形势和任务的报告。各工厂、企业、基建单位，应充分运用各种宣传工具，宣传员应深入车间，采取座谈或漫谈等方式，动员全体职工广泛地开展增产节约劳动竞赛。

22日 江西省自然科学工作者第一次代表大会在南昌召开。大会选举产生了省科普协会和省科联筹委会委员。省政府主席邵式平在会上作《科学技术应积极为工农业生产服务》的报告。大会于29日闭幕。

22日 新建县召开区书记、区长联席会议，布置防汛防涝工作。4月，南昌专区个别地区山洪暴发，新建县九区被山洪淹没油菜田1100亩，大小麦390多亩；南昌县八区、九区冲毁圩堤3275个土方。各地组织群众做好防洪抢险准备工作。4月中旬，丰城县成立了防洪指挥部。

23日 省工会联合会发出《关于庆祝“五一”国际劳动节的通知》。该通知要求：（一）各地工会组织应在“五一”前后，请当地党的报告员，以厂矿或行业为单位作关于目前形势和任务的报告，并组织漫谈、讨论；（二）全国人民在中国共产党的领导下，执行党的过渡时期总路线，为把我国建设成为伟大的社会主义国家而奋斗；（三）各地应在“五一”前后对职工进行一次加强工人阶级内部团结并进一步巩固工农联盟的教育；（四）有条件的地方于“五一”进行文娱体育活动。

24日 《江西日报》报道，江西纺织厂在建厂过程中得到各方面的巨大援助。1953年8月，省建筑工程公司调派100余名工地主任、总工程师、技术员、行政干部援助该工程；1953年5月至6月，当该工程建材运输发生困难，市政建设局及时修复了长达10余里的富大有堤交通公路；省航运局、铁路、市搬运公司等交通运输部门，专门为江西纺织厂配备了运输工具；省工业厅材料供销处、五金器材公司、森林工业局、石油公司等单位，帮助解决了该工程所缺的建筑材料；其他单位和个人也作了相应的援助工作。

25日 《江西日报》发表题为《加强计划管理，实施生产区域一长制——贯彻中共江西省委第三次工业会议决议》的社论。

26日 江西省体育工作大队成立（1984年3月该大队改为江西省第一体育工作大队；1993年11月，根据省编制委员会决定，省第一体育工作大队改为江西省体育大队）。

26日 《江西日报》发表题为《领导群众增产棉花》的短评。并报道了乐平、进贤、九江等县举办短期棉农训练班，提高棉农植棉信心的做法。训练班针对棉农各种思想顾虑，着重讲解、讨论了国家奖励增产棉花政策及植棉耕作技术，并介绍了棉花丰产典型经验。

27日 按照中央政治局扩大会议撤销大区一级党政机构的决定，江西省委、省政府直属中央领导。

27日 江西纺织厂各车间近日全面开始试车，各种纺机达到安装质量标准。试车期间，细纱机罗拉转速每分钟200转，预计5月份可达到210转；断头率每千锭小时平均为250根，千锭小时产量为22.38公斤。

28日 南昌船舶修理厂首次建造的铁壳轮船“江龙号”下水。这艘大铁壳轮船是省航运局工程技术人员根据本省内河水浅、滩多等特点设计的，船体所用材料均为国产品，150马力，吃水深达2尺多，运载量300吨，不仅能在长江、鄱阳湖上航行，还能在省内较小的河道上行驶。

29日 全省文教工作会议召开，部署本年的文教工作。省政府主席邵式平等领导出席会议并发表讲话。会议认为，全省各地文教部门必须深入贯彻执行整顿巩固、重点发展、稳步前进、提高质量的方针，使文教事业纳入国家计划轨道；必须继续贯彻党对知识分子团结、教育、改造的政策，进一步增强文教队伍的团结，保证重点发展、提高质量，更好地为党的总路线、总任务服务。会议于5月12日结束。

29日 曾经赴14国演出并获得国际荣誉的中国杂技团第二队首次来南昌，在市工人文化宫电影部示范演出。

30日 江西纺织厂举行投产典礼。省委书记杨尚奎，省政府主席邵式平，省委副书记方志纯、刘俊秀、白栋材，南昌市委书记郭光洲参加了典礼。邵式平为该厂投产剪彩。

江西紡織廠紡部部分開工生産

《江西日报》关于江西纺织厂纺部部分开工生产的报道

本月 萍乡成立炼铁厂筹备处（1955年3月21日，省委决定，萍乡炼铁厂筹备处与江西炼铁厂筹备处、九江炼铁厂筹备处合并，厂址设在峡山口，厂名定为江西炼铁厂，隶属省工业厅领导）。

本月 西华山、岿美山、盘古山、画眉坳等钨矿全部转为国营。至此，全省钨矿山的职工人数共计34832人。

本月 沈阳3家私营电器厂迁往江西，合并组建江西电机厂，为公私合营企业。目前，该厂试制出0.6千瓦交流电机和6.3千瓦直流电机以及电风扇等。

1954

5月

May

公元1954年5月 农历甲午年【马】													
日	一	二	三	四	五	六	日	一	二	三	四	五	六
						1 劳动节	2 三十	3 四月小	4 青年节	5 初三	6 立夏	7 初五	8 初六
9 初七	10 初八	11 初九	12 初十	13 十一	14 十二	15 十三	16 十四	17 十五	18 十六	19 十七	20 十八	21 小满	22 二十
23 廿一	24 廿二	25 廿三	26 廿四	27 廿五	28 廿六	29 廿七	30 廿八	31 廿九					

1日　省委决定将省属的地方国营青山煤矿划归萍乡矿务局。萍乡矿务局设计生产能力15万吨的青山煤矿于“五一”节前动工兴建(1955年8月建成投产，当年达到设计产量)。

1日　南昌市各界举行庆祝“五一”国际劳动节大会，南昌市委书记郭光洲致开幕词，省委书记杨尚奎讲话。大会通过了致毛泽东主席和中国共产党中央委员会及中国人民志愿军的贺电。大会举行了5万余人的节日游行。

3日　省委召开全省干部工作会议。会议的中心议题是研究抽调干部转到工业建设和其他建设部门，检查调干的准备工作，以保证转移干部的数量和质量。会议对全省县级以上干部进行了全面的摸底；经过提名单、摆情况、逐个审查、分类排队，确定了调与留的干部名单，选拔了500多名干部转入工业建设和其他建设部门。会议于13日结束。

4日　《江西日报》报道，在社会主义建设事业中，全省青年作出优良成绩。在工业生产战线上，绝大部分青年工人和团员都完成与超额完成生产计划。大吉山钨矿青年团员罗克权创造了每台班掘进46立方米的全国新纪录，超过定额5倍以上；萍乡煤矿机厂自本年元月到3月底，全厂团员、青工提出37件合理化建议。在农业生产战线上，据东乡县统计，已组织起来的团员共计1977人，占全县从事农业生产的团员的75%；担任农业生产合作社干部和互助组长的团员有660人，占全县社干部、互助组长的60%以上。在与自然灾害做斗争中，模范团员邱普茂为了抢救6万亩田与洪水搏斗而英勇牺牲；临川县民兵许牛仔为保全人民生命财产，用身体堵塞闸口献出生命。

6日　省政府决定实行稻谷、大豆、小麦、棉花、油菜籽、苎麻、黄麻、烟叶、毛猪9种农副产品预购政策。

7日　省政府举行委员会扩大会议。省政府主席邵式平作《关于江西省人民政府一九五三年工作总结和一九五四年工作任务的报告》。方志纯副主席作《关于准备召开江西省人民代表大会的意见》的发言。邵式平在报告中提出：1954年全省工作任务是：大力发展农业生产，加强财政、金融、贸易、交通运输工作，保证完成全省工业生产和基本建设计划；开好县、市人民代表大会，准备召开全省人民代表大会；健全和运用民主法制，巩固人民民主专政；加强文化、卫生建设，积极开展群众性的体育运动。

10日 省商业厅召开全省商业工作会议。确定把组织农副土特产品货源作为工作重点。会议认为，必须发展各种形式的国家资本主义商业，在主要城市大量发展国营商业的批购业务，逐步推行代销和专业代理业务，重点试办公私合营。

松花皮蛋是宜春县的特产之一，它不但畅销本省，且远销东北、西北和华东等地。图为国营宜春县商店加工厂正在进行松花蛋加工

11日 赣州军分区组织部队、民兵对敌机空投细菌、昆虫区域进行为期两天的扑灭清毒。

12日 国内首次飞机静力破坏实验——初教5型飞机全机静力试验在国营洪都机械厂进行，并获成功。

13日 经国务院批准，撤销赣州专区，设立赣南行政区。全省现设1个行政区、5个专区、两个地级市、5个县级市、82个县、1个管理局。

14日 南昌市工人文化宫兴建落成，建筑面积3万平方米。

15日 江西省中医实验院成立。该院为江西中医学院附属医院前身。

15日 省政府发出《关于加强领导，继续努力保证完成棉花生产任务的紧急指示》，要求各级政府继续向棉农宣传党的总路线，加强领导棉区的互助合作运动，带领群众突击完成全年52.5万亩细绒棉的种植任务。同时，各地财经部门必须正确执行保护棉农利益的政策措施和经济措施，鼓励棉农搞好棉花生产，为保证任务的顺利完成创造有利条件。

19日 省政府公布《江西省征收育林费暂行办法》，规定按国营木材企业牌价征收5%的育林费。

19日 省政府主席邵式平签署《江西省人民政府执行政务院〈关于国家机关工作人员行政处分批准程序的规定〉的实施办法》。明令处分干部必须按该实施办法规定的程序和审批权限执行。

20日 省政府发出通知，决定建立各级手工业行政管理机构（8月14日，省手工业管理局由省合作事业管理局生产处改组成立。同年，各级手工业联社相继成立，手工业劳动者协会开始重点试办）。

20日 省委、省政府先后决定，省及省直辖市设手工业管理局，专署、专辖市及县设手工业管理科。

20日 省检察署召开全省第二次检察工作会议。出席会议的有省、市、专区（市）、县共29个检察机构的108名干部。邵式平等领导到会并作指示。会议传达了全国第二次检察工作会议的决议，并根据江西省的实际情况，提出了今后检察工作的主要任务是：大力开展城市工矿区的检察工作，保障资本主义工商业社会主义改造的顺利进行；检察粮食、税收、贸易工作中的犯罪行为，保障国家粮食统购统销的推行和税收、贸易任务的顺利完成；有重点地开展农村检查工作，保障互助合作运动和农业社会主义改造的顺利进行。会议于6月5日结束。

23日 以金应基为团长、李永镐为副团长的朝鲜人民访华代表团和随团而来的朝鲜人民军协奏团、国立艺术剧场、国立古典艺术剧场三个文艺团体，由中国人民对外文化协会会长楚图南陪同，来南昌市慰问志愿军伤病员和烈军属。活动于25日结束。

25日 全省第一座现代化的传染病防治医院在南昌市东南郊塘下万村开诊。

26日 省供销合作管理局发出《关于农村初级市场安排的初步意见》，要求所属各级单位贯彻全国供销合作总社《关于上半年在农村市场“踏步走”问题的报告》的原则，担负起领导初级市场和改造私商的任务，由合作社将初级市场包下来。

27日　省卫生厅召开全省首次旧医代表会议。江西、湖南、湖北、河南、广西及武汉、广州两市的卫生行政机关、医院的代表共142人参加。会议指出，目前全省有1.58万余名旧医从业人员，已有85%参加了卫生工作者协会，并组成了1131个联合诊所。会议要求各级卫生行政干部珍视旧医经验，团结旧医，指明旧医的努力方向，帮助旧医进步，发挥旧医力量，为国家有计划的经济建设服务。会议于6月9日结束。

30日　省首届中医代表大会在南昌召开。到会代表215人，省卫生厅厅长许德瑗作了《关于江西省五年来中医工作情况和今后工作意见》的报告。

31日　省教育厅召开高小、初中毕业生生产能手座谈会。会议于6月5日结束。

本月　萍乡矿务局高坑选煤厂63岁的技师郑茂崖制造木槽联合洗煤机取代人工洗煤。该洗煤机高18米、长30余米。使洗煤从筛到洗、运到装，全部实现了自动化。一部洗煤机一天一夜的洗煤矿效率相当于250个健壮劳动力的洗煤量。

本月　萍乡煤矿工程师李德纯和工人合作，在青山矿“五一”平峒推广苏联先进平行龟裂法获得成功。这一成功节约了坑木，由月进28米提高到月进70多米，加快了煤井建设进度。

本月　省委发出《关于处理今年初中、高小毕业生问题的指示》。

本月　江西财经专科学校改为南昌统计学校，归国家统计局领导，校长为王荫桐。

本月　萍乡县年丰乡易瑞生农业生产合作社积极拥护国家粮食政策，向国家预售5万斤稻谷。易瑞生是全省的农业劳动模范，在他的带动下，年丰乡的其他生产合作社和互助组踊跃向供销社商订预购合同，踊跃交售更多的粮食支援国家社会主义建设。

本月　江西省外科医院理疗放射科技术员曾谦梓试制输尿管导尿管成功，解决了医院长期缺乏输尿管导尿管的困难。

1954 6月 June

公元 1954 年 6 月 农历甲午年【马】													
日	一	二	三	四	五	六	日	一	二	三	四	五	六
		1 儿童节	2 初二	3 初三	4 初四	5 端午节	6 芒种	7 初七	8 初八	9 初九	10 初十	11 十一	12 十二
13 十三	14 十四	15 十五	16 十六	17 十七	18 十八	19 十九	20 二十	21 廿一	22 夏至	23 廿三	24 廿四	25 廿五	26 廿六
27 廿七	28 廿八	29 廿九	30 六月大										

1 日　团省委召开全省第一次少年儿童工作会议。省委副书记刘俊秀等出席会议并讲话。会议要求与会同志进一步明确在新的历史时期，要进一步加强和改进青年团对少年儿童工作，要以共产主义精神培养教育少年儿童一代，使之成为全面发展的社会主义新人。会议于 6 日结束。

南昌市举办少年儿童作品展览会。图为百花洲小学的学生在看展出的起重机模型

1 日　省政府发出《关于加强防汛工作的紧急指示》。进入 5 月以来，全省大部分地区连降大雨，河水猛涨引发山洪暴发。全省各河中下游水位大都超过警戒线，致使各河堤防受到严重威胁。指示要求全省各级政府在当前防汛工作中，必须做到：（一）提高警惕，继续加强防汛组织，落实防汛器材，做好圩堤防护工作；（二）积极作好堵口排水，大力救护禾苗；（三）及时抢修被洪水冲毁的各种灌溉工程。

1 日　省委、省政府先后联合举行欢送大会，欢送全省 561 名县级以上干部走上工业建设及其他建设岗位。会上，省委书记杨尚奎、省委第三副书记白栋材发表了讲话。这批干部大部分参加过解放战争，一部分参加过抗日战争和第二次国内革命战争，有较丰富的工作经验和政治觉悟，身体健康，文化水平都在初中以上。

1 日　华安针织内衣厂生产出全省第一批针织内衣。

2 日　国家计委分别批准江西大吉山（日采选综合能力 2650 吨）、西华山（日生产能力 2500 吨）、岿美山（日生产能力 2000 吨）的钨矿设计任务书，由苏联 7 个设计院分工进行设计。

3日　省、市工会联合会、团省委和江西人民广播电台，联合举行全省工人学习王崇伦技术革新广播大会。全省52万余名职工收听了广播大会。大会要求：全省工人响应全国总工会的号召，积极开展学习王崇伦技术革新运动，保证完成和超额完成本年国家的生产计划。

4日　江西省宪法草案讨论委员会成立。主任委员为邵式平，副主任委员为莫循、黄霖、刘一峰、欧阳武、于洪琛。

4日　省委宣传部发出《关于目前巩固与扩大互助合作组织的宣传教育工作指示》。指示指出，目前全省各地、县宣传部有必要集中进行一次向农民宣传有关互助合作的方针、政策的教育活动。在开展这项教育活动过程中，必须着重贯彻依靠贫农、巩固联合中农，逐步发展互助合作，限制富农剥削这一基本政策；宣传自愿自利的原则；宣传合作社经营管理方面的各种经验以及互助组的经验。

5日　省政府发出《关于在全省人民中进行宪法草案的宣传和讨论的指示》，要求各地首先在干部中组织学习和讨论，并向城市和农村群众作关于宪法草案的宣传和报告，组织人民群众讨论。

10日　建筑工程部在赣州市召开全国城市建设会议，确定"全面规划，分期建设，由内向外，填空补实"的规划建设原则。会议于28日结束。

10日　全省第四次监察工作会议召开。会议对过去一年的工作作了总结：共发展了人民监察通讯员7017名。据不完全统计，由于得到监察通讯员的及时揭发和建议，使71亿多元（旧币）国家财产免遭损失和浪费；全省各级监察机关受理了人民来信、来访18500件，处理案件14575件。会议确定了今后方针与任务。会议于21日结束。

11日　省宪法草案讨论委员会主任邵式平向省级机关干部作《广泛开展讨论中华人民共和国宪法草案的动员报告》。听取报告的有省级机关副科长以上干部和理论学习初级组小组长、辅导员等约2400人。报告阐述了在人民群众中广泛开展讨论宪法草案的重大意义，简要说明了宪法草案内容，提出了在全省开展宪法草案讨论的计划。

12日　省供销合作管理局印发全国合作总社《市合作社联合社章程（草案）》、《县合作社联合社示范章程（草案）》、《农村供销合作社示范章程（草案）》、《城市消费合作社示范章程（草案）》。

15日　赣南行政公署正式成立。钟民任行政公署代主任。

15日　省教育厅举行全省招生工作会议。会议确定了1954年全省中等学校招生日期和办法。决定中等学校招生工作由省教育厅统一领导，专区、县分别掌握，根据各地区的不同情况，采用由学校单独招生、联合招生或分片适当集中招生等三种形式进行招生的方法。会议于21日结束。

16日　靖安县南河水猛涨，县城四门进水，倒塌房屋556间，死亡5人。

16日　省政府作出《关于召开江西省第一届人民代表大会第一次会议的决定》，并经省政府第二百一十次行政会议通过；决定江西省第一届人民代表大会第一次会议于7月10日召开，各县、市均应在6月30日以前召开人民代表大会，选举出席省人民代表大会的代表。

16日　省政协发出通知，号召各界人士积极参加《中华人民共和国宪法（草案）》的讨论。

17日　南昌市颁布《南昌市行道树及风景林保护暂行办法》。

17日　南浔线涂家埠—杨家岭区间，洪水漫上轨面达0.7米，永兴、郭东堤决口，路基冲破缺口14处，第36号桥梁全部冲坍；米粮铺—德安区间第55号桥，鄱阳湖水倒灌，洪水超过轨面0.6米，中断行车79天（本月25日，长江涨水，水闸紧闭，内河水排不出去，七里湖—九江车站淹没线路1米以上，中断行车2072小时35分）。

18日　省委宣传部发出《关于在全省人民中开展宪法草案宣传和讨论的指示》，要求立即在广大人民群众中，把宪法草案的宣传和讨论工作普遍开展起来。

中国人民解放军上饶军区某部的干部们学习《中华人民共和国宪法（草案）》

19 日 省宪法草案讨论委员会举行扩大会议，研究如何广泛开展学习和讨论宪法草案的问题。会议认为：各地必须动员一切社会宣传力量，在城乡基层群众中积极组织开展对宪法草案的宣传和讨论，达到使群众了解宪法草案的基本精神，了解自己和国家的关系，了解国家的现实和将来发展情况的目的。

20 日 永修机械农场（今恒丰垦殖场）窜鸡、九合一圩，因洪水猛涨，水位高达 22.57 米，洪水漫堤，职工全部撤退，损失严重（次年 6 月 22 日，下暴雨 3 天，降雨量 679 毫米，窜鸡、九合二圩倒堤受淹早稻 3741.22 亩，中稻 2946.67 亩，棉花 1360 亩。连续两年发生水灾，流通资金损失 33 余万元（旧币，下同），固定资产损失 41 余万元）。

23 日 省委召开由赣南区党委、各地委和部分县委农村工作部长及有关同志参加的全省农村工作座谈会。会上传达了全国第二次农村工作会议精神，对进一步开展农业合作化运动，作了具体部署。座谈会于 24 日结束。

24 日 省政府组成慰问团，分赴九江、南昌、上饶等水患地区进行慰问。慰问团下设三个分团，由邵式平任总团长，龙标桂任第一分团团长，朱开铨任第二分团团长，黄永辉任第三分团团长。

25 日 省政府作出《关于改进公费医疗预防工作的决定》。

25 日 省合作社联合社筹备委员会召开全省合作社第一次社员代表大会。来自全省各地供销合作社的 273 名社员代表和 23 名省级各机构代表出席了大会。大会总结了全省四年来供销合作社的工作，布置了日后的任务，成立了省合作社联合社。会议期间，省政府主席邵式平到会作指示。会议于 7 月 1 日闭幕。

28 日 南昌市首届人民代表大会第一次会议召开。出席大会的有来自南昌市各界的人大代表 233 人。大会讨论了《中华人民共和国宪法（草案）》；听取了省政府主席邵式平有关宪法草案的报告，并作出《关于拥护宪法（草案）》的决议；通过了南昌市人民政府关于《一九五三年施政工作报告》；选出了 35 名出席江西省第一届人民代表大会第一次会议的代表，补选了 12 名市人民政府委员。大会于 7 月 5 日闭幕。

29 日 省政府委员会召开第十九次扩大会议。邵式平作《江西省人民政府关于 5 年来施政工作报告（草案初稿）》。与会代表对报告进行了讨论，一致通过了这个报告，并作出了决议。

30 日 由省民政厅等有关部门联合组成的 6 人小组从广州迎接 275 名归侨到达南昌。

30 日 国营三二〇厂第 02 架飞机提交试飞。

本月 首批苏联专家到萍乡矿务局指导矿井、水文地质和钻探工作。

本月 本月下旬至 7 月上旬，全省绝大多数县、市召开了人民代表大会。期间，讨论了施政工作和今后的任务，学习和讨论了《中华人民共和国宪法（草案）》，并选出出席全省第一届人民代表大会第一次会议的代表。

本月 本月底至 8 月初，全省干部讨论《宪法（草案）》基本结束，目前已转入由干部到群众、由城市到农村的深入讨论（7 月中旬至 8 月初，全省先后有 1.8 万多名县人民代表、经过培训的 2 万多名宣传员及其他宣传力量，纷纷深入工厂、矿山、农村、街道和建筑工地进行宣传活动）。

1954

7月 July

公元1954年7月							农历甲午年【马】						
日	一	二	三	四	五	六	日	一	二	三	四	五	六
				1 建党节	2 初三	3 初四	4 初五	5 初六	6 初七	7 初八	8 小暑	9 初十	10 十一
11 十二	12 十三	13 十四	14 十五	15 十六	16 十七	17 十八	18 十九	19 二十	20 廿一	21 廿二	22 廿三	23 大暑	24 廿五
25 廿六	26 廿七	27 廿八	28 廿九	29 三十	30 七月小	31 初二							

1日　受南昌市第一届人民代表大会第一次会议的邀请，省政府主席邵式平到会作《讨论宪法草案就是参加制定宪法》的报告。

2日　省政府转发中南行政委员会《关于加强财政工作的指示》，要求贯彻指示精神，完成全省1954年财政任务，并提出7条措施。

2日　万载县召开公审大会，宣判叛徒、特务卓政死刑（卓政曾于1937年任中共万载县委书记；1940年任赣西北特委军事部长兼中共万载中心县委书记；1942年向特务机关自首叛变革命，被任命为“中统”赣西区特情；建国后混入革命队伍，于1952年任万载县副县长职务）。

2日　省委、省政府联合召开省级各有关单位负责人，水灾地区专、县代表紧急会议。会议分析和研究了全省部分地区遭受水患的情况，确定了全力发动群众，开展以互助合作为核心的生产救灾运动是当前水患地区压倒一切的中心任务。会议并对水患地区如何开展恢复生产和救灾工作作了具体部署。

3日　邵式平等赴永修县慰问受灾农民。

3日　17时15分，部属国营南昌三二〇厂仿制成功中国第一架“雅克－18型”飞机升空飞行，填补了中国飞机制造业的空白，为中国航空工业的发展史写下光辉的一页。试飞员段祥禄和刁家平驾驶第02号飞机首次升空试飞（11日完成全部试飞科目）。

洪都机械厂试制成功的新中国第一架飞机

3日　省军区后勤部、省粮食厅联合决定，从1954年下半年开始对全省驻军实行计划供应粮食。

6日　南昌市将街居民委员会改为街道办事处（共29个），为区人民政府派出机构；下设居委会。每15户到40户设一居民小组，150户到500户设一居民委员会；全市共设居委会227个。

8日　团省委在《江西日报》公布《关于组织水灾地区的团员与青年，积极协助党战胜灾害的紧急通知》。该《通知》要求：全省各地青年团继续动员全体团员和青年，积极投入到防洪抢险中去，做好党的助手，发挥突击队的作用；集中力量，完成战胜水灾和减轻灾害的艰巨任务。

9日　省政府发出紧急指示，要求全省农村干部及农民积极行动起来，加强各地防汛工作，为实现全年农业增产计划而努力。

9日　省政府委员会召开第二十次扩大会议，一致通过《江西省人民政府五年来施政工作报告（草案初稿）》及《江西省一九五三年财政收支决算及一九五四年财政收支预算报告初稿》，并决定将上述文件提交省第一届人民代表大会第一次会议审查、批准。会议还讨论批准《江西省普选工作情况的报告》，批准撤销江西省选举委员会及全省各级选举委员会。

9日　省选举委员会在《江西日报》公布《江西省普选工作情况的报告》。《报告》宣布：全省普选工作已胜利结束。全省已从9788个基层部选举了17148名各级人民代表大会的代表。并在此基础上，召开各县（市）人民代表大会，选举产生404名出席省首届人民代表大会的代表。

10日　江西电机厂职工将试制的三部56寸大型吊风扇献给省党、政、军领导机关。省政府主席邵式平举行献礼招待会，予以勉励。

11日　省水利局召开全省第二次灌溉管理会议。会议检查了过去灌溉管理工作，确定今后的任务是：紧密地结合农业生产，互助合作，逐步做到科学管理、合理用水，充分发挥工程效益，确保灌区农业增产，为逐步实现对农业的社会主义改造服务。会议于16日结束。

11日　江西省第一届人民代表大会第一次会议在南昌开幕，来自全省各地及省军区的代表404人出席了大会。大会期间，代表们审查和通过了《江西省人民政府关于五年来施政工作报告》；批准了《关于一九五四年工作任务的决定》；审查和批准了《江西省一九五三年财政收支决算和一九五四年财政收支预算》；讨论了《中华人民共和国宪法（草案）》，并通过了《拥护〈中华人民共和国宪法（草案）〉的决议》；选举了邵式平等21人为出席全国第一届人民代表大会第一次会议的代表；选举产生了省政府机构领导人。大会于22日闭幕。

江西省第一届人民代表大会第一次会议会场

12日　《江西日报》以《庆祝江西省第一届人民代表大会第一次会议开幕》为题发表社论。

省人大一届一次会议在省政府大礼堂开幕，省政府主席邵式平致开幕词

14 日 省政府转发政务院财经委员会《关于各级人民政府工作人员病假期间待遇的暂行规定》。

16 日 百年一遇的长江洪水袭击九江市，最高水位达 22.08 米，超警戒水位 1.08 米，北岸大堤决口。

17 日 全省游泳竞赛大会在南昌市举行。参加这次大会的运动员来自南昌、赣州、九江、吉安、上饶、景德镇等市和南昌、抚州两个专区及省军区。这次比赛共打破 10 项全省游泳纪录，选拔出 21 名运动员组成江西省游泳代表队，出席在广州市举行的中南区游泳竞赛大会。此活动于 19 日结束。

18 日 省工商联召开工商界 26 人出席省第一届人民代表大会的代表座谈会。

19 日 中央政府副主席宋庆龄一行 4 人游览庐山。

20 日 国营洪都机械三二〇厂试制成功的新中国第一架飞机——初教五（雅克－18）通过国家技术鉴定。

22 日 江西省增产节约生产救灾委员会成立。邵式平任主任委员，刘一峰、李杰庸、朱开铨为副主任委员。

22 日 1952 年 10 月 19 日开始建筑的江西革命烈士纪念堂举行落成典礼。该纪念堂建筑面积为 1800 平方米。江西省第一届人民代表大会第一次会议全体代表参加江西省革命烈士纪念堂落成典礼并举行追悼先烈大会。

江西革命烈士纪念堂

23 日 《江西日报》发表题为《贯彻大会的决议迎接宪法的诞生》的社论。

24 日 省委发出《关于开展增产节约、生产救灾运动的指示》，要求各地以互助合作为中心，广泛、深入地发动和组织群众，开展增产节约，生产救灾运动。并就农民可采取的多种增产粮食措施，作了详尽说明，指导农民夺取粮食的丰收。

24 日 省委决定从省委、省政府各机关抽调干部 200 余人组成 3 个工作团，分赴南昌、上饶、九江 3 个遭受水灾的专区，协助当地政府和群众开展生产救灾运动。

九江县锥探分队队员们在“益公堤”进行锥探

24 日 省、市政协联合举行庆祝大会，庆祝日内瓦会议达成印度支那停战和恢复和平的协议。

26 日 省、市各界 800 余人在南昌市工商业联合会礼堂举行盛大集会，庆祝印度支那和平问题达成协议。

26 日 省妇联召开全省农村妇女工作会议，传达与贯彻全国第一次农村妇女工作会议精神。会议确定了全省妇女工作的中心任务是：动员广大妇女投入以互助合作为中心的增产节约生产救灾运动。会议于8月2日结束。

南昌县十三区协成乡为了使妇女能安心参加救灾修堤运动，成立了托儿组

28日 省政府召开第二十一次（扩大）会议，通过了《关于贯彻执行全省人民代表大会各项决议的决定》、《成立全省各级增产节约生产救灾委员会的决定》。

30日 省、市各界代表240余人在南昌市举行盛大庆祝晚会，纪念“八一”建军节27周年。晚会的主题是：为了保卫祖国的安全和社会主义建设，必须把人民解放军建设成一支现代化的军队；必须做好准备，完成解放台湾的使命。

30日 省文化事业管理局、省工会联合会、团省委、省科学技术普及协会联合召开全省重点城市厂矿科学技术普及工作会议。参加会议的代表及科学技术工作者共94人。大会确定了日后科普工作的方针和任务是：结合中心工作和生产实际，以唯物主义解释自然现象，普及医药卫生常识，宣传苏联先进科学技术和我国科学技术的成就与劳动人民创造发明。会议期间，省政府主席邵式平，省政府副主席刘一峰、饶思诚到会作指示。会议于8月4日结束。

31日 省委在《江西日报》公布《关于工矿、交通企业建党支部工作的总结与批示》。指出，从1950年至1954年5月，全省工矿、交通企业共建立了党支部570个，发展党员10811人，约占全省职工总数的15.55%。总结还指出了全省工矿、交通企业在建党支部中存在的问题，提出了解决办法。

本月 全省4月至7月连降暴雨，长江、赣江、抚河、信江、饶河、修河等河流暴涨大水。长江自5月中旬起水位持续上涨，顶托倒灌形成鄱阳湖区最大洪水。6月7日，永修永兴圩溃决，县城被淹，南浔铁路冲断。7月16日，九江、湖口水位分别上涨到历年最高值，直到9月7日才退到20.65米以下。滨湖圩堤相继溃决。全省受淹农田49.3万公顷，受灾面积达35.4万公顷，其中，颗粒无收的有1.9万公顷，死亡972人，伤417人，损坏房屋9.4万栋，冲坏小型农田水利设施4.6万余处，冲毁公路桥梁1519座。

本月 省委发出《关于撤销县、区人民武装部，建立县、市兵役局的指示》。

本月 省委发出《关于对初中和高小毕业生进行劳动教育和社会宣传教育工作的指示》。

本月 全省国营商业和合作社商业进行第二次经营分工，即按城乡分工，城市由国营商业负责，农村由供销合作社负责。

本月 成立江西省赣州监狱，后改名为江西省第二监狱。

本月 江西省药材公司成立，隶属省商业厅，经营中药（包括饮片和中成药）。

1954

8月 August

公元1954年8月 农历甲午年【马】													
日	一	二	三	四	五	六	日	一	二	三	四	五	六
1 建军节	2 初四	3 初五	4 初六	5 初七	6 初八	7 初九	8 立秋	9 十一	10 十二	11 十三	12 十四	13 十五	14 十六
15 十七	16 十八	17 十九	18 二十	19 廿一	20 廿二	21 廿三	22 廿四	23 廿五	24 处暑	25 廿七	26 廿八	27 廿九	28 八月大
29 初二	30 初三	31 初四											

1日　省政府在《江西日报》公布《关于增产粮食的办法》。该《办法》要求：各地按照省人民代表大会和省委有关开展增产节约运动的决议和指示，在加强抗旱抗洪工作的同时，必须因地制宜，采取扩大晚稻种植面积、培养再生稻、适当种植杂粮等办法，以获取粮食丰收。

1日　毛泽东主席给三二〇厂（国营洪都机械厂）全体职工发来亲笔签名的嘉勉信。信中说：祝贺你们试制第一架雅克－18飞机成功的胜利。这在建立我国的飞机制造业和增强国防力量上都是一个良好的开端（26日，中央军委副主席、国防部长彭德怀批准雅克－18飞机投入批量生产）。

2日　省委召集农林、水利、财政、金融、公安、司法、商业、交通等15个省级有关部门负责人举行专门会议，讨论如何贯彻省委的有关精神，开展增产节约生产救灾工作。会议认为，与会各部门必须统一思想，积极行动，集中主要力量，为增产节约救灾的中心工作服务。

2日　省委发出通知，要求赣南区党委、各地、市、县委、工矿党委、直属机关党委在深入讨论宪法草案的基础上，发扬主人翁精神，提高责任感，认真总结，圆满完成宪法草案的讨论。

2日　省文化教育委员会召开干部业余文化教育工作专业会议。出席会议的有60余人。会议传达全国干部文化教育工作会议的精神，并结合全省的实际情况，研究了具体做法，总结和交流了经验。

3日　省农民协会发出《全省农民紧急行动起来，进一步搞好互助合作，为完成增产节约生产救灾的任务而奋斗》的号召。

5日　省农林厅发出通知，要求各地大力培育再生稻，保证增产粮食任务的胜利完成。

5日　省军区兵役局成立，后正式定名为江西省兵役局；军区副司令员邓克明兼任局长，邹日晴任副局长。

6日　省政府批转省教育厅《关于中等学校领导分工的初步意见》，划分省，行署、专署（市），县（市）三级对中等学校的领导职责。

6日　安源矿恢复工程开始筹备（本年10月4日开工）。

7日　省委宣传部公布关于开展增产节约生

产救灾运动的宣传要点，力争超额完成全年农业增产计划。

7日　省政协、民革江西省委和南昌市委、民盟江西省支部和南昌市分部、农工党江西省委和省工商业联合会等单位宪法草案学习和讨论结束。参加讨论的共有173人，共提出修改意见228条。省政协特举行庆祝联合晚会。

10日　省政府发出《关于一九五四年预送公粮工作的指示》。确定1954年全省预送公粮工作按一次计征、两次入库的办法进行。指示对执行该办法的步骤、时间作了具体安排。

11日　南昌市第一区各界人民群众1.6万多人为庆祝该区圆满结束宪法讨论，举行拥护《中华人民共和国宪法（草案）》游行大会。人们高举国旗、领袖像、彩旗以及拥护宪法的决议书，沿途敲锣打鼓，高呼口号，历时一个多小时。

13日　文经珠、河桥、兴洲、里河、北港、滨江、兴江、中心、春晨、山川、江洲11个农业生产合作社致信给省委，表示感谢党和政府在灾后给予他们的关怀和帮助，并表示将满怀信心，发挥集体力量，战胜灾害，恢复生产。

14日　江西省手工业管理局成立，同时成立省手工业合作联社筹委会，与省手工业管理局合署办公。至12月，全省各专区、市、县先后设立了手工业管理机构。其中，南昌、九江、抚州、上饶、吉安、丰城、波阳等10个专区、市、县成立了手工业合作联社。

15日　截至当日，中国人民银行江西省分行累计发放生产救灾贷款115亿元（旧币），帮助灾区群众恢复生产、促进与巩固互助合作组织。这些贷款主要用于已退水的受灾地区解决补种、修复农田水利工程以及添置生产设备等资金困难；帮助未退水受灾地区解决捕鱼工具、开荒、副业生产和部分口粮等困难。

16日　萍乡矿务局与广州铁路管理局联合成立高坑煤炭路矿联合运输委员会。该运输委员会是煤炭统一送货的执行机构，可以加强产、运、销的计划管理，每年可以为国家避免流动资金的冻结1万亿元（旧币）以上。

16日　省委批转省编委《关于解决整编后人员缺额问题的报告》，拟增编6768名，主要用于录用整编不当或改造资本主义工商业必须安排的人员。

18日　省委复信江西造纸厂总支委员会、省建筑工程局及上饶、九江、吉安建筑工程处、景德镇建筑工程公司等单位，认为他们写信给省委提出的改进工作的意见是对的；勉励他们应在加强计划管理与贯彻“一长制”的基础上，充分发动群众，开展以技术革新为主要内容的劳动竞赛，认真贯彻省委开展增产节约运动的指示，为完成与超额完成国家工业生产计划而奋斗。

江西造纸厂的工人们，在增产节约劳动竞赛中，改进操作方法，使断头率减少，产量增加了40%

20日　6月份来到江西的275名归侨，经过1个多月的集中学习后，已全部分配安置完毕，分别安排在工业、商业、银行、卫生、文教、运输、建设、粮食等部门工作。

21日　奉中南区公司指示，九江石油供应站拟订的定编方案分别报九江市工商局和江西省石油分公司，获准该站为中国石油公司江西省分公司九江供应站，继续受省公司和九江市人民政府双重领导。

22日　省政府批准江西省宪法草案讨论委员会《关于在江西省开展〈中华人民共和国宪法（草案）〉宣传讨论运动的初步总结》；并通知各地继续保留各级宪法草案讨论委员会的组织机构，继续深入开展宪法草案的宣传、讨论工作；并结合各地实际情况作出总结，巩固宣传及讨论宪法草案运动成果，迎接第一部人民宪法的诞生。

23日　省政府颁布《关于国家建设征用土地实施办法的命令》（11月23日，省政府又发出《关于国家建设征用土地实施办法的通知》）。

24日　水灾严重的沿河、滨湖地区，大量耕牛缺乏饲草，加之管理不善和疫病侵袭，成批死亡，情况严重。省政府发出指示，要求灾区各级领导动员群众，千方百计解决饲草，注意疫病防治，切实加强耕牛保护工作。

24日　省政府发出《关于健全制度、厉行节约、严惩贪污、反对浪费的指示》。指示要求：全省各地再接再厉，健全制度、厉行节约、严惩贪污、反对浪费，使增产节约、生产救灾运动更普遍、深入、有力地开展起来，保证全省1954年国民经济计划的全部实现。

25日　省委批复省委组织部《关于一九五四年上半年江西省农村建党、巩固党基本总结与今年意见的报告》，认为，上半年全省各地农村发展了相当数量的新党员，建立了相当数量的新的党支部，广大农村党员社会主义觉悟和参与领导互助合作运动的积极性均有所提高。要求全省各地继续努力，根据各自实际情况，作出下半年发展和巩固农村党组织的具体计划，并切实贯彻执行。

25日　省委批转省委农村工作部《关于江西省手工业生产合作会议总结报告》，并指示：将手工业合作组织的生产计划纳入地方工业生产计划内；手工业合作组织所需要的原料及产品推销，应就地取材、就地供应、就地推销、求得产供销计划的平衡。

26日　为了贯彻省政府《关于健全制度、厉行节约、严惩贪污、反对浪费的指示》，省人民法院在八一体育场举行宣判贪污分子大会。参加大会的有省暨南昌专署机关干部以及各界人民代表4000余人。大会宣布了贪污盗窃分子邬强等四名罪犯的罪行，并按其犯罪情节，分别判处各犯2年至8年有期徒刑。宣判结束后，省委副书记刘俊秀在大会上作了《关于努力增加生产，厉行节约，坚决与贪污浪费现象作斗争》的报告。

26日　省人民法院和南昌市人民法院根据省、市人民代表大会的决议，选择南昌市第二区作为建立人民陪审员制度的试点，以吸取经验向全省各地推广。为此，南昌市人民政府在南昌电影院召开建立陪审员制度的动员大会。到会的有二区各界代表1348人。会上，二区区长白树乔及南昌市人民法院王振江副院长，分别就建立陪审员制度的意义、任务与做法作了报告和布置。

27日　省军区、省公安总队、中南第一文化速成中学写信给省政府主席邵式平并转达对灾区农民的慰问。信中表示，军区机关部队、医院、学校全体指战员将从伙食中节约出10万斤粮食支援灾区恢复生产和度过灾荒。

27日　省体育运动委员会、教育厅、卫生厅、团省委等单位，为在全省中等以上学校重点试行“准备劳动与卫国”制度和广泛推行“准备劳动与卫国”制度预备级，联合发出指示，要求各有关部门应将其列为学校经常性的中心工作之一，并把试行劳卫制和推行预备级看成是对学生进行共产主义教育不可缺少的重要组成部分。

省教育厅和省体育运动委员会的职工做工间操

30日　省军区召开驻南昌部队干部大会。会议传达了中南军区军人干部代表大会精神，听取了关于目前形势与任务的报告；一致通过了《拥护中央人民政府关于解放台湾、消灭蒋贼卖国集团的伟大号召与中华人民共和国各民主党派、各人民团体为解放台湾联合宣言的决议》。

30日　省委召开全省第二次手工业工作会议；传达中南区手工业合作会议精神及对手工业改造工作的要求和经验，使与会者进一步明确了对手工业工作的方针、任务和做法。会议于9月13日结束。

31日 省委宣传部在《江西日报》公布《关于县区干部继续深入开展党在过渡时期总路线学习的指示》，要求全省县、区干部从9月上旬开始，以6个月的时间，继续深入开展党在过渡时期总路线的学习，并向人民群众进行宣传教育，从而顺利地完成党在农村中的各项艰巨任务。

31日 省政府委员会第二十二次会议扩大会议通过《关于拥护中央人民政府关于解放台湾，消灭蒋介石卖国集团的伟大号召的决议》、《中华人民共和国各民主党派各人民团体为解放台湾联合宣言的决议》。号召全省人民团结起来，为解放台湾、反对美国干涉、保障祖国安全、保卫世界和平而奋斗。会议通过了《关于增产节约生产救灾运动的初步总结报告的决议》，号召全省各地切实贯彻省政府有关指示精神，为在全省范围内进一步开展增产节约、生产救灾运动而努力。

本月 8月至年底，中国人民银行江西省分行在全省各地农村办理优待售粮储蓄。这一业务的开展对帮助农民积蓄生产资金，防止浪费，激发农民售粮热情，促进购粮任务的完成起到了很大作用。

本月 中央决定黄先、王卓超、莫循任江西省委常委；牛荫冠因工作调动，不再任省委常委、省政府副主席；方志纯不再兼任省政府副主席；增补黄先、李杰庸为省政府副主席。

本月 省人民法院召开全省第三次市法院院长扩大会议，拟定省法院及15个市法院试行固定轮值陪审制度；并在省法院及8个县、市法院试行预审、公审、辩护、陪审、合议等民主司法制度。部分市法院设1名公诉辩护人，为刑事案件被告进行辩护。

本月 中华人民共和国与民主德国进行技术合作，在景德镇陶研所进行资料准备样品复制工作。这项工作12月基本完成任务。此次中德技术合作不但完成了国际技术合作任务，而且把过去分散在各个老艺人掌握的保密技术进行整理并第一次公开，对所有釉用原料都作了全面分析。

本月 南昌柴油机厂试制成功仿苏型柴油机，通过海军及一机部样机性能鉴定，各项性能指标符合要求。该厂成为我国最早定型生产柴油机的专业厂家之一。

本月 在实行棉布统购统销以后，全省县级以上城市、工矿区所需棉布由国营商业机构计划供应；对未设立国营商业机构的铜鼓、宁冈、资溪、靖安、星子、赣县、崇义、万年8个县城和农村由县联社计划供应。

本月 有色金属管理局中南分局各企业学习苏联经验，推行由厂（矿）长负责的"一长制"（1956年10月，根据中央精神，废除"一长制"，实行党委领导下的厂长负责制。同月，该分局决定成立铁山垅、上坪、荡坪、洪水寨、漂塘、金华山、大埠等钨矿）。

本月 中央政府副主席宋庆龄在庐山避暑休养。

本月 省政府作出《关于调整省直属各单位内部刊物的决定》。该《决定》指出：省政府应有一个总的刊物，各委、厅、局应有一个综合性刊物。《江西财政工作简报》（省财政厅）、《江西交通》（省交通厅）、《江西工业通讯》（省工业厅）、《江西农林通讯》（省农林厅）、《江西粮食通讯》（省粮食厅）、《江西劳动月报》（省劳动局）、《江西合作》（省联社）、《江西邮电》（省邮电局）继续出版；《江西贸易通讯》和《江西物价》后合并为一种刊物，《江西银行通讯》和《农村金融工作增刊》后合并为一种刊物，《工作简报》（省建工局）并入《工业通讯》，《工作通讯》、《江西统计通报》并入《江西财经公报》，《江西广播》、《文化学习》（即《教育工作》）、《江西卫生通讯》改为不定期的内部业务学习资料；各期刊的主办单位必须指定得力人员负责编辑业务；今后全省直属各机关确因工作需要必须出版内部刊物或临时刊物时，应经主管机关审查签署意见并报省政府批准。

本月 省政府批准筹建珠湖农场。

1954

9月 September

公元1954年9月　　农历甲午年【马】													
日	一	二	三	四	五	六	日	一	二	三	四	五	六
			1 初五	2 初六	3 初七	4 初八	5 初九	6 初十	7 十一	8 白露	9 十三	10 十四	11 中秋节
12 十六	13 十七	14 十八	15 十九	16 二十	17 廿一	18 廿二	19 廿三	20 廿四	21 廿五	22 廿六	23 秋分	24 廿八	25 廿九
26 三十	27 九月大	28 初二	29 初三	30 初四									

1日　省、市政协联合召开会议，通过《江西省各民主党派、各人民团体关于拥护中央人民政府解放台湾的伟大号召和中华人民共和国各民主党派、各人民团体解放台湾联合宣言的联合声明》。

1日　省、市各界1000余人在南昌铁路大礼堂举行欢送大会，欢送江西省出席全国人民代表大会的代表邵式平、刘俊秀、刘建华、易瑞生、李友秀、陈翊科、朱仙舫、刘之纲、黄家驷等启程赴北京。

毛泽东接见兴国县劳模李友秀

2日　南昌市路灯管理所成立。

3日　省政府向全省各级政府发出《关于在水患地区结合生产救灾开展秋季清洁大扫除运动的指示》，指出，在全省各水患地区开展增产节约生产救灾的同时，必须做好卫生工作，开展秋季清洁大扫除运动，以保障人民身体健康，促进农业生产。

5日　在庐山进行集训的广东省体育工作队男子排球队、广州市体育工作队男子和女子篮球队、湖南省体育工作队女子排球队一行45人抵达南昌市，准备在6日至9日与南昌各优秀球队进行篮球友谊赛。

6日　南昌市人民防空委员会成立，办事机构设在南昌市公安局。

6日　全省第十次公安工作会议在南昌召开。会议确定全省公安工作的任务是以保卫社会主义建设和国防建设，保障社会主义改造为中心，大力加强各项公安业务建设。会议于24日结束。

7日　为了进一步深入开展增产节约、生产救灾运动，按省委决定组成的工作团再次分赴上饶、九江、南昌三个专区，协助当地政府继续贯彻省委关于全面提高单位面积产量，努力完成1954年农业增产任务，彻底实现增产计划的要求。

8日 省军区召开英雄模范代表大会。出席大会代表227人。大会授予李佐武等18位同志为二级模范称号，选出商玉坤等11名英模为出席中南军区英雄模范代表大会的代表。大会于15日闭幕。

9日 省供销社向省委农村工作部呈报1954年下半年扩大社员股金的计划，拟在本年下半年发展社员74万人，发展股金140万元（旧币，平均新社员每股股金额为2元）。

9日 省委作出《关于加强肃反运动和全面完成各项工作任务的部署计划》，对全省肃反运动作了全面安排。

10日 省供销社、省新华书店下发《关于年画、历书发行、批销、代销协议的联合通知》，规定农村由合作社负责，城市或合作社发行不到的地方由新华书店负责。合作社应于每年10月进货（包括历书、门灶画、一般年画），作价七五折，次年2月结账。

10日 南昌市沿江护岸码头工程开始拆迁房屋（10月6日正式施工，12月31日竣工）。

11日 省委宣传部工矿宣传处向全省介绍萍乡矿务局加强计划管理和贯彻"一长制"的思想政治工作经验。

13日 省政府发出《关于积极恢复和发展油茶林，增加茶油产量的指示》。指出，为了保证国家经济建设和广大人民生活对茶油日益增长的需要，各地须积极领导农民群众，根据各地具体情况，采取一切可能的和有效的增产措施，增加茶油生产。这是当前和今后各级政府与广大人民群众的一个重要任务。

14日 省政府委员会第二十三次扩大会议讨论通过《关于贯彻执行政务院关于实行棉花统购统销及棉布统销命令的指示》。要求全省各地遵照政务院的命令，于9月15日起在全省范围内一律实行对棉布及棉布复制品计划供应；从实施时起对所有棉布，不分花色、品种，不分高档、低档及布制成品，一律采取分区、定量、凭证供应办法；实行棉花统购时，一般采取一次认售、分期交货、分期付款的办法。

14日 截至当日，据不完全统计，南昌、九江、景德镇、赣州、上饶5个市有101户棉花零售商和170户棉花摊贩与中国花纱布公司签订了批购零销或经销合同。九江专区的九江、永修、修水等8个县所属各乡镇，有165户棉布商和国营公司签订了棉布经销合同。全省各地私营棉布零售商基本上都已纳入国家资本主义和国家计划轨道，有力地配合了国家棉布计划收购和计划供应的实施。

15日 下午3点，江西人民广播电台转播了第一届全国人民代表大会第一次会议开幕实况，南昌市57个有线广播同时向街道居民作了转播。南昌市机关干部和大、中学师生都暂时停止工作和学习，听取毛泽东主席的开幕词和刘少奇《关于中华人民共和国宪法（草案）的报告》。另外，许多工厂、商店、街道也组织了收听。

江西化学制药厂全体职工正在收听全国一届人大一次会议实况广播

15日 根据国务院、中央财委决定，自即日起，江西省国营商业取消对合作社纱布供应的优待。

18日 省农林厅改为省农业厅，另设省林业厅（1958年3月20日，经省人民委员会第三十七次会议决定，省农业厅更名为省农业垦殖厅)。

18 日 省工业厅在《江西日报》公布《关于加强技术管理，提高产品质量的指示》。《指示》针对当前全省地方工业中普遍和突出存在产品质量较差的问题，要求各厂矿进一步加强技术管理，制定产品质量标准和技术操作规程；加强技术教育，提高职工技术水平；加强质量检查制度，通过实行质量区域责任制和包检包修制，建立质量、安全奖励制度，鼓励职工认真执行操作规程，以达到提高产品质量和安全生产的目的。

21 日 高坑煤矿工人郭清泗在全省第一届人民代表大会上当选为第一届全国人民代表大会代表（1959 年和 1964 年连续当选第二届、第三届全国人民代表大会代表)。

23 日 省公安厅发出《关于保障棉花统购统销和棉布统销的指示》，要求各级公安机关加强专项保卫工作，严厉打击犯罪分子的破坏活动。

25 日 省林业厅召开全省国营林场工作会议，提出“整顿巩固，重点发展，面向生产，面向互助合作”的林场工作方针。会议于 30 日结束。

27 日 省委召开灾区工作会议，确定灾区今后工作的方针是：组织起来，生产自救，保证不饿死一个人，从组织和思想上使灾区工作向社会主义前进一步确定恢复灾区生产的中心任务是：恢复农业生产，加强现有作物的田间管理，做好秋收工作，争取多打粮食，做到明年春耕不误农时，不荒一亩田。会议于 10 月 3 日结束。

28 日 省政府委员会第二百一十八次行政会议通过，成立江西省对外贸易局，受对外贸易部和省人民委员会双重领导。刘岱任局长，谢象晃任副局长。

本月 全省人民以各种不同形式组织活动，庆祝第一届全国人民代表大会第一次会议召开，庆贺《中华人民共和国宪法》诞生，庆贺毛泽东等国家领导人当选。

本月 月初，全省各地预送公粮工作密切结合增产节约、生产救灾运动初步展开。据统计，预送公粮任务约占 1953 年实缴公粮的 40% ~70%。

本月 据 86 个县、市法院统计，全省法院系统共建调解委员会 6594 个，占全省乡镇、街道数的 60%，调解委员有 45234 名。

本月 南昌市贸易外汇结算开始办理对苏联和东欧国家的结汇业务。

本月 南昌市全面检查旧书摊出租出售黄色小说情况（1955 年 10 月，南昌市文教局、市公安局、市劳动局、市司法局等单位组成处理反动、淫秽、荒诞书刊图画联合办公室)。

本月 截至本月，由于政府采取了逐步缩小工农业产品差价的政策，以及盐业公司职工们开展了增产节约劳动竞赛，改善了运输线路和仓储保管，在使盐价稳步下降的同时，也使得盐业公司的储备大为增加。其中，第三季度末库存比 1953 年同期增长 41.89%，保证了人民的需要。

本月 江西省计划委员会成立，省委常委、省政府副主席黄先兼任主任。

本月 根据中央政府出版总署通报，江西人民出版社“包括出版、发行计划，印刷生产、基本建设、劳动工资、财务收支、物资供应、印刷成员的出售价格等”企业经营归省新闻行政机关统一管理。

本月 省检察署向全省各级检察署发出《关于保卫棉花、棉布计划收购、计划供应的指示》，要求各地配合有关部门，及时查处这类案件。

本月 遵照第一届全国人民代表大会第一次会议通过的《中华人民共和国法院组织法》的规定，江西省人民法院改称江西省高级人民法院。

1954
10月
October

公元1954年10月							农历甲午年【马】						
日	一	二	三	四	五	六	日	一	二	三	四	五	六
					1 国庆节	2 初六	3 初七	4 初八	5 重阳节	6 初十	7 十一	8 十二	9 寒露
10 十四	11 十五	12 十六	13 十七	14 十八	15 十九	16 二十	17 廿一	18 廿二	19 廿三	20 廿四	21 廿五	22 廿六	23 廿七
24 霜降	25 廿九	26 三十	27 十月大	28 初二	29 初三	30 初四	31 初五						

1日　省、市各界人民群众7万余人民在八一广场举行庆祝中华人民共和国成立5周年大会。南昌市委书记郭光洲致祝词，省委第一副书记方志纯发表讲话。大会还通过了向毛泽东主席的致敬电。最后，出席会议的省市党、政、军负责人检阅了各界人民及武装部队的游行队伍。

南昌市工人文化宫的工作人员正在张灯结彩，为庆祝中华人民共和国成立5周年做准备

1日　中国人民建设银行江西省分行成立。交通银行江西分行与省建行合署办公。

2日　江西省第一届戏曲观摩会演大会在南昌开幕。参加这次观摩会演的有在全省各地流行的采茶剧、赣剧、东河剧、楚南剧、婺剧、越剧、京剧等16个剧种，有演出人员和观摩代表533人。来自全省各地的10个代表团代表全省78个专业剧团，演出了整本及单折戏66场。经过评选，《攀简》、《借女冲喜》等4个剧目荣获“剧本奖”；《人往高处走》、《妇女代表》《装疯骂殿》、《张旦借靴》、《睄妹子》、《卖杂货》、《补皮鞋》等25个节目荣获“演出奖”；《猎虎记》、《志愿军的未婚妻》、《人往高处走》、《梁祝姻缘》、《雨后》、《攀简》、《借女冲喜》、《妇女代表》8个节目荣获“导演奖”。会演于31日结束。

会演中的《借女冲喜》剧照

3日 吉安专署为贯彻省政府《关于积极恢复和发展油茶林，增加茶油产量的指示》，近日决定全区购买油茶种子10万斤，营造油茶林5万亩。

4日 省委召开赣南区党委、南昌、景德镇市委及各地委书记联席会议，集中讨论征收农业税、粮食统购统销、增加油料生产与冬种计划等问题。会议从分析全省实际情况出发，确定了全省征粮、购量和增加油料生产的任务指标；分析了完成上述任务所存在的有利条件和困难；指出了克服困难的各种具体办法。会议为期两天。

5日 全省首届青年代表大会在南昌召开。全省各地代表311名和特邀代表6名出席了这次大会。大会期间，全体代表听取了省委宣传部部长莫循和省民主青年联合会筹委会主任委员吴清明作的报告。讨论通过了《江西省民主青年联合会章程》；正式成立省民主青年联合会。选举了吴清明、李柱、包善华、陈翊科等47人为江西省民主青年联合会首届委员会委员，吴清明为主席。会议于11日结束。

6日 由人民出版社出版的《中华人民共和国宪法》（单行本）运抵南昌。该书除收录了《宪法》全文外，还收录了毛泽东主席在全国人大第一次会议的开幕词和刘少奇《关于中华人民共和国宪法草案的报告》。

6日 南昌市工会联合会与南昌市中苏友好协会联合在南昌市工人文化宫举办"学习苏联科列索夫车刀法表演会"。"科列索夫车刀法"是苏联古比雪夫市中伏尔加母机制造厂车工科列索夫在高速切削的基础上创造出来的一种新的车刀法。这种车刀法大大提高了普通车床的切削效能。通过组织这次表演会，极大地促进了南昌市各企业深入开展学习苏联先进经验的技术革新运动。表演会于14日结束。

工人们在观看"科列索夫车刀法"现场表演

7日 《中华人民共和国宪法》（单行本）开始陆续在全省发行。

8日 出席第一届全国人民代表大会第一次会议的江西代表邵式平、刘俊秀、刘建华、易瑞生、李友秀、陈翊科、朱仙舫、刘之纲返回南昌市。在南昌火车站受到省、市党政领导的迎接。

9日 南昌统计学校日前成立。该校为一所培养中等统计专业干部的学校，由原江西财政经济专科学校组成。该校学生学习时间为3年，除学习中等学校的普通课程外，还要学习社会主义经济课和专业技术课。

10日 《江西日报》报道，全省水灾地区生产自救工作取得很大成绩，南昌、鄱阳、永修、余干等9个县灾区先后补种、抢种晚禾和各种晚秋作物89.9万余亩。

11日 省委政法委员会组织法制工作组到萍乡县进行试点工作。在安源煤矿公开审理一起破坏生产案，法庭上有"公诉辩护人"为被告人进行辩护。这是在全省首次有"公诉辩护人"出庭辩护的案件，为在全省建立律师制度作了试验。

11日 全省第一次信用合作工作会议召开。出席这次会议的有赣南区党委、各地、县、市委农村工作部的负责人及专、县人民银行行长、股长和重点营业所主任。会议传达了中央信用合作座谈会议精神，检查和总结了全省3年来的工作，制定了今后的工作计划。会议于22日结束。

12日 省人民法院机关内部深入开展增产节约运动，检查工作质量和工作效率，反对主观主义、官僚主义和分散主义，树立全面的、长期的增产节约观念。

13日 中共江西省委直属委员会改称中共江西省直属机关委员会。

14日 省委召开省、市高中级干部学习大会，动员学习全国人民代表大会文件。会上，省政府主席邵式平作了《关于学习第一届全国人民代表大会第一次会议各项文件的动员报告》。

15 日　全省首届人民体育运动大会在人民体育场召开，参加这次大会的有全省各专区、市以及省军区、铁路和省直机关等 11 个代表队共 780 名运动员。这次体育大会通过竞赛、表演、交流经验，检阅了全省 5 年来开展群众性体育运动的成绩。在体育大会上，参赛运动员创造了许多优异成绩，其中，在男子田径赛的 19 个项目中，有 57 人次打破 13 项省纪录，5 人次打破 3 项中南区纪录；在女子田径赛的 15 个项目中，有 74 人次打破 9 项省纪录，7 人次打破 5 项中南区纪录。体育大会于 22 日闭幕。

江西省首届人民体育运动大会开幕

省首届人民体育运动大会会场

南昌专区代表队运动员余尚武获男子推 16 磅铅球第一名

抚州专区代表队标枪运动员陈正仁以 40.15 米破中南区纪录获得掷标枪第一名

南昌市代表队运动员余凤仪荣获女子掷手榴弹第一名

南昌市代表队运动员黄满栈获三级跳远第一名

15 日　省政府颁布《江西省一九五四年农业税征收暂行办法》，从即日起实行。该《办法》规定：1954 年农业税率暂不提高，鼓励农民垦荒种地。

丰城县第五区南新农业生产合作社的社员们，为了扩大耕种面积，积极参加开荒

16 日　赣南区委，南昌、吉安、九江、抚州地委日前均分别召开县委书记、县长联席会议，传达省委召开的地委书记联席会议精神，部署征收农业税、粮食系统购统销、增加油料生产及冬季生产等工作。会上除确定了各县任务指标外，并对完成上述任务的具体做法作了研究。

16日　由于全省不少地区遭受水灾，生猪源较少，经省政府批准，对南昌、景德镇、抚州、吉安、赣州、上饶、九江七城市试行猪肉计划供应。

16日　省粮食厅召开赣南行署、各专署、市粮食局长会议。会议总结了粮食统购销试点经验，研究了粮食部门如何在粮食统购统销工作中做好业务工作，并就具体业务工作做了详细部署。会议于22日结束。

17日　省委宣传部发出《关于加强中小学的领导，提高教育质量的指示》。《指示》要求：各级党委宣传部门、教育行政部门、学校及有关教育工会、青年团组织必须对学校教育加强领导，切实贯彻执行全面发展的教育方针和分级管理原则，通过改进学校领导和有计划、有系统地加强在职教师的学习，提高教师素质，进一步提高教育质量。

17日　江西省各民主党派、各人民团体负责人分别发表讲话，表示拥护中苏会谈宣言和公报，决心要更加努力地学习苏联先进科学技术和建设经验，更好地为建设社会主义国家而奋斗。

18日　省政府发出《关于发动农民增加油料作物生产，完成国家统购，以支援国家建设，满足城乡人民需要的指示》。指出：江西省油料增产的潜力很大，全省各地必须坚决贯彻中央人民政府、政务院所发布的《关于发动农民增加油料作物生产的指示》，采取发展生产，扩大油源的方针，以完成收购，保证外调，适当满足城乡人民的需要。

18日　全省预购粮食交售和公粮预送入库工作日前基本完成，其中公粮已超额完成任务数的7%，预购粮交售数完成任务数的95%。

19日　国营邓家埠机械农场近日正式使用联合收割机收割晚稻。经试验证明，联合收割机一天工作8小时，可收割56亩，可抵100个人工一天的收割量，大大缩短了农场晚稻收割时间。

国营邓家埠机械农场的康拜因收割机正在收割晚稻

19日　省政府第二百二十一次行政会议通过《关于成立江西省人民政府司法厅的决定》。

20日　省工商联秘书工作会议召开。会议认为，必须进一步明确工商联的性质和任务，发挥工商联应有的作用，以推动对私营工商业的改造。此后，随着对改造工作的加强，各地党委先后派240名干部到工商联工作，其中有党员92人，青年团员82人。

20日　省卫生厅召开全省首次工业卫生会议。出席会议的有各厂、矿、工地卫生部门代表，各级卫生行政部门的负责人，省卫生厅所属机关和有关部门的代表共195人。会议总结了5年来全省工业卫生工作，并结合本省具体情况，确定了目前全省工业卫生工作的任务。会议要求，逐步开展卫生监督工作，为社会主义工业化服务。会议于30日结束。

21日　省公安厅发出《关于做好粮食计划收购、计划供应保卫工作的指示》，要求各级公安机关将保卫秋季粮食征收和统购统销作为一项主要工作。

22日　省林业厅设秘书室、监察室、人事科、总务科、财务科、计划统计科、林政科、造林科、森林经营科、经济林科，编制75人（包括勤杂人员）；另设互助合作工作队，编制40人；省森林工业局设秘书科、人事科、财务科、计划统计科、作业科、储运科、调配科、供销科、调度室，编制146人（包括勤杂人员）。森林工业局系国家林业部领导的中央国营企业。

23日　为贯彻冬季生产计划和做好粮食征收及粮食统购统销工作，省委从省直属机关抽调322名干部组成3个工作团，分赴南昌、九江、抚州3个专区帮助贯彻冬季生产计划和做好粮食统购统销工作。行前，省委书记杨尚奎向全体下乡干部作动员报告，着重分析了完成粮食征购任务与贯彻政策问题，提出了工作要求、工作做法及结合做好冬季生产问题。

24 日 省人事厅印发政务院《各业工程技术标准（草案）》，作为评定工程技术人员工资的参考标准。此标准对工业、农业、林业、卫生技术人员的技术等级进行了划分，废除了旧的技术等级划分标准。

25 日 省政府决定将原江西省气象科改为江西省气象局，下设秘书科和业务科，编制27人。

26 日 景德镇市举行瓷业生产会议。参加会议的有中央和大区工业部、轻工业部、国际贸易促进委员会、中央美术学院、北京故宫博物院以及全国各地贸易、合作、瓷业部门172名代表。会议就陶瓷在产销方面的有关经验进行了交流和讨论，并妥善分配了各地的瓷器供应数量，统一安排了全年瓷器生产的品种、花色，具体签订了1955年瓷器购销合同。会议认为，陶瓷生产行业必须明确生产为消费服务；贸易、合作部门必须改善经营管理，简化手续，发挥其在生产者与消费者之间的桥梁作用，为国家积累更多资金，为进一步满足人民日益增长的物质文化生活需要服务。会议于11月4日结束。

26 日 省教育厅召开全省第七次教育行政会议。出席这次会议的有各专、县、市教育科（局）长及有关部门干部等117人。会议传达了第一次全国农民业余文化教育会议的精神，并根据中央的方针政策，按照本省具体情况，对进一步发展农民业余文化教育提出了几项指导意见。会议于11月5日结束。

27 日 江西省第二次计划会议结束。会议讨论了全国计划会议关于编制1955年国民经济计划的指示和控制数字，研究了计划编报程序、计划表格设计、计划机构设置和工作方法等。

28 日 南昌市开工兴建一座600吨水塔和2300吨水池及其附属工程。

29 日 苏联商务代表团一行70人访游庐山。

29 日 日本友好青年同盟代表团一行22人访游庐山。

30 日 省供销合作社日前对全省各级供销社发出紧急指示，要求各级供销社在当地党政统一领导下，以生产互助合作、粮食油料统购、物资下放、货币回笼等工作为中心，大力组织物资收购和供应。

31 日 天河煤矿双山大井发生重大透水事故，死亡10人。省政府主席邵式平亲率工作组到现场检查处理。省委于11月22日作出对事故责任人员的处理决定，司法机关对事故主要责任者依法判刑（12月30日，省委向全省发出通报。省工业厅根据省委指示，对事故前积极报告水灾征兆、关心安全生产的工人给予表彰和奖励）。

31 日 全省国营商业部门为了配合粮食、油料、棉花统购和其他工业原料、出口物资等的收购，已组织大量工业品货源，满足农民卖出农产品后购买生产、生活物资的需要。据统计，全省已下拨的百货、纱布、煤油、药品、卷烟、五金器材等物资第三季度达3.8万多吨。

31 日 省盐业公司配合粮食、油料、棉花统购，满足农民对食盐的需要，已调进大批食盐，库存非常充沛。本年第四季度全省食盐购入量比1953年同期增长44.88%，库存量比1953年同期增长77.25%。

本月 江西省第一座35千伏变电站——南昌阳明路升压站投入运营，容量1×5600千伏安。同月，第一条35千伏线路南青线（南昌下正街至青山闸）投入运营，线路长8.13公里。

本月 江西工业技术学校成立，隶属省工业厅。该校以培养本省工业建设需要的中等工业技术干部为主。学校第一期新生从高中毕业未能升学的学生中选拔，共160名，学习时期为两年。学生毕业后，将由省工业厅统一分配至各厂矿担负中级技术干部的工作。

本月 全国人大代表朱仙舫将其珍藏的古版图书捐献给政府，其中有非常难得而极有价值的《四库全书》珍本和碛砂藏经等。

本月 江西棉纺织厂第一期工程1584台自动布机投产，这是南昌有史以来第一次使用自动布机。

本月 南昌市政府第二百一十八次行政会议决定成立南昌市学校保健指导委员会，统一领导全市中小学保健工作。

本月 全省大部分县均先后召开了县、区、乡三级干部会议，或由县委会召开了共产党员代表会，主要讨论如何贯彻政策，完成征粮、购粮任务。其中，已结束会议的广丰、铅山两县已完成统购工作的第一步。

粮食收购站工作人员正在为社员们交售的余粮过磅

本月 庐山第一座人工湖（芦林湖）开工兴建（11月6日竣工）。

本月 建国后全省第一本统计资料《江西省国民经济统计资料（第一期）（一九五〇年至一九五二年）》编印；同时编印《江西省国民经济统计资料（第二期）（一九五三年）》。

本月 自本年春季至10月，省博物馆筹备处共收到全省党政机关以及各地人民捐献广告、报纸、杂志、书籍、货币、证件、旗帜、武器、印信、图片、用具等2300余件，其中具有革命历史意义的珍贵文物资料居多。

本月 省农业厅发出通知，废除耕牛禁宰条例，另定老废牛淘汰标准，当年淘汰老废牛标准黄牛暂按13岁，水牛15岁执行。

本月 省妇联召开全省第一次农村妇女工作会议，确定农村妇女工作任务。

本月 省农业厅农具研究室组织4个农具调查试验组分赴全省37个县进行新式步犁及各地改良犁与当地旧犁的对比试验；调查当地犁耕要求、旧犁制造技艺及犁壁曲面，设计出改良水田犁，效果良好。这种改良水田犁被省政府主席邵式平命名为“江西水田犁”，并在全省推广。

1954
11月
November

公元1954年11月							农历甲午年【马】						
日	一	二	三	四	五	六	日	一	二	三	四	五	六
	1 初六	2 初七	3 初八	4 初九	5 初十	6 十一	7 十二	8 立冬	9 十四	10 十五	11 十六	12 十七	13 十八
14 十九	15 二十	16 廿一	17 廿二	18 廿三	19 廿四	20 廿五	21 廿六	22 廿七	23 小雪	24 廿九	25 三十	26 十一月小	27 初二
28 初三	29 初四	30 初五											

1日　连接浙赣铁路的萍乡青山煤矿铁路支线动工兴建。

1日　国家统计局发表《关于全国人口调查登记结果的公报》。全国人口总数为601938035人，其中，江西省人口总数为16772865人。

2日　省政府批准建立西山、武功山、小叶岽、大杞山（靖安林场基础上扩建）、黄岗山（宜丰林场基础上扩建）5个国营林场。

5日　南昌市人民公园工程动工兴建。

省军区指战员参加修建南昌市人民公园义务劳动

5日　省工商联向各级工商联发出通知，要求组织私营工商业者学习《公私合营工业企业暂行条例》，认识国家资本主义优越性。

5日　中苏友好协会江西省分会、南昌市工会联合会和江西省科学普及协会在南昌市工人文化宫举行中苏会谈公报座谈会。出席座谈会的有南昌市各工厂劳动模范、生产革新能手、科学工作者和文艺工作者共30余人。与会者高度赞扬了苏联政府和人民对我国科技方面的援助，并一致表示要继续加强中苏两国人民的深厚友谊，努力学好苏联的先进经验，建设伟大的祖国。

6日　省政府发出《关于坚决完成今冬明春灾区复堤堵口任务，进一步做好安置救济灾民工作的紧急指示》。《指示》要求：全省各级政府要做好安置救济灾民工作，组织受灾地区开展生产自救运动，并坚决完成今冬明春灾区复堤堵口任务。

6日　省政府发出《关于进一步开展农民业余文化教育工作的指示》。《指示》要求：全省各地必须密切结合农业互助合作运动，发动各方面的力量，以乡村干部为重点，开展农民业余文化教育工作。并指出当前必须大力做好开展冬学的准备工作，及时开展冬学运动。

6日　八一革命大学改为江西省行政学院，

举行第一期开学典礼。省政府主席兼行政学院院长邵式平在典礼上对学院性质、教学任务、教学方针、学制、学风等问题作了指示。该学院本期分行政、法律、文教、财经4个系，共调训行政干部424人。学习时间暂定6个月，分政治理论、业务政策学习两门课程。

6日 《江西日报》报道，截至本日，国营萍乡煤矿提前完成全年煤炭生产计划，总产值超过国家计划的3.62%，全员效率比计划提高2%，成本比计划降低6%以上。10个月来，萍矿职工已经为国家增产节约了近200亿元（旧币）财富。

6日 中央新闻纪录电影制片厂来景德镇市拍摄纪录片。纪录片的主要内容有：景德镇市全景、各种优美瓷器，特别是出国展览瓷和苏联展览馆预定瓷复制作品、景德镇陶瓷馆、陶瓷美术工艺社、陶瓷美术试验研究所等机构，以及许多陶瓷美术艺人绘画情景。拍摄于15日结束。

10日 省林业厅在南昌召开首次全省林业工作会议。会议于15日结束。

13日 国营南昌柴油机厂万钧小组试用先进工具——奇妙刨刀成功。奇妙刨刀是莫斯科斯大林汽车厂发明的先进刨刀，这种刨刀应用在龙门刨床上可大大提高效率。

13日 文化部、中苏友好协会为庆祝十月革命37周年，在南昌举办“苏联电影周”巡演活动，共放映苏联电影《山中防哨》、《收获》、《黑孩子》、《尼门河上的黎明》、《乌克兰诗人舍甫琴柯》和苏联动画与科教片等7部彩色电影。10天内，南昌市四家电影院共放映207场，全市共有163255人观看了影展。巡演于26日结束。

15日 省农业厅召开全省淡水养殖专业会议。会议总结了1954年全省淡水养殖工作，制定了1955年工作计划。决定今后发展国营淡水养殖（湖泊养殖），做好鱼苗、鱼种产销和科学管理。在山区和无湖沼地区，应广泛地扶助农民发展池塘养殖。会议要求，1955年全省养鱼要在1954年的基础上增产10%，鱼苗增产15%。会议于26日结束。

15日 省检察署第三十七次署务会议听取工作组《关于余干县错杀贫农袁永定的复查情况汇报》。袁永定是乡农协委员，因联名控告两名区、乡干部违法乱纪而被诬陷参加“地下军”反革命组织，并被判处死刑。查明后，对袁永定平反昭雪，对制造假案的一名主犯判处死刑，另一罪犯被判处有期徒刑。

16日 省商业厅发出通知，为便利外宾选购景德镇瓷器，并适当掌握内销，决定南昌市贸易公司在原有瓷器业务基础上成立瓷器门市部，以展销瓷器为主，兼营批发与零售。

17日 南昌专区复堤工程指挥部最近针对南昌专区复堤堵口工程不重视圩堤质量情况，向所属各县复堤工程指挥部发出指示，要求各指挥部必须重视提高圩堤质量，坚决纠正重量不重质的错误。

18日 全省沿江滨湖灾区大规模复堤堵口工程近日全面动工。整个修复工程范围包括南昌市、南昌县、新建、进贤、清江、丰城、安义、高安、万年、乐平、鄱阳、余干、九江市、永修、瑞昌、湖口、星子、德安、彭泽、九江20个县（市），共修圩堤305处，堤线长达2294多公里，共需3600多万土方，需动员40多万民工参加修堤，计划用70个工作日完成。

19日 《江西日报》报道，近4个月，全省共调运4亿多斤大米支援江苏、安徽等省灾区和北京、上海、武汉、旅顺、大连等城市以及内蒙古自治区。

20日 省委农村工作部、省农业厅召开全省专、县农场工作会议，明确专、县农场的社会主义性质。其方针任务是：（一）技术示范（包括对比示范），经营管理示范；（二）繁殖良种；（三）为国家积累建设资金，解决国家对农产品部分供应问题；（四）积累经验，培养干部。会议于12月6日结束。

21日 省粮食厅日前召开粮食保管工作会议，布置新粮储存保管工作。会议要求：各地粮食仓库工作人员抓住冬季有利时机，做好明春潮霉季节粮食变质的预防，并切实搞好仓库的清洁卫生，采用适当通风、过筛、习性诱杀、药剂熏蒸等方法，做好防虫除虫。同时，会议还要求各县粮食局必须及时组织力量普查粮食储藏情况，按粮质好坏，有计划地处理危粮和虫粮。

23 日　省政府召开行政会议，讨论并提出《关于增加毛猪生产，完成派养派购任务，合理组织猪肉供应的意见》。

25 日　全省第五次互助合作会议召开。参加会议的有赣南区党委和各地、县委正副书记、秘书长、正副部长、科长、县委办公室主任等 129 人。会议检查了全省一年来互助合作运动进行情况，并根据中央有关指示精神和江西实际情况，制定 1955 年互助合作发展计划。会议要求：1955 年，全省参加互助合作组织的农户发展到占全省总农户数的 70%，其中，半社会主义性质的农业生产合作社发展到 15 万个，入社农户达 30 万户。会议于 12 月 7 日结束。

25 日　省工业厅召开纺织技术专业会议，传达全国纺织技术专业会议总结的 26 项纺织技术改进经验。省直属江西、兴中、新甡纺织厂，专、县、市地方国营、公私合营和较大私营染织厂，以及合作社经营的染织厂共 22 个单位代表出席了这次会议。会议确定了推广 26 项技改经验的具体做法。会议于 28 日结束。

27 日　景德镇市房屋修建委员会成立。

28 日　省财政经济委员会在《江西日报》公布《关于做好物资供应工作的紧急指示》。《指示》要求：各级商业、运输、贸易、合作、银行部门要立即采取有效措施，迅速运货下乡，大力做好物资供应工作，以保证全年购销计划的完成。

29 日　团中央第一书记胡耀邦到德安县慰问垦荒队员，并为创办的农业社题写“共青社”社名（1957 年，“共青社”并入金湖农场，后改为九江德安第一农场。1958 年 3 月，经德安县委批准，将德安第一农场改名为国营德安共青综合垦殖场）。

29 日　省卫生厅召开中医座谈会。参加座谈会的有南昌市著名的中医、西医、专家、教授和省市卫生行政干部等 40 多人。会议的主要内容是：根据《人民日报》两篇社论，讨论如何贯彻中医政策，进一步加强中西医的团结，共同研究发展中医，发扬祖国医学遗产和加强对中药的管理等。

本月　萍乡矿务局钻探工程队（一二八队）提交《萍乡高坑矿井续建地质报告》，探明高坑矿煤炭储量有 1877 万吨，这是建国后全省第一份正规的地质勘探建井报告（汉口煤矿设计院据此在 1955 年 8 月提出《高坑矿井技术设计说明书》）。

本月　全省一批在煤炭企业局、矿长岗位上工作的南下干部和工人干部，被陆续选送到煤炭工业部干部学校学习。这些学员有的在 1956 年后进入该校深造，更多的学员到秦皇岛煤矿工人速成中等学校学习。

本月　根据燃料工业部决定，中南煤矿企业推行三大医疗制度——车间医师负责制、地段医师负责制和保护性医疗制。并选定先在萍乡矿务局试点。

本月　全省三级干部会议及党员代表会议结束。征收公粮与粮食统购统销在全省范围内全面展开。

本月　江西农学院在南昌莲塘镇澄碧湖的西岸荒冈上，动工兴建一座新牧场。新建的牧场将用 1/3 的土地栽培各种牧草，作为牧场的饲料基地；1/3 的土地栽植果树。

本月　南昌师范学校生物教师马希贤试制“显微扩映器”成功。“显微扩映器”制造工艺简单，能够扩映活的微生物，而且不需要熄灯扩映。另外，马希贤试验的“植物无性杂交”课题也获得了成功。这进一步证明了米丘林学说的科学性。

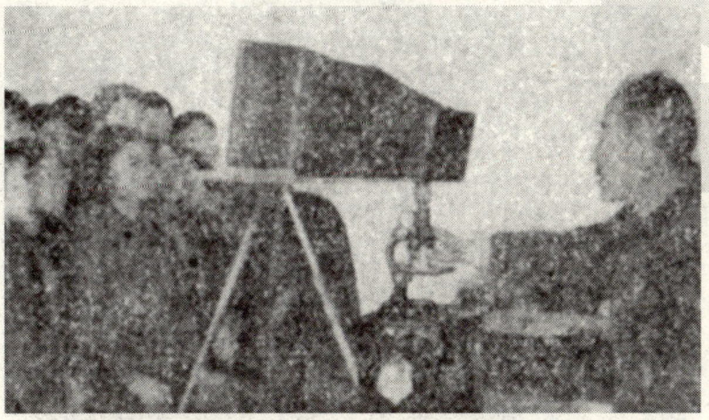

南昌师范学校生物系马希贤老师在使用他创制的显微扩映器进行教学

本月　为显示农业机械化耕作的优越性，推动农业合作化，由省筹办的国营机械化农场——乐丰农场开始动工兴建。

本月　江西化工厂技师葛文景等利用棉油渣试制脂肪酸获初步成功。为供应肥皂等工业生产开辟了新原料。

1954 12月 December

公元1954年12月 农历甲午年【马】													
日	一	二	三	四	五	六	日	一	二	三	四	五	六
			1 初六	**2** 初七	**3** 初八	**4** 初九	**5** 初十	**6** 十一	**7** 大雪	**8** 十三	**9** 十四	**10** 十五	**11** 十六
12 十七	**13** 十八	**14** 十九	**15** 二十	**16** 廿一	**17** 廿二	**18** 廿三	**19** 廿四	**20** 廿五	**21** 廿六	**22** 冬至	**23** 廿八	**24** 廿九	**25** 十二月大
26 初二	**27** 初三	**28** 初四	**29** 初五	**30** 初六	**31** 初七								

1日　庐山气象站建立，并开始地面气象观测。这是江西省建立的第一个高山气象站（1980年3月，庐山气象站改为庐山气象台）。

1954年建立的庐山气象站

1日　南昌市召开第五次烈军属和荣残军人代表会议。会议号召在城市的烈军属积极从事各种可能的合作性质的小型生产或家庭手工业生产，力求生产自给；在郊区的烈军属和革命荣残军人要努力从事农业生产，积极参加互助合作组织。会议于3日结束。

2日　全省第五次互助合作会议提出增施肥料必须贯彻以农家肥为主、化肥为辅的方针。动员群众养牛、养猪积肥，挑塘泥、铲草皮、烧石灰、烧火土灰、沤窖肥，扩种绿肥，开拓与增加有机肥。

6日　省委根据中央精神作出计划：要求在1955年互助合作组占全省总农户70%。其中，农业生产合作社1.3万个，约占全省总农户的6.75%；常年互助组15万个，约占全省总农户的32.22%。1956年，要求发展到占全省总农户的80%。其中，合作社达4万个，约占全省总农户的25.25%；常年互助组20万个，约占总农户的42.93%。1957年要求发展到占全省总农户的85%。其中，合作社7万个，占全省总农户的53.04%。

6日　省委宣传部召开全省国营厂矿宣传工作座谈会。到会的有赣南区党委、吉安地委、各市委、各主要国营厂矿党委宣传部门以及省工会、团省委宣传部的负责干部共30余人。会议确定全省今后一个时期内，在加强厂矿党的宣传工作方面应做好：（一）以社会主义工业化为中心内容的社会主义前途教育；（二）以个人利益与国家利益一致性为主要内容的国家观念教育；

（三）遵守国营企业内部《劳动规则》的教育；（四）进一步发扬革新精神的教育；（五）巩固工农联盟的教育；（六）巩固国防、巩固人民民主专政的教育。会议于14日结束。

7日 省政府发出《关于防治血吸虫病工作的指示》，要求在血吸虫病流行较严重地区成立血吸虫病防治委员会。

7日 省供销社为了配合粮、油、棉统购统销，提出在全省初级市场增加工业品并拨发2100万元资金，扩大对私商、小商、小贩的批发，利用他们为工业品下乡做好推销服务。

8日 省军区英雄模范代表大会在军区政治部礼堂召开。出席大会的有来自军区各部队的英模代表221人。大会表彰了英模们的先进事迹，号召各部队发扬革命英雄主义和爱国主义精神；明确了今后任务，进一步总结与推广英模的先进经验，提高部队的社会主义思想觉悟和战斗意志；推进各方面工作，以加速我军现代化的建设，完成解放台湾的光荣历史任务。大会于14日闭幕。

9日 省政府举行扩大会议，讨论通过《江西省人民政府关于召开第一届全省人民代表大会第二次会议的准备工作决议（草案）》、《江西省人民政府关于成立江西省人民政府庐山管理局》两项决议。

12日 根据中南区财委的指示，全省县以下贸易公司机构移交供销社，专区和省一级贸易公司分别改为省、专、市供销社土产公司。

13日 为进一步加强水灾地区恢复生产和复堤堵口，省政府特抽调干部30余人，组成8个检查组，由邵式平、王眉征、周泰、方志纯、刘达迎、刘昌来、龙标桂、石夫禄等率领，分赴南昌、新建、进贤、余干、鄱阳、九江、永修、彭泽等县进行检查和指导恢复生产及复堤堵口。

14日 省政协召开座谈会，拥护国务院总理周恩来《关于美蒋共同防御条约的声明》。

15日 邵式平签发（1954）府办资字第6号、第7号省政府命令，颁布《江西省人民政府关于加强各级政府机关档案管理的指示》、《江西省档案管理办法》。

16日 省文学艺术工作者联合会举行委员扩大会议，传达中央和中国作家协会武汉分会有关负责人的讲话。出席会议的有省市文艺界代表团80余人。会议对俞平伯在《红楼梦》研究中的“红学”观点进行了批判，号召在全省文艺界、教育界和学术界开展对俞平伯的批判活动。

16日 全省第一次农业技术会议在南昌县莲塘开幕。会议总结了一年来全省各地创造的先进增产经验和农业技术，并制定了1955年以“三变”（变一季为二季，变中稻为早稻，变旱地为水田）为中心的主要技术改革措施与推广计划，以促进农业互助合作运动的大发展和保证农业增产任务的完成。

17日 省政府下发《关于培植城市风景林的指示》，要求赣南行署、各专署和市、县人民委员会制定城市和郊区植树造林统一规划，在1957年前完成城市风景林的建设任务。

18日 全省沿江滨湖2000多公里圩堤线上复堤堵口、加固工程全面动工。

19日 国营南昌柴油机厂成功试制出一部王崇伦万能工具胎。将万能工具胎安装在牛头铇床上，比原来在插床上铇零件提高工效两倍。

19日 省委发出《关于开展合作化宣传运动的指示》。指示要求，为配合今冬明春在现有5000个农业生产合作社的基础上，再新建8000个社的工作，全省各级党委要加强领导，广泛深入地开展合作化宣传运动，有效地提高农民的社会主义觉悟。在宣传内容上应重点注意：（一）加强坚决走社会主义道路的教育；（二）加强互助合作方针、政策的教育，特别是加强农业生产合作社优越性的教育；（三）加强阶级政策的教育。

20日 全省第八次司法工作会议召开。会议指出，要认真贯彻人民法院组织法就必须扫清在某些司法干部中存在的保守思想和不民主思想，加强群众观点，树立民主思想作风，并在实践中切实地将审判中的民主形式和民主实质统一起来。会议还根据最高人民法院、司法部提出的“由上到下，层层带头，点面结合，积极推行”的方针，结合本省的具体情况，对今后如何贯彻人民法院组织法的问题进行了认真的讨论。

21日 省护林防火指挥部恢复办公，省政府主席邵式平兼指挥长，省财政经济委员会副主任邓洪兼副指挥长。

22日 经省委、省政府同意，省军区将44名军队供养干部及其配偶、子女移交地方民政部门安置。

22日 省委、省政府发表讣告：中共江西省委员会委员、赣南区党委第二副书记、赣南区行政公署主任钟民同志，因患风湿性心脏病等病症治疗无效，于1954年12月20日20时，在杭州市立医院逝世，终年54岁。省政府于21日成立钟民同志治丧委员会。

23日 省政府第二百二十九次行政会议讨论通过《江西省1954年农田水利工作总结和今冬明春的工作任务》。确定1955年全省农田水利工作的方针是贯彻党的总路线、总任务，继续修复与巩固旧工程，大力发动群众兴修小型农田水利，逐步开展水土保持、防治山洪工作，为农业增产服务。会议提出，1955年全省应达到新建成水利化工程增加灌溉面积80万亩、修复与新建成水利工程改善灌溉面积250万亩。

24日 《江西日报》报道，1954年，全省发放烈军属实物补助款306.77亿元（旧币），享受补助的贫苦烈军属约有30万人。

26日 南昌市文教局、团市委等单位联合举办青少年儿童音乐表演会，选出13个优秀节目参加全国音乐表演竞赛。

27日 截至月底，抚州专区在实现了41个农业社的建社目标后，又开始420个农业社的建社工作。这些农业社分布在9个县、1个镇、63个区（未包括黎川县）、322个乡（镇）。

28日 省政府发出《加强护林防火工作的布告》。要求各山区迅速建立与健全护林防火组织，加强对群众的护林防火教育，组织群众巡逻检查以严防山火的发生。并公布了《江西省护林防火奖惩暂行条例》。

29日 省委宣传部在《江西日报》公布关于反对美蒋条约的宣传要点：（一）美蒋条约是侵略性的战争条约；（二）我们一定要解放台湾；（三）我们有力量有信心消灭蒋匪，粉碎美蒋条约；（四）用实际行动反对美蒋条约，支援解放台湾的斗争。

30日 全省最后一例天花病患者在赣州市医院病愈出院。

31日 南昌市沿江路工程竣工。整个工程共完成沿江路护岸1040米，公路面积24960平方米，修建中型码头1座，小型码头8座。

本月 国家聘请的3位苏联专家先后来到南昌航空工业学院任教。这是建国后首批应聘来江西任教的外国专家。

本月 省政府批准，南昌市北郊瀛上螺丝垄、神仙打坐、熊家山等5500亩地划为瀛上公墓区。

本月 省政府作出人口在3000人以上的镇设立居民委员会的规定。至翌年底，全省共建城镇居委会417个。

本月 江西省肺结核病院成立。

本月 省政府办公厅档案管理处成立，负责指导全省地、市、县党委机关的档案工作。同月，省委办公厅秘书处档案管理科成立，负责指导全省地、市、县党委机关的档案工作。

本月 泰和县公安机关破获“中国国民党反共救国军井冈山区司令部”反革命案，逮捕案犯21人，缴获密信31件，印章3枚，会员证56份，以及准备上山为匪使用的部分物资。

本月 南昌火电厂工程选定南昌市七里街为厂址，工程共分五期进行（第五期工程于1989年9月竣工并投入生产，这是南昌发电厂的扩建工程；先后建成11台锅炉，10台发电机组，总容量34.8万千瓦，年发电量17亿千瓦时）。

为了保证工厂、居民的用电，南昌电厂供电科外线技工正在紧张地进行换线工作

本月 根据《中华人民共和国兵役法（草案）》的规定，省军区试征义务兵。

本月 省科学技术普及协会及中华自然科学联合会南昌分会筹委会创办《农民与科学》杂志；并先后协助恢复江西省医学、昆虫学、药学、解剖学、微生物学、化学等7个学会；筹建了省农学、畜牧兽医学、植物病理学、生物学等学会。省科普协会和省科联筹委会共发展会员2492人，成立了40个会员工作组，建立了景德镇、赣州等4个支会和两个地区小组。

本月 吉安专区在做好征粮、购粮收尾工作的基础上，运用会议、训练班等形式，训练了3075名骨干分子，并将参加建社工作的660余名干部，组成188个工作组，由县、区委负责干部率领，深入建社地区指导建社工作。

本月 省政府新闻出版办事处撤销，改为新闻出版科，并入省文化局。

本月 南昌市被教育部、文化部列为全国小学课本和农民课本选货地之一。

本月 省委批准，撤销中共庐山特别委员会，恢复中共庐山委员会，仍属九江地委领导。

本年

本年 全省发生百年未遇的大水灾，受灾县（市）78个，受淹农田730余万亩，受灾群众367余万人。全省共组织342万名干部、群众，投入抗洪抢险；转移安置100多万被洪水围困的群众。灾后，组织2400余名医务人员赴灾区，医治灾民70多万人次。省政府下拨救济款887.86亿元（旧币）。省政府下达《关于开展灾区卫生工作的指示》，并拨专款为灾区群众免费医疗。同时，省卫生厅组织119个医疗队，共1245名医务人员巡回灾区防病治病。

南昌市卫生防疫站的宣传车深入南昌市郊农村，对农民进行卫生教育

本年 《江西日报》报道，据统计，全省农业生产合作社已发展到5015个，入社农户达13.49万户；常年互助组和季节互助组由1953年的17.6万个发展到30.43万个，入组的农户达201.01万户；组织起来的农户已占全省总农户的54.5%。

本年 铁道兵8个师先后到达上饶、鹰潭等站，开始修建鹰厦铁路。

本年 南昌铁路系统爱国卫生积极分子、铁路职工家属张仁霖出席全国英模大会，受到毛泽东主席、周恩来总理的接见。

本年 省政府决定，全省设181个镇人民政府，与乡人民政府并列为农村基层政权组织。

本年 省民政厅调查并报省政府核定，全省在土地革命时期有74个县建立了革命根据地或游击区。其中老区面积占100%的县有27个；占90%～99%的县有6个；占50%～89%的县有17个；占50%以下的县有24个。

本年 盘古山、画眉坳日处理合格钨矿石250吨机选厂分别于本年8月和12月建成投产，盘古山钨矿还建成全国第一条钨矿原矿运输单线循环式架空索道。

本年 大吉山、西华山、岿美山、漂塘等钨矿开始派出技术人员和工人赴苏联学习。先后分3批，最后一批于1958年学习结束回国。

本年 受中南有色分局指派，江西派出管理干部、技术人员和工人20名赴苏联哈萨克阿克卡塔钨铬选厂、巴拉哈斯铜选厂学习采矿、地质、测量等技术和矿山管理。

本年 全省大批干部从地方转业到钨矿，支援工业建设。

本年 全省对森林开始统一实行“凭证采伐，验证放行”政策。

本年 江西制药厂研制成全国第一台宝塔糖机，大批量生产驱蛔宝塔糖。从茶中提取咖啡因，创全省第一个原料药产品。

本年 由五户私营企业合并，经过公私合营，建立南昌市第一家针织服装厂——南昌华安针织厂。这是目前全省最大的针织服装厂。

本年 江西师范学院附属中学创办并开始招生。

本年 省劳动局开办江西省劳动局工人技术学校。

本年 省农业科学研究所为了发展果艺事业，利用红壤试种温州蜜橘获得成功。

本年 余江县白塔西渠灌溉工程的倒虹吸管胜利完工。该倒虹吸管能灌溉稻田3.6万余亩。

本年 苏联院士别捷赫琴、教授拉乐琴柯等先后来赣南西华、大吉山等钨矿进行地质考察。

本年 庐山12公里登山公路建成。牯岭镇日照峰下长90余米、宽8米、高7米的隧道凿通。

本年 中国国际旅行社南昌分社成立。

本年 全省工矿、交通运输、农林等系统广泛掀起“学习苏联”的高潮。共推广了120多种苏联先进经验，对提高劳动生产率、全面超额完成国家计划起了很大作用。

本年 全省各级人民法院收案情况有了很大变化，一方面总收案量减少；另一方面经由法院处理的案件中，民事纠纷较以前减少，刑事案件相对增多。

本年 资溪县示范繁殖厂改良水稻品种获得成功。研制出高产水稻品种“南特号”、“赣农三四二五”、“赣农五六三六”和一季晚粳“松场二六一”。

本年 全省工人阶级队伍日益壮大，广大职工文化知识和科学技术水平也有了显著提高。目前，在全省工业、交通、运输、基本建设等各个岗位上的职工已有44.3万余人。各地普遍采用创办工业技术学校（训练班）、搞技术讲座、建立业余技术研究会（班）、签订师徒合同、互教互助合同等方式，脱产或不脱产训练了大批人才，使职工技术水平得到很大提高。

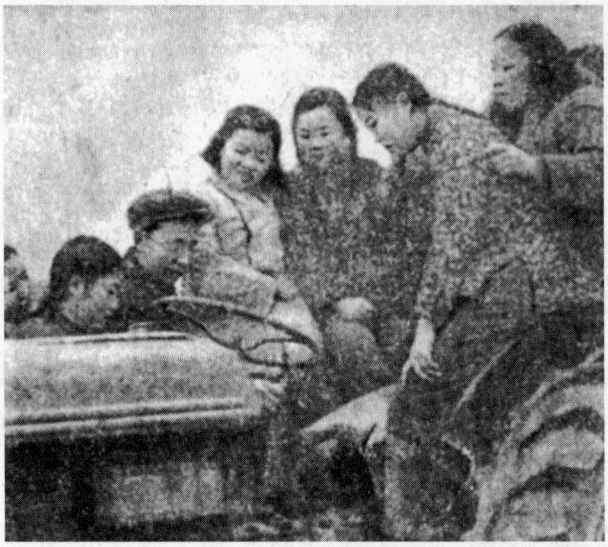

江西农学院的女同学在学习拖拉机的构造和驾驶技术

本年 中国建筑工会江西省委员会正式成立。主席是徐国顺，第二主席是王金岭，副主席是魏文贤、沈凤。

本年 九江地区成立第一个女子电影放映队并在农村巡回放映电影。

本年 江西通俗人民出版社改名为江西人民出版社。

本年 解放军总参测绘局在江西马挡等地进行天文点测量。同时，在望江等地进行一等基线测量。

本年 省粮食厅储运公司防化员陈勇完成“麦蛾生活习性及防治方法”研究。他于1960年被聘为中国科学院江西分院特约研究员。

本年 根据农业部生物药品监察所安排进行的注射猪瘟兔化弱毒疫苗试验获得成功。

本年 省水文总站根据本省江河水流情况，首创相应干支流来水合成流量法，试行预报赣江、抚河洪峰水位，效果良好。1955年在全省广泛采用。

本年 中南地质局相继组成四〇九大队、四六五大队，分别对德兴银山铅锌矿、乐平鸣山和桥头丘煤矿进行普查评价。

本年 年底，国营南昌柴油机厂成功试制出我国第一台小型（30马力）移动式空气压缩机。

1955年

概要

1955年是实施我国第一个五年计划具有决定意义的一年。本年，江西省人民委员会宣告成立。省人大一届二次会议、省政协一届一次全体会议等一系列重大会议相继召开，对一些重大问题作出决定和部署。省军区在南昌举行授衔典礼。各军分区举行授衔仪式。

省政协第一届委员会第一次会议 1月，省政协第一届委员会在原江西省各界人民代表大会协商委员会的基础上协商产生，并于17日召开第一次会议。会议选举杨尚奎为主席，通过了《关于拥护杨尚奎所作〈进一步加强全省人民的团结，为完成一九五五年的伟大任务而奋斗〉报告的决议》、《关于拥护全国政协二届一次会议宣言的决议》以及《拥护周恩来外长关于美蒋〈共同防御条约〉声明的决议》。省政协第三次常委会扩大会议通过了《关于彻底粉碎胡风反革命集团的决议》。

江西省人大第一届会议 2月，省一届人大二次会议召开。大会听取了一届全国人大一次会议情况的传达报告，选举产生了新的省人民委员会组成人员、江西省高级人民法院院长和各地区中级人民法院院长。会议通过了《江西省人民政府一九五四年工作报告》、《江西省一九五五年国民经济计划（草案初稿）报告的决议》。江西省第一届人民代表大会第三次会议通过了《关于江西省人民委员会一九五五年上半年工作报告的决议》、《关于江西省发展国民经济的第一个五年计划的决议》、《关于江西省一九五四年财政决算和一九五五年财政预算的决议》、《关于贯彻国家粮食定产、定购、定销政策，胜利完成一九五五年度征粮任务和统购统销任务的决定》、《关于贯彻执行中华人民共和国兵役法的决议》、《关于开发农田水利和根治水旱灾害规划问题报告的决议》。全省地方工业、农业、水利、交通运输、文教卫生、城市建设等13项国民经济基本建设计划已初步确定。

农业合作社运动进入高潮 全省农业合作化运动已进入高潮，到本年上半年，全省共建初级社14751个，入社农户38万多户，占农民总数的9.89%。上半年以前，江西合作社运动的发展是健康的，初级社也大体上符合当时生产力发展水平。当年还试办了36个高级农业生产合作社。高级社取消土地分红，把耕畜和大型农具作价归公，按劳动工分统一分配收入，是更高形式的集体所有制生产合作组织。试办少数这种形式的合作经济组织是必要的、有益的。8月间，中共江西省第四次代表会议传达贯彻毛泽东《关于农业合作化问题》的报告。11月间，省委又根据中央杭州会议精神，修改计划，将普遍建立初级社的期限提高到1956年秋冬，并要求在1962年全部转为高级社。农业合作社的实现，完成了把个体农业转向社会主义集体农业的变革，是社会进步的转变。它为后来社会主义农业的发展奠定了重要的经济基础。但是，农业合作社急剧发生变化，也存在“要求过急、工作过粗、改变过快、形式过单”的偏差。

经济建设 1月，萍乡市安源路矿工人俱乐部举行修复竣工典礼。4月，巨型灌溉工程余江县白塔西渠竣工通水。全省复堤堵口工程全部竣工。全长2964米，宽60米的八一大道竣工。11月，八一大桥开始改造。3月正式开工的鹰（潭）厦（门）铁路，年底鹰潭—资溪段建成通车。

一批政策法规相继出台 3月，全省开始发行新币。4月，省人委通过《关于处理人民来信和接见人民来访工作的暂行规定（草案）》。自7月份起，全省实行国家机关工作人员由包干制待遇改为工资制待遇，省直属机关各厅、局整编工作陆续开始，11月起取消部分工作人员的“保留工资”；8月，颁布《江西省1959年农业税征收暂行办法》。江西省处理反动、淫秽、荒诞图书杂志委员会成立，并发布《关于处理反动的、淫秽的、荒诞的书刊图画宣传提纲》。11月，江西省贯彻执行卫生部颁发的《中华人民共和国传染病管理办法》。

粮食统购统销工作 3月中旬至11月，全省粮食“定产、定购、定销”三定工作展开，贯彻粮食统购、统销政策。8月，邵式平、刘俊秀向出席中共江西省第四次代表会议的部分代表，传达中共中央和毛泽东在省、市和区党委书记会议上关于发展农业生产合作社，贯彻执行粮食“三定”政策、做好粮食统购统销工作和镇压反革命分子三项重要指示。省委、省人民委员会颁布《江西省农村定产、定购、定销实施细则》。城镇居民从10月10日起，实行口粮定量供应。从10月起开始在全省发行使用全国通用粮票和江西省地方粮票。

对私营工商业的改造 12月，省委成立对资本主义工商业改造10人小组。并召开扩大会议，确定了对资本主义工商业改造的全面规划。省委、省政府始终贯彻利用、限制、改造的方针，有步骤地将资本主义工商业纳入国家资本主义轨道。当年全省私营工商业全部实现了国家资本主义的初级形式，高级形式也有很大发展。

肃反工作 9月，省委作出《关于加强肃反运动和全面完成各项工作任务的部署计划》，对全省肃反运动作了全面安排，肃清暗藏的反革命分子运动开始。

全省本年经济指标完成情况 工业总产值8.85亿元，比上年增长11.2%，全省地方工业系统198个列入国家计划的厂矿，完成年计划102.76%，20种主要产品中有17种完成或超额完成国家计划；全省农业总产值16.17亿元，比上年增长5.8%；粮食总产量125.33亿斤，比上年增长6.96%；全省财政收入为2.85亿元，比上年增长19.75%，交通运输、财政金融、文教卫生等部门均完成或超额完成了预定计划。年末全省总人口1763.38万人，人口自然增长率16.10‰。

1955

1月

January

公元1955年1月							农历乙未年【羊】						
日	一	二	三	四	五	六	日	一	二	三	四	五	六
						1 腊八节	2 初九	3 初十	4 十一	5 十二	6 小寒	7 十四	8 十五
9 十六	10 十七	11 十八	12 十九	13 二十	14 廿一	15 廿二	16 廿三	17 廿四	18 廿五	19 廿六	20 廿七	21 大寒	22 廿九
23 三十	24 春节	25 初二	26 初三	27 初四	28 初五	29 初六	30 初七	31 初八					

1日　凌晨2时，受冻雨影响的浙赣线梁家渡至下埠集之间通信电讯线路被刮倒，断杆506根，通信全部中断。此后，把将军岭至向塘间改为加强型通信电讯线路。

1日　江西省内科医院改名为江西医院。

1日　南昌市政府发出通告，宣布废止城市生命统计（人口统计）报表制度，停办生命统计试办工作。《南昌市市区居民出生、死亡申报暂行规则》即日起也一并废除。

1日　省人民检察署根据《人民检察院组织法》的规定和最高人民检察院1954年12月4日的通知，改称江西省人民检察院；设立检察委员会；设监督处、侦查处、侦查监督处、审判监督处、人事处。全省各级人民检察署一律改称人民检察院。

3日　鄱阳县万余人举行集会、游行，反对美蒋《共同防御条约》。大家高呼“一定要解放台湾”、“保卫世界和平”等口号，表示要以实际行动粉碎美蒋《共同防御条约》，为解放台湾努力。

3日　萍乡市安源路矿工人俱乐部大厦举行修复典礼。安源路矿工人俱乐部旧址是1905年湖北同乡会会址，1922年5月1日，路矿工人俱乐部在此成立，李立三、刘少奇先后任俱乐部主任，安源路矿工人大罢工指挥部亦设于此。旧址几经修整，基本上保持了原貌（1982年，国务院公布安源路矿工人俱乐部旧址为全国重点文物保护单位）。

这栋楼房是安源路矿工人大罢工时，刘少奇代表1.3万多名工人与反动当局谈判的地方，现在是安源路矿的办公室

5日　中国人民银行江西省分行发布公告，

为了进一步加强票据管理，巩固金融稳定，特制定了《私营工商业甲种存款开户和使用支票管理办法》，并呈省财政经济委员会批准执行。其中，有关支票管理各条文如下：（一）甲种活期存款户签发支票金额起点定为20万元（旧币），除销户时外，一般支取不得签发20万元（旧币）以下的支票；（二）支票有效期限为3天，签发日及节假日除外，过期作废；（三）签发支票，一律用"记名"式，开出的支票不得流通转让，如支用现金，应在支票上注明"取现"字样，并须由出票人加盖与原留印鉴相同的签章证明，才可付款，否则，不论是否画线，均不得支付现款；（四）严格禁止开发空头支票（包括存款不足或托收款项尚未收进等原因）及迟期支票，违者按情节轻重分别给予适当处分，迟期支票的发票与受票人应负连带责任；（五）储蓄存款使用支票，除签发金额起点仍为1万元外（旧币），其他均适用2条至4条的规定。

5日 上饶市各界人士举行反对美蒋《共同防御条约》的集会。与会代表对美蒋签订的《共同防御条约》表示愤慨，一致拥护周恩来外长的声明并决心团结在中国共产党周围，为粉碎美蒋条约、解放台湾，完成我国统一事业而斗争。

6日 《江西日报》报道，全省农村正建立一批新的农业生产合作社，在最近参加农业生产合作社的4万多户贫农中，就有1.2万多人当上了各个新社的正、副社长或社务委员。许多贫农自带干粮到附近地区的老社去学习，表现出高度的革命积极性。

6日 南昌市工会第二届会员代表大会第二次会议在市工会礼堂举行。南昌市委第二副书记石少培作了《彻底粉碎美蒋条约，为解放台湾而斗争》的报告。会议通过了《为坚决粉碎美蒋战争条约，全力支援解放台湾而斗争的决议》，通过了关于《拥护召开江西省工会第二届会员代表大会的决议》。

7日 全省公安人员首届功模代表大会召开。到会功模代表127名。大会的主要内容是总结评功选模工作，贯彻和落实公安工作的方针、任务；表彰功臣模范，交流对敌斗争的经验。大会选举全省功臣模范26名。会议还通过了《坚决反对美蒋〈共同防御条约〉，粉碎美蒋特务间谍活动，支援解放台湾的决议》。大会于17日闭幕。

7日 省政府在听取了各机关巡察组关于水灾地区视察报告后，对受灾地区存在的几个问题作了以下几点紧急指示：（一）救灾第一，保证不饿死冻死一个人；（二）救灾款不得扣抵其他款；（三）做好救灾款的发放；（四）召开灾区乡人民代表大会，具体部署春夏度荒工作；（五）加强对灾区工作的统一领导。

7日 1955年国家对萍乡煤矿采掘机械设备的投资额比1954年增加两倍以上。萍乡煤矿积极提高采煤机械化程度，以前用人力推车，今后将全部用电动车运输；电钻割煤机采煤已代替过去的手镐采煤。

8日 国家重工业部有色金属管理局通知，各钨矿矿名一律改用代号，江西钨矿矿名1957年停止使用。

8日 省政府发出《关于做好1955年春节拥军优属工作的通知》。通知要求：（一）凡有驻军、军队伤病员医院、革命残废军人学校、教养院的地区，应就地召开军民联欢晚会；（二）在农村以乡（镇）为单位，在城市以街为单位召开一次烈属、军属、革命残废军人、复员军人座谈会；（三）发动烈军属写信鼓舞儿子、丈夫、亲属安心工作，保卫祖国；（四）各地可在春节前10天发放一次实物补助费用（以15%～20%为限）以解决贫苦烈属、军属过春节的困难；（五）各专区、市、县应组织一定力量，选择重点，深入一至两个乡（街），帮助基层干部检查和总结拥军优属工作。

9日 省政府卫生厅改名为江西省卫生厅。刘之纲任厅长。

10日 省文物管理委员伍毓瑞将一批文物捐赠给省文物管理委员会。计有：陶、瓷器237件，铜器18件，书画34件，碑212件，图书2836册，墨一条，其中不少为珍贵文物（同年5月，省邮电局夏宗瀛将祖传的汉铜笔洗捐献给国家）。

10日　国家重工业部通知，将重工业部有色金属管理局中南分局撤销，另成立中南区钨矿局，统一领导中南地区各钨矿。

10日　省政协常委会举行扩大会议。会议讨论并通过了政协江西省委员会第一届委员名单，委员会由21个界别的代表和特邀人士组成，共有委员159名。会议还讨论通过了《江西省各界人民代表会议协商委员会工作报告（草案）》，并确定政协江西省委员会一届一次会议于17日在南昌召开。

政协江西省第一届委员会于1955年1月10日在原江西省各界人民代表会议协商委员会的基础上协商产生。图为出席省政协一届一次会议的委员合影

10日　邵式平召开紧急会议，研究如何迅速地将救灾款发放到灾民手里，并决定派8个检查组深入灾区帮助工作（15日，检查组前往南昌县了解情况）。

11日　由中央内政部、农业部、财政部等部门人员组成的灾区工作检查组在内政部司长纪达率领下到达南昌。工作组在听取灾区工作汇报后，即赴重灾区检查指导救灾工作。

13日　省委批准：刘护平任省人民检察院党组书记，马延士任副书记。

15日　余干县53座圩堤的36处堵口工程和83处险段已经全部完工。

15日　省政府发出《关于一九五五年春节造林工作指示》，提出全省1955年造林计划为1715665亩，造林成活率要求达到85%以上。

16日　省人委任命卓剑雄为江西省气象局局长。

17日　省政协第一届委员会第一次会议召开。大会选举杨尚奎为主席，莫循、黄知真、刘一峰、刘之纲、许德瑗、傅肖先为副主席；于洪琛为秘书长；武惕予、邓鹤鸣、汤允夫、刘九峰、平戎、胡宗澹为副秘书长。大会通过了《关于拥护杨尚奎所作〈进一步加强全省人民的团结，为完成1955年的伟大任务而奋斗〉的报告》和《关于拥护中国人民政治协商会议第二届全国委员会第一次全体会议宣言和周恩来外长关于美蒋〈共同防御条约〉声明的决议》。通过了向毛泽东主席致敬电和向中国人民解放军、中国人民志愿军致敬电。大会于19日闭幕。

17日　中南区钨矿局正式挂牌办公，局机关由长沙迁到赣州原江西分局旧址。李华封任局长。

19日　省农业厅召开全省首届农业技术会议，总结一年来农业技术经验，并确定普遍提高以稻谷为主的粮食单位面积产量。扩大复种面积的主要技术措施是大力推行“三变”（变一季稻为二季稻，变中稻为早稻，变旱地为水田）。充分挖掘生产潜力，增加产量。

20日　中国戏曲研究院副院长周信芳率华东戏曲研究院京剧实验剧团抵达南昌，在南昌剧场上演《四进士》、《追韩信》、《徐策跑城》、《借东风》、《文天祥》等京剧剧目。

22日　省政府发出通知，要求各地加强鱼类繁殖、保护，严禁毒鱼、炸鱼，做到：（一）沿江滨湖地区（特别是有毒鱼炸鱼习惯地区）应以乡为单位建立繁殖保护组织，订立鱼类繁殖保护公约，互相监督，共同遵守；（二）各级政府对于制造炸药和其原材料应严加控制；（三）加强对鱼类保护的宣传教育，使渔民、农民认识到炸鱼、毒鱼对渔业生产的破坏作用及其利害关系。

23日　上饶行署公安机关先后破获“东南同盟军崇阳指挥部”、“自由中国救国协政团”和“自由中国反共游击队组织部”三个反革命组织，缴获反动组织纲领、成员名册和谋杀干部名单等罪证材料各一份，依法逮捕赵芹生等36名反革命分子。

28 日 省农业厅组织农民技术员研制成新式水田犁，并批量生产，供应使用。

省农业机械修配厂试制成功的“江西水田犁”，比旧式犁耕得更快更深

31 日 省政府发出《关于推销 1955 年国家经济建设公债的指示》，规定 2 月 15 日后开始推销、认购和收款，于 10 月底结束。

本月 全省地方工业、农业、水利、交通运输、文教卫生、城市建设等 13 项国民经济基本建设计划已初步确定。工业建设投资占全省建设总投资的 33.5%，初步确定新建和扩建的项目共 47 个。水利建设投资比 1954 年增加 63%，计划交通运输投资的 56% 用于增加运输能力。文教建设投资将比 1954 年增加 103%，主要项目为新建和扩建高、中等学校 20 余所，其中新建的江西医学院，将比原校扩大 5 倍多，可容纳 2000 多名学生学习。在卫生保健事业方面，计划扩建麻风病院，增加 150 个床位。城市建设投资比 1954 年增加 27.5%，主要投资将集中在南昌八一大桥的改建工程上，同时继续维修南昌等城市的下水道。

本月 江西省人民政府民政厅改称江西省民政厅，石峰任省民政厅厅长。

本月 南昌市从 1954 年 12 月下旬起至本月上旬，日最低气温连续 17 天在零度以下，日平均气温连续 13 天在零度以下，连续下冻雨 10 天。

本月 江西省提线木偶实验剧团成立，王飞任团长。

本月 定南县夏岗基建工程工地发现完好石器 4 件。此前，在该工地附近的示范岗曾经发现石镞 6 件，其中石斧类 2 件、石镞类 4 件，均属于新石器时代遗物。这些遗物证明江西省南部在新石器时代就有人类居住。

本月 省委发出关于春节前后对人民群众进行宣传工作的指示。确定当前宣传的重点是：（一）大力宣传 1954 年我国各项建设事业所取得的成就；（二）普遍进行解放台湾和反对美蒋战争条约的宣传；（三）1955 年是实施我国第一个五年计划具有决定意义的一年；（四）向人民群众解释目前某些消费品供不应求现象及其实质。

本月 省人委决定，全省各部门所属 299 个国营和公私合营粮食加工厂，从 1956 年开始全部划归国营粮食企业序列。

本月 解放军铁道兵承建的鹰厦线 1 公里至 60 公里（鹰潭—资溪间）建筑工程开工（4 月下旬，铁道兵司令员王震陪同苏联专家到南昌，决定鹰厦线采用双机牵引和最小曲线半径为 250 米等主要设计标准）。

1955 2月 February

公元1955年2月							农历乙未年【羊】						
日	一	二	三	四	五	六	日	一	二	三	四	五	六
		1 初九	2 初十	3 十一	4 立春	5 十三	6 十四	7 元宵节	8 十六	9 十七	10 十八	11 十九	12 二十
13 廿一	14 廿二	15 廿三	16 廿四	17 廿五	18 廿六	19 雨水	20 廿八	21 廿九	22 二月大	23 初二	24 初三	25 初四	26 初五
27 初六	28 初七												

1日　省委副书记刘俊秀对办好农业生产合作社提出如下意见：（一）切实掌握农业生产合作社的基本情况；（二）切实制定好农业生产合作社的生产计划；（三）建立与健全劳动组织，合理安排人力、畜力和适当搭配农具；（四）做好生产过程管理与生产劳动定额；（五）加强财务管理，既要增施肥料，又要合理投资；（六）加强政治思想工作；（七）切实做好收益分配。

1日　江西省儿童医院建成，正式开诊。这座医院除应有的医疗设备外，还根据儿童的特点设有幻灯室和花园，并备有各种玩具。

建设中的江西省儿童医院大楼

1日　万年桥已照原样修复通车。万年桥是南城县横跨盱江的一座大石拱桥，建于明朝崇祯年间，距今已有300多年的历史，全桥23孔，长400多米。抗日战争时期被敌机炸毁4孔，倒塌1孔。

1日　省农业厅抽调粮食、特产、畜牧兽医、农具等方面专家、干部18人，组成两个工作组，赴东乡县重点乡调查了解各阶层思想动态，并检查肥料、水利、耕牛、农具、种子准备及贯彻“三变”和生产中有关问题。

1日　省人大一届二次会议在南昌市政府礼堂召开。大会听取了一届全国人大一次会议情况的传达报告，通过了《江西省人民政府一九五四年工作报告》和《江西省一九五五年国民经济计划（草案初稿）报告的决议》，选举产生了江西省人民委员会委员36人。邵式平当选为省长；方志纯、黄先、饶思诚、李杰庸、王卓超、欧阳武6人当选为副省长；选举朱开铨为省高级人民法院院长。大会于9日闭幕。

3日　省林业厅抽调44名干部及赣州林校105名学生分赴各专区、县，协助当地开展造林工作，加强技术指导。

4日　省供销社下发《关于安排私商、活跃市场的几点意见的通知》，要求进一步贯彻“总的踏步，着重安排与改造”的方针，确定训练对私商改造干部1000名，加强阶级分析，将小商小贩与资本家区别开来，并组织他们走合作化道路；迅速建立县级批发机构，开展对私商的批发业务；拟订专、县对私商改造计划，全面开展对私商改造的试点工作。

8日　全省第一届城市中小学校文艺会演大会在南昌召开。大会由团省委等单位主持，参加会演的有来自南昌市、南昌专区、赣州市、景德镇市、九江市、上饶市、吉安市、抚州镇8个地区的学生代表227人，41个经过选拔的表演节目进行了会演。会演大会于9日闭幕。

9日　江西省人民委员会宣告成立，并举行首次会议。会议通过了《江西省人民委员会关于省人民委员会设置工作部门和办公机构的决定》、《江西省人民委员会关于省人民委员会派出机关设立的决定》和省高级人民法院副院长及赣南、南昌、九江、上饶、抚州、吉安6个地区中级人民法院副院长的任命名单。

10日　省军区召开党委扩大会议，讨论实行“三大制度”（义务兵役制、军衔制和军官薪金制）及颁发勋章、奖章和整顿部队纪律作风问题。

10日　省人委召开全省专员、县长联席会议，布置1955年春耕生产工作和全年农业增产任务。省委书记杨尚奎到会讲话。会议于13日结束。

互助合作社社员们在认真研究1955年粮食增产计划

13日　省政协一届常委会二次会议与中国人民保卫世界和平委员会江西省分会常委会在南昌举行联合会议。会议通过了《关于发动全省人民参加反对使用原子能武器签名运动的决议》，成立了江西省人民反对使用原子武器签名运动委员会。

14日　省、市各界2000余人举行庆祝《中苏友好同盟互助条约》签订5周年大会，中苏友好协会江西省分会会长杨尚奎和苏联专家马道林到会讲话。

庆祝《中苏友好同盟互助条约》签订5周年大会主席台

15日　全省第二届工会代表大会召开。大会讨论并确定今后工会组织的基本任务是：巩固工农联盟，巩固劳动纪律；加强工会建设，继续广泛深入地开展劳动竞赛，保证全面完成国家计划；协助政府对资本主义工商业进行社会主义改造。大会选举出省工会第二届委员会，方德鑫为委员会主席。大会于24日闭幕。

18日　省教育厅创办江西省中学教师函授学校（1955年8月又增设小学教师函授部）。

18日　南昌市人民举行示威游行反对使用原子武器。

南昌市人民示威游行反对使用原子武器

18日 政协南昌市一届二次会议在市政府新礼堂举行，出席大会的委员有208人。会议决定：南昌市人民政府改名为南昌市人民委员会；区人民政府定名为区人民委员会。

18日 全省第四届农业工作会议提出粮食增产技术措施。主要是：（一）早耕深耕；（二）选用良种；（三）培育壮秧；（四）合理施肥；（五）合理排灌，适时晒田；（六）防治病虫害；（七）改变收获方法；（八）大力推广“三变”。

19日 省人委公布《江西省耕牛交易市场管理暂行办法》。

19日 省农业厅召开全省棉花工作会议。会议确定全省棉花工作的重点是：以发展细绒棉为主，兼顾粗绒棉，合理规划棉区，扩大植棉面积，提高棉花产量。

20日 吉安市举行田径、举重比赛。参加比赛的有南昌市、景德镇市、赣州市、九江市、上饶市、吉安市、南昌专区和抚州专区8个代表队、93名运动员。并选拔出10名优秀运动员参加全国比赛。

22日 省人委和省政协举行联席扩大会议。会议一致通过了《关于贯彻执行国务院〈关于发行新的人民币和收回现行的人民币的命令〉的指示》、《江西省人民委员会关于贯彻国务院讨论兵役法草案的通知》和《江西省人民委员会关于成立江西省编制委员会的决定》。

23日 中央水利部派电影队到九江专区重点复堤工地放映电影，并拍摄了反映工地施工情况的影片。

24日 江西省司法厅正式成立，刘文涛任厅长。

25日 省人委再次拨出755.45万元（新币，下同）救济款，帮助灾区人民生产度荒。

本月 江西省人民政府财政厅改名为江西省财政厅。

本月 全省宗教事务工作由省民政厅划出，归省宗教事务管理处管理。

本月 江西省监察厅成立（1959年10月撤销省监察厅）。

本月 省人委设立文教办公室主管文教工作。原省文化教育委员会被撤销，原省扫盲工作委员会工作移交省教育厅管理。

本月 省卫生厅制发《江西省消毒工作实施办法》。

本月 省人委通知，省农林厅水利局为省人委直属机构（1955年12月，省农林厅水利局改称江西省水利厅）。

1955
3月
March

公元1955年3月							农历乙未年【羊】						
日	一	二	三	四	五	六	日	一	二	三	四	五	六
		1 初八	2 初九	3 初十	4 十一	5 十二	6 惊蛰	7 十四	8 妇女节	9 十六	10 十七	11 十八	12 十九
13 二十	14 廿一	15 廿二	16 廿三	17 廿四	18 廿五	19 廿六	20 廿七	21 春分	22 廿九	23 三十	24 三月小	25 初二	26 初三
27 初四	28 初五	29 初六	30 初七	31 初八									

1日　中国人民银行自1955年3月1日起发行新版人民币（第二套人民币，以新币1元等于旧币1万元的折合比率收回旧版人民币）。发行新币、收回旧币的工作在全省顺利展开。同时，全省各级公安机关组织干警全力投入回收旧币、发行新币的安全保卫工作。全省共设3609个兑换点，至6月10日结束。

5日　建在新建县乌石桥北面的江西省肺结核病医院开诊。

6日　中央批准：增补黄霖为江西省委常委。

7日　省税务局发出《关于改进税收工作的若干意见》，对私营企业税收稽征管理、国营企业的纳税监督、农村税收管理等提出了若干改进意见。

8日　省、市各界妇女在南昌剧场举行纪念“三八”国际妇女节大会。参加大会的有女工、女农民、解放军女战士、省市机关团体女工作人员、各民主党派、少数民族、女学生代表等共2000余人。省妇联主任朱旦华致开幕词。

9日　省人委发出《关于农田水利春修工作的紧急指示》，要求加强对水利工程的技术指导，保证工程质量，设立工程管理机构。

10日　全省文物展览会在南昌灵应桥二号举行。文物展览会由省文化局、省文物管理委员会主办。展品共计1222件，包括陶器、玉帛、铜铁器、碑帖、字画、古版书籍等。展览会于5月9日结束。

文物展览会上展出的江西境内出土以及全国各地征集的历代文物

10日　省商业厅、省财政厅、省手工业管理局、省供销合作社联合发出通知，决定南昌市、赣州市、上饶市、吉安市、九江市、景德镇市、抚州市、萍乡煤矿、钨矿区的消费合作社统一于4月底前移交国营商业经营。

11日 省讨论兵役法草案委员会邀请各民主党派、各人民团体的负责人和各界人士座谈兵役法草案，并研究如何广泛深入开展宣传和讨论兵役法草案问题。座谈会由省讨论兵役法草案委员会主任王卓超主持。参加会议的全体人员一致表示拥护实行义务兵役制，并积极向群众开展宣传。

12日 民革江西省委员会举行大会，纪念孙中山先生逝世30周年。参加纪念大会的有省委统战部部长于洪琛、民革江西省委员会副主席刘一峰、副省长欧阳武等100多人。

15日 省公安总队撤销。省军区兼承担省公安总队职能，领导原省公安总队。

15日 全省第六次民政会议召开。会议传达了全国第三次民政会议精神。会议确定以优抚、复员、救灾和社会救济为工作重点。会议于22日结束。

15日 省人委转发全省首次林业工作会议总结报告，要求各地规划林业经济区、实行对林业的社会主义改造，并严格按计划组织木材生产、收购和调销工作。

16日 省人委作出《关于加强对城镇粮食统销工作领导的指示》。指示要求：全省各机关要加强对城镇粮食统销工作的领导；对各机关膳食用粮情况要普遍进行一次深入检查；要健全制度、加强管理；要加强对投机奸商的打击力度。

17日 南昌八一大桥勘测设计开始。11月正式开工建设（1956年11月15日，竣工通车）。

18日 南昌市人委办公厅接待并妥善安置38位原侨居新加坡、马来西亚等国从事木工、漆工的归侨人员。

19日 省人委发出《关于加强耕牛市场管理，严禁宰杀耕牛，进一步贯彻保护耕牛政策的指示》。

22日 全省财经会议召开。会议提出，对私营商业坚决贯彻统筹兼顾、全面安排、先安排后改造的方针。会议于28日结束。

24日 省人委发出《关于发展生猪生产，改善生猪收购，做好肉食供应工作的指示》。

25日 抚州专署直属机关和抚州市委、市政府机关700余人举行反贪污坦白检举大会。当场逮捕了对抗“三反”运动、拒不坦白所犯罪行的4名大贪污犯，并对坦白比较彻底、检举别人的5名贪污分子呈请上级免予他们刑事处罚。

25日 省人委作出《关于成立粮食节约委员会的决定》，以进一步贯彻国家粮食统购统销政策，切实搞好粮食供应工作，健全制度，防止浪费，保证合理供应。

26日 省人委召开节约粮食动员大会。会上，副省长李杰庸和省委第二副书记刘俊秀分别作了关于“节约粮食，保证供应”、“节约粮食，坚决反对浪费”的主题报告。

26日 中央气象局副局长甘德州、首席苏联顾问普罗斯嘉可夫等一行8人来赣视察气象工作。

28日 省农民协会委员会号召全省农民紧急行动起来，在全省农村普遍开展春耕生产运动，实现省人委农业增产计划。做到：（一）认真学习爱国增产政策；（二）根据自愿原则组织起来，同时防止强迫命令和放任自流；（三）集中力量克服春荒，防止旱、洪、虫灾发生。

本月 苏联专家杜格包洛夫、莫列柯夫等人来南昌考察江西省电力生产建设。

本月 萍乡矿务局青山矿五一平硐大槽掘进过程中发生瓦斯突发事故，这是建国以来全省首次发生瓦斯突发事故。

本月 省人委发布《关于农田水利春修工作紧急指示》，要求各地加强领导，加快施工进度，保证工程在春耕前全部竣工。本月中旬，全省新建、整修各项农田水利工程4万多处，扩大和改善灌溉面积400多万亩。

本月 赣南行政区已恢复和建立了294个国营粮食市场，上市粮食有413万余斤，缺粮户买到了55万余斤粮食。

本月 江西省公安机关经过严密侦察，先后在上饶、玉山等地破获了敌“民众党”（又称

"青年反共救国军"）和"中国公义党"（又名"中国公义党义勇军"）两个反革命组织，主要案犯涂仁道、徐云峰、徐云庭、詹松柏等8人全部被捕，并缴获武器和证件等。

本月 省人民法院改称为江西省高级人民法院，撤销6个分院，并在分院所在地成立中级人民法院。

本月 省农业厅投资2万元建立江西农业药剂制造厂。厂址设在南昌顾家井，有职工36人，主要生产杀虫皂和六六六粉剂。

本月 新组建的南昌专区下辖南昌、新建、丰城、清江、进贤、高安、奉新、靖安、安义、萍乡、宜春、分宜、新余、万载、上高、宜丰、铜鼓17个县，新干县划入吉安专区（1958年9月，南昌、新建两县划归南昌市。此后，南昌专区下辖15个县）。

1955

4月

April

公元1955年4月							农历乙未年【羊】						
日	一	二	三	四	五	六	日	一	二	三	四	五	六
					1 初九	2 初十	3 十一	4 十二	5 清明	6 十四	7 十五	8 十六	9 十七
10 十八	11 十九	12 二十	13 廿一	14 廿二	15 廿三	16 廿四	17 廿五	18 廿六	19 廿七	20 廿八	21 谷雨	22 闰三月小	23 初二
24 初三	25 初四	26 初五	27 初六	28 初七	29 初八	30 初九							

1 日　省人委决定在全省实行生猪派购政策。

3 日　省人委批准成立省物资供应局（1958年4月1日，省物资供应局撤销，其工作由省计委承担）。

4 日　全省第五次工业会议召开。会议总结了1954年全省国营、地方国营、公私合营和私营工业的工作，着重讨论与研究了关于加强党对工业工作的领导问题。会议于15日结束。

5 日　省商业厅、省人民银行、省供销合作管理局组织联合人民法庭，当众开庭受理和宣判7名贪污犯罪分子，3400多名群众参加了审判大会。

5 日　省人委发出指示，要求各县农业技术推广站深入发动和组织群众，解决好绿肥留种技术，按计划多留绿肥种籽，保证完成1955年秋季扩种绿肥的任务。

5 日　省人委召开处理人民来信和接见人民来访工作会议。会议听取了省人委《关于一九五四年处理人民来信和接见人民来访工作报告》，讨论了各地在处理人民来信和接见人民来访工作中存在的问题；讨论并通过了省人委《关于处理人民来信和接见人民来访工作的暂行规定（草案）》。会议于9日结束。

5 日　全省反对使用原子武器签名活动结束。在《告全世界人民书》上签名的共达13314540人，占全省人口总数的79.38%。

萍乡县各界人民代表会议常务委员会召开各民主党派、各人民团体以及各界人士代表和负责人会议，坚决反对使用原子武器

6 日　省人委发出《关于护林防火工作的通知》。《通知》指出：行署、各专署、各县护林防火指挥部应加强护林防火工作的领导，应结合“三定”政策，广泛深入地向农民宣传山林火灾的灾害性；必须认真贯彻护林奖惩办法，向群众进行防火安全教育。

7日 省人委颁布《江西民间职业剧团登记管理暂行条例》。

9日 省委发出通知，在全省大多数乡已进入普遍试办农业生产合作社的阶段，要求各地把现有农业生产合作社巩固下来，个个办好，不出废品，达到中央规定的“生产增加，分配合理，接受国家计划，认真帮助社外农民”的要求。

10日 《毛泽东选集》（第三卷）在全省各地发行。

10日 省军区司令部、人民武装部就动员全省民兵积极参加春耕生产发布指示，要求在民兵中广泛深入地进行爱国增产教育，大力宣传生产政策，增强民兵参加春耕生产的积极性；积极参加劳动互助与生产合作组织；肃清残余匪特，保卫春耕生产。

10日 在省、市有关部门支持下，经南昌市手工业联社批准，由38位归侨联合创办的南昌市首家华侨企业——南昌市华侨木器生产合作社正式开业。

木器合作社工人在生产农具

11日 宜春县公安局破获“中国大陆救国党”反革命集团案。该案首犯杨一萍、肖春五先后发展反革命成员148人，涉及6个区13个乡。杨自封为“总书记”兼“总队长”，肖任筹备会主任。破案时缴获子弹、手榴弹以及派令、行动纲领、联络信件、反动标语等罪证458件，逮捕主要案犯30名。13名罪犯被判处死刑。

11日 全省首届建筑职工劳模大会在省建工局召开。参加大会的有个人劳模210人，模范集体14个。省人委秘书长彭梦庚、省工会部长王金岑、省劳动局局长徐柏如、省建工局局长石天行到会并讲话。

12日 中央批准：邵式平任江西省委第二书记。

13日 省人委决定在彭泽、湖口等27个主要产棉县进行棉花预购。预购棉花数量约占27个县棉产量的76.686%，预购时按预购数量及中等棉价付给约10%的无利息定金。

彭泽县芙蓉乡开办棉花防治红铃虫训练班。图为技术干部在向农民技术员讲解防治和消灭红铃虫的方法

13日 省人委提出《江西省中等以上学校推行“准备劳动与卫国”制度预备级暂行办法》。

13日 省委召开省级机关下乡工作团团长汇报会。会上，各工作团汇报了当前以互助合作为中心的春耕生产，研究了宣传贯彻粮食“定产、定购、定销”以及粮食认购等政策进行的情况和存在的问题。

14日 政协江西省第一届委员会组织参观团，赴上海参观苏联经济及文化建设成就展览会。21日返回南昌。

15日 全省大型灌溉工程——余江县白塔西渠竣工通水。白塔西渠于1954年11月5日动工兴建，主干渠长23.5公里，支分渠长60余公里，主要工程有水岩进水闸、石场浅水闸、节制闸以及长达460米的岩前石渠等。白塔西渠建成后，附近3.6万亩稻田不再受旱灾威胁，每年可增产水稻175.2万斤。

16日 省民政厅、省文化局联合发出《关于名胜古迹管理分工的意见》。该《意见》指出，凡具有重大历史、艺术价值的革命旧址、宗教遗址、古建筑、古陵墓、古文化遗址等，由文化部门负责保护或由专业机构加以管理。

17 日　省水利局召开防汛会议。会议传达中央防汛会议的精神和江西省 1955 年防汛工作的方针任务，总结了 1954 年防汛工作的经验教训。会议于 22 日结束。

18 日　省级党、群机关暨南昌铁路分局人民法院开庭审理一批贪污犯。有 18 名贪污分子当场表示尽快退回全部赃款。

18 日　团省委召开全省第一次军事体育工作会议，传达团中央军事体育工作会议的精神，总结和检查过去五年来团省委的军事体育工作，讨论和确定了今后全省青年团军事体育工作任务，并互相交流了开展军事体育工作的经验。会议于 22 日结束。

18 日　省民政厅召开全省第二次城市救济工作会议。会议传达全国第四次城市救济工作会议精神，总结 1954 年全省城市救济工作，部署了 1955 年全省城市救济工作任务。会议于 23 日结束。

18 日　省工业厅召开厅直属厂矿厂长及专（市）工业科（局）长联席会议。会议根据省委第五次工业会议精神，提出了 1955 年工矿企业管理的要求，讨论并修订了直属厂矿及专（市）厂矿 1955 年生产和基本建设计划。会议于 26 日结束。

19 日　中国人民志愿军归国代表和朝鲜人民访华代表在江西圆满结束为期两个月的访问，省、市各机关团体举行盛大欢送晚会。副省长范式人、南昌市委书记黄霖代表省、市各界人民向志愿军归国代表和朝鲜人民访华代表致谢。

20 日　萍乡至安源的铁路支线正式开工修建。这条铁路全长 8 公里，是浙赣铁路的一条支线，专为运煤而修建，预计 1955 年底通车。

21 日　江西省人事厅更名为江西省人民委员会人事局。

22 日　省、市各界人民在南昌剧场举行纪念列宁诞辰 85 周年大会。南昌市委第一副书记张云樵致开幕词，省委第二书记邵式平和苏联专家马道林在会上讲话。会后放映了苏联影片《列宁在十月》。

22 日　全省第一次自然科学工作者代表会议在省人委礼堂开幕。省科协筹委会主任委员许德瑗致开幕词。会议传达了中央关于科学技术工作的具体方针，总结了全省 6 年来的科学技术普及工作，研究制定了全省自然科学研究与普及工作的具体任务；讨论了如何在全省自然科学技术界开展辩证唯物主义和历史唯物主义的学习，批判资产阶级唯心主义思想；选举出省科协委员会委员。会议还宣布成立江西省科学技术普及协会，邵式平兼任协会主席。会议于 30 日结束。

23 日　萍乡煤矿手镐采煤新纪录创造者、劳动模范郭清泗，代表全省工人赴北京参加“五一”国际劳动节。

25 日　省人委决定成立中国农业银行江西省分行，行署和各专署所在地于 1955 年 6 月底以前建立中国农业银行各办事处和中心支行，县、区农业银行机构经过试点于 1955 年底前逐步建立。

25 日　省林业厅召开 1955 年春季林场工作会议。会议对各林场半年的工作进行了检查，从 1954 年 10 月全省林场工作会议以后，各林场完成造林面积 97758 亩，育苗播种 1321 亩。会议讨论并安排了下半年的林场工作。会议于 5 月 7 日结束。

26 日　省委发出《关于建立和加强农业生产合作社政治工作的指示》。指示要求：要经常地系统地对社员进行如下教育：（一）关于坚决走社会主义道路的教育；（二）关于社会主义工业化和巩固工农联盟的教育；（三）关于党在农村的阶级政策的教育；（四）关于集体主义和爱国主义教育；（五）关于技术改革教育；（六）关于时事政策教育。

28 日　全省国营商业和合作社商业进行第三次经营分工，即商品分工与地区分工相结合。主要农副产品、工业原料（粮、油、猪、麻、烟等），由国营商店从城到乡“一条龙”经营；一般农业土特产品（中药材、土纸、陶瓷等），由供销合作社从城到乡“一条龙”经营；主要工业品由国营商店在城市经营，供销合作社在农村经营。

28 日 中国作家协会古典文学部副部长聂绀弩、北京大学中国语言文学系主任杨晦教授、剧作家胡可、中国文联联络组组长汪巩等来南昌访问（并于5月4日应邀作关于对胡风思想批判的演讲）。

28 日 省委针对全省厂矿企业基建工地事故多发现象发出《关于在全省范围内开展安全卫生大检查的通知》，要求重点检查：（一）安全技术劳动保护措施计划的切实性、群众性、完成情况及经费使用情况等；（二）对事故的原因分析，措施情况，隐形事故的检查；（三）各项规章制度的建立健全情况；（四）生产及环境卫生、医疗设备及预防情况；（五）劳动保护组织机构建立和工作情况等。通知责成省工业部门、劳动部门、工会、青年团、公安厅、卫生厅、纪律检查委员会等有关单位，联合组成检查组对各重点工地及生产单位进行安全检查。

29 日 省人委公布《江西省家畜检疫暂行规定》。同时批准成立江西省家畜检疫总站。

29 日 省人委召开第四次扩大会议，讨论并通过《关于江西全省各县、市人民委员会成立情况和工作人员任命的报告》、《关于进一步做好农村救灾、优抚代耕和安置复员建设军人工作的指示》和干部任免名单。

30 日 省人委决定，南昌市设东湖、西湖、胜利、抚河4个区。

30 日 省建筑工程局颁发《一般房屋建筑工程质量标准暂行规定》和《操作规程》综合本。

本月 萍乡煤矿王家源矿场在迎“五一”劳动竞赛中，石门钢铁队工人创造了8小时凿进25.1米及个人风镐掘进煤巷12米的全国纪录。

本月 截至本月，全省已有55个县建立了农业技术推广站，其中农业技术推广中心站55个，区站80个，茶叶推广站7个，畜牧兽医站10个，并配备了技术干部1100余名。

本月 省农业厅、省教育厅和团省委联合发出通知，要求有计划地发动全省机关、学校青少年业余广泛种植油料作物——蓖麻，这对支援国家工业建设有着重要意义。

本月 南昌市人委决定，每月15日上午9时至12时为市长、副市长会见人民代表的时间，并建立市长、副市长会见市人民代表制度。

本月 天河煤矿已基本完成勘探任务。勘探结果表明该矿煤储量比计划开掘大井煤矿的煤储量多一倍多。水火垅、大梅岭亦发现了丰富煤田，北大山发现隐有大量煤层的矿带，并且分布面很广。据现有勘探资料分析，天河煤矿煤储量如以该矿现有生产设备开采，可供采掘100年。

本月 全省复堤堵口工程已全部竣工，累计完成土石方共4248万立方，是原计划的101.1%。

南昌市富大有堤。该堤经过多次培修加固，已根本改变了原来百孔千疮的面貌

本月 南昌铁路列车段创全段600天无行车事故、安全行驶280多万公里的成绩，铁道部奖励该列车段700元人民币。

本月 省委发出设置改造私商专管机构的通知，要求全省国营各级专业公司、商店、批发部，除指定一名领导干部负责改造私商工作外，还要设立行政管理科（股）。

1955
5月
May

公元 1955 年 5 月							农历乙未年【羊】						
日	一	二	三	四	五	六	日	一	二	三	四	五	六
1 劳动节	2 十一	3 十二	4 青年节	5 十四	6 立夏	7 十六	8 十七	9 十八	10 十九	11 二十	12 廿一	13 廿二	14 廿三
15 廿四	16 廿五	17 廿六	18 廿七	19 廿八	20 廿九	21 三十	22 小满	23 初二	24 初三	25 初四	26 初五	27 初六	28 初七
29 初八	30 初九	31 初十											

1日　省、市各界5万多名群众举行庆祝大会，庆祝“五一”国际劳动节。会后，各界群众举行盛大游行。

1日　省工会联合会、南昌市工会联合会、中苏友好协会江西省分会、省科学普及协会在南昌市工人文化宫联合举办《解放台湾巡回展览会》和《南昌市劳动模范暨先进工作者事迹展览会》。

宜春县举办“一定要解放台湾”展览会，半个月来观众已达2万人。图为观众在参观展览会的木版漫画

1日　省人委决定成立省防汛总指挥部，省长邵式平兼主任；省农林水办公室主任邓洪、副主任赖绍尧、省农业厅副厅长陈志诚、省水利局局长王子全兼副主任。

1日　由江西人民广播电台主办的《每周广播》创刊，为8开2版，每周1期，公开发行。

3日　省人委发出《关于进一步做好生产救灾、优抚代耕和安置复员建设军人的指示》。

4日　省人委发布1955年防汛工作的指示，要求各地反复教育群众和干部，克服侥幸心理，各有关县、市应成立防汛指挥部，各级防汛指挥部均应由党政领导负责。

5日　全省第三次检察工作会议在南昌召开，各专区、市、县检察院检察长等共112人出席。会议主要学习《人民检察院组织法》，传达中央指示和全国第二次检察工作会议的决议；讨论了全省1955年检察工作计划。省委第二书记邵式平到会作指示。会议于19日结束。

9日　苏联、英国、日本、匈牙利、西班牙专家、顾问及其夫人189人，英国和平协会会长、国际法律协会主席普立特夫，世界和平理事会各国代表7人，北京大学美籍、英籍学生8

人，先后访赣并游庐山。

10日　省委发出《关于加强对学生进行劳动教育的指示》。

15日　南昌县武阳区宝丰乡公安员万老七深夜从熊村开会回家，途经泉井王斗塘边时，被坏分子暗杀（7月，省民政厅批准授予万老七革命烈士称号）。

15日　自1955年1月起至即日，抚州专区各地共建立和恢复了国营粮食市场162个，上市粮食477万斤，成交176万斤，对调剂农村粮食供应起了很大作用。

16日　省教育厅、团省委召开全省高小和初中毕业生从事劳动生产者代表会议，进一步鼓舞已经从事劳动生产的高小、初中毕业生的积极性和创造性，在广大群众中树立"劳动光荣"的思想与社会舆论氛围；进一步加强在校学生的教育，引导高小、初中毕业生积极从事劳动生产。会议于20日结束。

17日　省人委召开第二次行政会议，讨论《江西省各级行政机关机构设置、编制定员方案（初稿）》。会议还讨论了从省人委所属各工作部门抽调若干副科长以上干部下乡工作的问题，并通过了下乡工作人员名单。

18日　连接浙赣铁路的萍乡——青山煤矿铁路支线建成通车。这条支线是1954年11月1日动工兴建的。

19日　全省棉花播种工作已结束。据统计，全省共播种贷籽棉650836亩，超过原计划3%。

20日　省人委发出《关于人民代表到各地视察工作的通知》。这次视察的重点，在城镇中主要为粮食供应、资本主义工商业和小商小贩安排改造及生产建设等方面的问题；在乡村中主要为农业生产互助合作、粮食统购统销、救灾工作和社会治安等方面的问题。《通知》要求，代表们到各地视察时，当地人民委员会、党政负责人应就生产、互助合作以及粮食、治安等方面的问题及代表们所提出或需要了解的其他问题实事求是地作介绍；代表们在视察中发现的问题以及意见，应随时告知当地政府，同时抄报省人民委员会。

21日　省文学艺术工作者联合会举行座谈会。与会者根据胡风"反革命集团"的一些材料和胡风的《我的自我批判》发表了各自的意见。会议要求省文学艺术者联合会成员深刻认识彻底揭露胡风"反革命集团"这一斗争的意义（1978年12月，中共十一届三中全会以后，中共中央对这桩错案进行了彻底的纠正，为胡风等人恢复了名誉）。

22日　省人委发出通知，指出：5月24日是回族开斋节，为照顾回族群众的民族习惯，遵照前政务院《关于统一全国年节放假的办法》的规定，凡少数民族习惯的节日，由各少数民族集居地区人民政府遵照各民族习惯规定放假日期。通知要求全省各级机关及公私企业给回族职工放假一天。

23日　全省第一座现代化贮木场——樟树贮木场，建场工程已基本完工，机械化出河机正式投入生产。樟树贮木场是赣江下游的木材集散中心，过去用人力肩扛装车，效率很低。该场装备了机械化出河设备和建起了平车道运输后，可节省1000个劳动力，生产效率显著提高。

27日　省手工业管理局通知召开整社工作座谈会，部署全面开展整社运动，其中心要求是搞好生产。

28日　全国人大代表罗隆基、许德瑗、潘震亚、危秀英等开始在全省视察工作（从5月30日至6月1日，代表们与省有关部门负责人举行座谈。省长邵式平、省委副书记刘俊秀和副省长王卓超、李杰庸等，分别就农业生产、互助合作、粮食统购统销、社会治安等情况作介绍。之后，代表们分赴上饶、南昌、九江、吉安专区和南昌市、景德镇市等地进行视察）。

29日　《江西日报》报道，省委、省人委抽调130余名干部组成6个工作团，分赴各专区检查、督促与协助各地抓紧搞好生产、互助合作、粮食统销整顿工作。第一工作团由省长邵式平任团长。

30日　国务院第五办公室副主任、商业部部长曾山就南昌市鸿泰百货专业代销店的情况向中央写出报告，认为该店的做法为将来向国营过渡创造了条件，值得引起重视（6月2日，毛泽东写了批语，通知各地试办）。

本月 根据全国人大颁布的《城市街道办事处组织条例》规定，全省建立城市街道办事处70个，为市（市辖区）人委派出机构。

本月 上犹县副县长王仁道擅自决定烧毁大量档案材料，造成了无法挽回的重大损失。

本月 广州军区第三文化师范学校改编为南昌步兵学校，由广州军区负责筹办。

本月 省商业厅在南昌、上饶、九江专区部分县进行生猪派购试点。派购对象以农业合作社社员、国营农场、公私作坊、互助组为主，单干户为辅。派购任务通过各级政府，按照国家收购价格，规定农户在一定时间内向国家交售一定数量的生猪，并实行派购生猪与留肉政策。

本月 九江专区8个产棉县全面开展棉花预购工作。在签订预购合同中，各地除按“组织起来的棉农多得、单干棉农少得”的原则，作出除预付8%~12%的定金外，还按每预售100斤籽棉优待供应3.5斤大米、3.5尺棉布和保证肥料供应等高于1954年的规定，并由供销合作部门发给证明。

九江县文金珠农业合作社的姑娘们正在摘棉花

本月 省麻风病防治所在南昌市郊区长头垅动工兴建，其建筑面积3000多平方米，用于防治恶性传染病与便利病患者治疗。

本月 全省各地耕牛调剂工作全面结束。据不完全统计，各地调剂买卖了约6万头耕牛。在调剂耕牛工作中，各地正确地执行了省人委关于“自由调剂耕牛，加强市场管理”的指示，普遍建立了耕牛交易市场和调剂站，通过自由调剂形式进行交易。

本月 为正确贯彻中央与省委关于“抓紧粮食供销工作，提倡节约粮食是今后粮食工作上具有决定性的问题”的指示，要求各地必须做到：（一）深入地学习粮食政策，全面了解和掌握粮食政策的精神实质；（二）加强调查研究，掌握合理需要；（三）巩固与健全粮食供应制度，贯彻与坚持按户定量、凭证定点和审查证照、分期供应的粮食供应办法；（四）正确宣传粮食政策，使群众切身体会到实行粮食计划供应的好处。

本月 全省各地国营商业和供销合作社全面开展对城乡私营零售商安排和改造工作。国营商业和供销合作社都加强了批发业务，逐步扩大了批发品种，并调整了批发点。各地除采取经销、代销、联购分销等办法对私商进行改造外，还组织小商贩送货下乡并收购土特产。

本月 全省各地贯彻中央、国务院、省委关于加紧整顿粮食统销工作的指示精神，至5月10日止，全省已结束统销整顿工作的乡占51%，正在进行整顿的乡占44%，全省粮食日销量逐渐下降，4月下半月平均日销量比4月上半月下降15.83%，5月1日起到5月15日平均日销量比4月份下降10.8%。

本月 全省首次分区评选公路行车安全模范，共评出“安全行车模范汽车驾驶员”324人，其中安全行驶7万公里以上的有236人，安全行驶10万公里以上的有88人。这些模范出席了5月份在北京召开的全国公路劳动模范代表大会。

本月 省委宣传部通告，确定省委宣传部与省文化局对全省出版工作的管理职能。省委宣传部的主要职能是：（一）负责管理与监督编辑、出版方针的执行；（二）选题计划的审批和出版物审读；（三）干部管理工作；（四）思想政治工作。省文化局的主要职能是：对出版社的行政工作加强管理与监督。

1955

6月 June

公元1955年6月 农历乙未年【羊】													
日	一	二	三	四	五	六	日	一	二	三	四	五	六
			1 儿童节	2 十二	3 十三	4 十四	5 十五	6 芒种	7 十七	8 十八	9 十九	10 二十	11 廿一
12 廿二	13 廿三	14 廿四	15 廿五	16 廿六	17 廿七	18 廿八	19 廿九	20 五月小	21 初二	22 夏至	23 初四	24 端午节	25 初六
26 初七	27 初八	28 初九	29 初十	30 十一									

1日　南昌市首届体育运动大会召开。运动会上綦德斌以11.7秒创造全省男子田径100米赛跑新纪录。运动会于16日结束。

3日　中央转发商业部部长曾山《关于南昌鸿泰百货专业代销店情况的报告》。

3日　全省石油系统部分单位实行货币工资制。省商业厅发出通知，调整全省石油公司系统机构设置，九江、上饶、赣州等地石油供应站改为分公司。

5日　省体育运动委员会在九江市举行1955年全省篮、排球比赛大会。参加比赛大会的有南昌市、景德镇市、赣州市、抚州专区、庐山特别区和铁路系统等11个单位，402名运动员。比赛大会分男、女两组进行。采用连续分级淘汰制和经中华人民共和国体育运动委员会审定的篮、排球比赛新规则。比赛大会于9日闭幕。

6日　根据《逮捕拘留条例》和《审讯条例》有关规定，省检察院制定《江西省检察机关批准逮捕人犯手续、制度试行意见》。

9日　根据国务院《关于设置市、镇建制的决定》，全省对市、镇设置进行清理整顿。至1956年底，全省设2个地级市、5个县级市、129个建制镇。

10日　省政协召开一届三次常委会扩大会议，参加会议的有省政协领导和省政协常务委员及各界代表共86人。会议通过了《关于彻底粉碎胡风反革命集团的决议》。

10日　省监察厅召集建筑工程局等9个单位抽调17名工作人员组成检查组，检查建筑工程中的浪费现象。这次检查遵照“通用、经济、在可能条件下注意美观”的建筑原则，检查的重点是制止或修改南昌地区某些建筑物不切实际和过分装饰，提高建筑标准等浪费现象。

13日　全省第一届少年儿童科学技术工艺

小朋友们在参观物理部分的电学仪器

作品展览会在南昌工人文化宫开幕。展出全省7市33个县的中小学生集体和个人作品共378件。展览会中展出了少年儿童们自己制造的各种工艺品和物理、地理等许多精致美观的模型。

14日 中央批准：增补邓克明为江西省委常委。

15日 省文化局召开全省文化行政会议，确定1955年下半年文化工作的具体任务是：进一步贯彻深入工农兵、为工农兵服务的方针，加强对工矿与广大农村群众的业余文化活动的辅导工作，大力开展农村群众业余文化活动。并决定设立文化科，以加强对文化工作的领导。会议于21日结束。

17日 省商业厅制定《生猪定养订购办法》，要求全省每户农民养1头猪，农场每10亩地养1头猪，机关、团体大约每40人伙食单位养1头猪。

19日 省防汛总指挥部发出紧急通知，要求各专区、县防汛指挥部立即把防汛工作列为当前紧急任务，充分做好抢险准备。要求各级防汛机构必须指定专人负责，掌握水、雨情况，加强上下联系，及时向上一级汇报工作，并实行值班守夜制度；山陵地区应切实做好山洪预防工作，加强小型水利工程的管理，在暴雨洪水期间，应日夜组织巡查，做好一切预防准备。

20日 庐山芦林大桥正式通车。芦林大桥横跨芦林玉屏峰与星洲峰之间，全长120米，是庐山第一座大石桥。

建设芦林大桥的工人日夜紧张地进行工作

21日 全省第五次监察工作会议召开。会议要求各级监察机关，特别是财政监察机关，必须集中力量，检查一切浪费、贪污、盗窃和损坏国家资财的现象，以保证全省经济建设任务的完成。会议于30日结束。

22日 信江梅港、修水三硔滩分别出现1.36万和1.21万立方米/秒的洪峰流量，五河同时进入鄱阳湖的流量达5万多立方米/秒（23日，湖口出流2.88万立方米/秒，均创有记录以来最大值。受淹农田398万亩，成灾284万亩，其中严重减产的有129万亩，受灾群众27万人，漫决圩堤72处，因溃堤而被淹农田28万余亩。浙赣铁路11处被水淹或被冲断，6月19日至24日中断行车。南浔铁路K78+100－K85+350间线路、路基被冲断150米，中断交通半个多月。冬季，余干、波阳、永修、都昌、湖口、瑞昌等县组织民工修复圩堤）。

25日 省人委举行第六次委员会扩大会议，讨论通过了关于1955年上半年的工作报告。

26日 省政协一届常委会五次会议在南昌举行。会议通过《关于拥护人民政府处理反动、淫秽、荒诞书刊图画的决议》。

27日 出席第一届全国人民代表大会第二次会议的江西省代表邵式平、刘俊秀、刘之纲、朱仙舫、刘建华、郭清泗、易瑞生、陈翊科等离省赴京。

28日 南昌市人民法院举行1.4万余人的宣判大会。分别判处反革命犯李鹭、强奸幼女犯罗康、诈骗犯张建新死刑，立即执行。

29日 省人委发出《关于教育动员与组织高小、初中毕业生从事生产劳动的指示》。

29日 南昌中苏友好馆动工兴建。该工程于1956年2月14日竣工，建筑面积3000平方米。

30日 根据国家粮食部和全国合作总社决定，省供销合作社代购、代销粮食业务全部移交国营粮食部门单独经营。

本月 省航运局决定将南昌市航运管理处、南昌港营业所、公私合营的江西轮船公司合并成立南昌市港务局。

本月 会昌县公安局破获“联台反共游击队”反革命组织，依法逮捕郑传浩、管亮等7名主要罪犯，缴获手枪4支，子弹153发，以及其他罪证。南昌市公安局连续破获了“一贯道”、“中国青年同盟”两起反革命案，14名主要罪犯依法被逮捕。

本月 省直属机关各厅、局整编工作陆续开始。省编制委员会和省监察厅联合选择了省工业厅、省农业厅、省粮食厅作为试点，采取领导和群众相结合方式，即以厅、局主要领导和党支部为核心，有组织地发动群众，对机关工作方法、工作制度、机构设置、编制等方面的不合理现象进行检查，并提出改进意见。

本月 经省委批准，南昌地委设常务委员会。

1955
7月
July

公元1955年7月 农历乙未年【羊】													
日	一	二	三	四	五	六	日	一	二	三	四	五	六
					1 建党节	2 十三	3 十四	4 十五	5 十六	6 十七	7 十八	8 小暑	9 二十
10 廿一	11 廿二	12 廿三	13 廿四	14 廿五	15 廿六	16 廿七	17 廿八	18 廿九	19 六月大	20 初二	21 初三	22 初四	23 初五
24 大暑	25 初七	26 初八	27 初九	28 初十	29 十一	30 十二	31 十三						

1日 省妇幼保健院院长杨学志在国内首次引用日本“冈淋式”宫颈癌广泛性、逆行性根治手术，并获成功。

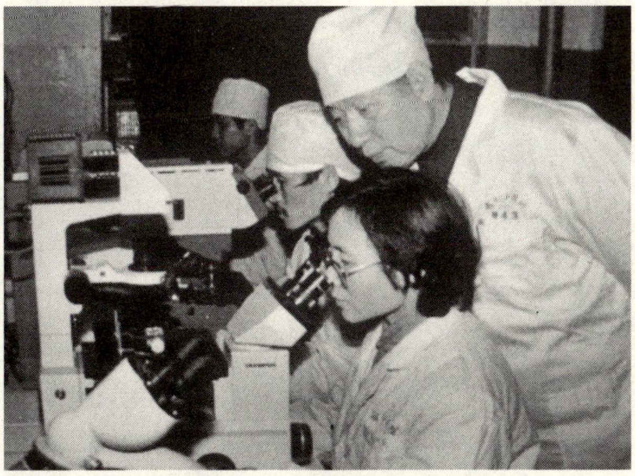

江西省妇幼保健院杨学志教授指导宫颈癌研究

3日 景德镇陶瓷研究所根据苏联陶瓷专家叶夫莫列夫1954年来景德镇参观时介绍的方法，利用当地原料进行1.2尺鱼盘注浆成型试验并获成功，生产效益提高2倍以上。

5日 省高级人民法院召开全省第七次中级和市级人民法院院长扩大会议，传达中央关于肃反的方针、政策和全国司法工作座谈会精神，检查批判右倾思想，布置肃反工作。院长朱开铨作了《彻底批判和克服右倾思想，大力改善审判作风，为胜利完成当前政治任务而斗争》的讲话。会议于6日结束。

6日 全省第三次广播收音网工作会议在南昌召开，出席会议的有全省各县、市收音员88人，农业合作社收音员4人，会议传达了全国第二次广播工作会议精神，学习苏联广播工作经验，确定县、市有线广播站必须坚持“中央广播

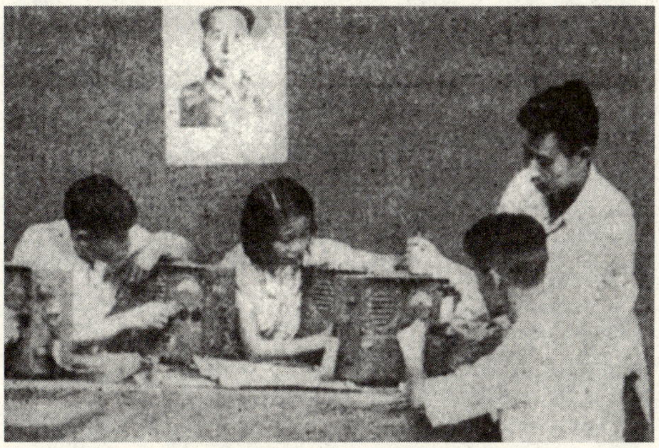

随着农业生产的发展，农民的文化生活也得到提高，全省各地的农业社建立了收音站

为基础、地方广播为补充”的方针，要保证转播好中央人民广播电台的节目。地方广播电台在转播江西人民广播电台节目的前提下，努力提高自办节目质量。会议于14日结束。

6日 全省公安部队改编成1个内卫团（称内卫第四十四团）、1个内卫营、5个市公安队（九江、景德镇、上饶、赣州、吉安公安队），共3213人；同时，将专区、县两级公安部队共3655人移交政府公安机关，改称人民警察。改编于本月底完成。

7日 省农业劳模李友秀出席在瑞士洛桑举行的世界母亲大会。于8月8日返回南昌。

8日 省高级人民法院在南昌剧场举行公审大会，公审江西医学院附属医院医师晏致玉、林尊伟因玩忽职守，造成患者邢华楚死亡案。判处晏致玉有期徒刑二年，缓刑二年；林尊伟有期徒刑一年，缓刑一年。

11日 省委召开省直机关及南昌市机关工作人员大会。省委第一副书记方志纯作《反对浪费、厉行节约，为完成国家的社会主义建设而奋斗》的报告。报告指出，第一个五年计划的中心是发展重工业，用大约三个五年计划的时间使国家基本实现工业化，并对农业、手工业、资本主义工商业完成社会主义改造，在几十年内赶上或超过世界上最强大的资本主义国家。要达到这个目标，除努力增加国家收入外，还必须实行严格的节约制度，反对任何浪费，才能实现我国社会主义资金积累。

12日 近半个多月来，赣南、吉安、抚州等专区旱灾严重，水源断绝、塘圳干涸。省人委发出《关于加强防旱、抗旱工作的紧急批示》。要求发生旱灾的地区，必须紧急行动起来，充分利用现有的各种水利条件和水利设施，发挥其灌溉效能。蓄水不够的，应发动群众，因地制宜地扩大水源。对经费有困难的，要发动群众互助或从银行贷款解决；要做好节约和调剂用水工作，迅速建立和健全水管机构。

13日 全省各机关、工厂、企业干部、职工，积极响应省委号召，把“反对浪费、厉行节约，为完成国家社会主义建设而奋斗”的精神落到实处，制定具体的增产节约、杜绝浪费方案，掀起轰轰烈烈的增产节约运动。

13日 省人委、人事局、省财政厅联合转发财政部、国务院人事局《关于实行工资制若干问题的处理意见》。规定，自1955年7月份起，国家机关工作人员中实行包干制待遇的，一律改为工资制待遇。实行工资制待遇后，工作人员个人及其家属的一切生活费用，都由个人负担。同时规定，自1955年11月份起，取消部分工作人员的“保留工资”。

13日 省委召开第四次党代表会议。出席这次会议的有省委委员及全省各级党组织选出的315名代表和11名列席代表。会议于8月3日结束。

14日 省委批转省农业厅《关于充分利用秋闲田，积极扩种秋季杂粮作物，特别是扩种秋季高产作物，坚决完成和超额完成今年农业生产计划的报告》。

15日 省第四次党代表会议召开。会议审查通过《江西省发展国民经济第一个五年计划（草案）》，研究和解决当前社会主义建设和社会主义改造工作中的若干问题。会议强调，要大力加强对农业生产和互助合作运动的领导，积极开展以互助合作为中心的农业增产运动，并重新制定全省农业生产合作社发展计划。会议选举成立了省监察委员会，罗孟文为书记。会议于8月3日结束。

17日 抚州专署公安机关和福建省建阳地区公安机关互相配合，在福建省光泽县境内击毙匪首王生仔等3人。

20日 省人委发出《关于切实贯彻国务院〈关于安置复员建设军人工作的决议〉的指示》。要求对今后接受、安置复员建设军人要全面计划，做到回来一批，安置一批；安置一批，巩固一批；对复员建设军人的安置，要使之人尽其才，各得其所；要妥善解决复员建设军人的婚姻纠纷问题，对破坏复员建设军人婚姻，并屡教不改者，必须依法严惩。

21日 省委发出《关于加强防旱工作，争取农业丰收的指示》。指示要求：（一）发动群众，做好蓄水、保水、调剂用水，并积极开辟水源，修筑临时性抗旱工程；（二）认真总结群众抗旱、移栽、播种、补种的经验，备好晚秋作物种子，为必要时补种、改种做好准备。并要求各地加强领导，把抗旱组织好，完成1955年的生产任务。

25日 省人委下达《江西省贯彻执行卫生部颁发的〈中华人民共和国传染病管理办法〉的通知》。

31日 全省农垦系统广大干部、职工认真学习毛泽东《关于农业合作化问题》的思想，决心为落实毛泽东主席提出的“国营农业在第二、第三两个五年计划时期内将有大规模的发展”的号召而努力奋斗。

31日 根据国家统计局、商业部、全国供销合作总社、中央工商行政管理局、财政部、税务总局的统一部署，全省开展私营商业及饮食业的普查，普查开始时间为1955年7月31日。

本月 全省开展整顿、巩固农业生产合作社，贯彻“书记动手，全党办社”的方针。通过总结1955年上半年生产和办社的成绩，向农民进行坚定走合作化道路的教育。经过整顿，全省的5000多个农业社得到进一步巩固，社员生产情绪高涨。

本月 省邮电管理局和南昌市邮电局为克服编制庞大、人浮于事的弊端，进行机构精简。在原有人员的基础上精减了30%人员，工作不仅没有受到影响，而且得到改进。

本月 全省各县组织大批手工业工人下乡维修各种农具，支援农村发展生产。据统计，全省46个县，下乡手工业小组323个，1750余人，维修了108752件农具。

本月 省检察院派员调查南昌、临川、乐平检察院处理犯人申诉情况。通过调查，发现南昌县麻丘乡虞冬波反革命案原判有错，建议撤销原判，宣布平反，无罪释放。并将诬陷者逮捕法办。

本月 浒坑钨矿250吨/日矿厂建成投产（1966年，该选矿厂改造完成，能力达到600吨/日）。

本月 蒋翰芳等20名司机参加青藏公路交通建设。

本月 根据全国荒地勘测设计座谈会的要求，针对全省勘探的大面积荒地的实际情况，建立江西省荒地勘测设计队，定编45人，下设控制、地形、土壤、土地整理4个组。

本月 遂川县暴发疟疾，发病81898人，病死1374人。省卫生厅副厅长邱倬带领疟疾防治队到该县开展调查防治工作。

本月 根据国务院“蔬菜由国营商业统一经营”的指示，省国营蔬菜公司对全省蔬菜经营实行包销。

1955

8月

August

公元1955年8月							农历乙未年【羊】						
日	一	二	三	四	五	六	日	一	二	三	四	五	六
	1 建军节	2 十五	3 十六	4 十七	5 十八	6 十九	7 二十	8 立秋	9 廿二	10 廿三	11 廿四	12 廿五	13 廿六
14 廿七	15 廿八	16 廿九	17 三十	18 七月小	19 初二	20 初三	21 初四	22 初五	23 初六	24 处暑	25 初八	26 初九	27 初十
28 十一	29 十二	30 十三	31 十四										

1日　南昌通往莫斯科及苏联各地的国际长途电话业务开始办理。

1日　省委、省人委在中国人民解放军建军28周年之际，致电省军区暨驻赣各部队指战员，对节日表示热烈的祝贺。

1日　驻南昌市各部队及省、市各届代表、烈属、立功军属、在医院的部队伤病员共2200多人，在南昌剧场举行建军28周年军民联欢晚会。副省长王卓超、南昌市市长张云樵、省军区政治部副主任段连绍在会上讲话。南昌市委和市人委与省军区司令部、政治部互赠了锦旗。

1日　省军区1955年训练班年度体育运动检阅大会在省军区大操场开幕。出席开幕式的有军区领导和来宾3500余人。检阅的项目有：器械操、刺杀、投弹、全副武装万米越野、实弹射击及100米、1000米赛跑、跳远、单杠和男子足球和女子排球等。大会为期6天。

2日　《江西省一九五五年农业税征收暂行办法》颁布。该办法根据国务院有关农业税工作的指示，并结合本省农村实际情况而制定。办法规定：农业税以户为单位，按农业税计税人口每人平均的农业收入全额累进计征。

3日　《江西日报》报道，井冈山区运出余粮10.65万斤支援国家工业建设。这是建国后井冈山区第一次运余粮出山。

5日　全省游泳比赛大会召开。比赛设14个项目，有41名运动员打破了省游泳比赛纪录，有6个项目13名运动员打破了全省纪录。比赛大会于7日闭幕。

7日　省工业厅召开全省各专区、市、县工业局、科长会议，对私营工业生产进行安排和布置。会议于14日结束。

10日　李友秀向省、市各界妇女代表作报告，介绍世界母亲大会的情况；传达了全世界母亲们争取和平的愿望与决心；介绍中国代表团出席世界母亲大会时受到热烈欢迎的情况。

11日　省人委第七次扩大会议通过《关于召开江西省第一届人民代表大会第三次会议的决议》，并对会议召开的日期、会议议程作出了决定。

14日　全国大中城市分区篮、排球锦标赛南昌赛区在南昌新灯光球场开幕。参加比赛的有武汉、长沙、广州、南宁、南昌及广东省台山县6个单位的运动员267人。

19日 省检察院召开起诉与审判监督工作座谈会，各市检察院和重点县检察院共21个单位的检察长或担任审判监督工作的检察员参加。座谈会对过去的起诉和审判监督工作进行了总结，并提出今后的任务。最高检察院审判监督庭副庭长周复传达了全国部分省、自治区、直辖市检察院起诉与审批人犯“两个业务”座谈会的精神。座谈会于24日结束。

20日 省高级人民法院依法判处美蒋空投特务王布、周家骅死刑。王布为“自由中国运动江西鄱阳组组长”兼“赣北游击纵队司令”，周家骅为组员兼“赣北游击队副参谋长”。他们于1952年9月11日夜携带美制电台2部，手提发电机1部，橡皮船1只，地图26张，长短枪12支及黄金、人民币等活动经费，由日本茅崎起飞，降落在余干县瑞洪镇康山岛上，企图在鄱阳湖上建立“根据地”，组织“游击队”。两犯于当日在南昌市被执行枪决。

23日 萍乡煤矿安源矿东平巷道开始使用电动车运煤，并举行开车典礼。

24日 《江西日报》发表省妇联给初中、高小毕业生母亲的一封信，要求对孩子升学和就业做好一颗红心、两种准备。要求在农村的学生母亲，应当教育子女热爱劳动，没继续升学的毕业生应积极投身到农业生产中去，安心生产，虚心向老年农民学习生产技术，运用自己的文化知识，推动农业生产发展，活跃农村文化生活。

24日 江西省第八次人民委员会扩大会议开幕。会议主要讨论《江西省发展国民经济第一个五年计划（草案）》。会议一致通过这个计划草案，并决定将其提请省人大一届三次会议审议。

25日 省人大一届三次会议在南昌召开。会议一致通过了《关于江西省人民委员会一九五五年上半年工作报告的决议》、《关于江西省发展国民经济第一个五年计划的决议》、《关于江西省一九五四年决算和一九五五预算的决议》、《关于贯彻国家粮食定产、定购、定销政策，胜利完成一九五五年度征粮任务和统购统销任务的决定》、《关于贯彻执行中华人民共和国兵役法的决议》、《关于开发农田水利和根治水旱灾害规划问题报告的决议》以及省人大一届三次会议提案审查委员会《关于提案的审查报告》。会议补选了省人委委员、人大代表和省人委各部门负责人，共219人在会上发言。

江西省第一届人民代表大会第三次会议开幕式

25日 省工商联根据中央“统筹兼顾，全面安排，积极改造”的方针，向各市、县工商联发出《关于教育私营工商业者在市场安排中端正认识，爱国守法，积极经营，接受改造及对不法资本家一切消极抵赖，抗拒改造的思想行为进行斗争的指示》。

27日 全省主要产茶区上饶、婺源、浮梁、修水、武宁等15县的春茶、夏茶和秋茶均获丰收。总产量比1954年增产6000多担。尤其是饶绿、婺绿、浮红、宁红等有名的外销茶，其产量、质量都比往年好。中国茶叶公司江西省分公司将收购的7万多担茶叶中的6万担外销出省。

29日 全省第一次农村党的基层组织工作会议召开。会议根据全国第一次农村基层组织工作会议精神，检查与研究了全省农村党支部工作，并交流了各地领导农村党的基层组织工作经验。会议认为，随着全省农业合作化运动高潮的即将到来，农村党的基层组织必须相应的发展壮大，以加强党对互助合作的领导。会议还要求，今后县委、区委必须加强对农村党支部的管理和对各种群众组织的领导，充分发挥各种组织在发展互助合作中的积极作用。会议于9月9日结束。

本月 为迎接合作化运动高潮的到来，全省各地、市（县）于月初先后举办了为期10天的训练班，集中学习的对象为秋季之前决定建社的互助组骨干。学习内容是合作化的方针、政策和建社的具体做法，已培训建社骨干1352名。全省各地结合秋季生产，已开展第一批建社工作。

本月 赣南革命老区19个县（市）先后接受大批复员建设军人，其中有99%以上得到了妥善安置。复员军人积极参加互助合作组织，在生产上起模范带头作用。其中有1601人被选为互助合作组组长或农业合作社社长，409人当选为正副乡长，有137人成为生产战线上的模范，并有531人加入了中国共产党。

本月 国营南昌柴油机厂根据苏联的样机及技术资料仿制的10马力立式两缸四冲程柴油机研制成功。这种柴油机使用方便、起动灵活、便于搬动。它适用于农村小型水利灌溉、小型工厂动力设备及大型轮船的辅助动力。

本月 全省各县粮食“三定”干部训练基本结束，共训练干部8.64万人，每乡有10人至15人，受训时间7天至10天。全省第一批有4101个乡开展粮食“三定”工作。

本月 南昌、景德镇、上饶、吉安、九江、抚州、赣州7个主要城市成立了粮食定量供应办公室，并抽调了大批干部深入各街道帮助居民实行粮食定量供应，这些城市开展粮食定量供应工作十分顺利。

1955 9月 September

公元1955年9月 农历乙未年【羊】													
日	一	二	三	四	五	六	日	一	二	三	四	五	六
				1 十五	2 十六	3 十七	4 十八	5 十九	6 二十	7 廿一	8 白露	9 廿三	10 廿四
11 廿五	12 廿六	13 廿七	14 廿八	15 廿九	16 八月大	17 初二	18 初三	19 初四	20 初五	21 初六	22 初七	23 初八	24 秋分
25 初十	26 十一	27 十二	28 十三	29 十四	30 中秋节								

1日　中国人民银行江西省分行执行中国人民银行的规定，修改8种结算方式和制定《国营企业供销社、国家机关、部队、团体间非现金结算暂行办法》。

1日　抚州专区大型水利工程宜惠渠动工兴建。该工程可灌溉5.4万余亩农田，且使其一年可种植两季水稻（1956年4月全部竣工投入使用）。

2日　南昌市商业局盐业批发部会员吴伯齐向市公安局坦白交代并交出私藏的步枪10支、手榴弹40枚。

2日　省委根据中央指示，结合全省的具体情况，决定今冬明春发展新农业生产合作社2.6万个，连同现有的1.47万个农业社，入社农户要占全省总农户的25%。全省各地现已陆续开始建社工作。

3日　省委决定，在近期抽调2万名县、区干部组织粮食“三定”工作队，开展农村粮食“三定”工作；随后，省粮食购销办公室成立。

4日　省委批转省委工交部《关于景德镇窑柴会议的报告》，要求研究全省各地煤柴合烧的经验，逐步做到以煤代柴，最后全部改为烧煤。

4日　萍乡市、景德镇市、赣州市、九江市等城市职工集会，决心以实际行动，响应全国总工会号召，为完成与超额完成我国第一个五年计划贡献智慧和力量，把劳动竞赛推向新的高潮。

5日　省农民协会号召全省农民积极拥护和执行粮食“三定”政策，并指出，只有对粮食实行“定产、定购、定销”，才能更好地贯彻粮食统购、统销政策；既能保证国家掌握粮源，又能保证对缺粮农户做到合理的供应；能使农民对粮食购、销心中有底，鼓励农民增产粮食。

6日　《江西日报》发表题为《为全部实现

省人大一届三次会议通过了江西省发展国民经济第一个五年计划

我省第一个五年计划而奋斗》的社论。

7日　省工商联召开第七次常委扩大会议，通过《关于拥护和贯彻〈发展国民经济的第一个五年计划〉的决议》和《财务经济工作报告》。会议于15日结束。

8日　团省委在南昌市召开全省青年社会主义建设积极分子大会。出席会议的青年积极分子312名。代表们听取了省长邵式平《关于江西省第一个五年计划及今后任务》的报告；省委第一副书记方志纯《青年们，要成为全面超额完成第一个五年计划突击队》的报告，团省委书记周振远《青年们，为加速完成第一个五年计划贡献出全部智慧》的报告。会议表彰了全省青年积极分子，宣传他们热爱劳动、热爱工作、虚心学习、克服困难、密切联系群众的优良品质。

9日　省委作出《关于加强肃反运动和全面完成各项工作任务的部署计划》，对全省肃反运动做了全面安排。

10日　省农业厅成立水产局。水产局负责对全省渔业生产的领导，指导全省充分利用水产资源，发展渔业生产。

10日　省人委批转省林业厅《关于国营林场情况和意见的报告》，要求全省各地加强对国营林场的领导，有计划、有步骤地发动群众开发经营大面积荒山，集中连片营造用材林。

13日　团省委和江西人民广播电台联合举办全省社会主义建设积极分子广播大会。全省有59380多人收听了广播。

13日　省人委举行第九次扩大会议。会议讨论和通过了《江西省人民委员会关于召开江西省第一届人民代表大会第三次会议向全国人民代表大会常务委员会、国务院的报告》、《江西省人民委员会关于一九五五年下半年工作安排的决定》。会议还讨论和研究了《江西省棉布统购统销第二年度实施方案（草案）》，通过了《江西省人民委员会关于切实做好一九五五年度棉布计划收购和计划供应工作的指示》。会议还通过了《关于成立江西省人民委员会办公厅机关事务管理局的决定》、《关于成立江西省物资供应局的决定》、《关于在行署、市、县建立宗教事务机构的决定》。

14日　台湾国民党一架飞机凌晨飞越江西省第二劳动改造管教队上空，投下大批反动传单。敌机侵扰该队时，引起部分犯人骚乱企图脱逃，被看押民警和干部及时制止。

15日　景德镇陶瓷试验研究所研制的大批优秀作品参加在北京举行的全国陶瓷美术展览会。

18日　省委、省人委抽调大批工作人员下乡协助开展农业合作化、农业生产和粮食“三定”等工作。抽调人员包括：省级机关700余人，各地委、专署机关480人，各县5000人，各区9000人，共计1.5万余人。

19日　省农业厅召开滨湖地区国营农场座谈会，研究经营方针、组织开荒、利用圩外草洲以及1955年各种计划安排等问题。会议于25日结束。

20日　省委、省人委颁发《江西省农村定产、定购、定销实施细则》。规定：粮田单位面积产量一定三年不变，增产不增购，三留（种子、口粮、饲料粮）之后，只购余粮90%，不购过头粮；新开生荒田，一律三年不计产量。即日起全省农村开始实行粮食“三定”。城镇居民从10月10日起实行粮食定量供应。

20日　省委组织部下发《关于地方国营、公私合营厂矿干部调整计划方案》，决定从江西纺织厂、九江兴中纱厂、九江电厂、江西省电机厂、江西造纸厂、江西机械厂抽调干部90人支援新企业；其中，县级干部9人，区级干部16人，一般干部65人。

20日　省长邵式平签发《关于一九五五年度棉花统购工作的指示》。要求在棉花收购工作中，坚决贯彻价格政策；说服棉农将今年收获的棉花全部卖给国家，以保证当前纺织工业用棉的需要；加强棉花市场管理，禁止私人盗购盗卖，省、专、县成立棉花统购委员会，具体掌握指导棉花统购工作。

22日　省级机关抽调工作人员700余人下乡，协助各地开展农业合作化、农业生产和粮食“三定”工作。

22日 省文物部门修缮南昌八一起义指挥部旧址。

27日 省文化局、省教育厅、省公安厅、省司法厅、省商业厅和省工、青、妇及新闻出版单位举行会议，成立江西省处理反动、淫秽、荒诞图书联合办公室。石凌鹤为主任、张致和为副主任。

27日 省军区司令员邓克明、副司令员刘振球、副政委林忠照、上饶军分区司令员倪南山赴北京，参加国务院举行的将官授衔和授勋章典礼。

30日 省人委举行第三次行政会议。会议讨论并通过了《关于江西省精简机构、紧缩编制初步方案》、《关于江西省贯彻执行国务院关于国家机关工作人员全部实行工资制和改行货币工资制的命令及制定本省各级国家机关宿舍收租等办法》、《关于江西省市镇粮食定量供应实施细则若干问题的说明（草案）》。

30日 省人委发布《关于发展油茶林的布告》。指出：全省各级国家行政机关，特别是油茶林地区国家行政机关，应立即作出按年分期发动群众垦复荒芜的油茶山及发展油茶生产的计划。提倡合作垦复、合作造林，并贯彻“谁种谁有，集体种集体有”的林业生产政策；在能够发展油茶生产的地方，农业社和互助组应把油茶生产列入生产计划；加强油茶山林保护，禁止砍伐油茶林，严禁纵火烧山。

本月 中南钨矿局局长李华封参加国家重工业部组织的赴苏参观团，学习苏联有色金属工业经验。

本月 省农业厅于9月下旬召集鄱阳湖滨25个国营农场场长，研究开垦湖田草洲地，扩大冬种面积。鄱阳湖滨草洲地约有15万亩，计划开垦10万亩，种植油菜、小麦、萝卜等越冬作物，以争取全省粮油更大丰收。

本月 全省农民在粮食“三定”政策的鼓舞下，掀起了送公粮、预售余粮的热潮。全省各地推行的集体送粮的方法，保证了入库的安全，节省了人力和费用。到本月底，全省公粮入库率已达到预定任务的90%。

本月 刘少奇为《萍矿工人报》题写报名。

本月 由国家投资在南昌县向塘镇沙潭村搞农机试点，组建全省第一个拖拉机站——南昌县向塘农业机器拖拉机站。

江西农业机械修配厂积极配合滨湖国营农场完成垦荒及扩大冬种面积的计划，主动为各农场拖拉机队检修机械

1955

10月 October

公元1955年10月							农历乙未年【羊】						
日	一	二	三	四	五	六	日	一	二	三	四	五	六
						1 国庆节	2 十七	3 十八	4 十九	5 二十	6 廿一	7 廿二	8 廿三
9 寒露	10 廿五	11 廿六	12 廿七	13 廿八	14 廿九	15 三十	16 九月小	17 初二	18 初三	19 初四	20 初五	21 初六	22 初七
23 初八	24 霜降	25 初十	26 十一	27 十二	28 十三	29 十四	30 十五	31 十六					

1日 全国通用粮票和江西省地方粮票从1955年10月起开始在全省发行使用。自本月起，全省城乡居民，须凭票购买粮食及规定的粮食制成品；原各县印制的供流动人口用餐或购粮所用的餐票、粮票，自11月1日起作废。

3日 江西省人民广播电台抽调业务、技术人员并邀请即将建设的永新、乐平等8县小广播站干部，共同组成工作组赴高安县进行县级农村有线广播站的试点工作（经过50天的施工，到11月22日全省第一座县级农村有线广播站建成并开始播音，全县9个区、88个乡和132个农业社开通广播，安装扬声器230余只）。

3日 省监察委员会召开全省首次工矿、农村党的监察工作座谈会。会议传达了中央纪律检查委员会召开的全国工矿和农村党的纪律检查工作座谈会精神。罗孟文代表省监委对全省1955年上半年党的纪律检查工作和今后监察工作的意见作了报告。会议根据中共中央及中央纪委有关指示和全省当前的具体情况，确定了全省党的监察工作的主要任务。

4日 省粮食厅向所属各级粮食部门发出迅速完成建站（店）工作，建立购销管理制度的指示，要求各行署、专署及各县（市）粮食局抽调900名干部，组织力量，由各县粮食局长带队，深入基层，了解情况，建好粮站，建立和加强粮站与乡政府的联系，协助区、乡人民政府制定好粮食"三定"政策，建立管理制度。

5日 省人委发出贯彻国务院《关于国家机关工作人员全部实行工资制和改行货币工资制的命令》。

7日 省人委制定1955年扩大冬种计划，规定冬种面积为2450万亩。

8日 出席全国青年社会主义建设积极分子大会的江西省代表蔡友清、江凤媛、龚腊根等37人返回南昌（9日，省、市8000名青年举行欢迎会）。

9日 根据国务院《关于处理反动的、淫秽的、荒诞的书刊图画的指示》，省委宣传部发布《关于处理反动的、淫秽的、荒诞的书刊图画宣传提纲》，近日成立江西省反动、淫秽、荒诞图书杂志审委会和处理反动、淫秽、荒诞图书联合办公室，吕良任审委会主任。

10 日　省党政领导及各人民团体负责人，在省人委接见回省的 37 名全国青年社会主义建设积极分子。参加接见的有省委第二书记、省长邵式平，省委第一副书记、副省长方志纯，副省长饶思诚、欧阳武等。邵式平发表讲话，希望青年积极分子在实现第一个五年计划中，充分发挥带头作用，并用创造性的劳动提高工作效率和质量，带领全省青年，为国家的社会主义建设事业贡献力量。

省长邵式平（前排左起第四人）及省党、政各人民团体负责人和返省全国青年积极分子合影

10 日　南昌市翻修中山路、补修胜利路、改造沿江路扩大八一公园、修筑体育场侧路等项工程竣工。

南昌市沿江路圆觉寺段驳岸工程完工后，工人们正按计划在这里修建一座中型码头

10 日　邵式平签发《加强旺季市场物资供应工作的指示》，要求：（一）全省各级国家行政机关及所属工作人员，应做好以初级市场为重点的旺季物资供应，从分配方面调节城乡关系、工农关系和产销关系。各级贸易合作部门，都应贯彻凡属城市和农村都有需要的工业品，必须优先供应。农村以主要商品与当地商品为主，充分组织供应，以支持农产品收购。凡不属于计划供应或掌握供应的商品，应积极组织下乡，力争完成或超额完成销售计划；（二）积极调拨适销商品下乡、大力组织货源，特别是地方货源，防止“此处积压，彼处脱销”现象发生；（三）加强对城乡私营零售商、小商小贩的领导，扩大对其商品的批发，使其为扩大商品流通服务。

11 日　大余县公安局经过长期侦察，将土匪张南洋、黄哲权击毙。张匪曾任大余县国民党保警队分队长、国民党第二司令部行动队区队长及“中国人民自由军闽粤赣军区江西分区第一纵队司令部司令”。解放前夕，张匪率 400 余名武装土匪，在大余、南康、崇义县山区骚扰破坏，后被解放军及公安机关击溃，张、黄二匪漏网。其残余旧势力仍继续在大余等地为非作歹，先后杀害基层干部和革命群众 40 多名。张、黄二匪被击毙后，省政府颁令嘉奖有功人员。

11 日　省妇联给全省妇女发出公开信。指出：第一个五年计划和妇女的切身利益密切相关，必须努力提高妇女自身的政治觉悟，提高生产和工作能力，积极参加国家的社会主义建设，为完成第一个五年计划贡献自己的一切智慧和力量。

12 日　省公安、农业、民政、法院、检察院等有关部门联合召开全省第一次关于劳动教养问题的座谈会，草拟劳动教养工作计划。

13 日　省农业厅派出拖拉机垦荒工作队支援九江农场开垦荒洲。

14 日　省人委决定将省建工局改为省城市建设局。该局除主管全省建筑设计、施工、建材外，还负责管理全省城市建设，城市规划。

17 日　省委召开粮食“三定”工作汇报会议，检查全省粮食“三定”到户工作。会议认为，粮食“三定”政策的出发点是为了使粮食生产和消费逐渐纳入国家计划，稳定农民的生产情绪，激发农民的生产积极性，促进农业生产和农业合作化运动的发展。会议于18日结束。

19日 省妇联二届三次执委会议通过《动员江西省广大妇女群众迎接农业合作化高潮的决议》。

20日 省人委就查处南昌县蒋埠区违反财政制度、贪污挪用救济费，副区长被撤职、财粮干事被法办的问题通报全省。

20日 省公安机关破获邓方肃、唐多墨反革命集团案，并依法逮捕法办。邓方肃、唐多墨反革命集团成员隐藏在宗教机构内，借宗教为掩护进行犯罪活动，先组织“圣母军”，又于1954年1月期间在全省各地建立特务情报组织，设立秘密通讯联络据点，并发展了一批组织成员打入国家机关、企业、工厂搜集各种情报供给国外间谍机关。在邓方肃、唐多墨集团中，查出大批隐藏的反革命分子，其中还有逃亡的血债累累的恶霸地主等。

26日 省政协一届常委员第五次会议召开。会议通过了《关于拥护人民政府处理反动、淫秽、荒诞书刊图画的决议》。

27日 赣南区委、南昌地委、九江地委、吉安地委分别举行扩大会议，传达并学习中共七届六中全会的决议和毛泽东主席关于农业合作化问题的指示；在提高认识的基础上，开展了批评与自我批评，检查了领导农业合作化运动中的右倾思想，加强了对合作化运动的领导，并制定了本地区农业合作化的发展规划，做到发展一批，巩固一批。会议于11月4日结束。

28日 省委向各地委发出《关于雨后突击抢种冬季作物的紧急指示》。指示要求：全省冬种计划为2450万亩，比1954年实际播种面积扩大51.7%；为了全面完成冬种计划，各级党委和政府必须做好各方面的工作。

28日 省人委发布《关于进一步贯彻油料生产计划收购政策，胜利完成今冬油料统购统销任务的指示》。要求继续贯彻执行发展油料生产，扩大油源的方针，认真做好油菜籽的计划生产和计划收购工作；切实完成今秋油料统购任务并妥善安排好油料的统购工作；继续加强市场管理，严禁私人盗购油脂油料。

28日 为响应中央发出的知识青年上山下乡的号召，团中央组织上海市第一支青年志愿垦荒队首批98人到德安县八里乡拖沟岭、九仙岭安家落户，开荒垦殖。

28日 省高级人民法院、省司法厅召开第七次司法工作会议。参加会议的有全省各中级人民法院及部分重点县法院及南昌市司法局的院（局）长共23人。会议要求，各级法院积极行动起来，认真学习毛泽东主席《关于农业合作化问题》的报告及文件，严肃批判“合作化运动中没啥问题”的错误思想，作出保卫合作化运动的全面规划。会议于11月1日结束。

29日 毛泽东主席邀请全国工商联领导人和出席全国工商联一届二次执委会议的全体委员，座谈关于如何更适当地进行私营工商业的社会主义改造问题。江西省委员代表潘式言、王德舆、沈翰卿、余昭华等人出席了会议。

31日 省教育厅党组召开扩大会议，学习并讨论中共七届六中全会（扩大）会议关于农业合作化问题的决议和毛泽东主席《关于农业合作化问题》的报告，并根据六中全会决议的精神，讨论了教育工作为农业合作化服务问题。省教育厅党组决定，立即派人深入农村、深入农业生产合作社，了解和熟悉生产发展，调查农业生产发展对文化、技术的要求和初中、高中毕业生从事农业生产后的困难与要求；进一步落实提高农民文化水平的规划及改进教学的具体措施。

新华书店南昌分店及时将党的七届六中全会《关于农业合作化问题的决议》和毛泽东《关于农业合作化问题》的报告等书送到农村销售

本月 省教育厅、团省委、省妇联先后发出通知，动员所属部门积极举办和参加冬学。1955年冬学任务是：扫盲班100万人，高小班4.8万人。要求经过冬学期间的学习，扫盲班应有10%～15%的人达到扫盲标准，高小班应有5%的人达到高小毕业程度。

本月 南昌市柴油机厂、萍乡煤矿、江西砖瓦厂、中联烟厂等工矿企业从1954年10月到现在，推行苏联多种多样的先进技术和经验，包括"契诺夫高速钻孔法"、"多孔镀铬法"、"莫克索夫快速点火法"、"冈察连科码窑法"、"巴斯马科夫码窑法"、"轮窑水冷却降温法"、"平行龟裂法"、"高温发酵工作法"、"屋面肋形预制板"、"竹节钢筋取销弯头"、"立体交叉分段平行流水作业"等，使生产收到了显著成效。江西砖瓦厂第二轮窑推广了两种苏联的码窑法都获得成功，使该窑生产的一等砖提高到95.17%～96.5%，创全省纪录。

本月 南昌柴油机厂试制成功2105型柴油机（1956年6月通过部级鉴定；1957年，2105型柴油机参加莱比锡国际博览会展）。

1955

11月

November

公元1955年11月							农历乙未年【羊】						
日	一	二	三	四	五	六	日	一	二	三	四	五	六
		1 十七	2 十八	3 十九	4 二十	5 廿一	6 廿二	7 廿三	8 立冬	9 廿五	10 廿六	11 廿七	12 廿八
13 廿九	14 十月大	15 初二	16 初三	17 初四	18 初五	19 初六	20 初七	21 初八	22 初九	23 小雪	24 十一	25 十二	26 十三
27 十四	28 十五	29 十六	30 十七										

1日　南昌市私营黄庆仁药栈已实行公私合营。该药栈已有122年的历史，营业额占南昌市中药市场的60%。其业务囊括药材收购、加工、制造至批发、零售的全部产销过程。黄庆仁药栈合营后，资方两名人员被安排为该药栈第一、第二副经理。同时，南昌市还有843户私营零售商纳入各种形式的国家资本主义轨道，为今后私营零售商实行全行业公私合营创造了条件。

1日　省人委政法办公室召开党组委员会议，就政治工作为农业合作化服务问题进行了研究。会议决定：民政、公安、司法、监察、法院、检察等部门党组对过去为农业互助合作服务工作进行一次检查；各部门应按全省农业合作化的全面规划，作出逐年适应农业合作化运动的工作计划。

1日　全省各界妇女900余人，在南昌中山堂举行庆祝国际民主妇联成立10周年大会。

2日　省工业厅、省农业厅、省供销合作社、省手工业管理局和江西机械厂组成联合工作组，重点深入萍乡农村，调查农民对新式农具、改良农具及农药品种、质量、价格方面的意见，以便根据要求改进，满足农业生产合作化的需要。

3日　省直属机关干部业余政治学校正式开学。第一批学员为省人委各厅、局在职干部和专、兼职理论教员及理论教育工作干部400余人。按中央规定，业余政治学校开设哲学、政治经济学、苏共党史、中共党史、党的建设等基本课程。

4日　九江师范学校决定各科教师改用普通话进行教学。一贯使用方言教学的教师都努力学习普通话；教师们用普通话教学受到学生们的欢迎和支持，在教室的墙壁上贴着“欢迎教师用普通话教学”的大红标语。

5日　省委组织部，省军区政治部、干部部，省人委人事局联合发出《关于接收与分配转业干部的几项规定》，提出了“热情欢迎、亲密团结、耐心培养、大胆使用”的接收安置部队转业干部的工作方针。

5日　省工业厅党组召开扩大会议。会议决定：（一）坚决贯彻地方工业为农村经济服务的方针；（二）按照农民的需要，多试制和生产价廉实用的产品，并积极投资为满足农业生产需要的新建项目；（三）组织工业调查组赴农村，了解农民对农具、肥料、交通工具、燃料的需求，生产对农村适销的工业品，为农业合作化服务。

6日 全省各界2万余人举行拥护我国发展国民经济第一个五年计划的集会和游行。号召全市人民努力增加生产、厉行节约，做好各项工作，争取提前完成第一个五年计划。

6日 南昌人民电影院举行“苏联电影周”开幕式。参加开幕式的省、市党政机关各部门负责人及工人、军人、干部、学生代表共1000余人。电影周放映了《培养勇敢精神》等6部苏联彩色影片。

7日 八一大桥改建工程举行开工典礼。省长邵式平主持典礼并讲话，同时向参加修建大桥的职工提出要求。该大桥于1956年11月竣工。

7日 中华全国自然专门学会联合会南昌分会召开全省防治螟虫专业技术座谈会。农业部、华中农业科学研究所、华东农业科学研究所、华中农学院以及湖南、湖北等省农业部门研究昆虫的学者和专家参加了座谈会。邵式平作《广泛深入发动群众，为消灭全省螟虫而奋斗》的讲话，要求各地将灭虫列为冬季农村中心工作之一。会议于12日结束。

8日 南昌市人委为加强对群众的劳动教育、培养群众热爱集体事业、搞好城市建设，召集有关单位成立了南昌市义务劳动指导委员会。确定当前参加义务劳动的对象是市人委机关、团体、工厂、企业、部队、学校内能够参加体力劳动的职工、干部、学生、战士和部分社会青年。

10日 省文化局为适应全省农业合作化的大发展，向全省各县（市）文化部门发出《关于大力发展以农村俱乐部为中心的农村群众文化艺术活动的通知》。要求各县（市）文化主管部门必须按照积极领导、稳步发展的方针，作出今冬明春农业生产合作社俱乐部发展计划。其内容包括：分期分批在农业社建立俱乐部及业余剧团、图书流动站等。通知还提出了培训农业社文化活动骨干的具体要求，以利于乡村俱乐部开展活动。

10日 省人委发出《关于加强群众性防火工作的指示》。要求各地立即建立与健全群众性的消防组织机构，加强群众性防火工作，各市、县、区、乡应加强对防火工作的监督、检查，开展一次群众性防火宣传教育，使群众自觉地进行防火，加强治安保卫，严防反革命分子和阶级敌对分子纵火破坏。

10日 省人委、省政协联合作出《关于省人民代表大会代表和省政协委员到全省各地视察工作的决定》。该决定要求，省人大代表和省政协委员应赴全省各地进行一次视察，时间从1955年11月中旬到12月中旬。视察工作的主要内容是：在农村方面视察农业合作化运动，粮食生产、消费和统购统销及后进乡的改造和肃反等情况；城市方面视察工业、商业（包括资本主义工商业的改造）、手工业合作社，街道工作和肃反工作。省人民代表和省政协委员应实事求是地对所视察的工作尽可能地作出全面的分析和估计，并随时告知当地政府，同时抄送省人委。会议还讨论通过了《江西省人民委员会关于组织讨论农业生产合作社示范章程（草案）的决定》。

12日 省高级人民法院和省司法厅向全省各级司法机关发出关于加强司法工作，保障农业合作化运动顺利进行的联合指示。指示要求各级司法机关必须做到：（一）组织全体司法干部认真学习毛泽东主席《关于农业合作化问题》的指示和中共七届六中全会的决议，并认真研究当地领导合作化的全面规划；（二）通过审判活动，坚决、及时地打击反革命分子和各种犯罪分子对农业合作化运动的破坏活动；（三）及时、正确地处理各种民事纠纷，并通过审判活动帮助合作社贯彻、执行社章，解决社员个人利益和集体利益的关系；（四）加强人民法院的组织制度建设，以适应合作化的发展；（五）选择具有教育意义的案件，向群众宣传农业合作化的方针、政策和办法；（六）在1955年11月底以前，制定今冬明春保卫合作化运动的具体规划。与此同时，派出一个工作组，到丰城县进行司法保卫合作化运动试点工作。

14日 团省委发出通知，要求全省农村青年团员、青年立即行动起来，积极参加农业合作化运动。通知指出：在实现合作化这一艰巨任务中，广大农村青年团员、青年是一支可以依靠的力量和忠实助手。在全省原有的1.4万多个农业生产合作社中，有18.897多万名团员和青年参加了农业生产合作社。其中，担任社长、生产队长、会计的共青团员和青年有15万多人，他们已是农业生产合作社的骨干，正在推动合作化运动向前发展。

14日 省妇联第二届执委会召开第三次会议。会议通过了《为动员全省妇女投入农业合作化高潮的决议》和《江西省农村妇女工作三年规划》。《决议》指出：必须有计划地培养大批妇女骨干，使她们真正成为农业社的核心，并注意提高妇女的文化和科学知识水平，及时表扬她们在社会主义建设中的积极作用。会议于19日结束。

15日 省人委发布《关于组织讨论农业生产合作社示范章程草案的决定》。

16日 省高级人民法院向全省各级人民法院发出通知，要求贯彻执行《中华人民共和国人民法院组织法》规定的公开审判、辩护、回避、陪审、合议、审判委员会集体领导等制度。

17日 省人委批复省司法厅，同意通过《关于全省一年来公证工作情况及今后意见的报告》。关于公证费的征收标准，自12月1日起一律按1.5‰的标准征收。

18日 省委书记杨尚奎在《江西日报》发表题为《进一步贯彻执行"全面规划、加强领导"的方针，保证建社质量，推进运动高潮》的文章。文章指出，南昌、抚州、吉安等地区的10个县和一些区、乡，除检查当地的农业生产和粮食"三定"工作外，还听取了各地关于农业合作化问题的汇报。并提出在当前农业合作化运动中应注意的问题：（一）在农业合作化运动进入高潮的形势中，既要注重发展数量，又要切实保证质量；（二）在贯彻全面规划上，应首先进行合作化的规划，并在此基础上建立新合作社和进行生产规划；（三）从当前农村各阶层关系变化中，认真贯彻阶级政策；（四）加强党对合作化运动的领导，坚决纠正不相信当地党支部和包办代替的领导作风。

19日 省人委、省政协联合召开会议，布置视察工作任务。省委第一书记、政协主席杨尚奎，省委第二书记、省长邵式平先后在会上讲话，全面介绍了全省农业合作社运动、粮食"三定"、农业生产和农村与城市各项工作情况。并对这次视察的任务、方法和需要注意的问题作了详细说明。参加这次视察的省人民代表和省政协委员共83人，组成8个视察工作团分赴赣南行署、南昌、上饶、九江、吉安、抚州等专区及南昌市、景德镇市视察工作。

21日 省委召开扩大会议，讨论全省农村农业合作化运动问题。全省农村贫农、下中农、中农及其他劳动群众共360万户，已参加农业生产合作社的有70万户，正在申请入社的110万户。革命摇篮井冈山参加合作社的农户已有50%，方志敏烈士的故乡弋阳县漆工乡已基本实现了半社会主义性质的农业合作化。会议根据这一形势，认为农业合作化高潮必然会带来农业增产运动的高潮，决定1956年全省的粮食产量要在1955年的基础上增产2.2亿斤。会议于22日结束。

21日 省人委发出指示，要求各地抓紧当前有利时机，迅速布置1956年生猪定养、订购工作。

21日 安源煤矿恢复工程全面开始。八方井是该矿的主要矿井，从1931年起就被水淹没。把井内积存20多年的死水抽出来恢复矿井后，采掘和运输全部采用机械化，其产量可超过萍乡矿务局各矿井总产量的一半以上。

22日 应邀来我国访问的罗马尼亚作家乔·鲍格查抵南昌访问。省长邵式平接见了鲍格查，并向他介绍江西在第二次国内革命战争时期的情

省长邵式平接见罗马尼亚作家乔·鲍格查

况。鲍格查游览庐山以后，于29日离开江西。

22日 全省第一个农村有线广播站——高安县广播站成立，并开始向全县农村播音。该广播站是根据中央关于积极发展农村有线广播事业的方针，在中央帮助、地方和群众自筹资金的基础上建立的。现全县已安装321个喇叭，分布在全县9个区88个乡，其中，有138个喇叭安装在农业合作社内。

江西第一个县级广播站——高安广播站

直到20世纪80年代，全省第一个乡镇广播站——高安县杨圩乡广播站仍然为农村广播事业发挥作用

24日 毛泽东在南昌西火车站的专列上接见了省委第一书记杨尚奎，省长邵式平，副省长方志纯、刘俊秀等省委、省政府负责人，并详细询问了鄱阳湖地区血吸虫病及江西地方性疾病防治等情况。

25日 越南记者、作家代表团一行11人来南昌参观访问。

29日 团中央第一书记胡耀邦到德安县八里乡慰问垦荒队员，并为他们创办的农业社题写“共青社”社名。

上海知青在德安九仙岭下落户，开荒创建“共青社”。图为垦荒队员在开垦荒地

本月 全省汽油、柴油纳入国家计划分配控制商品，实行凭证供应办法。

本月 省气象局研究全省气象区划，汇编成南昌、九江、赣州、玉山等地气候资料，总结、统计与分析出全省各地区霜冻、大风、暴雨等影响农业生产的气象变化规律。同时，决定提高预报准确率，预防自然灾害，新建一些农业气象台（站），增加

南昌气象站的测报员正在进行天气预测工作

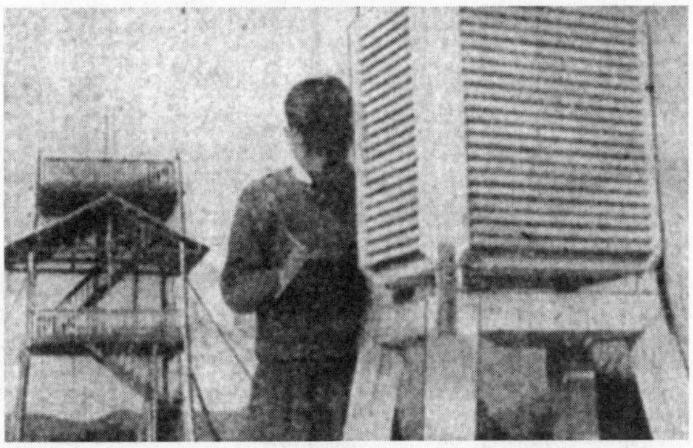

宜春气象站的工作人员正在观察记录气温

农业气象观测项目。全省很多地方已设立了气象台或气象站，及时预测气候的变化，预防自然灾害。

本月 全省建立第一批农业生产合作社10374个；第二批建社工作已开始。据赣南行署和南昌市、上饶、九江、抚州等专区40多个县统计，已培养1.6万多个符合建社条件的对象组，成立联组建社筹备会；并从专区和县级机关中抽调1.15万名干部，分赴各乡协助党支部做好建社工作。

本月 省卫生厅联合有关单位组成中草药调查组。调查发现，修水县出产的141种、铜鼓县出产的128种中草药，其中野生中草药占80%。

全省数量最大、质量最好、有经济价值的中药有：枳壳、车前子、西茵陈、荆芥、白花香茹草、樟脑、使君子、吴朱萸、半夏、蜂蜜、蔓荆子等。以修水、武宁、铜鼓、吉安、遂川、萍乡6个县估计，中药材年产量约为4.5万担，价值约138万元。白术、黄连、玄参、麦冬、升麻、米石斛、党参、山姜子等，均可满足本省需要。

本月 江西工农中学输送265名毕业生（党、团员有157名）到农村，支援农业合作化运动。学生在离校前，集中学习了毛泽东主席的《关于农业合作化问题》和《农村合作社会计教材》。这些学生下去后均成为区的农业合作社辅导会计。

本月 省委宣传部组织全省近百万人宣传大军深入农村，广泛开展农业合作化宣传，平均每3户农民就有一名宣传员，向农民进行合作化的宣传教育。农村中出现了许多子劝父、妻劝夫、亲劝亲、邻劝邻、知心人劝知心人、大家相约报名入社的生动事例。在城镇和工矿中，许多机关干部、工人、战士、学生、城镇居民，纷纷给在乡下的亲属写信，积极鼓励他们投身于农业合作化运动中。

本月 省司法厅拟定在全省7个市、19个重点县设立公证机构并配置专职干部。

本月 婺源茶厂副厂长黄直夫受越南人民共和国聘请，赴越南担任茶叶工程师，传授制茶技术，帮助建立茶场、制茶厂（1957年元月回国，并获越南人民共和国主席胡志明授予的三等勋章，总理范文同授予的友谊勋章）。

本月 省邮电管理局全面规划邮电通讯，支援农业合作化运动。决定所有的邮政营业处一律开办电信业务，加强县内电话线的整修、维护和管理，配合省人民广播电台有计划地发展乡村有线广播，使邮电更好地为全省农业合作化运动服务。

1955 12月 December

公元1955年12月							农历乙未年【羊】						
日	一	二	三	四	五	六	日	一	二	三	四	五	六
				1 十八	2 十九	3 二十	4 廿一	5 廿二	6 廿三	7 廿四	8 大雪	9 廿六	10 廿七
11 廿八	12 廿九	13 三十	14 十一月大	15 初二	16 初三	17 初四	18 初五	19 初六	20 初七	21 初八	22 冬至	23 初十	24 十一
25 十二	26 十三	27 十四	28 十五	29 十六	30 十七	31 十八							

1日　全省第一期高级干部脱产自修班开学，于1956年4月4日结束。省委第二书记、省长邵式平兼任班主任。

1日　成新农场正式成立。

2日　全省首次群众找矿工作会议近日在乐平召开。

3日　省委发出指示，要求各地在合作化运动中，切实把冬季农业生产搞好，为争取四年完成全省第一个五年计划打下物质基础。

4日　省人委批复省商业厅，在南昌市、赣州、吉安、上饶、抚州、九江6市建商业职工学校。

5日　省人委批准樟树县医药行业实行全行业公私合营。樟树县现有中药材经营商17家，是全省著名的中药材集散地，已有1000多年的历史。在公私合营中，樟树县认真贯彻国家对资本主义工商业改造的方针、政策，清产估价做到“实事求是，公平合理”；在人事安排上，除自愿回家生产的以外，对所有职工都安排了工作；对20多名资方代表，也做到了“量材录用”。

6日　省委批转省委农村工作部《关于农村手工业入社处理问题的批示》。《批示》指出，吸收分散在农村中与农业生产和农民生活有密切联系的个体手工业者入社，对搞好生产是有利的。

8日　南昌市人委办公厅成立清理旧政权档案小组，收集、整理民国档案8510卷。

8日　南昌火力发电厂破土动工（该厂于1956年7月31日竣工）。

9日　江西省兵役委员会成立，邵式平任主任（1959年4月14日，省兵役委员会撤销，成立省委民兵工作领导小组，邓克明任组长）。

10日　全省各地组织近百万宣传大军深入农村，广泛开展农业合作化宣传。

丰城县县委组织的合作化巡回报告团，在向农民群众介绍合作化发展

11日　赣州市开工兴建八境公园（1956年春基本建成）。

12日 为了使农业合作化与农业技术改革结合起来，扩大新式农具在农村中的使用范围，省人委决定降低省内推广的新式农具的价格。各种新式农具属于国家掌握的产品，自9月10日起降低价格；属省掌握的产品，自12月1日起降低价格。

13日 省人委发出《关于税务干部违法违纪事件的通报》，指出，部分税务干部由于单纯任务观点，在农村征收工作中发生逼迫纳税人员自杀的严重事件。《通报》要求各级政府和税务部门引起高度重视，迅速采取措施纠正。同时，要加强税收工作领导，按照政策把应收的税收齐。

14日 省委召开扩大会议，讨论进一步开展对资本主义工商业的改造，加强对知识分子的团结、教育和改造问题。研究在合作化高潮的基础上如何积极组织与推进农业增产运动等。会议根据全省情况，确定了对资本主义工商业改造的全面规划，要求到1957年基本上完成资本主义工商业以及小商贩按行业实行公私合营。会议确定在合作化运动高潮的基础上全省农业增产的全面规划，研究保证农业增产的具体措施，完成第一个五年计划的粮食增产指标。同时提出了第二个五年计划、第三个五年计划粮食增产任务。会议于23日结束。

15日 省军区在南昌举行全军区校官和尉官授衔仪式。全军区共授衔4899名，其中少将4名，校官183名（大校11名，上校18名，中校30名，少校124名），尉官4165名，准尉547名。

16日 南昌市商业局批准私营棉布、大百货、新药三个行业实行全行业公私合营。同月，全省其他主要城市的这三个行业也先后实行全行业公私合营。

南昌市商业局批准了市私营棉布、大百货、新药三个行业实行公私合营，店员们组织报喜队到各商店报喜

17日 九江、吉安两个地区认真贯彻“全面规划，加强领导”的方针，组织10万多人的宣传队，向农民进行合作化宣传教育，形成了声势浩大、发展迅速的农业合作化高潮。至中旬，九江地区已建立10430个农业社，有35万户农民入了社，占全区总农户的80.7%；到20日止，吉安地区已建立农业社11455个，入社农户占全地区总农户的82.7%。

20日 全省农业合作化运动已进入高潮。全省已建6.9万个新社，加上原有的1.4万个老社，入社农户已达170余万户，占全省总农户的40%以上。

21日 省检察院召开专区、市检察院及部分县检察院检察长会议，共54人参加了会议。会议传达中央关于人民检察院审查批准逮捕人犯法律手续问题的指示和全国省、自治区、直辖市检察长会议精神，研究和讨论检察工作如何为农业合作化运动服务等问题。会议于24日结束。

23日 赣州市中药业实现全行业公私合营。

24日 省人委发出《关于积极开展造林、育林、护林工作的指示》，要求各地大力开展以合作社为中心的造林、育林、护林运动，贯彻“全面规划，加强领导”的方针，争取在12年内实现全省绿化。

26日 第一批新疆细毛种羊共100只被引进庐山养羊试验场饲养（1958年底，庐山养羊试验场因饲养新疆细毛羊成功，获周恩来总理署名的奖旗）。

27日 省人委第十三次会议（扩大）决定成立省规划委员会，负责制定全省综合统一的全面规划。会议还通过了《关于成立江西省规划委员会和各级规划委员会的决议》。省长邵式平出席会议，提出必须广泛听取群众意见，吸收各方面专家参加有关会议和参与制定规划的工作。省规划委员会由杨尚奎任主任，邵式平、方志纯、刘俊秀、白栋材、黄先为副主任，黄知真任秘书长。

28日 省人委公布《江西省革命烈士追恤方案》，在全省开展烈士追恤工作。拨款890余万元，抚恤在国内革命战争、抗日战争、解放战争、抗美援朝战争时期牺牲、病故的军人和工作人员家属、烈属134740户，共412901人。

28日 地方工业部批复，上海私营九如漂染厂迁赣，改名为江西漂染厂，厂址设在江西纺织厂厂区内。

29日 根据中央"厉行节约、反对浪费"的指示精神，省人委发出修正行政供给标准的通知，适当调低了机关、党派、团体的办公费、会议公杂费等开支标准。

30日 省人委公布《江西省农村粮食统销实施细则》。

31日 全省全年原煤产量达到163.5万吨，超过历史最高水平。

本月 省委防治血吸虫病领导小组成立，吕良任组长；同时成立江西省血吸虫病研究委员会，许德瑗任主任委员。

本月 江西省卫生学校创建。

本月 国务院副总理薄一波到江西造纸厂视察。

本月 地质部中南地质局江西办事处组建四二七地质队，担负丰城县河西煤田的勘探任务（1958年2月和10月先后提交仙姑岭矿区和梅仙岭－坞社里矿区两个报告，随后由一九五队继续勘探，累计探明煤储量3.26亿吨，是江西境内最大的焦煤煤田）。

本月 江西省水利局改称为江西省水利厅。

本 年

本年 江西医学院附属医院主治医师孙砚田在省内施行首例肺切除手术成功。

本年 省人委决定建省八一保育院，主要招收省直机关干部子女入托。

本年 根据省人委规定，全省生猪收购、储运、外调、内销各个环节，均由食品公司统一经营，实行统一领导、统一计划、统一核算，即"一条龙"经营。

本年 江西师范学院副教授林英在南昌西山发现泥炭沼泽植被分布，并发现这种植被与第四纪冰川地形有关。夏，省科学技术联合会组织有关专家对西山泥炭沼泽植被和冰川地貌进行调查研究工作，确定第四纪冰川遗迹、冰川地貌和西山泥炭沼泽植被形成的规律。

本年 新建赣州西河大桥，桥长256.2米，为钢筋混凝土悬臂梁桥。基础采用钢筋混凝土沉井，吹沙下沉，首创全省水下深基础施工的新技术。

本年 北京地质学院实习师生在大余漂塘钨矿发现氟磷酸铁锰矿物。这是国内首次发现的新矿种。

本年 根据省委决定，农村手工业划归农业部门领导改造，留归手工业部门管理的从业人员由28万人减少到15万人。

本年 中央内部拨款3亿元（旧币），修复的安源路矿工人俱乐部年底竣工，并在安源建一座纪念碑，以纪念1922年安源大罢工以来为革命事业牺牲的安源革命烈士。

正在修复中的安源路矿工人俱乐部

本年 省地质局220队在崇义宝山发现矽卡岩型钨

矿（1966年4月，荡坪钨矿在宝山矿区开始兴建日处理原矿石300吨的白钨浮选厂，于1967年1月建成投产。1971年，选矿能力扩大到500吨/日）。

本年 中央农业部副部长蔡子伟陪同苏联兽医专家阿维奇、苏联专家组组长巴列金来江西考察家畜防疫检疫工作。

本年 省民政厅从优抚补助费中拨出128万元，由区、乡购买耕牛8700头、农具3.7万件，供烈军属作入社股金。

本年 省人委批准成立江西省体育工作队，编制为40人。

本年 南昌柴油机厂开始使用0.5吨电炉熔炼含金铸铁，烧铸285型柴油机活塞环，并建成省机械系统第一个物理化学分析、测试试验室。

本年 新建上饶市革命烈士陵园，地点设在茅家岭“上饶集中营”旧址（1959年重建了革命烈士纪念碑、烈士公墓、烈士纪念亭和陈列室；1978年又增建了革命烈士纪念堂）。纪念碑有周恩来、刘少奇、朱德等党和国家领导人的题词和省委、省人委题写的碑文。

本年 江西省人民政府粮食厅更名为江西省粮食厅。

1956年

概要

本年是江西"一五"计划最关键的一年，占整个"一五"计划的48.9%。3月，省委召开全委扩大会议，要求"争取提前和超额完成第一个五年计划"。11月，省委召开五届二次会议，贯彻"保证重点，适当压缩"的方针，优先保证中央和地方重点项目的需要，开展增产节约运动，使"一五"计划全部完成。江西省人大一届四次会议通过了《关于江西省1956年度发展国民经济计划的报告》，批准了《关于根治锦河水旱灾害和兴建锦惠渠水利工程的规划报告》及《省高级人民法院的工作报告》。

贯彻《纲要》 1月，中共中央公布了《一九五六年至一九六七年全国农业发展纲要(草案)》。江西是农业比重很大的省份，省委对贯彻《纲要》特别重视，根据《纲要》的要求，结合江西实际，拟定了江西省贯彻执行《纲要》的规划草案。省委召开全委扩大会议，讨论通过了江西省《贯彻执行全国农业发展纲要(草案)的规划(草案)》、《关于一九五六年江西省发展国民经济的年度计划(草案)》和《关于召开全省党代会的决议》。会议要求各级党委着重抓好四个方面的工作：在社会主义改造高潮的基础上掀起一个社会主义生产的高潮；在发展生产的前提下，继续完成社会主义改造任务，巩固改造成果；加强党对科、教、文、卫事业的领导，大量培养新生力量，完成建党建团任务；继续深入开展肃清一切反革命分子的斗争，纯洁队伍。7月，中共江西省第五次代表大会讨论通过了贯彻《纲要》的《规划(草案)》，提出全省农业生产的根本任务是以增加粮食生产为主，相应地增加棉、麻、油料等经济作物的生产，积极增加牲畜并因地制宜地发展林业、渔业生产。

资本主义工商业的改造 年初，根据中共中央1955年底关于加快对资本主义工商业改造的指示，全省各地私营工商业者纷纷向政府递交申请书。在1月5日召开的工商界积极分子大会上，有关负责人就私营工商业改造问题作了报告；1月22日省委发出指示，对私营木帆船和私营汽车运输业改造步骤作了安排；23日到24日省人委批准南昌、赣州、上饶3个私营汽车队实行全行业公私合营；1月25日，南昌市对私营商业改造全面完成；1月底，省商业厅召开全省私营商业改造工作会议，要求抓住时机完成全行业公私合营；1月30日，省政协、省工商联报告全省县以上资本主义工商业已经实行公私合营，农村集镇1/3以上的小商小贩走上合作化道路；2月6日，南昌市房管局对原有49户私营营造厂进行社会主义改造，将它们组成东湖、西湖、胜利、抚河四家公私合营营造厂；年底私营商业的97.68%分别实现公私合营、合作经营或直接转为国营商业，并完成了核资定股工作。在分配方面，通过计股定息，合理赎买，照顾了资方的物质利益。对资本主义工商业的改造推动了企业生产的发展，私营工业实现了全行业公私合营。私营轮船、汽车运输业和个体木帆船业实行公私合营，走上了合作化道路。全省基本实现了对农业、手工业和资本主义工商业的社会主义改造。全省工业产值有较大增长。工人的生产福利待遇有了提高。

勤俭办社 高级社成立之初，劳动组织不健全，生产管理相当混乱。由于规定的生产计划过高，当年绝大多数社队没有完成包产计划。4 月，省委作了《关于贯彻执行勤俭办社》的决议；8 月 10 日，省委又强调：“凡是以自己的劳动经营的副业生产，都是正当的生产，不是资本主义自发势力”。全省农村已有 389 万多农户组成了 1.8 万多个高级农业生产合作社，97% 的手工业劳动者加入生产合作社、供销合作社和生产小组。

进一步加强老区开发与建设 7 月，中共江西省第五次代表大会作出了《关于进一步加强老革命根据地工作的决议》。当年，江西 22 个重点老区县耕地面积比 1949 年增长 11.26%，粮食产量增长 59.8%，工业产值增长 1 倍。农民生活有明显改善。儿童入学率提高。传染性疾病得到有效控制。

发挥知识分子作用 随着社会主义改造的基本完成和建设高潮的到来，发挥知识分子的作用显得越来越重要和迫切。1 月，周恩来在《关于知识分子问题的报告》中首次提出我国知识分子绝大部分“已经是工人阶级的一部分”。4 月，召开了全省知识分子问题会议，会议提高了知识分子的认识，提出要提高工资和政治待遇。当时全省有 16 万多知识分子。5 月，省委文教部邀请科学家讨论江西科学规划。9 月，决定筹建江西省科学院。

全省各项事业取得成果 横跨赣江两岸的南昌八一大桥改建工程竣工。全长 697.7 公里的鹰厦铁路铺轨工程完成，工期比原计划提前一年；南昌市第三届人民体育运动大会举行，大会打破省纪录 11 项 14 人次，打破市纪录 152 项 25 人次。文艺界举行关于“百花齐放，百家争鸣”座谈会，省文联召开全省文艺创作会议，检查全省第二次文代会以来的剧本、诗歌、散文创作。江西省高等学校招生工作委员会成立，负责高等学校招生中的一些具体问题。全省当年推销国家经济建设公债 1836.4 万元。

全省本年经济指标完成情况 在遭受严重旱灾和程度不同的水灾、风灾、虫灾的情况下，粮食总产量仍达 129.71 亿斤，比上年增产 3.49%；农业总产值 17.24 亿元，比上年增长 5.5%；全省工业总产值为 10.62 亿元，比上年增长 28.32%（其中全省地方工业的生产总值达 36516 万元，比上年增长 44%，提前一年完成了五年计划所规定的指标，全省手工业的总产值达 32662 万元，比上年增长 25%，提前一年零三个月完成五年计划所规定的指标）；全省财政收入为 3.18 亿元，比上年增长 11.58%；全省交通通讯事业进一步发展，完成了 1049 公里简易公路的修建，全省除宁冈等 7 县外，其余 75 县都可以通汽车，电话线路则比 1955 年增加了 23049 条公里；全省地方基本建设投资完成 8364 万元，比上年增长 23%，是 4 年来完成基建任务最多的一年，全年新建和续建的 14 个限额以上的工程，有 12 个如期投入生产。银行存款较上年增加 1%。目前全省共有信用合作社 3448 个，入社农户达总农户的 80.9%。年末全省总人口 1799.97 万人，人口自然增长率为 16.52‰。

1956 1月 January

公元1956年1月							农历丙申年【猴】						
日	一	二	三	四	五	六	日	一	二	三	四	五	六
1 元旦	2 二十	3 廿一	4 廿二	5 廿三	6 小寒	7 廿五	8 廿六	9 廿七	10 廿八	11 廿九	12 三十	13 十二月大	14 初二
15 初三	16 初四	17 初五	18 初六	19 初七	20 腊八节	21 大寒	22 初十	23 十一	24 十二	25 十三	26 十四	27 十五	28 十六
29 十七	30 十八	31 十九											

1日　《江西日报》报道，1955年全省粮食产量达130亿斤，皮棉18万多担，油料293.1万担，鱼产品86.9万担，耕牛和生猪分别比上年增加了12万头和40万头。同日，《江西日报》发表社论《迎接1956年的伟大任务》。

3日　省人委就新干县溧汇区1955年12月4日发生山林大火的事件，通报全省各地，要求各级政府从中吸取教训，大力加强护林防火工作。

4日　省委副书记刘俊秀在省委扩大会上所作的《在农业合作化运动高潮的基础上，积极组织和推进农业生产运动高潮》的报告，在《江西日报》上全文发表。报告共分4个部分：（一）农业生产的基本情况；（二）关于日后农业生产的主要任务与初步规划；（三）关于完成农业增产任务的基本环节与几项主要措施；（四）做好全面规划加强领导。

4日　为了大力发展农业，并向农民进行农业机械化示范，省人委决定在九江、丰城、南昌等县筹建农机站，配备30余台拖拉机及各种其他农机具，为周围农业社、互助组及农场代耕5.8万亩以上土地。

4日　省规划委员会举行第一次全体委员会议，讨论《江西省综合规划提纲（草案）》。省长邵式平在会上强调：全面规划是一个整体，必须使各方面的工作达到平衡，与当前社会主义按计划、按比例发展经济的法则相适应。在进行全面规划时，必须对当前已经出现和将要出现的新局面有足够的认识，克服保守主义思想，扭转思想落后于实际的状况。

5日　省委举行常委会议，讨论中央提出的《一九五六年至一九六七年全国农业发展纲要（草案）》。

5日　省人委发布《关于积极保护和发展耕牛的指示》，要求各地迅速扭转保护和发展耕牛工作中的不正常情况，大力开展保护和发展耕牛工作。

5日　省人委、省军区联合发布消灭老虎、野猪运动的命令，并颁发《江西省消灭老虎、野猪兽害奖励暂行办法》，规定打死1只虎豹奖给现金30元。

5日　南昌、赣州、上饶、吉安等市团市委机关民主青年联合会，分别召开工商界青年积极分子大会。有关党、团员负责人在会上作有关私营工商业改造问题的报告。与会者表示要以实际行动迎接公私合营。各市会议分别通过《给全市工商界青年的信》。选出出席全国工商界青年积极分子大会的代表。会议于 8 日结束。

5 日　省政协和省工商联联合召开委员扩大会议，传达毛泽东出席全国工商联一届二次执委座谈会的讲话。省委书记杨尚奎、省长邵式平先后在会上讲话。会议确定，对资本主义工商业改造，两年规划一年完成。黄知真作报告和会议总结，阐述对合营工商业改造的建议、统筹安排、经济改组、小商小贩的改组、清产核资、人事安排、定息、组织领导、公私关系、工商业者的改造和学习 10 个问题。会议通过了给毛泽东主席的致敬电，并通过《中国人民政治协商会议江西省委员会暨江西省工商业联合会全体委员会联合扩大会议的决议》。决议要求全省工商业者，在中国共产党和人民政府领导下，在全省范围内掀起行业公私合营高潮，为祖国社会主义建设事业贡献一切力量。会议于 16 日结束。

上饶市私营企业职工和工商业者举行盛大游行，庆祝全市工商业公私合营

6 日　省人委决定成立省建设委员会、省农产品采购厅以及省血吸虫病防治委员会。

7 日　省赣剧团首次上演弋阳腔优秀传统剧目《珍珠记》（即《合珍珠》），剧本整理石凌鹤，导演童庆祁，主要演员潘凤霞、童庆祁。

9 日　省人委根据 1955 年 10 月 9 日全国人大会常委会第十一次会议精神，撤销省外贸局。

10 日　全省第二届农业技术工作会议在南昌召开，会议制定了全省的农业技术发展规划，确定农业技术工作必须适应农业合作化运动的发展，以保证五年农业增产计划四年完成目标的实现。《江西日报》发表社论《克服右倾保守思想，积极地大胆地推广先进农业增产技术》。

10 日　省编制委员会下达全省各县、区（镇）党政群行政编制及乡（镇）干部编制指标。

10 日　省委发出《关于高级干部一九五六年自修哲学几个问题的通知》。

10 日　省人民广播电台举办《对资本主义工商业社会主义改造》的专题广播。

10 日　省委、省人委召开第四次农场工作会议，传达《全国农业发展纲要（草案）》和全国农业工作会议精神，听取省委副书记刘俊秀有关办好国营农场的讲话，初步制定了农场发展的 12 年规划（1956 年至 1967 年）和 1956 年增产指标与措施。会议于 19 日结束。

11 日　《江西日报》报道，团省委向全省农村青少年发出号召，要求做好耕牛的保养繁殖工作。指出：耕牛是“农家之宝”，是当前农业生产的主要动力，只有保养与繁殖更好更多的耕

省委书记杨尚奎在政协江西省委员会暨省工商联联合扩大会议上讲话

牛，才能更好地改进耕作技术，推行各项增产措施，大力发展农业生产。

11 日 省人委指示各地行政机关，准备 2500 万斤“南特号”优良水稻种子，支援四川、湖北、福建、安徽、浙江等省发展粮食生产。

12 日 省人委发出《关于切实贯彻执行国务院“进一步做好国家机关精简工作的指示”，认真在全省各级国家机关开展精简机构，紧缩编制工作的指示》。确定全省精简工作的原则是：省和省辖市的机关，必须大力精简；行署、专署、庐山管理局为省人委的派出机关，更应大大紧缩；小区小乡制已经不能适应农业合作化运动迅速发展后的新形势，应当逐步调整，即减少或合并。

13 日 《江西日报》报道，经过 1955 年秋冬，全省已基本实现了半社会主义的农业合作化。据 1 月 12 日统计，已建成 6.7 万多个新社，还有 8000 多个社正在建立，预计一月底可全部结束，加上 1.47 万多个老社，入社农户占全省总农户的 75%以上。合作化运动发展较快的吉安、九江、上饶等专区，入社农户已达总农户的 85%。

14 日 中国茶叶出口公司派婺源茶厂黄直夫赴越南林士总公司下属河内茶厂工作，改进红绿茶（于 1957 年、1960 年先后获越南商业部表彰）。

15 日 全省第五次手工业工作会议召开，省长邵式平到会作指示。会议确定，积极领导手工业合作化高潮，大力发展手工业生产，支援农业生产。会议于 21 日结束（到 3 月底，全省手工业生产合作组织发展到 3872 个，从业人员达 143784 人，占集镇以上手工业人员的 95.27%，至此，全省手工业基本实现合作化）。

16 日 《江西日报》发表社论《迎接我省资本主义工商业社会主义改造的高潮》。

16 日 全省地方工业会议召开，确定对私营机电行业进行社会主义改造，全省 70 户私营机电企业合并为 26 户公私合营企业。会议于 21 日结束。

18 日 省血吸虫病防治委员会制定出“一年准备，三年战斗，一年扫尾”的 5 年消灭血吸虫病的全面防治规划。

丰城县农民在铲沟灭螺扑灭血吸虫

18 日 省委召开赣南区党委、各地（市）委负责人会议，决定 1956 年春试办高级社的计划由原定的 150 个扩大到 2900 个；1956 年冬把 50% ~60% 的农户组织到高级社中；1957 年冬实现全省农业社会主义合作化。会议于 20 日结束。

南昌县向塘沙潭乡高级农业社举行成立大会

19 日 《江西日报》报道，由于农业合作

社台乡的街头、桥头和大路边，都设有识字牌，每逢早上、中午、傍晚，人们来往较多的时候，义务教师们就在识字牌旁教字

化运动的发展，农民学习文化的要求更加迫切，全省广大农村已有140万左右的农民参加文化学习，超过原定总任务数的40%。

19日　省工商联主席潘式言作《认清社会发展规律，掌握自己的命运，迎接对私营工商业社会主义改造的新阶段》的广播讲话。

20日　南昌市手工业生产合作社首届代表大会二次会议，手工业劳动者二次代表大会联合会议开幕，会上批准要求入社的6007人入社，全市手工业全部实现了合作化。

20日　省人委发出《关于推销1956年国家经济建设公债指示》。中央财政部核定江西的推销数字为1836.4万元。为此，省人委决定成立江西省公债推销委员会，负责办理推销和督促公债收款的具体事宜。

21日　省人委对资改造办公室抽调80名干部，组成8个工作组，分赴赣南行政区、各专区和南昌、景德镇等地，协助对资本主义工商业的改造工作。

21日　省委提出五年农业增产计划，争取四年完成的号召。要求进一步改革耕作制度和改进栽培技术，1956年增产粮食20.2亿斤。

22日　南昌市郊全部实现农业合作化，全区共组成204个高级农业生产合作社，入社农户13732户，占总农户的99.54%。

南昌市郊青云谱区农业合作化报喜大队的报喜车行驶在南昌市民德路上

22日　省委发出《关于私营运输业社会主义改造的指示》，对私营木帆船和私营汽车运输业的改造步骤作了安排。23日和24日，省人委批准南昌、赣州、上饶3个私营汽车队实行全行业公私合营。

23日　南昌市水上区人委批准在南昌港船民2347人、船783艘参加合作组织。至此，在港船民已全部走上合作化道路。

南昌市郊青云谱、塘山两区的农民全部实现社会主义农业合作化以后，向省市委报喜

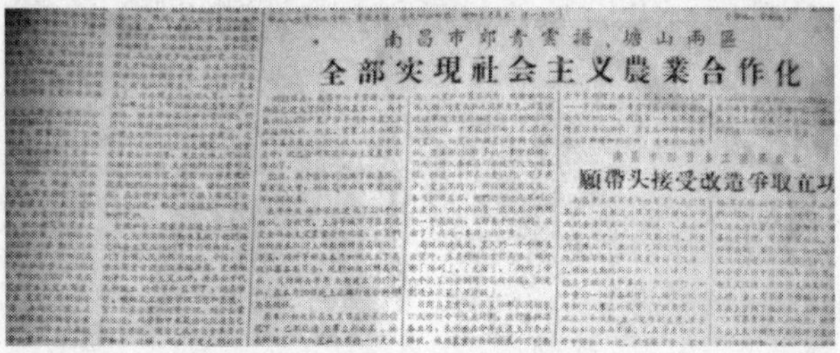

南昌市郊青雲譜，塘山兩區

全部实现社会主义農業合作化

顾带头接受改造争取立功

《江西日报》关于农业合作化的报照

23日　全省第十一次公安会议在南昌召开，传达第七次全国公安会议《关于保卫农业合作化的决议》和在公安系统内部开展反对右倾保守思想的斗争精神。会议于2月24日结束。

24日　省财政厅发出通知，规定地方事业单位与行政机关的固定资产设备购置费，由建设银行拨款。

24 日　最高检察院检察长张鼎丞来江西视察检察工作，省检察院检察长刘护平汇报全省检察工作情况和存在编制少、工作发展不平衡等问题，张鼎丞检察长作了指示并与省委主要负责人交谈。

25 日　南昌市对私营商业改造全面完成，召开 6 万人庆祝大会。市长张云樵宣布南昌市进入社会主义。杨尚奎、邵式平分别代表省委、省人委接受私营企业工人、店员代表和资本家代表的喜报。南昌市主要街道锣鼓喧天，爆竹雷鸣，工商业者兴高采烈化装游行。接着，全省各地掀起对私营商业改造的高潮。到年底，全省有 97.35% 私商分别纳入公私合营、合作商店、合作小组的轨道。

省委书记杨尚奎（右）和省长邵式平（左）在南昌市庆祝全市社会主义改造胜利联欢大会上接受喜报

南昌市市长张云樵在南昌市庆祝全市社会主义改造胜利联欢大会上宣布南昌市进入社会主义社会

25 日　省委监察委召开第一次工作会议，传达毛主席关于反对工作中的右倾保守主义的指示和第一次全国监察会议的精神，制定 1956 年至 1957 年全省监察工作规划。会议于 2 月 5 日结束。

28 日　省委发出《关于当前对资本主义工商业改造工作的指示》，强调在社会主义改造高潮的基础上，掀起一个社会主义生产的高潮，并就批准公私合营后的几项工作作出安排。

29 日　省商业厅近日召开全省私营商业改造工作会议，提出全省私营商业改造已进入高潮，必须抓住时机完成全行业公私合营。

30 日　南昌市象山北路改建工程竣工。

30 日　江西医学院成立血吸虫病研究小组，由临床内科学教研组主任程崇圯任组长。在小组成立后的第一次会议上，确定了研究课题，制定了研究计划，并对各位医学专家进行了具体分工。

30 日　省政协、省工商联联合给毛泽东主席致电报喜，报告全省县城以上资本主义工商业已经全部实行公私合营，农村集镇 1/3 以上的小商小贩走上了合作化道路。

30 日　省教育厅召开 1956 年教师年会，交流教育教学工作经验，表彰在教育教学工作中作出显著成绩的优秀集体和个人。会议于 2 月 6 日结束。

31 日　江西省委国际活动指导委员会成立，吕良任主任（同年 12 月 23 日，改由莫循任主任，吕良任副主任）。

31 日　中国人民对外文化协会江西分会成立，吕良任会长。

本月　鹰厦线鹰潭到资溪 74 公里铁路和高阜至资溪站间妙嘴坳隧道同时建成（该隧道由铁

鹰潭—厦门铁路铺轨工程正在加紧进行，铁道兵、民工和青年筑路队队员为了争取早日通车，在各个工地展开社会主义竞赛

道部设计总局西南设计分局设计，铁道兵鹰厦工程局第二工程段于 1955 年 5 月正式施工。原全长 510.4 米，延建后现为 573.2 米，是全省境内铁路最长的隧道）。

本月 广州铁路运输法院南昌派出庭成立，庭长康亚魁（派出庭于 1957 年 10 月撤销）。

本月 省委发出《关于私营剧院、职业剧团和私立学校改造问题的通知》。

本月 省农业厅水产局划归省商业厅领导。

本月 省人民银行遵照总行通知自 1956 年起对中央国营工业生产供销企业办理特种积压物资放款。

本月 全省私营载货汽车 328 辆，全部实行公私合营。全省私营轮运实行定息合营。

1956 2月 February

公元1956年2月							农历丙申年【猴】						
日	一	二	三	四	五	六	日	一	二	三	四	五	六
			1 二十	2 廿一	3 廿二	4 廿三	5 立春	6 廿五	7 廿六	8 廿七	9 廿八	10 廿九	11 三十
12 春节	13 初二	14 初三	15 初四	16 初五	17 初六	18 初七	19 雨水	20 初九	21 初十	22 十一	23 十二	24 十三	25 十四
26 元宵节	27 十六	28 十七	29 十八										

1日　南昌市开展以除“四害”（蚊、蝇、臭虫、麻雀）为中心的爱国卫生运动。

1日　省委批转省委组织部《关于干部分管后若干具体问题的暂行规定》，命令省委管理的党群干部，其任免经省委审查批准后，由省委有关各部下达；省委管理的政府系统干部，其任免经省委讨论通过后，再由省委有关部门通知省人委人事局办理行政任免手续；凡不是下级政府组成部门而是由省人委有关部门直接管理的各单位的行政干部，属省委管理者，其任免经省委决定后，由有关厅、局办理行政任免手续，不必经省人委人事局；凡省人委各厅（局）任免不属省委管理的干部，应由各单位党组讨论决定，并与省人事局商议，再以行政名义报省人委人事局办理任免手续。

1日　省林业厅开办省林业干部学校。

3日　省委发出《关于在公私合营企业和手工业合作化高潮运动中加强干部配备和发展新党员工作的指示》。指示要求各企业主管部门及基层生产单位，建立政治工作机构或配备党的专职工作干部；在重要行业中30人以上的工厂和15人以上的商店，要逐步建立党的组织，其他行业厂店，要有计划地适当发展一批党员。

3日　国务院发布《基本建设拨款暂行条例（草案）》。全省认真贯彻条例精神，在基建部门推行经济核算制。

3日　省卫生厅制发《关于急救减免经费使用范围的规定》。

3日　省委发出《关于举办工商联干部职工短期训练班的指示》，责成省委宣传部、统战部共同负责，举办短期教员训练班，担负训练辅导资产阶级分子学习的理论教员或辅导员工作，迅速在全省范围内把资产阶级分子的学习开展起来。同日，省委宣传部发出《关于深入开展改造社会主义工商业的宣传教育的意见》，要求结合对资改造的各个环节做好宣传教育工作。

5日　全省首次人民警察、治安委员模范代表大会召开，253名代表出席大会。

6日　省人委转发国务院《关于降低国家机关十级以上干部的工资标准的决定》，要求所属遵照执行。

6日　南昌市房管局对原有49户私营营造厂

进行社会主义改造，将它们组成东湖、西湖、胜利、抚河四家公私合营营造厂，共有职工3593人。同时四家营造厂又合并为南昌市第一、二营造厂（1957年成立南昌市修建公司。1958年发展为国营南昌市建筑工程公司，归口市房管局。1969年改为南昌市第一建筑工程公司，隶属市城建局）。

6日 省委对资改造十人小组召开赣南区党委、各地（市）委对资改造小组组长座谈会。座谈会于8日结束。

7日 省委发出《关于讨论和贯彻执行〈1956年到1967年全国农业发展纲要（草案）〉的指示》。

9日 省政协第一届常委会第八次会议与省人委第十四次会议在南昌联合举行。省长邵式平作关于《把社会主义革命高潮继续推向前进》的讲话。会议传达和讨论《一九五六年到一九六七年全国农业发展纲要》和周恩来《关于知识分子问题的报告》。

省长邵式平在省人委第十四次会议、省政协第八次会议联席会议（扩大）上讲话

11日 景德镇气象站被评为省首届农业劳模单位，并出席首届农业劳模会，林国民、郦火根、熊大新被授予“省劳动模范”称号。

11日 省委、省人委联合发表《给全体农业生产合作社社员书》。号召全省农业社员紧急行动起来，巩固已有的胜利，消除工作中的缺点，在社会主义革命高潮的基础上，在全省范围内掀起一个社会主义生产高潮，把1956年农业生产的各项工作，做得又多、又快、又好、又省。

12日 南昌市1700名青年举行“向科学文化进军”誓师大会。

14日 省、市各界500余人举行中苏友好同盟互助条约签订6周年联欢晚会。在南昌的苏联专家应邀参加联欢晚会。省中苏友好协会副会长邵式平和苏联专家梅得尼可夫在会上讲话。

14日 坐落在南昌市八一大道的江西省中苏友好馆竣工，建筑面积3000平方米。

江西省中苏友好馆正式开馆

14日 省检察院、省公安厅联合向全省各级检察院、法院、公安机关发出《清理积案的指示》，要求各地检察、公安、法院按照最高检察院、最高人民法院、公安部通知规定和省委指示，组织力量，认真清理，抓紧结案，依法办理。

18日 全省第四次检察工作会议召开，全省各市、县检察院检察长、检察员及有关单位代表，共计151人参加。会议总结1955年检察工作，修改1956年工作计划，交流各地审查批捕人犯和起诉工作经验。会议于19日结束。

19日 《江西日报》报道，全省332万青少年积极开展营造“青年林”和“少年林”活动，在城镇周围、铁路和公路两侧以及丘陵、荒山、村前屋后植树5331.2万株，面积达20万亩左右。

19日 省人委决定成立陶瓷工业公司，属省工业厅的二级机构。

19日 全省选出全国工商界青年积极分子代表29人启程前往北京。团长梅俊文，副团长曾广讯。

19日 省首届职工业余观摩大会在中苏友好馆开幕，参加会演的共有演员460余人。18个节目获创作奖，7个节目获音乐奖，102位演员获个人奖。大会于29日结束。

19日 省委组织部召开全省组织工作座谈会，讨论1956年和1957年全省干部工作和发展党员的规划。会议要求到1957年发展新党员13万名，重点放在对社会主义建设有重大作用的部门和科学、教育、文化、卫生界的知识分子，特别是高级知识分子中。会议于29日结束。

20日 全省首届农业劳动模范代表大会在南昌召开。农、林、牧、渔等方面的先进单位代表和先进工作者，合作化运动中优秀领导干部，农业科学工作者，国营农场的模范工人等共956人出席。代表们表示要实现全国农业发展纲要草案提出的任务和要求，并一致通过给全省农民开展"三比"运动的倡议书。22个模范农业生产合作社联名响应李顺达等开展竞赛的倡议。150名妇女劳模向全省农村妇女倡议开展友谊劳动竞赛。会议于3月1日结束。

全省首届农业劳动模范代表大会开幕

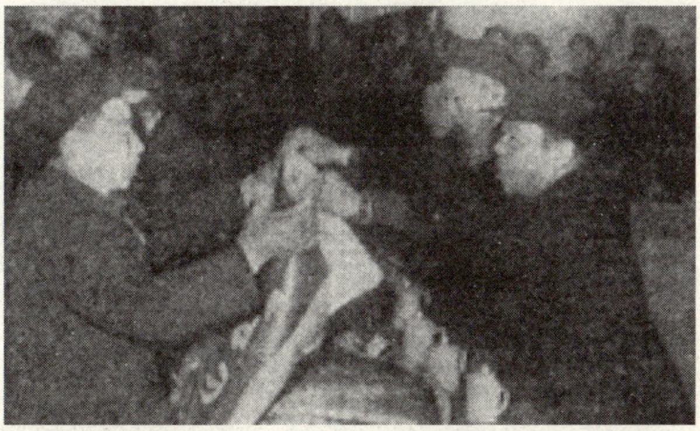

省委书记杨尚奎（右第一人）和省委第一副书记方志纯（右第二人）向农业劳动模范代表们授奖

省委书记杨尚奎（第二排右起第三人）、省委第一副书记方志纯（第二排右起第五人）和农业劳模代表们合影

21日 邵式平接见鄱阳县著名打猎能手陈国仁，勉励他继续努力，彻底消灭兽害。

22日 省妇联、省工商联联合通知南昌、景德镇、赣州、上饶、吉安、抚州等市，协商推选出席全国工商业家属和女工商业者代表会议代表。推选出席及列席代表34人，在团长王学和率领下于3月23日启程前往北京参加会议。

23日 《江西日报》发表社论《加强党的监察工作，克服右倾保守思想》。

23日 南昌市委召开知识分子代表座谈会，讨论周恩来总理关于知识分子问题的报告。

23日 省委批转了对资改造小组组长座谈会提出的《关于当前手工业和私营工商业社会主义改造工作中若干问题的处理意见》。意见指出，在基本上实现了手工业合作化和资本主义工商业的公私合营后，不应随便改变原有经营方式，切实做好生产安排和市场安排，有计划有步骤地进行经济改组、调整商业网、人事安排和企业工薪制度等改造工作。

23日 省公安厅第四处组织在押战犯先后参观江西纺织厂、江西玻璃厂、江西医学院以及农业生产合作社。活动于27日结束。

24日 省委决定成立省委政法工作部，王卓超任部长（1957年3月16日，政法工作部撤销）。

25日 省委发出《关于高级知识分子理论学习的通知》。

27日 省人委批复省司法厅，同意首先在南昌市建立法律顾问处，为筹建省律师协会做好准备。

27日 全省地方交通、邮电业劳动模范代表大会在南昌召开，省长邵式平到会作政治报告。大会分别向模范集体和个人授予了奖旗、奖状、奖章和资金。会议于3月3日结束。

28日 团省委向全省农村男女青年发出号召，要求在推进农业增产高潮中发挥突击作用。号召书指出：农村青年是农业生产事业和科学文化事业的突击力量，要动员和组织全省农村广大青年在农业合作化高潮的基础上，开展一个声势浩大的百面红旗循环竞赛运动，把农业生产各项工作做得又多、又好、又省，为五年农业增产计划四年完成和实现全国农业发展纲要而奋斗。

青年团南昌市店员总支举行建立私营商业全行业公私合营青年突击队动员大会。图为与会青年职工踊跃报名参加青年突击队

29日 省委颁布《江西省贯彻执行一九五六年至一九六七年全国农业发展纲要（草案）的规划（草案）》，要求从1956年开始，在10年内，营造森林5000万亩，达到全省范围内消灭荒山，全面绿化。并对油茶生产、护林防火、森林病虫防治等工作作出了规划。

29日 省人委颁发《江西省农业发展纲要规划（草案）》。第十二条指出，必须大力巩固与扩大原有国营农场，并积极有计划地建立新的国营农场、林场、畜牧场和渔业养殖场。

本月 省委决定成立省委文化教育工作部，吕良任部长（1958年6月，文化教育工作部并入省委宣传部）。

本月 全省户政、地政工作从省民政厅划出，交省有关部门管理。

本月 谢象晃任省民政厅厅长。

本月 安源煤矿上煤组井建成投产，设计能力为年产30万吨（因无设计经验，1962年初核定能力为年产10万吨，同年9月报废）。

本月 全省第一次民间兽医代表大会在南昌召开。正式成立江西省畜牧兽医工作者协会。吴剑农任主任委员。

本月 全省第一个家畜人工授精站即南昌奶牛人工授精站成立（10月，分别在新余县罗坊、吉安县清塘举行全省人工授精技术培训班，随后在各地建立奶牛人工授精站）。

本月 南昌市政府确定私营屠商、肉商直接转为国营职工。

本月 南昌市印刷生产合作社、南昌强华装订工人加工组相继成立。

本月 省人委发出《关于大力发动和组织社会力量办学的指示》，要求各地大力发动群众和农业合作社办学。

本月 江西省中等教师函授学校改名为江西省教师函授学校。

本月 省城建局颁发《江西省城市建设规划纲要》和《江西省城市规划编制暂行实施方法（草案）》。

本月 省委提出《江西省贯彻执行全国农业发展纲要（草案）的规划（草案）》。其中第二条："大力兴修水利，加强水土保持工作"，要求全省1960年基本消灭普通的旱灾，1962年基本消灭普通的水灾。

1956
3月
March

公元1956年3月							农历丙申年【猴】						
日	一	二	三	四	五	六	日	一	二	三	四	五	六
				1 十九	2 二十	3 廿一	4 廿二	5 惊蛰	6 廿四	7 廿五	8 妇女节	9 廿七	10 廿八
11 廿九	12 二月大	13 初二	14 初三	15 初四	16 初五	17 初六	18 初七	19 初八	20 春分	21 初十	22 十一	23 十二	24 十三
25 十四	26 十五	27 十六	28 十七	29 十八	30 十九	31 二十							

1日　省供销社根据省人委指示，将棉、麻、烟的代购、自营、加工、运输业务移交省农产品采购厅，并在4月20日前交接完毕。

建于1956年的省供销社办公大楼

2日　八一大道改建混凝土高级刚性路面工程开工，全线长5298米，面积153792平方米，人行道面积4.44万平方米，整个工程8月1日完成。

新建的宽敞的八一大道

2日　《江西日报》发表社论《劳动模范的光荣任务》。

3日　省教育厅、省工业厅、省工会召开全省职工业余教育会议。会议于9日结束。

4日　《江西日报》报道，全省各地已建立和恢复了527个国家粮食市场，大大方便了农民出售统购后的余粮，打击了投机私商套购粮食的活动。据统计，上市粮食达88万多斤。

5日　省人委发出《关于积极做好农贷发放工作、支援农业生产的指示》和《关于调整银行现行农贷利率和信用社利率的指示》，以支持农业合作化运动，促进农业生产和减轻农民负担。

5日　省委召开全委扩大会议，省委书记杨尚奎作《争取提前和超额完成第一个五年计划，迎接党的第八次全国代表大会》的报告。会议讨论和通过了江西省《贯彻执行全国农业发展纲要（草案）的规划（草案）》、《关于一九五六年江西省发展国民经济的年度计划（草案）》和《关于召开全省党代表大会的决议》。会议要求各级党委着重抓好四个方面的工作：在社会主义改造高潮的基础上掀起一个社会主义生产高潮；在发展生产的前提下，继续完成社会主义改造任务，巩固改造成果；加强党对科教文卫事业的领导，大量培养新生力量，完成建党建团任务；继续深入开展肃清一切反革命分子的斗争，纯洁队伍。会议于17日结束。

省委书记杨尚奎在省委1956年第一次扩大会议上作总结报告

7日 邵式平在省财政厅1956年财政收支安排意见上批示："过去财政是有成绩的。但亦有缺点，我想最大的缺点之一，是未能认真地建立起县市财政。同时乡财政也必须及时建立。现在要贯彻全国农业发展纲要，没有各级政府积极起来，是困难的。农村面广，必须逐级负责因地制宜、实事求是进行建设事宜。应加强领导、统一规划、逐级负责是需要的。"

8日 省长邵式平接见江西省出席全国工商界青年积极分子大会的全体代表，并与代表们举行座谈。

9日 省农业厅发出通知，要求各县按4个至6个乡设一个农业技术推广站，撤销原设的县中心站。行政上受当地县人委领导，业务上受上级农业部门指导。

10日 全国分区篮球对抗赛南昌赛区在体育场灯光球场举行，参赛的安徽队、浙江队、江西队分别获第一、二、三名。

13日 省委发出《关于加强报刊发行和读报工作的指示》。指示中强调："做好报刊的发行工作，使大量的报刊送到需要的读者手里去，就会扩大和加强党的思想领导，就可以有力地动员和组织人民群众积极参加社会主义建设和社会主义改造事业。"

15日 全省第二届民间艺术观摩会演大会在南昌中山堂开幕。参加会演的共268人，演出各种民间歌舞、古典舞、民歌和山歌。

15日 全省巨型灌溉工程——抚州专区的宜惠工程开闸放水。

16日 省人委发出《关于认真检查与解决各县、市镇粮食定量供应存在问题的指示》。指示强调，各地必须正确执行政策，贯彻节约够吃的原则。各地对行业用粮的安排必须在党政统一领导下，对各县、市、镇各个行业进行合理的分配。

16日 省税务局召开全省税务会议暨1955年奖模大会，出席会议代表122人，税工模范98人。

17日 全国铁路先进生产者代表大会在北京召开，江西铁路系统参加会议的代表有张振坤、董金苟、陈自立等。代表们受到刘少奇委员长等国家领导人的接见。

17日 省人委根据国务院精神，决定设立对外贸易部江西省特派员办事处，特派员谢春林。

18日 省人委发出通知，要求各地提高茶叶收购价格，每百斤干毛茶按等级预付10元至16元定金，增加奖售大米29斤。

18日 全省巨型灌溉工程——乐平县的礼林渠灌溉工程开闸放水。此工程与抚州专区的宜惠工程可解决近10万亩稻田的用水，这将大大促进粮食增产。

20日 全省首届工业先进生产者代表会议

邵式平（站立者）在先进生产者座谈会上讲话

在南昌召开。省委书记杨尚奎和省长邵式平分别在开幕式和闭幕式上作了报告。会议着重讨论与研究了广泛开展先进生产者运动和组织生产高潮的问题。会议于24日结束。

20日 《江西日报》发表社论《为实现一九五六年第一次省委（扩大）会议的决议而奋斗》。

22日 《江西日报》报道，上饶专区810多个高级农业生产合作社建立了“包工包产”制度。这些合作社包产后的产量比包产前增加40%左右，并建立了生产队和生产组，开始有计划有秩序地进行生产。

22日 省卫生厅发出《关于整顿提高卫生基层组织的指示》。

24日 省政协第一届委员会召开座谈会，省政协秘书长于洪深作《关于汉字简化和改革问题》的传达报告。

24日 省政协第一届委员会学习委员会发出通知，要求全省各民主党派、省工商联、省参事室和省文史馆组织所属成员学习周恩来《关于知识分子问题的报告》和在政协第二届全国委员会第二次会议上的《政治报告》。

25日 《江西日报》发表社论《开展先进生产者运动，把社会主义竞赛推向全面高潮》。

26日 省人委发出《关于活跃农村耕牛市场，迅速开展耕牛余缺调剂，全面支援农业增产的指示》。指示强调：“凡有耕牛多余的均应从全面增产的观点出发，以相互支援的积极态度调剂给缺牛地区，并力求简化耕牛交易手续。”

27日 江西省推广普通话工作委员会成立。

27日 中央广播局直属五二七广播台在南昌地区建成开播（该工程由中央广播局与江西省人民广播电台合建，1955年3月破土动工，总投资643万元。该台安装中波发射机2台。功率135千瓦，用频率1400千赫播出江西人民广播电台节目）。

27日 经公安部批准并经省人委同意，将省公安厅第四处改为省劳动改造工作管理局。

27日 全省农村青年生产队长代表会议在南昌召开。这次会议的主要任务是：学习、讨论、贯彻执行《一九五六年至一九六七年全国农业发展纲要（草案）》、《江西省关于执行一九五六年至一九六七年全国农业发展纲要（草案）的规划（草案）》以及团中央提出的《中国青年为实现一九五六年至一九六七年全国农业发展纲要的奋斗纲领（草案）》，总结交流先进经验，动员和组织农村广大青年，为提前和超额完成第一个五年农业增产计划和实现全国农业发展纲要而奋斗。省委第一书记杨尚奎在开幕式上讲话。省委第二书记、省长邵式平，省委第二副书记刘俊秀也分别到会作了报告。会议于4月3日结束。

28日 省人委、省政协举行联合扩大会议，省长邵式平就《江西省贯彻执行一九五六年至一九六七年全国农业发展纲要（草案）的规划（草案）》扼要地作了说明，会议听取了副省长黄先《关于江西省一九五六年度发展国民经济计划的报告》并通过了《江西省一九五六年度发展国民经济计划（草案）》。

28日 省人委致司法厅《关于私营工商业企业公私合营以后有关公证工作的几个问题的批复》。确定凡已批准公私合营的企业，生产经营已归公司管理后，原来签订的加工、订货、经销、代销合同，一般没有存在的必要，公证费亦应停止征收。

29日 省人委转发《国务院关于“农业生产合作社示范章程草案”成为正式章程的通知》。

30日 省委决定对全省工业工作进行一次系统的检查，目的是为了使各级领导机关更加清楚地认识到本企业或本地区当前工业工作中的重大问题，及时采取措施加以解决，以保证提前完成和超额完成第一个五年计划。

31日 《江西日报》全文刊载《江西省贯彻执行一九五六年至一九六七年全国农业发展纲要（草案）的规划（草案）》，号召全省人民“为把我国建设成为一个工业化的具有高度现代文化程度的伟大的社会主义国家而奋斗！”

31日 南昌市劳动部门自3月始，组织动员失业、无业人员回乡参加生产。至月底回乡参加生产的有850户2099人。

31日 重工业部决定成立重工业部地质局赣州地质勘探公司，原长沙地质勘探公司所属江西境内的二〇一队、二〇三队、二〇七队、二二〇队、二一二队、二二四队、二二七队和赣州检验所划归赣州地质勘探公司领导。

本月 省委决定成立省委财贸工作部，梁达山任部长（1964 年 5 月，省委财贸工作部改为省委财贸政治部）。

本月 省农业厅在南昌县横岗建立省内第一个外来种猪场，从东北公主岭种猪场引进巴克夏种猪 52 头。

本月 省委、省人委提出向红壤进军的口号，在余江县境内使用机械开垦大面积红壤荒地，创办刘家站农场（1958 年改名为刘家站垦殖场）。

本月 南昌县第二初级中学创办（1957 年改名为南昌县初级中学。1959 年设高中班，成为完整中学。1966 年"文革"开始后，学校更名为红卫中学，1967 年 3 月更名为莲塘中学。1973 年 9 月，改名为南昌县第一中学，亦称莲塘一中。1980 年，莲塘镇中学并入莲塘一中，被定为省、市重点中学）。

本月 中国民主建国会中央常委会批准筹建江西省工作委员会，潘式言等 11 人为筹委会成员。

本月 毛泽东在听取工交 11 个部汇报时指示："武钢矿源不足，应在江西、湖南找出五六亿吨，江西、湖南有铁矿才好，努力找嘛。"

本月 省水利厅在莲塘小兰村建立水稻灌溉试验站，试验水稻需水量和探求水稻高产的最优灌溉制度。

本月 南昌飞机制造厂开始仿制苏安－2 型飞机，生产中国第一架多用途民用飞机——"运 5"飞机，1957 年经国家鉴定试飞合格（1958 年 1 月投入批量生产，并根据不同部门使用要求，改型试制出 5 座农业机和 11 座旅客机）。

1956 4月 April

公元1956年4月							农历丙申年【猴】						
日	一	二	三	四	五	六	日	一	二	三	四	五	六
1 廿一	2 廿二	3 廿三	4 廿四	5 清明	6 廿六	7 廿七	8 廿八	9 廿九	10 三十	11 三月小	12 初二	13 初三	14 初四
15 初五	16 初六	17 初七	18 初八	19 初九	20 谷雨	21 十一	22 十二	23 十三	24 十四	25 十五	26 十六	27 十七	28 十八
29 十九	30 二十												

1日　团省委将《学习建设》半月刊改为《江西省青年报》三日刊，并指出：《江西省青年报》是团省委的机关报，是以农村团员和青年为主兼顾城市、工矿、学校青年为读者对象的报纸。

1日　南昌市邮电局在八一公园邮电所开办集邮业务。

1日　省高级人民法院召开第九次全省司法工作会议，196人出席。会议传达、贯彻第三次全国司法工作会议精神。院长朱开铨作《关于本省1955年肃反运动审判工作经验初步总结》的报告。副院长邓声永作《关于保卫农业合作社》的讲话。会议于12日结束。

1日　根据中央关于中药材工作的指示，中药材业务移交中国药材公司江西省公司。

2日　省民政厅召开全省城市救济工作会议，总结1955年城市救济工作。

2日　南昌市正式建立法律顾问处，先后配备律师8名，这是全省成立最早的人民律师机构。

2日　省工商联召开汇报会，汇报改造高潮后工商业的生产经营情况，同时还研究工商联的组织机构、人事编制和经费问题，参加会议的有：南昌、景德镇、赣州、上饶、九江、吉安、抚州7市和南康、宁都、萍乡、高安、安义、波阳、永新、遂川、都昌、星子、南城、临川等21个县的工商联。汇报会于10日结束。

景德镇市民庆祝全市工商业公私合营和手工业合作化

3日　省军区政治部作出《关于江西驻军部队参加和支援农业合作化运动及农业生产的具体

规划》。规划强调，在加速军队本身的现代化建设，保卫国防，巩固内地治安的同时，还应当尽一切可能利用战斗和训练的空隙和全国人民一道为完成全国农业发展纲要中所提出的每一项任务而奋斗。

3日 省人委指示各地，结合农业生产做好1956年至1957年度油脂油料的统购统销工作。日后对油脂油料的采购，必须贯彻油脂油料统购统销的方针、政策，根据国家计划需要，采取以社为单位按年固定交售油脂油料任务的办法，通过合同形式进行直接采购，并实行按年以社为单位进行统销。

4日 《江西日报》发表社论《发动与组织农村青年参加劳动竞赛》。

5日 上饶市在南郊茅家岭建成“上饶集中营”革命烈士公墓和革命烈士纪念碑。

6日 省人委对交通银行机构设置和人员编制作出批复，同意增设8个行专市支行。交通银行省分行受总行及省财政厅双重领导、行专市支行受省分行及同级财政部门双重领导。定编为110人。

7日 省政协邀请各界人士学习《关于无产阶级专政的历史经验》（这篇文章是根据中央政治局扩大会议的讨论，由《人民日报》编辑部写成的），从而进一步认识个人崇拜的危害性和个人在历史中的作用，加强对马克思列宁主义集体领导的党的最高原则的理解。

7日 省委办公厅、省人委办公厅联合发出《关于在扩大乡、撤销区的建制时，有关档案处理问题的通知》。

9日 南昌市人委召开1.5万人的群众大会，宣布宽大处理一批坦白自首的反革命分子，并逮捕拒不坦白、坚决与人民为敌的武装匪特1名。

10日 省人委发出《关于推广新式农具的指示》，要求各地全面推广新式农具，促进农业增产运动的发展。

10日 省农业厅发出通知，要求专县农场和专业农场根据农业部农场管理总局要求开展定额管理工作。

11日 纺织工业部召开纺织工业先进生产者代表会议，江西纺织工业先进生产者瞿兰香、周玉姣、梁兰花、高庆普、万仁成和江西纺织厂“五四”青年小组代表叶大妹出席了会议。

12日 省委召开关于知识分子问题的会议，传达贯彻中央召开的关于知识分子问题的会议精神，研究加强党对知识分子工作的领导，发挥知识分子在社会主义建设事业中的作用问题。会议期间，省长邵式平，副省长方志纯、饶思诚、欧阳武邀请出席会议的37名党外高级知识分子进行座谈。会议于20日结束。

省长邵式平、副省长方志纯、饶思诚、欧阳武在省委关于知识分子问题会议上与党外高级知识分子进行座谈

13日 省卫生厅与省教育厅联合发出《关于建立中学生健康记录卡制度的通知》。

14日 省人委发出《关于掀起春耕生产运动热潮的指示》。

15日 省人委批准在清江县临江镇设立江西省流浪儿童教养院（后改称江西省儿童教养院），由省革命残废军人疗养院代管。

15日 省公安厅在南昌市工人文化宫南侧举办“江西省公安展览会”，历时一个月，5月15日闭幕，参观者达20万人次。展览会在南昌结束后，先后在吉安、赣州、九江、上饶巡回展出，各地参观者超过20万人次。

15日 “江西日报第二印刷厂”改名为“江西新华印刷厂”，隶属文化局。并获文化部、轻工部颁发的全国书刊印刷二等奖。

16日 省军区委员会召开第一次代表大会，出席会议代表231人。会议选出由19人组成的江西省军区委员会和11人组成的江西省军区监察委员会。会议于25日结束。

19 日　农业部土地利用局通知省农业厅，苏联专家工作组决定来江西协助工作，主要解决南方丘陵地区红、黄土壤的合理利用和规划问题，并通知浙、苏、皖、湘、鄂、粤、桂、川、贵、云、闽 11 个省派人参加学习。省农业厅报经省委同意，以刘家站农场为规划试点单位。经过 3 个月工作，基本完成规划任务。

20 日　文化部举办的第一届全国话剧观摩演出大会在北京闭幕。江西省话剧团演出的《方志敏》获演出二等奖，石凌鹤获编剧三等奖，张承舜获导演三等奖，演员魏新（饰方志敏）、李依群（饰杨莲花）获演员二等奖，吕玉堃、杨圣英、夏宝权获演员三等奖。

20 日　第一次全国机械工业先进生产者代表会议在北京举行。江西省机械系统获先进个人的有：南昌柴油机厂郑明山、喻火生，江西机械厂胡春根，江西电机厂谈锦章，赣州机械厂周炳山，南昌市农机厂徐荣春。

20 日　省农业厅发出通知，要求全省农业生产合作社普遍推广水稻适当密植技术。同日，又发出《关于推广水稻间作改边作，两季增产技术措施方案》，方案要求：（一）选用适时成熟的高产品种；（二）培育壮秧，争取晚稻早栽；（三）大力贯彻均匀密植，施足基肥，看禾追肥；（四）消灭病虫害，确保丰收。

20 日　省人委发出通知，要求各地组织、领导群众积极培养猪源和开展正常的市场调剂工作，促进养猪业的发展。

20 日　省人委财粮贸办公室将省人民银行关于推行非现金结算问题的报告批转各地，并指出组织农村非现金结算的基本原则是应在农业生产合作社完全自愿原则下使用这个办法，对社员个人及互助组、个体农民不得使用这一办法；办理结算时未经农业合作社同意，不得扣付任何款项，要求各地贯彻执行。

21 日　北京京剧团马连良、谭富英、裘盛戎等在南昌剧场演出《除三害》、《将相和》、《春秋笔》等剧。

21 日　省人委举行第十六次委员会议，讨论通过省人委 1955 年工作总结和 1956 年任务报告，同时还讨论通过了 1956 年省级党、政、群组织机构人员编制方案。

22 日　南昌市第三届人民体育运动大会开幕，参赛的有 117 个单位，2189 名男女运动员。竞赛项目有篮球、排球、田径赛、体操等。大会打破省纪录 11 项 14 人次，打破市纪录 15 项 25 人次。

22 日　《江西日报》报道，全省许多县创办以农民为主要对象的报纸，其中吉安、宜黄、万载、资溪、龙南等县的县报已经出刊，永新、永丰、泰和、南昌、乐安、黎川、遂川、赣县等县的报纸，准备在二季度内创刊。

22 日　根据中苏科学研究机构签订的关于互相交流研究材料的规定，江西省将一批三湖柑橘种子、树苗及南丰蜜橘的壮健苗木运往苏联，供作试验和研究。

23 日　江西省高等学校招生工作委员会成立，教育厅厅长许德瑗任主任委员，各有关部门的负责人为委员。确定该机构从 4 月 28 日开始办公，并对招生工作中的一些具体问题作了规定。

23 日　省委举行常委会议，根据中央《关于建立省、市委书记处的决定》，决定成立江西省委书记处，由省委书记、副书记组成。书记处的职责是：组织省委决议的执行和检查执行情况，在省委已决定的方针、政策下处理各种日常工作。

23 日　省检察院召开各市检察院和部分县检察院检察长会议，传达贯彻第三次全国检察工作会议精神，根据最高检察院检察长张鼎丞报告中提出的 1956 年检察工作的五大任务，修改江西省 1956 年检察工作计划，研究全部刑事案件的侦查工作。会议于 27 日结束。

24 日　林业部调查设计局在江西召开南方私有林区合作社森林经理座谈会。出席会议的有浙江、安徽、湖北、湖南、广东、广西、江西等省代表。会议于 28 日结束。

25 日　江西《民政导报》创刊（1958 年停刊）。

25 日　省委批准了省委组织部召开的全省组织工作座谈会的报告。

25日 《江西日报》发表社论《加强党对知识分子工作的领导，发挥其在社会主义建设事业中的作用》。

26日 《江西日报》报道，全省有10万群众参加捕打害兽活动。总计捕杀虎、豹1337只，野猪3616只，狼502只，熊8只，豪猪、山牛、野羊、狐狸等7万余只，总计8.1万余只。

26日 省人委发出《关于召开全省第一届人民代表大会第四次会议日期和几个具体问题的通知》（省第一届人民代表大会第四次会议定于5月23日召开）。

27日 省人委发出《关于贯彻执行国务院加强国家档案工作的决定的指示》。《指示》强调：必须改变我省档案工作的落后状况，迅速走上正规化、制度化，以适应国家社会主义建设和科学文化建设事业对于档案资料的迫切需要。

28日 省人委决定撤销省交通厅，分别成立省公路运输厅、省航运厅。

29日 省政协第一届常委会第十次会议在南昌举行。会议听取和讨论关于战争罪犯处理问题的传达报告。会议于5月5日闭会。

本月 省委决定成立交通工作部，黄霖任部长。

本月 省民政厅在奉新县宋埠乡创建奉新县建新农场（1959年改称江西建新农场）。集中收容安置、教育改造长期流浪人员。

本月 交通部在南昌建立公路工程学校，招生500人。该校下放江西后，升格为江西交通学院。因贯彻调整方针，又改名为江西省交通学校，并收归交通部管理，在“文化大革命”期间学校停办（1974年7月复校，为省属专业学校）。

本月 盘古山钨矿“董存瑞青年采矿小组”成立（1960年，该小组改名为“董存瑞青年采矿队”）。

本月 钨矿系统11名代表出席全国先进生产者代表会议，并荣获全国劳动模范称号。

本月 上株岭铁矿开始建设并先行土法开采，成为全省首座国营铁矿山（1958年8月1日，萍钢至上株岭轻轨铁路通车，9月该矿简易投产）。

本月 省委讲师团正式成立，各地市委讲师团相继成立。

本月～6月 省水利厅和长江水利委员会共同组织104人，成立鄱阳区历年水文资料整编室，对1929年至1954年共25年的水位、流量、沙量、降水量、蒸发量资料整编和刊印，这是全省首次自行编印出版的水文年鉴。

本月 省委作出《关于贯彻执行勤俭办社的决议》，提出挖掘生产潜力，开展多种经营，发展副业生产。

本月 省直属机关委员会撤销，分别成立党群、政法、工交、文卫、农林等七大系统党委。

本月 全省报刊推广发行工作会议在南昌举行。会议确定1956年杂志的期发计划为77万份，比1955年增长83%。

本月 江西省广播管理局成立，与广播电台实行两块牌子，一套人马，合署办公。

1956
5月
May

公元1956年5月							农历丙申年【猴】						
日	一	二	三	四	五	六	日	一	二	三	四	五	六
		1 劳动节	**2** 廿二	**3** 廿三	**4** 青年节	**5** 立夏	**6** 廿六	**7** 廿七	**8** 廿八	**9** 廿九	**10** 四月大	**11** 初二	**12** 初三
13 初四	**14** 初五	**15** 初六	**16** 初七	**17** 初八	**18** 初九	**19** 初十	**20** 十一	**21** 小满	**22** 十三	**23** 十四	**24** 十五	**25** 十六	**26** 十七
27 十八	**28** 十九	**29** 二十	**30** 廿一	**31** 廿二									

1日　南昌市改造游民的“新光农场”在潮王洲成立（至1959年底，共接收游民616人，许多人被改造成自食其力的劳动者，1966年以后全体人员转为农业工人）。

1日　省人委先后发出指示，增拨全省各地粮食供应指标7500万斤，增拨农民生活口粮贷款800万元，以解决各地部分新入社的贫困社员和贫苦农民在春耕季节中的生活困难。

1日　全省中等学校体育运动会在南昌举行，在34个田径赛项目中，有11项25名运动员打破全省纪录。运动会于4日结束。

3日　省委文教部邀请20多个学科的40余位科学家座谈，就全省的科学研究规划问题，广泛地交换了意见。专家们一致提议日后的科学研究项目规划，必须围绕各项建设事业，着重研究带地方性和地方与中央双重性的问题。座谈会于4日结束。

5日　《江西日报》发表社论《加强领导，战胜春、夏荒》。

5日　省人民银行发出通知：决定从7月1日起增办活期有奖储蓄，以奖代息。至1961年1月1日止，停办有奖储蓄。

7日　全省首次城市建设工作会议开幕。会议强调全省城市建设工作必须认真贯彻“为工业建设、为生产、为劳动人民服务”的方针，把主要力量用在新建与扩建的工业城镇，适当解决城镇居民对住宅、公共公用设施的需求。会议于14日结束。

7日　省文联召开全省文艺创作会议，对全省第二次文代会以来的剧本、诗歌、散文创作情况进行检查。参加这次会议的代表共80人。会议于17日结束。

8日　省工业厅决定，江西漂染厂并入江西纺织厂。江西纺织厂更名为江西棉纺织印染厂，是全省唯一的大型纺织漂染联合企业。

9日　省工商联、省妇联发出《关于传达贯彻全国工商业者家属和女工商业者代表会议精神的联合通知》。

10日　由苏联设计的大吉山钨矿厂和主平窿矿开始施工（1959年1月1日两处工程全部建成投产）。

12日　南昌市人委“撤区并乡”，调整郊区行政区划，撤销原市郊3个区，将28个小乡合并为8个大乡（桃花、进顺、青云谱、湖坊、塘山、桃溪、扬子洲、城南），新溪桥街办、三家店街办合并为三家店镇。

14日 由上海迁来南昌的锦兴、振昌、协书等机器厂合并为南昌通用机械厂。

14日 省人委发出指示，要求各地做好春熟作物统购工作。规定了菜油、菜籽统购的具体政策，对统购任务外的多余菜油、菜籽，可自由使用、储存，也可卖给国家或在国家粮油市场自由交易。

16日 省委召开全体扩大会议，通过了《关于贯彻执行勤俭办社的决议》。《决议》强调："各级党委和全体农村工作干部，必须集中最大的力量，根据勤俭办社的方针，积极整顿与巩固农业生产合作社，充分发挥社员的劳动潜力和土地潜力，大力搞好农业生产，厉行节约，在增加生产的基础上，做好收益分配工作，保证90%的社员都能增加收入，10%的社员不增不减，如有减少收入的，也应当及时注意解决。"5月23日省人委发布了贯彻该《决议》的命令。

17日 省人委发出《关于加强经济作物生产的领导，完成和超额完成经济作物增产计划的指示》。

18日 景德镇市委召开第一次党员代表大会，选举出席省党代表大会代表和中共景德镇市第一届委员会。大会于25日结束。

19日 经公安部批准，省人委同意，将省公安厅监管劳改处改为劳动改造工作管理局，郭斌任局长。

19日 省林业厅在南昌召开遂川县新江高级农林合作社森林经理试点座谈会，参加会议的有苏联专家马林诺维奇和出席南方私有林区合作社森林经理座谈会的代表。会议于22日结束。

20日 省委办公厅、省人委办公厅联合举办全省文书档案人员学习班，有300余人参加，学习国务院《关于加强国家档案工作的决定》。中央办公厅秘书局领导来省指导学习。学习班于6月20日结束。

22日 全省开始对全体军队转业人员颁发《转业军人证明书》。

23日 省人大一届四次会议在南昌召开。省长邵式平主持开幕式，出席会议的代表307人，全体代表一致选出41人的会议主席团和秘书长。这次会议共收到提案558件，将由省人委分别交各有关机关研究处理。会议通过《省人民委员会工作报告》、《关于江西省一九五六年度发展国民经济计划的报告》、《关于根治锦河水旱灾害和兴建锦惠渠水利工程的规划的报告的决议》。会议于29日结束。

代表们一致通过《关于江西省一九五六年度发展国民经济计划的报告》

23日 省委发布《关于贯彻执行勤俭办社决议的通知的命令》，指出，这对保证全省农业生产合作社的进一步巩固和发展，保证1956年农业增产计划的胜利完成，保证农业生产合作社和广大社员能够增加收入都有重大作用。

25日 景德镇市委办公楼工程竣工。该工程地基坐落在地下11米深的水浸淤泥上，经省建科研试验室取样检验，地耐力为4.90吨/平方米，由于地下水位过高，为不扰动原地基，设计工程师采用"浅埋蒙皮竹管混凝土浮筏板基础"，基础板顶面即室内地面承载3层至4层建筑。

26日 老挝爱国力量新闻代表团一行2人来赣参观访问。

28日 南昌铁路分局第一次党员代表大会在南昌召开，出席会议的正式代表149人，候补代表17人，选举产生了中共南昌铁路分局第一届委员会，高英祥当选为书记（1972年8月，1979年3月，1986年12月先后召开第二、第三、第四次党代会，分别选举郭育洁、丁庆才、谭如香为书记）。

29日 省人委批复农业机构设置和人员编制。农业厅下属设立农场管理局，局设计财、基建、生产经营管理3个科，共25人。董雨田任局长。

31日 省人委批准成立省人委办公厅机关事务管理局，归省人委办公厅管辖（1963年7月2日，改为省人委机关事务管理局）。

本月 月初，省高级人民法院、省人民检察院共同组织工作组，与南昌市、奉新县有关部门干部共16人，检查奉新县人民法院1955年判处与粮食问题有关的案件共234件，其中错案113件，占检查案件总数48.3%。省高级人民法院督促奉新县人民法院严肃慎重地作了纠正，并将奉新县案件检查结果通报全省各地。

本月 苏联救护专家到萍乡矿务局指导矿山救护工作。

本月 省委和省人委对矿工住房进行典型调查。萍乡矿务局高坑矿1813户职工中，无房户、拥挤户为851户，占47%。矿务局党、政机关紧缩办公室，腾出房子作职工住房。

本月 省属赛湖农场、珠湖农场、更新农场和省第一监狱试行分管分押制度，分类编队的犯人达85%～90%。

本月 中国佛教协会会长赵朴初游庐山，拜谒大林寺、黄龙寺、东林寺等著名寺庙。

庐山东林寺

本月 省委根据中央指示，成立对台工作组（1983年6月3日，改为“江西省政府台湾同胞接待处”。1987年7月23日，改称“江西省政府台湾事务办公室”）。

本月 萍乡矿务局副总工程师孟宪章参加中国政府煤炭代表团，赴莫斯科出席社会主义国家煤炭国际会议，会后到顿巴斯等矿区进行考察，学习水力采煤经验。

1956
6月
June

公元1956年6月 农历丙申年【猴】													
日	一	二	三	四	五	六	日	一	二	三	四	五	六
					1 儿童节	2 廿四	3 廿五	4 廿六	5 廿七	6 芒种	7 廿九	8 三十	9 五月小
10 初二	11 初三	12 初四	13 端午节	14 初六	15 初七	16 初八	17 初九	18 初十	19 十一	20 十二	21 夏至	22 十四	23 十五
24 十六	25 十七	26 十八	27 十九	28 二十	29 廿一	30 廿二							

1日　天气电报取消加密，各级气象台站拍发的绘图天气报告、辅助绘图天气报告、航空天气报告、危险天气通报、高空风观测报告、探空观测报告和中央气象局各种天气图的分析报告，一律采用5字一组编报。

1日　鹰厦铁路的鹰潭－邵武段，开始办理客货运输业务。

2日　《江西日报》报道，江西纺织厂因先后两次发生棉纱质量波动，造成严重棉布质量事故。该厂42位工人写信给报社，要求领导迅速解决管理上的问题。即日，《江西日报》配发了题为《发挥职工对企业的监督作用》的社论。

3日　煤炭工业部所属的江西萍乡煤矿学校成立。

4日　省政协组织参观团，赴武汉参观苏联经济及文化建设成就展览会。13日返回南昌。

4日　省委召开农村整党会议，研究与布置夏、秋季农村整党工作，确定整党的内容为：贯彻省委《关于贯彻执行勤俭办社的决议》，检查与解决支部和党员在勤俭办社中存在的主要问题。会议于7日结束。

4日　全省国营、合作商业先进工作者代表会议在南昌召开。会议初步总结了国营商业、供销社、粮食、采购、外贸等5个系统的各方面的经验，研究了改进工作的办法和职工的切身生活问题。省长邵式平到会作了指示，省委第一书记杨尚奎在闭幕式作了讲话。杨尚奎指出："随着工农业两大主要经济部门的飞跃发展，给商业工作者带来了日益繁重而光荣的任务。""必须进一步广泛深入、持久地开展先进工作者运动"，"同时要在发展生产的基础上逐步改善职工的生活福利。"会议于12日结束。

5日　省人委发出《关于迅速活跃农村金融，大力支援农业生产的紧急指示》。《指示》强调：各级政府要组织最大的力量，以最大效率，合理地、及时地把各种款项发到群众手中，以解决农业生产和农民生活上的困难。

6日　省人委、省政协发出《关于省人民代表大会代表和省政协委员到各地视察工作的联合通知》。

6日　省财政厅作出《江西省各级国家机关固定资产清理暂行规定（草案）》，要求省直各机关、事业单位、行专署以及县市人委试行。

9日 江西省扫除文盲协会成立。

10日 南昌气象台公开在《江西日报》及江西人民广播电台登载与广播每日天气预报。

12日 省卫生厅发出《关于试行国家卫生技术人员职务名称和职务晋升暂行条例（草案）的通知》。通知将卫生技术人员分为医疗、公共卫生、药剂、检验、其他技术人员5类，每类人员分高、中、初3个等级。

13日 省教育厅召开全省干部文教工作会议。会议于19日结束。

14日 江西省妇女社会主义建设积极分子大会在南昌召开。到会代表510名。省委书记杨尚奎到会作《充分发挥妇女的力量，为提前完成第一个五年计划而奋斗》的报告，副省长欧阳武也到会讲话。大会通过向中共中央、毛主席、国务院的致敬电。会议于20日结束。

江西省妇女社会主义建设积极分子大会在八一礼堂举行

15日 省人委颁发《江西省一九五六年选举工作实施计划》。

19日 《江西日报》报道，全省1万多名血吸虫病患者，经过治疗后普遍恢复了健康，增加了体力，成了生产上的能手，青年女性还获得了生育能力。

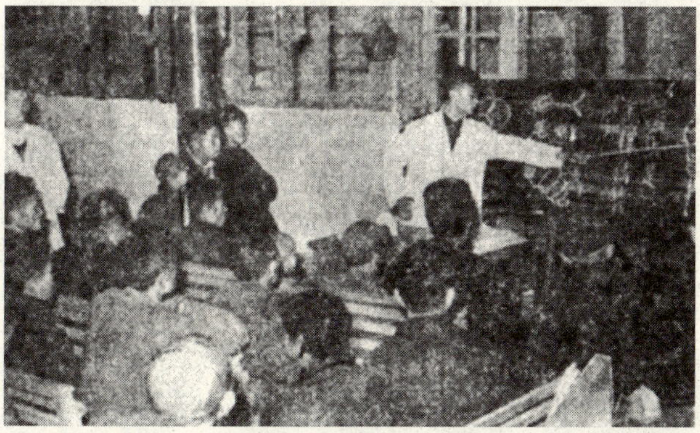

上饶专区第一血吸虫病防治站的工作人员对血吸虫病患者进行防治宣传

20日 江西省群众艺术馆成立，馆长范维祺。

21日 《江西日报》发表社论《维护妇女、儿童的健康，使广大妇女发挥更多的光和热》。

23日 中国电影发行公司江西省公司成立。

23日 14时零6分，解放军空军部队在广丰县境上空击落蒋军B－17型飞机1架，驾驶员陈立仁等8人毙命（6月29日，国防部通令嘉奖有功人员，并晋升一级军衔）。

23日 中央卫生部组织人员登庐山实地考察，确定庐山为国家级高山气候疗养区。

24日 《江西日报》报道，确定在瓷都景德镇创办陶瓷工业学校，学校设陶瓷制造和分析化学两个专业，以培养造就这方面的中等技术人才。

27日 《江西日报》报道，6月中旬以来连降暴雨，南昌、上饶、吉安等三个专区和赣南行政区的部分地区发生圩堤漫决、积水及山洪暴发而成灾害，省人委特拨款20余万元进行紧急救济，帮助灾民克服生活困难，迅速恢复生产。

30日 省委颁布《江西省贯彻执行一九五六年至一九六七年全国农业发展纲要的规划（草案）》。《规划》就全省农业发展的方向、步骤以及进一步提高农业生产合作社的经营管理水平提出了若干意见，并要求全省各地党政机关根据本地实际情况制定农业发展规划。截至《规划》颁布之时，全省已有92%的农户加入了初级社。

本月 永丰、吉水等22个县的县界作调整。

本月 省人委拨款15万元救治麻风病人，主要用于赣南、抚州两地。

本月 中国茶叶出口公司首次参加伦敦茶叶拍卖，共出运178.49吨，其中江西宁红茶7.54吨。

本月 南昌柴油机厂试制成功2105型柴油机，获1957年莱比锡国际博览会金奖。

本月 全省木帆船运输业社会主义改造基本完成。以县（市）为基点，建立木帆船运输合作社177个，其中高级社166个。

本月 省委批准上饶地委恢复常委制。

1956

7月

July

公元1956年7月							农历丙申年【猴】						
日	一	二	三	四	五	六	日	一	二	三	四	五	六
1 建党节	2 廿四	3 廿五	4 廿六	5 廿七	6 廿八	7 小暑	8 六月小	9 初二	10 初三	11 初四	12 初五	13 初六	14 初七
15 初八	16 初九	17 初十	18 十一	19 十二	20 十三	21 十四	22 十五	23 大暑	24 十七	25 十八	26 十九	27 二十	28 廿一
29 廿二	30 廿三	31 廿四											

1日　中国人民银行南昌支行开办活期有奖储蓄业务。

1日　福州军区成立，省军区划归福州军区建制领导。

1日　省第五次党代会在庐山召开。大会听取和审查了省委工作报告和省委监察委员会的工作报告，讨论了《江西省贯彻执行一九五六年到一九六七年全国农业发展纲要的规划（草案）》，通过了《进一步加强革命老根据地工作》等各项决议，并选举产生了江西省委第五届委员会。22日，五届一次全委会议选举产生了常务委员会，杨尚奎、邵式平、方志纯、刘俊秀、白栋材、罗孟文、刘瑞森、郭光洲、黄先、王卓超、邓克明、黄霖、莫循、黄知真、梁达山为常务委员，杨尚奎为第一书记，邵式平、方志纯、刘俊秀、白栋材为书记。大会于22日结束。

5日　省委批转省委农工部《关于部分地区开始建立高级社的情况和日后意见的报告》。报告认为，鉴于有些地方在办社过程中存在急躁冒进、强行办社的现象，提出当前暂停办高级社。省委认为意见很好，批转各地参照执行。

6日　南昌市第一次扫盲积极分子大会开幕，432人出席。

6日　省第一建筑工程公司试制成功人力牵引的半机械化土坯压制机，参加全省施工技术经验交流会。同年试制成功的还有滑索运输器、喷浆压浆器和筛沙机等，这几项技术革新成果参加了全国先进工具展览会。

9日　省人委发出《关于加强民间调解工作的通知》，规定每乡必须建立一个调解委员会，不得将调解委员会任意撤销或合并到其他工作委员会中去，乡调解委员会下成立若干调解小组。

9日　省检察院第二十七次院务会议讨论通过《各级检察院与同级监所、劳改机关工作联系制度（试行）》。就办理案件、开展检察、互通情况、列席会议等作了规定。

11日　民革省委、民盟省支委、农工党省支部分别举行座谈会，座谈中共中央提出的中国共产党同民主党派“长期共存、互相监督”的方针。座谈会于13日结束。

15日　南昌市开展选举宣传，进行选民登记和填发选民证工作。

16日 由苏联设计的西华山钨矿井巷工程开工（11月5日选厂动工兴建。1960年4月17日国外设计工程全部建成投产）。

16日 省体育运动委员会、省兵役局、省工会联合会和团省委联合召开省体育工作会议。会议对日后如何全面规划，加强体育工作的领导等问题交换了意见，并作出了相应的决定。会议于23日结束。

17日 全省文艺界举行关于“百花齐放、百家争鸣”的座谈会。此前，各文艺团体和文艺单位都分别学习和讨论了陆定一《百花齐放、百家争鸣》的文章，并听取了省委文教部的有关报告。

17日 省卫生厅制发《江西省中医带徒弟鼓励办法（草案）》，要求在第三个五年计划内，全省发展中医1500人，徒弟来源为具有初中或相当于初中文化水平者。

17日 省人委发出《关于制发我省山区生产规划工作提要的通知》，要求通过规划，掌握和了解山区生产、文教、卫生等事业的经营管理情况与发展前途，因地制宜合理安排生产建设。

20日 南昌农业机械学校、南昌农业经济学校、南昌畜牧兽医学校于近期分别成立，校址在南昌县莲塘油桐林（1958年7月间，上列三校与江西省农业干部学校合并为江西农业学校）。

22日 《江西日报》报道，全省1956年将新建和改造33座发电站。这批电站建成和改造后，可增加发电容量2397千瓦，解决19350亩农田的灌溉用电。

江西省南部的上犹江上，正在兴建一座新型的水力发电站。来自全国各地的建设者，正在加紧施工

22日 《江西日报》报道，省人委批准在浮梁县查村兴建一个生产“在世界上享有盛名的浮梁红茶”的国营茶场（从1956年开始到1959年止，这个茶场将大量开垦荒地荒山，积极种植籽茶，培育茶叶苗圃，到1960年新茶园开始生产，年产红茶2000担）。

23日 省林业科学研究所、省林木种子检验站、省森林病虫害防治所分别成立，由省林业厅直接领导；设立省林业科学研究所西山试验林场、省林业科学研究所西山试验园艺场，受省林业科学研究所领导。人员编制：省林业科学研究所67人，省林木种子检验站5人，省森林病虫害防治所16人，西山试验林场13人，西山试验园艺场11人。

24日 省人委发出《关于改进对小商小贩工商行业税征收方法的通知》，通知要求随着私营工商业改造的发展，应推广查账计征的定期定额征收办法。

24日 由南昌飞机制造厂仿制苏安－2型飞机的农业机在九江县江洲乡等地首次进行飞机喷药防治棉虫。

24日 省工业厅、省工商联分别召开公私合营企业公方厂长座谈会，对公私共事关系存在的问题提出批评和改进意见。

26日 省人委召开第十九次会议，讨论实行工资改革和大量发展养猪等问题，原则上批准了省劳动局提出的《关于工资改革的方案》和省人委人事局提出的《关于调整全省各级国家机关工作人员工资级别的实施方案》。并决定成立江西省国家机关人员级别评议委员会，委员会由有关部门负责人26人组成，王铁为主任委员，彭梦庚、彭涛、徐光远为副主任。下设办公室，洪志兼主任。

26日 9时18分，南昌市新巷16号居民李金莲家，因5岁小孩在楼上划火柴玩，点燃木刨花引起火灾，新巷、翠街、子固路、民德路、官巷部分被烧毁，共烧毁房屋191栋，3个生产合作社的房屋、材料和工具全部烧毁，511户1872人受灾，损失折合人民币62.3万元。省市机关、企业职工、部队、救护队、居民共3000余人参加灭火，先后出动消防车11辆。

27日 公安部十一局派员在赛湖农场检查工作。

28日 省人委发出《关于迅速全面地布置贯彻优待劳动日的指示》。《指示》强调，优待劳动日是改善优抚工作的重大措施，是支援国防建设、激发烈军属积极参加生产、促进农业合作化事业和农业生产发展的重要工作，必须抓好。各地应结合中心工作，派人下去检查，及时解决存在的问题。

28日 民革、民盟、农工党江西省委员会委员和各市、县组织负责人，民建南昌市委员会负责人，出席省委统战部举行的座谈会，座谈中国共产党同民主党派"长期共存、互相监督"方针，并对统一战线工作提出批评和建议。会议于8月2日结束。

29日 省工业厅、商业厅联合通知，纺纱厂与花纱布公司的原棉供应由加工关系改为供销关系。

30日 省委办公厅发出《关于在各级党的机关推行文书处理部门立卷工作的通知》，要求各级党的机关，在1957年普遍推行文书处理部门立卷工作，省人委各工作部门，各专、县都应建立档案管理机构，做好撤区并乡后区乡档案的集中、保管和整理工作，把散失的革命历史档案收集起来，为普遍推行文书处理部门立卷做好准备。

31日 南昌市的公私合营工业开始发放1956年上半年私股股息。年定息5厘，从1956年7月开始，原定7年，后延续3年。南昌市资本主义工商业的社会主义改造至此基本结束。

31日 南昌七里街电厂落成。

本月 省长邵式平电请中央核减江西农业税征收任务1/4。中央电复，从当年起每年减征大米0.4亿公斤。

本月 全省124名应届高中毕业生被中国人民解放军通信学院（后改称西安军事电讯工程学院）录取，分别在该院有线电通讯、雷达、导航和自动控制专业学习。

本月 南昌市召开天主教友代表会议，会上通过了决议和《教友爱国公约》，选举产生了南昌市天主教友爱国会第二届委员会。

本月 省人委财贸办公室决定，菜牛、家禽、蛋品由食品公司实行"一条鞭"经营。

本月 著名画家齐白石游庐山。

1956
8月
August

公元1956年8月							农历丙申年【猴】						
日	一	二	三	四	五	六	日	一	二	三	四	五	六
			1 建军节	2 廿六	3 廿七	4 廿八	5 廿九	6 七月大	7 立秋	8 初三	9 初四	10 初五	11 初六
12 初七	13 初八	14 初九	15 初十	16 十一	17 十二	18 十三	19 十四	20 十五	21 十六	22 十七	23 处暑	24 十九	25 二十
26 廿一	27 廿二	28 廿三	29 廿四	30 廿五	31 廿六								

1日　中国农学会南昌分会在南昌莲塘伍岗召开第一次全体会员大会。选举丁景才任理事长，周长信、谢治平任副理事长。

1日　国务院批准向塘机场为军民合用机场。

3日　澳大利亚女工代表威廉姆斯和泰勒夫人来南昌参观访问，为期5天。

4日　南昌县小兰、佛塔两个乡700亩水稻由飞机喷洒药剂消灭螟虫。用飞机喷药治水稻螟虫，在我国尚属首次。该地为农业部的试验区，全部试验工作于9月底结束。

飞机正在南昌县铺下乡水稻区喷洒六六六和滴滴涕混合杀虫液，消灭禾厘子和螟蛾等水稻害虫

4日　省政协第一届常务委员会第十二次会议在南昌举行。会议审议通过《关于组织各界民主人士和工商业者进行政治学习和理论学习的办法》。

7日　省人委批准成立江西省地质局筹备处。李汝生任主任，筹备处地址南昌市都司前32号（1957年1月更名为地质部江西省办事处。1958年5月，成立江西省地质局。1960年4月，更名为地质部江西省地质局）。

10日　省委发出《关于学习五个文件的通知》。这五个文件是：《改造我们的学习》、《整顿党的作风》、《反对党八股》、《关于若干历史问题的决议》、《关于无产阶级专政的历史经验》。

10日　省委发出《关于领导农业社进一步开展农业副业生产的指示》。该《指示》强调："我省除粮食生产以外，经济作物、林业和农村副业生产，将近占全省农业总产值的一半，其中副业生产约占30%，这就必须在搞好粮食生产的同时，切实注意发展经济作物、林业和副业生产，才能够保证全面完成我省农村经济的产值计划。”

10日　南昌林业学校成立，与省林业干部学校合署办公，两块牌子，一套人马。

10日　省高级人民法院与省人民检察院、省公安厅、省司法厅联合发出通知，要求所属单位对1955年以来在镇反运动中的错捕、错判、未决案件和监所、劳改工作进行一次检查。

13日　省人委发出紧急通知，要求各地安全使用一六〇五农药。

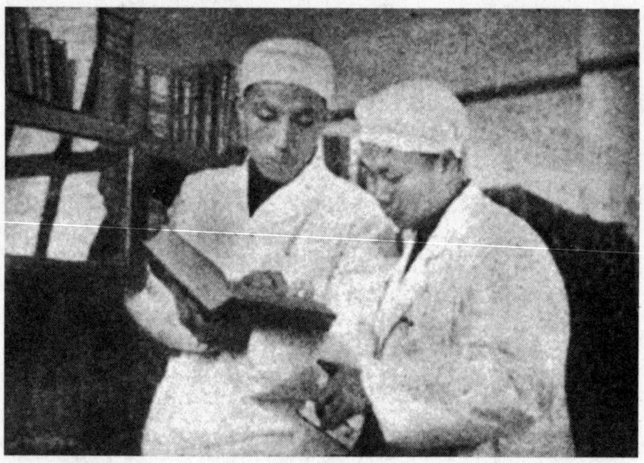

江西省制药厂的技术人员在查阅安全使用农药的资料

14日　省委召开全省职工福利工作会议，着重研究和解决职工住宅、疾病治疗、困难补助、食堂与生活供应、女职工托儿、社会公用事业、文化娱乐生活七大问题的措施。方志纯到会作总结报告。

15日　省委发出《关于工资改革宣传工作的指示》。指示中强调：“工资问题是关系着国民经济的发展和广大职工的物质福利的一个十分重要的问题。”“因此，各级党委特别是城市厂矿企业党委，加强对工资改革工作的领导，做好工资改革的思想工作和宣传工作，是十分必要和重要的。”

15日　省委办公厅批转弋阳县委办公室《关于文书处理工作存在的问题及日后意见的报告》，并指出：“弋阳县委对建立档案机构，配备干部，解决经费等问题上的有力支持，值得各地参照执行。”

15日　省司法厅提出《关于建立律师工作的方案》，对律师工作的任务、机构设置、律师工作人员条件及编制、经费等作了规定（29日，省人委原则上同意，并转发各地）。

16日　省人委发出《关于迅速成立工资改革办公室的通知》，要求行、专署、市、县尽快成立专门工作机构。

17日　省人委转发《国务院转发关于一九五六年基层选举工作中若干问题的报告》。

17日　省人委批转林业厅《关于成立国营林场、森林经营所、林业工作站等基层机构及其人员编制的报告》，同意新设龙南睛山等10个林场，人员编制80人；新设万载仙源等8个森林经营所，人员编制48人；新设林业工作站211个，人员编制654人。

19日　省政协通过决议，组织民主人士和工商业者参加理论学习。

20日　全省按照财政部电报要求，轻工、食品、纺织、商业、水产、农产品采购品和森工部的中国木材公司、化工部的医药局、橡胶局所属企业利润，自9月1日起改由税务机关监交。

21日　全省烈军属、革命残废军人、复员军人社会主义建设积极分子大会在南昌召开。大会表彰了先进，交流了经验，并选出了出席全国会议的代表。省委监察委员会书记罗孟文代表省委向大会致了祝词。副省长欧阳武、李杰庸到会。会议于31日结束。

24日　全省第一届戏曲剧目工作会议在南昌举行。会议于9月8日结束。

25日　省人委批准成立省扫盲协会筹备委员会。筹备委员会由邵式平、欧阳武、饶思诚、王大川、莫循、吕良、方德鑫、周振远、朱旦华、许德瑗、楚冰、石凌鹤等组成。邵式平任主任委员。吕良、方德鑫、周振远任副主任委员。

29日　农业部公布1955年度农业增产模范第一批授奖名单，崇仁县炉下乡同升农业社、九江县三七乡文金珠农业社、萍乡市年丰乡易瑞生领导的第一农业社、南康县三江乡东红农业社分获棉花、水稻、黄麻增产奖。他们准备 1957 年按照国家计划扩大种植面积。

信丰县安息镇和平民业生产合作社的黄麻生长良好

29 日　省人委发出《关于贯彻执行国务院发布的劳动保护法规、决议、决定的指示》。《指示》要求，各企业主管部门应根据本系统的生产特点、企业分布情况和设备情况，制定贯彻执行这些法规的实施办法和改善劳动条件的长期规划。

30 日　省人委发出《关于开展采集林木种子的指示》。

本月　省民政厅拨款 15 万元补助在于都、乐安、新建等地兴办的麻风病隔离防治所，收治麻风病人。

本月　省卫生厅根据卫生部《关于开展避孕工作的指示》，在全省各地妇幼保健院（所、站）及综合医院设立避孕指导门诊部，同时举办展览会，开始推行各种避孕工具和避孕方法。

本月　省政协组织省政协委员 52 人，分两批到全省各地、市视察。12 月底结束。

本月　由苏联设计的岿美山钨矿井巷工程开始建设（1958 年 3 月 31 日选厂开始兴建。1960 年 7 月 15 日国外设计工程全部建成投产）。

本月　景德镇陶瓷研究所工程师谢谷初、赵灵武赴越南帮助建造陶瓷厂，二人均获越南政府授予的奖状、奖章。

本月　省农业厅召开第一届全省家畜防疫会议。研究贯彻改善饲养管理，加强家畜防疫，结合药剂防治的方针。将原省、专兽医细菌诊断室改为省、专兽医防疫站；各专区防疫站下设家畜防疫队；建立与健全县畜牧兽医站；培训农业社家畜防疫员；继续培养与组织地方畜牧兽医人员，健全地方兽医联合诊所。

本月　全省开放国家领导下的自由市场。

本月　瑞金县按原貌修复沙洲坝中华苏维埃共和国临时中央政府大礼堂。

本月　日本陶瓷艺术家加藤唐九郎访游景德镇，考察瓷业（后于 1973 年再度来访）。

本月　江西人民出版社编辑出版《矿山工人实用识字课本》、《建筑工人实用识字课本》、《农民业余学校识字课本》。

1956 9月 September

公元1956年9月　农历丙申年【猴】													
日	一	二	三	四	五	六	日	一	二	三	四	五	六
						1 廿七	2 廿八	3 廿九	4 三十	5 八月小	6 初二	7 初三	8 白露
9 初五	10 初六	11 初七	12 初八	13 初九	14 初十	15 十一	16 十二	17 十三	18 十四	19 中秋节	20 十六	21 十七	22 十八
23 秋分	24 二十	25 廿一	26 廿二	27 廿三	28 廿四	29 廿五	30 廿六						

1日　省委学校试办中级班，对象为地委委员、县委正副书记、县长及同级干部。

3日　安源煤矿东平巷发现一块新煤层，国家对该矿基本建设投资增加60多万元，用于井巷工程建设和职工的生活福利事业。

3日　赣州地质勘探公司更名为冶金工业部地质局江西分局。吕承恩、李伟民、苗树屏分别任党委书记、局长、副局长兼总工程师。

3日　杨宏道、郑少山、徐自恭3人代表全省民间兽医界，参加农业部在北京召开的全国民间兽医座谈会。座谈会于11日结束。

4日　《江西日报》报道，省内正在兴建第一所温泉疗养院。温泉位于德安、星子公路之间，东面是秀峰和庐山东牯岭，南面是杨家岭名胜桃园门，附近有三国时代的古迹柴桑桥，是九江专区的风景区，向以温泉最为著名。疗养院第一期工程年底结束。

4日　八一起义纪念馆在原南昌起义旧址（江西大旅社）建立。

5日　省卫生厅制发《江西省传染病管理实施细则》，规定3类19种传染病为法定传染病。

7日　景德镇市各瓷厂开始制作1957年出国展览瓷共5459件。

9日　《星火》文学月刊社成立，月刊为16开本（1957年元月创刊，《星火》编辑部主任刘云，副主任陶孝国）。

9日　《江西日报》报道，负责改建南昌八一大桥的交通部公路总局第二工程局第四工程处，创造了五项有重大价值的、在洪水时期建筑桥墩的先进工作经验。交通部组织所属六个工程局和四川、云南等地桥梁工程人员前来参观学习，长沙土木建筑学院和上海同济大学也派出100多名学生前来实习。

10日　《江西日报》报道，1956年全省中学在校学生达12万人，比1955年增加35%，超过了全省第一个五年计划数。全省有4.7万多名小学毕业生进入初中学习，有8350名初中毕业生进入高中学习。

14日　省商业厅转发商业部《国营商业系统财产处理试行办法》，将各项财产损失的处理权限加以规定，并将财产损失处理权限适当下放给各级商业部门。

14日 省委向全省各级党组织发出《关于学习和宣传党的“八大”文件通知》。通知规定大会的主要报告和文件都要组织党员和干部进行学习和讨论。

15日 全省各地按照国务院的规定，认真执行保护棉农利益的政策和措施。当年棉花收购时，执行优质优价、低质低价和20%棉籽返还棉农规定，并给棉农留足自用棉。

15日 省军区先进分子代表会议在南昌召开。会议广泛交流和推广了先进经验，表彰了训练、执勤、医疗、教学和兵役工作、机关工作等各条战线上的先进人物和先进单位。会议于22日结束。

17日 全省首次山区工作会议在南昌召开，会议贯彻中央、国务院《关于加强农业生产合作社的生产领导和组织建设的指示》以及全省第五次党代表大会《关于进一步加强革命老根据地工作的决议》，并提出了日后山区生产的方针：“全面规划、加强领导，因地制宜发展农、林、牧、副多种生产，全面发展山区经济。”会议于28日结束。

18日 应邀来我国访问的德意志民主共和国柏林人民警察乐团一行70人，来南昌访问演出。演奏休息时间，省军区副政委林忠照、副省长黄先等到后台和柏林警察乐团团长兼指挥维利·考夫曼会晤。

柏林人民警察乐团全体人员步出车站时，受到江西人民的热烈欢迎

柏林警察乐团演出现场

21日 省委决定成立省清案领导小组，由刘护平、朱开铨、李如皞、周克用、郭斌、方言、陈克光组成，朱开铨、李如皞、陈克光任副组长，下设办公室，周克用任主任，吴荣任副主任，并决定从全省公、检、法抽人组成7个工作组分赴各地和劳改、劳教所检查。

22日 省人委召开全省第一次生猪生产会议，确定发展生猪生产的有关政策和措施，使农业社的集体利益和社员的个人利益正确地结合起来，采取多种多样方式发展生猪生产。会议于28日结束（10月17日，省人委又颁发了《关于广泛发动群众，大量发展生猪的紧急指示》）。

25日 省人委发出《关于组织刘家站农场规划委员会的通知》，由上饶专署副专员欧鸿轩任主任，省农业厅副厅长董雨田、贵溪县委副书记张毓任副主任。

27日 省长邵式平当选为中共第八届中央委员会候补委员。

27日 省人委颁布《江西省集体所有和私有林木山价标准》，规定收购木材由按肩运里程计算山价改为按材种、等级计算山价。

28日 省委批准撤销康复医院建制，将第一康复医院改建为江西省精神病医院。

28日 省公安厅成立清理敌伪档案办公室，按照国家档案局、公安部和省委关于清理敌伪政治档案的办法和指示开展清档工作。据统计，全省共搜集整理出敌伪政治档案17万多卷，建立人物卡片近58万份，组织卡片4000多份。从中查出敌伪分子10万余名，其中混入共产党、机关、团体内1.5万余名。

30日 《江西日报》报道，全省地方工业经中央批准的19种主要产品，已有7种至1956年底可超过“一五”计划水平；全省地方工业总产值可接近“一五”计划水平；全省在五年计划期内的四年中，新建扩建和改造了100多个工厂。

公私合营的江西电机厂扩建工程施工情况。该厂扩建竣工后，将成为一个生产中、小型发电、变电设备的全能工厂

本月 省委决定成立江西省革命斗争史整理委员会，邵式平任主任委员（1958 年 8 月，省委决定成立党史研究室，王泽民任主任）。

本月 省人委决定成立“江西省电业管理局”。10 月 16 日，正式开始办公。局长为韩礼和，副局长为王枫、李群化（1957 年 3 月，电业管理局改为重工业厅。1958 年 2 月成立江西省重工业厅电业局，同年 3 月改为江西省水利电力厅电业局，均为二级。1960 年 3 月恢复设立江西省电业管理局）。

本月 南昌水电厂被评为南昌市特等先进集体模范，出席全国电业先进生产者代表大会。

本月 省委决定筹建省科学院，翌年 4 月又成立省科学工作委员会（简称“科委”）。

本月 由萍乡矿务局工程师孟宪章设计、矿务局机修厂制造的全国第一台水采水枪在地面度压成功。技术员张健全在高坑矿砚子槽试采成功，取得水枪落煤的参数，并主持建成国内第一个水采区。当年，萍乡王家源矿矿长丁克与工程师程倬云在 1 号井试用斜井提升钢丝绳自动摘大钩的方法，后经电机车修理工何慈生改进，在全省煤矿推广使用。

本月 《南昌市总体规划草案（一九五六至一九六七）》编制完成（10 月 6 日经省委、省人委审查通过，上报国务院批准）。

本月 省人委批准农业厅农场局下设拖拉机耕作队，干部 11 人，工人 61 人。

1956
10月
October

公元1956年10月							农历丙申年【猴】						
日	一	二	三	四	五	六	日	一	二	三	四	五	六
	1 国庆节	2 廿八	3 廿九	4 九月大	5 初二	6 初三	7 初四	8 寒露	9 初六	10 初七	11 初八	12 重阳节	13 初十
14 十一	15 十二	16 十三	17 十四	18 十五	19 十六	20 十七	21 十八	22 十九	23 霜降	24 廿一	25 廿二	26 廿三	27 廿四
28 廿五	29 廿六	30 廿七	31 廿八										

1日　南昌市青少年宫正式开放。

2日　全省首届工人体育运动大会举行，来自17个产业系统和单位的1157名运动员参加，有3个项目7名运动员创造了全省新纪录。运动会于10日结束。

3日　南昌市对2万名12岁以下儿童第一次进行卡介苗结核菌素接种。

4日　南昌市八一起义主要旧址已整理修复。这些旧址包括：八一起义总指挥部、朱德在起义前根据党的指示创办的军官教育团和他在1927年4月兼南昌市公安局长时的办公室、会议室和卧室，以及贺龙在八一起义时的指挥所等。

4日　省文物管理委员会配合基本建设发掘清江县营盘里遗址，发掘面积1400平方米，发现灰坑4个，窑址3座，灶炕1处，出土较完整的遗物1000余件，这是江西省第一次发掘的商周遗址。

5日　省人委第十一次行政会议讨论通过，决定成立江西省招聘工作人员委员会，负责办理全省科学研究人员、教育工作人员和具有专长的技术人员的招聘工作。委员会由12人组成，吕良任主任委员，许德瑗、李林任副主任委员。

5日　《江西日报》报道，景德镇为国家试制出一批超过历史最高水平的瓷器，以此向“八大”献礼。这批瓷器不但瓷质超过历史水平，而且青花和粉彩的风格画面也超过历史水平。9月21日，这批瓷器运往北京。

5日　省委召开工业、交通干部工作会议，会议中心议题为：在工业、交通企业中，贯彻“以党为核心的集体领导和个人负责相结合的领导制度”。会议对此问题进行了比较集中深刻的讨论，并取得了一致的认识。

5日　国营刘家站农场在农垦部工作组和苏联专家尼·谢·马斯洛夫、尼·格·别列捷里的帮助下开展新的设计规划工作，重新拟定建场设计任务书。新设计任务书贯彻农、林、牧多种经营方针，达到经济合理地使用土地，并且配置林带、水土保持带及主干道路。

5日　省建筑工程局推广先进砌墙法表演队在赣州表演传授“杨长诗单手砌砖法”、“黄金贤双手挂瓦法”和“斗砖墙、铺灰器砌墙法”3

项先进操作经验。推广后，杨长诗的单手砌墙法使工效提高7%～38%，黄金贤的双手挂瓦法使工效提高一倍左右，斗砖墙、铺灰器砌墙法使工效提高13%～16%。活动于27日结束。

6日 2.4万多担“饶绿”茶叶已由国营上饶茶叶厂加工完毕，并分批运往苏联、非洲等国内外市场。这些茶叶可以换取约1.3万吨钢材或260多部拖拉机。

7日 全省第一次生猪生产会议研究确定了发展生猪生产的有关政策和措施（11月10日，省人委又转发省商业厅、省农业厅《关于全省生猪生产会议的联合报告》）。

7日 越南交通邮电公路代表团一行7人来赣考察，为期9天。

9日 省人委举行第二十次会议，讨论并通过了《江西省一九五六年农村粮食统购统销实施细则（草案）》和《江西省关于一九五六年农业税工作的指示（草案）》，同时还讨论了南昌市和鹰潭镇的总体规划问题。

10日 《江西省内河拖运木（竹）排计费暂行办法》开始实行。

11日 省人委发出《关于召开第一届全省人民代表大会第五次会议时间和几个具体问题的通知》。第五次会议定于10月25日召开。同日，省人委发出《关于加强领导切实做好选举工作的指示》，要求选举工作最迟在1957年春节前完成。

13日 《江西日报》报道，为了适应国家建设发展的需要，省委决定成立省科学院，以便有重点有步骤地开展科学研究工作。

13日 省委召开省直机关干部大会，由八大代表、省委第一书记杨尚奎传达中共第八次全国代表大会精神和决议，号召大家认真学习八大文件，努力完成八大交给我们的光荣任务。

14日 省人委决定撤销江西省康复医院管理局。

16日 省工业厅决定，将原属工业厅管理的新甡纺织厂织布工场的77台织布机及其所有设备和人员，与新华染织厂合并，移交南昌市工业局领导。

16日 省工业厅在原基础上成立工业厅、电业局。

17日 河南豫剧院院长常香玉率领豫剧院一团抵达南昌。

17日 省人委发出《关于提高油菜籽收购价格的通知》，决定每百斤油菜籽收购价由13.99元提高到18.70元。

17日 南昌市统计局和计委合署办公，实行两块牌子，一套人马。

17日 省人民银行发出《关于华侨解放前存款延长登记期限一年的通知》，并规定自11月1日起开始登记。

17日 省地质局筹备处在南昌市站前路征购进顺乡爱国社园地约18亩作为新址。

18日 南昌市公证处正式成立，这是全省成立的第一个公证处。

19日 省人委发出《关于一九五六年农业税工作的指示》，根据农业合作化以来的新情况，对产业税率和征收方法作了改革。其中高级农业社试行以社为单位，按原定常年应产量，由累进税制改为单一比例税制征收。

20日 省人委批转省选举工作办公室《关于1956年全省选举工作会议的报告》，要求各地结合省人委发的《关于加强领导切实做好选举工作的指示》，认真研究执行。

21日 《江西日报》发表社论《正确完成1956年的农业税征收任务》。

21日 《江西日报》报道，余江、贵溪之间的红色土地上兴建起了一所大型国营农场——刘家站农场。该农场占地面积31万亩，以培育经济园林为主，并以茶叶为重点，适当发展养畜业。

22日 《江西日报》报道，1956年秋以前，全省有22万多农民摆脱文盲状态，获得了扫盲毕业证书。到1956年年底，全省将有7万多农民继续达到扫盲毕业标准（10月31日，省人委还发出了《关于开展农民教育工作的指示》）。

23日 江西省律师协会筹备会成立，该会共有7名委员，推选屈绍建为主任委员，胡正谒为副主任委员。下设筹备委员会办公室，负责日常工作。

24 日 省委批准《全省陶瓷工业 12 年远景规划》，确定景德镇以发展出口细瓷为主，萍乡以发展电瓷为主，九江等地以发展普通日用瓷为主的陶瓷发展方向。

25 日 邵式平在第一届全省人大第五次会议全体预备会上讲话，说明这次会议的任务、主要议程、不作省人委工作报告的理由以及将预备会开长一点儿的好处。

26 日 省人委颁布《江西省一九五六年农村粮食统购统销实施细则》。

30 日 省人大一届五次会议在南昌召开。会议通过了《关于当前农业生产和巩固农业生产合作社的几个问题报告的决议》、《关于江西省一九五五年决算和一九五六年预算的决议》。并增选了原农林水办公室主任邓洪为副省长。大会共收到提案 1028 件。会议于 11 月 3 日结束。

省人大一届五次会议开幕式会场

30 日 我国第一座马铃薯繁育站，在著名的避暑胜地庐山五老峰西面的山洼里动工兴建。站房面积有 470 平方米，内设有实验室、研究室和一个储藏马铃薯的大仓库，站房周围还有 30 多亩繁育种子的场地。

31 日 省人委决定并报国务院批准，成立江西省电业管理局。该局为省人委的一个工作部门，它受电力工业部和省人委的双重领导，具体管理和指导全省所属电力工业企业，有计划地培植技术力量和领导中、小型水电站的基建工作。

本月 省农业厅成立中兽医实验所（1960 年 1 月，该所并入省农业科学研究所，设中兽医研究室；1963 年 8 月正式改建为江西省中兽医研究所；1968 年 10 月间被撤销，1973 年 5 月恢复，直属农牧渔业厅领导）。

本月 兴国县普惠寺重修工程竣工。该寺建于唐中和二年（882），原名“西禅胜地”，元末被毁，明洪武四年（1371）修复，改名普惠寺。

本月 由上海迁来南昌的永安、新生、裕丰、永利、惠丰、蓬莱、公兴 7 家私营机电厂并入江西电机厂。

本月 由上海迁来南昌来的振兴、振元、振昌、天祥、德太等 5 家机器厂和锦兴翻砂厂并入江西第二机械厂，更名南昌市机械厂（后改名为南昌通用机械厂）。

本月 赣州市西河大桥竣工通车。

本月 省农业厅农场管理局根据农业厅《关于国营农场试行计件工资的通知》，召开计件工资座谈会，要求各场积极推行计件工资制。

本月 全省机电工业厂际竞赛委员会召开第一次全省先进经验技术交流会，出席会议的有 11 个厂和南昌市五金机械工业公司等 34 名代表，会上交流经验的有南昌柴油机厂、江西机械厂、赣州机械厂、江西电机厂、南昌市农机厂、萍乡力郡机械厂 6 厂的 64 篇书面资料。

江西省机械厂工人利用木材做水管代替钢制水管抽水成功，可为国家节约大批钢材

1956
11月
November

公元1956年11月　　农历丙申年【猴】													
日	一	二	三	四	五	六	日	一	二	三	四	五	六
				1 廿九	2 二十	3 十月大	4 初二	5 初三	6 初四	7 立冬	8 初六	9 初七	10 初八
11 初九	12 初十	13 十一	14 十二	15 十三	16 十四	17 十五	18 十六	19 十七	20 十八	21 十九	22 小雪	23 廿一	24 廿二
25 廿三	26 廿四	27 廿五	28 廿六	29 廿七	30 廿八								

1日　省供销社发出《关于开放国家领导下的农村自由市场的指示》，规定“凡属国家统购的农产品，如粮食、棉花、油料等都必须继续统购；凡属国营商业或委托供销社统一收购的物资，如烤烟、黄麻、苎麻、大麻、甘蔗等都必须统一收购”。其他供不应求的物资，除少数品种以外，也都应当由国营商业或委托供销社收购。农村市场可以放宽管理的商品“只应该是小土产一类”。但要由少到多，不要放得过猛，并全面贯彻《农村市场管理办法》和《市场管理委员会的职责》。

1日　《江西日报》报道，全省各地先后开放了国家领导下的自由市场，商品上市量增加，价格日趋稳定，市场繁荣。为此，《江西日报》配发了社论《正确掌握农村市场价格，活跃城乡经济》。

2日　省人大一届五次会议代表发表讲话，抗议英国、法国武装侵略埃及的行动。代表们一致通过拥护和支持中国政府《关于英、法武装侵略埃及的声明》的通电。全省各界5.5万余人齐集八一广场，举行支援埃及反对英、法武装侵略大会。会上，中国人民保卫世界和平委员会江西分会副主席白栋材讲了话。会后进行了示威游行。

省、市各界人民支援埃及反对英、法武装侵略大会

5日　省政协第一届常务委员会第十四次会议在南昌举行。会议通过《关于拥护我国政府〈关于英、法武装侵略埃及的声明〉的决议》。

6日　中国戏曲研究院院长梅兰芳，偕同梅

剧团、江苏京剧团一行抵达南昌（7 日开始公演，演出《贵妃醉酒》、《霸王别姬》、《洛神》、《牡丹亭·游园惊梦》等剧。12 月 5 日离开南昌）。

7 日 省、市中苏友好协会联合举行大会，庆祝苏联十月革命 39 周年。在南昌的苏联专家、阿尔巴尼亚专家以及越南实习人员参加大会；中苏友好协会总会理事梅兰芳也参加了大会。

8 日 省农业厅组织全省 20 个猪丹毒流行较严重县的畜牧兽医、农业生产合作社干部共 76 人，到萍乡县学习防治猪丹毒的经验。

8 日 青年团全省第二次代表大会在南昌召开。会议检查和总结了全省的青年运动，讨论和确定了日后一个时期特别是 1956 年冬 1957 年春青年团的工作任务，并选举了出席青年团第三次全国代表大会的代表。方志纯代表省委到会作了指示。会议于 10 日结束。

9 日 全国储委审查批准由长沙地质勘探公司二〇一队提交的大余西华山大型钨矿地质勘探报告，是全国储委批准的江西省第一份大型勘探报告。

10 日 省农业厅、省水利厅、省气象局、省广播管理局、江西人民广播电台联合下发通知，要求做好天气预报、警报工作。

10 日 鹰潭铁路最后两座大型桥梁工程之一的黄枣大桥，开始架梁铺轨。这座桥高 19.5 公尺，长 195.7 公尺。铁道兵战士们提出要争取在 1956 年年底以前全线通车。

巨型架桥机在架设桥梁

12 日 省政协与南昌市政协在南昌市中山堂联合举行孙中山先生诞辰 90 周年纪念大会。大会由省政协副主席黄知真主持，方志纯讲话。

省政协纪念伟大的革命先行者孙中山先生诞辰 90 周年大会

15 日 省直机关抽调大批干部下乡，协助各地组织领导农民搞好冬季副业生产和 1957 年生产准备工作。方志纯向下乡干部作了指示。

15 日 江西、湖南、湖北 3 省治螟会议在江西召开，会议对大面积防治水稻螟虫的问题进行了充分的讨论和研究，并根据 3 省的自然条件和螟害情况，制定了一个大面积防治水稻螟虫的系统措施，供 3 省政府考虑实施。会议于 19 日结束。

15 日 横跨赣江两岸的南昌八一大桥改建工程竣工，省、市各界人民在桥头广场举行通车典礼。副省长黄先为大桥通车剪彩，南昌市市长张云樵向施工人员授予锦旗，以表彰他们在八一

数十辆汽车整齐而平稳地通过八一大桥

副省长黄先为八一大桥通车典礼剪彩

大桥改建工程中所建立的功勋。大桥全长1226.9米，宽10米，总投资637万元。

16日　景德镇第一座方型倒焰式煤窑（建国瓷厂煤窑）试烧进入巩固提高阶段，瓷器成品率由86.73%提高到96.37%。该窑的试烧成功，创造了适合景德镇传统坯釉的煤烧还原焰烧成方法。当年，景德镇建成7座同类煤窑。

景德镇市陶瓷研究所兴建的综合性试验瓷厂

景德镇市建国瓷厂的机械制瓷厂

16日　《江西日报》报道，1956年全省棉花普获丰收，总产量达38.3万多担（皮棉），比1955年增产133.5%。其中彭泽县的江北区和崇仁县的秋溪区每亩产量可达到皮棉100斤；瑞昌县大桥农业社丘陵山地4191亩棉地，平均亩产籽棉300斤，创造了全省丘陵山地大面积棉花丰产的新纪录。

19日　省人委颁发命令，对《江西省1956年农业粮食统购统销实施细则》第一章第四条的全文加以修改，规定“本省统购的粮食品种以稻谷为主，也可以收购一部分杂粮（如小麦、大麦、绿豆、碗豆、蚕豆、粟、高粱、玉米、荞麦、红薯等）。”“在粮食统购期间，稻谷、大米、黄豆和其它杂粮，只能卖给国家不能卖给私人。”

19日　省人委发出《关于加强粮食油料市场工作的指示》，对粮食油料在统购期间的市场管理工作提出了具体要求，以保证国家粮油统购任务的完成。

19日　省委为贯彻中共八大会议精神，研究改进商业工作，在省级财政贸易系统抽调了179名干部，组成7个工作组分赴各地全面检查商业工作。

19日　中国水产供销公司江西省分公司成立（翌年7月撤销，其业务并入江西服务厅所属贸易公司）。

21日　江西省人民支援埃及反抗侵略委员会成立，白栋材为该会主席，郭光洲、黄知真、莫循、傅肖先、许德瑗、刘之纲为副主席。

22日　省供销社、中国人民银行江西省分行发出《关于合营商业定息户放款方式和利率等问题的联合指示》。规定供销社归口管理的合营商业企业定股息户，不分城市集镇和放款方式，其放款利息统一按月利率6厘计算，自11月份执行。如合营、合作商店、合作小组及小商小贩向银行借款发生亏损或无力偿还，由供销社负责偿还。

22日 省委举行五届二次全体会议，传达中共八届二中全会精神。会议检查了全省1956年国民经济计划执行情况。讨论了1957年国民经济计划和其他工作。会议确定要执行“保证重点，适当收缩”的经济发展方针，开展增产节约运动和作好整风运动的准备工作，完成粮食征购任务和做好粮食供应工作。会议于28日结束。

24日 省工商联召开第一届代表大会，出席代表440人，列席代表19人。会议要求工商联在党和政府的领导下继续推动工商业者积极参加学习，参加各种爱国运动和社会主义劳动竞赛，主动搞好公私共事关系。扩大工商业者先进骨干分子队伍，发挥工商界青年和工商业者家属的积极作用。会议选出省工商联第一届执行委员会。潘式言为执行委员会主任委员，王德舆等12人为副主任委员，张修锡为秘书长。会议于12月1日结束。

25日 《江西日报》报道，景德镇又创造出五种光彩夺目的高温颜色釉，可与历史上最高水平的相媲美。这些新品种颜色釉是：历史上不曾有过的红里透红的钧红红花釉，历史上有其名无其物的光滑透明的粉青釉，长期失传的细嫩光亮的宋钧五彩花釉，同石榴的颜色完全一样的稀有石榴红釉，与乳汁一样洁白鲜嫩的哥窑乳釉。

30日 南昌市人大二届一次会议自26日起在市人委礼堂举行，出席代表239人。

本月 全省地方基本建设任务提前13个月并超额4%完成第一个五年计划。4年来共新建和扩建122个厂矿企业、135座学校、8个机械化农场、8个抽水站和26项大中型水利工程，兴建职工住宅25万平方米。

本月 全国铁路在开展“机车日产百万吨公里”竞赛运动中，向塘机务段N39—3682青年包乘组第一个牵引1805吨的超轴列车安全正点到达鹰潭。

本月 为庆祝十月革命39周年，省中苏友好协会在全省范围内举办“苏联电影汇映”，南昌市放映的影片有《伊凡从军记》、《母亲》等六部。

本月 都昌高腔老艺人段道厚、王遇水将珍藏多年的稀世之宝青阳腔手抄剧本49种（大、小明代传奇剧目100多个）献给江西省首届戏曲剧目工作大会，一时轰动文艺界，新华社为此发专电报道。

本月 省农业厅农具研究室研制出浅耕小五铧犁、机力（动）轧耙，在全省农村逐步推广使用。

本月 省、市联合成立省委国际活动指导委员会。

本月 省文物管理委员会挖掘樟树营盘里新石器时代遗址，揭开了全省田野考古的帷幕。

本月 江西田径队男子跳高运动员李大培在莫斯科访问比赛中，分别以1.92米和1.93米的成绩两次打破全国纪录。这是江西省体育工作队成立以来第一次打破全国纪录。

本月 根据对农业、手工业、资本主义工商业进行社会主义改造的新情况，国家计委在《计划方法工作的初步总结》中提出：对定息后的公司合营企业实行直接计划，供销合作社也可以实行直接计划，手工业合作社、农业生产合作社以及一些少数的个体农业等实行间接计划。

本月 省统计局编印《江西省一九五〇至一九五五年国民经济统计提要》，为建国后第一本统计提要。

1956
12月
December

公元1956年12月 农历丙申年【猴】													
日	一	二	三	四	五	六	日	一	二	三	四	五	六
						1 廿九	2 三十	3 十一月小	4 初二	5 初三	6 初四	7 大雪	8 初六
9 初七	10 初八	11 初九	12 初十	13 十一	14 十二	15 十三	16 十四	17 十五	18 十六	19 十七	20 十八	21 十九	22 冬至
23 廿一	24 廿二	25 廿三	26 廿四	27 廿五	28 廿六	29 廿七	30 廿八	31 廿九					

1日 省委发布《关于发展渔业生产中几个问题的指示》。《指示》要求：（一）扩大养鱼面积和捕捞范围，搞好鱼类繁殖保护；（二）加强合作社经营管理，妥善安排农、渔生产；（三）加强市场管理，合理调整价格；（四）解决渔业生产中的纠纷；（五）健全领导机构，全面发展渔业生产。

1日 南昌市公路局颁发《南昌市流散车辆暂行管理办法》。

1日 《江西日报》报道，全省第一个半机械化的国营种猪场在兴国县洪门乡动工兴建，并已逐步投入生产。这个场的面积约5千余亩，1956年、1957年两年内将建成六栋大猪房，还要完成供种猪活动的“运动场”和隔离室等建筑工程。

2日 全省第二座大的公路桥——横跨章江两岸的赣州西河大桥建成通车。即日12时50分，20多辆客货车排成一字长蛇阵，以两辆彩车为前导，在桥上安全驶过，从此结束了章江两岸汽划渡船过渡的历史。

5日 全省造林积极分子大会在南昌召开，这是全省有史以来第一次规模宏大的向荒地进军的誓师大会，出席大会的各地造林积极分子和各级共青团组织、林业部门干部共计739人。省长邵式平在大会上讲话，副省长邓洪作《充分发动和依靠群众，加速林业建设，为十年消灭荒山、绿化江西而奋斗》的报告。大会于12日结束。

省长邵式平在造林积极分子大会上讲话

全省造林积极分子大会在南昌开幕

5日　省政协与省人委联合召开会议，讨论省人大代表和省政协委员视察工作事宜。

5日　江西棉纺织印染厂生产出全省第一批机器染炼的士林兰布和元青哗叽。

6日　省人委向国务院内务部报送《关于选举工作情况的报告》。

7日　省委文教部发出《关于当前小学教育的几个问题和意见》。

8日　西藏地区的妇女参观团一行57人抵达景德镇，她们是西藏地区首次到内地来的妇女代表，将在景德镇进行为期3天的陶瓷生产建设事业的参观考察。

9日　全长697.72公里的鹰厦铁路铺轨工程竣工，较原计划提前一年完成。该铁路为我国"一五"计划期间铁路建设的主要干线之一，它从浙赣铁路上的江西省鹰潭车站起，经过赣东原野，最后到达闽东南贸易良港和国防要地厦门岛（1957年4月12日，鹰厦铁路全线通车）。

9日　按照中央决定，全省各煤矿企业自1957年起停止执行"一长制"。实行以党委为核心的集体领导与分工负责相结合的领导制度。

10日　冶金工业部批准赣州冶金机械修造厂扩建为1400吨年生产能力（工程于次年11月开工，1958年建成。1980年12月17日，厂名改为赣州冶金机械厂）。

12日　《江西日报》报道，为贯彻执行"适当收缩，保证重点"的建设方针，省建委与有关部门共同研究，将全省1956年基本建设未完工程分类逐项进行了一次审核排队，并削减了部分可办可不办的非生产工程项目。这一工作经省人委第十三次会议讨论通过。

12日　省人委发出《关于审查确定地主阶级分子和反革命分子选举权利问题的通知》。

12日　省水土保持委员会提出切实防止因垦荒和铲草皮而引起水土冲刷的意见，要求各级政府采取有效措施做好水土保持工作。

13日　据省统计局工业科统计，全省60个重点工业企业，在"一五"计划的前三年零九个月里，上缴给国家的利润和税金有2.07亿余元，其中有29个厂矿上缴给国库的资金已经超过国家同期投入给他们的全部资金。

14日　省民革秘书长廖超伦和省人民代表、九江市伊斯兰教教长郑玉斋对九江市监所、劳改队进行检查。

15日　省委根据中共八届二中全会和省委五届二次全会的精神，决定成立江西省增产节约委员会，负责领导全省的增产节约运动。黄先为主任，梁达山、李杰庸为副主任。即日，召开第一次委员会议，针对存在的铺张浪费现象，提出了整改要求和措施。

15日　全省第一次法律宣教工作座谈会召开，旨在提高认识，交流经验，改进法律宣教工作。

16日　南昌市的自来水及公共汽车票降价。

17日　省委交通工作部召开全省交通邮电系统知识分子座谈会，南昌、上饶铁路分局和省公路运输厅、航运厅、邮电管理局所属单位的工程师、医师、中小学教员、技师以及这些单位的负责同志共50余人参加座谈会。会议认为，全省交通邮电系统贯彻党对知识分子政策方面做了许多工作，但也存在某些"学非所用"和"用非所学"的现象，与会者一致要求：党的组织要加强对知识分子的政治思想教育，关心知识分子的政治要求，充分发挥其专长，不断提高知识分子的政治、业务技术水平。省委交通部部长黄霖作总结报告，要求党员干部与知识分子应当共同努力，团结一致，互相帮助，互相学习，把社会主义建设事业推向前进。

17日　全省卫生积极分子代表会议在南昌召开。会议旨在表彰先进，交流经验，研究如何在全省深入持久地开展卫生先进工作运动和爱国卫生运动，以达到消灭"四害"，消灭危害最大的疾病，提高人民的健康水平，加速社会主义建设的目的。会议于25日结束。

19日　《江西日报》发表社论《继续加强对工商业者的思想教育》。社论指出，各地工商联组织应发挥积极作用，密切联系工商业者，组织他们学习政治、理论，充分调动积极因素，不断克服消极因素，逐步将工商业者改造为自食其力的劳动者。

22日　南昌电厂电气试验室青年工人张衍

槐创制携带式“继电检验器”成功，可提高生产效率4倍。

24日　上犹水电站开始安装第一台水轮发电机。该水轮发电机重11吨，是我国参照苏联水轮机的结构自行设计、制造的。

24日　邵式平分别给南昌市中等学校的教职员和小学校长、教导主任以及江西师范学院、江西农学院、江西医学院、南昌师专的全体师生，作《关于当前国际形势和我国的社会主义建设以及有关教学工作问题的报告》，以帮助广大师生扭转只钻业务，不问政治的偏向。报告活动于28日结束。

25日　省委宣传部召开全省农村宣传工作会议，讨论如何开展时事宣传和进一步巩固农业社，搞好农村生产的宣传教育工作问题。各地、市、县委的宣传部长参加会议。省委第一书记杨尚奎出席会议讲话。会议于29日结束。

26日　根据国务院的指示，省人委降低国家机关十级以上干部的工资标准，降低幅度分别是：一级至五级降10%、六级至八级降6%、九级至十级降3%。

27日　省人委发出《关于改进城镇肉食供应优待办法的统一标准》，规定无论机关干部和企业职工，其供应标准不得高于群众，并一律废止机关优待的办法，发扬干部与人民群众同甘共苦的作风。

28日　省政协召开座谈会，邀请各民主党派所联系的高龄人士座谈，喜迎1957年新年。

28日　南昌市委发出《关于加强文书工作和档案工作的通知》（1959年12月，南昌市委办公厅、南昌市人委办公厅制定《建立市、县、区档案馆方案》和《市、县、区档案馆工作试行细则（草案）》）。

29日　《江西日报》报道，1956年全省整治河道750多公里，是第一个五年计划前三年所整治的河道总里程的一倍多。其中轮渡河道达480多公里，帆船航道270多公里。

30日　南昌市新辟人民广场竣工，共填湖泥21825立方米。

30日　截至年底，全省农村已有389万多农户组成了1.8万多个高级农业生产合作社，加入高级社的农户占总农户的96%；97%的手工业劳动者加入了生产合作社、供销合作社和生产小组；私营工业实现了行业公私合营；私营商业的97.68%实现了公私合营，或者走上合作化道路。全省基本实现了对农业、手工业和资本主义工商业的社会主义改造。

1956年初，萍乡市民庆祝全市工商业公私合营

31日　都昌县文化馆被评为全国文化先进单位。

31日　全省第一座新型剧场——江西艺术剧院举行开幕典礼。省市党政有关负责人，在昌的苏联专家和1000多名观众观看了剧院开幕纪念演出。省文化局局长石凌鹤致开幕词，省赣剧团、话剧团、南昌市采茶剧团、京剧一团、京剧二团、越剧团和出席全国第二届民间艺术会演的江西代表团参加了开幕演出。

31日　中央新闻纪录电影制片厂在南昌设立驻江西摄影记者站。

31日　省、市各界2000余人举行1957年元旦慰问南昌市驻军、伤病员、烈军属和荣残复员军人联欢晚会。省民政厅、省军区政治部负责人出席会议讲话，表示要齐心协力支援国家的各项建设事业。省京剧团作了慰问演出。

31日 年末统计，全省纺织系统共有大型企业（按当时标准）31户，总产值10080.89万元，首次突破亿元大关。其中，地方国营企业5户，总产值4529.85万元，地方公私合营企业26户，总产值5551.04万元。

31日 《江西日报》报道，全省第二个大型火力发电厂——泉江电厂扩建工程提前竣工，投入生产。发电机组经过72小时的试运行检验，达到了优良标准。萍乡煤矿泉江电厂是一座按照苏联最新设计的火力发电厂房。送电后，将进一步满足各矿日益增长的机械动力用电和职工生活用电的需要。

建设中的泉江电厂

本月 全省各级医院完成首次对具有医师以上技术职称的医务人员业务技术鉴定。

本月 省人委办公厅、省计委召开全省工商产销会议。确定凡属国家统销的产品和专卖产品，如棉纱、棉布、食用油、烟、酒等，均由商业部门全部收购包销，原材料由商业部门组织供应；非国家统购统销或专卖但对国计民生影响较大的商品，如肥皂、火柴、针棉织品等，采取合同制，商业部门全部收购，原料由商业部门组织供应；对国计民生影响较小的商品，如牙膏、牙刷等，均由商业部门选购，原材料由商业部门供应一部分。

本月 苏联《真理报》驻北京记者杜慕嘉游访赣州、上犹、瑞金等地，并拍摄纪录片。

本月 贵溪县鹰潭镇升格为专属镇，鹰潭镇委直属地委领导（1958年4月，鹰潭镇复归贵溪县管辖，鹰潭镇委亦复归贵溪县委领导；1960年7月，鹰潭镇委又改为上饶地委直辖）。

本月 全省卫生基层组织整顿工作完成。全省公有制卫生所和门诊部725个，集体所有制的联合诊所757个，农业社保健站22个。基层医务人员3781人，个体开业3300人，半农半医4971人。

宜春县新建乡第一农业社的保健员和接生员们在社员家为孩子们接种牛痘

本月 江西炼铁厂1号40立方米高炉开始安装（于1957年7月1日投产），这是新中国建立后全省建成的第一座现代化高炉。

本月 萍乡矿务局成立科学技术研究室，设矿山地质、顶板管理和坑木、水采三个研究组。

本月 省委批复省建工局改为省城建局后，各专署建筑工程处改为专区建筑工程公司，其领导关系不变。

本年

本年 中南地质局四二〇队（后称铜厂地质队）年初开展德兴铜厂铜矿普查。

本年 春，江西省图书馆交南昌市办。当时有工作人员36人，藏书20多万册，当年接待读者77万余人次（1957年秋又收回省办，增建1座900平方米的3层楼书库）。

本年 景德镇、赣州、上饶、吉安、九江、抚州6个市，波阳、乐平、南城、南康、修水、永修、萍乡7个县的法律顾问处相继成立。

本年 全省开展农具改良运动，生产推广新式农具8万具，其中江西水田犁7.4万具。

新式耘禾机正在试验田里耘禾

水稻收割机在试割水稻

本年 省石油公司根据国务院批转国家计委《关于一九五六年汽油、柴油、燃料油的分配范围、申请程序和供应办法》，提出了“根据国家计划合理分配，保证工农业生产必要用油”的供应原则。同时，对农业用柴油实行优惠价格。

本年 鹰潭车辆段动工兴建（1958年1月建成投产，1959年经铁道部批准为一等货车修理段）。

本年 南昌铁路救援列车配置45吨蒸汽轨道吊台，从而结束了救援中全靠人力的历史（1958年更新为60吨，1985年又更新为N1002型100吨内燃轨道吊台）。

本年 上饶机务段化验室主任陈宝德作为铁道部专家组成员赴越南担任机车软水处理的指导工作，获越南政府授予的奖章。

本年 萍乡站铺设一组43公斤菱形道岔，这是全省铁路最早铺设的双渡交叉渡线。

本年 根据中央和省委提出的地方机械工业首先为农业服务和为基本建设服务的方针，省工业厅编制了《江西省地方机械工业调整规划方案（草案）》，规划9个专业制造厂中5个直接为农业服务，9个大中型修配厂负责排灌、大型农机、轻重工业机器设备修理与小型机械制造，各县农具修理厂站主要负责农机修理及生产改良农具。

本年 萍乡电瓷厂按苏联标准，生产7ф－2低压通讯电容，次年出口苏联。

本年 南昌、临川、丰城、泰和、南康、九江、彭泽、乐平等县于今冬相继建立8个拖拉机站，省农业厅建6个拖拉机开荒队。另有解放军捐建的南昌八一拖拉机站（在原南昌拖拉机站基础上改建）和瑞金八一拖拉机站。

本年 省农业厅组织各地、市植保干部和江西农学院以及上饶、吉安、樟树3个农校的部分师生共500余人，在全省范围内进行以检疫对象为主的病、虫、杂草普查，共查出各种病虫5000余种，其中已鉴定的有1000余种。

本年 省水利厅会同武汉水力发电勘测设计院完成了抚河流域水利普查工作。

本年 南昌市开始推行简易计划用水方法。

本年 省航运局规定每年季节性地加收枯水减载费，困难航道按运费的25%征收，一般航道按20%征收。

本年 南昌市邮电局收支管理由“金库制”改为“预算拨款制”。

本年 丰城、宜春、高安、进贤、萍乡、星子、都昌、修水、南城、余干、广丰、乐平、波阳、南康、遂川、于都、清江、铅山、武宁19个重点县人民法院设立了公证室。至此，全省共有市公证处1个，市、县人民法院附设的公证室25个，共有专职公证工作人员36名。

本年 省人委制定《江西省贯彻执行国家建委关于城市规划编制暂行办法补充规定（草案）》。

本年 江西医学院附属医院副主任医师孙砚田在省内进行首例心脏二尖瓣狭窄分离手术成功。

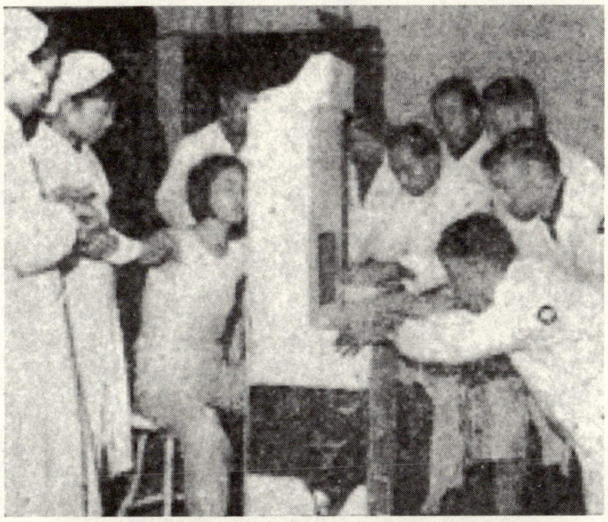

南昌市立医院大夫吴新坚和医院里的各科负责医师，在做心脏血管造影器第一次X光摄影试验，试验结果在11秒内拍摄了10张心脏血管活动照片，达到国际技术水平

本年 省委决定成立革命斗争史资料整理委员会。省委主要负责人杨尚奎、邵式平、方志纯、刘俊秀等撰写了革命回忆录或革命根据地的党史概述。

本年 全省镇以上手工业总产值为1952年的201%，提前一年零三个月达到第一个五年计划期末的生产水平。

本年 冶金部地质局江西分局二〇三队在于都县铁山垅发现砂锡矿。这是江西首次发现独立砂锡矿床。

本年 江西省水泥预制厂开始使用混凝土搅拌机，从而结束了手工搅拌的时代。

本年 全省建筑行业实行劳动保险条例，享受劳保福利人数达6.8万人。

本年 亚洲规模最大的天然樟脑厂家——江西樟脑厂首批成套工业项目由吉安专署建筑工程处施工完毕。

本年 省建公司在第二交通路建立工人新村供劳模和先进生产者居住。工人新村由6栋宿舍、小学和800人的礼堂组成，建筑面积1万余平方米。宿舍为3层砖木结构，室内布局为中间走廊，两边卧室，公用厨房，无阳台、厕所，是当时较好的建筑群体。

本年 省建设委员会通知执行“1956年江西省建筑安装工程施工补充定额”，是统一施工定额的补充本，该定额是在1956年全国建筑安装工程施工定额和江西省1955年补充劳动定额的基础上进行编制的，共补充了运输、土方、砖瓦、木作、竹工、混凝土及钢筋混凝土、石作、打桩9个工程48个子目。

本年 上半年，江西药材公司改由省供销合作社管理。下半年移交省卫生厅管理。南昌市第一区所属纱布药棉厂由民政局移交工业局管理，厂名改为南昌卫生敷料厂，后改为江西卫生材料厂。

本年 南昌电信局开始使用民主德国产51型电传机和苏式载报机，首先开通南昌—北京电传电路，接着开通到武汉、上海等地电传电路。

本年 南昌五联印刷股份有限公司再次合并鼎记印刷厂、铭记印刷厂、群联印刷厂、艺文印刷厂、彩文轩印刷厂、大业印刷厂、会文印刷厂，改建为南昌市第二印刷厂，归属南昌市工业局。

本年 省航运局建造52马力煤气机拖轮，增强了水上动力。

本年 省新华书店买下南昌大新书店，开设全省第一家专营儿童书籍的书店。

本年 省文化局与省供销合作社根据文化部和供销合作总社的《关于加强农村图书发行工作的联合指示》，由省新华书店抽调干部组建省供销合作社发行处，加强全省图书发行工作。

本年 年终统计，庐山共接待游客9444人，其中欧、亚、美、澳海外游客628人。

1957年

概要

江西省“一五”计划规定的各项指标全部完成。实施第一个五年计划后，在确保完成列入国家156项的重点项目的同时，还在全省范围内相继建设了169个主要工业企业和一批小型企业。其中有江西棉纺织厂、江西造纸厂、江西拖拉机厂、江西第一糖厂、南昌柴油机厂、萍乡钢铁厂等20多个大中型企业。当年竣工投产的企业有12个，各项生产能力得到成倍增长。到当年已探明有16种矿产、135处矿产地，江西矿产资源在全国已经崭露头角。第一个五年计划的顺利完成，彻底改变了江西无现代工业的历史，为后来的发展打下了良好基础。1953年至1957年的5年中，江西农民为国家提供的商品粮达211亿斤，其中向国家调出的贸易粮50亿斤。

党内整风和“反右派”斗争的严重扩大化　2月，全省各界深入学习毛泽东所作的《关于正确处理人民内部矛盾的问题》的文章，在共产党和民主党派的关系上实行“长期共存、互相监督”的方针，按照“团结——批评——团结”的公式来解决人民内部矛盾。4月，中共中央发布《关于整风运动的指示》，5月，省委制定了全省整风计划，运动分省地、县区和乡级三个层次先后进行。省委举行五届四次全体会议，讨论通过《关于贯彻执行〈中共中央关于整风运动的指示〉的计划》。在全省开展整风运动、社会主义思想教育运动。全省各地（市）、各大厂矿及大专院校组成整风运动领导小组。全党整风运动逐步展开。全省农村普遍开展两条道路大辩论。各民族党派、各界人士帮助共产党整风。广大群众和爱国人士积极响应中共中央的号召，献言献策，但在这个过程中出现了极少数人借机向党和社会主义制度进攻的言论。6月8日，中共中央发出《组织力量准备反击右派分子的猖狂进攻》的指示。江西“反右”斗争首先在民主党派、高等院校、文艺界等知识分子集中的地方重点进行，后来扩展到各级党政机关和中小学校。斗争的高潮是7月、8月、9月三个月，12月中旬开始转入定案处理。由于“反右派”斗争的扩大化，全省共划“右派”12153名。冬季以后，“左”倾冒进情绪在经济建设中发展，整风内容由反对“三个主义”改为反对“右倾保守”。省委批转省委整风领导小组《关于进一步深入开展反右派斗争的几项具体规定》，对划“右派分子”的标准等问题作了具体规定。

对农业发展道路的探索　9月，中共中央发布《关于做好农业生产合作社管理工作的指示》，要求“普遍推行‘包工、包产、包财务’的‘三包制度’”。10月，省委农村工作部根据中央要求和本省实践提出了《关于结合社会主义教育做好冬季整社和生产问题的报告》和《关于整顿农业社中若干具体问题的处理意见》，作为整社的处理意见，并向全省公布施行。标志着在调整社队规模、建立生产责任制和发展多种经营三个方面进行了探索。这种坚持实事求是，深入实际调查研究，不断发现问题、解决问题的探索精神，如果坚持下去是能够取得更大成绩的。

社会主义建设的初步成就 本年是社会主义改造完成后开始全面建设社会主义的第一年。全省工农业（未包括中央国营工业）总产值26.05亿元，是“一五”计划规定指标的110.47%。工业方面，国家重大基本建设项目鹰厦铁路建成，结束了赣闽两省无铁路相通的历史。五年共完成8.55亿元基本建设的施工任务，比原定计划超额43.5%。江西钨矿、上犹水电站、洪都机械厂陆续兴建。地方基本建设提前13个月超额4%完成，其中新建、扩建的20个大、中型骨干企业，竣工投产12个，投资合计3.3亿元。1957年萍乡钢铁厂的建成投产，结束了江西不产铁的历史。“一五”期间职工平均工资提高55%。各级各类学校学生人数增加1.8倍；全省农民商品购买力增长42.62%。

社会主义大生产运动 在农村、工矿开展走社会主义道路的社会主义教育运动。全省各级党政机关和事业、企业单位，下放了3.8万多名干部加强基层和劳动战线。冬季开始，掀起了水利建设高潮，全省共组织280万人大搞农田基本建设，省委、省人委动员5万名机关干部、转业军人上山下乡，艰苦创业，建立起101个国营垦殖场和35个国营农场。1957年以后，省政府筹集了一批资金，帮助老区建立地方企业和修筑公路，使工业和交通建设有了初步基础。11月，召开省委第五次代表大会第二次会议，明确提出了发展地方工业的方针和重点，积极发展与农业有关的化学工业和机械工业，积极发展原材料工业，积极发展轻工业。

全省本年经济指标完成情况 工业总产值11.7亿元，比上年增长15.42%，比1952年增长114.8%；农业总产值19.06亿元，比上年增长8.3%，比1952年增长18.29%；粮食总产量130.93亿斤；比上年增长0.94%，比1952年增长13.84%；全省财政收入3.39亿元，比上年增长6.6%，比1952年增长48%。全省城镇居民消费总额为17.7亿元，比1952年的12.7亿元增长39.37%。年末全省总人口1851.45万人，人口自然增长率26.86‰。

1957 1月 January

公元1957年1月							农历丁酉年【鸡】						
日	一	二	三	四	五	六	日	一	二	三	四	五	六
		1 元旦	2 初二	3 初三	4 初四	5 小寒	6 初六	7 初七	8 腊八节	9 初九	10 初十	11 十一	12 十二
13 十三	14 十四	15 十五	16 十六	17 十七	18 十八	19 十九	20 大寒	21 廿一	22 廿二	23 廿三	24 廿四	25 廿五	26 廿六
27 廿七	28 廿八	29 廿九	30 三十	31 春节									

1日　省、市党政机关领导人向职工、居民拜年，各民主党派、社会团体相互团拜访问。郭光洲到新牲纺织厂、江西化学制药厂、江西棉纺织印染厂、江西化工厂、江西造纸厂、南昌电厂、江西油脂厂、江西火柴厂拜年，向职工及家属祝贺新年。

1日　省人委发出《关于发展生猪生产的决定》，决定采取私有私养、私养公助、公有私养、公私合营等多种形式发展生猪生产。出栏肥猪，除农民自宰自食外，由食品公司或委托供销合作社统一收购，分级管理，分层包干。

1日　中国民用航空局新开辟的上海—杭州—南昌—广州的航线正式开通，第一架“革新式”民用客机抵达南昌。

第一架民用客机抵达南昌

1日　泰和县高垅农业社荣获1955年全国水稻增产模范颁奖典礼在泰和县举行。泰和县各机关负责人及30多个农业社代表和高垅社全体社员参加了授奖大会。泰和县高垅社办社3年，年年增产，中央农业部特颁发给该社水稻增产模范奖状，社主任彭昌钿也获得了金星奖章。

3日　省人委举行第二十四次委员会议，讨论通过了《江西省人民委员会关于组织老根据地视察团到全省各老革命根据地视察工作的决定》及《江西省人民委员会关于撤销农产品采购厅成立服务厅的决定》。会议还通过了干部任免事项。

3日　省委就做好当前油脂油料统购统销工作发出紧急指示。针对全省油脂库存大量下降，不少供应点发生脱销问题，要求各地合理安排生产者留油数量并掌握油源，加强统销管理，做好农村余油户的留油、缺油户的定销工作。

3日　省人委组织6个老革命根据地视察团分赴全省各老革命根据地视察。这次组团视察的中心任务，就是要进一步做好老革命根据地工作，发挥好一切积极因素，更好地发展老革命根据地的经济、文化、教育、卫生事业，为完成和超额完成国家第一个五年计划并为执行国家第二个五年计划做准备。视察团由杨尚奎、邵式平、刘俊秀等省领导为首的数千名干部组成，分别深入到占全省2/3以上地区的革命老根据地，表达党和政府对老根据地人民的关怀，并广泛地了解老根据地人民的生活、生产和经济建设的状况，征询他们对各项工作的意见和要求。25日视察完毕。

4日　《江西日报》报道，南昌气象台从1月1日起，每天在23点施放探空大气球。球系橡胶制成，灌满氢气后，直径1.6米，长约2米，球下系有特制自动发报机和测量气压、温度、湿度的感应器，观测了解大气各层次的温度、湿度、气压及风向、风速变化情况，晚上还挂灯笼，以便经纬仪观测。

4日　《江西日报》报道，为减轻老革命根据地和边远山区群众负担，全省盐价自元旦起实行调整。各老革命根据地将原县城零售价每担18元（瑞金）至20元（崇义），调低为17元至17.5元；原县城以下小集镇零售价每担20元（瑞金县沿冈）至25元（崇义县关田），调低为19元。盐价降低后，老革命根据地和边远山区人民1957年全年受益总值约50余万元。

4日　西藏参观团一行129人到达南昌。参观团参观了八一起义纪念馆等起义旧址，游览了八一大桥和南昌市区。1月5日参观团到达景德镇。1月10日离开景德镇抵达南昌转赴杭州参观。

5日　被选拔参加全国第二届民间音乐、舞蹈会演的江西省演出团，先后到吉安、赣州、抚州等地演出“俏妹子”、“双回门”、“放风筝”、“鲤鱼灯”、“四姐妹走娘家”、“民歌小组唱”、“民歌独唱”、“民间器乐合奏”等十多个节目。演出活动于29日结束。

6日　《江西日报》发表题为《加紧做好以冬季生产为中心的整社工作》的社论，指出应着重解决四个问题：（一）安排好生产，认真总结经验教训，提高干部和社员的政治水平，统一认识；（二）通过整社进一步贯彻互利政策；（三）加强农业社的组织建设，使经营管理水平与生产相适应；（四）建立与健全民主管理制度，民主选举领导干部，引导群众全力搞好生产。社论还指出，通过整社要达到三个目的：（一）教育干部要高度发扬民主、切实维护社员的民主权利，克服主观主义与命令主义作风；（二）教育社员爱护干部，尊重领导，遵守劳动纪律，爱护公共财产，树立当家做主、爱社为家的观念；（三）加强社内的集体领导，建立健全劳动组织与财务制度，改善经营管理，加强干群团结，通过开展“爱社员、爱干部、爱合作社”三爱教育，使干部和社员团结一致办好农业社。

7日　省委、省人委颁发《关于开展1957年春节拥军优属运动的通知》。《通知》要求：（一）春节前要召开会议宣传拥军优属的意义，同时发放一次烈军属补助费，解决贫困烈军属的生活困难；（二）春节期间要组织群众向烈军属、复员军人拜年、慰问；（三）省里组织慰问团，行署、专署组织分团赴老革命根据地慰问；（四）注意安排各项优抚、复员安置工作。

7日　省委农工部发出通知：继续做好冬季开港，全面安排冬季渔业生产；做好鱼类繁殖保护工作；做好1957年养殖生产的准备。

7日　全省第八次教育行政会议召开，各专署、行署（市）文教办主任（局长）、各县文教局长及部分中学校长参加了会议。会议主要根据中共第八次全国代表大会和八届二中全会精神，研究在学校中如何贯彻勤俭办学问题，同时还研究了民办小学、老革命根据地教育等问题。会议确定1957年教育工作的任务是：加强领导，勤俭办学，有计划稳妥可靠地发展教育事业，积极地、循序渐进地提高教育质量。会议于12日结束。

9日　《江西日报》报道，全省地方工业建设计划初步确定。1957年新建改建厂矿24个，工业建设投资占地方建设总投资的40%以上，大部分用于新建和改建5限额以上的工程，其余用于新建、扩建和改建19个具有迫切意义的大、中、小型厂矿企业。

9日 省人委办公厅召开南昌铁路分局、省公路运输厅、省航运厅、南昌民航航空站、九江港务局、南昌市公共汽车公司等有关部门座谈会，研究春节期间旅客输送准备工作。

9日 省人委人事局发出《关于县人民委员会有关任命问题的答复》，凡属地委或县委管理的干部任免必须先经地委或县委批准后，再由行署或专署办理任免；属县人委任免的干部，由县人委会议讨论通过后办理手续；正副县长、人民委员会委员及检察院、法院的院长由县人民代表大会选举产生，可不办理任免手续。各人民团体均不属政府工作部门，其干部管理属于各级党委。

10日 南昌市整顿市容委员会开始办公。委员会决定自1月中旬起，在全市范围内开展一次整顿市容为主的突击运动，进行爱国卫生大扫除、除四害、整顿交通秩序等。要求通过突击整顿彻底改变城市脏乱现象，树立爱护公共卫生和遵守交通秩序的优良风气。

10日 省检察院、公安厅向全省各级检察、公安机关发出《关于几项工作联系制度的暂行办法的联合通知》，就检察机关对公安机关的侦察活动实行监督问题作了具体的规定。

11日 地质部批准成立地质部江西办事处。

12日 省人委、省政协联合召开省人大代表和省政协委员座谈会，听取代表和委员在各地视察工作后提出的批评和意见，并将一些具体意见交有关工作部门负责研究处理。

13日 《江西日报》报道，省人委拨出救济款300万元，帮助全省遭受自然灾害地区的人民度过寒冬。1956年全省部分地区遭受旱、水和风雹等灾害，部分群众的生活受到一定损害。这笔救济款主要帮助灾民解决春节前后的口粮、衣被和房屋维修等问题。

13日 全省第四次文化行政工作会议举行。各行署、专（市）文教办公室主任（局长）、各县文教局长及部分文化馆、剧团、电影队、新华书店及省文化局直属单位负责人150余人出席。会议指出：文化工作必须贯彻中央的方针、政策，紧密结合生产发展，为生产服务，走群众路线，发挥群众的力量和智慧，才能有步骤地走向高潮。会议确定1957年文化工作要努力创造和建设社会主义的民族新文化。会议于20日结束。

14日 《江西日报》报道，省农业科学研究所研究出防治水稻白叶枯病措施，即使用硼铁等微量元素肥料对提高水稻的抗病能力有显著作用。

14日 省政协召开主席会议，研究对台工作、社会联系工作、举办政治学校等事项。

14日 省军区政治部向全军区机关部队发出《开展拥政爱民月活动的通知》，要求各机关部队召开驻地附近单位、团体、居民座谈会，征求对军队的意见，增强爱民爱兵观念，密切官兵关系、军民关系。

14日 全省第八次民政会议召开，确定1957年的民政工作仍应以做好优抚、复员安置工作、救灾和社会救济工作为重点，相应地做好其他工作，支持全省烈军属、残废军人、复员军人"发扬革命传统，争取更大光荣"。会议于22日结束。

14日 全省第四次组织工作会议召开。出席会议的有赣南区党委，南昌、景德镇市委，上饶、吉安、九江、抚州地委，87个县（市）委，庐山党委及厂矿、铁路党委的组织部长、干部组织科长，赣南行署、各专署人事副处长及省级机关各部门的干部处长、人事、干部科长共280余人。杨尚奎会前作了指示，方志纯、刘俊秀分别到会作报告和指示。会议认为：今后的干部工作主要是提高干部的社会主义觉悟和业务水平，以适应社会主义事业迅速发展的需要，贯彻执行干部工作"稳定与提高"的方针，做好巩固与发展党员工作。会议于23日结束。

15日 以凯洛夫院士为首的苏联对外文化协会代表团一行9人，抵达南昌进行访问。访问于16日结束。

15日 华中区1957年畜牧兽医和油料作物专业学术讨论会在江西举行，会议提出和讨论了53篇试验研究专题报告，审查并确定了1957年度畜兽医科学研究项目和三省各试验研究单位的研究任务。江西农学院进行的牛杂交、鸡杂交、猪杂交及红壤培植的“强盗”花生等优良品种得到大家好评。会议于21日结束。

17日 省生产办公室召开各专区生产办公室主任、各专署农林水办公室主任电话会议。会议根据全省冬修农田水利工程只完成30%左右，圩堤岁修工程完成50%，冬耕面积只完成40%的情况，要求各地：（一）抓住晴天，组织力量突击兴修水利；（二）抓住时机立即在全省范围内开展一个群众性的积肥运动；（三）抓紧雨后进行冬耕灭虫；（四）全面检查一次牛栏，指定专人管理和饲养耕牛。

17日 省委防治血吸虫病五人小组与省血防委员会、省血吸虫病研究委员会举行联席会议。会议一致认为，今后的防治工作要做到逐年逐块地进行消灭，逐年地降低感染率、消灭血吸虫、减少病人。要以防、治并重为方针，贯彻综合性防治措施、科学技术工作同群众运动相结合、消灭血吸虫病的斗争同农业生产兴修水利工程相结合三大原则。同时切实抓住消灭钉螺、管理粪便、治疗病人3个主要环节。会议确定1957年全省治疗7.3万血吸虫病人。

17日 罗马尼亚科学技术（补充）合作代表团一行3人，来南昌、景德镇参观访问。访问于24日结束。

18日 《江西日报》报道，省委常委会认真贯彻执行中共八届二中全会关于增产节约的指示，讨论通过了省编制委员会提出的“江西省1957年精简机构，紧缩编制的方案”。方案初步确定省级机关带头缩减35%的人员，充实基层领导力量。

18日 江西省自制的第一艘浅水快速客货轮——吉安号，从南昌开航驶往鄱阳。该轮技术设备要求很高，施工复杂，江西造船厂经过4个多月的辛勤劳动，克服许多困难提前试制成功。

18日 省级机关1800多名副科级以上干部集会，听取省委常委、副省长黄先作《关于在省级机关开展精简节约运动》报告。报告指出，省级机关开展精简节约运动必须做到：（一）精简机构，紧缩编制；（二）节约开支，严格控制购买费用；（三）减少会议和费用；（四）减少刊物，纠正一切滥发刊物的浪费现象；（五）减少不必要的公文、电报、电话，提高文件、电报质量；（六）做到不请客、不会餐、不送礼、不滥发纪念册和奖品；（七）加强行政事务管理，严格执行政府规定标准；（八）不再新建、扩建机关房屋。

19日 《江西日报》报道，上饶地委，永新、宜春县委和鹰潭人民委员会先后召开老革命根据地代表会议，贯彻中共江西省第五次代表大会《关于进一步加强革命老根据地工作的决议》精神。代表们一致表示要鼓励老根据地人民发扬艰苦奋斗的光荣传统，在社会主义建设中作出更大的贡献。

20日 我国自己制造的汽车——解放牌汽车第一次行驶在南昌市的街道上。

行驶在南昌市的街道上的解放牌汽车

22日 省人委颁发《关于做好春节物资供应工作的指示》。指出：（一）各级国家商业部门和供销合作社，应努力做好春节期间各种物资分配工作，城乡之间做到合理分配；（二）合理做好城镇的猪肉分配，同时积极做好农村猪肉供应工作；（三）努力做好各种商品的调运和合理的布点工作，尽量减少排队、拥挤现象。

22日 省军区政治部召开驻昌各机关、部队、医院、学校政治部（处）主任及有关人员会议，提出：南昌市境内驻军军官一律不买肉或少买年货，把猪肉和年货让给群众、士兵。军官们及家属春节期间吃肉问题，采取由养猪单位自宰自食和相互支援的办法解决。

23日 省人委根据国务院关于提高桐、茶、柏、木油收购价格的指示，对全省茶、桐、柏、木油收购工作发出通知。通知指出：本省茶油收购价格在1955年基础上平均提高25%；桐、柏、木油收购价在1955年基础上平均提高27%。油脂收购价格提高后，各地应向群众广泛宣传，抓紧时机，做好油脂、油料统购统销工作，如数完成上调任务。

23日 省军区举行拥政爱民座谈会，征求省、市各机关、企业、人民团体对军队的意见，以加强军政、军民之间的团结。参加座谈的代表盛赞解放军纪律严明。

23日 省爱国卫生委员会发出《关于深入开展冬春季爱国卫生运动并对南昌市各机关进行深入检查的通知》。《通知》指出，必须抓住春节前后群众固有的“扫尘”习惯和正在进行的积肥运动，积极发动群众，将爱国卫生运动更广泛深入地开展起来，进一步改善环境，消灭四害减少疾病，提高人民健康水平。并决定由卫生厅、南昌市人委组织检查组，重点深入南昌市各机关、学校、工厂、企业、街道进行检查，以推动运动深入开展。

24日 全省经济作物生产会议最近在南昌召开。确定1957年保证优先发展粮食生产的同时，按照适当比例，积极发展棉花以及其他经济作物生产的方针。

25日 地质部江西省办事处召开地质勘探和普查队队长会议。会议确定，1957年规划4个地质勘探队和4个地质普查队分别在全省境内20余县寻找有色金属和其他矿产资源，对赣东北铜矿区进行大规模的初步勘探。

26日 《江西日报》报道，驻省解放军1956年对全省人民的生产建设给予了巨大帮助，全省驻军直接支援了125个农业生产合作社的各项工作。如挖禾兜、起塘泥、修渠、整田、插秧、收割、防洪抢险、抗旱救灾及看病治疗等。军队的医院和卫生所一年内共为574名社员作了健康检查，帮助培训378名农村保健员。全省部队一年中共为灾区捐献了人民币17602元，大米3628斤，衣服1020件。

26日 《江西日报》报道，截至1月20日，全省各地棉农出售统购任务外的商品棉达1.6622万担。这些棉可供全省3个纱厂半个月的生产用棉。

27日 中华全国自然科学专门学会联合会南昌分会（简称“江西省科联”）成立。

28日 省人委根据国务院关于提高芝麻价格的指示，发出提高全省芝麻、麻油收购价格的指示。规定将芝麻收购价在1955年的基础上平均提高24.7%，麻油收购价提高27.98%。提价一律从2月1日起挂牌执行。

28日 省人委就推销1957年国家经济建设公债发出指示。指出：（一）1957年国家经济建设公债推销工作仍应贯彻“合理分配，自愿认购”的原则；（二）必须认真做好宣传动员工作，在农村必须认真检查过去公债还本付息情况，对于业已中签应该还本的必须还本，应该付息的必须付息，要不折不扣地交到本人手中；（三）必须充分动员各种组织力量、共同努力。各级人民委员会必须加强对公债推销工作的领导，健全各级公债推销委员会。

28日 省军区司令部、政治部向全省烈军属发出慰问信，代表省军区全体官兵向全省烈军属致以节日的祝贺和亲切的慰问，希望全省烈军属发扬艰苦朴素、勤俭治家的光荣传统，团结在党和政府的周围，为把我国建设成一个没有贫困的先进的繁荣幸福的社会主义工业国家作贡献。

29日 省市各界举行春节拥军优属、拥政爱民联欢晚会。省、市党政领导、各界代表和驻赣部分官兵、伤病员、革命伤残军人等共2000余人参加了晚会。省长邵式平，省军区政治部主任于英川及省民政厅、南昌市政府负责人在会上讲了话，政府和军队互献了锦旗。

29 日 省人委举行第二十五次委员会议。会议决定在全省开展精简机构、紧缩编制工作；为保证精简整编工作顺利进行，决定按系统分别设立政法、文教、财贸、工业交通、农林水等 5 个精简整编委员会。政法系统精简整编委员会由主任刘护平，副主任朱开铨、傅肖先、陈克尧，委员李如皞、谢象晃、李尚庸、刘文涛、陈铁民、阙由熹、许如鉴、方言、武惕予、张建民共 14 人组成；文教系统精简整编委员会由主任莫循，副主任吕良、许德，委员许德瑗、漆裕元、楚冰、石凌鹤、刘达迎、陈言、林怀远、刘瑞霖、邓野农、胡林、刘元纲共 14 人组成；财贸系统精简整编委员会由主任李杰庸，副主任梁达山、何行之、王眉微，委员徐光远、王萱春、江林、武人骙、王海丰、谢春林、游湘、黎超共 12 人组成；工业交通系统精简整编委员会由主任黄先，副主任黄霖、王真，委员韩礼和、胡德兰、熊正琥、朱仙舫、刘抗、徐相如、刘星洲、刘长波、王金、冯光、张惟和、沈衷、战学孟共 16 人组成；农林水系统精简整编委员会由主任邓洪，副主任王大川，委员盛朴、陈志诚、彭振兴、卓剑雄共 6 人组成。

30 日 邵式平签署《关于有效地控制企业、事业单位人员增加，制止盲目招收工人、职员现象的通告》，明令自本年 1 月起，一律停止自行从社会上招收人员，确定需要增加工作人员的企事业单位调配解决。

30 日 根据省人委（1957）会财字第 015 号通知，棉、麻、烟、茶、畜产品的经营业务，连同省农产品采购厅所属的 5 个业务部门，各行、专、市、县采购处（局），各级采购站（组）、茶厂、轧花厂、肠衣加工厂、转运站、饲养厂、黄麻精洗厂等机构和人员，全部移交供销社。同日，全省鞭炮、雨伞、折扇、夏布印染、毛笔、丝线、猪鬃、肠衣、制绳、弹花、黄烟等 13 个行业的手工业社（组），由供销社统一领导与管理。

30 日 《江西日报》报道，根据中国决定参加的气象等 6 个科学项目，赣州气象台无线电控空、无线电定向测风、太阳辐射平衡、太阳热力平衡和地面气象观测，将参加 1957 年 6 月至 1959 年 1 月举办的第三届国际地球年活动。

30 日 《江西日报》报道，江西玻璃厂试制的磨花玻璃茶杯，被评为全国第一个优良产品。这种玻璃颜色鲜艳、磨花工整，产品外观非常雅致大方，惹人喜爱；同时耐热度基本符合要求，冷炸现象很少，产品价格比津、沪和四川等地区的同等产品低廉 1/2。

30 日 省委、省人委向全省人民发出春节祝贺信，号召全省人民紧密团结，同心同德，兢兢业业，勤勤恳恳，戒骄戒躁，积极努力，争取全面提前完成和超额完成国家第一个五年计划。

31 日 民盟江西省委举办盟员向科学进军展览会。展览会分科学研究、教学、文学艺术三部，以交流经验、汇报成绩、检阅力量，增强信心向科学进军。2 月 7 日，《江西日报》为此发表社论《有意义的创举》。

本月 南昌电厂七里街分厂一、二号机组（2×6000 千瓦）投产发电。同时，南昌下正街电厂与七里街分厂并网运行，形成了 35 千伏电网，这是南昌电网的雏形。

本月 江西省红十字会成立。欧阳武任会长，刘之纲、刘达迎任副会长。其办公室设在省卫生厅。

本月 江西钢铁厂筹备处与萍乡江西炼铁厂合并，定名为江西钢铁厂，厂址设在萍乡。

本月 中国民航南昌航空站成立。

本月 水利部部长傅作义到瑞金、吉安、南昌等地察看万安坝址、赣抚平原工程地址，并听取省水利厅的汇报。

本月 民革、民盟、农工党省委会和民建南昌市委负责人，参加省委组织的全省统战政策和民族政策执行情况的检查，历时 2 个月。

本月 省水电厅抽调工程师、技术员、工人 60 多人，分赴各河流域进行全面勘测，电力工业部武汉水力勘测设计院派出 10 多名技术员参加。勘查河流长度达 1.4 万余里，行程 2 万里以上。

1957 2月 February

公元 1957 年 2 月							农历丁酉年【鸡】						
日	一	二	三	四	五	六	日	一	二	三	四	五	六
					1 初二	2 初三	3 初四	4 立春	5 初六	6 初七	7 初八	8 初九	9 初十
10 十一	11 十二	12 十三	13 十四	14 元宵节	15 十六	16 十七	17 十八	18 十九	19 雨水	20 廿一	21 廿二	22 廿三	23 廿四
24 廿五	25 廿六	26 廿七	27 廿八	28 廿九									

2 日　南昌市各工厂、企业劳动模范、先进生产者、工人代表，组成 37 个代表团，先后冒雨分赴郊区各农业合作社进行访问，受到社员们热情欢迎。工人和农民都一致表示要贯彻“勤俭治国，勤俭办企业，勤俭办社，勤俭理家”的精神。

4 日　中国农业银行江西省分行组织三个工作组，于近期分赴山区、灾区和一般地区，对春耕贷款准备工作进行调查。决定 1957 年发放农贷指标 10811 万元，比 1950 年到 1954 年 5 年的农贷总和还多，比 1956 年农贷多出 300 多万元。

5 日　为期一个多月的江西省中药展览会在南昌闭幕，参加人数达 5.3 万余人次。展览会受到南昌市人民欢迎，九江、赣州、上饶等地及上海药材公司派代表参观了展览。

5 日　省人委发出关于开展推广普通话工作的指示，指出：各地应根据不同情况实事求是地进行这项工作，防止急躁冒进和放任自流的倾向。全省幼儿园、中小学、师范和高等学校的教师应逐步做到用普通话教学。各级国家机关、人民团体、各事业企业部门工作人员、服务人员、人民警察应逐步学会普通话。

5 日　中国昆虫学会南昌分会举行“昆虫猖獗因子”讨论会。各有关高等学校和专业技术学校、科学研究机关，农、林、粮食行政部门的教学人员，科学研究人员和植保技术人员共 69 人参加了讨论会。讨论“昆虫猖獗因子”的问题是为了弄清昆虫大量发生的原因，掌握准确预测和有力防治“昆虫猖獗因子”的措施和方法。会议于 8 日结束。

6 日　《江西日报》报道，景德镇煤窑烧出钧红颜色釉。这种历史上有名的高级美术瓷，在国民党统治时期失传，1954 年在柴窑内恢复生产。但在煤窑里烧出钧红颜色釉还是首次。

6 日　罗马尼亚桥梁专家考察团一行 9 人，来南昌考察八一大桥。考察于 8 日结束。

7 日　省政协召开座谈会，征求对《中华人民共和国刑法（草案）》的修改意见。

8 日　《江西日报》报道，赣南区所辖 19 个县（市）实现了县县通汽车，通车线路长达 1577 公里，比解放初期增长 78%。新建的由景德镇到瑶里的公路（鹅湖到瑶里段）于 1 月中旬全部完工，1 月 20 日景瑶公路全线通车。

9 日 江西省 1957 年国家经济建设公债推销委员会正式成立。李杰庸为主任委员，梁达山、欧阳武为副主任委员，彭梦庾、于英川、王大川、于洪深、徐光远、朱开铨、龙标桂、王海丰、方德鑫、周振远、朱旦华、石凌鹤、沈宗芃、许德瑗、刘元纲、傅肖先、潘式言、王德兴、刘寒影、邓鹤鸣为委员；办公室主任王英，副主任尹杰新。

9 日 江西机械厂锻铆车间龚腊根小组锻造 15 马力柴油机曲轴，将高空加热法改为泥砖夹层炉加热法，减少烧铁次数，由过去每天锻造 9 根提高到 11 根，质量由 99.7% 提高到 100%，每天还节省烟煤 300 公斤，创造了全省最新纪录。

9 日 上海实验歌剧院第一次来南昌演出，演出的节目有乐器，声乐和舞蹈，管弦合奏“春节序曲”和组曲“卡门”。节目短小精悍，优美动人，博得观众好评。

9 日 省人委发出《加强木材计划砍伐和做好木材经营管理工作的指示》，规定收购木材实行林木山价与木材砍运工资分开计算的新办法。

9 日 全省第五次检察工作会议召开，各地、市、县检察院检察长、检察员和有关部门共计 148 人参加。会上传达全国省、市、自治区检察长座谈会议精神和刘少奇关于“检察院主要是搞案子、搞对公安、法院的监督工作”的指示。省委书记处书记方志纯到会讲话。会议于 19 日结束。

10 日 省委转发中央《关于今后干部工作方法的通知》，规定今后干部工作的方法必须有一个根本的改变即从过去大批迅速地提升干部职务的方法改变为稳定干部职务，提高干部的思想、政治领导水平和业务能力，并成为今后干部工作的基本方法。

11 日 江西演出团在北京天桥剧场首次演出，引起首都音乐工作者关注。

11 日 《江西日报》报道，江西省出席全国农业劳模代表大会的 35 位代表已产生，其中 28 人是模范单位代表、7 人是个人模范代表。模范单位：水稻丰产县—星子县、棉花丰产区—彭泽县江北区、宜春县五星农业社、萍乡县新村农业社、上饶县农场、高安县�阳农技站、省农业科学研究所、赣县古埠农业社、会昌县金星农业社、信丰县胜利一社梅开沅生产队、寻乌县福中乡、遂川县光明农业社、新干县饶家农业社、永新县四洲农业社、南昌县八一农业社、安义县鼎湖农业社、婺源县坨川茶叶社、瑞昌县大桥农业社、都昌县黎明农业社、崇仁县同升农业社、临川县远星农业社、黎川县幸福农业社、南丰县城果园社；个人模范：萍乡县年丰农业社主任易瑞生、瑞金县刘来娣农业社主任刘来娣、高安县星光农业社主任漆金根（女）、九江县洋坪农业社副主任刘友松、龙南县种猪饲养员欧阳林古、余干县打虎能手王怀金、樟树农校教员黄华珍。代表于 13 日赴北京。

11 日 省委召开五届三次全体委员会会议，确定在全省范围内迅速全面地掀起一场规模宏大的增产节约运动，全面发展农业生产，力争 1957 年农业生产大丰收，力争有原料、有市场的工业、手工业大增产，以保证完成与超额完成国家第一个五年计划，为第二个五年计划做好充分准备。出席会议的有省委委员、候补委员，省级机关负责人列席了会议。省委书记处书记刘俊秀传达了全国省（市）委书记会议的总结报告，省委第一书记杨尚奎代表省委作《开展增产节约运动，保证完成和超额完成 1957 年的各项计划任务》的报告。会议于 19 日结束。

12 日 阿富汗政府经济代表团一行 5 人来南昌、景德镇考察访问。

12 日 省委书记刘俊秀接见江西省出席全国农业劳动模范代表大会的代表们。

刘俊秀（左二）与劳模们亲切交谈

13日　由于蒙古境内强大寒潮南下侵袭，近日南昌地区有90%以上新建和在建房屋工程墙灰冻碎，粉刷冻落，明沟冻断。江西电机厂、江西玻璃厂、生物制造厂、文艺干校、水利学校等房屋的勒脚、砖块冻蚀厚度达5厘米以上，窗盘线大部分冻裂破碎，山墙冻歪，两面剥皮脱落；橡胶厂、内衣厂、搪瓷厂的车间、水泵间，铁路分局仓库的砖墙勒脚，受冻后墙身柱基剥脱仅存1/3；采茶剧团工程因砖墙变形、摇摇欲倒，情况十分严重。

14日　省中苏友好协会和省群众艺术馆在中苏友好馆联合举行音乐会，纪念中苏友好同盟互助条约签订7周年。刘俊秀、欧阳武、饶思诚和各界代表490余人出席音乐会，在南昌的苏联专家史库诺夫等也应邀参加音乐会。

15日　邵式平接见全省邮电先进生产者代表，希望代表快速准确地宣传全省工作任务，动员全省人民更好地完成1957年全省各项工作计划。

15日　省人委人事局根据省委分级分部管理干部的决定精神，明确各级政府人事部门的职责范围是：办理政府系统吸收人员工作，国家机关工作人员的工资福利，政府系统干部的任免，转业干部的分配和安置，干部统计以及不属于党委管理的干部考察、调动、任免等工作。

15日　省工商业联合会举行第二次委员会扩大会议。200人出席会议。会议中心内容是传达全国工商联第二届会员代表大会的决议精神，进一步推动全省工商业者发扬爱国主义精神，以“五项基本准则”作为生活中的“座右铭”，继续加强自我改造，为社会主义建设作贡献。副省长李杰庸到会讲话。会议于20日结束。

16日　匈牙利驻北京商务参赞处3位专家应邀来南昌，帮助市公共汽车公司对车辆修理进行技术指导。

17日　《江西日报》报道，丰城煤矿经过1956年钻探证实，蕴藏煤量达4600万吨，估计总量1亿吨，以每年产200万吨（超过萍乡煤矿生产水平）计算，可采50年。

17日　《江西日报》报道，省人委办公厅采取领导与群众相结合、精简工作同改善领导作风和改进工作方法相结合的方法，充分发动群众从检查工作着手，制定了整编初步方案，精减人数为现有人数的35.5%，以改变机构臃肿、人浮于事现象，使机关工作更接近实际接近群众。

18日　南昌市开始对私人出租屋进行改造，并在筷子巷进行改造试点工作，于3月份在全市范围内开展。至同年12月28日，共有1697户房主的2436栋房屋改造为公私合营，占应改造的75.9%。

20日　省人委决定由省监察厅，省工业厅、省建设委员会等单位组成检查组，对南昌地区许多建筑工程遭受寒潮侵害情况进行一次全面检查，并督促及时进行补救工作。

20日　《江西日报》报道，全省冬季整社工作大部分地区基本结束。全省各个农业社的干部和社员，通过民主办社教育和政策补课，进一步提高了社会主义觉悟，加强了团结，妥善处理了社内没有合理解决的问题。

20日　《江西日报》报道，据不完全统计，全省1957年度已造林130多万亩，占计划的25%，其中上饶地区完成计划34.39%，抚州地区完成计划34.25%，南昌地区完成计划27.6%，赣州地区完成计划28%，九江地区完成计划24.3%，吉安地区完成计划16.9%。进展比较快的金溪、玉山、余干、龙南、进贤、九江、清江、浮梁等县，已完成造林任务50%以上。

20日　苏联文化部副部长、著名汉学家艾德林教授到九江县马回岭乡面阳山拜谒陶渊明和陶靖节祠，并到彭泽县考察陶渊明遗址。

21日　省供销合作社首届第一次社员代表大会在南昌召开。280名正式代表和30名列席代表，代表全省500多万社员参加了会议。会议号召全省供销合作社依靠群众，加强领导，开展增产节约运动，支援农业生产大丰收。省委第一书记杨尚奎到会作了指示，要求供销社的干部树立“群众观点好、政策观点好、服务态度好”的优良作风。大会选举武人骙等19人为理事，李荣平等9人为监事。会议通过《江西省供销合作社

1956年工作总结和1957年工作任务的决议》、《关于省供销合作社监事会的工作报告》和《江西省供销合作社章程》。会议于26日结束。

21日 江西省农业劳动模范代表大会在南昌召开，出席会议代表共586人。副省长兼农业厅厅长邓洪致开幕词，杨尚奎作《充分发挥合作社的优越性，争取1957年农业大丰收》的报告，刘俊秀作《关于农业合作化与农业生产问题》的报告。会上表彰农业劳动模范127人。会议于28日结束。

22日 农业部、林业部、水利部对江西省农业劳动模范代表大会的召开发来贺电。

26日 省人委召开第二十六次委员会议（扩大）。省长、副省长、省人委委员、正副秘书长，各厅、局、行、处长出席了会议；省政协正、副主席、正副秘书长、党务委员、省高级人民法院院长、省人民检察院检察长和老革命根据地视察团正、副团长应邀参加了会议。会议决定将《关于老革命根据地视察工作的综合报告（草案）》和《老革命根据地工作几项决议（草案）》发给视察团和有关单位修改补充后，提请省人委审定。会议对《江西省人民委员会关于做好1957年接收安置复员军人工作的指导意见》进行了讨论，决定全省各级政府对复员军人的安置工作进行一次检查，并认真做好接收安置准备工作。

28日 省人委颁布《关于调整屠宰税税率的问题的通知》。《通知》规定：根据财政部的通知，猪、牛、骡、马、驴、羊等牲畜的屠宰税税率，自3月1日起，一律改为按8%计征。通知对宰杀伤、病、残废的牲畜及相应有关问题作出了明确规定。

28日 省人委颁发《江西省农村工商税收暂行规定》，并要求赣南行署、各专署、庐山管理局、各县（市）人委，自3月1日起，试行"江西省农村工商税暂行规定"。试行中各地必须注意研究可能出现的问题，认真搜集群众意见，及时上报省人委。

本月 省血吸虫病研究委员会从各地血防站及重点县卫生院抽调医护等人员总共143人，进行血吸虫病3日疗法专题学习。血吸虫病3日疗法比20日锑剂注射疗法缩短时间20多天，是我国医学史上的一项重大成就，有利于农业生产和社会主义建设事业。

1957

3月

March

公元1957年3月							农历丁酉年【鸡】						
日	一	二	三	四	五	六	日	一	二	三	四	五	六
					1 三十	2 二月小	3 初二	4 初三	5 初四	6 惊蛰	7 初六	8 妇女节	9 初八
10 初九	11 初十	12 十一	13 十二	14 十三	15 十四	16 十五	17 十六	18 十七	19 十八	20 十九	21 春分	22 廿一	23 廿二
24 廿三	25 廿四	26 廿五	27 廿六	28 廿七	29 廿八	30 廿九	31 三月大						

1日　《江西日报》发表社论《学好马克思列宁主义哲学》。社论指出：马克思列宁主义哲学，就是辩证唯物主义与历史唯物主义。它是共产党的世界观，是科学共产主义的理论基础，是制定党的纲领、方针、政策、决议的依据。学习马克思列宁主义哲学的目的，是为了使我们的党和国家干部能够获得关于世界及其发展规律的科学认识，并以此正确地应用世界发展规律来改造世界。学好马克思列宁主义哲学，除了所有参加学习的干部应该端正学习态度，正确掌握学习方法外，还要重视思想领导和组织领导，特别要注意加强教学领导，切实帮助教员教好，学员学好。从1957年3月份起，全省有10万多名在职干部和大、中、小学教师开始学习马克思列宁主义哲学。

1日　邵式平向南昌市3000名青年作关于《大革命时期的历史和故事》的报告。

2日　省人委批转省教育厅《关于加强应届中学毕业生升学和从事劳动生产的思想教育与组织安排工作的意见的报告》。

3日　省人委决定成立重工业厅，煤炭工业由重工业厅管理。

5日　《江西日报》发表题为《加强对学生的政治思想教育》的社论。社论指出：我们教育工作的基本任务和目的，是培养社会主义的建设者和伟大祖国的保卫者。教育部门对学生应继续深入进行爱国主义和国际主义相统一的教育，集体主义和纪律教育、劳动教育、增产节约教育。要研究青少年的特点，贯彻循循善诱、循序渐进、耐心说服的原则。经常关心和指导青年团、少先队的工作，发挥团队应有作用。

6日　《江西日报》报道，1955年11月从新疆巩乃斯引进到庐山试验饲养的100只细毛羊试养成功。据测定，公羔羊平均每只79市斤12两（旧制）；母羔羊每只65市斤10两，经过8个月每只平均增长64市斤2.5两。

一只生长良好的新疆细毛羊，1956年5月剪毛13市斤，二岁半时体重达160市斤

6日　《江西日报》报道，国营南昌柴油机厂一批新制成功仿苏2105型20马力柴油机启运越南。这是该厂第一批运销出国的产品。这种产品轻巧美观、物美价廉、用途广泛，可用作抽水、碾米、发电和小型船舶的动力。

7日　省高级人民法院发出《关于保卫农业生产的指示》，要求人民法院充分发挥审判工作保卫农业生产的效能；划清各种政策界限，坚持“事实是根据，法律是准绳”的原则；民事纠纷应本着有利于团结生产，有利于办好合作社的原则解决；加强法律宣传教育。

8日　全省各界妇女在南昌市工人文化宫举行“三八”国际妇女节纪念大会。工人、农民、手工业者、机关工作人员、教育工作者、医生、护士、少数民族、宗教界、街道居民等妇女代表2000余人出席大会。省委书记处书记方志纯、南昌市委第一书记郭光洲、省妇联主任朱旦华、南昌市妇联主任方惠君出席大会并讲话。

8日　全省第一次木帆船运输合作工作会议召开。会议认为：巩固木帆船合作社，关键在于各地党委加强领导，加强木帆船运输社思想工作，改变过去对待个体经济和资本主义经济的管理办法和规章制度，健全财务制度，深入开展社会主义竞赛，提高运输质量，保证安全，加速周转。会议于13日结束。

9日　省人委召开第二十七次委员会议。会议讨论了省委、省人委《关于开展1957年春耕生产运动》的指示，讨论并同意省委、省人委《关于正确处理精减干部的指示》。会议决定3月26日召开第一届全省人民代表大会第六次会议。

11日　省人委批准商业、供销合作部门经营的中药材业务交由卫生部门领导。同时成立了省中药材业务交接委员会，李杰庸任主任委员。

12日　省工业厅改为重工业厅和轻工业厅，由重工业厅负责全省重工业生产工作，韩礼和任厅长。省机电工业公司缩编成省重工业厅机械工业管理处。省重工业厅制定《关于专（市）县机械工业暂行管理办法（草案）》。

13日　江西省工会积极分子代表会议在南昌开幕。会议的目的为动员工会全体积极分子，为实现党的增产节约的号召而斗争。全省各地区、各产业系统工会积极分子代表共704人出席了会议。邵式平出席会议并讲话。

13日　省人委召开全省计划运输工作会议，着重讨论关于贯彻平衡运输计划和内河航运争取洪水时期多运问题，力争年度物资调拨和供应做到平衡与稳定。会议于18日结束。

16日　省委、省人委颁发《关于全面组织与合理使用农业生产资金，大力支持农业生产的指示》。指出：（一）必须妥善地进行农贷的发放工作，有效地使用农贷资金；（二）积极做好农、副产品的预购、收购工作、充实农业生产资金；（三）大力组织群众自有资金，为农业扩大再生产挖潜重要资金；（四）加强领导、积极组织与安排好农业生产资金。

18日　省人委发出通知，1957年除继续对棉花、苎麻、烤烟预购外，扩大对黄麻预购。同时，对不同作物的定金支付和物资供应作了具体规定。

18日　团省委召开地、市团委书记会议，传达团中央召开的省、市团委书记会议精神。会议着重研究了团组织的根本任务，如何培养青年成为坚定的共产主义者的问题。会议于28日结束。

19日　第一期省政治学校学习和第二期工商业者政治讲习班举行结业典礼。参加省政治学校学习的有省政协委员和市、县政协副主席等人，参加工商业者政治讲习班学习的都是来自全省各地的工商业者，共860余人。他们分别学习马克思的基本理论和政治常识、时事政策等。

21日　江西省气象工作会议和气象先进工作者会议在南昌召开。全省各级气象（候）台站哨的负责人和先进工作者75人出席了会议。会议对39位气象先进工作者颁发了奖状和物质奖。选出郦火根、林国民、刘娴贞（女）为全国气象先进工作者代表大会代表。4月29日，党和国家领导人毛泽东、朱德、邓小平接见出席全国气象先进工作者代表大会代表，江西先进工作者受到接见。会议于26日结束。

22日　日本岐阜县各界访华团一行3人，

来南昌、景德镇参观访问。

23日 省卫生厅、省妇联邀请省市各人民团体、宣传、文化、医药卫生等部门举行节制生育座谈会，研究进一步在全省开展节育宣传及技术指导工作。代表们一致反映：不仅城市居民迫切要求避孕，农村也希望得到避孕知识和供应药物工具。

23日 省人委召开第二十八次委员会议，讨论《省人委一九五六年工作报告（草案）》、《江西省一九五七年国民经济计划报告（草案）》及《江西省一九五六年财政决算和一九五七年财政预算的报告（草案）》。会议决定3月26日举行第一届全省人大第六次会议的预备会。会议于25日结束。

24日 《江西日报》报道，省委为加强时事宣传教育工作，决定从省一级党的报告员中挑选郭光洲、莫循、黄霖、黄知真、吕良、吴允中、王真、彭梦庾、刘寒影、张宇晴、彭涛、毛文友、侯野峰、黄谷怀、王朝俊、王眉征、信修等，定期向直属党委委员、报告员和干部作传授性的报告。

25日 全省大型水利工程之一——贵溪县硬石岑水库基本竣工。水库土坝长66丈，高5丈，库内能蓄水3000多万立方米，夏岑区7.8万亩田可摆脱旱灾威胁。

26日 《江西日报》报道，南昌、丰城等12个城镇的饮食业，计划在1956年饲养生猪5000多头的基础上增加1万头，做到户户养猪。饮食业养猪，是该业1956年为克服营业上升后猪源供应不足问题，并根据饮食业有许多残菜剩饭的特点提出来的措施。

26日 《江西日报》报道，全省农村1957年又将增加10到20马力的小型煤气抽水机650台。这些抽水机安装后，可以灌溉32万到40万亩田。省委、省人委为及时安装好这批抽水机，对生产供应、经费来源、运输、安装、修配和抽水机手培训等问题作了统一安排。

26日 江西体育馆举行落成表演赛。来自广西、湖南、广州部队和江西体训班的篮球健儿共举行了16场精彩的篮球表演比赛，观众达2.4万多人。新落成的江西体育馆能容纳4000人，屋面采用大跨度木弧形屋架，跨度32.6米，为当时全国之冠。表演比赛于4月1日结束。

27日 省人委发出救济款234万元，帮助灾区农民进行生产自救，推动春耕生产。要求这批救济款只限于发放到某些因灾减产，经过生产自救尚不能维持最低生活的灾民。并指出，各地应加强对乡、社干部的思想教育，防止平均发放，及干部私自挪占等问题。

28日 省人委就清明节祭扫烈士墓发出通知。通知指出：为了纪念革命烈士，各地应在清明节祭组织群众（包括机关、团体、学校）祭扫烈士墓。祭扫时应对坍塌失修、标志不清或毁坏的烈士墓进行培土修补或更新标志，并登记立册，交专人保管；对冲坏、失修或地方不适宜的，应组织群众加以修理或移葬。在烈士墓周围还应发动群众种植长青树木以示纪念。

29日 省人大一届六次会议举行。314名代表参加了会议。省长邵式平向大会作工作报告。副省长兼省计划委员会主任黄先作《江西省1957年度国民经济计划的报告》。省财政厅厅长徐光远作《江西省一九五六年决算和一九五七年预算的报告》。会议通过了《江西省人民委员会一九五六年工作报告的决议》等4项决议。会议号召全省人民发扬革命传统，争取更大光荣，同心同德，兢兢业业，积极工作，艰苦奋斗，为保证完成和争取超额完成1957年各项工作任务而奋斗，为争取社会主义建设的更大胜利而奋斗。会议于4月2日结束。

省长邵式平在作报告

30日 省人民医院外科主任医师彭余存和助手，在麻醉师龙立谐配合下，首次应用低温麻醉进行手术成功，开创江西施行低温麻醉手术先例。应用此法施行手术，可增加病人的麻醉程度，减轻病人痛苦。

30 日　全省水产工作会议结束。会议根据“以合作社为主，有重点的建设国营养殖场，积极发展群众性的养殖事业、搞好捕捞生产，逐步满足城乡人民对鱼食品日益增长的需要”的渔业发展方针，确定1957年生产鱼苗8亿尾，争取完成15.7亿尾，要求鱼种成活率平均达41%，生产鱼类110万担，贝类10万担。邵式平到会作了指示。

省长邵式平和社员们一起捞鱼苗

邵式平与渔业合作社社员在一起

31 日　省人委向省级各机关、民主党派、群众团体转发省人委办公厅《关于节减省级机关开支的几项意见》，要求1957年的公用经费开支比上年降低30%。

31 日　《江西日报》报道，全省专卖系统职工试验用野生植物酿酒成功。试酿白酒的野生植物有金英子、土茯苓、枥子等9种，可为国家节约大批粮食。

31 日　南昌市肥料制造厂经过一年零三个月的筹建与施工，近日开工生产。根据机器设备能力，年产颗粒肥料可达3.3万吨，约可肥田150万亩。该厂还生产根瘤菌、固氮菌、矽酸菌、磷细菌、钾细菌5种产品。

本月　农垦部长王震一行3人到恒丰农场视察。翌年，给恒丰农场赠送日本进口农业机械设备一套，价值10万元，其中有耕耘机、脱谷机、碾米机、抽水机等近百件。

本月　省人委发出《关于重视做好手工业生产所需原材料供应工作的通知》。

1957 4月 April

公元1957年4月 农历丁酉年【鸡】													
日	一	二	三	四	五	六	日	一	二	三	四	五	六
	1 初二	2 初三	3 初四	4 初五	5 清明	6 初七	7 初八	8 初九	9 初十	10 十一	11 十二	12 十三	13 十四
14 十五	15 十六	16 十七	17 十八	18 十九	19 二十	20 谷雨	21 廿二	22 廿三	23 廿四	24 廿五	25 廿六	26 廿七	27 廿八
28 廿九	29 三十	30 四月小											

2日　省委工业部召开全省工业会议，对如何进一步扩大人民民主，健全民主制度，依靠群众办好企业，深入开展增产节约运动，以及加强思想政治工作等问题，进行了认真的讨论和研究。会议指出：企业党组织的主要工作是思想政治工作，今后必须在职工中加强根本性的思想政治教育，不断提高群众的政治觉悟，树立正确的思想政治观点。邵式平、白栋材到会作了指示。会议于12日结束。

3日　《江西日报》报道，江西电机厂1957年第一季度为越南人民共和国赶制了130多台仿苏MII型电动机。其中4千瓦的85台，3.2千瓦的80多台。电机转速每分钟达3000转，专用于驱动锯木机床。

3日　省人委召开专员、县、市长联席会议，提出全面开展增产节约运动，争取1957年农业大丰收，保证完成和争取超额完成1957年各项计划任务，为第二个五年计划做准备。省长邵式平对贯彻执行山林政策和恢复油茶生产作了指示，省委书记刘俊秀作了《精简上层、充实基层，加强乡级党、政领导作用》的发言。省委第一书记杨尚奎就防灾度荒，资金积累、山区工作、编制等问题作了指示。会议于5日结束。

4日　全省第三次政治工作会议举行。全省各大专院校党委书记及党团工作干部，中等学校党员校长或党支部书记，赣南区委、各地、市委文教部干部、青年团干部和教育行政部门干部及被邀请的党外人士参加了会议。会议研究了学校中存在的人民内部矛盾和进一步加强学校政治思想工作的问题。邵式平、方志纯到会作了指示。会议于11日结束。

5日　省人委颁发《国家粮食市场管理暂行办法》，粮食统购任务完成后允许农民出售多余粮食，限定市场粮价不得超过统购价的5%～15%。

5日　清明节，省市党政机关、省军区、省市政协、各民主党派、人民团体以及烈军属代表100余人，前往南昌市郊烈士陵园祭扫革命烈士公墓，将写有“革命烈士永垂不朽”的花圈、呈献到陵墓前面。副省长邓洪、南昌市委第一书记郭光洲、省军区参谋长李国良相继讲话，表示要继承革命先烈遗志，艰苦奋斗，克服困难，迅速把我国建设成为一个伟大的社会主义国家，以安慰先烈们在天之灵。

5日　省委为加强基础领导力量、力争农业大丰收，从省直机关抽调干部550余人组成下乡工作团，分赴赣南行政区、南昌、上饶、吉安、九江、抚州专区动员与组织春耕生产。省委第一书记杨尚奎，书记邵式平、方志纯勉励下乡人员发扬艰苦朴素的光荣传统，争取工作中更大的胜利。

8日　省、市各界人民公祭全国政协委员、省人委委员、省人大代表邓文翚。省政协常委、各民主党派、各人民团体负责人和邓文翚生前好友100余人参加了公祭。全国政协秘书长邢西萍、省长邵式平、省政协主席杨尚奎等参加了公祭。

9日　为解决中、小学应届毕业生升学与从事劳动生产，特别是农业生产问题，全省广泛开展应届中、小学毕业生升学和从事劳动生产的教育活动。省委、省人委指示省教育厅加强对这一

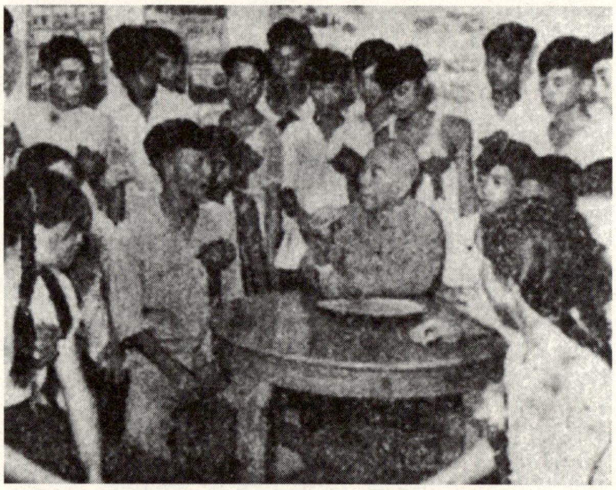

邓洪副省长（中）接见参加农业生产的南昌市应届毕业生，勉励他们做第一代有文化的农民

工作的领导。全省初中三年级从本学期起，增设"农业基本知识"课，还开展了参观农业生产合作社、请劳动模范和革命先辈作报告、义务劳动、种植等活动。大部分学校都把劳动教育和爱国主义教育、时事政策教育、革命传统教育、社会主义前途教育等作为毕业升学和就业教育的内容。

9日　省人委召集有关部门领导人会议，决定成立省防汛总指挥部，负责领导全省各地的防汛工作。省防汛总指挥部主任为邓洪，副主任为陈志诚，委员李国良、谢象晃、江林、徐光远、冯光、王金、龙标桂、刘之纲、彭振兴、李德友、卓剑雄、史奋、王炳田、肖开龙、沈宗范。办公室主任王子全，副主任田景芳。

9日　《江西日报》报道，彭泽棉花试验站老农艺师黄庭理1956年培育成"彭泽一号"新棉种，此棉种优点为：产量高、每株结桃30个、每亩收籽棉300斤以上，比"岱字15号"高19%～22%，品质好，兼有福字棉和岱字棉种优点，绒长29mm，衣分率达37.2%；成熟早，4月下种，9月下旬或10月上旬可收完花，成熟期约110天；株形好，约高75cm，株距约35cm，茎叶茸毛生长较密，抗风抗虫能力强，适宜机械耕作。农业部将"彭泽一号"列为全国主要优良品种进行试验推广。

10日　《江西日报》报道，省人委通知各地，要求全省第一批1183万元粮食预购款本月25日前发到农业社。中央拨给江西的340万元生猪预购款本月底以前一次性投放到城市、工矿、林区和供应出口生猪的生产基地，适当照顾灾区的一般产区。

10日　《江西日报》报道，省人委为保证全省生猪生产迅速发展，先后拨出了专用饲料用粮1亿3585万斤稻谷。第一批下拨的6435万斤专用饲粮主要用来弥补统购统销中养猪饲料留量不足的社（户）；第二批下拨的7150万斤是帮助解决生猪饲料问题。

10日　贯穿江西、福建两省的鹰（潭）厦（门）铁路全线通车，全长698公里（1958年元旦交南昌铁路管理局正式运营）。

鹰厦铁路通车

11日　景德镇市新建的一座新型的美术工艺瓷厂投入生产。该厂建筑面积达9092平方米；其中有成型、窑厂、彩绘、包装等生产线及职工宿舍等，可容纳700多人生产。

11日　省供销社上报《江西省一九五六年农村私商社会主义改造工作总结》。全省农村已有97%的私商纳入合营和合作化的社会主义形式，共有定息合营商店829个，6819人，不定息的合营商店1899个，2211人，合作商店3895个，27003人，合作小组（指分散经营，自负盈亏的）2269个，11837人。

12日　灌溉5000万余亩农田的全省大型水利工程——奉新县南潦渠竣工通水。该工程有渠首100米宽的拦河滚水坝，3个倒虹管，70余华里长的干渠道（土方70余万方），沿干渠道有各种闸、渡槽、跌水等附属建筑物60余座。

13日　省政协第一届常委会第十五次会议与省人委第三十次会议在南昌联合举行。会议通过《关于省人大代表和省政协委员到各地视察工作的联合通知》。《通知》指出：代表、委员在视察中发现的问题及对工作的意见，凡当地政府和有关部门能处理的，直接交由当地处理，处理不了的，交省里处理。要求代表和委员从4月中旬到5月底前进行视察。

13日　省人委召开第三十次委员会议，讨论通过《江西省1957年精简机构、紧缩编制的方案》、《江西省人民委员会关于成立科学工作委员会的决定》。

15日　全省第二次秘书工作会议在南昌召开。会议着重讨论与研究如何处理人民来信来访的问题。省长邵式平到会作指示，指出：认真处理人民来信，接待人民群众来访，是密切国家机关与人民群众联系、克服官僚主义的一个有效方法，关系到国家机关工作人员的民主作风、阶级立场和群众观点问题。会议于20日结束。

16日　全省各级党政群机关整编方案由省委、省人委下达。这次整编工作的原则是：精简上层，加强与充实下层，合并性质、任务相近或重叠机构，裁撤临时机构；部门设置不强调上下"对口"，组织分工不要太细；减少内部层次，减少行政管理人员和其他机关服务人员；行政与企业、事业编制严格划清，不得互相挤占；要从改进领导作风、工作方法和提高工作效率出发，不要单纯从减少人员出发。

16日　省人委转发省民政厅修订的《江西省城镇代管房产暂行办法（草案）》。

17日　省各级党政机关、企事业单位近期开展整风运动，要求通过"大鸣、大放、大辩论"，帮助中共各级组织搞好整风。

18日　省委举行常委扩大会议，检查各单位学习毛泽东《关于正确处理人民内部矛盾的问题》的情况。会议决定继续深入学习毛泽东《关于正确处理人民内部矛盾的问题》的报告，并强调各地在学习中，要与进一步加强党的领导，加强对群众的思想政治教育，改进工作方法和扩大与健全人民群众民主生活，发扬广大群众的积极性和创造性结合起来。

19日　江西医学院内科主任龙懿道和助手首次应用"心脏导管插入术"为一位女性患者检查出"肺动脉瓣狭窄"病症。该技术对于诊断先天性心脏病有决定性意义。

19日　全省32个县遭冰雹袭击，倒塌损坏房屋12391栋，死亡75人，伤671人。灾后，省人委下拨150万元救济款。

19日　全国人大代表高士其、许宝驹到达南昌，进行视察。

19日　庐山水力发电站一座310千瓦小型水电站开始送电。这座电站水流上下落差平均达600米，采用多级小头发电，能供几万人照明用电。

20日　省委、省人委发出《关于加强领导，认真做好1957年小学、中学教育工作中几项工作的指示》。

22日　江西省高等学校招生工作委员会在南昌正式成立。省教育厅厅长许德瑗为主任委员，杨惟义、郭庆棻、孟宪荩、罗延柱为副主任委员。委员会下设办公室，负责考生的健康检查、政治审查、宣传教育、考试报名、评阅试卷等组织领导工作。招生委员会初步确定南昌、樟树、上饶、吉安、赣州5个地区设立高等学校招生区。

23日　省委就继续深入学习《关于正确处理人民内部矛盾的问题》的报告发出通知。通知对开展学习的意义、要求、内容、形式和学习领导问题都作了明确规定。

23日　日产榨量350吨的机械化制糖厂在南康县唐江镇破土动工。

23日　省政协召开主席会议，研究设立县级政协及召开省政协第一届委员会第三次会议有关问题。

23日　根据国务院4月12日撤销中国农业银行，农村信贷工作由中国人民银行统一负责办理的决定，省人委发出关于撤销中国农业银行省内各级机构的通知。遵照通知，省农业银行与省人民银行合并后，省人民银行于5月1日起内部增设农村业务科和信用合作科，办理农村信贷业务。

24日　《江西日报》报道，全省各地农村中大批县、区、乡干部积极参加生产，具体领导生产，从赣南到赣北，到处可以看到被派驻在农业社里的县、区、乡干部在田间或村前村后和社员们一起送粪、拾粪、修水利、犁田的情景。干部参加劳动能了解农业生产中存在的许多问题，并及时帮助农业社设法解决；对于密切与群众的联系，调动群众的生产积极性起到了带头作用，农民出勤率普遍由90%提高到98%。

24日　省人委发出关于做好厂矿防暑降温准备工作的通知。通知指出：为了保护职工身体健康，保证生产均衡发展，完成和超额完成第一个五年计划，必须吸取1956年防暑降温工作的经验教训，发动群众加强技术领导，及早做好防暑降温准备工作。

24日　全省第三次妇女代表大会召开。大会选出朱旦华、胡瑞英、朱益明、李页俚等51人为省妇联第三届执行委员。选出朱旦华、李丽莲等29人为出席全国第三次妇女代表大会代表。杨尚奎到会作了《充分发挥妇女的社会主义积极性，为实现江西省的各项计划任务而奋斗》的报告。大会闭幕时，邵式平到会讲话。会议于30日结束。

25日　省人委就执行《国务院1957年棉布供应措施》发布指示。指示指出：国务院对调整已发购布票证和可能供应的棉布数量之间的差额所制定的措施，对于保证人民冬衣需要是非常必要的，全省各级政府，应当教育和发动全体人民，坚决贯彻执行。省级有关部门应组织一定力量，深入基层，具体协助，全面正确地贯彻实施。

25日　农工党江西省委召开全体会议，决定动员全省农工党成员继续深入学习毛泽东《关于正确处理人民内部矛盾的问题》的报告。会议要求：通过学习，检查每个组织的工作及每个成员的工作作风，提高政治思想水平，深刻理解"长期共存，互相监督"的重要意义，贯彻"百花齐放、百花争鸣"方针，发挥民主党派的应有作用，为社会主义事业作贡献。

25日　省人委、南昌市人委、省政协和南昌市政协组织省、市人大代表和政协委员15人到南昌市视察。视察活动于26日结束。

27日　省人委颁布《关于加强国家领导的农村自由市场工作的指示》。该《指示》根据全国农村自由市场会议精神，对全省农村自由市场的重要性和必要性的宣传教育、交易物质范围、农村自由市场物价管理、市场的行政管理等四个方面作出了规定，要求各地认真研究，根据当地实际，制定办法，贯彻执行。

27日　省人委规定波阳、余干、万年、九江、都昌、星子、湖口、彭泽、南昌、新建、永修等县及瑞昌县赤湖区等重点水产区的干鱼和咸鱼列为统一收购商品。

28日　南昌地委召开县委书记（扩大）会议。杨尚奎作关于学习正确处理人民内部矛盾的报告。杨尚奎根据自己的学习体会，认为毛泽东在最高国务会议上和党中央宣传工作会议上所作的《关于正确处理人民内部矛盾的问题》的报告的基本精神是：做好工作，改进领导，从积极方面去解决人民内部矛盾，避免矛盾的激化或转化。他希望大家结合当前的中心工作，领会精神实质，解决实际工作中存在的问题，推进社会主义建设事业。

29 日 省防汛总指挥部就全省各地连降大雨，近日续有暴雨，汛情日趋紧张的状况，发出《迅速做好防洪抢险准备紧急通知》。《通知》要求：（一）各地迅速组织防汛抢险大军；（二）积极筹备器材，做好抢险物质准备和调配工作；（三）总结与推广抢险经验，加强防汛抢险的技术领导；（四）加强洪水、气象预报工作，密切上下联系；（五）加强防汛抢险领导，积极战胜洪水。

29 日 杨尚奎带领省、市部分报告员分别向南昌市工厂、高等学校、卫生部门、文艺团体、街道居民等 28 个单位，约 8600 余人，传达了毛泽东《关于正确处理人民内部矛盾的问题》的报告。传达报告历时 2 天结束。

30 日 省市各界人民 2000 余人，在南昌市工人文化宫举行庆祝“五一”国际劳动节晚会。来自印度尼西亚、泰国、日本、越南等地的归国华侨，在东湖畔与各界青年举行了庆祝“五一”劳动节联欢晚会。

30 日 省人委发出通知，经报请国务院批准，自 1957 年 5 月 1 日，寻邬县改名为寻乌县，虔南县改名为全南县，大庾县改名为大余县，新淦县改名为新干县，鄱阳县改名为波阳县、新喻县改名为新余县。

本月 苏联专家兹维列夫先后对地质部江西办事处所属乐平、涌山桥、丰城、修德武、赣东北、德兴和铜厂等队地质勘探工作进行检查并提出建议。

本月 全国流行性感冒蔓延，全省患病人数达 220626 人，病源鉴定属亚洲甲型。

1957 5月 May

公元1957年5月　农历丁酉年【鸡】													
日	一	二	三	四	五	六	日	一	二	三	四	五	六
			1 劳动节	2 初三	3 初四	4 青年节	5 初六	6 立夏	7 初八	8 初九	9 初十	10 十一	11 十二
12 十三	13 十四	14 十五	15 十六	16 十七	17 十八	18 十九	19 二十	20 廿一	21 小满	22 廿三	23 廿四	24 廿五	25 廿六
26 廿七	27 廿八	28 廿九	29 五月大	30 初二	31 初三								

1日　省、市5万多人在革命烈士纪念堂前面的广场上，集会庆祝“五一”国际劳动节，检阅建设社会主义和捍卫世界和平的力量。南昌市委第一书记郭光洲在庆祝大会上讲话，号召全市人民正确认识社会大变革的深刻意义，学会正确处理人民内部矛盾，加强中苏团结，开展增产节约运动。景德镇、吉安、赣州、九江、上饶、抚州等地各界人民及萍乡矿区职工同时集会庆祝“五一”国际劳动节。当地党、政领导号召人民认真学习正确处理人民内部矛盾问题，开展增产节约运动，为完成和超额完成第一个五年计划并为迎接第二个五年计划作贡献。工人、社员代表汇报了生产成就。

1日　南昌市人委依据《江西省内河港务统一管理暂行办法》，制定了《南昌市港口管理暂行办法》。

2日　省委书记处举行会议，研究如何贯彻落实中央关于整风运动的指示，决定在全省开展整风运动。整风的主题是：正确处理人民内部的矛盾。

3日　全省有史以来第一个大型水利灌溉工程——锦惠渠，在上高县玛瑙山进水闸举行放水典礼。邵式平参加放水典礼并剪彩。锦惠渠大、小渠道长达1000华里，建筑物360多座。可使锦江两岸20多万亩稻田摆脱旱灾威胁，每年增产粮食2500多万斤。

3日　省政协一届三次会议在南昌举行。会议通过了省政协一届三次全体委员会议决议，常务委员工作报告的决议和提案审查报告。增选于洪琛、王德舆、郭光洲、潘式言为政协江西省第一届委员会副主席；补选李一平为秘书长；增选王连庆等16人为常务委员。杨尚奎作总结报告。会议于11日结束。

政协江西省一届三次全体会议在中山堂开幕

3日　省人委办公厅举行厅务会议，决定组织全厅干部分批下乡，参加农业劳动。第一批干部5月中旬前出发，每批有全厅1/3以上干部下乡，每期3个月。省人委秘书长、副秘书长、办公厅正、副主任和科长以上干部，也分批随同大家到东乡红星农场从事农业、畜牧业生产劳动。

4日 《江西日报》报道，全省各地青年团组织自年初广泛地对青年进行革命传统教育以来，截至4月底，全省约有150万青年受到革命传统教育。通过革命传统教育，进一步激发了广大青年参加社会主义建设的热情，有力地抵制了资产阶级思想的影响。

4日 省人委转发省财政厅《关于节减各级国家机关行政管理费用方案的通知》，方案提出了9条节约措施，并要求事业、企业单位制定节约方案，报上级批准执行。

5日 《江西日报》报道，省市各界人民发扬爱国主义精神，积极认购1957年国家经济建设公债。截至目前止，除个别县（市）外，已全面完成计划推销数，大部分县（市）已超额完成了任务，结束了认购工作。

5日 邵式平在省人委大礼堂接见江西师范学院、江西农学院、江西医学院的部分学生，解答他们提出的问题，并就学生参加“百家争鸣”活动以及理想和光荣、友谊和爱情等问题作了讲话。

6日 全省城市建筑先进生产者代表会议在南昌召开。全省各地方国营建筑工程公司、专区建筑工程处、自营建筑单位、设计部门、各城市建设局及所属单位167名先进生产者代表，22个先进集体代表参加会议。会议研究了如何提高工程质量、保证安全生产、节约原材料等问题。

7日 省财政厅根据国务院发布的《基本建设拨款暂行条例（草案）》精神，结合省情制定的《江西省地方基本建设拨款几点规定》，由省人委颁发实施。

7日 戏曲表演艺术家盖叫天来南昌市作短期公演。

8日 省监察委员会召开第二次党的监察工作会议。会议认为：各级监委必须密切结合增产节约和整风运动等中心工作，在党委的领导下，依靠广大党员群众，针对党内目前存在的不良倾向，着重反对不关心人民群众疾苦，破坏党和人民群众关系的官僚主义、命令主义和违法乱纪行为；反对贪污盗窃、腐化堕落、弄虚作假、欺骗隐瞒行为；反对打击报复、压制民主、争权夺利、破坏党的团结的行为。各级党的监察部门必须积极参加整风运动，对于犯了错误的党员，应“严肃谨慎，分别对待”，以达到“惩前毖后，治病救人”的目的。会议于15日结束。

9日 流窜于崇义、大余、粤赣边区的惯匪田作霖，经剿匪部队的长期侦察和追剿，近日在崇义县义安乡石罗村被公安民警当场击毙。至此，活动在赣南区的残余土匪已经被彻底消灭。

10日 省人委决定加强水产工作：（一）坚持以渔（农）业生产合作社为主，有重点地建立国营养殖场，积极发展群众性养殖事业，搞好捕捞生产的方针；（二）商业局所属水产局改为省人委直属局；省水产供销公司归水产局领导；（三）做好水产品购销工作；（四）做好发展水产生产规划；（五）供销、森工部门做好渔业生产资料供应；（六）继续开放国家领导的自由市场，允许渔（农）民自产自销。

11日 省卫生厅、农业厅、林业厅、商业厅，通知各地政府加强对药材生产、采挖的领导、管理，并及时解决存在的问题。

12日 省军区司令员邓克明、副政委林忠照等率领省军区机关300多名官兵和部分军官家属分别到南昌市郊金星、爱国、胜利三个农业生产合作社参加生产劳动。

12日 民革、民盟、农工党江西省委会和民建南昌市委会分别召开全委扩大会议，传达和学习毛泽东《关于正确处理人民内部矛盾的问题》的报告。会议于16日结束。

13日 邵式平在九江市向九江地、专、市县机关干部作整风动员报告。报告内容为：（一）现在为什么要开展整风运动；（二）整风运动的主题；（三）整风的方针、方法；（四）整风运动与生产；（五）省委对这次整风的大体布置。

14日 国家计委批准江西麻纺厂设计任务书，设计规模为麻纺绽3080枚，织机160台，生产标准麻袋1300万条。

16日 中国教育工会江西省委员会为进一步贯彻“放”和“鸣”的方针，揭露学校中的矛盾，开展批评、加强团结、改进工作，召集在南昌的各高等学校和中等专业技术学校的部分教学人员举行座谈会。到会人员就学校管理、教学、科学研究、工会等工作发表了意见。

16日 省军区党委会召开驻军部队、机关、学校、医院干部大会，动员开展整风运动。刘培善中将号召全军所有干部通过这次整风运动，学会正确处理人民内部矛盾，克服官僚主义、宗派主义、主观主义。

16日 省委举行五届四次全体会议，根据毛泽东《关于正确处理人民内部矛盾的问题》的讲话、中央关于整风运动的指示，广泛地就全省各项工作中存在的内部矛盾，以及如何开展整风运动展开了讨论。会议通过了《江西省委关于贯彻执行〈中共中央关于整风运动的指示〉的计划》。确定整风运动分省、地、县区和乡级三个层次先后进行，时间为6个月。杨尚奎作会议总结发言。会议于23日结束。

18日 南昌市中小学毕业生代表大会在南昌女中召开。南昌市中小学毕业生和家长代表204人代表全市6000余应届高中、初中、小学毕业生出席会议。邵式平作《怎样做一个社会主义新中国的青年》的报告，希望青年对革命事业无限忠诚，担负起建设社会主义的历史使命。

18日 《江西日报》发表省委文教部副部长李林的讲话《为正确处理文艺界内部矛盾和贯彻“百花齐放，百家争鸣”方针而努力——在南昌市文艺界座谈会上的结束语》。

18日 全省首次手工业先进生产者代表会议在南昌召开。400多名先进生产者与会交流经验，邵式平到会讲话。会议号召进一步开展增产节约运动和支援农业大丰收。会议于24日结束。

20日 邵式平签发省人委命令，颁发《江西省各级国家机关文书处理暂行办法》、《江西省各级国家机关档案室工作暂行通则》、《江西省各级国家机关文件材料立卷工作暂行办法》、《江西省各级国家机关积存档案整理工作暂行细则》及《江西省国家机关一般档案材料保管期限表（草案）》。

20日 省人民银行转发《中国人民银行办理国营商业短期放款办法》。6月1日起执行，旧办法同时废止。

21日 著名相声演员侯宝林来南昌市公演。

21日 民盟江西省委会及民盟南昌市委会，邀请江西师范学院、江西医学院、江西农学院担任院、系领导的盟员，座谈协助中国共产党整风问题。江西师范学院教务长谷霁光等11人出席座谈会。与会者对党外人士的职权问题、党员思想问题，以及党内外如何“拆墙”、“填沟”，合作共事等问题提出了批评和建议。

22日 全省举行1957年中、小学毕业升学和从事生产劳动广播大会。方志纯就升学或从事农业生产劳动问题讲话，号召青年艰苦劳动，创造更美好的未来。全省各地几十个广播会场的10.1万多应届中、小学毕业生参加了广播大会。

23日 省人委批复，1957年全省气象事业机构五级气象台1所，六级气象台2所，四级民航气象台14所，气候站38所，气象观测哨1所，事业编制总数384人。

23日 省军区委员会向驻军发出关于组织部队人员参加体力劳动的指示。号召全体共产党员，不论职位高低，资格新老，都应当把自己放在同普通劳动者一样的、同等的地位，利用各种空余时间种菜、养猪及其他可能从事的生产劳动。

24日 《江西日报》报道，省教育厅举行1957年暑期中学、师范招生工作会议，确定1957年中学、师范的招生办法。规定高中、师范以行、专区或省辖市为范围组织各校联合招生或由学校单独招生。会上成立了江西省1957年暑期中学、师范招生委员会。

24日 省人委召开第三十一次委员会议，通过由丁景才、邵式平等32人组成江西科学工作委员会。邵式平任主任，朱仙舫、丁景才为副主任。

25日 省、市2万多名共青团员和青年举行盛大纪念晚会，庆祝中国新民主义青年团改名为中国共产主义青年团。邵式平、郭光洲参加晚会并发表讲话，勉励大家努力学习文化、科学、技术，热爱劳动，团结青年，为社会主义建设而奋斗。

25日 省林业厅抽调25名干部组成四个工作组，分别到赣南行政区和吉安、上饶、抚州等专区，调查研究绿化和护林工作情况，为“十年绿化江西”做准备。

26日 江西人民广播电台召开正确处理人民内部矛盾座谈会，邀请省、市民主党派人士，高级知识分子座谈“长期共存，互相监督”，“百花齐放，百家争鸣”等方针政策问题，并广播座谈会的实况录音。

27日 省政协组织省政协委员11人，近期分赴部分地、市视察。6月中旬结束。

27日 “自由中国反共委员会”反革命集团案于日前破获，该集团共有成员50余人。首犯吴祥翰系原国民党永丰县藤田镇逃亡镇长。该反革命集团印制了多种反动传单、布告、关防、旗帜等，密谋于5月中旬举行暴动。破案时缴获了上述罪证，逮捕了3名主犯。

28日 省人委发出关于追加自然灾害救济款指标，进一步做好夏荒及新灾救济工作的通知。通知要求切实做好夏荒及灾害救济工作，争取1957年农业大丰收。省人委决定追加各地自然灾害救济款130万元，解决灾区人民的困难。

28日 中国土木工程学会南昌分会正式成立。选出张惟和、万尚荫等15人为理事会成员。其任务是：开展土木工程学术研究，发挥土木工程技术人员的智慧，为社会主义经济文化建设服务。

28日 全省已预购皮棉87335担，超额29.1%完成了预购计划；预付给棉农的预购定金1901975元。

29日 省委统战部邀请省民主党派负责人和无党派民主人士举行座谈会，征求对共产党和党的统一战线工作的意见，帮助共产党开展整风运动。出席座谈会的有谷霁光、孟素、廖少仪、王秋心、李柱、武惕予、傅肖先、潘式言等41人。省委第一书记杨尚奎、秘书长黄知真出席座谈会。杨尚奎诚恳要求党外人士对党的工作进行尖锐批评。

29日 省政协召开座谈会，座谈帮助中国共产党整风问题及声援台湾同胞的爱国反美斗争。会议于30日结束。

29日 省委召开全省宣教工作会议。全省各地的宣传、教育、科学、卫生、文艺、戏剧及新闻等各方面代表807人出席了会议，其中邀请了一半党外高级知识分子和各民主党派人士出席。会议的主要内容是：根据毛泽东在最高国务院会议上报告和全国宣传会议精神，认真学习和讨论正确处理人民内部矛盾的问题，贯彻执行“百花齐放，百家争鸣”的方针，大胆地开展批评与自我批评，深入检查思想政治工作，打下全面开展全省整风运动的思想基础。杨尚奎代表省委表示热烈欢迎和恳切要求党外人士畅所欲言。并强调整风和工作两不误。会议于6月8日结束。

30日 省教育厅、农业厅党组联合召开江西师范学院、江西农学院、南昌师范专科学校、省农业厅及其所属单位的教授、副教授、讲师以上高级知识分子和技术人员256人的座谈会，听取对党的工作的批评意见。邵式平主持座谈会，要求大家畅所欲言帮助共产党整风。

30日 省委统战部邀请南昌市及全省各专区、市、县在南昌市学习的工商界人士64人举行座谈会，征求对国家实行赎买改造政策和公私共事关系问题的意见。

30日 全省城市建筑展览会闭幕。广东、湖北、浙江、河南等省建筑部门参观团，全省各专区、市、县建设部门和城市建设部门参观代表团，全省建筑先进工作者代表，以及南昌市各机关团体干部、居民、学生等共1.4万多人参观了展览。

30日 省人委公布《江西省免费医疗工作试行办法》。

31日 省人民医院利用人工低温麻醉，替日本一患严重血吸虫病人施行门腔静脉吻合术，获得成功。此手术当时只有京津沪个别大医院施行过。

本月 杨尚奎、邵式平、方志纯、刘俊秀、白栋材、邓克明、林忠照等先后到莲塘、九江、丰城、南昌等地，和当地农民一起参加生产劳动。

省委书记刘俊秀在丰城县太阳乡朱家农业社割大麦

本月 南昌市调整全市街道基层组织，29 个街道办事处撤并为 25 个，街办管辖范围 1 万人左右；229 个居委会调整为 184 个，居委会管辖范围 270 户左右；居民小组由 25 户左右组成，城区共建居民小组 2107 个。

本月 丰城县理发师丁水生父女被杀害，省公安厅干部带警犬鉴别追踪，认定罪犯，破获此案。这是新中国成立后，江西省首例使用警犬破获杀人案。

本月 地质部江西办事处党组成立。

本月 省人委决定，江西钢铁厂改迁至南昌进行筹建。

新建成的江西钢铁厂

1957 6月 June

公元1957年6月 农历丁酉年【鸡】													
日	一	二	三	四	五	六	日	一	二	三	四	五	六
						1 儿童节	2 端午节	3 初六	4 初七	5 初八	6 芒种	7 初十	8 十一
9 十二	10 十三	11 十四	12 十五	13 十六	14 十七	15 十八	16 十九	17 二十	18 廿一	19 廿二	20 廿三	21 廿四	22 夏至
23 廿六	24 廿七	25 廿八	26 廿九	27 三十	28 六月小	29 初二	30 初三						

1日 乐华锰矿1.56万吨重力选矿厂正式投产。

1日 南昌市2万余名中、小学校的少年儿童，在市体育场举行庆祝“六一”国际儿童节大会。晚上7时，2000多名中、小学学生，在青少年宫举行了化装晚会。杨尚奎和邵式平参加了孩子们的晚会。

3日 赣州市的在台人员家属集会，控诉和清算美帝国主义欺压残杀中国人民的滔天罪行，一致表示支持台湾同胞爱国反美的斗争。

3日 省委召开全省财政贸易工作会议，着重研究讨论1957年工作任务。邵式平参加会议并作了讲话。会议于12日结束。

5日 省卫生厅制发《关于加强全省各级医疗预防机构业务技术指导关系的实施办法》，要求技术力量较强的城市综合医院采取分片负责的办法，对县医院进行技术指导。

6日 《江西日报》报道，全省高等学校1957年共招新生840名。其中，江西师范学院招新生500名，江西医学院招新生180名，江西农学院招新生160名。

8日 省人委颁布《关于改进全省医疗预防工作紧张忙乱现象的指示》。要求各级政府必须加强对卫生工作的领导和督促检查，对于医疗预防工作紧张忙乱现象，必须调动一切积极因素，从各方面努力改进。

8日 根据中央整风运动中“组织力量反击右派分子”的指示，在省委的直接领导下，开始组织力量，对少数右派进行了反击（但是，反右派斗争被严重地扩大化了，把一批知识分子、爱国人士和党内干部错划为“右派分子”）。

9日 省人委颁布《减少国家工作人员占用病床，便利群众住院医疗》的命令。对少数国家工作人员病情不严重，却占着病床，妨碍需住院医疗病人住院的现象，要求全省各级国家机关、事业、企业单位应配合医院对其进行教育，并会同监察机关、人事部门进行检查，作出处理。

10日 江西省文艺学校正式成立。1957年3月，省人委决定以省赣剧团演员训练班和电影训练班为基础，成立江西省戏曲学校、江西省文艺学校，一套班子、两块牌子，赵锡茶任校长，雷震任副校长。

10日 省委农村工作部和省农林厅联合召开各专（行）署农林办公室主任和重点县农林局长座谈会，研究并部署如何集中力量，搞好夏收，扩大秋收，争取农业更大丰收的工作。会议于13日结束。

11日 省人委颁布《关于加强春熟粮、油统购工作的指示》。指示针对统购工作形成自流，工作处在停滞状态，春熟粮、油统购工作十分迟缓，对计划没有完成的问题，作出了三点指示。

12日 省工商联举行常委会议，通过《关于站稳立场，坚决与右派作斗争的决议》。

13日 省人委召开第三十二次委员会议。会议要求，各级领导要亲自动手处理人民来信来访工作，及时解决群众所提出的各种问题。

14日 农工党江西省委会成立整风领导小组。民革、民盟江西省委会也先后分别成立整风领导小组。此后，农工党、民革省委会机关开展反右派斗争。民盟江西省委会和南昌市委会贯彻民盟中央关于《全盟开展反右派斗争并开始盟内整风的决定》，检查和端正民盟各级领导的政治方向，组织盟员批判盟内右派分子。

17日 省公安厅党组组织全体干部学习讨论中央文件，开展大鸣大放和揪斗右派分子的运动，并将厅机关19名干部划为右派分子（1979年2月15日经复查，认定错划右派予以纠正18名，摘掉右派分子帽子1名）。

18日 省商业厅、省财政厅发出《关于公私合营商业企业利润上缴办法的临时规定》。

21日 南昌铁路分局与九江港务局共同协商，制定水陆货物联运试行办法。铁路只限在南浔线务各站办理，水路可在上海、武汉、大连等19个港口办理，货物限于粮食、食盐等8种。

23日 省体委、南昌市体委联合举办1957年全省横渡赣江游泳竞赛。南昌、九江、赣州、上饶、吉安、景德镇、抚州7个市400多名游泳选手，分男女两组进行了比赛。264名游泳选手游到终点。评出10名选手组成江西省游泳代表队，赴武汉参加全国横渡长江竞赛。

25日 省民政厅分两期培训的507名苏区老干部，其中410名分配到其原籍协助民政工作，享受定期定量补助。

26日 省委召开省市党员副科长以上干部大会，会议号召全省共产党员和人民“坚决粉碎右派的进攻”。同反右派斗争相配合，厂矿企业和农村开展了两条道路的大辩论和社会主义教育。

27日 南昌煤炭街6号戴子云家乱扔烟头引起大火，由于水源不足，街巷狭窄，大火延烧至7条街巷，8个小时才扑灭，共烧毁房屋78栋，186户654人受灾，损失折款15万余元，扑救中消防干警3名负重伤，17人轻伤。

27日 南昌市职工、农业、手工业合作社社员、妇女和青年学生2100多人，在南昌工人文化宫举行声讨右派分子集会。

本月 南昌成立郊区委。

本月 省检察院开始整风运动（反右派斗争），到12月底结束。运动中省检察院4名干部，全省检察系统39名干部被错划为右派分子，占干部总数3.3%，其中有中共党员33名，共青团员4名；分、市检察院副检察长1名，县检察院检察长1名，检察员26名（到1959年、1960年相继得到平反）。

1957 7月 July

公元1957年7月 农历丁酉年【鸡】													
日	一	二	三	四	五	六	日	一	二	三	四	五	六
	1 建党节	2 初五	3 初六	4 初七	5 初八	6 初九	7 小暑	8 十一	9 十二	10 十三	11 十四	12 十五	13 十六
14 十七	15 十八	16 十九	17 二十	18 廿一	19 廿二	20 廿三	21 廿四	22 廿五	23 大暑	24 廿七	25 廿八	26 廿九	27 七月小
28 初二	29 初三	30 初四	31 初五										

1日　《江西日报》报道，省军区在南昌莲塘和瑞金沙洲坝两地捐款兴建“南昌八一拖拉机站”和“瑞金拖拉机站”，帮助当地农业社进行水田耕、耙以及抽水运输等机械作业。

1日　江西省老革命干部训练班举行开学典礼。

1日　萍乡钢铁厂第一座40立方米主炉建成投产，当年生产铸造生铁3745吨，迈开了全省钢铁工业发展的步伐。

1日　省妇幼保健院院长杨学志在国内首次引进冈淋氏“宫颈癌系统性广泛性根治术”成功。她撰写了《子宫颈癌广泛性逆行性根治手术》一书，并先后到长沙、武汉等地多次做手术示范。

1日　省人委公布全省第一批重点文物保护单位94处。

3日　省人委颁发省财政厅重新制定的《江西省区以上行政机关公用经费开支标准》，自8月份起执行。

3日　省委、省人委颁布《关于做好农业社夏收预分工作的指示》。要求各级党政领导把做好夏收预分作为当前农村中心工作之一，集中必要的力量，坚持执行“统筹兼顾，合理安排”的原则，合理确定国家、合作社和社员的分配比例，对劳动力弱、人口多的农户，实行一定的互助互济，保证完成和争取超额完成1957年的农业生产任务。

4日　省政协第一届委员会向全省各市、县政协转发全国政协学习委员会关于组织学习毛泽东《关于正确处理人民内部矛盾的问题》和《人民日报》有关反击右派的社论的通知。

5日　《江西日报》报道，省人委拨款80万元救济老革命荣誉人员。此款分别下拨到弋阳、瑞金、兴国、永新等68个革命老根据地。

6日　《江西日报》报道，省人委决定对山区粮价再次调整，凡现行稻谷统购价每百斤低于5元者，无论是小点、集并点和县城，一律调高到5元，高于5元者不动。各地自1957年7月15日执行。全省约有600个（占全省30%）收购点的粮价得到提高，每年给老革命根据地和山区人民增加300万到400万元的收入。

7日　第一批10辆国产解放牌汽车在南昌市

主要街道——八一大道南段、中山路、胜利路、象山路游行。沿街群众夹道欢呼。

7日 南昌市人民法院第一审判庭对曾参与迫害方志敏烈士的罪魁之一柯常琳进行公开审判。柯犯解放前曾担任国民党玉山县党部执行委员、县党部干事（书记长），解放前夕混入民主党派，逮捕前是南昌市民政局副局长，审判庭根据"坦白从宽，抗拒从严"政策，决定判处柯犯有期徒刑15年，剥夺政治权利7年。

8日 省委批准，成立江西省物价委员会。

9日 由长江水上运输法院、省航运厅、司法厅联合举办的"长江水运司法展览会"在南昌市海员俱乐部展出。

10日 由中央农业部组成的长江流域水稻良种繁育参观团一行27人抵达上饶市，对上饶繁育推广水稻良种进行参观考察。上饶专区历年在繁育推行水稻良种方面成绩显著，良种栽培面积达410万亩，占全专区水稻面积一半以上，每年增产粮食1.23亿斤。

13日 景德镇建筑工程公司傅凯三等人在第二制瓷社三座烧瓷窑工程中，设计了"圆形倒焰窑"施工详图，获得成功，填补国内一项空白。

15日 省委、省人委、省军区颁布《关于成立纪念"八一"起义30周年筹备委员会的通知》。《通知》指出：为纪念"八一"起义30周年，特决定成立以杨尚奎为主任，邵式平、邓克明为副主任，郭光洲、饶思诚、傅肖先、黄霖、莫循、林忠照、于英川、朱旦华、张云樵、方德鑫、谢象晃、周振远、李如皞、石凌鹤为委员的纪念"八一"起义30周年筹备委员会。

16日 《江西日报》报道，江西省第一辆流动X光线汽车开始流动摄像。车内装置的X光机平均每天可拍肺部小片300张以上，这种X光机汽车流动性强，可以到没有X光设备的地方进行肺部健康检查。

16日 省人委召集有关部门负责人讨论加强抽水机的生产、运输和安装工作，对农村抽水机的供应问题采取紧急措施，并要求有关工厂赶制机件、工人下乡检修，解决使用中的问题。

16日 省委决定陈克光任省检察院副检察长、党组成员。

17日 省委、省人委颁布《关于加强抗旱防旱工作的指示》。要求各地必须集中全力，迅速地、积极地把抗旱防旱工作开展起来，力争1957年农业丰收。

18日 全省部分地区发生严重旱情，省委从省直机关抽调40余名副科级以上干部，组成5个工作组，分赴赣南行政区、南昌、上饶、吉安、抚州和九江等专区督导并协助开展防旱、抗旱、夏收、夏种工作。

18日 全省航空模型比赛在南昌市郊梅岭飞机场举行。参加比赛的单位有南昌、九江两市的中等学校、小学以及全省航空模型爱好者。比赛项目有自由飞机（活塞式发动机）、模型飞机、二级橡筋动力模型飞机、三级橡筋动力模型飞机、二级牵引滑翔模型飞机和三级牵引滑翔模型飞机。比赛于20日结束。

19日 省委、省人委、省军区颁布《关于纪念中国人民解放军建军30周年庆祝活动的联合指示》。决定从7月27日至8月5日的10天为庆祝活动周。省、市、地、专、县、区、师、学校、分区、团队、医院、兵役局、独立营等单位开展的各种纪念活动必须力求隆重，宣传广泛，教育深刻，并要在不误生产、力求节约的原则下进行。

19日 省人委下达《关于加强制药管理和药品检验工作的暂行规定》。

22日 省委召开地、市委书记联席会议，研究组织全省力量抗旱夺丰收问题。会议认为各地、县委必须全力领导农民抗旱，暂时把整风停一停，推迟时间进行，依靠群众，千方百计挖掘增产潜力，争取农业丰收。会议于25日结束。

24日 《江西日报》报道，省、市人委从省、市、厅、局机关抽调有关干部52人，组成10个调查组，于6月28日分别深入省级机关和南昌市、南昌专区85个直属单位，调查处理干部住房不合理的问题。7月底，住房处理方案由省人委批准后开始执行。

24 日 省、市文艺界 500 多人举行反击“资产阶级右派分子”集会。

26 日 民建南昌市委会和省工商业联合会贯彻民建中央、中华全国工商业联合会《全国工商业者团结起来，立即展开对章乃器的反社会主义活动作坚决斗争》的联合指示，成立“两会”“反右派”斗争领导小组。同日，召集在南昌市的民建市委会委员、省工商联常委和工商界人士 800 余人，举行声讨“右派分子”大会。

批斗“右派分子”大会

27 日 省编委、省卫生厅下发全省卫生事业机构人员编制方案。

29 日 省人委发出紧急通知，要求各地抓住雨后时机，集中力量突击抢收抢种，力争全年农业丰收。

30 日 省、市烈军属和复员军人举行联欢会，庆祝解放军建军 30 周年。老红军战士、复员转业军人、烈军属感激政府的关怀和照顾，表示要发扬革命军人的光荣传统，建设好伟大的祖国。

31 日 省、市党政机关、人民团体、各民主党派和解放军驻南昌部队以及烈军属代表 100 余人，到南昌市郊烈士陵园悼谒烈士公墓。瑞金县人民和驻瑞金部队官兵分别到叶坪、驻马冈、人民广场等地祭扫了红军烈士纪念塔、革命烈士纪念塔、革命烈士纪念碑和革命烈士墓。

31 日 省、市各界举办庆祝解放军建军 30 周年展览会在南昌八一起义纪念馆开放。

本月 全省 84 个县（市）对煤油供应均采取全面控制的措施。主要方式：凭证（票）限量供应；不凭证限量供应；逐级分配定量到户；指标分片包干；规定销售日期售完为止；限量不限批次供应。

本月 庐山垦殖场奶牛分场采用蒸汽干锅生产奶粉成功，填补省内一项空白。

1957

8月

August

公元1957年8月　农历丁酉年【鸡】													
日	一	二	三	四	五	六	日	一	二	三	四	五	六
				1 建军节	2 初七	3 初八	4 初九	5 初十	6 十一	7 十二	8 立秋	9 十四	10 十五
11 十六	12 十七	13 十八	14 十九	15 二十	16 廿一	17 廿二	18 廿三	19 廿四	20 廿五	21 廿六	22 廿七	23 处暑	24 廿九
25 八月大	26 初二	27 初三	28 初四	29 初五	30 初六	31 初七							

1日　省、市各界人民和人民解放军驻南昌部队代表共2000余人，在八一礼堂举行庆祝解放军建军30周年大会。省委第一书记杨尚奎、副省长邓洪、省军区司令员邓克明等党、政、军领导出席大会讲话。同日，省委、省人委、省军区给全省烈军属、残废军人、复员转业军人、伤病员和民兵发出慰问信。

省、市各界人民庆祝中国人民解放军建军30周年大会

1日　省、市各界人民代表300余人举行八一起义纪念塔奠基典礼。杨尚奎执铲破土，奠置基石。同日江西省革命烈士纪念堂开始对外开放。

1日　江西省歌舞团正式筹建。歌舞团团部暂设江西艺术剧院，下设艺术室、歌队、舞队、乐队等。

1日　南昌八一起义纪念馆旧址举行修建开工典礼（当年竣工开放，陈毅亲笔题写馆名）。

1日　南昌、赣州、上饶、景德镇、九江市的电影院和南昌、修水、南城、泰和、遂川等60多个县城的电影放映队，举行“庆祝八一建军节30周年电影展览”。展览影片有故事片：《战斗里成长》、《激战前夜》、《沙漠里的战斗》、《铁道游击队》、《暴风中的雄鹰》、《小伙伴》；纪录片《移山填海》、《护航》等。展览由中华人民共和国文化部、解放军总政治部联合举办，为期一个月。

2日　省委书记处举行会议，针对部分富裕中农过高要求留粮，只顾个人，不顾国家的资本主义思想，以及集体隐瞒产量等错误做法，决定在广大农村中，开展做好粮食统购统销的宣传教育运动，进一步提高农民群众的社会主义觉悟，为在全省农村全面开展社会主义思想教育运动打下基础。

6日　《江西日报》报道，根据教育事业的发展需要和学校规模与学校分布状况，省教育厅决定在农村设立104所初级中学，在城市新办完全中学1所，初级中学8所；原有学校分校2所。全省共增设115所中学。

6日　省、市各界青年2000余人举行方志敏烈士殉难22周年纪念大会。

7日　省人委针对全省早、中稻收割和二季晚稻及其他秋季作物抢种进度十分迟缓，全省早稻面积1800余万亩，只收割了1200余万亩；二季晚稻和其他秋季作物计划种植2000万亩，只种下约700万亩的情况发出紧急指示。要求全省各级政府和农村工作干部、全体农民立即动员起来，集中一切力量，抓紧时机，突击抢收抢种，完成全部收种任务。

7日　省人委发出通知，规定红薯和稻谷折合比由4:1调为5:1。

8日　《江西日报》报道，九江城门乡根据本乡铁蕴藏量丰富，矿石含铁率达50%的有利因素，按照“投资小、收效大”的原则建设小型炼铁厂，日产纯铁1.5吨至2吨。

8日　省委常委会召集农业、水利部门研究抓紧秋后短促时机，突击完成抢收抢种任务。会议要求各地组织一切力量抢收早稻，种植双季晚稻，番薯、大豆、小粟、马铃薯要大量种植。

9日　省人委公布第一批文物保护单位。第一批文物保护单位共94个，分布在全省36个县、市。一部分为革命遗址，包括瑞金中共中央办公厅旧址、南昌八一起义总指挥部旧址等30个单位。另一部分为历史文物64个单位，其中古文化遗址13个，有南昌县齐城岗、清江县筑卫城等新石器时代遗址和全国著名的宋代吉州窑址；古墓葬7个，包括金溪县陆象山墓、抚州市汤显祖墓等；古塔15个，有萍乡唐代甄叔禅师塔、大余嘉祐寺守塔等；碑碣、石窟、寺庙、造像、牌坊、桥等共29个，有奉新百文山唐代碑碣、南丰金鱼潭宁代石窟、黎川福山双林寺五代危金讽造像、贵溪上清宫、南城万年桥、吉安富田文天祥故址等。

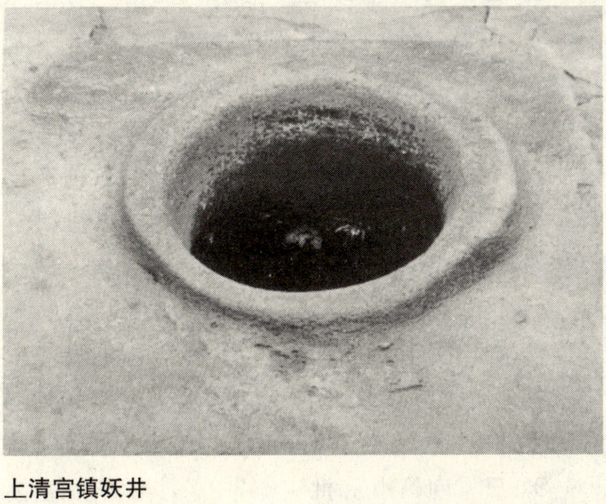

上清宫镇妖井

上清宫铜钟

10日　全省境内江、河、湖水位上涨，省防汛总指挥部发出紧急通知，要求沿江滨湖地区加强防汛。

10日　省人委召开全省粮食工作会议。参加会议的有行署主任，各专署专员，南昌、景德镇市市长，各专署粮食局局长和县粮食局局长。方志纯出席会议作了指示。会议确定了1957年粮食征购任务和完成征购任务的4条原则。会议于15日结束。

12日　省市检察院侦查监督科长和部分县检察院检察长座谈会召开，传达中央关于检察机关要继续深入地开展肃反斗争和惩治其他犯罪分子的斗争，贯彻“一般监督工作基本上不搞”的指示和最高检察院召开的侦查监督工作会议精神。

14日　省委召开电话会议，赣南区党委、各地委负责人及全省82个县的县委书记和县长参加了会议。会议认为收种进展迟缓的现象不容继续下去，要求全省各地8月20日前全部完成收种任务（截至8月20日，抢插二季晚稻和抢种作物达1556多万亩，除220多万亩荞麦须继续抢种外，其他秋作物基本完成抢种任务）。

15日　《江西日报》报道，全省近2万名

中小学毕业生自愿放弃升学考试，直接回到农业生产岗位，立志献身于社会主义的农业建设。

16日 省公安厅近日召开全省户口工作会议，作出了全省《关于简化户口手续和改进户口管理工作的规定》。规定取消居民临时外出申请报告登记，以及暂住3天以下和本市镇内甲地到乙地暂住、旅客循环登记等制度。迁出、迁入、出生、死亡登记等一律由居民持户口簿到公安局或派出所申报，取消居民书面申请和居民基层组织层层盖章等做法。

17日 省人委日前召集省粮食厅、轻工业厅、服务厅、农业厅召开会议，研究决定在全省范围内逐步开展米糠榨油，并确定全省1957年下半年榨制糠油200万斤。

18日 省委、省人委、省军区从直属机关中抽调干部和官兵2450余人，分别到南昌、新建、永修等县，协助农民进行抢收。其中810多人坚持了3天至4天的劳动。

20日 《江西日报》讯，省人委从省优抚事业费中拨出336.3万元追恤为革命牺牲、病故人员。这次追恤费发放范围为：凡1957年在清理烈士和平反补课中新登记的为革命牺牲、病故人员，每名一律发给追恤费50元。

20日 省人委行政会议批准《全省第四季度棉布统购实施方案》。要求各地在发放布票时，切实按照实际人员数字和分类标准发放。

21日 《江西日报》讯，省委颁布《关于开展做好粮食工作宣传教育的指示》，指出：针对一部分拒绝改造的地主、富农、反革命分子，反对合作化，破坏统购统销，挑拨工农关系，反对农民走社会主义道路；部分富裕中农多余粮食和农产品不愿卖给国家；某些农民在粮食问题上存在个人主义和本位主义思想；少数农村干部有右倾麻痹思想和松劲退坡情绪等状况，要求在农村开展一次以粮食问题为主题的大规模思想教育运动，提高广大农民的社会主义思想觉悟，顺利完成粮食统购统销工作。

22日 全省第三次国营农牧场工作会议在南昌召开，讨论第二个五年计划期间扩场、农副产品生产等计划。会议于29日结束。

23日 《江西日报》报道，全省1957年下半年新建与扩建中、小学校250余所，建筑面积达8.3万平方米。扩招中、小学新生7.1754万人。

24日 1957年全国分区射击赛在南昌举行。

25日 全省已入库预送预售新粮5.8亿余斤，占全部预售任务数的38.8%。

26日 地质部江西办事处召开1958年计划会议，确定1958年组织14个地质勘探队与普查队，对赣东北、赣西北、赣中及赣南等地区20余县寻找急需的矿产资源。会议于9月4日结束。

27日 省高级人民法院发出《关于保卫粮食统购统销工作的指示》，指出必须明确保卫粮食统购统销是人民法院当前的一项重要中心工作，在政策上对反革命必须肃清，坏分子必须打击；用说理的方法正确处理人民内部矛盾；通过审判活动和法律讲解，广泛深入地开展法律宣传教育工作。

29日 省人委颁布《关于一九五七年度棉花统购工作的指示》，指示内容有：（一）全省1957年统购皮棉37万担；（二）正确执行价格政策，做好棉花统购工作；（三）各地要高质、快速，保证年前至少完成棉花统购总量的90%以上，有条件的要完成全部统购任务；（四）严禁小商小贩贩运棉花；（五）各地人民银行要保证购棉资金到位；（六）各级人民委员会要加强对这一工作的领导。

29日 《江西日报》报道，江西三大巨型灌溉工程之一，抚州专区最大的水利工程——临川渠，以及东乡县幸福水库正式动工兴建。临川渠位于抚河中游东岸，全长48公里，共有大小灌溉建筑设施200余座。工程竣工后，抚河两岸每年可增产粮食2335万斤。幸福水库建成后，每年可增产粮食990万斤。

30日 省委、省人委颁布《关于加强晚稻和其他秋季作物田间管理，争取全年丰收的通知》。要求各地必须尽一切努力，切实加强秋季作物的田间管理，调配好劳动力，争取全省粮食大丰收。

31日 南昌市首批40名中、小学毕业生离开学校、家庭，到农村落户，参加农业生产。行前举行了近千人的欢送大会，副省长邓洪等领导参加欢送会并讲话，予以鼓励。

31日 省委农村工作部发出《关于解决国营农场场群关系问题的意见》。《意见》指出：场群关系问题，实质上是国营农场和农业社两种经济发展中的矛盾的反映，解决的根本办法应该是对两种经济的发展进行统一规划，双方兼顾，合理安排。

本月 经国务院批准，省人委将江西省电业管理局划归江西省重工业厅管辖。

本月 全省第一条110千伏送电线路（上犹江水电站至赣州变电站）投产，容量：1×1万千伏安。从此，赣南（州）电网形成。

1957

9月 September

公元1957年9月 农历丁酉年【鸡】													
日	一	二	三	四	五	六	日	一	二	三	四	五	六
1 初八	**2** 初九	**3** 初十	**4** 十一	**5** 十二	**6** 十三	**7** 十四	**8** 白露	**9** 十六	**10** 十七	**11** 十八	**12** 十九	**13** 二十	**14** 廿一
15 廿二	**16** 廿三	**17** 廿四	**18** 廿五	**19** 廿六	**20** 廿七	**21** 廿八	**22** 廿九	**23** 秋分	**24** 闰八月	**25** 初二	**26** 初三	**27** 初四	**28** 初五
29 初六	**30** 初七												

1日　全省举重锦标赛在上饶市举行。南昌、赣州、九江、吉安、上饶、景德镇、抚州等市和庐山区、乐平县等9个单位的51名运动员参加了比赛。选拔了邬毛头、万根水、陶桂庭、熊其龙、潘武球、李金龙、郜秋泉7人组成江西省代表队，出席1957年10月在广州举行的全国举重锦标赛。

2日　省人委发出指示，对1957年征收农业税、农林特产税、灾情减免等作出详细规定。

7日　省人委发出《关于一九五七年农业税征收工作的指示》，对高级农业社实行地区差别比例税制，税率最高20%，最低11%。

7日　省人委第二十三次委员会议通过《江西省劳动教养工作实施办法》，并于9月9日公布施行。决定成立省劳动教养管理局，要求各地、市、县成立劳动教养工作委员会。

7日　团省委号召全省青年职工积极参加社会主义辩论，提高社会主义觉悟，排除资产阶级思想影响，以实际行动巩固党的领导，捍卫社会主义制度。

9日　省委组织部、省人委人事局决定从省直各界抽调干部257人加强大专院校文化教育部门，至此全省共抽调干部1027人加强上述部门的领导力量。

9日～10日　毛泽东巡视江西，听取省委、省人委负责人汇报，并观看省人委院内贴出的“鸣放”大字报。

9日　全省中、小学相继开学，学生人数达到206.5万余人，比1956年增长了11.7万人。

13日　省人委发出《关于清理预算外资金及颁发江西省特种资金管理暂行规定的通知》。

13日　《江西日报》报道，赣南区党委、南昌、上饶、吉安、九江、抚州等地委，遵照中央指示，领导所属各县，在农村进行以粮食统购统销为课题的社会主义大辩论试点工作。试点地区有平原区、山区、经济作物区，也有滨湖区和灾区；试点的社有一类、二类、三类社。目前，全省各地的社会主义辩论正在有领导、有计划地全面铺开。

14日　《江西日报》报道，全省自1956年在各个学校开始施行劳卫制新项目标准以来，共有2.387万人达到劳卫制各级及格标准（包括二年级 1200 人、一年级 15452 万人、少年级 7218 人），为参加劳动和保卫祖国准备了健康的身体条件。

15 日 从英国、日本、匈牙利等国家引进一批农用拖拉机、农机具，近日投入全省各地水田、旱地耕作使用。

16 日 省人委举行第三十三次会议，讨论 1957 年度棉花统购工作、发展山区经济、发展水产（养鱼、捕鱼）以及建立安哥拉兔种场发展毛兔饲养等问题。决定成立以彭振兴、刘仲德、谢象晃、盛朴、王肃、史奋、郭斌为委员，彭振兴为主任，刘仲德为副主任的江西省养兔委员会，负责全省养兔工作。

17 日 为抢救即将失传的古老剧种“青阳腔”，都昌、湖口两县老艺人组建了都昌高腔剧团。

18 日 全省农村普遍开展两条道路大辩论，12 万名干部受到训练，500 万农民参加论战。

19 日 《江西日报》报道，全省 21.8 万亩黄麻普获丰收，总产量约产生麻 63 万担，比 1956 年增产 15 万担，超过解放前产量 6 倍多。

19 日 省人委颁布《关于年度粮食统购统销工作的指示》。要求各地必须正确认识和充分发挥粮食统购统销工作中的有利条件，在坚持“三定”的基础上，结合各农业社的具体情况，实事求是，贯彻执行政策，完成统购任务，做好统销安排，保证国家建设和广大人民生产、生活对粮食的需要。

20 日 省军区南昌区域授勋典礼大会在省军区大礼堂举行。省军区司令员邓克明代表毛泽东主席和国防部长彭德怀将一、二、三级解放勋章、“八一”勋章、“八一”奖章等授予许军成大校等 357 人。杨尚奎、刘俊秀、李杰庸、欧阳武、傅肖先、周振远及郭光洲等到会祝贺。

20 日 省人委颁布《关于做好一九五七年度棉花统购工作的补充通知》。要求各级政府加强对棉花统购工作的领导，抓紧时机，结合农村进行的社会主义大辩论，深入地向棉农进行社会主义爱国、爱社、爱家的思想教育，说服棉农多卖好棉花给国家，支援国家的社会主义建设。

20 日 历时三个月的全省商业网普查工作结束。全面完成全省商业系统国营、公私合营、合作商店、合作小组、私营商业以及各级行政部门的机构、人员普查工作。

20 日 第十三次全省公安工作会议在南昌召开。会议传达了公安部部长罗瑞卿在全国公安厅、局长会议上的总结；省委书记方志纯、省委组织部部长吴允中到会作了指示。

21 日 省人委颁布《关于调整江西省黄麻收购价格的通知》，规定二等二级切根生黄麻每担收购价格：上饶 15.10 元，吉水、赣州 15 元。并结合全省具体情况，对黄麻收购价进行了调整。

23 日 《江西日报》报道，全省水利基本建设提前超额完成第一个五年计划。5 年来新建水库、山塘、渠道、陂堤等各项水利工程 101565 座，扩大灌溉面积 618.3 万亩；整修扩建各项工程 275818 处，改善灌溉面积 1400 余万亩；圩堤培修完成 1.25 亿立方米土方；发展抽水机 1.03 万马力，加上原有抽水机，受益面积达 40 余万亩；兴建谷坊、山圳等拦水工程 242014 座，初步控制水土流失现象。到目前，全省水利灌溉面积已发展到 3013 万亩，达到总耕地面积的 75%。与解放前相比，水利设施增加 2 倍多，万亩以上的大中型工程灌溉效益（面积）增加 40 倍，抽水机拥有量增加 150 倍。全省 1063 个乡基本消灭了水旱灾害。

24 日 中共中央八届三中全会在北京召开。会议于 10 月 9 日结束。邵式平出席会议并就江西山区工作问题作大会发言，全面分析了江西山区的历史和现状，提出全面开发和建设山区的规划设想。

24 日 省人委颁布《关于贯彻执行国务院对计划收购（统购）和统一收购物资不准进入自由市场的规定的指示》。指示根据国务院 1957 年 8 月 17 日《关于由国家计划收购（统购）和统一收购的农产品和其他物资不准进入自由市场的规定》精神，结合全省具体情况，作了 7 点补充规定。规定木材（包括条木、原木、板材）、毛竹、桐油、木油属于全省统一收购物资，茶油、茶籽属于计划收购物资。并指出，各县、市人民委员会可根据国务院规定提出当地具体的市场管理办法，报行、专署（南昌、景德镇市报省）审查批准后公布施行。

25 日　省委召开工业交通会议，研究部署工矿交通企业的整风和社会主义教育问题。会议确定 1957 年冬至 1958 年春在企业中掀起生产和整风两大高潮。白栋材作会议总结发言。会议于 27 日结束。

25 日　省委召开农村工作部长会议，传达中央第四次农村工作会议精神，结合全省实际情况，研究和部署结合社会主义教育运动进行整党、整风、整社，组织冬季生产高潮。会议于 29 日结束。

26 日　地质部江西省办事处正式组建修水地质队九九九队，开展铀矿普查工作。

27 日　著名小提琴家马思聪抵达南昌，在江西艺术剧院演出。

27 日　省商业厅、省卫生厅、省供销合作社发出《关于合理分配货源，做好农村旺季物资供应工作的联合指示》，确定工业品，如竹壳水瓶、卫生衫等主要供应农村；副食品实行城乡兼顾；高级食品消费优先供应工矿区；城乡都需要的食糖、桂圆、荔枝、木耳、海带等，视货源情况按比例分配。

28 日　《江西日报》报道，省人委决定拨发垦复油茶山专项贷款 300 万元，帮助农民发展和恢复油茶生产。款项由中国人民银行江西省分行无息放贷，5 年内分期归还。

28 日　《江西日报》报道，地质勘探人员经过勘察，证明江西省矿藏非常丰富。钨居全世界首位，铜占全国第三，煤为江南第一。

28 日　日压榨 1000 吨甘蔗的江西第二糖厂正式破土施工。国家投资 866 万元用于建厂，建成后每年可生产白砂糖 14652 吨。

29 日　《江西日报》报道，在十年绿化江西的号召下，全省林业建设在 1953 年至 1957 年的 5 年中，超额 50% 完成五年计划，造林面积等于解放前 15 年总数的 33 倍，共造杉、松等用材林面积 1121 万余亩，出现 900 多个森林无火灾乡，培养 3000 多名技术人员。

29 日　《江西日报》报道，全省地方交通和邮电事业 1953 年至 1957 年期间获巨大发展。新开发轮、帆船航道 1048 公里，除定南、资溪两县尚不能通航外，全省各地都已通航；新建公路 2336 公里，新建和改建桥梁 1000 座，其中永久性钢筋混凝土桥梁 105 座，除宁冈、新余和彭泽 3 个县尚不能通汽车外，全省各县都已通车；新开辟邮路 25953 公里，除个别特殊乡外，全省乡乡通邮路，97% 的乡安装了电话，1800 个高级农业合作社通了邮路，1944 个高级农业合作社通了电话。

29 日　省政协常委会、省中苏友好干事会举行联席会议，决定成立以杨尚奎为主任委员，邵式平、白栋材、郭光洲、傅肖先为副主任委员，陈言为秘书长、万木为副秘书长的江西省人民庆祝十月社会主义革命 40 周年筹备委员会，统一布置庆祝活动的各项工作。

30 日　全省 4500 多名老革命根据地的老干部最近光荣地加入了中国共产党。同时在老干部中挑选培养了 1.03 万多名积极分子和建党对象。

本月　省农业科学研究所总结防止早稻烂秧经验，提出今后早稻培育壮秧，防止烂秧必须掌握 5 个环节：（一）稻田避风向阳，排灌方便，土质带沙性；（二）整地精细平整；（三）选种、晒种、催芽；（四）播种一般每亩 120 斤至 180 斤，用于栽油菜田、红花草种田的龄秧，亩播量分别为 80 斤至 120 斤、60 斤；（五）稻田排灌以浅水勤灌为主，天气不利时深水护稻，如遇久雨低温需浅水露头。

本月　新干县委从南昌地委划归吉安地委管理，至此，吉安地委下辖吉安市（镇）、吉安、吉水、永丰、峡江、泰和、万安、遂川、安福、永新、莲花、宁岗、新干县委，共 1 个市委、12 个县委（1959 年 7 月成立的中共井冈山委员会由省委和吉安地委双重领导）。

1957 10月 October

公元1957年10月							农历丁酉年【鸡】						
日	一	二	三	四	五	六	日	一	二	三	四	五	六
		1 国庆节	2 初九	3 初十	4 十一	5 十二	6 十三	7 十四	8 寒露	9 十六	10 十七	11 十八	12 十九
13 二十	14 廿一	15 廿二	16 廿三	17 廿四	18 廿五	19 廿六	20 廿七	21 廿八	22 廿九	23 九月大	24 霜降	25 初三	26 初四
27 初五	28 初六	29 初七	30 初八	31 重阳节									

1日　省、市各界人民7万余人在八一广场集会，庆祝中华人民共和国成立8周年。省市党、政、军领导人及各人民团体负责人，检阅了武装部队和7万余从事社会主义建设的各界人民组成的游行队伍。晚上，南昌市各界3万余人在八一公园、八一体育场举行盛大的游园晚会。

1日　《江西日报》报道，全省已实现了全面农业合作化。全省计有高级社244351个，入社农户3924616户，占总农户的97.89%，平均每社161户，入社农民总数为1600多万人。

1日　南昌市图书馆落成，建筑面积1821平方米（1958年4月20日开放）。

3日　省博物馆动工兴建，该工程属砖木结构，中部三层，歇山式机瓦大屋顶，建筑面积3300平方米，由省城市建筑设计院曾寄松等设计，省第二建筑工程公司施工。

4日　《江西日报》报道，全省植棉面积已扩大到104余万亩，比1952年增加近1倍。单位面积平均产量也由1952年的40斤皮棉提高到1957年的54斤。5年中棉花总产量达122万多担，已超额36%完成五年计划。特别是1957年，总产量达50万担，并出现了1个百斤皮棉区（彭泽县江北区），40多个百斤皮棉社及抚州专区6.5万亩棉花平均亩产72斤的大面积丰收的奇迹。

5日　国营南昌肉类联合加工厂正式投入生产。杨尚奎、黄先参加了开工典礼，并到车间参观生产。这是我国第一个五年计划重点建设的11个大型肉类加工厂之一。该厂由我国自行设计，各种机器设备全部由我国自己制造，1956年3月动工兴建，占地面积0.21平方公里。每天8小时宰猪1500头。主要产品是冻猪肉、冻家禽和

副省长黄先在南昌肉类联合加工厂开工典礼上剪彩

冷藏各种新鲜食品。

5日　省人委为调剂红薯产区农民生活，扩大红薯收购计划，通令全省，对城镇居民、机关团体、学校、部队、工矿企业和用粮行业实行供应粮食搭配一部分红薯的供应实施，以节约主粮消费，搭配时间暂定为5个月。

5日　省人委成立省招聘工作人员委员会，负责办理全省科学研究人员、教育工作人员和具有专长的技术人员的招聘工作。吕良为主任委员，许德瑗、李林为副主任委员，阙由熹、姜竹轩、赖金池等9人为委员。委员会办公地址设在省教育厅。

5日　团省委召开二届三次全体委员会议，号召全体团干部要积极参加“反右派”斗争，锻炼和改造自己，加强对青年的政治思想工作，提高团组织的战斗力。会议于16日结束。

5日　全省工会代表会议在南昌召开。会议确定全省工会工作的中心任务：在党的统一领导下发挥工会组织作用，组织全省职工掀起整风和生产两个高潮，保证政治上思想上和经济建设两条战线同时取得胜利。会议于18日结束。

6日　江西省女子篮球队在参加全国丙级篮球联赛长沙赛区比赛中，分别以73比48胜广西队、96比28胜桂林队、67比41胜湖南队三战三捷的成绩获得长沙赛区女子组冠军。10月23日，全国篮球丙级队联赛在南昌市举行。邵式平出席开幕式并讲话。

7日　省妇联召开第三届第二次执委（扩大）会议，传达贯彻全国妇女第三次代表会议和全国职工家属代表会议精神，并讨论组织全省妇女积极参加整风和冬季生产问题，争取政治、思想战线和生产战线两大丰收。会议于15日结束。

7日　省委文教部、省教育厅联合召开全省中等学校政治教育会议。会议确定开设社会主义思想教育课程。会议于15日结束。

8日　永新县任弼时纪念室正式开放。纪念室设在任弼时领导永新革命时的住址——永新中学。

8日　省高级人民法院召开第十次全省司法工作会议，112人与会。会议学习、讨论全国人大副委员长彭真和最高人民法院院长董必武在全国司法工作座谈会上的讲话，贯彻整风精神，着重检查、批判审判工作中的右倾思想和忽视党的领导两种倾向。会议于19日结束。

9日　省人委颁布《关于积极做好冬种工作的指示》。要求各级政府必须吸收以往经验教训，全面地、合理地安排冬季生产工作，抓紧时机，密切结合当前农村社会主义教育掀起一个冬种运动，按时完成冬种任务。

9日　省委召开赣南区、各地、市农工部长会议，确定掀起社会主义大辩论和冬季生产高潮，争取思想、生产双丰收。15日，省委从省级机关抽调120名干部，分赴各地检查大辩论及生产情况。

11日　《江西日报》报道，中央林业部表彰莲花、余干、瑞金3个县的森林苗圃，永新县繁荣林农社、上高县刘家农业社、都昌县星光农业社、全南县岐山林农社、宜黄县君山林业社、崇义县黄沙林农社、玉山县紫建林农社以及个人模范——宜黄县林业劳模黄占元、崇义县林业劳模何世达，并授予了奖状、奖章、奖旗和奖金。

12日　全省渔业生产会议在南昌市召开，讨论研究第二个五年计划期间全省渔业生产任务和发展渔业生产的方针。会议要求各地抓住当前产鱼旺季搞好捕捞工作。争取1958年全省养殖利用水面达到1060458亩，成鱼产量达1882530担。省长邵式平出席会议作了指示。会议于16日结束。

15日　省人委批转省教育厅《关于处理学校教职员工（包括幼儿园教工、扫盲干部）退职、退休和病假期间待遇的几点意见》。

15日　《江西日报》报道，全国水稻丰产模范彭光贤领导的萍乡县新村农业社1957年又获水稻大面积平均亩产1222

刘俊秀在萍乡了解生产情况

斤的全省最高纪录。省委书记刘俊秀亲自到田间了解稻谷生长与收割情况，鼓励社员再接再厉，争取来年更大丰收。

15日　省、市领导深入国营洪都机械厂观看该厂职工群众在大鸣大放中贴出的大字报。

15日　省市文艺界1100余人举行了批判“右派分子”大会。

16日　《江西日报》报道，省党政领导机关根据发展山区经济的可能和需要，提出了十年内消灭荒山，全面开发山区、发展山区的初步规划。规划到1967年全省植树造林4000万亩，达到全省共有山林1.055亿亩，全面绿化江西。

16日　省委领导邀请洪都机械厂职工60余人进行座谈，要求大家继续开展“鸣放”，把大鸣大放推向新的高潮，对大家提出的意见要做到“条条有交代、件件有着落”。

16日　省委领导冒着大雨观看了南昌电厂职工张贴的大字报，指出：整风是为改进工作，要继续大鸣大放，做好整风生产两不误。

17日　省委发出《关于加速秋收、冬种进度的指示》，要求各级党委必须加强对秋收、冬种的领导，把秋收、冬种工作列为当前农村工作的重心。掀起秋收、冬种高潮，保证完成省委提出的500万亩油菜收籽任务。

17日　《江西日报》报道，省委机关抽调102名干部分赴全省各地，了解和调查农村、工矿、交通等基层单位社会主义大辩论的进行情况及生产情况，帮助基层发现和解决问题。

17日　《江西日报》报道，全省初步建成7个生猪养殖场，1957年饲养生猪7000多头。

18日　萍乡矿务局根据中央煤炭工业部郑州管理局的指示，成立了丰城煤矿筹备处，以加紧丰城煤田的开发工作。地质勘查证明，丰城煤田为全国有数的大煤田之一，国家已决定在第二个五年计划期间开始丰城煤矿的建设。

19日　省有色金属工业管理局设计公司改名为江西冶金设计院，院址由赣州市迁入南昌市。

20日　省人委决定恢复省对外贸易局，实行政企合一，局长由谢春林担任。

21日　省委组织部召开组织工作座谈会，着重研究今冬结合社会主义大辩论和整社工作进行整党问题。会议要求各级党委将社会主义大辩论、整社、整党和整团工作统一计划、统一安排、统一组织力量进行。会议于24日结束。

21日　省委、省人委召开全省山区工作会议。邵式平、方志纯、刘俊秀、李杰庸、欧阳武等参加了开幕会议。这次会议主要是进一步贯彻建设山区的方针和政策，总结与交流山区工作经验，动员干部和山区广大群众向山区进军，因地制宜地发展农、林、牧、副各种生产，全面开发山区经济，要求1958年至1967年开辟果园190万亩，各种水果产量达到270万担，建设繁荣幸福的社会主义新山区。会议于26日结束。

22日　省委召开电话会议，要求各地抓紧时间，集中力量，不误农时地突击完成抢收抢种任务。刘俊秀作了三项工作指示。

22日　全省宗教界人士社会主义教育学习班在南昌举行开学典礼。参加学习的学员包括全省各重点县、市的天主教和基督教神职、教牧人员和部分教徒共111人。学习内容是：毛泽东《关于正确处理人民内部矛盾的问题》和周恩来《政府工作报告》。

24日　鹰潭镇开工兴建江边水厂，翌年7月1日竣工投产。设计规模每日1080吨，投资18.7万元。

28日　省商业厅、服务厅、省供销社联合召开全省商业系统内部商品交流会，提前做好旺季市场供应准备，合理布局、充分发挥商品供应作用。会议期间共签订商品余缺调剂合同1235份，调剂商品441种，单面成交额达232万元，超额完成计划15.75%。全省各行、专、市、县级商业部门业务领导及部分省外代表320余人参加了交流会。交流会于11月4日结束。

29日　省委根据中央关于“在反击右派斗争已经取得决定性胜利的单位应该即时转入以整改为主的第三阶段”的要求，向地市级以上机关发出通知，要求做好由“反击右派阶段”转入“着重整改阶段”的准备工作。

30日　省委、省人委颁布《关于开展今冬

明春生产运动的指示》。指示指出：1957年是国家实行第一个五年计划的最后一年，努力组织和领导好农村的社会主义教育和生产运动两个高潮，对于保证完成和超额完成第一个五年计划，为第二个五年计划在思想上物质上奠定扎实的基础，有着重大的意义。指示要求各级党政领导机关和全体农村工作人员必须积极地组织与领导好这两个高潮，保证能够获得丰硕的成果。

31日　省委召开省直属机关、军区直属机关和南昌市、南昌地委直属机关负责人会议。省监察委员会领导作题为《在反击右派斗争已经取得决定性胜利的基础上，掀起一个整改运动的高潮》的报告。省委领导就“如何由反击右派阶段转到着重整改阶段问题”作了报告。

31日　我国南方大型列车编组站——鹰潭编组站正式交付国家使用。这个编组站共有31条股道，是当时全省最大的一个列车编组站。

本月　南昌铁路管理局改为南昌铁路局。

本月　萍乡矿务局“巷道支架”、“回采工作面支护”两项技术资料，作为国际技术交流资料，提供给苏联。

本月　省人委根据国务院的规定向全省发出通知，决定在粮食“三定”的基础上，对余粮社（户）和自足社（户）增产的粮食由国家增购40%。

本月　根据《中华人民共和国妇女联合会章程》，江西省民主妇女联合会更名为江西省妇女联合会。并于24日下发通知要求所属各级民主妇女联合会改称妇女联合会。

1957
11月
November

公元1957年11月							农历丁酉年【鸡】						
日	一	二	三	四	五	六	日	一	二	三	四	五	六
					1 初十	2 十一	3 十二	4 十三	5 十四	6 十五	7 立冬	8 十七	9 十八
10 十九	11 二十	12 廿一	13 廿二	14 廿三	15 廿四	16 廿五	17 廿六	18 廿七	19 廿八	20 廿九	21 三十	22 小雪	23 初二
24 初三	25 初四	26 初五	27 初六	28 初七	29 初八	30 初九							

1日　国家计委批准江西钢铁厂设计任务书，同月江西钢铁厂正式从萍乡钢铁厂分出，迁往南昌，由刘铁锐、徐声五负责。

3日　《江西日报》报道，全省广泛开展大规模的庆祝十月社会主义革命40周年活动。南昌、赣州、上饶、抚州等7市，龙南、修水、清江、遂川等28个县和岿美山钨矿、江西机械厂、建国瓷厂等18个矿厂文化宫、俱乐部，都举办了“苏维埃政权40年”的图片展览会。

4日　省委农村工作部主持召开农业厅、林业厅、水利厅、气象局、水产局等单位机关干部大会。刘俊秀在会上作讲话，号召全体干部以高度的积极性，高度的责任心，高度的决心和信心，在全省范围内掀起一个大规模的农业生产高潮。

6日　省委、省人委、省军区、南昌市委、市人委、省中苏友好协会等6个单位，为庆祝十月社会主义革命40周年宴请南昌市的全体苏联专家。省市党、政、军、各民主党派、人民团体负责人、出席省党代会的各地委书记、省检察长和省法院院长等出席了宴会。省委书记、省长邵式平和苏联专家相互致词。会上还宣读国务院总理周恩来给苏联专家的贺信。省歌舞团、洪都机械厂海燕文艺团和江西师范学院的学生演出了精彩节目。

6日　南昌市举行盛大报告会，庆祝十月社会主义革命40周年。白栋材作《庆祝伟大的十月社会主义革命40周年》的报告。省直机关、省军区、南昌市级机关和南昌市地专级机关干部万余人参加了报告会。

6日　省公安机关破获“江西省吉赣边区反共游击司令部”反革命组织案，该组织共有成员162名，阴谋收集武器弹药、杀害干部、抢劫银行和粮库后上山为匪。破案时，击毙首犯李绍银，捕获主犯21人。

6日　全省首届职工家属代表会议召开。全省各地家属工作积极分子和“五好”模范人物代表307人，特邀代表30人和列席代表15人出席了会议。省委常委、省委监察委员会书记罗孟文代表省委致祝词。会议主题是：动员全省职工家属积极参加企业整风和社会主义教育运动，进一步推动全省职工家属工作，贯彻“勤俭建国、勤俭持家”的方针，使广大职工家属为建设社会主义贡献更大的力量。会议于11日结束。

7日 省、市各界人民举行庆祝大会，庆祝十月社会主义革命40周年。杨尚奎和苏联专家石库诺夫出席大会并讲话。省市各界人士及参加江西省党代会的部分代表2200余人和应邀的苏联专家出席了大会。大会表决通过了22名大会主席团成员，他们是：杨尚奎、邵式平、方志纯、刘俊秀、白栋材、石库诺夫、邓克明、郭光洲、欧阳武、莫循、傅肖先、张云樵、方德鑫、周振远、朱旦华、石凌鹤、王实先、谷霁光、刘之纲、潘式言、王德舆、陈言。

10日 江西省历史上第一个机械压糖厂——江西第一糖厂正式投入生产，举行开工生产典礼。该厂每24小时压榨甘蔗350吨，日产白砂糖31.5吨。

11日 江西省歌舞团正式成立，由原交通部文工团歌舞队为主力。

11日 《江西日报》报道，自1957年春季以来，全省各级党政机关和事业、企业单位，已下放干部3.8万多名（其中地级干部36名，县级干部760名）加强基层劳动战线，其中有2.3万多人下放到各基层单位，1.5万多名干部直接下放到工、农业等生产岗位。省委为贯彻中共八届三中全会精神，决定进一步紧缩机构加强劳动战线，全省再下放干部5万人。

12日 省文化局、省文联及中国剧协江西分会筹备处联合举办汤显祖逝世340周年纪念会。南昌、抚州两地分别上演《还魂记》、《春香闹学》、《霍小玉》、《牡丹亭》、《紫钗记》等剧目。

13日 省委、省人委颁布《关于迅速掀起大规模兴修水利运动的指示》。要求各级党政领导机关切实贯彻执行党委领导、党政负责人亲自动手、全党动员、业务部门专门管理、有关部门密切配合的原则，确保大规模兴修水利运动正常开展。

13日 中共江西省第五届代表大会第二次会议在南昌召开。会议着重讨论继续深入开展整风运动和全面开展社会主义生产运动问题，进一步动员全体党员和全省人民掀起整风和生产两大高潮，争取政治、思想战线和经济两大丰收。杨尚奎、邵式平代表省委分别向大会作了《关于继续深入开展整风运动》和《关于开展社会主义生产运动》的报告。会议于21日结束。

关于繼續深入开展整風运动的报告
——1957年11月13日在第五届全省党代表大会第二次会議上——
杨尚奎
我省整风运动的基本情况

《江西日报》上刊登的杨尚奎在省党代会作的《关于继续深入开展整风运动报告》

14日 全省第一座现代化麻纺织厂——江西麻纺织厂主厂房正式开工建设。该厂是一座用黄麻做原料生产麻袋的现代化工厂，其规模为全国第二，设备为全国第一，工厂总面积近5万平方米，麻纺锭3080锭，160台麻纺机从软麻到制成麻袋，全部为机械化生产。

14日 省军区政治部发出《支援全省农民兴修农田水利的通知》，号召全体官兵人人动手，为防治水、旱自然灾害，争取农业大丰收贡献出自己的力量。

16日 《江西日报》报道，农业部最近审定并公布1956年度农业增产模范第二批奖励名单。星子县李春铎（县委书记）、上饶县农场周含志（农场场长）受到奖励。

18日 民革江西省委会和南昌市委会，同省政协机关联合举行批判“右派分子”大会。民革党员和省政协机关人员800余人出席。

19日 《江西日报》报道，为争取来年农业大丰收，省人委拨出800万元专款，支援各地大规模兴修农田水利；同时各地最近统计，自筹、捐献的水利资金达2120多万元。

21日 省直机关第一批向荒山湖区进军的先遣队，分赴九江赛湖城、永修江益、新建乐化及大茅山、武功山、云山、井冈山、郭公山、九连山、德胜关、黄岗山、西山、红星等地筹划建场事宜。第一批先遣队共配备37名负责人，其中有15人是参加过二万五千里长征的老干部。

22日 省人委召开第三十四次会议，通过了《江西省人民委员会关于当前中心工作》等三项决议。号召全省各级国家机关工作人员和各事业、企业部门的职工，积极响应党和政府加强劳动战线的号召，发扬艰苦朴素的优良传统，到农村去、到劳动战线上去，为建设社会主义国家而努力奋斗。

22日 省人委发出《关于组织讨论一九五六年至一九六七年全国农业发展纲要（修正草案）的决定》，要求通过讨论达到认清方向、坚定信心、加速社会主义建设的目的。

25日 省委召开省直属机关9000余人的干部大会，邵式平传达省五届党代会第二次会议的决议精神，方志纯作《关于继续精简机构，加强劳动战线》的报告。

26日 省委、省人委、省编制委员会联合召集党、政、群各部门负责人座谈会，讨论“继续精简机构，加强劳动战线问题”。邵式平、方志纯阐述了“继续精简机构，加强劳动战线问题”的意义。省人委秘书长彭梦庾提出了精简机构的意见。省直属各单位将由现有人数9385名精简到4500人左右，会议于29日结束。29日，成立精简机构加强劳动战线办公室，并开始办公。

28日 省政协召开座谈会，座谈《人民日报》有关国际共产主义运动的文章。

30日 省高级人民法院贯彻省委关于机关干部上山下乡劳动锻炼的指示，20名机关干部下放到九连山、西山、大茅山参加劳动。

30日 上犹水电站举行落成典礼，杨尚奎剪彩，白栋材启动电机，宣布水电站正式发电。该电站由中央电力工业部北京勘测设计院设计，上犹江水电工程局施工，是苏联援助我国第一个五年计划156个重点建设项目之一，1954年10月动工。这是江西省首次建成的大型水库总站，装有4台1.5万千瓦水轮发电机组，空腹重力坝挡水，坝高67.5米，总库容8.22亿立方米，坝内厂房位于坝框腹内，坝内主厂房长75米、宽11.4米、高12米。坝顶溢洪道净宽60米，左岸有宽5米、长273米的双轨斜坡绞车筏道。

我国第一个坝内式厂房水电站——上犹水电站建成并正式发电，省委第一书记杨尚奎剪彩

上犹水电站拦河大坝全景

本月 杨尚奎、白栋材到岿美山、盘古山、铁山垅钨矿视察。

本月 萍乡矿务局高坑选煤厂建成投产，设计能力为日洗焦煤45万吨或动力煤60万吨。当年生产的洗精煤除供应武钢外，还出口远销越南1万吨。

本月 刘少奇给萍乡煤矿工人写信，建议由工会号召在业工人每人抽出一天或半天工资，用于救济生活困难的安源老工人。

本月 南昌市绿化委员会成立，市长张云樵兼任主任委员，下设办公室，具体负责城乡绿化的组织实施工作。

1957 12月 December

公元1957年12月 农历丁酉年【鸡】													
日	一	二	三	四	五	六	日	一	二	三	四	五	六
1 初十	2 十一	3 十二	4 十三	5 十四	6 十五	7 大雪	8 十七	9 十八	10 十九	11 二十	12 廿一	13 廿二	14 廿三
15 廿四	16 廿五	17 廿六	18 廿七	19 廿八	20 廿九	21 十一月大	22 冬至	23 初三	24 初四	25 初五	26 初六	27 初七	28 初八
29 初九	30 初十	31 十一											

1日 江西省手工业生产合作社社员第一次代表大会在南昌召开，481名代表参加了会议。会议内容是：贯彻省五届二次党代会会议精神，全面深入地开展社会主义教育运动和迅速开展社会主义生产运动，支援农业生产大跃进。大会选举沈衷等131人为江西省手工业生产合作社联合社委员会委员，沈衷为理事会主任。会议于9日结束。

江西省手工业合作社第一次社员代表大会在南昌召开

1日 新华社南昌电，江西省决定在山区修建13条公路。其中7条由粮食、商业、林业、供销合作社等部门投资修建；3条革命老根据地公路由民政部门投资修建；另外3条由国家投资修建。上述公路全长554公里，对活跃山区经济，开发山区将起很大作用。

1日 全省驻军部队官兵踊跃捐献水利资金，支援农村水利建设。共捐献出7400余元。

2日 民革、民盟、农工党江西省委会分别召开全省整风工作会议，贯彻民革、民盟、农工党全国整风工作会议精神，对各自党派的整风运动作出部署。会议人员就民主党派的根本改造、“反右派斗争”和民主党派一般整风运动发表讲话。

3日 省人委颁发《关于建立社会主义林业基地——国营林、牧、农综合垦殖场的指示》，指出：江西省是一个四面皆山、冈陵起伏、山多地少的省份，山地面积约1.5万多亩，占全省总面积的60%左右，广大山区，气候温暖、雨量充沛、土地肥沃、物产丰富，发展潜力很大，基本上都是第二次国内革命战争时期的老革命根据地。开发山区和建设山区在全省整个社会主义建设事业中具有极其重要的政治意义和经济意义。应当在全省范围内开展一个大家都来支援开发山区和建设山区的运动，为建设繁荣幸福的新山区而奋斗。

3日 省委召开电话会议，指示各地迅速掀起一个大规模的农业增产高潮，同时做好粮食统购统销工作。省委书记刘俊秀主持会议并作报告。

3日 省人委颁发《关于充分利用围堤内湖，建立国营养鱼场的指示》。指出：利用围堤内湖发展养鱼事业，乃是发展全省渔业生产的一个主要方面。各级政府必须把这个工作切实重视起来，调查摸清水面，分清围堤内湖、自然湖泊水面，争取今冬明春全部完成。

3日 省工商联、南昌市民建“反右”斗争领导小组举行扩大会，出席会议的有全省各市、县工商界代表190人。会议决定在全省工商界中深入开展全面整风运动。大会于11日结束。

5日 省人委发出指示，要求各地充分利用围堤、内湖建立国营养鱼场。

6日 《江西日报》报道，为了帮助连年遭受自然灾害的山区老革命根据地发展生产，省人委将中央最近追加的一批救济款，采取“集中照顾重点山区老革命根据地”的原则，拨给瑞金、兴国、弋阳、横峰、永新、修水、乐安、铜鼓8个县救济款97万元。号召各地党政领导认真做好分配、发放工作，严防挪用、滥支和平均发放等浪费现象，帮助山区老革命根据地人民克服自然灾害、发展生产、改善生活。

6日 全省日前初步确定下放人员中已有2033人作为先遣部队到达生产基地。其中地厅级干部42人、县级干部81人、区级干部263人和一般干部1647人，其中党、团员占40%以上。

7日 《江西日报》报道，省人委发出通报，表扬九江、万年、玉山、浮梁、吉安、吉水、新干、安福、遂川、万安、宁冈、资溪、宜黄、德安、彭泽15个县和南昌市提前完成与超额完成了全年公粮和省、乡自筹征收入库的任务。

7日 《江西日报》报道，近半个月来，省级各机关、企业、团体、工厂成千上万的干部、职工，节省开支，自愿捐献款项，支援农村大兴农田水利。共捐献水利资金38450元。

8日 南斯拉夫“伯朗柯·克里斯曼维奇”歌舞团一行43人，来南昌访问演出。演出于12日结束。

8日 邵式平和罗孟文等一行20余人前往省级机关负责建立的永修县江益农林牧渔综合垦殖场，进行实地勘测，对该场发展方向作出指示。

邵式平（左四）等领导在场长董雨田的陪同下，勘测建场的场址和造林、垦荒地区

9日 杨尚奎深入信丰县走马龙水库检查水利工程情况。这是杨尚奎20多年前负责建立游击根据地的地方。走马龙水库是全省较大水利灌溉工程之一，库身长10华里，宽3华里，坝高18米，蓄水量为1亿立方米。

11日 《江西日报》报道，婺源县赋春农业社推行“三变”获得大面积丰收。2000多亩双季稻平均亩产813斤，2.9亩高产田亩产2001斤，创全国山区水稻新纪录。

11日 省委、省人委联合召开省级党、政、群各部门负责人会议，讨论省属13个生产基地的机构设置、人员编制等问题。省委书记、省长邵式平对基地的机构设置和人员编制问题作了指示。会议决定12月15日召开省、市各界欢送上山下乡参加劳动生产同志大会；成立省、市各界欢送上山下乡参加劳动生产同志大会筹备委员会，王卓超为主任，邓克明、张云樵、傅肖先为副主任，方德鑫、石凌鹤、刘之纲、朱旦华、任惠君、谷霁光、何恒、陈铁民、李兆绩、周振远、侯野峰、彭涛、欧阳武、潘式言、乐虹雨为委员，负责办理大会的一切有关事宜。

11 日 省委书记处书记刘俊秀深入景德镇市郊了解下放干部参加劳动生产情况。

13 日 《江西日报》报道，南昌肉类联合加工厂首次加工的冻猪肉1650吨、冻家禽（鸭）200吨，启程送往苏联。

14 日 团省委、南昌市团委联合举行欢送省市机关共青团员向山区进军大会。参加会议的有2200多名共青团员。邵式平到会讲话，要求青年建设社会主义的新山区。

15 日 省、市举行10万余人欢送会，欢送省市各机关、企业被批准向山区进军的干部。这次被批准上山的干部共6836名，其中省级干部1名、地级干部42名、县级干部283人，党、团员占总人数的1/3以上。省委书记、省长邵式平代表省委、省人委、省军区和全省人民发表讲话，热烈欢送上山下乡参加劳动的同志，并致崇高敬意。

16 日 由省轻工业局局长沈衷领队的25人代表团参加在北京举行的全国手工业合作社第一次社员代表大会。

17 日 景德镇瓷用化工厂傅裕如研制成功釉下贴花纸，比手工彩绘提高工效50倍，且釉面整齐、花纹清晰。

18 日 省委召集省直各战线整风小组负责人会议，检查整改新高潮的情况，要求领导干部“引火上身准备发高烧”。

19 日 省、市机关、企业首批上山下乡参加劳动战线的5529名同志中的5119人分别先后从南昌出发开赴13个基地。其余人员在25日前全部分赴到各基地。

20 日 省重工业厅决定为省直11个林、农、牧基地兴建小型水力发电站，并抽调水工、电气、机械等技术人员组成勘察队伍，分别前往大茅山、黄岗山、云山等基地勘察。

21 日 省军区司令员邓克明等到全南县龙源坝等地勘察选场，决定以全南县陂头为中心创建军垦场，后命名为江西省国营青龙山八一林牧农综合垦殖场。

21 日 《江西日报》报道，截至12月20日，在省直151个单位内，有130个单位在新的整改高潮中，出现了“大鸣大放大整改”的场面，不到一周时间，贴出大字报3385张，“鸣放”意见15681条。

张贴大字报

25 日 省市各界10万余人集会，欢送各机关、企业5万多名干部上山下乡，开发山区、建设山区，创办国营垦殖场。

省直机关开展精简机构和干部上山下乡运动，省统计局下乡人员的合影

25 日 全省第六次计划会议召开。会议制定了《一九五八年全省发展国民经济计划（草案）》，确定以农业为重点，积极发展农业的方针。计划（草案）提出，1958年全省农业及农副业总产值比1957年增长11.4%，工业总产值（含手工业）增长15%，基本建设总投资1.2亿元，相当于第一个五年计划累计总投资的50%。

会议于30日结束。

26日 邵式平主持省长办公会议，决定省属13个垦殖场和专（行）属7个场，除红星、乐化基建经费由服务厅投资外，其余每场给贷款46万元；每县建1个场，共82个场，每场贷款10万元。以上共计贷款1540万元。同时，还确定了修建公路和植树造林的经费。

29日 省委日前决定停办江西行政学院，创办江西大学。

30日 省人委发出《关于改进城市、工矿区猪肉供应的规定》，决定在南昌、景德镇、赣州、九江、吉安、抚州、上饶7城市，实行猪肉凭票定量供应。

31日 《江西日报》报道，全省151个地方工业企业6年来积累的资金超过国家投资的一倍以上。

本月 省公安厅法医张伟纳，对方志敏烈士就义地南昌下沙窝发掘的9块下肢骨及髋骨残骸进行检验，根据骨骼的种属、性别、龄期、长度等进行科学推断，确认系方志敏烈士遗骨。省政府将遗骨安葬在南昌市北郊，并建立陵园，供后人纪念。

本月 德安县杨柳州进行机耕灭螺试点获得成功。

本月 省委召开第四次党的秘书工作会议，会期6天，各级党委负责秘书、档案工作的领导共160余人参加会议，着重检查全省党的文书处理和档案工作情况。

本月 国营三二〇厂自行仿制成功新中国第一架多用途民用飞机“安-2型”（国内型号为“运-5”）并转入批量生产。

本月 省委宣传部向省文化局、省邮电局党组、各区党委、各地（市）委宣传部、各报刊社发文，根据中央1957年11月23日批转文化部党组《关于报刊的发行数量应该按照计划控制的请示》，提出“报刊的性质、内容、读者需要和纸张资源、印刷生产力等情况，应适当照顾发行工作的实际困难，由文化行政部门核准”。

本月 浮梁瓷土矿破获一起以犯人吴家申、冷慕扬、李扬龙为首的“中国青旗党414地下军”反革命组织。20多名反革命成员预谋抢夺干警枪支上山为匪。结案后，3名首犯经浮梁县人民法院判决，依法处以死刑。

本月 上、中旬省委、省人委及有关部门采取各种措施，支援上山干部开发和建设山区。省委决定，省委负责人分别同上山干部建立经常的固定的联系。邵式平联系云山垦殖场，方志纯联系大茅山垦殖场，刘俊秀联系井冈山垦殖场，还有几名常委都建立了联系单位，以便及时了解情况，解决问题。

省委书记方志纯率领先遣队在大茅山翻山越岭进行勘察

本月 萍乡矿务局水口斜井建成，正式移交生产，设计能力为年产10万吨无烟煤。井建工程质量良好，获得武汉煤炭工业管理局颁发的“中国地区煤炭建设质量优良单位”红旗。1970年该井采完报废。

本年

本年 省人委批转南昌市人委《关于管理市场进口商品的暂行规定》，以制止非法买卖进口商品，打击投机走私行为。

本年 福州军区捐款50万元人民币在莲塘伍农岗建立拖拉机新站，并将南昌县向塘农业机器拖拉机站改名为八一拖拉机站。

本年 省建公司加工厂钢筋工谭水泉革新成功钢筋双头弯勾机，属省内首创。该机系半自动化机械，能自动完成经手工下料后的钢筋就位、弯曲、成型和落料工序，提高了工效和减轻了工人的劳动强度。

本年 南京大学教授徐克勤等在信丰县龙回及上犹县陡水等地发现加里东湖期花岗岩。

本年 省种蜂场科技人员参考国内外资料，与北京市养蜂场同时在国内研究“蜂王浆生产技术”并获得成功。

本年 苏联冶金部司长尼基金等4名专家到中南钨矿局指导工作。

本年 南昌洪都中医院原骨科主任，已故中医李如里研制的“金不换瓷粉接骨丹”，荣获卫生部银质奖。

1958年

概要

省人大二届一次会议召开。会议通过《江西省人民委员会工作报告》、《江西省发展国民经济的第二个五年计划》和《江西省一九五八年国民经济计划》等报告。大会确定江西“二五”计划的主要指标为：到1962年，粮食总产量达300亿斤，棉花400万担，生铁600万吨，钢400万吨，煤2300万吨，拖拉机1万台。1958年的任务是：粮食175亿斤，争取200亿斤；棉花65万担，争取75万担；生铁40万吨，钢8万吨；拖拉机1500台至2000台。会议选举产生了江西省第二届人民委员会。

在胜利完成对农业、手工业、资本主义工商业的社会主义改造和发展国民经济第一个五年计划后，中共八大二次会议正式通过了“鼓足干劲，力争上游，多快好省地建设社会主义”的总路线。省委传达中央关于“快马加鞭，全面跃进，十年规划，争取五年完成”的指示和《人民日报》元旦社论提出的赶英赶美及过渡到共产主义社会，把我国建设成为一个具有现代工业、现代农业、现代科学技术的强国的设想。使“大跃进”运动在全省拉开序幕并迅速进入高潮。

“大跃进”运动 6月，省人大二届一次会议召开。会议通过《江西省人民委员会工作报告》、《江西省发展国民经济的第二个五年计划》和《江西省一九五八国民经济计划》等报告。决定在全省兴起农业、工矿业、交通运输、科技、文化教育、卫生等方面全面大跃进运动。“二五”计划提出的指标以当时的生产力水平，显然是不可能达到的。省委常委会议决定大办工业，地方工业遍地开花。仅1月至4月，全省兴办起1万多个各类厂矿。因地制宜地在条件许可的地方办一些工业，对于发展地方经济，推进工业化进程，支援农业和方便人民生活是大有益处的。当年兴办的地方工业取得了一些成绩。如：建成新余钢铁厂、江西拖拉机制造厂等企业，赣抚平原水利工程破土动工，修建乡村公路，实现了县县通公路。全省工业布局、各方面基础建设等在客观上都有一定改善和增强，为今后地方工业的发展打下了一定的基础。但是，不从实际出发，盲目地上项目，技术管理跟不上，忽视经济规律，其结果造成了人力、物力、财力的极大浪费。

全民大炼钢铁 省委常委扩大会议作出大办钢铁工业的决定，指出：钢铁工业已成为全省整个工业的“纲”，要求用最快的速度，把江西建设成为国家新的钢铁工业基地。6月，在省第二届人民代表大会第一次会议上，提出年内在全省至少要建1500个至2000个小型炼铁厂；8月，江西省决定更大规模地开展大炼钢铁运动，钢铁指标成倍地加码，要求当年生铁量达120万吨至150万吨，并要求超额完成。为此，省、地、县、乡逐级成立钢铁委员会和钢铁领导小组。与此同时，开展“全民普查找矿”运动，全省百万人上山下乡找铁矿，土法上马搞小型铁炉，凡有铁矿资源的地方，乡、社都要搞。当年江西宣布跨入全国生铁“万吨省”行列，而真正炼出的铁只有 1.3 万吨，钢也只有 0.05 万吨。

农业的高指标、浮夸风　农业方面主要是“以粮为纲”和片面追求粮食生产的高指标。2 月，“乘风破浪，力争上游，实现亩产 800 斤”和全省“完成 200 亿斤”粮食的口号也见诸报端。7 月份起，所谓粮食高产“卫星”陆续出现。

人民公社化运动与“共产风”　与“大跃进”几乎同时，农村人民公社化运动也迅速掀起高潮。8 月 15 日，江西第一个人民公社——修水太阳升人民公社成立，从此全省各地纷纷建立人民公社。9 月初，有 34 个县、市实行公社化。9 月 6 日，根据 8 月中央北戴河会议通过的《在农村建立人民公社问题的决议》，省委五届六次（扩大）会议通过《中共江西省委关于在农村建立人民公社问题的指示》。到 10 月底，仅两个月时间，由 2.3 万个高级社扩大、合并为 1191 个人民公社，每社平均 3380 户，入社农户占全省农户总数的 99% 以上，全省实现了人民公社化。人民公社建立后，农村普遍采用军事共产主义的办法，实行“组织军事化，行动战斗化，生活集体化”。按照军队的管理方式组织生产，农村基本实现公共食堂化。由于人民公社的过快发展，很快发生了一系列问题，盛行“一平二调三收款”的“共产风”，在公社范围内实行贫富队拉平，平均分配，对生产队及社员个人财产无代价地上调。并实行平均主义的供给制，片面强调“一大二公”，结果损害了群众利益，挫伤了群众的积极性，严重削弱了农业生产力。

各行各业的“大跃进”　在工农业“大跃进”的同时，教育、科技、交通运输、文化、卫生、体育、城市建设等领域也开展了“大跃进”。教育方面，在几个月内，全省办起了 94 所大专院校，其中有中科院江西分院、江西共产主义劳动大学、江西大学、财经学院、教育学院、地质学院、冶金工业学院等 27 所高等院校。有的市、县提出要在一个月内普及小学教育，并做到乡乡有中学。10 月宣布基本上成为“无盲省”。科技方面，7 月，全省第一次科学工作会议要求在最短的时间内，各地、市、县及工矿企业、学校都要设立科学研究机构，要求人人当“土专家”、“土工程师”，动员向科学大进军。卫生领域，全省开展了大规模除害灭病运动，提出“卫生积肥，消灭四害”，一年实现“四无”（无苍蝇、蚊子、老鼠、麻雀）。这一年，全省大办食堂、托儿所、幼儿园。虽然对卫生事业的发展要求过急，但客观上对江西卫生事业起了一定的促进作用，医院和卫生所得到发展，余江县消灭了血吸虫病，毛泽东为此特写下了著名诗篇《七律二首 · 送瘟神》。

对“大跃进”和人民公社化运动中出现的问题提出整顿　在 11 月召开的第一次郑州会议（注：毛泽东在郑州召开有部分中央领导人、大区负责人和部分省市委书记参加的工作会议）和 11 月下旬至 12 月上旬召开的八届六中全会上，中央制定了一系列政策和措施，要求各地纠正在“大跃进”和人民公社化运动中出现的错误。江西省委贯彻中央指示，抽调近万名干部下乡，开展大规模的整顿人民公社工作，压缩高指标，调整生产安排。

全省本年经济指标完成情况　国民生产总值（按当年价格计算，以下同）31.21 亿元，比上年增长 9.7%（按可比价格计算，以上年为 100，以下同）；农业总产值 18.98 亿元，比上年减少 1.7%；粮食总产量 132.48 亿斤，比上年增长 1.11%；工业总产值 18.96 亿元，比上年增长 59.6%，钢产量 0.05 万吨（上年无统计数字），生铁 1.30 万吨，比上年增长 244%；财政收入 5.67 亿元，比上年增长 67.7%；年末全省总人口 1912.89 万人，人口自然增长率 18.94‰。

1958 1月 January

公元1958年1月 农历戊戌年【狗】													
日	一	二	三	四	五	六	日	一	二	三	四	五	六
			1 元旦	2 十三	3 十四	4 十五	5 十六	6 小寒	7 十八	8 十九	9 二十	10 廿一	11 廿二
12 廿三	13 廿四	14 廿五	15 廿六	16 廿七	17 廿八	18 廿九	19 三十	20 大寒	21 初二	22 初三	23 初四	24 初五	25 初六
26 初七	27 腊八节	28 初九	29 初十	30 十一	31 十二								

1日 铁道部将原属上海、广州两铁路局的上饶分局和南昌分局及新建的鹰厦线合并成立南昌铁路管理局。鹰厦铁路交南昌铁路管理局正式运营。

1日 瑞金革命纪念馆正式开放。该馆自1953年以来共征集各种文物8969件。

1日 中南钨矿局撤销，另成立江西有色金属工业管理局。江西有色金属管理局在冶金部和省人委双重领导下，领导原中南钨矿局所属江西地区的单位外，并将原冶金部地质局江西分局、建筑局驻湖南第九冶金建筑公司所属第二工程公司、第四工程公司、第一安装公司划归江西有色局领导。

1日 省人委决定，从即日起，改革商业管理体制，撤销各专业公司，其企业管理工作并入同级商业行政部门，实行“政企合一”。根据这一精神，省级各专业公司改为商业厅业务处，各地、市、县专业公司改为商业局专业科或经理部，由条领导改为块领导。

1日 《江西日报》报道，我省在发展国民经济的第一个五年计划中，国家规定我省的任务和批示已经超额完成。全省工农业总产值1957年预计完成30.47亿元，超过第一个五年计划规定11.8%，比1952年增长43.9%，比解放初期的1949年增长151%。

3日 南昌市各单位第二批下乡干部1099名，分赴市郊青云谱、潮王洲、扬子洲等农场参加劳动。

4日 省人委发出关于省直属13个国营林、牧、农、渔业生产基地的医疗问题的通知。

6日 《江西日报》报道，在第一个五年计划期间，全省恢复和新建公路共有2780公里，全省82个县均可以通汽车。到目前为止，全省通车公路里程已达6400余公里，比抗战前最高通车里程多225公里。

6日 《江西日报》报道，目前，全省中、小学学生已达到2055298人，超过了第一个五年计划的指标数字。这是江西省教育史上以来的最高纪录。

7日 省人委通知，工商税收附加额从1958年起统一改按商品流通税货物税，工商营业税、工商所得税的总额附加1%，原有关规定同时作废。

8日 省委、省人委发布《关于积极开展冬季卫生积肥和消灭“四害”运动的指示》，要求在开展消灭“四害”和卫生积肥运动的同时，各地还应结合开展城乡绿化工作，进一步改造自然，美化生活环境。同时，对省爱国卫生运动委员会组织重新调整，邵式平任主任。

8日　省委、省人委召开全省编制工作会议，对全省各级机关、事业、企业单位的组织机构设置进行调整，要求抽调5万至6万人加强到劳动战线。会议于11日结束。

10日　省人委召开工业电话会议。省委领导作《反对右倾保守思想，鼓足革命干劲，迅速组织工业建设的新高潮》的报告，提出从1958年到1962年，地方工业区总产值增加到16.23亿元，比1957年的7.49亿元增长216%。

10日　著名京剧表演艺术家、上海京剧院院长周信方、著名京剧演员李玉茹等百余人来江西演出，在南昌市演出《追韩信》、《四进士》、《徐策跑城》等戏。演出于24日结束。

11日　省委、省人委批准省编委《关于江西省精简机构、加强劳动战线工作进展情况和今后意见的报告》、《关于行政区、专区和市县各种事业、企业部门进行精简工作主要措施和具体指标问题的意见的报告》。

12日　省人委作出决定，从1959年起，各级地方国营和公私合营企业的流动资金，由原财政、银行两家供应和管理，改为银行一家供应和管理。

12日　南昌市出动26万机关干部、解放军官兵和居民，进行了一次打扫街道卫生、消灭“四害”的歼灭战。邵式平、方志纯、白栋材、王卓超、黄先、林忠照等省市党、政、军领导，均拿起扫帚，挥动铁锹和群众一起打扫街道。

13日　省工会联合会召开先进生产者会议，会议中心内容是：贯彻全国总工会“八大”决议，在全省范围内迅速组织新的生产高潮。会议积极响应党中央提出的15年内在钢铁和其他重要工业产品的产量方面赶上和超过英国这一号召。会议最后一致通过了向全省职工倡议书。会议于15日结束。

15日　南昌市委召开“迅速组织生产建设新高潮”动员大会，市委领导作了《鼓足革命干劲，乘风破浪，促进生产大跃进》的报告。报告提出迅速组织生产的具体措施，强调把生产高潮与整风运动密切结合起来，统一认识、推动生产。

15日　省人委批转省林业厅《关于将原有国营林场和森林经营所并入林、牧、农综合垦殖场的报告》，规定林场和经营所并入垦殖场后，原机构撤销，由垦殖场统一领导。

16日　省人委人事局开始编印《人事工作专刊》，主要以登载重要人事工作文件和先进单位经验为主。

18日　省政协第一届委员会与政协南昌市委联合召开座谈会，座谈《汉语拼音方案（草案）》。

19日　洪都机械厂试制成功“长江－250”摩托车。

洪都机械厂的职工在试骑“长江－250”摩托车

19日　南昌市工业基建、交通运输、商业系统3000名先进生产者，在市体育馆举行誓师大会，积极响应党的号召，掀起生产新高潮，争取15年赶上英国。

20日　江西省中医药研究所成立。

20日　《江西日报》报道，我省新建成的最大水库之一——东乡县幸福水库，本月底开始储水。幸福水库主要工程有土坝一座，长310公尺，宽110公尺，坝高平均17.5公尺，干支渠20条，全长150华里。水库能储水3800万公方，能灌溉11万多亩农田。

20日　省委、省人委召开全省农业工作会议。会议主要内容是传达贯彻全国农业生产工作会议精神，总结交流发展农业生产的经验，进一步批判和克服“右倾保守思想”，组织全省农业生产大跃进，争取1958年农业大丰收。会议提出1958年粮食总产量争取达到175亿斤，比1957年增产25%。会议要求推行增产措施“三变”、“三改”（稀植改密植、瘦田改肥田、简作改连作）、“一推广”（推广良种）。会议于30日结束。

全省农业工作会议的代表们在观看各县代表贴出来的挑、应战大字报

21日　《江西日报》报道，在冬季生产高潮中，全省1.4万个农业社的党支部，结合社会主义教育运动深入进行整顿工作。这次农村整顿工作从1957年10月开始，先结合以粮食问题为中心的社会主义大辩论，再进行全民性的整风运动和整党。通过整党，积极有效地推动了冬季生产，为农业生产大跃进奠定了良好基础。从27个县、732个支部的情况看，一类支部由原来的34.16%增长到60.17%，三类支部由原来的18.95%减少到4.01%。

社会主义教育运动带来的丰硕成果
临川县撫河两岸早稻丰收在望
进贤二十一万亩旱大豆频傳丰收喜訊

《江西日报》的有关报道

21日　省人委发出《关于广泛开展冬季造林运动的紧急通知》。通知要求：（一）结合农村中的兴修水利，积肥造肥，立即掀起一个“人人动手，个个植树”的高潮；（二）在造成林中，必须解决合作社和国营林场的劳力不足问题；（三）应重视造成林质量，保证造林成活率达90%以上，做到定质、定量，分片包干，确保冬季造林顺利进行。

21日　全省轻工业会议在南昌召开，会议总结1957年工作，安排1958年任务，号召把轻工业生产建设推向新高潮。会议于27日结束。

23日　省委召开省直各战线、各单位整风领导小组成员和各单位负责人会议。要求克服某些单位决心不大，劲头不足，热度不高的现象和疲沓松懈情绪，使运动进一步深入，在取得成绩的基础上再接再厉，掀起深入整改高潮，争取整风运动的全面胜利。

23日　省人委通知，改进小商小贩及个体手工业者的纳税办法。

30日　省人委发布《关于改进财政管理体制的规定》，对县财政收入中的固定收入、比例分成收入、调剂分成收入作了具体规定。

30日　奉新、高安、靖安三县公安局联合破获“民主党”反革命阴谋暴乱案。该案以罗会介为首，发展反革命成员62名，涉及3个县13个乡，成立了“最高司令部”。罗自任总负责人。破案时，缴获子弹、手榴弹、“关防”、“党证”等罪证567件，逮捕罪犯51人。

30日　全省第六次检察工作会议召开。各市、县检察院检察长和公安厅、司法厅、省法院、省军区军事检察院代表共计109人参加。会上学习毛泽东1957年夏季形势的指示和《关于正确处理人民内部矛盾的问题》的报告，传达中央负责人对“检察机关的性质是无产阶级专政的工具”的指示和全国省、市、自治区检察长会议精神。会议于2月15日结束。

31日　省政协刊物《江西政协》创刊。

31日　《江西日报》报道，赣中地质队经过数月的勘探工作证实：赣中地区沉睡着一个规模巨大的鞍山式的沉积变质铁矿，储量估计达几亿吨，含量品位多数在30%以上，完全符合国家开采要求。

31日　省委召开电话会议，号召江西省人民快马加鞭，全面跃进。要求1958年全省粮食总产量争取达到175亿斤，比1957年增产25%；棉花总产量争取达到65万担，比1957年增产46%；全省油脂总产量争取达到2.1亿斤，比1957年增产75%；生猪产量争取达到800万头，比1957年增产80%。

本月 福州军区驻南昌铁路管理局军运处成立，原南昌、上饶铁路分局军运办事处撤销。

本月 省人委决定将全省县卫生院改为县人民医院，成为医疗、防疫、妇幼卫生、医学教育“四合一”组织形式的综合医院。

本月 由苏联设计的西华山钨矿选厂动工。

本月 省人委任命穆先为省水产局局长。

本月 根据国家统计局、劳动部统一布置，对1957年全省劳动工资和劳保福利情况进行一次全面性的调查。

本月 寻乌至安远公路竣工通车。

1958 2月 February

公元1958年2月							农历戊戌年【狗】						
日	一	二	三	四	五	六	日	一	二	三	四	五	六
						1 十三	2 十四	3 十五	4 立春	5 十七	6 十八	7 十九	8 二十
9 廿一	10 廿二	11 廿三	12 廿四	13 廿五	14 廿六	15 廿七	16 廿八	17 廿九	18 春节	19 雨水	20 初三	21 初四	22 初五
23 初六	24 初七	25 初八	26 初九	27 初十	28 十一								

3日　省委通过广播形式要求全省地方工业在七年后即1964年总产值达到40.5亿元，在1957年的基础上增加34.4亿元，比1957年增加559%，每年平均增长31%。到1964年，轻工业产值达到6.5亿元，增长384%；重工业产值达到4.5亿元，增长874%；南昌市达到6亿元，增长667%。

3日　南昌市委召开全体委员会议。会议通过了“工业七年任务五年完成，农业1958年达到千斤亩，卫生两年实现四无城”的决议。

3日　省委、省人委召开省直属的省、行、专各综合垦殖场场长会议，方志纯到会讲话，彭梦庾作《关于垦殖场工作中若干问题》的发言，会议提出“苦干三年，改变山区面貌”的号召。会议于7日结束。

4日　临川县等地遭受暴雨冰雹袭击，风力7级到9级，雹如鸡蛋，毁坏房屋1104栋。

4日　《江西日报》报道，为适应农业大跃进形势需要，全省农村扫盲运动入冬以来发展迅速，仅九江、宁都、瑞金、乐平、信丰、临川6个县开办的民校已达5848个，参加文化学习的农民近18万人。本年春天，全省民校学员将发展到150万人。

4日　全省重工业会议召开。会议向“右倾保守”思想展开斗争，要求重工业1958年总产值达到8165万元，比原计划草案增长32.94%，比上年实际完成数增加2078万元，增长率为34.15%。会议听取了副省长黄先作的《关于江西省工业建设任务与方针问题的报告》。

5日　《江西日报》报道，全省许多农业社在整社运动中，通过以两条道路为中心的大争大辩论，大大地扫除了资本主义思想的影响，坚定了广大群众走社会主义道路的信心和决心，使合作社从政治思想上得到了进一步的巩固，促进了冬季生产运动的高潮。

5日　省委发布《关于开展目前形势与任务的宣传教育的指示》，指出：在党内甚至党的领导干部中，仍然存在相当严重的右倾保守思想和干劲不足的现象，目前就是要揭露和批判各种右倾保守思想。要求从现在到3月15日一个多月时间内，紧紧围绕生产和整风等中心工作，在全省广大干部和群众中普遍进行形势与任务的教育。

5日　全省粮食局长会议召开。会议根据目前全国工农业生产大跃进的总形势，解决粮食工作如何适应、配合，组织各项业务工作全面跃进的问题。会议提出要正确处理国家、集体、个人三方面在粮食上的矛盾，要积极检查和克服粮食工作上的右倾情绪，努力做好粮食统购统销工作，促进生产全面大跃进。

6日　《江西日报》报道，省军区在全南县青龙山筹建八一综合垦殖场。全场耕地面积1.8万多亩，山林面积33.6万多亩。省军区第一批下放参加劳动的200多名军官，2月上旬将动身前往青龙山，并有100多户军官家属随同前往，参加体力劳动。

7日　《江西日报》报道，萍乡县年丰农业社在批判右倾保守思想，充分挖掘增产潜力之后，再次修订了增产计划，要求1958年粮食在1957年亩产903斤的基础上跃进到1600斤，增产77.18%，力争亩产达到1800斤，增产99.33%。

9日　省爱国卫生运动委员会发布《关于开展春节前后卫生积肥、消灭“四害”突击运动的紧急指示》：（一）彻底消灭掉过冬蚊蝇，扫净蝇蛹，在一切可能的地方消除蚊蝇孳生场所，大力组织捕鼠、灭雀；（二）继续开展卫生积肥运动；（三）组织参观检查，表扬先进，推动落后，使运动发展步步深入；（四）建立制度，持久巩固；（五）加强传染病的预防工作。

9日　省工商联常委、南昌市民建委员召开联席（扩大）会议，作出进一步开展整风运动的决议。继而掀起“向党交心”的高潮，举行工商界自我改造经验交流现场会和小型“交心”展览，带动全省工商界“向党交心”。

10日　省人委紧急通知各地，大量增加种植水稻良种南特号，以适应农业大跃进和扩大“三变”提高复种指数的需要。

10日　省妇联召开三届三次执委会议，传达全国省、市妇联主任会议精神，进一步贯彻勤俭建国、勤俭持家的妇女工作的根本方针。会议于12日结束。

11日　湖口港发生大风沉船事故，死亡8人。

11日　省轻工业厅和省手工业合作联社决定，将原属省手工业联社系统领导的棉纺、棉织、麻织、针织复制、印染等手工业生产合作社组，划归工业部门统一领导和管理。

12日　省、市、专区及各机关、企业、学校、团体、部队等主要领导干部集会，省委领导作动员报告，号召在春节前后来一个除“四害”、讲卫生的大跃进。

12日　《江西日报》报道，全省各个血吸虫病流行地区从1957年入冬以来，紧密结合冬季生产和兴修水利，开展了消灭血吸虫病运动，出现首批基本消灭血吸虫病余江、上犹、婺源3个县及第二批基本消灭血吸虫病的浮梁县和奉新县，万年县也接近基本消灭阶段。与此同时出现了12个基本消灭血吸虫病乡，32个基本无螺乡。

12日　省委农工部、省林业厅召开全省油茶生产会议。会议提出：全面消灭茶荒山，大力提高茶油产量，争取5年内达到年产茶油3亿斤。会议要求采取消灭荒山、老树更新、稀疏林补植、推广优良品种、中耕施肥、整枝打叶、消灭“四害”（黄蚂蚁、山老鼠、乌烟病和茶泡病）等技术措施来达到这一跃进计划。会议于14日结束。

13日　省市各单位负责人和在南昌的苏联专家共50余人，在中苏友好馆举行联欢茶会，庆祝中苏友好同盟互助条约签订8周年。省委第一书记、省中苏友好协会会长杨尚奎和苏联专家乔尔奈先后在会上讲话。

14日　省人委决定成立江西省重工业厅电业局，由重工业厅副厅长白洁兼任局长。

15日　商业部发出《关于零售企业和基层批发企业实行商品、资金定额管理的指示》，省商业厅经过试点，在全省零售企业和基层批发企业，特别是县（市）经理部、批发商店和批零兼营商店，普遍实行商品、资金定额管理。

15日　省文化局、省文联联合举办的江西省第一届国画展览会开幕。展览会展出160余位作者460多幅作品。展览会闭幕后，将在全省较大的城市巡回展出。

16日 《江西日报》报道，江西师范学院2000多名学生在“勤俭学习，反对浪费”的整改高潮中，向全国高等师范学院和全省大学生提出倡议，决心自己设法解决学习、生活费用，一年为国家节约10万元。

18日 特务分子宋玉成被萍乡公安机关捕获。宋玉成化名漆玉麟，历任军统中校组长、大队长，破坏四川省许多地下党组织，亲手杀害共产党川东、川康地下工委书记，重庆地下市委书记等40余名负责干部，参与杀害爱国人士240多人，捣毁中共重庆市委《挺进报》。自解放初期潜入萍乡县安源镇九荷村达8年之久，在群众举报下，被萍乡公安机关捕获。

22日 省委文教部召开省教育厅、卫生厅、文化局、科普协会、体委等单位的党组负责人座谈会。会议研究和讨论文教工作如何为生产大跃进服务问题，认为文教工作必须迎头赶上，为社会主义建设大跃进服务。

23日 省市各界代表500余人在中苏友好馆举行晚会，庆祝苏联红军建军40周年。出席庆祝会的有杨尚奎、邵式平、刘俊秀、白栋材、邓克明、叶长庚等。

省市各界庆祝苏联红军建军40周年大会会场

23日 省委发出《关于开展备耕工作大检查的指示》，要求各地发动社员群众对农业合作社的增产计划开展辩论，修订合作社原计划。

24日 省委防治血吸虫病五人小组召开第五次全省防治血吸虫病工作会议。会议提出“苦战三年，加速消灭血吸虫病”的号召，确定1958年工作任务，即消灭13个县（市）、143个乡（镇）的血吸虫病，消灭丁螺面积110万亩，治疗15万病人，同时全面管好人畜粪便和做好安全用水、个体防护工作，认真开展科学研究，并做好其他疾病的防治工作。邵式平到会讲话。会议于27日结束。

波阳县血防站医务人员在滨田水库民工宿舍进行粪便检查

25日 省政协一届常委会二十次会议在南昌举行。会议讨论了关于生产大跃进以及“右派分子”的问题，决定成立处理“右派分子”问题临时工作小组。

25日 《江西日报》报道，全省首批服役期满的3741名退伍军人已于春节前几天陆续由部队回省。他们回省后，到处受到热烈的欢迎。

25日 江西农学院在大鸣大放基础上开展“又红又专”问题的大辩论，历时一个月已经告一段落。

25日 省军区举行1000人大会，欢迎首批252名上山下乡参加劳动生产的同志。省委第一书记杨尚奎、省政协副主席傅肖先、省军区司令员邓克明等领导前往迎接。

25日 南昌柴油机厂、江西机械厂、江西造船厂、江西省家具修配厂、南昌市机械厂、南昌市农业机械厂、南昌市第三机器合作社、南昌市黑白铁工艺合作社等单位的党、政、工会的领导集会，研究在全市各机械工厂和机器合作社之间掀起一个支援农业生产大跃进的社会主义竞赛。他们承担了制造近3万马力动力排灌机械的生产任务。

25日 省选举委员会召开全省选举工作会议。会议要求把选举工作当作一个重大的政治任务，既要按时完成，又要保证质量。会议确定全省基层选举争取在3月底以前完成，最迟不得超过4月上旬。会议于26日结束。

26日 《江西日报》报道，星子县打破常规，普遍推广“温床育秧法”，把早稻插秧季节提早到清明，以达到一早三早，保证季季丰收。

26日 《江西日报》报道，省文化局、省文联、戏剧家协会江西省分会于最近先后分别邀集省市文学、戏剧、美术、音乐工作者和文艺书刊的编辑、出版、发行等单位，分别举行十余次座谈会，着重检查和批判了文艺界存在的脱离政治、脱离群众、脱离现实的不良倾向，就如何进一步贯彻执行为社会主义、为工农兵服务的党的文艺路线举行讲座，提出文艺工作者应积极努力发展文艺创作以适应全省生产大跃进的新形势。

27日 省人民银行发出《关于自一九五八年起明确划分国家银行和信用社的业务工作问题的通知》，自1958年起国家银行对农业社的贷款统一由银行办理，不再通过信用社。对农民个人的贷款，除贫农合作基金贷款外，均由信用社负责办理。

27日 省人委召开第三十七次委员会会议，通过《江西省人民委员会关于调整省人民委员会所属组织机构的决定》，将原省商业厅改为第一商业厅，原省服务厅改为第二商业厅与省供销社合署办公；省司法厅与省高级人民法院合署办公；撤销省公路运输厅和省航运厅，合并为省交通管理局。同时还通过了《关于撤销许德瑗等七个右派分子的行政职务的决定》（1979年3月许德瑗等7人错划右派得到改正）。

28日 省人委批准医药系统机构移交卫生部门领导。省医药、药材公司并入省卫生厅药政部门管理，设中、西药采购供应站，两块牌子一套人马。从此，全省医药商业开始了中西合一经营体制。

28日 省委文教部召开文艺工作者座谈会，参加会议的有专业和业余文艺工作者340余人。省领导邵式平在会上作了题为《革命传统、全面跃进、地要绣花、人要文化》的讲话。座谈会于3月1日结束。

本月 南昌七里街火力发电厂建成，同月南昌供电所（局）建立。

本月 省人委批转省卫生厅《关于江西省疗养工作的基本情况和今后整顿改进意见》、《疗养规则》及《江西省疗养机构收费办法暂行规定》。

本月 省教育厅发出《关于各级各类学校学习毛泽东提出的教育方针的通知》。

本月 全省商业系统开展以改善服务态度，提高服务质量为中心内容的“学天桥、赶天桥”（北京天桥商场）运动，涌现一批天桥式商店。

本月 南昌、九江、景德镇、赣州、吉安、上饶、庐山等7市（镇）代表出席全国城市绿化会议，九江市被评为全国绿化先进城市。

本月 省委决定，成立县级拖拉机站。省人委决定生产轮式拖拉机。

本月 九江专署中旬召开全区鱼苗产销会议，决定1958年鱼苗生产要实现大跃进。确定1958年生产鱼苗30亿尾，在1957年10亿尾的基础上增产2倍。为了保证任务的完成，要求开展“五勤”（勤捞、勤移、勤洗、勤舀、勤检查）、“五比”（比质量、比产量、比团结、比产销关系、比爱护工具）的劳动竞赛运动。

1958 3月 March

公元1958年3月							农历戊戌年【狗】						
日	一	二	三	四	五	六	日	一	二	三	四	五	六
						1 十二	2 十三	3 十四	4 元宵节	5 十六	6 惊蛰	7 十八	8 妇女节
9 二十	10 廿一	11 廿二	12 廿三	13 廿四	14 廿五	15 廿六	16 廿七	17 廿八	18 廿九	19 三十	20 二月大	21 春分	22 初三
23 初四	24 初五	25 初六	26 初七	27 初八	28 初九	29 初十	30 十一	31 十二					

1日 《江西日报》报道，为了适应农业生产大跃进，赣南区党委、赣南行署、赣州市委、市人委4个单位决定：（一）联合在原赣州林校场地建立农牧干部试验农场。在近200亩土地上，试种亩产1000斤的水稻20亩；亩产8000斤至1万斤番薯80亩。（二）1958年计划养700头至1000头猪，80对安哥拉长毛兔，2500只至3000只种鸡和10箱意大利蜜蜂。

2日 南昌市举行全市机械工人支援农业大跃进誓师大会。

3日 省人民银行根据总行指示，发出《关于在银行系统开展反浪费运动的通知》。通知要求各行有重点地参加企业单位在流动资金管理中的反浪费运动。

3日 江西省社会主义农业建设积极分子代表大会召开。省委领导先后作了《千方百计，再接再厉，实现大跃进》和《坚决反对右倾保守思想，鼓起革命干劲，组织生产大跃进》的报告。会上表彰了农业劳动模范175人。会议提出：在第二个五年计划期间，全省粮食总产量在1957年140亿斤的基础上，到1962年增加到200亿至220亿斤，每年平均增产12亿至16亿斤，增长速度平均每年8.57%～11.43%。从1963年到1967年，要求全省粮食总产量达到340亿斤，平均每年增产24亿斤，增长速度平均每年12%。会议提出大跃进的标准增长率，粮食平均每年增长4.34%只能算通常的跃进；增长8.68%只能算一般的跃进；增长13%可以说是大跃进。会议于9日结束。

4日 南昌市卫生积肥运动形成高潮，上万名干部、学生前往郊区农业社送肥。

4日 省委整风领导小组召开省直各战线、各单位以及南昌市、南昌地委整风领导小组和行政干部会议。会议提出反浪费、反保守是整风运动的纲，要求各部门、各单位的领导同志，都必须再鼓一把劲，再加一把火，掀起一个声势浩大的反浪费、反保守运动。

6日 江西省第九次民政会议在南昌召开。

7日 省人委通知：撤销省水利厅和省重工业厅电业局，合并成立江西省水利电力厅。陈志城任厅长。同时，成立江西省水利电力厅电业局，白洁任局长。

7日　撤销省林业厅及其所属森林工业局，成立江西省农林垦殖厅。

7日　省人委下发调整直属机构的通知：撤销省手工业管理局，工作交由轻工业厅管理。

7日　撤销省建设委员会和城建局，成立江西省建筑工程局。主管全省建筑安装、设计、建材、城市规划、城市建设、房产管理。

8日　省煤炭工业管理局（以下简称省煤管局）成立。

8日　省人委通知，武惕予任司法厅厅长，已先行到职工作。

8日　省市各界妇女3.4万余人，在八一广场举行纪念“三八”国际劳动妇女节大会。2万名妇女参加游行，表示要贯彻勤俭建国、勤劳持家的方针。

参加庆祝“三八”国际劳动妇女节大会的妇女们，抬着“勤俭持家”的巨幅标语牌通过主席台

9日　杨尚奎到浮梁县血吸虫病流行地区南安乡，检查了南安、兰田两乡的灭螺和生产工作。

10日　省政协召开座谈会，邀请各民主党派和无党派民主人士讨论自我改造问题。

10日　省公安厅发出《江西省公安工作五年跃进规划通知》，提出“又红又专，勇往直前，依靠群众，确保安全”的口号，争取5年后全省做到“十无”，即无反革命重大破坏事件、无凶杀、无抢劫、无赌博、无闹事、无械斗、无群众性的迷信事件、无15元以上的盗窃、无50元以上的火灾损失等。

11日　抚州地区金临渠竣工并举行放水典礼。邵式平亲临剪彩。金临渠灌溉抚河中游东岸

省长邵式平为金临渠放水典礼剪彩

金溪、临川县和抚州市农田17万亩，投资209万元，1957年8月1日动工，半年多建成，完成土方304万立方米，石方6.7万立方米，混凝土4873立方米。

11日　省煤炭工业管理局编制《江西省煤炭工业“二五”跃进规划》，将全省划分为赣中、赣东北、吉安和萍乡四个煤田区域，决定重点加速以丰城为中心的赣中产煤区的开发。

12日　省委和南昌市委召集省、市各级机关和工厂、企业、学校的负责人，布置1958年春绿化南昌市区和1958年冬1959年春绿化郊区的任务。提出“鼓足干劲，快马加鞭，两年绿化城市，五年绿化全江西”的口号。

12日　南昌铁路管理局向塘机务段611机车张崇烈机班创造了每万吨公里耗煤（标准煤）60.2公斤的新纪录，超过了全国先进机车“毛泽东号”提出的每万吨公里耗煤65公斤的先进指标。

13日　南昌市委、市政府向驻市各机关、企业、工厂、学校、部队和各乡（镇）发出通知，要求迅速掀起一个群众性的绿化热潮，争取1958年春达到全面绿化南昌市区，使南昌市区绿树成线，郊区树木成片。

13日　省委、省人委发出《关于抓紧时机、突击完成植树造林任务的指示》，要求全省人民鼓

足干劲，加快速度，两年绿化城市，五年绿化江西。

13 日　全省卫生行政会议在南昌召开。会议确定了农村卫生组织与生产组织相结合，联合诊所逐步转向农业社保健站的发展方向。会议制定并通过血吸虫病、疟疾、丝虫病、鼠疫、麻风等几种主要疾病的防治工作计划。会议于 22 日结束。

14 日　全省水产工作会议在九江召开，传达中央水产工作会议精神，研究全省第二个五年水产工作跃进规划和 1958 年水产生产计划。

14 日　省委血防领导小组批转省水利电力厅《关于兴修水利结合灭螺工作的情况报告》，在大规模的兴修农田水利运动中，全省有血吸虫病的余江、玉山、波阳等 32 个县、市，452 个乡，联合进行灭螺工作。

余江人民修造“白塔渠”

余江人民将建设白塔渠与血防灭螺相结合

14 日　南昌市委、市人委在省体育馆举行绿化动员大会，驻市机关，企事业单位，部队和居民 3000 多人参加大会，省长邵式平和市委书记郭光洲到会讲话。

15 日　农垦部部长王震致信邓克明，赞许省军区创办军垦农场，勉励全场官兵发扬人民解放军光荣传统，团结一致，艰苦奋斗，开创新的事业。同时，由农垦部拨款 10 万元，支援办场。

15 日　江西、湖南、福建、广东 4 省团委在瑞金联合召开共青团观摩学习会议。来自北伐战争、土地革命战争时期为革命作出重大贡献的 100 个县的团干部参加会议（简称“四省百县”会议），其中赣 34 县，湘 18 县，闽 26 县，粤 22 县。会议期间，团中央第一书记胡耀邦带领出席会议的 150 余名青年干部和瑞金城 3000 余名青年，栽果树 2300 余株，并命名这块果树林为“四省百县林”。还修了一条从沙洲坝到朱德故居乌石垅的公路。会议于 23 日结束。

15 日　南昌柴油机厂试制的“五一”牌 105 型 10 台手扶拖拉机进行田间多种用途试验，效果良好，比国家计划提前 6 个月，比厂跃进计划提前 1 个半月完成试制任务。

南昌柴油机厂试制成功的“五一”牌 105 型手扶拖拉机

15 日　坐落在庐山脚下的庐山温泉工人疗养院，经过一年多的建设，即日举行落成典礼。该疗养院由中国重工业工会委员会和省工会联合会筹建，设有250张床位。

17日　民革、民盟、农工党江西省委和南昌市委组织成员和无党派民主人士一起，在南昌市举行自我改造促进大会，表示拥护《社会主义自我改造公约》，“把心交给党”，“加速自我改造”的决心。参加大会的有1000余人。会后进行游行。

18日　由国家投资，上海支援设备的南昌橡胶厂建成投产。当月试制出元宝胶鞋。

南昌橡胶厂的工人们生产的第一批胶鞋

18日　省公安厅劳改局下发《关于加速消灭血吸虫病的工作指示》，要求各劳改、劳教单位1958年内基本消灭血吸虫病。

19日　共青团江西省第五次代表大会召开。邵式平致开幕词，周振远作《团结江西省青年，当好党的助手，在社会主义的大道上跃进再跃进》的报告。大会选举产生第五届团省委，周振远当选为书记、王显文为副书记。会议于23日结束。

20日　省人委根据临川、丰城两县达成的协议，决定将临川县院前乡的南尚、刘家、阳坑、苦坑王家、石溪、李家坑、王秋坑、肖坊8个自然村划归丰城县管辖，以解决因青奇寺水陂引起的水利纠纷。

20日　省委党校举办社会主义教育课程班，进行以学习《关于正确处理人民内部矛盾的问题》为中心的社会主义教育。邵式平、方志纯、刘俊秀、白栋材、黄知真等省领导先后来校作专题报告。

21日　省委召开常委会议，研究全省当前反浪费、反保守运动情况。会议认为，必须在全省范围内立即掀起一个以挖掘潜在财力、物力、人力为重要内容的双反运动高潮。并决定集资2亿元资金，以最快的速度建设41座化肥厂，兴建15个标号较高的中型水泥厂、41个低标号的年产8000吨的小型水泥厂，在全省兴建200个小型水电站，使全省地方工业遍地开花，处处结果。

22日　南昌市委机关报《跃进快报》创刊。

23日　省人委发出通知，批准省科学工作委员会《关于在各综合垦殖场设立“动植物研究园”的决定》。

24日　省委决定将省供销、商业、财政、银行等干校合并为江西经济学校，省手工业局、工业厅、城建局办的干训班合并为江西工业学校，均由省人委管理。

24日　邵式平以《“双反”与跃进》为题，向省市各机关、省军区、南昌地委，以及出席省共青团代表会议的全体代表7800余人作报告，动员全体干部为实现省委提出集资2亿元，兴办工业，支援农业而努力。要求各单位立即行动起来，清理仓库，清理物资，有钱出钱，有力出力。同时，继续精简机构。

25日　邵式平在江西机械厂（今江西拖拉机厂）主持会议，决定制造拖拉机（该厂接受任务后，由副总工程师曾照明负责，于4月25日生产出第一台拖拉机，命名为“八一牌万能拖拉机”（后改名为“丰收－27型”），并于“五一”国际劳动节前夕运抵北京接受毛泽东等国家领导人的检阅。5月上旬，邵式平在北京前门饭店向各省领导人介绍国产第一台水田型轮式拖拉机性能）。

25日　团中央第一书记胡耀邦以“好、好、好、好、干”为题，向出席团省委第五次代表大会全体代表以及省直属机关团支委以上干部作了重要讲话。他号召青年：要继续干、顽强地干、踏实地干、大胆地干。勉励团员干部要彻底清除一切不健康的思想，大胆地干，大胆地前进，从干的当中增长才能，从学习中增强干劲。

26 日 《江西日报》报道，新建县 95% 的适龄儿童走进学校，村村社社都有小学，是全省普及小学教育第一县。

27 日 省人委决定将省农业厅农场管理局和农场工作，划归省农林垦殖厅领导和管理，改为农垦局，马朝芒任局长。

27 日 省教育厅召开九届教育行政会议，研究提出全省教育跃进的指标和措施。会议于 4 月 2 日结束。

28 日 宜春地区袁惠渠第一期工程放水。这是江西第一个五年计划期间兴建的最大引水工程，南、北两条干渠经新余、清江、新干三县，全长 137 公里，第二期工程共建成大小建筑物 400 余座，灌溉农田 37 万亩。

29 日 省市文化、教育、科学、卫生、体育界知识分子 7000 余人，在南昌举行社会主义思想誓师大会。向党和人民庄严宣誓：永远跟着共产党走，坚决走社会主义道路，把心交给党，交给人民，把知识和力量献给社会主义。大会通过了《上毛主席书》和《自我改造决心书》。

29 日 九江市各界人民举行庆祝全市基本实现“五无”大会。九江市 7 万多人组成的围剿“五害”大军，经过 7 天 7 夜的苦战，全面歼灭了蚊、蝇、鼠、雀和臭虫，省人委和省爱国卫生运动委员会宣布：九江市已成为全省第一个“五无”城。

30 日 《江西日报》报道，南昌市 4 天兴办了 17 所农业和工业职业中学，使历届高小毕业生的绝大多数都进入了学校学习，全市已基本普及了中学教育。南昌市委和市教育局决定在 1958 年 9 月以前，再办 30 所职业中学，达到市区各街道都有中学，大中型工厂厂厂都有中学，郊区农村乡乡都有中学。

本月 大吉山钨矿治疗矽肺的先进方法在全国推广，该矿被选为全国矽肺病研究基地。翌年，重工业部与卫生部在大吉山钨矿召开全国第一次矽肺防治大会。

本月 省卫生厅颁发《综合医院制度》及《综合医院工作职责》，要求全省综合医院实行 24 小时门诊制，医生三级查房和护士三查七对（操作前查、操作中查、操作后查；对床号、姓名、药名、剂量、浓度、用法、时间）等制度。

本月 南昌砂轮厂建立，这是江西省唯一的磨具磨料生产单位，是国家机械委定点生产磨具磨料的专业厂家，属原市手工业管理局管理的全民所有制企业。

本月 南昌市第一辆自行车在南昌市合作机械厂仿制成功，车牌名为“跃进”。

本月 中央宣传部 19 名干部下放云山垦殖场参加山区建设。

本月 全省首批抽调的 1000 名干部陆续到达鞍钢、马鞍山铁厂、上海钢铁厂、南京化肥厂、萍乡煤矿和江西纺织厂等省内外有关厂矿担任生产工人，参加为时 1 年至 3 年的劳动实习，以“培养又红又专的工业管理干部”。

本月 九江人民出版社在九江成立。

1958
4月
April

公元1958年4月　　农历戊戌年【狗】													
日	一	二	三	四	五	六	日	一	二	三	四	五	六
		1 十三	2 十四	3 十五	4 十六	5 清明	6 十八	7 十九	8 二十	9 廿一	10 廿二	11 廿三	12 廿四
13 廿五	14 廿六	15 廿七	16 廿八	17 廿九	18 三十	19 三月大	20 谷雨	21 初三	22 初四	23 初五	24 初六	25 初七	26 初八
27 初九	28 初十	29 十一	30 十二										

1日　南昌市洪都联合中医院成立。

1日　南昌柴油机厂提前6个月试制成功"井冈山30型"30马力四轮拖拉机。经田间多种试验鉴定后，拖拉机的技术性能达到原定技术要求。

"井冈山30型"拖拉机

1日　省人委作出《关于省级机关干部推行"试验田"的轮流参加劳动锻炼的规定》。规定要求所有科以上干部，都必须确定自己的"试验田"（或工厂、车间、商店、学校等），直接参加劳动，参加基层工作，每年不得少于一个月；青年知识分子干部都应轮流到基层工作，每期至少三个月。

1日　农业部、第二商业部组织安徽、湖南、湖北、江苏、浙江等省兽医技术人员，在专家方世杰率领下，来江西参观猪瘟兔化弱毒疫苗

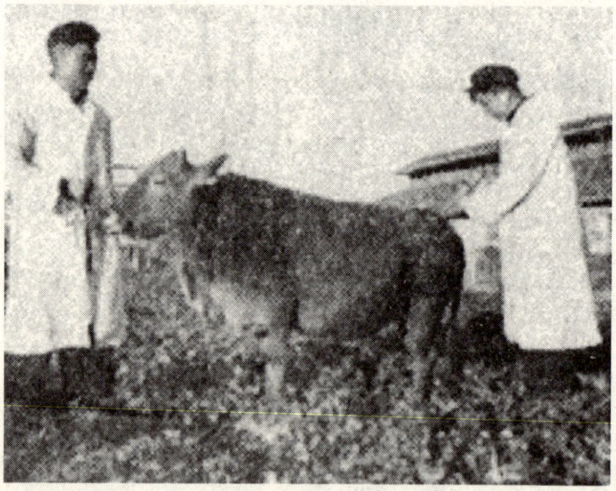
家畜血防员在城郊人民公社田间给耕牛注射预防疫苗

试用情况。并赴抚州市和临川县考察预防猪瘟、牛瘟、鸡瘟情况。参观考察于12日结束。

2日　全省教育行政会议闭幕。会议提出：人人上学，人人有文化，苦战2年至3年，扫除全省文盲，普及小学和初中教育。方志纯到会作

指示，他说：学校是思想阵地，社会主义思想不去占领它，资本主义思想就会去占领它，要加强党对学校的领导。

2日 全省雷暴雨技术会议在南昌召开，上海、湖北、安徽、浙江、江苏、福建等省、市气象部门及衢州、向塘、樟树、新城等空军气象台代表参加会议。会议交流雷暴雨技术及预报服务工作经验。会议于9日结束。

3日 省委外事小组成立，莫循任组长，李杰庸任副组长。

3日 《江西日报》报道，南昌市委、市人委发出追歼“七害”号召，动员全市人民在奋战3个月的基础上，决战7昼夜（4月5日至11日），赶上九江，实现“七无”市。

4日 省人委作出《关于调整省级专业干部学校的决定》，成立全省政治学校，负责轮训、培养江西省政法工作干部。

5日 全省妇女勤俭持家建设社会主义积极分子代表大会在南昌召开。出席代表615名。省委书记刘俊秀到会讲话，朱旦华作大会报告。大会的目的与任务是：总结工作，交流经验，表彰热心于社会主义事业，勤俭生产，勤俭持家的先进人物，以便带动全省妇女学习先进，赶上先进，实现全面大跃进。会议于11日结束。

5日 省军区继3月首批省军区军官职员260人后，又分配退伍义务兵275人进入八一垦殖场参加山区建设。

6日 全国工商联主任委员陈叔通率领视察工作组到江西视察工商界整风和自我改造“大跃进”情况。视察期间，参加南昌县工商界自我改造促进大会，听取省和南昌市工商联、民建会汇报；陈叔通并在南昌市工商界举行大型报告会，就有关一般整风和自我改造“大跃进”等问题，向2100多名工商业者和工商业者家属作报告。视察于9日结束。

8日 省人委为了发展茶叶生产，增加出口货源，发出《关于加强领导，大量发展茶叶生产的通知》，分析茶叶生产的形势并作了具体指示，要求做到县县种茶，社社种茶。

8日 全省政法部门制定社会主义竞赛跃进规划，提出：在组织上以乡为单位，将现在的乡调解委员会改为调处委员会，乡级以下以社为单位建立调处小组，调处委员会的主要任务是调处轻微的刑事案件和民事纠纷。

9日 南昌市副市长杨治光和省军区副司令员孔令甫向省委、省人委和省爱委会递交“七无”市的捷报和鉴定申请书。

9日 省人委召开第四十二次行政会议，着重就全省科学研究工作和技术工作以及全省科学工作任务、建立和健全科研机构、科学研究工作如何为生产大跃进服务进行了研究讨论。会议提出筹备成立科学分院，除了现有高等学校外，还要成立工学院、社会主义学院和新的大学。省长邵式平号召全省人民向科学大进军，组织各方面大跃进。

9日 省血吸虫病防治领导小组召集各流行区域地、县、市委书记电话会议。会议提出：必须使血防工作与农业生产同时大跃进，扭转某些县、市血防工作不平衡的状态。要求6月以前，在灭螺方面要完成全年任务的50%以上，各流行地区书记要亲自出马，苦战3年，力争全省消灭血吸虫病。

10日 省科学技术委员会召开第三次试验拖拉机研究小组会议，邵式平对各项生产项目进行了检查，要求各单位大力协作，互相配合、互相支援，从人民群众中去培养训练科技人才，实现科技大跃进。

10日 省委文教部、省文化局召开全省第二次职业剧团政治工作会议。会议明确目前剧团政治工作任务是：正确贯彻党的方针政策，多快

赣剧《牡丹亭》剧照

好省地发展社会主义戏剧事业，加速自我改造，逐步提高艺术质量，使戏剧事业更好地为社会主义建设服务。会议期间还成立了中国戏剧家协会江西省分会。会议于15日结束。

13日 宜春县在新田试办社会劳动教养队。

14日 省政协和社会主义教育领导小组正式成立并召开第一次会议，部署有关工作。

14日 全省畜牧兽医技术会议在抚州市召开。会议要求5年改变全省家畜面貌，10年实现良种化。副省长李世璋到会。农业部、中国农科院、第二商业部等有关专家应邀参加会议。会议于20日结束。

15日 省科学技术委员会召开1958年第一次委员扩大会议，邵式平主持会议。会议决定各专区、市、县成立科委，省内各级科委、科联、科普协会合署办公。

15日 为了多、快、好、省地完成木材运输任务，及时支援国家建设的急需用材，全省地方交通会议确定在全省掀起一个群众性的交通运输改革运动，以适应工农业生产大跃进的需要。会议提出：在两年内基本上实现车子化三年到五年实现公路化，凡有河流的地区，尽力疏通，争取通航。

吉安出贮木场水运工人在内河放运木排

16日 省政协组织参观学习队，前往赣县、大余、上犹等地农村和厂矿参观学习，结合劳动锻炼进行整风。于5月17日结束。

16日 省委宣传部发出《关于立即动员力量进行搜集民歌工作的通知》，要求凡内容好，富有艺术性的，不论是旧民歌，还是土地革命时代的山歌，解放以来的山歌、民歌都要加以搜集。目前应着重搜集生产大跃进中的山歌、民歌。

17日 江西运送54件新式农具去北京，参加最近举行的全国工具展览会展出。

18日 抚州市人民经过一年多的艰苦努力，实现了无猪瘟、鸡瘟、牛瘌。抚州市申请鉴定为“三无市”的申请书，经抚州专署批准。抚州地委、专署及农业厅分别向抚州市委、市人委颁发了奖旗。

18日 由北京农业机械化研究所、省工业厅、省农业厅、省农林垦殖厅等单位有关人员组成的全国性农业机械化重点试验工作，开始在国营恒丰农场进行。供这次试验用的农业机械是由农业部从国外引进的，有从耕耙到中耕、收割、脱粒、加工等整套农业机械，共有各种类型大小农业机械127台。

19日 以叶炎发、黄忠清、林吉顺、杨义信为首组织的“中国大陆军”百余人，在上饶县花厅区白塔乡搞反革命暴乱，先后捣毁白塔、前村两个乡政府，抢走公章及手枪一支，抢劫供销分社物资和农民粮食，杀害白塔乡党支部书记高明朝，并绑架干部12人。

20日 平息了叶炎发为匪首的暴乱，当场击毙匪首叶炎发、林吉顺、余敦贤、马福4人，其他主犯被捕。8月8日对黄忠清等41名匪徒公开宣判，死刑10人，死缓3人，无期徒刑8人，有期徒刑17人，管制3人。

20日 新建成的南昌市图书馆正式开馆。该馆藏书10万册。

20日 全省体育工作会议和国防体育工作会议召开。会议确定全省体育运动10年规划：要求10年内在广泛开展体育运动的基础上，有160万人达到劳卫制各级指标，培养32万名等级运动员和150名运动健将。争取10年内在田径、体操、篮球、排球、足球、乒乓球、举重、游泳、自行车和射击10个项目接近和达到全国水平，并力争其中若干项目接近或达到国际水平。会议于5月4日结束。

21日 省委五届五次全会（扩大）召开。会议确定全省地方工业在第二个五年计划期间，建成一个比较完整的为农业服务的工业体系，并决定兴建万安水电站和新余钢铁厂。会议于25日结束。

23日 省人委外事办公室成立。彭梦庚任主任，康靖任副主任。省委国际活动指导委员会同时撤销。

25日 经过30个日夜苦战，在省长邵式平亲自领导和各单位协作支援下，全国第一台“八一”牌四轮万能拖拉机在江西机械厂诞生。杨尚奎、邵式平等专程前往祝贺。

省委书记杨尚奎（中）和省长邵式平（左）观看“八一”牌万能拖拉机

26日 共青团中央书记胡耀邦近日到南昌县小兰乡小兰村视察。

27日 “八一”牌轮式拖拉机启运北京，参加“五一”节大会展出。

27日 全国农业机械化重点工作会议在恒丰农场举行。

28日 《江西日报》报道，我国第一个山区农业综合研究站在兴国县埠头乡成立。该站本着调查总结、试验研究、示范推广相结合的方针，以农业为主，对农、林、水、牧、渔进行综合研究。

28日 全省水利会议召开。会议确定今后规划和任务：鼓足干劲，力争上游，争取提前达到省委提出的今冬明春，最迟明冬后春在全省范围内消灭一般性旱涝灾害，并在第二个五年计划期间内，逐步达到农田水利化、灌溉自流化、用水合理化、农村电气化。会议于5月6日结束。

29日 省人委第三十八次会议决定：省气象局和省水利电力厅水文总站合并，成立江西省水利电力厅水文气象局。在省水利电力厅领导下，统一管理全省水文、气象工作。同时还决定撤销省第一、第二商业厅和省对外贸易局，合并成立省商业厅，与省供销社合署办公（即“四合一”，对外保留江西省外贸局），统一管理全省商业工作。

29日 省选举委员会在《关于江西省选举工作情况的报告》中指出，从3月初开始，基层选举工作在全省范围内陆续铺开，截至4月25日止，全省基层选举工作结束。省第二届人大代表名额原定400人，根据全国人大常委会关于地方各级人大代表名额问题的决定精神和江西省的实际需要，经省人委研究，报国务院批准，增加省人大代表名额100人。

30日 匪患较严重的赣州地区近日召开闽赣清流、建宁、长汀、石城、广昌、宁都、瑞金7县剿匪会议，成立闽赣7县剿匪联合临时指挥部，下设4个指挥所。至6月底，捕歼残存匪首10人，7县境内残匪全部肃清。

本月 江西省工业专科学校成立。

本月 江西宾馆工程正式开工。该建筑为全省第一幢高层建筑，地上十层、地下一层，高47.75米，建筑面积30562平方米，1961年竣工交付使用。

本月 农垦部部长王震首次来红星垦殖场和江西蚕桑场视察，要求有关部门把从巴基斯坦空运来的500只“来杭鸡”给红星垦殖场，办起来第一个养鸡场。

本月 地质部江西省办事处四〇九地质队运用浅眼多循环快速掘井法，创全国地质系统单机井下平巷月掘进515米的最高纪录。

1958 5月 May

公元1958年5月　农历戊戌年【狗】													
日	一	二	三	四	五	六	日	一	二	三	四	五	六
				1 劳动节	2 十四	3 十五	4 青年节	5 十七	6 立夏	7 十九	8 二十	9 廿一	10 廿二
11 廿三	12 廿四	13 廿五	14 廿六	15 廿七	16 廿八	17 廿九	18 三十	19 四月小	20 初二	21 小满	22 初四	23 初五	24 初六
25 初七	26 初八	27 初九	28 初十	29 十一	30 十二	31 十三							

1日　省人委决定，将地质部江西省办事处改为江西省地质局，该局为省人委的一个工作部门，受地质部和省人委的双重领导。

2日　全省城镇福利生产现场会在南昌召开（至年底，全省有福利生产单位5410个，生产人员7.37万人）。

2日　南昌市中学生田径、体操运动年度大会召开，有13人达到国家二级运动员标准，81人达到国家三级运动员标准。

3日　省人委根据国务院的规定发出《关于高等学校校、院长任免问题的通知》，明确省管高等学校的正副校（院）长，一律由省人委任免。

3日　宜春公安处向全区通报推广所谓社会劳动教养队。省长邵式平来宜春视察发现错误，提出批评。省委下达《关于不准行、专、县、社举办劳动教养队的通知》。后陆续撤销停办。

3日　省重工业厅、省水电厅、省财政厅等6家单位下达《关于一九五八年省下放企业财务管理的几项规定》。

4日　省委发出通知，决定成立哲学社会科学联合会和哲学经济学、法学（包括政治学）、历史学、教育学、文艺学、新闻学等7个学会。其任务是：在省委领导下，以马克思列宁主义为指导，根据党的“百花齐放、百家争鸣”的方针，领导全省哲学社会科学界从事科学研究工作。

6日　省政协一届常委会二十二次会议在南昌举行。会议听取关于社会主义建设总路线和关于开展向党交心运动的讲话。

6日　省人委召开第四十四次行政会议。会议决定创办江西大学、江西工学院、江西财经学院3所高等学校，并分别组织筹建委员会。江西大学争取在1958年筹建完成，1959年开始招生；江西工学院1958年7月筹建完成，1958年秋季招生；江西财经学院1958年内筹建完成，1959年开始招生。

7日　江西省文艺学会成立。主任李定坤，副主任石凌鹤、李林。

8日　根据1958年3月全国除四害讲卫生大跃进评比先进协议大会精神，湖南、湖北、江西3省在省卫生模范县萍乡，召开第一次卫生工作评比协议联席会议。会议主要内容是比除四害的程度、密度和“五改良”（居住、厕所、猪牛栏、用水、垃圾处理）工作。到会代表将分医防保健、医学教育、卫生防疫3个组进行评比。

9日 福州军区领导韩先楚、叶飞、张翼翔、刘培善致信省军区司令员邓克明和八一垦殖场领导韩梅村、吕明清，表示支援并勉励办好农场。

10日 省委整风领导小组发出通知，要求脱产干部人人制定红专计划，指出这是从政治上、思想上、组织上贯彻社会主义建设总路线，巩固整风运动成果和培养提高干部的重要措施。

11日 省煤管局与煤炭工业部郑州管理局，就原煤炭工业部属萍乡矿务局划归江西省领导事宜，交接完毕。

11日 省商联根据国务院、省人委关于私营工商业的文书材料的保管处理意见发出通知，要求各地"协助有关部门做好工商界档案收集工作"。

12日 赣南行署、江西有色金属管理局召开联合会议。会议决定将原来国营大埠坞矿等8个小型钨矿、25个民窿站的全部资产、干部与技术人员，移交给地方经营管理。6月1日正式办理接交工作。会议于14日结束。

13日 省委召开拖拉机制造协作会议。杨尚奎主持会议。会议讨论制造"八一"牌拖拉机各厂之间互相协作，相互支援问题，并对各项协作项目进行了安排。确定成立"八一"牌拖拉机制造协作委员会。杨尚奎鼓励大家鼓足干劲，力争上游，集中力量，通力协作，成批制造"八一"牌拖拉机。

13日 全省山区工作会议召开。会议要求，争取5年时间完成10年的规划，在5年的时间内，提前完成《全国农业发展纲要（修正草案）》所规定的绿化一切可能绿化的荒地和荒山；1962年以前，由现在的150多个国营垦殖场增加到1200个至1300个，垦殖场直接经营的山林面积发展至3000万亩到4000万亩，达到全省山林总面积的25%至35%。同时在山区形成一套林产品工业网。会议于19日结束。

14日 南昌、景德镇、赣州、九江、吉安、抚州市，萍乡、清江、宜春、南昌、波阳、乐平、泰和、南城、修水县共同签订《工商业者社会主义自我改造竞赛协议书》。

15日 中国戏剧家协会江西分会成立，石凌鹤被选为主席。

15日 省委发出《关于县以上党委建立写作小组的通知》。通知要求县以上各级党委，应立即组织已有进行理论研究工作条件的党员、负责干部和已有一定实际工作经验及政治理论水平的干部，成立写作组，把学理论，总结经验与指导当前实际工作紧密结合起来，加强党的理论宣传对写作成员的指导，实行定题、定人、定时、定质、定量。写作应以研究、总结当前社会主义建设中的各种实际经验为主要内容，形式可以多样化。

15日 《江西日报》报道，全省计划新建73个拖拉机站。连原有的9个老站在内，全省共有82个拖拉机站，共计配备拖拉机1500台，达到县县都有一个站，为实现农业机械化作出示范。

16日 省煤管局作出《关于机关干部推行试验田和轮流参加劳动的决定》。确定萍乡县大田煤矿为"试验田"；每个干部每年不少于一个月的下矿时间，与工人同吃、同住、同劳动。

18日 省委召开关于加强当前工业生产和基建的领导，以加速完成跃进计划中心内容的电话会议。杨尚奎作《加强领导，快干实干，实现工作大跃进》的报告。

18日 省委、省人委发出《关于发展副业生产的指示》，要求各地在搞好农业生产的前提下，抽出20%左右的劳动力，迅速把副业生产搞起来。

19日 省教育厅、团省委、省人民广播电台联合举办"全省中小学校学生勤工俭学广播大会"。省委宣传部部长吕良作了讲话，要求以社会主义教育作为指导思想，继续深入贯彻勤工俭学方针，把学生培养成为新型的劳动者。

21日 经过一个多月的准备和多次试验，九江市第一个沼气发电站正式试验成功。杨尚奎到发电站参观，赞扬试制人员肯学肯钻和大胆试验的精神。该发电站每天发电3000千瓦。

省委书记杨尚奎参观九江市第一个沼气发电站

22 日　省委召集各级各部门负责人，研究当前农业生产问题。要求（一）对受灾严重的田地要迅速扶苗、补苗、洗苗；（二）切实加强对早稻、棉花及其他作物的田间管理；（三）想尽一切办法，把已经到手的春熟作物收上来；（四）及时作好夏收夏种的准备；（五）积极扩大夏秋种植面积。要求各地都应及时采取措施，加强对当前农业生产的领导力量，打好夏季生产这一仗。

进贤县三里人民公社繁荣大队社员在棉田锄草

南昌县蒋巷人民公社蒋巷管理区社员在棉田补苗

22 日　省教育厅发出《关于做好民办农业中学的巩固工作的意见》。

23 日　截至当日，全省入学儿童达 239 万人，占全省学龄儿童总数 241 万人的 98.7%，其中民办小学有 19090 所，招收学生 54 万人。

23 日　省人委批准省科学工作委员会《关于在综合垦殖场建立动植物研究园的决定》。并决定在开办时由省科委从科学经费中给予适当补助，省属垦殖场每场 6000 元，县属垦殖场每场 1000 元。

24 日　省教育学会举行第一次会员大会，正式成立江西省教育学会，选举吕良等 28 人为教育学会委员。

25 日　省委血防五人小组在余江县邓埠镇召开现场会议，庆祝余江县首先根除血吸虫病。方志纯讲话要求学习余江县的先进经验。会议于 28 日结束（6 月 1 日，《江西日报》刊登《根除余江县血吸虫病的鉴定书》，并发表社论《祝贺余江县人民根除了血吸虫病的伟大胜利》。6 月 30 日，《人民日报》发表关于余江县消灭血吸虫病的报道）。

余江县召开根除血吸虫病庆功大会

方志纯在余江县考察消灭血吸虫病工作时与群众座谈

26 日　省委批转省教育厅党组《关于民办小学巩固提高工作应注意的几个问题》的报告。

26 日　省委、省人委发出《关于组织农业副业队的决定》。决定指出组织农业副业队是全省各个农业社一项重要的政治任务和经济任务。

26日 江西省法学学会召开成立大会，选举王卓超等11人为法学学会委员。

26日 省长邵式平、省计委副主任胡德兰、省轻工业厅副厅长梁志永赴北京与纺织工业部部长钱之光商讨第二个五年计划江西纺织工业建设问题。纺织工业部同意江西“二五”棉纺规模，根据棉花与市场要求考虑1958年先分配江西7万锭，纺机增产再优先供应5万锭，毛纺织和麻纺织可根据原料及市场需求安排。

江西省麻纺织厂的土建工程即将完成，已全面进入机器安装阶段

26日 杨尚奎在莲花县举行的全省车子化现场会议上，对实现车子化问题作重要讲话。提出：交通运输业必须大跃进，促进生产大发展，加速生产工具和运输工具的改革。实现车子化，必须贯彻“三为”（为工农业生产服务、为城乡经济服务、为人民服务），“三就”（就地取材、就地制造、就地使用）。号召“人人献计，社社争先，两年规划，提早实现”。会议于29日结束。

26日 全国重点省市米糠榨油现场会在南昌召开。会议推广江西省米糠榨油经验，江西省已有80%以上的县市推行了米糠榨油，一年来共生产糠油140万斤，每百斤米糠出油率最高达14斤。会议提出：1958年计划生产米糠油5.376万吨至5.592万吨，比1957年全国产量增加一倍以上。会议于6月1日结束。

27日 南昌市文教电影院改建竣工，改名为百花洲电影院。

29日 省人委作出《关于以综合垦殖场为中心，大力发展山区的卫生医疗工作和文化教育工作的决定》。

29日 省人委颁发《江西省森林经营管理暂行办法》，对植树造林、森林保护、木竹采伐、木竹山价、使用等作出具体规定，并规定毛竹由供销部门划归农林垦殖部门统一经营管理。

29日 省人委作出《关于农林垦殖机构设置问题的决定》、《关于参加综合垦殖场劳动生产的退役军人和新吸收人员福利问题的决定》、《关于以综合垦殖场为中心大力发展山区卫生医疗工作和文化教育工作的决定》、《关于对山区垦殖场生活用品价格的规定》、《关于对垦殖场粮油供应问题的规定》和《关于在各综合垦殖场创办劳动技术学校的规定》。

29日 南昌市委召开全委会议。市委书记郭光洲作关于“鼓足干劲，力争上游，多快好省地建设社会主义总路线”等问题的传达。会后抽调1万人组成337支宣传队，大张旗鼓地宣传总路线。

29日 为了使总路线家喻户晓，深入人心，省委宣传部召开会议，布置在6月份开展宣传月的工作。要求各宣传部门必须全力以赴开展宣传，把宣传总路线和生产、工作紧密结合起来，和当前的论“虚”结合起来。通过宣传运动推动工农业大跃进运动、工具改革运动、思想解放运动、文艺创作运动、写作运动、学习毛泽东的思想和著作的运动。会议于30日结束。

31日 省委发出《关于大张旗鼓开展社会主义建设总路线宣传运动的指示》。要求在各级领导人员、全体干部和广大群众中，结合整风，结合检查，结合生产和各项工程，进行总路线的学习、宣传教育。通过总路线的宣传运动，以进一步深入整风运动，开展一个共产主义的思想解放运动，掀起一个群众性的技术革命和文化革命运动，来推动当前的工农业生产运动走向新的高潮。

本月 邵式平参与制定新的科学技术发展规划。研制和生产半导体器件等为发展规划的重要内容。

本月 德兴铜矿筹备处成立，开始井巷建设。

本月 设在南昌市双港的洪都十四厂投产。

本月　省人委决定，将重工业厅所属地质勘探队的一部分划给省煤管局，成立江西省煤管局地质勘探队。

本月　省水产局撤销，成立省农业厅水产局。

本月　省农业厅通知，要求切实贯彻全国种子工作会议提出的“四自一辅”种子工作方针。即自选、自繁、自留、自用，辅之以调剂。

本月　省计划委员会与省经济委员会合并，改名江西省经济计划委员会，黄先兼任主任。

本月　省委决定成立中共江西省委党史研究室，作为研究和编写革命斗争历史的专门机构。

本月　省委决定，由杨尚奎和邵式平等47人组成编委会，创办省委理论刊物《江西学刊》。

本月　苏联专家列宁别捷夫至庐山种羊场考察新疆细毛羊的生殖情况。

本月　由省重工业厅管理的建材工业企业划归省建筑工程局管理，内设建筑材料工业处。

本月　省人委决定，将省属汽车运输企业72辆载货汽车下放县、市，以发展农村短途运输。

本月　南昌柴油机厂由第一机械工业部下放到省管理。

1958

6月

June

公元1958年6月							农历戊戌年【狗】						
日	一	二	三	四	五	六	日	一	二	三	四	五	六
1 儿童节	2 十五	3 十六	4 十七	5 十八	6 芒种	7 二十	8 廿一	9 廿二	10 廿三	11 廿四	12 廿五	13 廿六	14 廿七
15 廿八	16 廿九	17 五月大	18 初二	19 初三	20 初四	21 端午节	22 夏至	23 初七	24 初八	25 初九	26 初十	27 十一	28 十二
29 十三	30 十四												

1日　全省最大的一座新型综合性百货商场——南昌百货商场正式开业。该大楼于1957年6月动工，原建4层（1985年加2层），高38米，建筑面积8232平方米，商场内部面积5800多平方米，可以同时接待顾客3500多人，一天内可接待3万到4万人。

1日　南昌市机关、学校、文艺团体、街道居民1.064万人，组成237支宣传队伍，冒着炎炎烈日，在大街小巷向全市50万人民群众进行社会主义建设总路线的宣传。

1日　全省第五次广播网工作会议召开，地县级广播站站长、地市委宣传部代表、省属13个垦殖场党委代表共120余人出席会议。会议传达第五次全国广播会议精神，讨论1958年广播工作“大跃进”的方针和规划，发出“解放思想，破除迷信，贯彻多、快、好、省办节目、办事业的方针，实现江西省广播工作大跃进”的号召。省委书记方志纯到会讲话，省委宣传部副部长刘寒影就如何开展社会主义路线的宣传工作作报告。会议于8日结束。

2日　南昌市三届一次人民代表会议召开，出席代表211名，大会选举张云樵为市长。

3日　全国人大常委会通过《中华人民共和国农业税条例》。条例规定农业税征收实行比例税制。同日，国务院规定江西省的平均税率为15.5%。

3日　省人委召集省直各厅、局长和各委员会主任座谈如何组织与发动群众向技术革命和文化革命大进军的问题。邵式平提出3点要求：（一）迅速成立中国科学院江西分院；（二）开好全省科学代表会议；（三）办大学。

4日　省委、省人委致信祝贺瑞金成为全省第一个基本实现无盲县。红色故都瑞金人民经过16天的艰苦努力，83%以上的青壮年文盲，都认识了1500个字，摘掉了文盲帽子，基本上实现了无盲县。

5日　《江西日报》报道，赣南地区党委最近决定办四所大专学校：农专、师专、医专和一所综合性的职工夜大学，以进一步促进赣南区工农业生产及文化、技术的大跃进。这四所学校将在1958年暑期正式开课，计划容纳1000余人。

5日　省人委人事局在南昌召开全省人事工

作会议。会议要求各级人事部门认真贯彻落实省委提出的“快马加鞭，全面改进，十年规划，五年完成”的号召，解放思想，鼓足干劲，烧掉“三风五气”，改善领导作风，改进工作方法；提高工作质量，多快好省地完成各项任务以适应全面跃进的新形势。会议于7日结束。

6日　省教育厅发出《关于扫除文盲标准和验收无盲单位暂行办法的通知》。

6日　上饶县人民法院审理一起反革命暴乱案件，依法分别判处黄忠清、黄礼惠、杨义信等10名罪犯死刑，立即执行；杨垂石等3名罪犯死刑，缓期2年执行。

7日　省人委召集在南昌市的省、专、市机关、部队、工厂企业、高等学校副科长以上干部2500余人，举行开展夏季卫生积肥和消灭“四害”突击运动的动员大会。邵式平作《迅速开展夏季卫生积肥和消灭“四害”运动，争取一九五八年全面大丰收》的动员报告。

9日　省委、省人委作出《关于创办江西省劳动大学的决定》。决定以原南昌林校和综合垦殖场为基础创办江西省劳动大学总校和分校。实行勤工俭学、半工半读，学习和劳动相结合，政治与业务相结合的“又红又专”的办学方针。劳动大学总校校长由省委书记处书记刘俊秀兼任，副校长、校党委书记由副省长汪东兴兼任。各分校校长和校党委书记，由垦殖场场长和党委书记分别兼任。

10日　南昌市委召开常委扩大会议，着重讨论与研究如何大力发展钢、铁、焦炭、石油工业问题，确定第二个五年计划发展钢铁、焦炭、石油工业的初步规划。会议决定，立即着手筹办洪都大学；开办机械、冶金、化工、纺织、电机、基建、交通等7所专业技术学校，决定成立南昌市科学研究所。

11日　省人委发出关于《新建农林牧渔综合垦殖场征税问题的通知》，对新建的垦殖场作出了若干优惠的规定。

12日　省委召开电话会议，杨尚奎作《高高举起总路线的红旗，把我省建设成为国家新的钢铁工业基地》的报告。要求全省党组织和全省人民，高举总路线的红旗，实现钢铁工业大跃进，用最快的速度，把我省建设成为国家新的钢铁工业基地，要大、中、小同时并举，小型为主，凡是有铁矿的各乡、各社必须迅速普及小型炼铁炉，遍地开花。会议确定1958年和第二个五年计划期间的钢铁生产规划：1958年的铁产量为40万吨，到1962年达到年产600万吨；1958年钢产量8万吨，到1962年达到年产400万吨。为加强钢铁工业具体指导，省委建议省人委设立冶金工业局，具体管理全省黑色有色和稀有金属的开采和冶炼。同日，南昌市成立以市委第一书记郭光洲为首的“南昌钢铁指挥部”，向全市人民发出“全党全民上火线，一切为钢而战”的号召。

12日　省委发出《关于统一和加强地质工作的决定》。决定将原属冶金部的江西有色勘探公司、煤炭部的一二八队及地质部的江西省地质局，连同省煤管局的地质队伍，自7月1日起合并组成江西省地质局，统一领导全省地质勘探工作。吴甄铎为局长，李伟民、郝文会为副局长。

13日　省委、省人委发布《关于企业、事业体制下放的几项规定（草案）》，就省工交商文教各系统下放企业、事业单位的范围、计划、基建审批权限等问题作出具体规定。

13日　省委举行学习与贯彻总路线广播大会。杨尚奎作讲话，号召全省人民开展一个全民性的比干劲、比先进、比多、快、好、省的社会主义大竞赛，人人献计，个个争先，充分发动群众，依靠群众，广泛深入地开展技术革命运动，用最快的速度完成各项生产任务。省委宣传部部长莫循作《为坚决地贯彻执行党的社会主义总路线而奋斗》的报告。

13日　省轻工业厅与省手工业联社联合发出《关于掀起农具革新运动新高潮，促进手工业技术革命的紧急通知》。

14日　江西省哲学社会科学工作者第一次代表大会在南昌召开。大会通过了《江西省哲学社会科学学会联合会章程（草案）》，选举产生了第一届社联委员会。委员会下属7个学会，有会员2000余人。省委宣传部部长莫循兼任主任委员。

15日 省委、省人委决定，由省、地、县、区、乡选派10万名干部，组织农业生产检查团，从6月中旬至7月底，开展全省农业生产大检查。省委第一书记杨尚奎任总团长、省委书记处书记邵式平、方志纯、刘俊秀、白栋材任副总团长，下设8个分团。

15日 省委召开电话会议，杨尚奎作《关于力争二百亿斤粮食，全面完成跃进计划》的报告。报告号召全省人民以坚定的意志，顽强的干劲，力争上游，为粮食总产量达到和超过200亿斤而奋斗。报告指出：做到夏收精收细打，快收快藏，争取达到和超过200亿斤是完全可能的。

16日 省国防体育协会无线电训练班学员万国平，创造每分钟发报144次的世界最高纪录，远远超过了每分钟137.5次的纪录（该纪录由朝鲜选手在1957年社会主义国家男子无线电发报竞赛中创造）。

16日 南昌市政协二届一次会议召开，选举郭光洲为市政协主席。

16日 苏联地质专家古里耶夫及水利电力部、地质部、武汉水电设计院高级工程师等20人，来江西勘定柘林、洪门、樟树坑等水利枢纽工程的兴建事宜。勘定工作于7月份结束。

17日 省煤管局局务会议提出：以冲天的干劲，下最大的决心，加快煤炭工业的发展速度，坚持大、中、小相结合的方针，以小型为主，遍地开花，确保年产2300万至3000万吨的“二五”跃进规划的全面完成。

18日 财政部发出《关于改革会计制度的通知》，将制度使用、修改、废止权下放地方。根据通知精神，江西地方工业企业会计科由原来97个减为32个。

18日 省委、省人委发出《关于坚决做好夏收夏种工作，争取全年粮食总产量达到和超过二百亿斤的指示》，强调：“只要继续鼓足干劲，乘胜前进，使晚稻与早稻平起平坐，主粮与杂粮平起平坐，江西省粮食总产量不仅可以保证完成175亿斤的跃进计划，而且争取达到以致超过200亿斤也是大有希望的。”

20日 省二届人大一次会议在八一礼堂召开。省长邵式平向大会作《江西省人民委员会工作报告》。副省长、省计划委员会主任黄先作《关于江西省发展国民经济第二个五年计划纲要（草案）的报告》和《关于江西省发展国民经济一九五八年计划（草案）的报告》；省财政厅厅长徐志远作《关于江西省一九五七年财政决算和一九五八年财政预算的报告》；省高级人民法院院长朱开铨作《关于江西省高级人民法院工作报告》以及代表资格审查委员会召集人罗孟文作《关于代表资格的审查报告》。会议选举产生了省人委第二届委员会，委员41人，选举邵式平为省长，方志纯、黄先、李杰庸、王卓超、汪东兴、饶思诚、邓洪、彭梦庾、欧阳武9人为副省长，朱开铨为省高级人民法院院长。会议还选举了全省出席第二届全国人民代表大会代表21人。会议于27日结束。

省二届人大一次会议主席台

21日 邵式平召集参加省二届人大一次会议的赣南区党委书记，各地、县委书记，赣南行署主任，各专署专员，各县县长，以及省、专、县部分综合垦殖场场长和党委书记，座谈山区工作问题。方志纯、王卓超以及省委组织部、工业部、农村工作部和省农业厅、农业垦殖厅、水利厅、人事局等有关部门负责人应邀参加会议。

22日 省委决定成立省机械工业管理局，组织全省所有机械企业，分工制造矿山、冶金、轻工机械、化工炼油设备所需的金属切割机床，开展大造5000台简易机床的群众运动。

22日 全省技术革新展览会在南昌开幕。杨尚奎、邵式平、方志纯、刘俊秀、白栋材、欧阳武出席，白栋材致开幕词。展览会共设地质、重工业、轻工业、建筑、水电、煤炭、铁路、邮电、公路、农具共11个馆，展出实物、图模型、图表共4000余件。

省委书记白栋材为全省技术革新展览会开幕式剪彩

23日 省二届人大一次会议审议通过的《江西省发展国民经济第二个五年计划纲要》规定："我省第二个五年计划的方针，就是遵照国家在优先发展重工业的条件下，工业和农业同时并举的方针。根据我省的具体情况，以农业为重点，积极发展农业，积极发展工业，以支援国家社会主义工业化。"并提出："第二个五年计划的基本任务，就是提前实现全国农业发展纲要四十条，把我省建成为一个强大的国家工业基地，达到300亿斤粮食，400万吨钢的生产水平，根本改变我省的经济面貌"。具体说：（一）全面实现农业发展纲要规定的任务，根本解决粮食、棉花和油料问题，并为发展轻工业提供丰富的原料，基本上实现农村沼气化，农业耕作机械化、农田水利化，化学肥料普遍化，运输车船化，农副产品初步加工机械化或半机械化；（二）地方工业（包括中央下放企业）总产值超过农业。建立起为农业生产服务的工业体系，并建设成为国家新的工业建地，基本上实现工业化；（三）基本建成以现代化工具和改良工具为主的四通八达的运输网和邮电网；（四）建成科学研究工作网，初步形成工人阶级又红又专的科学技术队伍；（五）实现普及小学、初中，扫除文盲；消灭四害，消灭地方病，建成卫生医疗机械网，建立文化网；（六）在扩大再生产的基础上进一步改善人民群众的物质生活。农民收入大大超过富裕中农水平；职工工资也将有相应地提高。

根据上述方针和任务要求，江西省第二个5年计划总体安排：5年基本建设投资计划90亿元，比"一五"同口径实际投资6.44亿元（包括下放的企业投资3.18亿元）增加83.56亿元。其中工业基本建设投资占总投资的60%。

到1962年，工农业总产值计划达到174亿元，比1957年增长4.6倍，平均每年递增41.13%。其中农业总产值计划74亿元，比1957年增长2.74倍，5年平均每年递增30.17%；工业总产值计划100亿元，比1957年增长7.87倍，平均每年递增54.72%；工业总产值占工农业总产值的比重，由1957年的36.29%提高至1962年的57.47%。

与工农业生产的安排相适应，计划5年货物运输总量增长4.15倍，平均每年递增38.77%，社会商品零售总额增长2.16倍，平均每年递增25.87%。

计划还规定，必须发展为经济建设服务的文化、教育、卫生、体育和科学研究事业。计划安排的各级各类学校在校学生数，5年增长1.19倍，平均每年递增17.01%。全省基本普及初中教育。计划要求，5年使农民纯收入提高1倍以上。职工平均工资提高25%以上。

25日 省委和省人委批准萍乡矿务局开发新余花鼓山新区，并决定将新余县地方国营花鼓山煤矿移交萍乡矿务局。即日，萍乡矿务局成立新余煤矿筹备处，确定花鼓山矿区采取"先土后洋、土洋结合"和"边勘探、边设计、边施工、边生产"的建设方针。

25日 景德镇市委决定创办景德镇建筑工程学院，该院设立基建、市政工程、勘探3个系，市长尹明兼任学院院长（1962年9月10日该院并入景德镇陶瓷学院）。

26日 煤炭工业部中南煤田地质勘探局所属一二八地质勘探队移交省煤管局（该队后来划归省地质局管理）。

27日 18时45分，南昌市抚河区煤炭街5号失火，燃烧至次日凌晨4时，烧毁柴横街、浮桥头、沿江路房屋18栋，186户654人受灾。消防人员重伤3人，轻伤17人。

27日 邵式平和省人大代表到南昌市郊瀛上烈士陵园参加义务劳动。参加劳动的还有方志纯、刘俊秀、邓洪等。

28日 省人委决定创办27所高等学校：江西大学、江西工学院、江西财经学院、江西水利电力学院、江西政法学院、洪都大学、江西农业大学、景德镇陶瓷学院、萍乡煤专、赣南工专、赣南农专、南昌农专、九江农专、上饶农专、吉安农专、赣南医专、九江医专、上饶医专、吉安医专、赣南师专、南昌师专、九江师专、上饶师专、吉安师专、抚州师专、江西师资进修学院、南昌师资进修学院，1958年暑期开始招生。杨尚奎兼任江西大学校长，白栋材兼任江西工学院院长。

29日 本月19日至当日，赣州市二中师生在赴赣县金田乡石人坑参加垦荒劳动期间，发病73人，死亡2人。经北京中苏友谊医院院长、热带病研究专家钟慧澜来现场指导，首次证实江西省发生钩端螺旋体病。

29日 为祝贺省二届人大一次会议闭幕，《江西日报》发表社论《从胜利走向更大的胜利》。

30日 《江西日报》报道，国家决定将南昌柴油机厂扩建成为年产柴油发动机44万马力、油泵油嘴35万套、活塞环1000万根的内燃机全能制造厂。制造厂扩建投资2500万元，分1958年、1959年两年完成。建成后，主要设备将增添1000台以上，职工人数从现在1500余人增加到4000余人。

30日 《江西日报》报道，全省1958年又有504名工农子弟免试升入全国33所高等学校。省特等劳动模范袁风娥保送进北京师范大学学习。

本月 中央气象局局长涂长望和中国科学院地球物理研究所所长赵九章一行3人先后到南昌、景德镇、庐山视察气象工作。

本月 冶金部与江西省共同决定，在江西有色金属管理局的基础上，成立江西省冶金工业局，与江西有色金属局实行两块牌子，一套人马，受冶金部和江西省双重领导。局机关于当年7月由赣州迁到南昌市办公。

本月 经冶金部和省人委批准，在赣州创办江西冶金工业学校（9月改为江西冶金学院）。

本月 省人委宣布撤销省重工业厅。该厅石化部分改设为江西省化学工业管理局和江西省石油工业管理局（1959年8月，省政府决定，省化学工业管理局与省石油工业管理局合并，成立江西省化学石油工业管理局）。

本月 井冈山革命博物馆破土动工，次年2月竣工。

本月 国家计委批准筹建年产45万吨的江西水泥厂，并拨款5万元为筹建费。

本月 铁道兵某部担任修建宁赣铁路。宁赣线从江西贵溪到安徽芜湖，全长551公里。

本月 化工部派出华东工作团，在副团长邸高峰带领下，由20名工程技术人员组成的江西分团来到南昌。

本月 赣南行署人民医院骨科医师丘万洪等给腓骨髓炎死骨形成合并瘘管症患者施行石膏填充术成功。

本月 江西省机械工业管理局成立。王实先为局长，孙鹏、李涤心、史希贤为副局长，张承祐为总工程师。局内设办公室、人事劳资、计划、财务、供销、基建、重型机械、机床、通用、电机等九处一室。

1958 7月 July

公元1958年7月 农历戊戌年【狗】													
日	一	二	三	四	五	六	日	一	二	三	四	五	六
		1 建党节	2 十六	3 十七	4 十八	5 十九	6 二十	7 廿一	8 小暑	9 廿三	10 廿四	11 廿五	12 廿六
13 廿七	14 廿八	15 廿九	16 三十	17 六月小	18 初二	19 初三	20 初四	21 初五	22 初六	23 大暑	24 初八	25 初九	26 初十
27 十一	28 十二	29 十三	30 十四	31 十五									

1日 毛泽东为余江县消灭人畜血吸虫病一事写下《七律二首·送瘟神》诗并序：

读六月三十日《人民日报》，余江县消灭了血吸虫。浮想联翩，夜不能寐。微风拂煦，旭日临窗。遥望南天，欣然命笔。

绿水青山枉自多，华佗无奈小虫何！
千村薜苈人遗矢，万户萧疏鬼唱歌。
坐地日行八万里，巡天遥看一千河。
牛郎欲问瘟神事，一样悲欢逐逝波。
春风杨柳万千条，六亿神州尽舜尧。
红雨随心翻作浪，青山着意化为桥。
天连五岭银锄落，地动三河铁臂摇。
借问瘟君欲何往，纸船明烛照天烧。

毛泽东在察看消灭血吸虫规划图

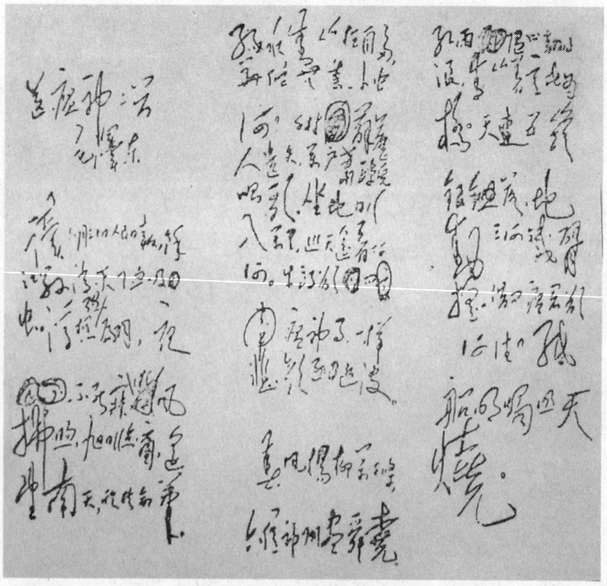

毛泽东手书《七律二首·送瘟神》

1日　全省技术革新者代表大会召开，邵式平、白栋材到会讲话。会议号召全省人民发扬敢想、敢干、敢说、敢做、敢为的共产主义风格，把技术革命推向高潮。会议于5日结束。

省委第一书记杨尚奎在柴油机厂金工车间观看职工们技术革新的成果

1日　省税务局在赣州市召开全省税务跃进大会，并举办税务跃进展览会。出席代表180人，浙江、福建等7个协作省、市也派人参加。副省长李杰庸、财政厅厅长徐光远到会做报告。会议总结全省税收工作“大跃进”的经验，研究了插手生产、培养财源、掀起新的跃进高潮的问题。

1日　在《跃进快报》的基础上，《南昌日报》创刊。

1日　江西机械厂改名为江西拖拉机厂，该厂扩建工程破土动工。

1日　井冈山第一条公路泰和至井冈山公路建成通车，全长108.36公里。

1日　万安县城举行万安水电站开工万人大会。万安水利枢纽被确定为开发赣江第一期工程，属国家重点建设项目，总投资2．6亿元。

1日　为了庆祝中国共产党诞生37周年，扩大党团报刊在群众中的影响，团省委发起组织全省各市、县青年“七一”开展“万人义务卖报”活动。全省10万人售出《人民日报》、《中国青年报》和《红旗》杂志、《中国青年》杂志和各种报刊86万多份。

1日　《江西学刊》创刊号出版。

1日　中国科学院江西分院成立，邵式平兼任院长。

1日　省委政治理论刊物《跃进》创刊（1959年8月毛泽东为该刊题写刊名）。

1日　《江西日报》报道，赣江万安、饶河樟树坑、抚河洪门、修河柘林四大综合水利枢纽工程开工。四座工程建成后，全省将减免水旱灾害，初步形成一个强大的电力系统。

1日　庐山垦殖场奶牛场采用蒸汽锅生产奶粉正式投产，填补全省生产奶粉的空白。

2日　全省除四害讲卫生首次现场会在萍乡召开。会议宣布萍乡县为基本“四无”（无雀、鼠、蚊、蝇）县。会议号召全省掀起以“除四害”为中心的爱国卫生运动新高潮。

2日　《江西日报》报道，全省扫盲运动从6月中旬起进入了新的高潮。截至6月25日止，约有400万左右群众加入这次学习高潮中，扫除青壮年文盲达1840879人，有24个县市先后实现“无盲县市”。

2日　省妇联发出《关于在江西省范围内开展妇女工作十面红旗评比竞赛工作》的通知。

双港乡妇女组织的竞赛队正在夯实土堤

5日　参加筹建新余钢铁公司首批人员20余人由张景禄、韩礼和带队到达新余。

5日　志愿军后勤部军械修理厂由朝鲜江东郡迁至南昌建厂，定名江东机床厂，隶属省机械工业局。

7日　省工会第三次代表大会召开，省委书记白栋材致词。大会通过了关于改省、市、县工会联合会为省、市、县总工会的决议。会议要求广大职工树立敢想敢做的共产主义风格，掀起技术革命和文化革命的新高潮，大胆创新，大胆发明，认真学习，刻苦钻研，提高文化技术水平。会议于11日结束。

8日　省人委批转省教育厅《关于职工扫盲和业余文化教育工作情况及意见的报告》。

8日　省妇联在赣州市召开全省城市妇女工作大跃进的现场会议。贯彻“鼓足干劲，力争上游，多快好省地建设社会主义总路线”，继续广泛深入地推行“五好”。会议于11日结束。

8日　省文化局召开全省农村电影放映工作会议。会议要求电影放映工作要为生产服务、为政治服务、为党的总路线服务，要做到“数量与质量并重，普及和提高相结合”。会议于12日结束。

9日　中国医学科学院为了在更短时间内消灭危害个人健康最大的两个职业病之一——矽肺病，组织了一个50多人的矽肺病调查研究队，在江西作为期3个月的综合性现场调查研究工作。

9日　全省宣传工作乐平现场会召开。刘俊秀到会作指示。会议明确了1958年宣传工作的主要任务，提出“十、百、千、万”的宣传活动。“十”指10个地市要各有1面红旗；“百”指全省100个县各有1个值得看的典型；“千”指兴办1000种政治读物；“万”指组织200万人的宣传大军。会议于13日结束。

10日　江西省劳动大学更名为共产主义劳动大学。

江西共产主义劳动大学总校址（现江西农业大学）

11日　江西冶炼厂、赣州精选厂、大余炼锡厂合并，在赣州成立八〇一厂。

11日　《江西日报》报道，全省各地农村大力开办托儿组织和兴办集体食堂，帮助妇女简化家务，使广大农村妇女从繁忙的家务劳动中解放出来，投入农业生产。据47个县的不完全统计，已建立幼儿园3271个，托儿所4107个，托儿组36120个，基本上达到乡乡社社有幼儿园，队队组组有托儿组。

12日　17点30分，刘少奇在由天津至上海列车上和都昌县赴京参观农具改革展览会的人员座谈，并在了解情况后指出：农业社不能单搞一门，要多种多样地全面发展，可以搞工业，多办一些地方性的小厂子。还可以搞商业，还要搞教育，搞体育，工农商学兵都要发展。

13日　省手工业联社召开会议。会议提出“苦钻实干，自力更生，两年内手工业实现机械化”，并讨论了由社转厂的问题。会议于17日结束。

14日　江西人民广播电台先后报道早稻小面积亩产3749市斤、4088市斤、6187市斤、7746市斤、9145市斤，以及星子县、南昌县、萍乡县大面积亩产802市斤、818市斤、848市斤，实现丰产“放了卫星”的消息。浮夸风盛行一时。

15日　新余钢铁公司正式成立。

16日　《江西日报》报道，波阳县三庙前乡洪曹社创造早稻亩产3802斤的高产“新纪录”；湖滨一社大成生产队队长段谟策领导的一亩一分早稻试验田，平均亩产3749斤。波阳县发射了两个大“卫星”，省委、省人委去电表示祝贺。在这一典型的推出与诱导下，各地纷纷仿效，造成很坏的影响。

17日　省总工会第三次委员会举行第一次全体会议。会议选举方纯鑫为省总工会主席，赖观海、胡瑞英、陈茂林、朱昕、张飞伦为副主席。

17日　南昌市的工厂、学校、人民团体、各民主党派、机关干部、街道居民8万余人举行集会，谴责美帝国主义干涉阿拉伯各国人民的内政，声援黎巴嫩和伊拉克政府，拥护我国政府谴责和抗议美国干涉黎巴嫩的声明。

江西省工业专科学校的学生们抬着宣传画游行示威

18日 应中华全国青年联合会的邀请来我国访问的非洲青年访华代表团一行13人来我省参观访问。代表团将参观井冈山和南昌等地的革命史迹。

18日 全省第一次科学工作会议在庐山召开。出席会议代表共1122人。邵式平作《江西省人民动员起来，向技术革命和文化革命大进军》的报告，刘俊秀作《农业生产新高潮和今后的新任务》的报告，中央农村工作部副部长陈正人作《国内形势和解放思想》的报告，中国科学院副院长吴有训、国务院科学规划委员会副秘书长武衡、轻工部副部长罗叔章等到会讲话。会议明确了省科委是省人委的组成部分，省长邵式平兼任省科委主任。会议要求各地要层层发动，层层深入，大干技术革命和文化革命，让科学文化普及全省。会议指出，科学要为工农业生产服务；1958年全省要发展各类科学研究人员80万至100万名。会议于24日结束。

江西省科学工作会议大会会场

19日 据目前资料统计，南昌市已组织社会福利生产单位870个，参加人数17198人，另有16万人从事各种劳动。补助户、救济户已全部组织起来参加生产。

20日 全省1958年度射击竞赛在南昌市举行，南昌队获第一名。

22日 省体育干部训练班组建田径、体操2个运动队。

24日 省人委发出《关于一九五八年农业税征收工作的指示》，决定1958年农业税的负担稳定在1957年实际负担的基础上，不作增加；征收额为大米11.6亿斤；以农业社为单位的税率最高不超过年产量的20%，最低不低于11%；农业税的附加可按15%征收，省附5%，县、社各不超过5%。

25日 省委、省人委发出《关于保送农业合作社社员到共产主义劳动大学学习的通知》。

25日 省委批转省公安厅党组《对江西省新建的高等学校保卫工作意见的报告》，要求各学校党委加强对保卫工作的领导。

25日 省地质局对地质队伍进行了全面调整和改组：成立煤田普查勘探大队、区域地质测量大队、铜矿普查勘探大队、钨矿普查勘探大队、铁矿普查勘探大队、赣南行署地质勘探大队、测绘大队、中心实验室、九江专区地质勘探大队、抚州专区地质勘探大队、机掘坑探大队、物探大队及中心修配厂等。

25日 省人委发出《关于征收木材、毛竹育林费的命令》。规定：采伐出售的木材，不分国有林、农业社集体所有和农民私有的山林，一律按1956年9月27日制定的木材山价标准，在林主所得山价中征收40%育林费；采伐出售的毛竹，每百市斤向买方征收0.45元育林费。

26日 波阳县道汉乡桂湖社称获得早稻亩产9195斤，被《江西日报》称为“巨星”，江西广播电台也为之举办“大卫星特别节目”。省、专、县负责人前往祝贺并授大奖旗。

28日 省卫生厅根据卫生部在天津召开的"开展家庭病床"工作会议精神，制发《江西省卫生厅关于推行家庭病床通知》。通知要求家庭病床在全省迅速普及。

28日 省委召开扩大会议。会议确定当前主要任务是：抓住粮食、钢铁、机械"三大元帅"和煤电、交通"两大先锋"，组织更大的跃进，争取全面胜利。要求全年粮食总产量达到288亿斤到300亿斤，棉花总产量达到7200万担到9600万担，食用植物油总产量达到2.1亿斤，生猪1000万头，生铁产量达到120万至180万吨，钢产量达到20万至30万吨，煤产量达到550万至700万吨，焦炭产量争取达到60万至80万吨，发电量争取达到2.4亿至3.4亿度。全省工业总产值争取达到3.4亿至3.5亿元。会议于8月6日结束。

29日 《江西日报》报道，全省扫盲运动正迅速健康地向前发展。赣州市、九江、上饶、广昌、余干、万安、大余、于都、抚州市、信丰、定南、吉安市、泰和、宜春等16个县市基本扫除青年文盲，加上瑞金等24个县市，全省已有40个县市实现了"无文盲县（市）"。

29日 《江西日报》报道，经省委血防五人小组现场复查和鉴定，婺源县、上犹县已根除血吸虫病。

30日 省委批转省委工业部、省公安厅党组《关于新建厂矿企业建立保卫组织的报告》，指示无论在新建还是原有的大中型厂矿，必须相应建立、健全保卫组织，以保证工矿企业的安全生产和第二个五年跃进计划的完成。

30日 赣东北有色金属公司成立，下辖弋阳铜矿、德兴铅锌矿、德兴铜矿和冶炼队。

30日 省人委日前发出调高全省稻谷统购价格的通知。稻谷统购价每百斤调高至5.7元，购价在5.7元以上的，一律维持现价不变。

31日 《江西日报》报道，"莲花县钢铁满天星斗，乡乡有铁厂，社社有铁炉"；"寻乌县按人口平均钢铁产量1959年超过英国"。

本月 南昌市委、市人委决定成立南昌市新产品、新技术鉴定委员会（1959年7月8日，经南昌市委批准，副市长李方晓任主任，委员设14人，并批准《关于开发新产品、新技术鉴定工作暂行规定》，由市人委公布试行）。

本月 省委决定第八军医学校与江西医学院合并，一七三陆军医院改为江西医学院附属第一医院。原医学院附属医院改为第二附属医院。

本月 南昌建筑工程技术学校创办。

本月 第一机械工业部、国家计委机构局等支援江西的70多名各类专业技术干部到达南昌。

本月 江西机械工业学校成立，隶属省机械工业局。

1958
8月
August

公元1958年8月							农历戊戌年【狗】						
日	一	二	三	四	五	六	日	一	二	三	四	五	六
					1 建军节	2 十七	3 十八	4 十九	5 二十	6 廿一	7 廿二	8 立秋	9 廿四
10 廿五	11 廿六	12 廿七	13 廿八	14 廿九	15 七月小	16 初二	17 初三	18 初四	19 初五	20 初六	21 初七	22 初八	23 初九
24 处暑	25 十一	26 十二	27 十三	28 十四	29 十五	30 十六	31 十七						

1日　全省四大水电工程之一的江口水库动工兴建。兴建工程包括抚河大堤、溢洪道和水电厂房，位于袁河流经的河下乡江口村。设计蓄水8.9万立方米，灌溉农田40万亩，装机4台，总容量3.52万千瓦，年发电量1.4亿千瓦时。

江口水库工地

1日　江西电影制片厂在百花洲电影院召开成立大会，首映该厂拍摄的第一部纪录影片《井冈山公路》。

1日　萍乡矿务局在萍乡县丹江兴建机修厂。

1日　共产主义劳动大学在南昌总校举行开学典礼。省委书记处书记、共产主义劳动大学校长刘俊秀到会祝贺，作《为一座新型的共产主义劳动大学诞生而欢呼》的报告。省长邵式平、副省长兼劳动大学副校长、党委书记汪东兴致词。指出：共产主义劳动大学要本着勤工俭学、半工半读的教学方针，理论与实践、科研与教育相结合的原则办校，要向“工农要知识分子化，知识分子要工农化”的方向发展。

1日　南昌钢铁厂在市郊罗家集破土兴建。

南昌钢铁厂的8公里钢铁专线

3日　省委决定，萍乡矿务局原煤产量计划由260万吨“跃进”到300万吨，焦炭产量由4万吨“跃进”到16万吨。为了完成“跃进计划”，萍乡矿务局在矿区附近开小井94个。

3日　南昌地委召开会议，决定抽调10万大军上阵，大办钢铁煤炭工业，使1958年产铁40万吨（比原计划增加一倍），产煤350万吨。会议于7日结束。

5日　省委发出《关于适当提高社员口粮标准和农业社进行粮食储备的决定》。

5日　南昌市以四胜一平的成绩，在全国1958年度青年足球锦标分区赛（长沙赛区）中获得冠军。

5日　中央爱国卫生运动委员会在九江、抚州、赣州、吉安、南昌等5个市和永修、武宁、临川、宁都、瑞金、龙南、泰和、安义等8个县和庐山镇等地，进行以除“四害”为中心的爱国卫生运动检查。检查工作于24日结束。

7日　省委在波阳县饶埠农业社召开推广乡、社办滚珠轴承厂的现场会议。会议于9日结束。

8日　上饶县花厅区白塔乡反革命暴乱匪徒黄忠清等41人被公开宣判。被判死刑10人，死缓3人，无期徒刑8人，有期徒刑17人，管制3人。

9日　省农业厅在全省水产工作会议上提出，充分利用一切可能利用的湖、泊、池、塘、堰圳、稻田等水面，大力发展群众性的养鱼生产；利用一切围堤、内湖积极建立国营养鱼场，千方百计提高单位面积产量，全面实现水产大跃进，力争10年规划，5年完成。

10日　《江西日报》报道，全省百万人上山探矿，77个县发现铁矿。

11日　冶金部下达新余钢铁公司建设规模为年产生铁200万吨（一期30万吨）、钢150万吨（一期20万吨）的设计任务书。

11日　全国防治家畜血吸虫病座谈会在南昌召开。长江沿岸11省、市和广西壮族自治区的专家、教授等42人到会。会议要求，苦战一年基本消灭全国家畜血吸虫病。会议于16日结束。

12日　南昌铁路管理局成立科学工作委员会，建立科学情报网，并在庐山召开技术、文化革命代表大会。省长邵式平莅会指导并做了报告。大会于18日结束。

12日　《江西日报》报道，全省早稻空前大丰收，总产144.8亿斤；星子、南昌、萍乡、宜春、波阳、乐平等12县亩产跨纲要。

13日　省委发出《关于加强高等学校政治工作的决定》。

14日　《江西日报》报道，全省人民响应省委号召，大办钢铁工业。据8月上旬不完全统计，全省建成大小高炉近4000座，已生产铁2万吨。另有1.8万多座大小高炉正在兴建或动工兴建。为了加强领导，从省到县都逐级建立了钢铁委员会和钢铁小组。

柴油机厂的炼钢电炉出钢

14日　南昌市委举行广播大会，市委第一书记郭光洲作《跃进再跃进，力争最上游，七年任务一年完成》的动员报告。

15日　国营三二〇厂开始承担超音速喷气式强击机设计任务。

15日　副省长汪东兴到黄岗山垦殖场视察。

15日　全省第一个人民公社——修水县太阳升人民公社成立，有农户4045户，14672人，由14个高级社组成。从此全省各地纷纷建立人民公社，截止到9月3日，全省有34个县、市实现公社化，共建立人民公社706个。

15日　全省土化肥现场会在临川县李渡区召开。会议要求“打破神秘观点，大搞化学肥料”，贯彻多快好省、勤俭办厂、先土后洋、由小到大、由简到繁的方针。据统计，全省已建土化肥厂4万余个。现场会于18日结束。

16日 全省首座中型高炉——南昌钢铁厂1号255立方米高炉动工兴建。

16日 全省中等教育会议召开，着重研究党的教育工作方针，加强教师队伍思想改造和党的领导问题。决定中等教育工作领导权下放到地方党委。会议于23日结束。

17日 全省第一座枕木防腐厂在鹰潭动工兴建，预计在1959年可投入生产。该厂是我省境内大型企业之一，为中央投资限额以上工程，年产枕木10万立方米（即枕木120万根）。

18日 德兴铜矿成立。第一期日采1.5万吨采矿选工程（含挖潜扩建改造）开工。

18日 余干县面粉厂工人许仲明等人研究经稻壳代木炭作能源，革新“稻壳瓦斯发生炉”成功，该项新技术较木炭降低燃料费用81.5%，创全国大米加工每吨成本1.91元的最低纪录。

20日 省委批转省教育厅党组《关于加强中等学校党的领导的意见的报告》。

20日 全省第一个乡广播站——高安县杨圩乡广播站建成，并正式播音。

21日 《江西日报》报道，省地质局煤田普查勘探大队在吉安专区永丰县藤田一带发现一处石炭纪梓山煤系的大煤田。煤田范围约300平方公里，煤层厚度平均达4米左右，估计储量达7亿至14亿吨。

21日 省委召开常委会议，研究钢铁生产和建立人民公社问题。要求全省广泛地开展“工业抗旱”运动，收购废钢、废铁和用不着的钢铁。指出人民公社一定要办，这是农村社会主义发展必然趋势，建立人民公社的高潮很快就会在全省范围内出现。会议于22日结束。

22日 南康县经过10天酝酿，3天讨论，80200户40万农民全部加入了人民公社，实现了全县人民公社化。

22日 省委、省人委召开全省劳动调配和基建问题紧急会议，决定开发武宁、安福、崇义、浮梁百石塔等林区，并决定将1958年和1959年的育林费（约2000万元）用于修建林区运材公路。

24日 全省动植物研究现场会在庐山召开，省长邵式平主持会议，副省长汪东兴作《关于开展动植物研究工作》的报告。报告指出：科学研究必须结合生产，在生产中进行科学研究。

25日 省委发出《关于迅速开展农具改良运动的指示》，要求各地迅速开展农具改革运动，实现农具的滚珠轴承和半机械化，为今后实现机械化、现代化做准备。同时成立省农具改良领导小组，由杨尚奎、刘俊秀、白栋材、黄霖等15人组成。

25日 全省1958年冬1959年春大战鄱阳湖，消灭湖沼地区血吸虫病预备会议在南昌召开。会议指出：对湖区血吸虫病，在战略上要藐视它，在战术上必须慎重，要缩短战线，集中兵力，大战鄱阳湖，以达到1958年在平原和丘陵地区基本消灭血吸虫病的目的。会议于28日结束。

26日 南昌市第一个人民公社——塘山人民公社成立。

27日 国营三二〇厂承制的中国第一架自行设计研制的初级教练机“红专502”（即初教6）首飞成功（1961年12月19日通过国家鉴定委员会的鉴定）。初教6型飞机的设计定型并投入批量生产，标志着中国的航空工业已从修理、仿制发展到自行设计研制的新阶段。

27日 省委组织部、省人委人事局发出《关于吸收人员的若干规定》。

27日 省妇联召开全省妇女工作会议，提出“妇女思想大解放，技术文化争第一，促进家务社会化，试验田上比高低”的口号。

28日 为保证从9月份起，做到“炉炉出钢，生产正常，日产万吨”，省委决定组成钢铁生产检查团，对全省钢铁工业进行全面检查。杨尚奎任总团团长，邵式平、方志纯、刘俊秀、白栋材任副团长。

28日 省委、省人委召开全省劳动力调配和组织材料建筑供应紧急会议。会议要求，采取紧急有效措施，妥善调配劳动力，组织材料供应，加快基本建设速度。确定省直各厂矿企业今冬招收正式工人13万余人，临时工36万人。从

8月份到年底，组织供应木材115.8万立方米，毛竹1500万根。

28日 全省高等教育工作会议召开。会议要求全省高等教育必须政治挂帅，加强党的领导，加强思想教育，加强知识分子思想改造，高等教育的发展，必须贯彻执行普及与提高相结合"两条腿"走路方针，发展本科院、校的同时，大力发展专科学校、半工半读学校、夜校和函授学校。同时，还应贯彻教育为政治服务，教育与生产劳动相结合的方针。会议于9月2日结束。

29日 临川县消灭猪瘟、鸡瘟、牛疥癣，实现"三无县"，经中央及省、市鉴定，达到国家农业发展纲要规定标准。

29日 省委召开电话会议，号召大抓粮食，大抓钢铁，要求在9月中旬达到日产万吨铁，完成1.5万至2万个新炉的建设任务。

29日 省委发出通知，要求各地开展"反右倾、鼓干劲，继续组织农业生产大跃进"运动。

29日 江西省木材、毛竹生产调运指挥部成立。由省计委、省农林垦殖厅、省商业厅、省交通管理局、南昌铁路管理局组成，副省长汪东兴负责指挥；下设办公室由省农林垦殖厅副厅长林秉南任主任。

29日 根据毛泽东"地质部要打破洋框框，发动群众报矿"的指示和中共八届二次会议提出的"全党全民办地质"的方针，全省掀起了全民找矿、报矿的热潮。省委在上饶召开全党全民普查找矿现场会议，总结交流经验。会议要求，凡是有矿可找的地区，要发动70%的人普查找矿，并培养1%到2%的骨干，全省经过检查的矿化点应达20万个，提供铁的远景储量60亿吨，煤40亿吨。会议于9月3日结束。

30日 《江西日报》报道，全省大、中学校贯彻党的"教育与生产相结合，学习与生产劳动相结合"的方针，大办工厂和农场，把勤工俭学推上一个新阶段。据统计，全省大、中学校已办540多个工厂，其中有钢铁厂、化肥厂等，开辟了农场2.23万多亩，种植水稻、棉花等农作物。学校办起工厂和农场以后，给学校面貌带来了巨大变化。

本月 江西省水利电力勘测设计院成立。

本月 由水利电力部武汉基本建设局和送变电工程局下放江西省的电力施工队伍成立江西省电力工程公司。

本月 江西火电技工学校和江西水电技工学校成立，9月初首届学生入学。

本月 鹰潭站在编组场东端修建土驼峰，提高调车解体效率28.8%。这是全省境内车站第一座土驼峰。

本月 江西省皮肤病防治、沙眼病防治、结核病防治等研究所成立。

本月 江西省重点国营钨矿除大吉山、西华山、岿美山仍由冶金部直属归江西有色金属管理局代管，其他钨矿和配套企业均下放到专区，分别由赣州、吉安、抚州冶金局管理（1963年1月又全部上收，仍由江西有色金属管理局管理）。

本月 江西漂塘钨矿大龙山选厂扩建成125吨日采选规模，漂塘选厂扩建成250吨规模（1984年4月，漂塘建成500吨采选工程）。

本月 南昌铁合金厂在南昌市双港动工兴建（11月在南昌龙王庙试验车间用400千伏安电炉生产出第一炉硅铁合金）。

本月～11月 全省城乡根据中央《关于民兵问题的决定》和毛泽东关于"大办民兵师"的号召，掀起大办民兵的热潮。

本月 在南昌市叠山路豫章公园内新建的民主党派办公楼落成。民革、民盟、农工党江西省委会陆续迁入办公楼。

本月 林业部组织南方12省、区林业调查设计和教学单位科技人员68人，在苏联林业专家、副总工程师阿法西耶夫和工程师克雷康诺夫指导下，对云山垦殖场小李村林场、燕山水库和周田公社分别进行造林调查设计、防护林设计和造林典型设计。

本月 交通部在吉安县召开南方13省养路机械化半机械化现场会，江西公路局在会上介绍了开展养路机械化半机械化和就地取材建造片石拱桥的经验。

本月 江西在上海招收参加垦殖场劳动工作的知识青年3700人。

1958
9月
September

公元1958年9月 农历戊戌年【狗】													
日	一	二	三	四	五	六	日	一	二	三	四	五	六
	1 十八	2 十九	3 二十	4 廿一	5 廿二	6 廿三	7 廿四	8 白露	9 廿六	10 廿七	11 廿八	12 廿九	13 八月大
14 初二	15 初三	16 初四	17 初五	18 初六	19 初七	20 初八	21 初九	22 初十	23 秋分	24 十二	25 十三	26 十四	27 中秋节
28 十六	29 十七	30 十八											

1日 宁赣（现为皖赣）铁路景德镇至贵溪段重建工程由铁道兵恢复开工。

1日 在萍乡煤校的基础上开办江西煤矿学院。受广西煤炭局委托，代为培养200名学生，其中专科两个班，本科一个班。

2日 解放军总政治部组织慰问团到省属农场和部分专县农场慰问转业军官。

2日 江西省第三届戏曲观摩演出大会在江西艺术剧院举行。参加这次会演的有赣剧、采茶戏等11个剧种，100多个戏曲剧团，演出剧目96个，演出人员和观摩代表共2070人。会演期间，文化部副部长钱俊瑞、中国戏曲研究院副院长张庚做了专题报告。会演于10月2日结束。

3日 截至当日，全省有34个县、市实现公社化，共建立人民公社706个。

4日 上海决定供应江西省255立方米炼铁高炉3套，100立方米和50立方米炼铁高炉用鼓风机设备，炼钢6吨转炉用座，大型轧钢机3套。江西则以生铁2万吨、木材2万立方米，毛竹12万根，食用植物油45万斤等大批物资支援上海。

江西是大米调出大省，每年支援外省大批粮食

5日 中央政治局委员、国务院副总理兼外交部部长陈毅在南昌参观八一起义纪念馆。这是他第三次参观该馆。该馆馆名由陈毅所题。

6日 南昌市市级机关自即日起开展搜集废旧钢铁活动，市委主要领导首先将自己睡的铁床献出，随之全市形成拆铁门、铁栅栏，砸铁锅、铁器的高潮。

6日 文化部在南昌市召开文化工作现场会。文化部副部长钱俊瑞主持会议。参加会议的有江苏、浙江、广东、湖南、福建、江西及上海等7省市文化部门的负责人。会上钱俊瑞做诗一首表明对文化大普及的要求："人人都读书，人人会写算，人人学科学，人人看电影，人人能唱歌，人人能画画，人人能跳舞，人人能表演，人人能创作。"会议于10日结束。

6日 省委召开五届六次（扩大）会议。会议通过了《关于在农村建立人民公社问题的指示》，并根据中央政治局扩大会议精神和中央9月4日动员钢铁大跃进的电话会议精神，决定：（一）突击一个月，大破钢铁关，日产万吨铁，迎接国庆节；（二）积极引导农民群众建立人民公社，实现人民公社化；（三）今冬明春在全省范围内广泛深入地开展社会主义和共产主义教育运动。会议还就宣传与贯彻党的教育方针，进行教育大革命，干部参加体力劳动作出指示和规定。会议于12日结束。

7日 省市各界18万人民群众在八一广场举行大会，坚决拥护周恩来总理《关于台湾海峡地区局势的声明》，反对美帝国主义军事威胁。杨尚奎、邵式平、刘俊秀、方志纯等省领导参加了会议，并举行游行。

省党、政、军领导和群众一起集会游行

8日 省人委批准成立江西省矿产储量委员会。主任吴甄铎，副主任李华封、苗树屏。

9日 南昌钢铁厂筹建分宜松山铁矿。1959年4月下马。

10日 省委、省人委发出《关于晚稻与秋季作物高额丰产验收办法的补充通知》。凡晚稻亩产1万斤以上的田和平均亩产2千斤以上的乡、社，棉花亩产皮棉8百斤以上的田和平均亩产2百斤以上的乡、社，红薯亩产10万斤以上的田和平均亩产2万斤的乡、社，均属省级验收标准。

10日 省商业厅、省民政厅发出通知，发放老根据地补助专项用布700万尺，由民政系统发放临时调剂用布，凭票自费购买。

10日 省委、省人委制定《关于干部参加体力劳动的几项规定》，要求各级党政机关、部队、企业、事业单位的全体干部，除年老有病者外，每人每年至少要有一个月的时间参加体力劳动；青年知识分子干部每人每年必须要有60天到90天的时间参加体力劳动。

10日 《江西日报》报道，奉新县创办农村医院69所，农村产院83所，实现了全县医院化和全民公费医疗制（医疗保健事业放"卫星"）。

10日 省委宣传部5日和10日分别召开座谈会，要求认真贯彻"教育为无产阶级政治服务，教育与生产劳动相结合"的方针，大张旗鼓地进行宣传，发动全体师生"大鸣大放，大争大辩。"

11日 全省人民公社化运动中，截至当日，有1800个高级农业社、近110万农民加入国营综合垦殖场。

12日 省委发出《关于在农村建立人民公社问题的指示》，要求：（一）公社规模一般以一乡一社为原则；（二）省、专垦殖场下放归县领导；（三）城镇建立人民公社，应积极进行试点，取得经验；（四）农村建立人民公社，分三个步骤：第一步，采取串连形式，实行小社并大社，搭好公社架子；第二步，正确处理并大社转公社的有关各项经济政策；第三步，根据公社的特点，建立和改变各种内部制度（当年，地方基层政权公社化。全省城乡共建立1264个人民公社）。

12日 省委发出《关于宣传与贯彻党的教育工作方针，进行教育大革命的指示》，要求全省教育部门认真贯彻执行教育为无产阶级政治服务，教育与生产劳动相结合的工作方针，建立完整的教育体系。指出：贯彻教育方针，进行教育大革命是教育上两条道路的斗争，各级党的组织要反对右倾，打破迷信，以敢想、敢做、敢说的共产主义风格来领导教育大革命。

12 日 省委作出《关于开展钢铁突击月运动的决定》。要求立即组织百万大军，在钢铁战线上掀起一个全面跃进的高潮，突击一个月，大破钢铁关，日产万吨铁，迎接国庆节。

14 日 《江西日报》报道，全省抽调 190 万人炼钢铁，建成土高炉 1.4 万余座，在建高炉 1.3 万余座，投产的 2631 座。

土洋结合建成的小高炉。图为小卷扬机正在自动装料

15 日 省人委第二次（扩大）会议决定：将南昌专区的南昌、新建二县，划归南昌市领导。会议通过了《江西省人民委员会关于拥护和贯彻执行中共江西省委五届六次（扩大）会议各项决议、决定、指示的决议》、《关于一九五八年秋冬季农业生产问题的指示》、《关于干部参加体力劳动的几项规定》、《关于进一步开展卫生积肥、消灭四害运动的指示》，并研究成立“工业生产委员会”、“基本建设委员会”、“铁路修建委员会”等机构问题。决定成立江西交通学院、江西教育学院（由江西省师资进修学院改办）、江西煤矿学院（由萍乡煤矿专科学校改办）、江西地质学院、江西冶金工业学院、江西体育学院、江西工业专科学校、江西中医专科学校 8 所高等院校。

15 日 为贯彻执行省委五届六次全体（扩大）会议关于开展钢铁突击月运动的决议，迅速组织一个钢铁生产全面跃进的高潮，省委决定：成立省钢铁指挥部，由杨尚奎任总指挥，白栋材、黄先、李华封任副总指挥，即日开始办公。并决定抽调省委书记处书记 80%，省委常委 70%，省委委员 2/3 以及省级各部门负责人，分赴赣南行政区和各专区检查钢铁生产的情况，协助解决生产中的问题，总结和推广先进经验。

杨尚奎在永新县第三铁厂视察，鼓励工人们争取时间，充分发挥设计能力，提高产量

15 日 省公安厅发出《关于保卫钢铁生产的紧急指示》。该指示要求加强生产要害部位的保卫工作，打击现行破坏活动。

16 日 省人委决定成立新余钢铁基地建设规划委员会，委员会由吴克汝等 11 人组成。

18 日 省人委发出《关于征用机关、企业、团体、学校运输车辆支援钢铁生产运输的命令》，要求省、行署、各专署、市征用的车辆，均由省交通管理局、冶金局统一分配，统一调度，不得各自为政。

19 日 省卫生厅下发《关于积极开展工业卫生工作的通知》。通知决定，各级卫生行政部门接管同级党委领导范围内的工业卫生工作，并要求对危害健康较严重的职业病和多发病采取有效的防治措施。

19 日　省委、省人委决定宜丰县与黄岗山垦殖场合并。

20 日　南昌市委召开党员领导干部大会，市委主要领导作了“全民上火线，为钢而战，为七年任务一年完成而战”的报告，全市“钢铁大战”开始。

21 日　省政协与市政协及省、市各民主党派联合召开会议。会议通过《拥护陈毅外长关于驳斥杜勒斯在联合国大会上发言的声明的决议》。

22 日　省委钢铁指挥部召开电话会议，要求集中全力组织一个钢铁生产大跃进，放出日产千吨高产“卫星”，千方百计在 9 月 25 日实现千吨省，月底突破 5000 吨，力争万吨省。

23 日　省级科学综合研究组第一次代表会议在南昌召开。邵式平致信号召科学研究工作为发展钢铁生产服务。指出：社会主义科学技术必须为无产阶级的政治服务，为社会主义建设大跃进服务。大力发展钢铁生产，是当前全党全民的中心任务，科学研究工作也必须为发展钢铁生产服务。会议于 24 日结束。

24 日　省委钢铁指挥部向地、县委第一书记提出紧急建议：要求在最近二三天内，使江西省的生铁产量突破 1000 吨大关。日产生铁指标：赣南 150 吨至 200 吨、吉安 350 吨至 400 吨、九江 150 吨至 200 吨、上饶 150 吨至 180 吨、抚州 50 吨至 80 吨、南昌 150 吨至 200 吨。

26 日　全省生产生铁达到日产 1059.1 吨，跃进到全国“千吨省”的先进行列。

27 日　南昌市东湖区、胜利区、西湖区、抚河区、三家店镇的 205 个手工业工厂，宣称 94% 实现了所谓的“机械化”或“半机械化”。

27 日　南昌、新建二县 875 个高级农业社，合并组成了 20 个人民公社，参加公社的有 17.8 万余户，71.8 万余人。

27 日　省商业厅党组决定，贯彻“大购大销”方针，确保全年计划完成和超额完成。因此一度出现生产什么收购什么，生产多少购多少，需要什么供应什么，需要多少供应多少，工业盲目生产，商业盲目收购的情况。

27 日　省人委发出《关于江西省蚕桑综合垦殖场直接由省农林垦殖厅领导的通知》。

28 日　全省基建拨款现场会在景德镇市召开。景德镇市推行“投资包干”煤窑建设，取得了“投资一顶四，速度快 30 倍，规模扩大 8 倍半”的效益，受到与会者赞赏，财政部基建财务司副司长任超到会讲话。

29 日　根据国务院发布的《工商统一税条例（草案）》的规定，货物税、商品流通税、营业税和印花税合并简化为工商统一税。省人委通知从 10 月 1 日起全面试行。

29 日　省委批转省妇联党组关于在全省妇女中开展百万个革新者运动的报告。

30 日　为保钢铁生产，全省煤矿大规模发展土焦生产。省煤管局在萍乡县召开洗煤、炼焦、抽油现场会，提出“小煤窑开到哪里，土焦炉建到哪里”。全省共建土焦炉 1661 个，当年生产土焦 9.58 万吨，但由于质量差，大多数不能用于炼铁。

30 日　《江西日报》报道，至本月 29 日止，全省农村建立人民公社 1235 个，占原计划的 91.2%，全省农村基本实现了公社化。建社规模一般是一乡一社，平均每社 3140 多户，建社采取上动下不动，先搭架子后处理具体问题的办法。

30 日　横跨赣江的第二座大桥——南昌赣

施工中的赣江大桥

江大桥正式动工兴建。

本月 国家医药管理总局确定樟树为全国药材交流中心（10月，第一次全国药材交流大会在樟树召开，参加人数100名，购销金额达150万元）。

本月 截至10月，江西省文物管理委员会在新建县西山柯里乡黄源村发掘明太祖朱元璋第十六子朱权墓，出土遗物有金银器、玉器、锡器、铜器、木器、瓷器等。

本月 赣南人民出版社在赣州成立。江西教育出版社在南昌成立，隶属省教育厅。

本月 江西省文物管理委员会在南城县清理明代益庄王朱厚烨及王妃王氏、万氏合葬墓。出土陶俑204个、陶器26件、瓷器18件、铜器18件、锡器39件、金器9件、玉器20件，金饰品工艺精湛，极为珍贵。

1958
10月
October

公元1958年10月 农历戊戌年【狗】													
日	一	二	三	四	五	六	日	一	二	三	四	五	六
			1 国庆节	2 二十	3 廿一	4 廿二	5 廿三	6 廿四	7 廿五	8 廿六	9 寒露	10 廿八	11 廿九
12 三十	13 九月小	14 初二	15 初三	16 初四	17 初五	18 初六	19 初七	20 初八	21 重阳节	22 初十	23 十一	24 霜降	25 十三
26 十四	27 十五	28 十六	29 十七	30 十八	31 十九								

1日 全省老革命根据地国庆观礼代表600余人，在南昌参加国庆观礼活动。

1日 苏联设计的大吉山钨矿选矿厂建成并通过国家验收，投入试产。

江西有色金属工业管理局及其他部门领导人与苏联专家合影

1日 与浙赣铁路接轨的张（家山）上（塘）铁路支线开工。副省长黄先任铁路建设指挥部总指挥（1960年10月1日建成通车，全长48.17公里。1972年由董家站向西延伸到建山站。全长83公里，贯穿八景、丰城、英岗岭3个矿区）。

1日 南昌市10万余人集会庆祝国庆，大会发出了“关于谴责美帝国主义指使蒋介石空军使用导弹向我国飞机进攻罪行”的通电。

1日 萍乡钢铁厂二号高炉正式投入生产。该高炉是全省当前最大的一座高炉，正常生产可日产铁140吨。

萍乡钢铁厂第二号高炉

2日 省委召开常委扩大会议，号召为提前和超额完成钢铁生产任务而奋斗。会议要求依靠群众的创造性，使小土群遍地开花，并要求在大搞钢铁生产的同时，不能放松农业。

3日 全省教育与生产劳动相结合展览会开幕。展览会分全省教育事业面貌、各大专院校及各专、地（市）地方馆。展出物品3000件，有的已赶上和超过国内、国际水平。

4日　南昌市全面推行10两制市秤。原16两一市斤的衡器逐渐退出市场。

5日　省委召开电话会议，杨尚奎要求充分发动群众，决战10月，完成15万吨生铁的任务，保证下一步的大跃进。确定10月份是钢铁生产战线上的决战月。

5日　江西大学举行开学典礼。杨尚奎、欧阳武、傅肖先前往祝贺。

6日　日产生铁1000吨的永新县，荣获省委、省人委、吉安地委、专署、军分区授予的"继续努力，为争取更大的跃进而奋斗"、"高举胜利红旗组织更大跃进"的红旗。

7日　省人委人事局颁发《关于吸收人员的试用期和试用期间工资待遇的暂行规定》，规定青年学生、社会上招收的人员继续实行一年试用期；复员建设军人、退职人员、乡社半脱产干部、工人、店员录用干部后可免予试用期。

8日　省委批转省轻工业厅党组《关于加强对轻工业领导的意见的报告》，要求各地、市、县委加强对轻工业的领导，指定专人管理轻工业。

9日　团省委发出《关于贯彻共青团中央三届三中全会〈关于组织广大青年学习马克思列宁主义、毛泽东著作的决议〉的决定》，要求各级团委组织全省青年开展一个学习马克思主义理论、学习毛泽东著作的运动。

10日　全省农村体育工作经验交流会在临川县上顿渡召开。会议要求全省在今明两年有1000万至1300万人参加经常性体育活动，训练20万运动员；出现150个至200个运动健将；10个运动项目破世界纪录，实现"全面普及，突击提高，苦战一载，大放卫星"。会议于13日结束。

10日　省防治森林虫害现场会议日前在贵溪县鹰潭镇召开，全国防治森林虫害现场会议参观团一行97人，同时到达贵溪参观防治竹蝗现场。

11日　全省铁路建设会议召开。会议确定，今明两年全省将修建8条铁路：（一）从向塘或温家镇出发，经临川、南城、南丰、广昌、宁都、于都到达赣州，全长390公里；（二）从新余出发，经吉安、泰和、万安到达赣州，全长265公里；（三）从贵溪出发，经万年、乐平、景德镇到达皖南边境；（四）从乐平经德兴到达海口；（五）吉安—永新线。预计一个贯穿全省的铁路网在1960年可基本建成。会议于14日结束。

12日　省委、省人委发出指示，要求严格人民公社组织，推行组织军事化、生产战斗化、生活集体化的"三化"运动，大办公社食堂和托儿所。

12日　省轻工业厅在波阳县召开全省专、市轻工处、局长座谈会和农副产品加工综合利用现场会，要求各地抓好农副产品加工和增加日用品生产。会议于16日结束。

13日　《江西日报》报道，到10月9日止，在全省青壮年文盲中，已有674.6万余人脱离了文盲状态，使非文盲达到青壮年总数的91.17%。

13日　省委在永新召开全省钢铁冶炼现场会。会议广泛总结与交流发动群众的经验、生产技术经验、管理工作经验，以促进钢铁生产，掀起一个更新的高潮。白栋材到会指导。

15日　南昌市第一个城市人民公社——抚河区广外人民公社成立。

16日　南昌市已组成民兵师12个，民兵团99个，民兵营437个，独立民兵连326个，民兵总数达41万余人。

16日　省商业厅、省财政厅发出通知，将饮食、服务企业收入、支出从7月份起划归县（市）财政预算管理。从1958年起，县（市）饮食、服务企业的利润、基本折旧基金等收入，全部上缴所在地（市）财政金库。

16日　《江西日报》报道，到目前为止，全省又出现了浮梁县等根除血吸虫病的市、县。至此，南昌专区、玉山、泰和、广丰、万年、上饶市、庐山镇等专区、县、市和镇，已基本消灭血吸虫病。全省已有14万农民摆脱了血吸虫病的痛苦，恢复了健康，投入到农业和钢铁生产战线。

18日　《江西日报》报道，省有色金属矿山防尘工作获得空前胜利。各个矿山所有窿内矽尘浓度降到2毫克以下，消灭了历史上矽肺病对矿山工人生命的危害。

18日　省轻工业厅与省手工业联社发出《关于加快手工业技术革命的进度，支援钢铁生产和农业机械化的联合通知》。

19日　省机械工业管理局确定在南昌市以北十余公里的蛟桥建设通用机械厂、起重运输、重型机床、火力发电、水力发电、电机、变压器、量用刃具、电器仪表9个厂的机械工业基地。由中南工业建筑设计院和一机部八院按标准设计，9个厂建设投资1．873亿元。

19日　乐平县罗渡乡五星社1.54亩棉田，亩产皮棉1862斤，比1957年增产22倍多，联一社2.16亩棉田，亩产皮棉1784斤，比1957年增产21倍，大放银色“卫星”。省委、省人委致电祝贺。

19日　1958年度南昌市马拉松赛在南莲路举行，全程42.195公里。铁路工人张继林以2小时52分5秒的成绩打破了1957年全国2小时52分34秒6的最高纪录。

20日　《江西日报》报道，临川县开展群众性体育活动，成为全省第一个实现了体育化的县。在已有等级运动员975人，参加锻炼的人数达12.87万多人。

22日　省委办公厅、省人委办公厅联合召开省机关档案工作会议。会议传达第三次全国档案工作会议和华东协作档案工作会议精神，并讨论通过省直机关创办档案业余学校方案。

23日　省委“除七害灭六病”总指挥部成立。邵式平任总指挥，方志纯、邓洪、吕良、许德瑗任副总指挥。总指挥部根据《全国农业发展纲要（草案)》要求，制定了《江西省除四害讲卫生消灭疾病规划》。

23日　《江西日报》报道，景德镇市十三瓷厂聂众生创造坯釉釉面白度达到83.45%，超过了日本76.4%和德国77.2%的白度，也超过了我国陶瓷有史以来的白度。

24日　省委批准省煤管局党组17日《关于组织煤焦生产高产月的紧急报告》，确定自10月25日起在全省“形成一个汹涌澎湃、规模壮阔的煤焦高产月”，要求各级党委像抓钢铁一样抓煤炭，“第一书记挂帅，工业书记专管，6千名干部上阵，20万大军参战，以小型为主，以土法为主，发动群众大搞煤炭，新建小井8千个，日产煤炭10万吨”。

24日　省商业厅发出紧急指示，要求各级商业部门充分做好工矿、工地和农村絮棉用布、日用百货、副食品供应，保证钢铁、水利、交通等基建工地生产需用。

南昌肉类加工厂加工的猪肉运往南昌市，供应市区人民生活的需要

25日　《江西日报》报道，16日至22日，萍乡煤矿职工在第一个安全生产周中，获得“准备战役”大捷。全局共产原煤80925吨，比高产周前7天多产16613吨。22日这一天，日产量达到17002吨，创造了日产量最高纪录，相当于15日全局产量的3倍。

26日　省、市文艺界800余人在江西艺术剧院举行迎接国庆10周年文艺创作放“卫星”誓师大会。要求解放思想，打破一切束缚，创造性地从事创作，掀起文艺创作、理论批评的高潮。

28日　第一机械工业部十局以绝字第052号下发《江西钨钼丝制品厂（七四六厂）建厂方案》，决定在南昌建厂。

29日　南昌市胜利无线电厂和西湖无线电

厂近期开办，主要从事电子管接收机的装配和磁钢、磁性材料、扬声器等的生产，装配生产出江西第一台6管电子管收音机。

30日 南昌市人委决定撤销三家店镇，合并青云谱、城南两乡，成立青云谱区。

30日 省委宣传部召开共产主义教育座谈会，省委书记方志纯、刘俊秀到会作指示，要求把共产主义教育作为当前宣传工作的纲要，以此推动钢铁生产、农业生产以及巩固和发展人民公社化运动。

31日 截至当日，全省实现人民公社化，由原来的2.3万多个高级农业生产合作社，合并为1191个人民公社。建社初期有40%的公社以社为基本核算单位，60%仍以队为核算单位（1959年3月，郑州会议确定“三级所有，队为基础”的制度后，在生产队开始实行“四定、三包、一奖”的生产责任制）。

本月 全省档案和革命史工作会议召开，部署编写地方革命史工作。会后，省委、省人委批转该次会议《关于开展我省地方革命史编写工作的意见》。

本月 为适应农业发展需要，省化学工业管理局开始筹建中心试验厂（省化工实验厂）和赣东北化工厂（东乡化肥厂）。设计能力为1万吨钙镁磷肥的九江试验厂6月破土动工兴建，本月试车生产出钙镁磷肥。

本月 江西省和平利用原子能委员会成立，其目的是在江西建立核电站和核反应堆，曾抽调人员准备派往苏联培训，后因中苏关系紧张，未成行，委员会亦停止活动。

本月 汪东兴、彭梦庚参加德兴县委和国营大茅山垦殖场党委联合召开的会议，专门研究县、场合并问题，决定德兴县和国营大茅山垦殖场合并，建立全民所有制的德兴人民公社。

1958 11月 November

公元1958年11月 农历戊戌年【狗】													
日	一	二	三	四	五	六	日	一	二	三	四	五	六
						1 二十	2 廿一	3 廿二	4 廿三	5 廿四	6 廿五	7 廿六	8 立冬
9 廿八	10 廿九	11 十月大	12 初二	13 初三	14 初四	15 初五	16 初六	17 初七	18 初八	19 初九	20 初十	21 十一	22 十二
23 小雪	24 十四	25 十五	26 十六	27 十七	28 十八	29 十九	30 二十						

1日 省政协召开双周座谈会，座谈人民公社问题。

1日 省煤管局决定，取消计件工资制，改行计时工资制。

1日 新余市煤矿筹备处改称上新煤矿筹备处，直属省煤管局。

2日 《江西日报》报道，省市新闻出版界，江西日报、江西人民出版社、江西人民广播电台，跃进、星火等报社、杂志社18个新闻出版单位，举行了降低稿酬标准的座谈会，一致同意降低稿酬标准，以共产主义思想去鼓励广大作者写作。

3日 全省1958年、1959年两年计划修建的8条铁路中的重要干线之一——粤赣铁路新泰线正式动工。

3日 省委发出《关于广泛地深入学习和宣传毛主席论“纸老虎”的重要文献的通知》。通知指出，要组织200万人参加这一学习，并通过他们在广大人民群众中开展大张旗鼓的宣传。同时发出“组织10万到15万干部学习斯大林著作——《苏联社会主义经济》、《马、恩、列、斯论共产主义社会》两本书的通知”。要求县以上干部读3遍，乡党委一级干部读1遍，其他干部规定学习制度，进行定时学习。

3日 省委农业生产总指挥部出版的《水利水电消息》指出：水利建设已掀起高潮，但当前兴修水利运动中存在下列问题：（一）劳力紧张。有的地区为了大炼钢铁，已开工的水利工程有停工现象。九江地区6个万亩以上工程已经停工。彭泽县从水利工地撤走了一半劳力；（二）器材不足。全省兴修水利需钢筋1.2万吨，水泥22万吨，启闭机700台，水力发电设备5.6万千瓦，除由群众自制水泥1.5万吨，省供应发电设备970千瓦以外，器材设备缺口很大；（三）技术人员不足；（四）大炼钢铁到处砍树烧炭，严重破坏水土保持。

4日 苏联专家阿期拉汉采夫任省地质局区域地质测量大队顾问专家。

4日 全省已办起188738个公共食堂，380多万农户和小集镇居民跳出一家一灶的生活小圈子，进食堂吃饭，占全农村总数93%，基本实现了全省农村食堂化。

4日　省高级人民法院和省司法厅联合制定印发《江西省司法工作五年跃进规划（草案）》共20条。

5日　省委、省人委发出《关于迅速开展冬季造林绿化运动的指示》。指示要求1958年冬1959年春造林1500万亩，力争2000万亩，采取包栽、包活、包抚育的办法，做到：造一株，进一片，绿化一片，争取3年造林，10年成材。

5日　全省规模最大的现代化大型钢铁联合企业——新余钢铁公司第一期建厂工程破土动工兴建。该工程将建设2座255立方米高炉和年采选300万吨铁矿石的良山铁矿，副省长彭梦庚出席开工典礼并剪彩。（2号、1号255立方米高炉分别于1960年6月和11月建成投产，冶炼生铁）。

新余钢铁公司第一号高炉基础工程基建工地

5日　全省水产工作会议召开，中央水电部副部长高文华、副省长邓洪出席会议。会议要求全省1958年水产总量保证完成6亿斤，1959年水产总量保证完成60亿斤，争取完成90亿斤，并实现池塘养鱼亩产2000斤“双千斤省”。会议于12日结束。

6日　省委、省人委、省军区及南昌市委、市人委，为庆祝十月社会主义革命41周年举行宴会，宴请在江西工作的苏联专家。省委第一书记、省中苏友好协会会长杨尚奎和苏联专家斯米尔诺夫先后在宴会上讲话。

6日　全省广大青年积极响应毛主席提出的“全民皆兵”的号召，全省已有200万人积极参加劳卫制锻炼，并有124975人达到劳卫制各级及格标准，为过去4年来达到劳卫制及格标准的4倍多。

7日　《江西日报》报道，为确保钢铁运输畅通无阻，全省将动工兴建6座公路大桥，即：赣州东河桥、德安大桥、禾埠桥、宁河桥、兴国桥、虹津桥。除赣州东河大桥在1959年底完成以外，其余的都将在1959年“五一”、“七一”以前分别完工通车。

7日　红色故都瑞金大学举行开学典礼。省委书记处书记兼校长方志纯作《关于贯彻党的教育方针的报告》，要求学校认真贯彻党的教育方针，培养出大批具有高度政治觉悟和生产劳动本领的共产主义的建设人才。

7日　省市各界人民在艺术剧院举行十月社会主义革命41周年庆祝大会。

8日　省文化局发出《贯彻执行文化部〈关于抓紧时机动员一切力量为钢铁服务〉的通知》，要求在12月20日之前，省、专区发行放映公司编排给各类放映单位到钢铁基地放映有关影片（编为专场）一律减免片租。据此，各放映单位在此期间到基地放映有关钢铁影片时，一律免费放映，表示慰问。

9日　匈牙利音乐及芭蕾舞艺术团一行15人抵南昌市，演出访问后于16日离开南昌。

9日　《江西日报》报道，波阳县古县渡公社1.37亩晚稻，平均亩产228207斤；饶埠公社一丘湖田，亩产223317斤。连续发射高产“卫星”。

欢迎匈牙利音乐及芭蕾舞艺术团

10日　省人委决定，将南昌专区所辖南昌、新建二县划归南昌市领导；上饶专区所辖浮梁县划归景德镇市领导。江西始行市管县区划管理体制。

10日　全省第二次青年社会主义建设积极分子大会召开。杨尚奎作《关于超额完成跃进计划，充分做好准备，迎接一九五九年更大跃进的报告》。报告指出：1959年粮食、钢铁、机械、煤炭、交通等各方面的建设，都要来一个空前的发展，都要有一个更大的跃进。号召青年学习好、工作好、团结好、劳动好，鼓起更大的干劲，迎接1959年更大的跃进。会议于16日结束。

11日 省委、省人委召开全省财贸工作会议，研究农村人民公社财贸体制问题。会议提出：农村财贸工作实行机构下放、计划统一、财政包干的办法，即“两放、三统、一包”。“两放”指把国家在农村的商业、粮食、财政、银行等机构人员下放给公社领导和管理，这些单位的财产下放给公社使用；“三统”指政策的执行、计划的制定和流动资金的管理服从国家的统一规定；“一包”指包上缴财政任务。会议于16日结束。

11日 全省公检法工作会议召开。会议要求贯彻“政法工作与生产劳动相结合”的方针，以粮、钢、机械“三大元帅”和铁路、电力“两个先行官”为中心，做好公检法工作。会议于28日结束。

13日 中南六省人事局局长会议在南昌召开，国务院人事局局长章夷白到会并讲话。会议于18日结束。

15日 福建省委、省人委组织的福建省人民慰问团由副省长尤杨祖率团146人到达南昌，代表福建省1400万人民慰问解放军驻江西部队。

15日 文化部在南昌市召开全国省级地志博物馆和革命纪念馆馆长工作会议。会议由文化部文物管理局局长王冶秋主持。会议要求积极开展革命文物的征集、展览和革命遗址、遗迹、纪念馆地点的调查、保护、恢复工作。并向全国发出了《配合全国开展社会主义、共产主义教育运动，大力开展革命文物工作的倡议书》。会议于27日结束。

17日 《江西日报》报道，经过6个多月的艰苦奋战，到11月15日止，全省生铁总产量为414835吨，钢产量9584吨，提前完成了国家下达全省的全年生铁生产任务。

18日 全省烈军属，荣残、复员、转业、退伍军人，社会福利生产事业社会主义建设积极分子大会召开。省委常委、副省长王卓超参加会议并讲话，勉励积极分子成为多面手，在工、农、商、学、兵、农、林、牧、副、渔各个方面起带头作用。会议于23日结束。

18日 省委除七害灭六病总指挥部召开全省除害灭病、讲卫生评比大会。会议提出：不仅要消灭老鼠、麻雀、苍蝇、蚊子，而且要消灭钉螺、臭虫、蟑螂和其他传染病的媒介；不仅要消灭血吸虫病和疟疾，而且要消灭钩虫、丝虫、性病、头癣和其他疾病，使全省变成一个无害无病的乐园。方志纯到会作指示。会议选出南昌专区、九江市和宁都、萍乡、星子、泰和、临川、波阳为全省1958年除四害、讲卫生先进地区。会议于25日结束。

南昌市的卫生积肥除四害宣传车，在八一桥头向群众介绍消灭四害的方法

18日 全省农村工作会议召开，确定人民公社应当以生产为中心，实行工农业并举，开展农、林、牧、渔、副多种经营的方针，争取粮食产量翻一番，“五业”全面发展。提出以冬季生产为中心，巩固人民公社，争取1959年农业生产更大的跃进。会议于27日结束。

19日 全省优抚、社会福利生产事业成就展览会在南昌市革命烈士纪念堂展出。展览会分综合、多种经营、废品利用、福利事业等5个馆，共展出展品2500多件。

20日 苏联有色金属考察团一行2人，到西华山钨矿考察。

20日 省委召开全省工业书记会议，传达贯彻全国工业书记会议精神。会议指出：全省3个月来以钢为纲全民办工业取得巨大成就，但也存在强迫命令、虚夸、不够实事求是的作风，对此要有正确的认识。1959年工作要求本着以钢为纲，带动和促进一切的原则，在原有基础上加以整顿、巩固、提高。会议于29日结束。

26日 省人委人事局根据上级指示精神和全省具体情况，拟定《江西省各级国家机关工作人员供给制方案》，并报国务院人事局。

26日 省人委举行行政会议，决定组织江西省人民慰问团代表省委、省人委和全省人民向福建前线驻军进行慰问。慰问团由副省长李杰庸任团长。

26日 省委召开全省第五次组织工作会议，要求每个党员和干部首先要全面共产主义化，做又红又专，红透专深，能文能武的“多面手”；大力整顿干部的思想作风，开展一次自我检查，拔掉白旗，插上红旗。会议指出：在目前，要较多地接收一批积极分子加入党的队伍。会议于12月3日结束。

26日 出席全国妇女建设社会主义积极分子代表会议的74名江西代表分批赴京。

国家副主席朱德接见出席“全国第二次社会主义建设积极分子大会”的代表（左二为江西棉纺织印染厂代表施作宇）

26日 全省第一次档案和革命史工作会议召开。传达第三次全国档案工作会议精神，研究如何开展全省党史、省志和县志的编写工作。中央办公厅秘书局副局长裴桐参加会议，并作《全国档案工作跃进情况和有关档案工作跃进的几个问题》的报告。会议于12月4日结束。

27日 全省第一座县级档案馆——贵溪县档案馆成立。

27日 全省第二次文艺创作会议在省艺术剧院举行。邵式平作《发扬革命传统、争取更大光荣》的报告，要求文艺工作者必须以共产主义思想为纲，使文艺创作与新形势和新任务相结合、普及和提高相结合，大放文艺卫星。会议选举成立中国作家协会江西分会、中国音乐家协会江西分会、中国美术家协会江西分会。文化部副部长夏衍、中国作家协会秘书长郭小川到会。会议于12月3日结束。

28日 南昌市手工业技术革新积极分子代表大会召开，大会选举出参加全省手工业技术革新积极分子代表大会的7个先进单位和27名代表。

30日 宜春地区峨眉山煤矿筹备处在樟树镇成立（1959年3月31日宜春地区峨眉山煤矿在高安县八景乡成立，开始开发峨眉山（八景）矿区）。

本月 南昌铁路局首先试行第一个旬间运输综合作业方案。

本月 新西兰友人路易·艾黎到赣南革命根据地参观访问。

本月 尚未发现煤炭资源的余江、贵溪两县分别组织“千人远征队”到上饶、横峰挖煤，先后开小煤窑50多个。

本月 省委宣传部和教育厅、省体委分别在南昌市和临川上顿渡中学召开全省高校和中、小学体育会议。会议提出各级学校要大搞“四红”（劳卫制一级、二级、等级运动员、普通射手）、“双红”（劳卫制少年级、少年级运动员）。

本月 国务院任命邸高峰为江西省化学工业管理局局长。

本月 轻工业部在东乡县召开全国甘蔗浸出制糖法现场会议，并向全国小糖坊推广东乡浸出制糖法。该法比土榨糖坊每50公斤甘蔗多出1公斤糖。

本月 江西人民出版社出版省农业厅编的《江西旱稻卫星经验汇编》。

本月 萍乡县委扩大会议提出“发射卫星，夺取江西省第一名”的口号，并实行“小煤窑是基础，露天矿是方向”的方针，组织2000名干部、4万劳动力上山挖煤。

我省煤炭「卫星」越放越大
11日产煤190多万吨
天河煤矿日产煤跃过万吨关

《江西日报》报道：“我省煤炭卫星越放越大”

本月 省农林垦殖厅组织林业调查科研和教学单位共186人，在林业部、苏联专家工作组指导下，采用线路调查和标准调查的方法开展造林典型调查，历时4个月，编制出“江西省造林典型设计表”，将全省划为8个造林类型区、225个亚区、35个森林植物条件类型，编制108个造林典型设计类型，为全省各地造林提供依据。

本月 建设部决定把洛阳工程局第一工程公司1300人下放江西组建为江西省第一建筑工程公司；原江西省建筑公司改为江西省第二建筑工程公司；以西安、上海调来设备安装人员300余人为基础组建江西省工业设备安装公司；以原城市建筑设计院为基础，将省重工业厅民用建筑部分设计人员合并过来成立江西省综合设计院。

本月 省机械局召开全省制造简易机床现场会，提出“自力更生，土洋结合，以土为主，大中小并举”的方针，采取“蚂蚁啃骨头”的办法，部署生产5000台机床。到1959年底，共生产金属切削机床1193台，土简机床2819台。

本月 省科委机械综合研究组成立，由孙一鹏任组长，下设冷加工、热加工、电工、焊锻4个研究小组，负责组织企业的科学技术研究活动。1959年1月，制定出《机械综合研究组工作条例》。

1958
12月
December

公元1958年12月							农历戊戌年【狗】						
日	一	二	三	四	五	六	日	一	二	三	四	五	六
	1 廿一	2 廿二	3 廿三	4 廿四	5 廿五	6 廿六	7 大雪	8 廿八	9 廿九	10 三十	11 十一月小	12 初二	13 初三
14 初四	15 初五	16 初六	17 初七	18 初八	19 初九	20 初十	21 十一	22 冬至	23 十三	24 十四	25 十五	26 十六	27 十七
28 十八	29 十九	30 二十	31 廿一										

1日　省妇联、省委农村工作部在万安县召开以农村公共食堂、托儿所、幼儿园为中心的福利工作现场会。

1日　省军区政委祝世风、省农林垦殖厅副厅长蔡长庆分别代表军区和省农林垦殖厅办理八一垦殖场移交地方管理的交接手续，垦殖场的军官同时办理转业手续。

1日　省工商联、南昌市民建会召集整风委员会在南昌的委员和南昌、景德镇等7市，南昌、铅山等7县整风领导小组负责人举行座谈会。会议期间，传达周恩来总理《关于目前台湾海峡地区的斗争形势和中国人民反帝的任务》的报告精神。对全省工商业者在“人民公社化”运动中的政治思想情况和动态进行座谈和研究。

2日　省轻工业厅召开全省主要纺织企业厂长会议。会议传达贯彻纺织工业部确定的1959年纺织工业的发展方针，即“在党的统一领导下，全面贯彻‘四高’（高速度、高产量、高质量、高技术）‘四省’（省电力、省原材料、省劳力、省财力），土洋结合，大搞群众运动，大搞技术革命，高速度地发展我国纺织工业，以满足人民日益增长的需要”。会议于6日结束。

3日　省委决定成立江西省科学技术小组，邵式平任组长。

4日　省轻工业厅发出通报，推广抚州市洋溪垦殖分场苦战半月，兴办酒、油、肥皂、土纸等30个新产品综合工厂的经验。

6日　《江西日报》报道，截至11月底，全省已基本实现了全民皆兵。据不完全统计，共建立了民兵师247个，民兵团2044个，参加民兵人数达333580余人，占全省总人口40.7%。

7日　全省社会主义农业建设先进单位代表会议召开。杨尚奎、邵式平、方志纯、刘俊秀、

全省社会主义农业建设先进单位代表会议会场

白栋材出席会议并做报告。报告就大跃进的形成因素、社会主义和共产主义的界限、人民公社的巩固与提高、争取更大跃进等问题进行了阐述。大会号召，发扬艰苦奋斗的优良作风，实现1959年工农业生产更大跃进。会上永新县、贵溪县和瑞金县绵江垦殖场被评为林业最先进单位，上高、德安、广丰、资溪、崇义、万安6县被评为林业先进县。会议于13日结束。

9日 全省农业展览会在省博物馆内开幕。展览分总馆、农业、农垦、水利电力4个部分，展出时间为两个月。

农垦部部长王震（中）在副省长汪东兴（右）陪同下，参观江西省农业展览会

9日 省委宣传部在南昌召开教育大革命现场会。会议于11日结束。

10日 赣州市举行东河大桥开工典礼（该桥工程1961年10月停建，1963年8月续建，1965年9月13日建成通车）。

10日 省委、省人委为庆祝干部上山下乡参加劳动一周年，向全省国营综合垦殖场全体同志发出庆贺信。

11日 公安部副部长汪金祥来上饶地区视察工作。

11日 省人委批转省司法厅关于撤销法律顾问处的报告，撤销省律师协会筹备委员会及所设南昌、赣州、上饶、九江、景德镇、吉安、抚州7个市法律顾问处。

11日 根据中央关于“三统一包”的精神，全省基层供销社下放给人民公社，改为人民公社供销部。

12日 《江西日报》报道，省领导书写革命回忆录，创作了多部优秀的文艺作品，有：杨尚奎的《山谷中的搏斗》、《艰苦岁月》、《鹰的眼睛》；邵式平的《枪的故事》、《两条半枪闹革命》、《八大日记》；方志纯的《囚徒歌的介绍》；刘俊秀的《死亡线上的斗争》；黄知真的《闽北三年》。

13日 《江西日报》报道，全省5万名上山下乡干部经过一年多劳动锻炼，不仅在思想作风上起了深刻变化，山区面貌也为之改观。他们在山区建立了160多个综合垦殖场，绿化荒山69万亩，培育森林苗木1524亩，种果树4万亩，茶树5万亩，桑树4000亩。

14日 南昌钢铁厂5号100立方米高炉开工建设（1959年11月22日建成投产）。

建成后的南昌钢铁厂

14日 南昌市委第二届代表大会召开。大会审查通过郭光洲、李文科分别作的《高举红旗，奋勇前进，加速建设社会主义的新南昌》和《关于南昌市发展国民经济的第二个五年计划（草案）》报告。选举郭光洲为市委书记处第一书记。

15日 南昌铁路局决定成立南昌铁道学院。

铁路局副局长王耘任院长，郑宝华为党委书记（1961年5月改为南昌铁路技术学校）。

15日 南昌铁路局成立勘测设计院，华成任副院长（代院长）（1960年12月1日，勘测设计院改为设计事务所）。

15日 国家轻工业部和省委人民公社大办工业试点工作队一行140人，赴波阳县进行人民公社大办工业试点。该县为全国人民公社大办工业10个试点县之一。

16日 轻工业部在南昌召开全国第五次油脂工业会议。会议认为1959年油脂工业生产的主要矛盾不是油料不足，而是设备不足。因此，人民公社要大办油脂联合厂，这样既发展了工业生产，又能保证社员多吃油，有利于人民公社的巩固和发展。会议于25日结束。

18日 省委决定从省（行、市）、县、乡（人民公社）分别抽调万名干部组织万人检查团，紧密结合冬季和春季生产任务，对全省人民公社的生产、生活等进行一次清理、教育、组织、整顿和巩固的工作。检查团由省、地、县、乡四级党委第一书记挂帅，杨尚奎任总团团长，邵式平、方志纯、刘俊秀、白栋材任总团副团长。检查的主要内容是人民公社的生产规划、分配福利、经营管理、组织领导、干部思想作风以及工业生产等问题。

21日 解放军总政治部决定，志愿军评剧队40余人调往江西，即日抵南昌。该队改名为江西省评剧团。

22日 省政协召开座谈会，学习座谈中共八届六中全会文件。

23日 省委发出《关于农村人民公社分配制度问题的决定》。

23日 省军区第二次积极分子代表大会召开。大会号召全军团结一致，时刻保卫祖国和社会主义建设的安全，将革命热情和实事求是的精神结合起来，促进部队各项工作更大跃进。省委第一书记兼省军区政委杨尚奎向大会祝贺并作报告。会议期间，国防部长彭德怀来南昌视察工作，亲临大会作重要讲话，并一起合影。

彭德怀（前排右四）视察江西时与参加省军区积极分子代表大会的代表合影

25日 省教育厅决定从1959年起将省教育厅机关刊物《教育工作》改名为《江西教育》，分小学版、中学版和工农教育版。

26日 省人委发出通知，全省自1959年起停办保险业务。

26日 彭德怀到南昌步兵学校检查指导工作，并在全校教职员工作会上讲话。

29日 南昌市19个居民委员会、2107个居民小组、6000个居民检查段相互开展防火竞赛。市消防队组织33个街道文艺宣传队在戏院、街头演出文艺节目295场，受教育者184138人次。

30日 省委举行五届三次全会。会议通过了杨尚奎《巩固和提高人民公社、实现社会主义建设更大跃进》的报告和有关决议。会议明确指出目前人民公社的性质基本上还是集体所有制，其生产资料和产品仍属于集体所有；在分配上“应实行工资制和供给制相结合的分配制度”，纯收入部分仍按“各尽所能，按劳取酬”的原则进行；明确了人民公社还存在商品生产交换，国家与公社之间、城市与乡村之间的经济交往必须以商品交换的形式进行，不能无偿抽调公社的物资和劳力；宣布社员原有的生产资料（包括房屋、衣被、农具等）及个人存款归社员个人所有，允许社员保留零星林木、小农具、家畜和家禽，允许社员经营一些小规模的家庭副业；明确了生产责任制，提出采用公社、管理区、生产队三级管理制度，生产队以下可以建立若干生产小组，管理区为经济核算单位。会议于1959年1月13日结束（会议后，全省普遍开展了整顿人民公社的工作，初步抑制了急于向共产主义过渡的势头）。

31日 上饶专区地质大队一〇四队在乐平县乐华锰矿东部发现花亭矿区第一台阶锰矿体。

31日 中央气象局和江西省气象局在庐山用地面烧烟进行人工降雨试验成功。

本月 卫生部派专家马海德（美籍华人）驻宁都县指导工作，共查出六病（性病、头癣、麻风、钩虫、丝虫、疟疾）患者48821人，占该县总人数的1.5%。

省卫生厅副厅长许德和马海德在宁都县合影

本月 江西省儿童教养所改建为江西省少年工读学校，收容12岁以上、17岁以下流浪儿童及家庭无法管教的顽劣儿童。

本月 南昌地委和专署迁驻宜春县城，改称宜春专区，南昌地委改称宜春地委。

本月 省人委批转省商业厅《工矿工作的报告》，要求矿区建立副食品生产基地，在矿区附近划出一定菜地，作为工矿区生产基地。

本月 省委宣传部举行"共产主义理论学习班"，学习马克思论共产主义等著作，讨论社会主义的内涵、标志，社会主义与共产主义的关系等问题。全省200多名理论工作者参加。

本月 南昌市顺化门人民公社同盟水产大队（现南昌市郊区湖坊乡同盟水产场）、成新农场获国务院总理周恩来签署的"农业社会主义建设先进单位"奖状。

本月 省统计局计算工厂（计算室）成立，购进捷克产电动计算机10台，电动乘除计算机2台。

本月 江西省建筑工程总公司正式成立，并与省建二局合署办公。省建总公司下设六个土建公司（原省建二公司一分为三，成立二、三、四公司，洛阳下放的一公司一分为三，成立一、五、六公司），一个工业设备安装公司，一个机构化施工站，一个加工厂。

本年

本年 珠湖农场被评为全国公检法系统先进单位，获国务院授予的改造生产双丰收锦旗，公安部、省委、省人委同时授予先进单位称号。

本年 根据国务院《关于设置市、镇建制的决定》，全省撤销不够条件的镇57个。

本年 省民政厅下拨91万元补助兴国、宁都等地集体兴办烈属养老院。

本年 根据省委、省人委《关于进一步发展山区交通的决定》，全省共筹款688万元，在老区修建公路6条，全长300余公里。

本年 江西医学院第一附属医院创制的横行线记波摄影器，摄制出国内第一张膈肌记波片。

本年 在"左"的思想指导下，省文化部门错误地提出"写钢铁、演钢铁、唱钢铁、画钢铁"的口号。在《江西文化报》上宣传"写出钢、写出粮，写出共产主义的红太阳"等不切实际的口号。

本年 江西省农学会工作委员会成立，选举盛朴为主任委员，陈风桐、杨惟义、王朝俊、遇斌、施珍、谭一飞为副主任委员（1959年6月，将农学、昆虫、植病、土壤、畜牧兽医等学会合并成江西省农学会，下设粮油作物、工业原料、园艺特产、植物保护、种子、畜牧兽医、土壤肥料、农业机械、水产 9 个专业学组)。

本年 中国美协江西分会在南昌正式成立,选举彭沛民为主席,康庄等为副主席。

本年 省交通厅承建阿拉伯也门 3 条新公路。

本年 国家投资 18 万元在江西制药厂新建 991 平方米的龙脑车间,生产出全省第一个化学合成药——龙脑。

本年 南昌县建材机械厂创办,并制造出“建设牌”制砖机和制瓦机,填补了全省该项产品空白。

江西第一砖瓦厂生产出机制耐火砖

本年 南昌市财政局与中国建设银行江西支行合并,基建支出预算交中国建设银行江西支行管理。

本年 全省中学生田径运动会举行,南昌市中学生田径运动代表队男女选手在 33 个项目中获得 15 项第一名,4 项第二名,10 项第三名,以总分 231 分的总成绩获得团体第一名,女子 4×100 米接力以 56 秒 8 的成绩,女子三项全能以 1666 分的成绩打破女子省纪录。

本年 南昌市机关干部学校和职工业余中学合并,成立南昌市业余大学。

本年 全省各地调解委员会改为调处委员会,其性质“既是政权性机构,又是群众性组织”,除调处民事纠纷外,还担负推行爱国公约,监督改造“五类分子”,约束和改造有不良行为的“不良分子”等任务。不久,与治保委员会合并,称治保调处委员会。

本年 全省开展的“大跃进”、“大炼钢铁”运动,使全省名胜区名木古树被毁严重。

本年 婺源茶厂厂长黄直夫、技术人员王种音研制成功的优质名茶“婺源茗眉”被商业部称为茶叶之珍品,获国务院嘉奖,列为外交部礼品茶。

本年 全省农村大搞土农药生产,挖掘各种土农药原材料 90 种,配方 81 个,生产土农药 9.9 万吨,防治病虫面积 960 万亩。省农业部门在安义县万埠试办省内第一个土农药厂(1959 年省农业厅植保处、省科委、庐山植物园共同对土农药进行调查)。

本年 江西医学院第二附属医院护士张以延与工程师龚胜连合作研制的“心室颤动除颤器”,医师张志钧研制的“赣工型”经络探测仪,均获卫生部技术革命先锋奖。

本年 省人委决定,组建省地质局测绘大队,职工 276 名,其中技术人员 170 余人,测工 100 余人。

本年 贵溪修建社工人彭金志、张新发、卢学芳被选派到北京参加北京市十大建筑工程建设。

本年 景德镇第九瓷厂试制成功高压耐酸瓷,经测试,耐酸性达到 99.3%。同年,建国瓷厂生产的耐酸缸抗蚀性达到 99.74%。

本年 中央宣传部部长周扬到云山垦殖场视察,了解把文化带上山的情况,并为下放干部作形势报告。

本年 萍乡矿务局职工出勤率达 95.64%,居全世界统配煤矿首位(北京《劳动》月刊于 1959 年 5 月载文介绍)。

本年 江西省原子能委员会成立,负责规划、开发和管理全省地方办的铀矿和原子能企事业单位(1959 年,在原子能委员会的提议下,成立了江西矿务管理局,统一管理在江西的铀矿山、水冶厂、地质队及其他原子能企事业单位。1962 年,江西矿务管理局和江西省原子能委员会同时撤销,成立二机部江西办事处。1963 年,二机部江西办事处撤销)。

本年 下半年，全省手工业社员开始大批转厂过渡。原归手工业部门管理的155664名社（组）员中，40610人转入地方国营工厂，16364人转入联社直属合作工厂，90780人下放人民公社领导，6189人仍保留合作社（组），1621人保留个体经营。

本年 下半年，九江专区地质大队五〇四分队在队长方文光、技术负责人汤其鸿带领下，在九江县城门山铁帽深部钻遇含铜黄铁矿床。为江西铁帽下发现铜矿之始。

本年 下半年，江西地质局物探大队在于都县盘古山黑钨辉铋石英脉中发现钛铀矿，为国内首次发现。

本年 冬，信丰县大塘公社开展水土保持、改良土壤、变红沙岭为青沙岭工作，成绩优异；星子县改造沙山，控制流沙，效果明显，先后得到国务院水土保持委员会嘉奖。

本年 年底，省图书馆与南昌市图书馆合并为“南昌图书馆”，归南昌市管（1972年4月，收回省办，省市两馆分开，恢复江西省图书馆）。

1959年

概要

1958年底至1959年1月召开的省委五届三次全会，对全省“大跃进”的形势作了初步分析，认为江西在纲与目之间，也就是重点与全面之间结合得不够好，以致产生了某些不协调的现象。但当时不可能从本质上认识到“大跃进”本身就是一个最大的失误，所以指导思想也未发生根本性的转变。在制定1959年计划时，只是初步调低了一些没有根据的指标。2月，省委常委会议，对1959年工农业生产的某些指标进行了调整，并无实质性改变。继续贯彻以钢为纲和以粮、棉、油为中心带动农业全面发展的方针，实现更大跃进。要求人民公社在整顿、巩固中继续抓思想、抓生产、抓生活、抓分配，实现更大、更好、更全面的跃进。6月，省政协二届一次会议和省人大二届二次会议就江西省人民委员会工作报告、关于1959年度国民经济计划的报告、关于1959年财政预算的报告分别作出决议。

农村的“共产风”得到一定程度遏制 省委常委（扩大）会议召开，提出整顿人民公社16条补充意见。继续贯彻执行公社、大队、生产队的大、中、小三级集体所有制和承认社员个人生活资料的所有权；产品分配中的多余产品，可以留给本单位自用或储备，或者卖给国家，也可以等价交换，在队与队之间互相调剂；公共食堂既要坚持，又要自愿，允许社员在家做饭吃。3月，全省六级干部大会制定了《关于人民公社管理体制和若干具体政策的规定》。明确了整顿和建设人民公社的方针，即统一领导，队为基础；分级管理，权力下放；三级核算，各计盈亏；分配计划，由社决定；适当积累，合理调剂；物质劳动，等价交换；按劳分配，承认差别，并制定了“五确定”、“五下放”、“三坚持”的原则。省委在整顿人民公社中的这一系列措施，体现了较为务实的思想作风。4月，省委召开三次常委会议，传达贯彻中共八届七中全会精神，检查贯彻郑州会议（注：二三月间，中共中央在郑州举行政治局扩大会议，即第二次郑州会议。会议形成了《郑州会议记录》）精神的情况和总结整顿人民公社的工作。通过这种形式的整顿，使人民公社化运动出现的一些问题和错误得到了一定程度的纠正，公社内部“一平二调”的做法和遗留问题得到较为妥善的解决，在一定程度上缓和了党和政府同劳动群众的紧张关系。

“反右倾”升级 经过上半年的整顿，全省在所有制上急于“过渡”的势头有所遏制。上半年人民公社整顿期间，农村少数地区搞了“土地下放”、“包产到组”、“包产到户”、“按劳分地”的试点。但庐山会议（注：七八月间，中共中央在庐山举行的政治局扩大会议）后，“一平二调”和“共产风”

再度泛滥。认为“这是资本主义思想，是两条道路的战场”，随后这些试点和做法全部被取消。当时的主要表现是，在人民公社发展问题上，搞基本队有制向基本上社有制过渡。农村批判了以原高级社以下的生产队为基本所有制和核算单位的做法，批判了“三包”到组、到户以及单干试点、取消供给制、解散食堂的做法。庐山会议闭幕不久，省委在庐山召开常委扩大会议和五届八次全体扩大会议作出了《关于进一步开展增产节约运动的决议》，认为“当前的主要危险是在某些干部中滋长着的右倾机会主义思想。反右倾、鼓干劲，是当前全省党组织的一个重要的政治任务。”会议对 1958 年“大跃进”中采用的“政治挂帅，群众运动”作了肯定，开展了“反右倾机会主义”的斗争。这种态度上的大转弯，一方面说明前段时期局部纠“左”并未从根本上认识到“左”倾错误的危害性，另一方面也说明江西在当时政治气候下继续推行“左”倾错误在所难免。舆论方面也紧密配合，9 月 8 日，《江西日报》发表社论认为 1958 年的人民公社是好得很，而不是糟得很。此后，全省各地陆续展开一场大批判、大斗争的“辩论”，伤害了一大批敢于说真话的好同志。一大批党员、干部受到错误的批判和处分，一些同志被错误地划为右倾机会主义分子。

经济建设工作　全省第一座自动化实验邮电局诞生。江西省自行设计和修建的第一条铁路——丰城铁路支线建成通车。赣州东河大桥动工兴建。省内第一条民用航空线，南昌—吉安—赣州航线正式通航。全民办电运动开始。全省掀起声势浩大的卫生积肥运动。垦荒灭螺运动开展。增产节约运动开始。

其他重要事件　全省第二次科学工作会议召开，决定将“中华全国自然科学专门学会联合会南昌分会”和“江西省科学技术普及协会”合并成立“江西省科学技术协会”。文艺方面出现了一些较优秀的作品，如影剧《八一风暴》、《红色歌谣》等。江西省博物馆、南昌八一起义纪念馆开放。农村社会主义教育运动开展，坚持干部参加体力劳动，坚持知识分子思想改造；省人委发出《关于一九五九年农业税收工作的指示》。省委五人小组作出《关于全面结束一九五五年至一九五九年开展的内部肃反运动的报告》。本年开始停止缴纳存款利息所得税。5 月全省糕点开始实行凭票限量供应。

全省本年经济指标完成情况　国民生产总值（按当年价格计算）34.63 亿元，比上年增长 6.0%。农业总产值 18.52 亿元，比上年减少 4.4%，粮食产量 125.432 亿斤，比上年减少 5.3%；工业总产值 24.84 亿元，比上年增长 29%，钢产量 0.35 万吨，比上年增长 7 倍，生铁 7.88 万吨，比上年增长 6 倍；财政收入 6.84 亿元，比上年增长 20.6%。年末全省总人口 1975.97 万人，人口自然增长率 15.63‰。

1959

1月

January

公元1959年1月							农历己亥年【猪】						
日	一	二	三	四	五	六	日	一	二	三	四	五	六
				1 元旦	2 廿三	3 廿四	4 廿五	5 廿六	6 小寒	7 廿八	8 廿九	9 十二月大	10 初二
11 初三	12 初四	13 初五	14 初六	15 初七	16 腊八节	17 初九	18 初十	19 十一	20 十二	21 大寒	22 十四	23 十五	24 十六
25 十七	26 十八	27 十九	28 二十	29 廿一	30 廿二	31 廿三							

1日　南昌铁路局与上海、广州、济南铁路局和上海、青岛港务管理局、上海海运管理局签订互相办理旅客和行李水陆联运办法，并自即日起实行。

1日　铁道部按省界重新调整辖区，将江西省内线路全部划归南昌铁路局，管辖里程共850.9公里。

1日　财政部、粮食部将粮食财务管理体制下放江西，列入江西地方财政预算管理。

1日　南昌市朝阳农场获全国农业先进单位称号。副场长潘福根带着农场生产的糖和大葱赴京参加会议，获周恩来签发的国务院奖状，并受到毛泽东接见。

1日　《江西日报》发表题为《沿着党的八届六中全会决定的道路前进》的社论。社论指出，要继续贯彻以钢为纲全面跃进和以粮、棉、油为中心，带动农业全面发展的方针，实现1959年更大跃进。

1日　中央将电影发行权下放到各省，由地方文化行政部门领导，代理发行改为购买拷贝。

1日　省商业厅、省财政厅发出通知，全省国营商业、归口管理的公私合营商业，从本日起，除南昌站由省管理以外，其他属于行、专署管理的批发站及市县国营商业和公私合营商业等一律由行、专、市、县管理，其企业收入全部作为同级财政预算收入。

3日　省卫生厅为开展西医学习中医的群众运动，近期在南昌市举办中医药展览会。

4日　冶金工业部、劳动部、全国总工会在大吉山钨矿召开全国金属矿山安全防尘现场会议。

5日　全省劳改工作计划会议召开，研究确定管教、生产、基建、财务等各项工作计划。

6日　省人委贯彻国务院批转财政部报告，从1959年起停止征收存款利息所得税。

6日　邵式平发布全省紧急调粮工作命令以支援上海急需。各地集中80%以上货运船只，动员近百万民工及数十万民间运输工具和300多辆拖拉机，投入突击运粮工作，全省各级地方党政领导亲自指挥。

6日　省委召开电话会议，布置当前粮食征购供应工作。省委书记方志纯在电话会议上讲话，要求各级抓紧时间组织力量，一月底全面完成任务。同时进行的油脂、油料征购工作也要抓紧完成。

7日　省工商联向全省各地工商联转发省人委公告自1959年1月起，停止收取会费，今后所需经费纳入国家行政预算，人员列入国家行政编制。

7日~22日 《江西日报》连续发表7篇社论，从多方面论述农村人民公社实现1959年更大跃进的问题。

8日 《江西日报》报道，省地质局铜矿大队在1958年工作中，突破全国钻探队际竞赛年进4000公尺的指标，获得全国钻探竞赛红旗。

8日 江西省第一座自动化实验邮电局在南昌诞生。

8日 抚州地委决定将全专区各级干部——从地委书记到人民公社的社长，轮流下放到人民公社当社员。第一批下放干部450余人，已于1月4日前后到达各人民公社。

8日 省教育厅在景德镇和南昌市召开全省工厂办学现场会。

9日 全省各级人民法院总结建国10年人民司法工作经验，到5月底，共写出经验总结336篇。省高级人民法院将这些文章编印成《跃进中的江西人民司法》，发至全省各级人民法院。

9日 全省水电工程计划会议召开，刘俊秀、黄先到会讲话。会议肯定柘林、江门、洪门、樟树坑、罗边村、万安等6个较大型水力发电工程进展顺利，要求工程建设在集中使用现有材料、设备的同时，继续开展技术革新运动，全面提高工作效率；施工中必须采取边施工、边检查、边验收的办法，以保证质量。会议于17日结束。

10日 省教育厅在万安县召开全省幼儿教育工作现场会。会议于17日结束。

11日 《江西日报》报道，南昌柴油机厂初步试制成功一台具有国际尖端技术水平的电子设计机。设计机可以按照设计人员的意图绘制各种各样的图纸，大大减轻技术人员绘图、描图时间和晒图过程。

南昌柴油机厂制成的电子设计机

12日 省人委转发国务院《关于人民公社信用部工作中几个问题和国营企业流动资金问题的规定》，确定省专市县所属各级地方国营和实行定股定息的公私合营企业的流动资金，从1月1日起一律由人民银行管理，统一计算利息（1961年停止执行）。

13日 省委五届三次会议通过了杨尚奎代表省委所作的《巩固和提高人民公社，实现社会主义建设更大跃进》的报告和有关决议。明确指出：（一）目前农村人民公社的性质基本上还是集体所有制；（二）在分配上“应实行工资制和供给制相结合的分配制度”；（三）明确了人民公社还存在商品生产交换；（四）宣布社员原有的生活资料及个人存款归社员个人所有；（五）明确了生产责任制。

14日 省委批转省公安厅党组关于加强消防工作的报告，要求各级党委必须加强对消防工作的领导，贯彻“全民办消防，以防为主，以消为辅”的方针。

15日 省人委发布《关于立即清理铁路车站货场积存货物》的命令。

15日 中央政治局委员、国务院副总理贺龙和陈丕显、杨尚奎、邵式平、刘俊秀、白栋材等领导在江西艺术剧院观看话剧《八一风暴》。

15日 省人委决定：省交通管理局改称为省交通厅。

16日 贺龙邀请《八一风暴》的作者、导演、主要演员谈戏，忆谈南昌起义。并在南昌市委第一书记郭光洲、市长张云樵和省军区参谋长李国良等陪同下，参观了八一起义纪念馆，重游南昌八一起义旧址。

16日 省委除七害灭六病指挥部在泰和县召开泰和、婺源、浮梁、奉新和南昌市四县一市根除血吸虫病庆功大会。省委、省人委致电祝贺。会议于19日结束。

18日 省人委召开第六次行政会议，决定成立江西省参加全国第一届运动委员会筹备委员会，邵式平任主任委员。并定于4月22日在南昌举行全省第二届人民体育运动大会。

18日 省轻工业厅、省手工业合作联社联合召开全省手工业技术革命积极分子代表大会。邵式平到会讲话，要求手工业社加入人民公社，搞好技术革命。会议要求1959年全面实现半机械化或机械化生产，进一步解放手工业的生产力，实现手工业生产更大跃进。

19日 全省民兵积极分子大会在南昌召开，出席大会的民兵积极分子代表850名。大会奖励了34个单位和与会民兵积极分子。省军区司令员邓克明到会讲话。会议号召全省民兵和民兵干部发扬革命干劲和科学分析相结合的精神，争取1959年民兵工作获得更好的成绩。

20日 全省植物保护工作会议召开。会议提出：鼓足干劲，苦战一年，在1958年已有19个县实现无病虫害的基础上，力争1959年全省基本实现无病虫害。提出全省1959年要有77个县（市）、专署直辖区实现无病虫害的任务。

20日 全省全民办电会议召开。会议提出解决全省电力不足问题的办法，主要是认真贯彻党提出的“两条腿走路”的方针：一方面加速建设大型现代化的水力发电站和火力发电厂；另一方面开展全民办电运动，使电业上的“小土群”遍地开花。确定全省1959年争取全民办电10万千瓦以上。会议于24日结束。

21日 省冶金局在永新和吉安市召开全省巩固提高钢铁小土群现场会，确定全省钢铁定点160个。

21日 省委组织部召开区党委、各地（市）委组织部干部科长会议。会议研究干部轮流下放当社员，加强对人民公社干部配备、干部训练等问题。要求从机关抽调一批干部任公社党委第一书记，加强公社领导；干部训练采取短期多办的形式，提倡田间办校、炉旁办校、水库旁办校，达到思想、生产双丰收。会议于23日结束。

22日 第二次全省劳动教养工作座谈会召开。会议传达公安部劳改局局长孟昭亮在全国劳教工作座谈会上讲话的精神，布置1959年的劳动教养工作。

24日 省政协与南昌市政协联合召开座谈会，支持古巴、刚果人民的正义斗争，谴责美国干涉古巴内政和比利时镇压刚果人民民族独立斗争的罪行。

24日 省委决定抽调省委处长、省人委厅（局）长以上干部共162名，分批轮流下乡参加人民公社整顿工作。同时，省军区从直属机关抽调82名干部一道参加整社工作。下乡干部听取了省委书记刘俊秀的报告，报告要求大家下乡以后，在整社过程中作好“五抓”工作，即“抓思想、抓生产、抓分配、抓生活、抓作风”。

25日 省委召开电话会议，布置当前农村工作。会议要求做好：（一）整社工作，从现在起到4月，集中力量把公社整好；（二）大力兴修水利，大量积肥造肥；（三）抓紧完成粮食统购统销工作，保证外调任务的完成；（四）抓住重点，照顾全面，妥善安排好劳力，充分利用半劳动力和附带劳动力。

26日 省、市各界人民2000余人在南昌市工人文化宫举行集会，支持古巴、刚果人民的反帝斗争，严厉谴责美帝国主义干涉古巴内政和比利时殖民主义者镇压刚果人民的独立斗争的罪恶行为。

26日 省委除七害灭六病指挥部召开电话会议。会议要求在春节前做好四项工作：一是以消灭过冬蚊蝇和钉螺虫害孳生场所为主，结合兴修水利，积肥造肥；二是防治冬季传染病；三是结合整社搞好公共食堂、托儿所、幼儿园及工地卫生；四是坚持党的领导，书记挂帅，搞好突击运动。

27日 省政协一届常委会二十四次会议在南昌举行。会议听取关于省委五届三次会议精神的传达报告。

28日 省人事局向省人委呈报《关于省直几个部门对高中等学校毕业生分配使用情况及今后意见的报告》，提出对大中专毕业生的使用要贯彻学用一致；尽量将毕业生下放到基层单位，参加一定时间的体力劳动，不宜分配在上级管理机关；加强对在职大中专毕业生的共产主义教育，帮助他们提高政治业务水平，做到又红又专，红透专深。

29 日 全省煤炭工业会议召开。邵式平到会讲话，要求继续贯彻执行“正规井与小煤窑，洋法生产与土法生产同时并举”的方针。

29 日 全国妇联书记处第一书记罗琼和宣传部长刘加林一行 4 人来赣，省妇联主任朱旦华陪同到万安、兴国县、景德镇、南昌市进行为期一周的妇女工作视察。

30 日 省人委召开厅（局）、行长，省直属委员会主任和南昌市市长参加的会议，动员全省人民在春节前开展一个席卷城乡的卫生积肥运动。

30 日 全省轻工业会议召开。会议提出，1959 年大跃进中，轻工业要做先锋。要求全省 1959 年轻工业产值比 1958 年增长 128%。会议号召全省轻工行业掀起大跃进高潮与会代表向全省轻工业战线发出倡议。会议于 2 月 3 日结束。

31 日 省市机关、工厂、学校、居民和省军区所属部队、南昌铁路局等单位，开始投入积肥、除害灭病运动。

群众性的积肥造肥运动

31 日 省地质局中心实验室“稀有元素湿法提炼”试验成功。

本月 省卫生厅公布：全省县以上医院实行分级护理制（特护、半护、普护）和病人死亡处理制度。

本月 乐华锰矿在小高炉上试炼出第一炉锰铁合金。

本月 省社联组织有关大专院校教学、科研人员 200 余人深入农村人民公社进行调查。

本月 中央批转省委、省人委《关于国营垦殖场和农场情况的报告》，指出，原有国营农场、牧场、林场、垦殖场等，一般都不应该改变所有制性质；规模不很大，并入农业社较多，一时不能转为全民所有制的人民公社，可以暂时让两种所有制并存，既保留原国营企业的全民所有制性质，又保留原农业社的集体所有制；两种所有制并存的人民公社，在计算积累和消费时也应当分开计算。

本月 省委五届三次会议对全省“大跃进”的形势作了初步分析，认为全省在纲与目之间结合得不够好，以致产生了某些不协调的现象。

本月 省人委召开全省陶瓷专业会议，要求陶瓷工业进一步加快机械化生产的步伐。

本月 南昌市工业管理局一分为三，成立市重工业局、轻工业局、化学工业局。各局分别设立供销处和技术研究所。

本月 南昌汽车修理厂改名南昌汽车厂。

1959 2月 February

公元1959年2月　　农历己亥年【猪】													
日	一	二	三	四	五	六	日	一	二	三	四	五	六
1 廿四	2 廿五	3 廿六	4 立春	5 廿八	6 廿九	7 三十	8 春节	9 初二	10 初三	11 初四	12 初五	13 初六	14 初七
15 初八	16 初九	17 初十	18 十一	19 雨水	20 十三	21 十四	22 元宵节	23 十六	24 十七	25 十八	26 十九	27 二十	28 廿一

3日　南昌市各界人民在市体育场举行开展卫生积肥运动，支援农业生产群众大会。各界代表3.5万人参加，省长邵式平、省军区副司令员孔令甫参加大会。大会要求立即行动起来，以战斗的姿态，形成一个男女老少搞卫生，街街村村、家家户户忙积肥的卫生新高潮。下午，全市23万多人投入了积肥战斗。邵式平和群众一起打扫街道，参加卫生积肥运动。

省长邵式平率领党、政、军领导干部参加第四交通路的街道大扫除

4日　《江西日报》发表《迅速掀起公社大办工业高潮》的社论。社论指出，人民公社大办工业是实现社会主义总路线的重要措施，人民公社要作出发展工业的全面规划，实行边规划、边建厂、边生产。

5日　一座土洋结合的40立方米的炼铁高炉在萍乡钢铁厂试建成功，正式开炉生产，流出了第一炉铁水。邵式平、白栋材参加了开炉典礼。

省长邵式平（右一）、省委书记白栋材（中）在高炉旁观看第一炉铁水畅流出来

5日　省委、省人委发出指示：抓住春节前

固有的良好卫生习惯，迅速掀起积肥造肥高潮；把集体和分散、常年和突击积肥结合起来；加强领导、保证积肥的数量和质量。

5日　省商业厅针对某些商业批零单位和工矿企业出售商品时以物资对换的情况，发出紧急通知，禁止以物换物的经营做法。

5日　南昌市体委公布1958年全市108项体育运动最高纪录。马拉松赛跑、10公里竞走有15人次破1957年全国最高纪录，有104项次、139人次破全省最高纪录，184项次、320人次破全市最高纪录。

6日　省人委发出紧急通知：（一）各人民公社，自农历三十起放假3天至5天，假期应开展群众性的文娱和政治活动；（二）以公社或生产大队为单位，举行群众性的庆祝大会，宣传总路线、大跃进的胜利，介绍生产经验；（三）检查春节期间的物资供应，保证春节生活需要；（四）以县为单位，由县领导为首组成若干慰问团到各人民公社进行慰问。

7日　中央批准刘瑞森为江西省委书记处书记，郭光洲为书记处候补书记，林忠照、汪东兴为省委常委。

9日　省委、省人委发布《改进农村财贸管理体制》的指示。指示指出，按照统一领导、分级管理的方针，实行机构下放、计划统一、财政包干。具体地说就是"两放"、"三统"、"一包干"。"两放"（把国家在农村的商业、粮食、财政、银行等财贸部门的人员和资产全部下放给人民公社管理）、"三统"（人民公社的政策执行、计划制定和流动资金服从国家统一规定）、"一包"（财政任务由公社按收支差额包干上缴国家）。5月后停止执行。

9日　南昌市15万余人举行"庆丰收、迎国庆"的春节大联欢。邵式平、刘俊秀等省党政领导和群众一道同歌共舞，庆祝社会主义建设的伟大胜利。

10日　邵式平在全省财政工作会议上讲话，题目是《生产跃进、财政跃进；财政跃进、生产跃进》。讲话指出，"一定要生产跃进，财政才能跃进，财政跃进，当然也就支持了生产跃进"。

10日　根据公安部第九次全国公安会议精神，省公安厅决定从1959年春节开始，将每年春节的第一个月作为全省公安部门的"爱民月"，组织干警为人民办好事。

11日　全省轻工业第二次会议举行，讨论1959年基建投资计划安排，决定原来确定在九江兴建的印染车间改建为江西棉纺织印染厂印染车间。

12日　省人委发出《关于一九五九年财政管理体制的几项规定》，指出为适应生产发展的需要，进一步发挥行署、专署管理财政的主动性和积极性，行署、专署可以作为一级财政，除了管理行专级的财政外，并代表省负责领导所属县、市的财政工作。

12日　高安县独家山发现宋代孙叔敖夫妻合葬墓，出土文物有陶屋、瓷仓、石砚、瓷杯、铜镜、皈依瓶、铜钱、笔管、发钗、金耳环、陶武士俑等。

13日　省中苏友协举行茶会，庆祝中苏友好同盟互助条约签订9周年，招待苏联专家。省中苏友协副会长白栋材和苏联专家阿斯特拉汗采夫在茶话会上讲了话。

13日　省委常委扩大会议召开。会议对1959年工农业生产的某些指标进行调整：粮食由原定350亿斤到380亿斤调整为380亿斤到400亿斤；生铁由原定50万吨至60万吨调整为45万吨至60万吨；要求贯彻执行"全国一盘棋"的方针，用"十分指标，十二分措施、二十四分干劲"把社会主义建设迅速、全面地推向更高潮。同时要求人民公社在整顿、巩固中，继续抓思想、抓生产、抓生活、抓分配、抓作风，实现更大、更好、更全面跃进。会议于18日结束。

13日　全省国营垦殖场和共产主义劳动大学代表会议召开，到会代表1149人。林业部、农业部、教育部等单位负责人到会指导。邵式平到会发表讲话，刘俊秀作《巩固和提高国营综合垦殖场，实现山区社会主义建设的更大跃进》的报告，汪东兴作《切实贯彻执行党的教育方针，坚决办好共产主义劳动大学》的报告。会议一致通过对全省国营综合垦殖场和共产主义劳动大学的倡议书。会议于21日结束。

14日 凌晨4时，星子县三八水库坝体全部被冲毁。省防汛抗旱总指挥部通报指出，该水库曾于1958年5月5日被洪水漫顶造成倒塌，今又垮坝，两次造成严重损失，倒坝原因是设计未经批准，坝址选择不当，土料（含沙量占80%）不符合要求等。

15日 全省第四次党内监察工作会议召开。会议指出，党内监察工作必须加强政治思想工作，提高党的监察工作的原则性，反对形式主义或浮夸倾向，提倡实事求是、谦虚谨慎的工作作风。要求各级党内监督组织进一步改进工作作风，搞好党的纪律教育工作，加强对人民公社党内监督的业务指导，充分发挥基层党组织的作用。会议于21日结束。

16日 省人委办公厅召开国营农场、垦殖场产品出口问题座谈会。会议由副省长汪东兴、李杰庸主持，传达中央提出的国营农场、垦殖场都应逐步成为出口商品的基地等精神。

16日 《江西日报》报道，抚州地区第一批下放当社员的549名干部，经过一个月劳动锻炼后，带着"五好"社员的鉴定光荣地回到机关。第二批下放干部802人已陆续到公社和厂矿当1至3个月的社员。

16日 《江西日报》发表题为《干部当"五好"社员的重要意义》的社论。社论指出，全省各地掀起的干部轮流当社员运动，这是继干部上山下乡参加劳动锻炼后，组织干部参加劳动、领导生产，锻炼干部、提高干部的又一重大措施。据全省23个县不完全统计，有1700余名干部下放公社分别当社员、工人、炊事员、保育员等。

16日 全省第十次民政会议召开。会议指出，在党的统一领导下，既要大力协助人民公社办好集体生活福利事业，又要把社会保障性的福利事业办好。省长邵式平、副省长王卓超到会讲话。会议于24日结束。

17日 《江西日报》报道，吉安地委从春节过后，已从地、专、县直属机关中抽调了1200多名干部下放到各人民公社参加生产，学习生产，领导生产。

18日 省委政法领导小组召开政法工作会议。提出《一九五九年江西政法工作的基本任务》，要求"调处委员会和治保会应当合起来，并加强领导，约束和监督那些'大法不犯、小法常犯'的人"。

18日 景德镇市委决定建立景德镇人民广播电台（3月1日建成开播）。

18日 《江西日报》报道，全省第一部机动土火车在铜鼓县诞生。这种土火车可载20立方米木材，4万斤左右，每天往返7次拖运木材160立方米，效率比人力肩挑提高1904倍。

18日 全省教育工作会议在九江召开，方志纯主持会议。会议要求教育工作必须巩固提高，教育大革命应以社会主义和共产主义思想教育为动力，以教学改革为中心，转入对教学计划、教学大纲、教学方法的改革。通过教学改革，把理论教学和生产实践密切结合起来，高等学校还应把科学研究与教学生产结合起来。会议于25日结束。

19日 林业部航空调查队一行6人到省属黄岗山垦殖场进行园林化设计试点工作。

19日 省工商联机关干部在省政协中山堂听取省委统战部部长于洪琛作《关于在省级各民主党派及工商界进行肃反斗争》的动员报告。之后，省工商联全体干部集中在省政协进行肃反斗争。

20日 《江西日报》报道，全省文艺创作出现了许多优秀作品，在影剧方面有《红松林》、《混天起义》、《金貂记》、《紫钗记》、《八一风暴》等；文学创作方面有《铁关激战记》和《红色的安源》；音乐创作方面有《红色歌谣》、《江西民歌一千首》、《八一大合唱》、《家乡组曲》；舞蹈方面有《丰收舞》；美术方面有《毛泽东在安源煤矿》、《平江起义》、《长征途中宣传员》等重点作品。

20日 《江西日报》报道，新余钢铁公司建设工程快速施工，大搞群众运动，采取边建设、边生产、边准备、边施工、自力更生、大搞多种经营的做法，有力地解决了设备器材不足的困难，使工程顺利进行。第一期工程施工3个月来，有的工程量已提前完成，有的正按计划进行，1959年上半年可基本结束第一期建设工程。

20日 省妇联在临川县召开三届四次执委现场会议，贯彻妇女工作要以生产为中心，以生活福利为重点的精神。会议于25日结束。

21日 省冶金工业管理局在永新和吉安召开全省巩固、提高钢铁工业“小土群”现场会，要求在现有基础上将“小土群”迅速过渡到“大土联”或“小洋群”。白栋材到会讲话，指出：提高“小土群”的建设工作，不仅要越搞越好，而且要越搞越大，这是总的趋势，由小到大，由土到洋是必然的。当前有些困难，但只要正确贯彻党支援工业方针，就一定可以搞起来。会议于28日结束。

21日 全省公安系统体育选拔赛在南昌市举行。参加选拔赛的有赣南、九江、吉安、上饶、宜春、抚州、南昌、景德镇市等13个单位的男女运动员216名。经过比赛选拔93名优秀运动员组成出席第二届全国公安体育运动大会的代表队。

24日 省委、省人委决定成立江西省档案事业管理局（3月20日，国务院批复为江西省档案管理局），负责统一管理省委、省人委的档案和指导全省党政档案工作。省委副秘书长王泽民兼任局长。

24日 省人委发出《关于生猪家禽等出口商品生产调拨的指示》，强调要按照国务院的指示，将所有国营农（牧）场、垦殖场逐步建成出口商品的基地，并按照国家计划生产出口需要的猪、牛、羊、鸡、鸭、蛋、乳制品、大豆、花生和其他产品。

24日 省人委发出《关于发展中药材生产的指示》，要求各级政府必须加强对中药材生产、收购、调运工作的领导。

24日 全省第二次科学工作会议召开。农垦部部长王震参加会议。邵式平讲话指出：科学工作必须为生产、为政治服务。科学工作者都要参加生产，使科学研究与生产紧密结合，坚决克服脱离群众、脱离生产、脱离实际的观点和作风。科学工作者要为全省实现四大指标（即钢20万吨、原煤1500万吨、粮食380亿斤至400亿斤、皮棉250万担）服务。会议决定将“中华全国自然科学专门学会联合会南昌分会”和“江西省科学技术普及协会”合并成立“江西省科学技术协会”，并选举成立了省科学技术协会委员会；通过了《关于加强创造发明的鉴定和推广工作的决议》。会议于28日结束。

24日 中科院江西分院、省中苏友协、中科院南昌分院为配合全省第二次科学工作会议联合举办科学技术展览。展出分工业、农业、新兴科学技术、医疗卫生和苏联五年计划4馆。展览于3月1日结束。

25日 省商业厅发出通知，鼓励收购大肥猪，原规定130市斤至140市斤奖2元，141市斤至150市斤奖3.5元，151市斤以上奖5元的办法继续执行外，凡超过200市斤以上的肥猪，一律按头计算，有1头奖1头，谁卖谁得，由收购单位给奖。

26日 中央卫生部、内务部在宁都县联合召开以防治性病、头癣、麻风为主的全国除害灭病现场会。会议由卫生部部长李德全主持。副部长贺彪，省委书记方志纯及全国兄弟省市和全省各县市卫生、民政有关部门负责人共438人参加了会议。与会者广泛交流了除害灭病工作经验。

26日 南昌市社会主义建设先进单位、先进分子与九届劳模大会在八一礼堂召开。有79个模范集体、300名个人劳模、248个先进单位代表、1427名先进分子出席。

27日 截至3月，省委、省人委、省军区在全省广泛收集革命文物资料工作近期结束。

28日 省人委发出《实行铁路货物进出货物管理办法》的通知，以有效地提高货物场使用能力。

28日 公安部副部长徐子荣来江西视察工作（3月7日下午在省市政法干部大会上讲话）。

28日 洪都钢铁厂由南昌市区江南钢厂、洪都钢厂等8个炼钢厂合并成立（1962年4月24日，划归省冶金厅领导。同年9月8日改名为洪都钢厂。1966年5月改称人民钢厂。1971年7月重新改名为洪都钢厂）。

28日 全省农村文艺会演在南昌举行，参加会演的10个单位，共有演出代表448人。会演于3月5日结束。

28日 全省干部参加劳动现场会在赣县、南康县召开。会议要求各级党组织应当对干部参加体力劳动作出统一规划全面安排，使之经常化、制度化。同时，要加强对下放干部的管理，下放干部要通过与社员“三同”（同吃、同住、同劳动），达到“五好”（思想好、劳动好、工作好、学习好、团结好）的要求。对没有经过劳动锻炼和缺少基层工作经验的青年知识分子，应把改造思想、改进作风放在首位；对县以上机关的领导干部要通过劳动实践，以社员的角度来体验党的方针、政策，帮助基层改进工作。会议于3月7日结束。

本月 省地质局水文地质大队完成建队后第一个勘探项目——宜丰县北门水利枢纽工程地质勘察。

本月 中央广播事业管理局直属在江西的五六一台，由技术员张统、工程师王达夫主持进行收音遥控技术改造，完成后于1962年投入运行，效果良好，经中央广播事业管理局无线总处鉴定验收，向全国推广。

本月 《江西轻工业快报》开始出刊，着重反映全省轻工业组织跃进情况及跃进中的新成就。

本月 省人委下发整顿和精简省直属机关刊物的决定，明示“原则上一个厅、局只准出一种刊物”，“今后出版刊物，均应经江西省文化局审核转报江西省人民委员会批准”。

本月 省建工局召开全省水泥生产经验交谈会，研究解决水泥生产技术问题，并规划兴建10个机械化水泥厂（包括江西水泥厂、庐山水泥厂）。

本月 南昌有色金属加工厂成立（8月建成投产。1963年底该厂撤销，累计生产电解铜904吨）。

本月 德兴铅锌矿成立冶炼工区，土法炼铅成功（年终产出粗铅锭9.2吨）。

本月 省机械局部署在省直属企业推行鞍山钢铁公司企业民主管理“两参一改三结合”的经验。

本月 根据中央和省委关于缩短基本建设战线的指示精神，机械工业新建厂部分下马，部分转在老厂扩建。蛟桥基地火力发电设备厂改为蛟桥机械修配厂，通用机械厂改为铸锻厂迁至青云谱建厂，又将蛟桥机械修配厂并入江东机床厂。

本月 副省长汪东兴对共大总校师生传达说：“毛泽东主席知道我们江西创办一所半工半读的共产主义劳动大学十分高兴。毛主席谆谆教导我们，要把学习和劳动搞好。”

本月 江西新牲纺织厂由国家投资127万元新建的纺布车间及扩建的2万枚纱锭竣工投产。

本月 南昌市航运公司成立。

1959 3月 March

公元1959年3月							农历己亥年【猪】						
日	一	二	三	四	五	六	日	一	二	三	四	五	六
1 廿二	2 廿三	3 廿四	4 廿五	5 廿六	6 惊蛰	7 廿八	8 妇女节	9 二月大	10 初二	11 初三	12 初四	13 初五	14 初六
15 初七	16 初八	17 初九	18 初十	19 十一	20 十二	21 春分	22 十四	23 十五	24 十六	25 十七	26 十八	27 十九	28 二十
29 廿一	30 廿二	31 廿三											

1日　《江西日报》报道，省级机关抽调的800余名参加体力劳动的干部已陆续前往各基层生产单位。1958年省级机关除下放5000余名干部上山下乡参加劳动外，并组织了干部离职参加定期的体力劳动。一年来的实践证明，干部参加体力劳动，能有效地改变干部的思想面貌，加强对工农业生产的具体领导。

1日　省委、省人委召开全省农产品产销协议会议。会议贯彻全国一盘棋的方针，经过研究协商，分别签订了各地区1959年农副产品产销协议书。刘俊秀和彭梦庾分别代表省委、省人委讲话。

农业和商业部门的代表在全省农产品产销协议书上签字

1日　省委召开电话会议，组织部署全省工业生产高潮。电话会议要求贯彻全国一盘棋思想，纠正本位主义和地方主义倾向，切实解决原材料困难和短途运输紧张问题，合理调整劳动力，迅速掀起一个以技术革命为中心的群众运动，力争完成工业生产计划。

2日　省委农业生产指挥部召开电话会议，部署当前农业生产。要求继续贯彻肥料挂帅的方针，开展以肥料为中心的备耕运动。认真做好春收作物的田间管理，大破“定局论”，力争小麦、油菜高产多收。

2日　内务部在南昌召开七省一市民政工作现场会议。内务部部长谢觉哉到会，河南、安徽、湖北、山东、江苏、浙江和上海市等省市民政部门领导参加会议。邵式平出席会议。

3日　省人委批转水文气象机构体制下放，全省各级水文气象台、站、哨一律由所在专（行）署、县领导，向塘、三〇二厂民航气象台、哨由向塘民航站和三〇二厂领导，莲塘农业气象试验站仍由省水利电力厅直接领导，业务上执行省水利电力厅的统一计划和规定。各专（行）署水利电力处设立水文气象总站。基本台站网及专用站网布设、撤销、迁移、调整以及新业务项目开展，仍由省统一规划。

5日　谢觉哉上井冈山参观访问，期间写下《井冈山》一诗，书赠井冈山垦殖场全体人员。

5日　南昌钢铁厂第一号高炉22时20分开始点火烘炉（5月2日下午举行开工典礼。省、市领导前往祝贺，省长邵式平剪彩）。

5日　省委发出《关于农村人民公社管理体制和若干具体政策的规定》。同时，省委农工部向各地发出关于加强人民公社劳动管理的意见。

6日　下午，铁道部大桥局第三桥梁工程处赣江大桥工地25号拖轮运载147人，从南岸驶往北面8号和11号桥墩作业，突遇六七级大风，船被掀翻，船上人员全部落水，经抢救48人脱险，99人丧生。

7日　省高级人民法院、省人民检察院、省公安厅印发《江西省一九五九年政法工作主要任务》，指出必须掀起政法工作更大更好更全面的跃进，以适应新形势发展的需要。必须贯彻中央指示，在斗争策略上应当有一个由“紧”到“松”的转变，对待反革命分子的政策应当更着重宽的一面，就是在彻底肃清一切破坏社会主义建设的反革命分子和坏分子的方针下，在仍须严惩少数犯罪情节恶劣的罪犯的原则下，今后不仅杀人、捕人要少，管制也应当比过去少。对于不法地主、富农、历史反革命分子和坏分子，只要他们不进行现行重大破坏活动，只是在群众面前揭露他们，并把他们夹在生产队中监督劳动，加以改造。

7日　南昌市第四届体育运动大会在省体育馆举行。

8日　省委召开7500人参加的全省六级干部大会，之后各县相继召开了干部大会。全省六级干部大会制定了《关于人民公社管理体制和若干具体政策的规定》。进一步明确了整顿和建设人民公社的方针，即“统一领导，队为基础；分级管理，权力下放；三级核算，各计盈亏；分配计划，由社决定；适当积累，合理调配；按劳分配，承认差别。”并结合全省实际，制定了“五确定”：确定基本核算单位，确定领导人员，确定生产计划，确定粮、棉、油、猪及主要农产品的征购任务，确定分配比例。“五放”即：下放劳动，下放生产资料，下放畜牧农业及其副业生产，下放小型工业企业，下放生产资金及预购定金。“三坚持”即：坚持各尽所能、按劳分配原则，坚持等价交换原则，坚持勤俭办社原则。生产大队所属生产队实行“四定、三包、一奖赔”；把社员按工资等级分配改为按劳分配；确定对“一平二调”的做法进行纠正。通过这一阶段的整顿，全省农村的“共产风”得到进一步遏制。

9日　辽宁、吉林、黑龙江三省慰问团在总团长黑龙江省副省长李延禄的率领下到达南昌，进行慰问演出。慰问团在南昌作为期7天的访问，为全省部队、机关、工厂、居民表演精彩节目37场。

10日　最高检察院检察长张鼎丞到江西视察工作，在听取汇报后认为江西检察机关协同劳改部门在犯人中展开以社会主义教育运动为重点的政治攻势的做法很好，成绩显著（6月1日，最高检察院以《江西省检察院协同劳改机关在犯人中开展交心运动的经验》为文，转发全国检察系统）。

14日　赣州市红旗大道和红旗广场动工兴建。大道长3380米，宽80米，1978年1月全部建成。红旗广场（即现南门广场）于1965年8月完工（1983年3月开工改建，改建后广场占地面积6.3公顷）。

15日　省人委同意，在清江县临江镇建江西省假肢厂（年底迁至南昌市）。

15日　福建、广东、江西三省军区在瑞金县召开三省联防委员会会议。龙岩、汕头、赣州军分区和专区公安处及14个县的领导共63人与会。会议总结半年来的联防工作，制定边区联防协作作战预案。会议于21日结束。

16日　南昌市委、市人委联合在南昌剧场召开欢送下放劳动、欢迎劳动归来干部大会。

17日　280余名干部赴南昌县、新建县人民公社参加劳动。

17日　江西省古典戏曲实验剧团成立。

该团隶属于省戏曲学校和省赣剧团，以省戏曲学校赣剧班（原省赣剧团演员训练班）毕业的学生为主，抽调省赣剧团部分青年演员组成。

18日 新余钢铁公司两座40立方米高炉动工兴建（1号炉、2号炉分别于当年10月16日、11月15日投产）。

新余钢铁公司兴建的一号高炉（左）及热风炉（右）

20日 南昌市烈军属、复员、转业、退伍军人在南昌剧场举行跃进誓师大会。内务部部长谢觉哉出席并讲话，勉励大家在大跃进中事事争先，处处带头，发扬革命传统，争取更大光荣，作出更大成绩。

21日 省妇联、省民政厅、省劳动局联合在景德镇市召开城市居民妇女参加社会主义劳动现场会。研究组织和发动妇女学习生产技术，发挥生力军作用问题。会议于26日结束。

22日 省农业厅根据农业部《关于抓紧土壤普查、鉴定工作的通知》，开始部署、组织各地、县开展以耕作土壤为主的土壤普查工作。历时一年半，于1960年底基本完成。

23日 省赣剧团赴上海为出席“上海会议”和即将召开的中共八届七中全会与会者演出。

24日 江西省工业先进单位、先进分子代表会议召开。杨尚奎接见全体代表。大会听取了邵式平、白栋材的报告。会议提出工业生产和基本建设中原材料与劳动力紧张问题的解决办法。即“贯彻全国一盘棋的方针，缩短战线，保证重点，合理使用原材料，坚决保证四大指标完成；开展技术革新和技术革命，提高劳动生产率，增产节约，代用和综合利用原材料。”会议于30日结束。

24日 《江西日报》以《全省基本建成水文气象网》为题作专题报道，截至1月底，全省已建成与确定气象台、站106处，农业气象哨、组11969处，联络员11882人，基本做到专区有台，县县有站，公社有哨，大队有组，生产队有联络员。该报同日刊登评论员文章《把水文气象科学交给群众》。

25日 省政协举办报告会，省委秘书长黄知真传达省委六级干部会议精神。

27日 全省地、市、县三级干部会议近日在南昌召开。贯彻毛泽东在第一次郑州会议提出的整社方针和中央政治局在郑州召开的第二次会议精神，确定进一步整顿人民公社，划分社、大队、生产队职权范围，规定生产队是人民公社的基本核算单位。

28日 庐山天气控制研究所成立。

28日 省赣剧团在上海锦江饭店为出席“上海会议”和中共八届七中全会的与会者演出《张三借靴》、《游园惊梦》、《牡丹对药》。刘少奇、周恩来、朱德、贺龙、陈毅、彭真等中央首长观看演出，并接见全体演员。

29日 井冈山钢铁公司撤销，在原基础上成立江西黑色金属矿山公司。该公司归省冶金局领导，下辖铁坑、七宝山、河下、界水等矿山。公司机关设在分宜县界桥（该公司于1960年3月撤销）。

30日 全省工业战线各路大军举行工业战线红旗竞赛誓师广播大会。省委常委、副省长黄先作讲话。全省钢铁、煤炭、机械、钨矿、石油、化学、轻工业、陶瓷以及人民公社社员143万多人收听了实况广播。

30日 省政协召开座谈会，声讨西藏达赖集团的叛国行为，拥护国务院关于彻底平息西藏叛乱的命令。

31日 省水土保持委员会召开电话会，副省长邓洪主持会议。会议要求各地力争在春耕生产前完成1959年水土保持任务。并特别指出，随着农业生产“大跃进”，大炼钢铁、大办水利、开矿筑路、采集矿石、滥砍森林、乱铲草皮，有些地区已造成新的水土流失，必须严格禁止滥伐滥砍和在山坡上铲草皮。

本月 新余钢铁公司红旗2号简易焦炉10

座动工兴建（其中4座于当年11月投产，6座于1960年12月投产。同年11月，该公司红旗3号简易焦炉4座动工兴建，于1961年3月建成投产。1961年9月至10月，全部简易焦炉停产）。

本月 吉安市动员全市人民参加义务劳动修筑井冈山大道路基。大道长1400米、宽110米，挖填土方57.32万平方米，后路宽压缩至60米（1970年大道整修工程全面竣工。1990年整个人行道铺成混凝土路面，大道全长5224米，其中建成3块板路面长2314米）。

本月 江西人民出版社出版《红色画册》、《红色歌谣》、《红色歌曲》系列读物。

本月 赣南船舶修造厂建造的7艘机帆船渡航成功，又改装50艘木帆船为机帆船，并全部投入洪水运输。中央交通工作部、国家交通部为此联合发来贺电。

本月 江东机床厂试制成功C620－I齿轮车床，通过省级鉴定。

本月 南昌市计划委员会发布《一九五八年度国民经济发展情况和计划执行结果》报告。

1959
4月 April

公元1959年4月　　农历己亥年【猪】

日	一	二	三	四	五	六	日	一	二	三	四	五	六
			1 廿四	2 廿五	3 廿六	4 廿七	5 清明	6 廿九	7 三十	8 三月大	9 初二	10 初三	11 初四
12 初五	13 初六	14 初七	15 初八	16 初九	17 初十	18 十一	19 十二	20 十三	21 谷雨	22 十五	23 十六	24 十七	25 十八
26 十九	27 二十	28 廿一	29 廿二	30 廿三									

2日　南昌铁路局第一次代表大会在南昌召开，党委书记李介夫在报告中要求以技术革命为中心，进一步改进劳动组织，逐步实现装卸、养路、施工机械化和半机械化，减轻笨重的体力劳动。会议选举产生了新的路局党委，书记为李介夫。

4日　《江西日报》以《因地制宜，合理密植》为题发表社论。社论指出，在各地推行密植，应由当地干部、群众民主讨论决定。

5日　全省青年第二次代表大会召开。300名代表听取了邵式平作《关于当前形势和任务》的报告。大会号召全省360万青年继续进行思想改造，进行艰苦的劳动，努力学习，永远听党的话，坚决走社会主义道路，做个名副其实的社会主义劳动者。大会于9日结束。

5日　省委、省人委召开中医中药工作会议，要求团结中西医力量，发掘祖国医学遗产，保障人民健康，创造我国新的医学学派。会议于11日结束。

5日　全省第六次劳改工作会议召开。会议对加强全省犯人的管教工作作出决定。会议于5月1日结束。

8日　曾经创造全国采煤纪录的萍乡煤矿安源矿风镐手刘本坤，在全组人员紧密协作和共同努力下，又创造了一班打杠子82根，采煤57228吨的全国最高纪录。

9日　《江西日报》报道，在全国一盘棋方针的指导下，全省各级党政领导大抓生铁生产和调运，采取水陆并举、短途运输相结合的办法，支援上海炼钢需要。

让小高炉迅速正常生产
保证钢铁任务胜利完成
如何保証已經建成的高爐正常生产

《江西日报》报道湖口县生铁厂土高炉开始出铁

10日　江西钨钼丝制品厂筹备组成立。

11 日　南昌铁路局公安处被评为全国政法先进单位，并派代表参加全省和全国政法先进集体和先进个人代表会议。

12 日　江西棉纺织印染厂用纺 42 支纱的原棉试纺 60 支纱获得成功，质量一等一级，符合国家标准。

12 日　省委召开常委会议，传达贯彻中共八届七中全会精神，检查贯彻郑州会议精神的情况及总结整顿人民公社的工作。会议着重讨论了中央政治局扩大会议提出的《关于人民公社的十八个问题》，并结合江西情况提出《关于整顿人民公社的几个问题的补充意见》。明确规定，生产队以下的小队为包产单位，公社内实行供给制与工薪制相结合的分配制度；举办公社食堂；各地对调用、占用、借用的劳动力、土地、农具等物资要坚决清退和作价偿还，无法退还的要向社员解释清楚。

12 日　全省政法先进单位、先进工作者代表会议召开。邵式平到会讲话。王卓超作《鼓足更大干劲，继续深入开展安全运动，保卫社会主义建设更快、更好、更全面的大跃进而奋斗》的报告。会议明确提出，要鼓足更大干劲，继续开展安全生产运动，及时打击反革命分子的现行破坏活动；加强对地、富、反、坏、右五类分子的改造工作；加强同治安灾害事故作斗争；加强同帝国主义蒋介石集团的间谍特务作斗争。会议于 18 日结束。

邵式平在代表会上作报告

全省政法先进单位、先进工作者代表会议大会会场

14 日　省委决定，撤销省兵役委员会，成立省委民兵工作领导小组，邓克明任组长，黄知真、林忠照、王卓超任副组长。

15 日　江西首次参加广州中国出口商品交易会。经省商业厅厅务会议讨论决定，由省外贸局、省进出口公司、省商业厅驻广州办事处组织人员参加广州中国出口商业品交易会。

15 日　《江西日报》报道了著名先进生产者瞿兰香和先进生产者闵芙蓉、艾毛女、胡三妹、朱冬香（全国青年建设社会主义积极分子）、熊荣秀、陈引弟、叶水香“兴中八姑娘”团结互助，共同跃进的事迹。

17 日　全国商业厅（局）长会议作出《关于开展“六好”红旗运动的决议》，“六好”的内容是：促进生产好、执行政策好、完成计划好、经营管理好、服务质量好、向红专进军好。

18 日　全国青年工人先进经验观摩团一行 34 人抵达南昌。观摩团由全国冶金、机械、电力、建筑、纺织等产业系统先进生产工人组成，他们将在南昌柴油机厂、红旗钢铁厂、江西棉纺织印染厂、南昌供电所、省建二公司等 12 个工厂、工地进行观摩、座谈和现场表演，交流先进思想和先进经验。

20 日　省人委批转省司法厅关于撤销公证组织、停办公证工作的报告。南昌市公证处，景德镇、赣州、上饶、九江、吉安、抚州 6 个市以及丰城、萍乡、宜春等 19 个县法院附设的公证部门全部撤销，并停办公证工作。

20 日　省委宣传部在景德镇市召开工农群众学理论现场会议。会议要求，在学习内容上应贯彻联系群众思想实际和系统理论教育相结合的原则。工矿企业在每周 6 小时到 10 小时学习时间中，政治学习应占 1/3 或 1/4 的比例，农村应以“闲时多学、忙时少学、大忙不学”的原则开展学习。会议于 23 日结束。

22 日　省储委审查批准由德兴地质队完成的德兴银山铅锌矿地质勘探报告。

23 日　南昌市选手邬毛头参加全国一级、

健将级举重锦标赛达到健将级标准。

23 日 江西省第二届人民体育运动大会在南昌召开。体育健儿们在各项竞赛中，有 82 人次打破 26 项全省纪录，166 人次破全国首届运动会纪录。闭幕式上，副省长彭梦庾讲了话。运动大会于 5 月 9 日闭幕。

25 日 省委、省人委发出《关于农村人民公社的机构设置和人员编制问题的通知》，对公社党委、管理委员会和所属工作部门及其人员编制作出了规定。

27 日 省政协召开座谈会，谴责帝国主义和印度扩张主义分子煽动西藏武装叛乱、干涉中国内政的行径。

27 日 省储委审查批准由省地质局大队提交的丰城县仙姑岭煤矿区地质勘探报告。

27 日 省轻工业厅纺织工业管理处在九江兴中纺织厂召开"四高四省"技术经验交流会。会议于 29 日结束。

29 日 景德镇市档案管理处成立。

30 日 省储委审查批准由省地质局铁矿地质大队提交的新余县良山铁矿地质勘探报告。

本月 省委、省人委作出《关于税务部门下放的机构收回、干部归队的决定》。

本月 省气象局组织科技人员编写《气象科学知识丛书》一套，由江西人民出版社出版。

本月 漂塘钨矿收回棕树坑矿区民窿，成立棕树坑分场，并开工建设 50 吨日选厂（1960 年 7 月建成投产。1966 年 3 月，125 吨日选厂开始建设，10 月 3 日建成投产）。

本月 南昌钢铁厂 2 号 255 立方米高炉动工兴建（11 月 18 日建成投产。1962 年 6 月 2 日缺料停产，直到 1969 年 4 月才恢复生产）。

本月 南昌钢铁厂红旗 2 号简易焦炉第一批 10 座开工建设（7 月投产。第二批红旗 2 号简易焦炉 6 座和红旗 3 号简易焦炉 8 座于 9 月动工兴建，均于 1960 年 12 月建成投产。该厂简易焦炉于 1962 年 6 月 30 日全部终止生产）。

本月 省委指示：小煤井发展应加强统一规划，防止影响重点工程和破坏国家资源，要在整顿的基础上认真做到巩固、提高。省委派出由省煤管局、省劳动局、省卫生厅和省总工会组成的小井改造联合工作组，赴进贤县钟陵煤矿总结"土法上马、先土后洋、逐步提高"的小煤井改造经验。

本月 江西省工业生产委员会成立，任命黄先为主任。

本月 二机部主办的太原地质专科学校下放江西，校址设抚州，校名为抚州地质专科学校。

本月 中国科学院江西分院湖泊实验站在星子县成立，下设水文气象研究室和水生物研究室（1961 年，湖泊实验站撤销，改为江西省鄱阳湖水文气象实验站，隶属省水利电力厅水文气象局）。

本月 中国科学院江西分院天气控制研究所运用加装喷洒设施的安工型飞机，对南昌地区暖云层进行撒播水滴和饱和盐水滴的人工降雨试验。

本月 南昌铁路局提拔 10 名老技术工人为工人工程师（1960 年 6 月又批准 190 名工人任技术干部）。

本月 南昌机车车辆配件厂建成（7 月正式投产，厂房面积 3673 平方米，是全省第一个铁路工业企业。当年生产铸铁、锻钢配件 531 吨）。

本月 赣州市动工重修八景台和郁孤台。

赣州郁孤台

本月 省基本建设委员会恢复（1960 年 11 月，与省建工局合并为省基建委员会。后几经变更至 1961 年 6 月 15 日，与省经济计划委员会合并，成立江西省计划委员会。1964 年 9 月改设江西省经济委员会）。

本月 戏剧家田汉来江西，并专程抵抚州、南丰拜谒汤显祖墓，凭吊“汤家玉茗堂”碑，瞻观曾巩读书岩及唐代石雕遗迹，并即兴赋诗。

本月 全省图书发行会议在南昌召开。

本月 民革江西省委妇女工作委员会成立，张履彬任主任。

本月 省检察院、法院、公安厅、司法厅联合召开全省公安、检察、法院、司法系统 1958 年度先进集体、先进个人表彰大会。其中，检察系统先进集体 8 个，先进个人 106 名。

本月 西华山钨矿外国专家设计的井下工程竣工。

1959 5月 May

公元1959年5月　农历己亥年【猪】													
日	一	二	三	四	五	六	日	一	二	三	四	五	六
					1 劳动节	2 廿五	3 廿六	4 青年节	5 廿八	6 立夏	7 三十	8 四月小	9 初二
10 初三	11 初四	12 初五	13 初六	14 初七	15 初八	16 初九	17 初十	18 十一	19 十二	20 十三	21 十四	22 小满	23 十六
24 十七	25 十八	26 十九	27 二十	28 廿一	29 廿二	30 廿三	31 廿四						

1日　南昌钢铁厂第一号高炉举行开炉典礼。

南昌钢铁厂一号高炉开工生产，邵式平在高炉前剪彩

1日　省市各界13万人在八一广场集会，庆祝“五一”国际劳动节和南昌市解放10周年。同时举行了反对帝国主义和印度扩张主义分子干涉我国内政的示威游行。登上主席台的有杨尚奎、邵式平、方志纯等省党政领导。

省、市党政领导在庆祝“五一”国际劳动节检阅台上

1日　全省糕点实行凭票限量供应。

4日　省人委发布关于征用农民土地命令：(一) 凡是过去已经征用了土地，但未列入本年度建设计划之内的厂、矿所征用的土地，应一律还给原来调出土地的人民公社耕种；(二) 凡过去已经征用了土地过多的厂、矿，应该按照本年度核定的基建计划的实际需要，由县、市人民委员会核定其用地计划，多余土地应一律退还；(三) 按照本年度基建计划，虽征用的土地不多，暂时用不着的土地也应先交回；(四) 任何单位征用农民土地，一律按照国家法令规定给被征用土地的单位以应得补偿。

4日　《江西日报》报道，南昌市各界青年代表7500多人在八一礼堂举行集会，庆祝“五四”运动40周年。大会号召广大青年响应党的号召，积极投入到增产节约运动中去，加强自我改造，向科学进军，做到学习、劳动、思想三大丰收。

4日　南昌市共青团第六次代表大会召开，580名代表出席了会议，会期4天，于7日结束。

6日　新建县西部落瓦地区发现大型石英石矿。初步调查矿体长706米、深3米，储藏量达6万吨。

6日　省委发出《关于当前职工业余教育工作的几点意见》。

7日　省委发出《关于高等学校及中等学校的领导关系和管理职权范围划分的规定》。

8日　南昌市交通运输指挥部成立。

9日　省人委人事局下发《关于简化调动干部手续的通知》。规定因工作需要与外省调动干部时，统报省人委人事局商洽调动；照顾夫妻关系的调动，县以上人事部门可直接与外省县级以上人民委员会或人事部门商洽，并办理行政介绍手续和转递材料；省内因工作需要调动干部，省人委各部门之间、各专署所属县与县可直接办理调动，跨专署统一联系办理。

9日　《江西日报》报道，农垦部派出的密山农垦局业余文工团来江西省进行访问演出，历时27天，在全省演出23场，即日离开江西前往上海。

10日　应邀前来我国访问的波兰统一工人党代表团，在波兰统一党中央政治局委员、书记处书记耶日·莫拉夫斯基率领下从广州乘专机到达南昌。代表团参观了八一起义总指挥部、贺龙指挥部、朱德军官教导团等旧址。

11日　省委、省人委发出《关于巩固、发展农业中学的通知》。

11日　省委决定宜春师专、医专合并为宜春大学，设立医学科（1960年春分出成立宜春医学专科学校，设医学专业，学制3年）。

11日　省人委批转省人委人事局《关于对使用不合理的技术人员进行调查的意见的报告》，开始对使用不合理的专业技术人员进行调查。

11日　全省第一届曲艺会演在景德镇市举行。表演于17日结束。

13日　省教育厅发出《关于进一步改善小学生劳动安排的意见》。

13日　根据省委常委扩大会议的决定，成立以杨尚奎为团长，白栋材、刘瑞森、郭光洲为副团长的省委工交财贸检查团，即日启程分赴各地帮助与督促各地、各条线路和基层企业单位广泛深入地开展高产、高质、高工效的增产节约运动。要求缩短战线，确保重点，该砍的马上砍，该缩的坚决缩，该让的坚决让。

13日　由福建省博物馆、江西省文化局、省博物馆联合主办的福建前线对敌斗争展览会在南昌工人文化宫展出。展览会以反映福建前线对敌斗争的真实情况为主要内容。展期14天。

15日　省委召开电话会议。刘俊秀就整顿人民公社讲话，要求继续贯彻执行公社、大队、生产队的大、中、小三级集体所有制和社员个人生活资料的所有制；产品分配中的多余产品可以留给本单位自用和储备，也可以卖给国家，还可以等价交换，与队之间互相调剂；公共食堂要坚持，又要自愿，允许社员在家做饭吃。

16日　省委、省人委批转省级机关刊物审查清理小组关于精减刊物的通知，同意省财政厅继续出版内部刊物《江西财政》，其为4开铅印，半月刊。

17日　《江西日报》报道，星子县蓼花公社联丰大队“七姐妹”在大队党支部的具体领导下刻意钻研，开展早稻田间管理技术革新，以新的成绩向“红五月”献礼。

18日　《江西日报》报道，南昌钢铁厂全厂职工为了深入开展以高产、高质、高工效为中心的增产节约运动，实现1959年钢铁生产新的大跃进计划，向新钢、萍钢、吉安、东乡、赣中、丰城、九江7个钢铁企业提出开展高产、高质、高效竞赛的挑战。

19日　省人委批准，在江西中医专科学校的基础上成立江西中医学院，学制六年，同年招收本科学生79人。

21日　省军区司令部与省公安厅发出《彻底肃清境内残匪的指示》（至1960年底，全省境内残匪全部肃清）。

22日　于本月11日召开的全国公安、检察、司法系统的“双先”会议闭幕。全省公安、检察系统的有关单位和个人出席了这次大会，有3个单位和10个个人被评为先进集体和先进个人。

23日 省政协召开座谈会，纪念台湾同胞“五二四”反美爱国斗争两周年。

23日 省计划委员会批复同意抚州棉纺织厂设计任务书，投资270万元，1959年先安装2万纱锭投产，为南昌、九江两个纺织基地之外新建的又一座纺织厂。

24日 抚州市第一条排水主干道建成。该排水道东起十字街，西至兵马巷，贯穿市中心，全长1050米。

25日 省人委转发国务院批准财政部《关于目前企业财务工作中存在的几个问题的报告》，要求各地纠正不按照国家财务计划办事，随意挪用流动资金搞基本建设和购置固定资产等问题。

25日 省委、省人委召开全省交通运输工作负责人会议。会议要求充分挖掘现有运输潜力，加速车、船周转，积极增加运输工具，建立和健全各级运输指挥机构，加强运输工作的统一调度和指挥。邵式平、方志纯到会作指示。

25日 省妇联在九江召开农村妇女技术革新现场会。会后，参观了星子县蓼花公社“七姐妹”高工效插秧、耘禾表演。

27日 省古典戏曲实验剧团赴北京汇报演出。剧目有赣剧《还魂记》、《珍珠记》、《尉迟恭》、徽剧《汾河湾》、青阳腔《三请贤》等。汇报演出于6月24日结束。

28日 全国工具改革办公室近日在南昌召开水田拖拉机试验会议。会议认为，江拖改装的35马力拖拉机和丰收牌27马力拖拉机比较适宜于长江流域水田使用。要求各地因地制宜地学习江西省对拖拉机综合利用的经验。湖北、湖南、广东、广西、四川、云南、贵州、浙江、江西、安徽、福建、江苏等省代表参加会议。

29日 省委召开电话会议，方志纯传达省委对当前农业生产和除害灭病问题的指示。要求再鼓干劲，狠抓生产，提高早稻单位面积产量，消灭三类禾，做到一类禾乘风破浪，二类禾寸步不让，三类禾迎头赶上；做好“防洪、防病虫害、防倒伏、防旱”及适时追肥，合理施肥工作。

29日 省轻工业厅举行第二十一次厅务会议，讨论纺机制造厂合并和1959年纺机制造任务，决定江西纺机制造厂迁到九江与九江机器厂合并（6月15日正式定名为江西九江纺织机械厂，为省轻工业厅直属企业）。

30日 应团中央邀请来我国访问的阿根廷、智利、乌拉圭、委内瑞拉、古巴5国共产主义青年联盟的代表，由团中央书记处书记刘西元陪同到达南昌进行访问。邵式平等省领导接见代表，并进行了亲切交谈。

本月 赣南炼铝厂与赣南钢铁厂合并，改称赣州铝厂，并增设炼钢、轧钢、铁合金车间（6月建成3座400千伏安电炉，冶炼硅铁；11月8日建成5千安培电解铝车间，11月21日产出全省第一块电解铝锭，形成年产电解铝能力1000吨；12月建成1.2吨转炉2座，0.5吨转炉4座）。

本月 省人委决定将南昌五金、交电、化工、文化用品、百货、纺织品6个批发站收回为省商业厅直属企业。将赣南百货等13个设在专区的批发站，收回为省二级批发站，以省商业厅领导为主，同时受当地行、专署的行政领导。

本月 长江化工厂组建玻璃钢试制小组（9月成功地采用手工作坊式成型工艺生产出全省第一块合格的玻璃钢）。

本月 根据国家统计局、商业部、对外贸易部、卫生部、水产部等统一部署，省计委组织进行商业部门商品库存普查。

本月 省委、省人委作出《关于建立和健全各级运输指挥的决定》。

本月 江西电机厂试制成功2500千瓦2极汽轮发电机，安装在宁夏白云发电厂使用，后又试制成功5600千伏安电力变压器。

本月 全国人大代表、井冈山垦殖场场长马延士在全国第二届人民代表大会第一次会议上作《坚决把井冈山建设得更好更美》的发言。

本月 林业部分配江西省年产4600吨松香的生产设备。省农林垦殖厅研究决定大茅山、武功山、西山、云山、井冈山、八一、双江（敖城）等垦殖场兴建松香厂，设备13套，年生产能力3900吨。

本月 国务院副总理李富春到弋阳圭峰疗养、视察。

1959 6月 June

公元1959年6月							农历己亥年【猪】						
日	一	二	三	四	五	六	日	一	二	三	四	五	六
	1 儿童节	2 廿六	3 廿七	4 廿八	5 廿九	6 芒种	7 初二	8 初三	9 初四	10 端午节	11 初六	12 初七	13 初八
14 初九	15 初十	16 十一	17 十二	18 十三	19 十四	20 十五	21 十六	22 夏至	23 十八	24 十九	25 二十	26 廿一	27 廿二
28 廿三	29 廿四	30 廿五											

1日　江西省兵役局撤销，成立江西省军区司令部动员处。

1日　《江西日报》报道，建国以来，全省初等教育得到了巨大的发展。全省幼儿园已发展到15424所，为1949年的8.11倍；入园幼儿444554人，为1949年的7.42倍；小学校数达36650所，为1949年的3.78倍；在校学生2321959人，为1949年的5.12倍。

创建于1956年的省人委直属机关保育院，为江西省一级一类幼儿园。图为幼儿们在做广播操

1日　南昌市举行省、市庆祝“六一”国际儿童节大会。2万名少年先锋队队员在八一体育馆集会，以优秀的学习成绩、健壮的身体和良好的共产主义品质向祖国汇报。邵式平到会向小朋友们祝贺节日。

1日　《江西日报》报道，10年来，全省少年先锋队组织有了很大发展。全省少先队员达到了130余万，其中城市有队员13万名，农村有队员117万名，共有辅导员3.6万余名。

1日　为了贯彻执行毛泽东关于读书的指示，提高广大干部马克思列宁主义理论水平，掌握社会主义经济规律，以加速全省社会主义建设事业的发展，省直机关万名干部开展政治经济学的学习。

1日　全省选派21名代表出席全国档案资料先进经验交流会，全国档案资料经验交流展览会江西展馆同时在北京展出。交流会于10日结束。

2日　省委召开全省农业工作会议，对1958年粮食产量进行核定，从原来上报的300亿斤核减为180亿斤。对1959年粮食生产计划调整为225亿斤至240亿斤。同时提出多种多收和部分高额丰产田的少种多收相结合的发展农业生产方针。

5日　省人委第五次会议通过《关于调整所属组织机构的决定》，决定撤销省司法厅，有关司法行政工作交省高级人民法院负责管理；撤销省监察厅，其业务划归省人委人事局。

8日　省人委发出通知：为了扩大运输队伍，使新到车辆迅速投入运输，要求各地动员汽车驾驶员归队。各级政府一定要保证抽调，以达到人尽其才和运输队伍的扩大。

10日　省人委颁发《江西省农村人民公社工商税收征收办法（草案）》。其中规定公社大队应纳的房地产税、车船使用牌照税、牲畜交易税和文化娱乐税暂不征收。

10日　杨尚奎先后到丰城、萍乡两矿务局视察工作，同行的有省委工交财贸检查团的工作人员。

10日　杨尚奎向新余钢铁公司等工矿企业负责干部作报告，阐述做好巩固和提高工人队伍工作的重要意义，强调要从思想、生产和生活等方面关心新工人，号召新钢职工要战胜困难，尽快地把新钢建设成为重要的钢铁工业基地。

11日　农垦部在国营红星垦殖场召开闽赣两省现场会，推广红星垦殖场养猪经验。农垦部畜牧生产局副局长李韬作总结。现场会于15日结束。

11日　省委召开电话会议，要求各地迅速确定增产计划、包产计划和争取指标。应按正常年景可能达到的实际产量作为计划产量，包产指标可降低20%左右，相当或稍高于1958年的实际产量；社员工资与供给部分的比例应以纯收入的60%～70%作为工资，30%～40%作为供给，收入多的工资可占70%～75%，供给占25%～30%。

民和大队的社员们兴高采烈地在会计处领取分款

13日　省人委发出《关于改进基本建设财务管理制度的几项补充规定》，要求各地积极贯彻基建投资包干办法，加强经济核算，执行“专款专用”的原则。

13日　省哲学社会科学学会联合会举行成立一周年纪念会。邵式平作报告指出，社联是个学术组织，其主要任务是学习、研究与掌握社会发展的客观规律，为无产阶级政治服务，为社会主义建设服务。号召社联的成员都要下点苦功夫学习研究，多开些研讨会，造成一个学习高潮。

14日　第一届全国运动会排球分区预赛南昌赛区在省体育馆举行。参加预赛的有5省2自治区的145名男女优秀运动员。男队有广东、四川、江西队，女队有四川、云南、广东队获决赛权。分区赛于23日结束。

首届全国运动会排球分区预赛南昌赛区竞赛在省体育馆开幕，方志纯在会上讲话

15日　省民政厅发出《关于迅速控制和加强预防营养性水肿的通知》，要求全省各地严格掌握计划用粮，广泛种植各种蔬菜并加强疫情报告。

15日　省文化局与中国戏剧协会江西分会举办国庆10周年献礼剧目汇报演出。演出的有赣剧、京剧、宁河剧、评剧、采茶剧、越剧6个剧种，19个剧目定为向国庆10周年的献礼剧目，将在10月间分别在全省各个地区作献礼演出。汇报演出于7月3日结束。

15日 全国油茶生产现场会在宜春召开。参加会议的有中央农村工作部、林业部、粮食部和江苏、浙江、安徽、湖南、湖北、四川、贵州、湖南、陕西、广东、广西、福建、江西13个省的代表。会议于22日结束。

16日 省人委发出《关于召开第二届全省人民代表大会第二次会议几个具体问题的通知》。

17日 省煤管局与南昌铁路局在安源矿联合召开首次路矿协作现场会议。成立萍乡路矿运输联合办公室。

17日 共青团江西省第五届第三次全体委员（扩大）会议在南昌召开。会议讨论了当前国内形势、共青团的政治思想工作、团的工作作风以及团的基层组织，通过了《关于动员和组织全体青年投入增产节约运动的决议》。

18日 南昌市委决定建立南昌人民广播电台，并成立南昌市广播管理局。

21日 省军区党委指示全省驻军部队充分利用业余时间，在营房、场地边沿地角，大力开展种菜养猪等副业生产。

22日 省委宣传部、省教育厅发出《关于中小学学制改革几个问题的意见》。

23日 省委、省人委发布《切实做好夏收夏种工作指示》，要求各地必须抓紧季节，适时抢收，做到丰产丰收；积极扩大秋季作物种植面积；做好防旱、防汛、防涝的准备，掀起夏收夏种新高潮。

瑞金红旗公社锦水大队烈军属和荣誉复员军人在丰产试验田收割

23日 省人委举行第七次委员会议，讨论并通过省长邵式平准备向省第二届人民代表大会第二次会议所作的《江西省人民委员会工作报告》。会议通过《关于江西省一九五九年度国民经济计划草案的报告》、《关于江西省一九五八年财政决算和一九五九年财政预算草案的报告》。会议还讨论召开省第二届人民代表大会第二次会议的其他有关事项。

24日 省政协第二届委员会第一次全体会议在南昌举行。民革、民盟、农工党江西省委会和民建南昌市委会均为政协省委会组成单位，共有68人担任省政协第二届委员会委员（不含其他界别、单位担任委员的民主党派成员）。会议听取和审议一届委员会《常务委员会工作报告》，并通过《决议》。会议选举了第二届省政协领导成员，选举杨尚奎为主席，郭光洲、罗孟文、黄霖、莫循、黄真、潘震亚、于洪琛、刘之纲、谷霁光、傅肖先、潘式言、王德舆为副主席。武惕予（民革）、平戎（农工党）、汤允夫（民革）、陈言（民盟）、胡宗澹（农工党）任副秘书长。政协委员们围绕改革开放、经济建设和社会发展的重大问题积极建言献策，发挥参政议政作用。会议于7月1日闭幕。

25日 省二届人大二次会议和省政协二届一次会议同时在南昌举行。邵式平作《关于江西省人民委员会工作报告》。会议就《江西省人民委员会工作报告》、《关于一九五九年度国民经济计划的报告》、《关于一九五八年财政决算和一九五九年财政预算的报告》分别作出决议。这次人代会增选潘震亚、李世璋为副省长。

省二届人民代表大会第二次会议开幕式

27日 省二届人大二次会议举行全体会议。杨尚奎作形势报告，着重讲述“西藏问题”、“国际形势问题”和“我们对形势的态度”问题。罗孟文受省二届人大第二次会议代表资格审查委员会的委托作报告，大会通过《江西省第二届人民代表大会第二次会议代表资格审查委员会关于代表资格的审查报告》。

28日 邵式平接见出席省人大会议和政协会议的老革命根据地的人民代表和政协委员150

多人，勉励大家好好学习，努力学习文化和政治理论。

邵式平和老革命根据地的人民代表、政协委员亲切交谈

30日　省委在八一礼堂举行盛大晚会，庆祝中国共产党诞生38周年。邵式平、刘俊秀、白栋材、刘瑞森参加会议，邵式平讲话。

本月　南昌赣江大桥由于基岩抗压强度低，将原定直径1.55米钢筋混凝土管柱基础改为每墩用两根直径5.8米的管柱方案。管柱下沉采用强力振动配合高压射水和管内吸泥方法，使管柱刃脚嵌入岩内再灌注混凝土，方案节约投资290万元，5.8米管柱为全国铁路最大桥基管柱。

本月　《江西画报》创刊号出版，刊物以新闻照片为主要内容，八开，月刊，1961年停刊。

本月　省委、省人委决定，布置北京人民大会堂江西厅的工作由省文化局、省手工业管理局负责，在副省长彭梦庾领导下组成布置北京人民大会堂江西厅办公室。主任沈衷，副主任刘云，美术设计和创作人员有吴齐、施文起、沃祖全、胡献雅、燕鸣、曾龙升等。

本月　省人委发布命令，提出：（一）全面完成1959年的鱼苗、鱼种生产计划；（二）巩固、提高和发展国营渔业生产；（三）大力开展捕捞生产；（四）扩大利用水面资源；（五）加强水产工作的领导。

本月　江西省水产专科学校建立，校址在永修县吴城镇。并创办省渔具厂，厂址在南昌市塘山。

本月　省军区机关、部队抽调938人，由邓克明带队，支援赣抚平原总干渠岗前岭拦河坎的堵口任务，帮助整个工程按时竣工。

本月　经粮食部批准，江西省划出5000万公斤粮食正式建立国家储备库，其中南昌粮油储运站1500万公斤，樟树粮食加工厂1500万公斤，温圳粮库1500万公斤，鹰潭粮库500万公斤。

本月　井冈山革命博物馆落成。该博物馆由省城市建筑设计院戴礼扬等人设计。

本月　南昌柴油机厂试制生产的4105型、6105型柴油机被第一机械工业部列为国庆10周年送展品。

本月　国务院任命孙一鹏为江西省石油工业管理局局长。

本月　省建总公司撤销，省建一公司、五公司合并为省建一公司驻丰城；省建二公司、四公司合并为省建二公司驻南昌；省建六公司改为省建四公司驻乐平；省建三公司驻九江；机械施工站归并省建机械厂。加工厂、职工医院、保育院划归省建二公司领导。

本月　省委批转省文化局党组《关于普遍调查和大力保护革命遗址遗迹的报告》，在全省范围内开始进行革命遗址遗迹的调查活动。6月至9月，省文物管理委员会抽调人员分赴中央苏区、湘赣、闽浙赣、湘鄂赣、井冈山、萍乡等地进行革命文物调查，共调查革命旧址、遗址1523处。

1959
7月
July

公元1959年7月　　农历己亥年【猪】													
日	一	二	三	四	五	六	日	一	二	三	四	五	六
			1 建党节	2 廿七	3 廿八	4 廿九	5 三十	6 六月小	7 初二	8 小暑	9 初四	10 初五	11 初六
12 初七	13 初八	14 初九	15 初十	16 十一	17 十二	18 十三	19 十四	20 十五	21 十六	22 十七	23 大暑	24 十九	25 二十
26 廿一	27 廿二	28 廿三	29 廿四	30 廿五	31 廿六								

1日　赣抚平原综合工程抚河改道第一期工程完成。第一期施工占改道工程的90%以上。宽98米、高8米的堵口土坝已基本完成；长750米、宽820米、深3米的新河道已能通过6300至6500秒立方的流量；渠道总干道长65公里、宽50米，整个渠道网总长1500公里。刘俊秀为工程通水剪彩。

刘俊秀在赣抚平原综合开发工程总干道进水闸放水庆祝大会上讲话

1日　《江西日报》报道，全省各级党的组织积极慎重地吸收了大批具有共产主义思想觉悟的各个方面的优秀分子入党。从1958年7月1日到1959年6月份止，全省共发展了7.97万余名新党员，给党的各级组织增添了新鲜血液。

1日　《江西日报》报道，“七一”前夕南昌钢铁厂一号高炉生铁日产量由212吨一跃而为251吨，出铁次数由4小时一炉提高到2小时一炉，钢铁英雄们实现了向党的生日献礼的诺言。

2日　公安部副部长杨奇清来江西视察工作，先后到吉安、赣州、抚州3个专区9个县市，在省公安厅听取汇报并讲话。

2日　中央在庐山举行政治局扩大会议期间，省赣剧团、省歌舞团、省采茶剧团、九江市越剧团、庐山京剧团、南昌市京剧团、赣南采茶剧团、吉安采茶剧团、景德镇市京剧团等分别为会议演出。毛泽东、刘少奇、周恩来、朱德、邓小平、陈云、彭真、杨尚昆等党和国家领导人及省委领导观看了演出。

2日　中央在庐山召开政治局扩大会议。会议于8月1日结束。为保证大会的顺利召开，省委成立接待委员会，下设保卫组，本着内紧外松、全面部署、加强重点的原则，具体抓了会议的安全保卫工作。在1200名公安干警的共同努力下，顺利地完成了这次会议的保卫任务。

毛泽东在庐山会议时住过的180号别墅

毛泽东和江西省部分领导及身边工作人员合影

刘少奇在庐山会议时住过的124号别墅

刘少奇同身边工作人员、警卫人员的合影

朱德在庐山会议时住过的359号别墅

刘少奇、朱德、周恩来等中央领导在庐山

周恩来在庐山会议时住过的442号别墅

彭德怀在庐山会议时住过的 176 号别墅

邓小平在庐山会议时住过的 286 号别墅

陈云在庐山会议时住过的 291 号别墅

3 日　省中苏友好协会第二次代表大会在南昌召开。大会选举杨尚奎为省中苏友好协会第二届会长，邵式平、白栋材、欧阳武、邓克明、郭光洲、刘之纲、潘震亚为副会长。

6 日　南昌市政协第三届委员会一次会议在市人委礼堂召开，299 名委员参加。

6 日　民革江西省第三次代表大会、民盟江西省第四次代表大会、农工党江西省第二次代表大会在南昌分别举行。民建南昌市委、省工商联执行委员会委员联席（扩大）会议在南昌举行。会议均强调要将服务与改造相结合，加强组织和成员的根本改造。各民主党派全省代表大会选出各自新一届省委会。刘之纲、谷霁光、傅肖先分别当选为民革、民盟、农工党新一届省委会主委。

6 日　省工商联、南昌市民建举行第二次常委联席（扩大）会议，来自省、市“两会”常委和 21 个市、县“两会”负责人共 56 人到会。会议一致通过《关于继续深入动员和帮助“两会”成员在增产节约运动中作出成绩，积极为社会主义建设服务的决议》，并成立“两会”协作委员会。

7 日　全国人大常务委员会委员长朱德视察南昌，参观国营综合垦殖场和共产主义劳动大学成就展览会并题词。

10 日　省外贸部门用地方外汇为江西拖拉机厂进口关键设备——螺旋伞齿轮机 13 台（折合人民币 165 万元）。

10 日　全国储委审查批准由省地质局赣南地质大队提交的于都县盘古山大型钨矿地质勘探报告。

11 日　省委秘书长黄知真向民革、民盟、农工党全省代表大会代表和民建南昌市委会委员等作关于团结教育改造工作等问题的报告。报告提出，政治理论、时事政策学习应采取正面教育、开展批评和自我批评的方法，不戴帽子，不搞大会辩论和大会批判。

13 日　省委召开电话会议部署第三季度煤炭生产任务。白栋材讲话，要求完成下半年生产任务，千方百计增产焦煤和节约煤炭。为完成任务，必须大抓增产节约运动，大抓技术革新和技术革命，大抓设备供应和设备维修，大抓安全生产，大抓工人生活。

13 日　省人委向国务院作关于江西省第二届人民代表大会第二次会议情况的报告。

13 日　省委召开工业书记会议，研究恢复发展手工业产品、整顿与提高地方工业和地方交通运输问题。会议要求全省手工业生产恢复到 1958 年 8 月份以前状态；县、市所属地方工业要全面系统地整顿；地方交通运输的发展要就地取材、土洋结合。会议于20日结束。

14日 省委、省人委同意省编委《关于调查省级机关的机构和编制问题的报告》、《省级党政群机构编制和各部门直属事业企业机构编制的方案》。

15日 省人委举行广播报告会，副省长李杰庸作《积极响应增产节约的号召，踊跃参加储蓄，支援国家社会主义建设》的报告，要求各级工会、妇联、共青团、工商联等社会团体，用各种方式向全体干部、职工、部队官兵、居民群众进行广泛宣传，节约储蓄，支援社会主义建设。

16日 中央政治局扩大会议期间，毛泽东在庐山图书馆借阅《昭明文选》、《元诗选》、《庐山志》等书，并将《昭明文选》中的《七发》印发给大会代表。

18日 省财政厅召开全省财政税务会议，响应省委"集资2亿，兴办工业，支援农业"的号召，提出从预算内预算外、动员集体经济和公开储蓄多方面挖掘资金潜力的措施。

18日 《江西日报》报道，全省范围内已初步建成一个科学研究网，省级各厅（局）建立了17个综合研究组，县级科学工作委员会68个，科学技术协会49个，专（市）县科学院48个，各种研究所215个。

18日 景德镇市建筑工程局傅凯三主持隔膜式灰浆泵涂抹灰"机械粉刷"试验获得成功，这是与常州同时出现的国内最早的粉刷机械。

19日 省委召开全省煤矿电话会议，白栋材在会上作《鼓足干劲，掀起煤炭生产新高潮》的讲话。

19日 新建县幸福水库开闸通水。该水库能灌溉农田10万亩。

21日 《江西日报》报道，全省著名采煤能手——刘本坤和景德镇市总工会主席张云程应苏联工会中央理事会邀请，随同中国劳动模范赴苏联疗养代表团一道去苏联疗养。

21日 中国建筑科学院和省建筑工程局在宜丰县召开"竹结构设计与施工现场经验交流会"。广东、广西、江苏、浙江、福建等省37个建筑部门，95名代表参加。会议于25日结束。

22日 杨尚奎发表文章《关怀和教育新工人，巩固和提高工人队伍》，指出1958年以前增加的大批工人，多数都是农民、手工业者出身。企业领导和基层干部要热情地对待新工人，从技术上把新工人武装起来。

23日 《江西日报》报道，全省当时最大的楼房工程——江西宾馆大楼已进入施工高潮，全部基础混凝土浇灌已经完工。

江西宾馆外貌

23日 省中苏友好协会召开二届一次理事会，听取中苏友好协会代表团团员、省中苏友协副秘书长闫秀恩的访苏汇报。

26日 江西国营垦殖场业余文工团赴东北密山等地演出。

26日 越共中央总书记、越南民主共和国主席胡志明访问江西。毛泽东、刘少奇、周恩来、朱德等党和国家领导人在庐山会见并宴请客人，双方进行了亲切会谈。胡志明于8月2日离开江西。

28日 省委批转省人委人事局党组《关于奖惩工作几个问题的规定》。

30日 《江西日报》报道，省人委召开储蓄广播报告会以后，全省人民热烈响应号召，踊跃参加储蓄，支援国家建设。至7月20日止，全省城乡储蓄余额达6408万元，比7月上旬增长500万元。

31日 省市各界2000多人在南昌剧场举行联欢晚会，庆祝中国人民解放军建军32周年。

31日 景德镇建国瓷厂琢器车间雕刻组工人孙福生首创天青釉堆花木瓜盅一次注浆成型法，提高工效15倍。

31日 省计划委员会分配给农垦厅6套日产2吨造纸设备。农垦厅分配云山、黄岗山、大茅山、鄣公山、德胜关、武功山6场各新建1座造纸厂。

本月 萍乡钢铁厂1号高炉试用生石灰取代石灰石获得成功。这项新工艺在当时属国内首创，可使生铁产量提高15%～20%，焦比降低10%～15%。8月在全厂各高炉推广。

本月 江西省农业学校与江西省农业干部学校合并，仍为“江西省农业学校”。

本月 国务院批准成立江西省井冈山管理局，作为省人委的派出机构。管辖区包括宁冈县（除韩江乡外）、永新县的拿山乡、遂川县的井冈山乡。同时，撤销井冈山垦殖场党委，成立中共井冈山委员会，下设书记处，由省委、吉安地委双重领导，其领导成员由省委、地委任命。机关驻茨平镇（1960年5月，井冈山管理局首届党员代表大会召开，选举产生出中共井冈山第一届委员会，下设书记处。1961年11月，省委决定将井冈山管理局与宁冈县划开）。

本月 省妇幼保健院引进先进远距离钴放射治疗机。

本月 全省第一家采用普通立窑生产矿渣硅酸盐水泥和耐酸水泥的企业——景德镇市水泥厂正式投产，当年生产水泥2256吨。

本月 省机械局先后颁发《干部管理若干具体事项的暂行规定》、《设备维护检修管理暂行办法》、《江西省机械工业安全技术劳动保护工作管理暂行办法》等六项制度。

本月 南昌市政府批准成立南昌市污水综合利用办公室。

1959 8月 August

公元1959年8月							农历己亥年【猪】						
日	一	二	三	四	五	六	日	一	二	三	四	五	六
						1 建军节	2 廿八	3 廿九	4 七月大	5 初二	6 初三	7 初四	8 立秋
9 初六	10 初七	11 初八	12 初九	13 初十	14 十一	15 十二	16 十三	17 十四	18 十五	19 十六	20 十七	21 十八	22 十九
23 二十	24 处暑	25 廿二	26 廿三	27 廿四	28 廿五	29 廿六	30 廿七	31 廿八					

1日　为庆祝共产主义劳动大学建校一周年，朱德为其题词：“坚持教育与劳动相结合，半工半读，又红又专的方针，发扬勤俭建国、勤俭办校、勤俭办垦殖场的精神，开发山区，为建设伟大的社会主义祖国而奋斗。”

1日　省人委所属各部门（包括铁路局）抽调3000多名干部，在副省长李杰庸、潘震亚、李世璋的率领下，分别到南昌县小兰、向塘、八一、潭巷、吴石和南昌市郊区的桃花、青云谱、顺外、昌北等人民公社参加夏收夏种。

2日　省委、省人委从省直各机关、团体和学校，共抽调143名干部组成6个工作组，分赴赣南、上饶、宜春、九江、吉安和抚州6个地区，检查和推动农业生产工作。具体检查关于夏收、夏种、夏收分配、粮食工作等问题。

3日　江西省水利电力学院建立，内设水文气象班（专科、中专），为全省面向社会招生正式培训气象干部的第一所学校。

5日　省委、省人委发出《关于共产主义劳动大学招生工作的指示》，强调：“为了帮助人民公社，在可能条件下，保送一名至二名具有培训前途的公社、大队干部入学，对于保送的学生，在毕业后保证回原地工作。”

5日　省农林垦殖厅在新建县石岗公社开始采用飞机喷洒1%～3%“六六六”粉，防治马尾松毛虫。至17日喷药面积11250亩，马尾松毛虫平均死亡率为90.45%。

9日　《江西日报》以《小煤矿安全生产的好榜样》为题，报道上饶地区下冲圩煤矿连续10年无事故，年年超额完成任务的经验。

12日　周恩来在听取邵式平关于创办共产主义劳动大学情况的汇报后，题写了“共产主义劳动大学”的校名。

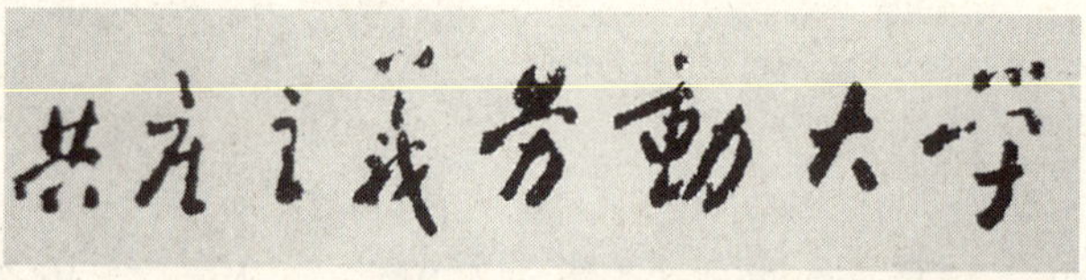

周恩来总理为共大题写的校牌

12日　省委、省人委发出《迅速掀起夏粮突击入库高潮，合理安排消费切实做到计划用粮》的指示，要求把粮食收获好、保管好、使用好，做到细水长流，计划用粮，精打细算，留有余地。对1959年预送预售粮食要全部入国家所指定的粮库，不能沿用“就社入库”的办法。

12日 《江西日报》报道，东乡县长林公社沸岭水库管理员、共产党员江荣泉，5年来不仅出色地做好了管理水库的工作，而且把一片石头山变成了花果山。《江西日报》发表《向江荣泉学习》的评论，号召工人、农民、各条战线上的工作者都来学习江荣泉扎实的工作作风。

13日 省政协举办报告会，中苏友好协会江西分会副秘书长阎秀恩应邀作访问苏联的报告。

13日 省委发出《关于高等学校的领导关系的决定》。

13日 省人委发出《关于在农村进一步开展扫除文盲和巩固发展业余教育的通知》。

14日 省委召开电话会议，白栋材主持并传达贯彻中央8月7日《关于反对右倾的指示》。号召全省工业、交通战线的广大干部职工，书记挂帅，彻底批判右倾思想，大搞群众运动，猛战八九两月，创造光辉跃进的成就，向国庆10周年献礼。

15日 省委委员、上饶地委第一书记、中共八届全国代表、省人大代表黄永辉追悼大会在南昌市革命烈士纪念堂举行。省市各界公祭黄永辉。黄永辉是江西临川县人，终年54岁，出生于工人阶级家庭，原是一名陶瓷工人。

16日 中共八届八中全会于2日至16日在庐山召开。

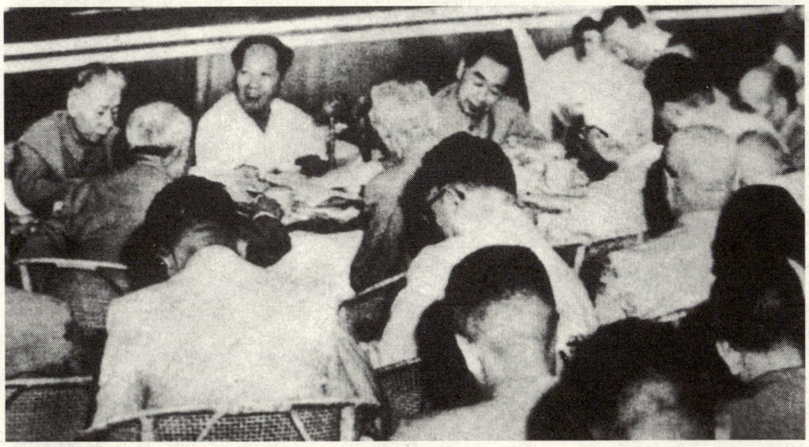

中共八届八中全会在庐山举行

17日 财政部发出《关于国家企业会计核算工作若干规定的通知》，省人委转发这一文件时对健全会计管理、加强财务监督、充实财务机构的问题作出了具体规定。

18日 凌晨1时15分，安义县龙津镇胜利街发生火灾，毁房150栋，烧伤63人，受灾162户658人。

19日 省政协组织全省各民主党派、省工商联、省参事室和省文史馆成员赴南昌钢铁厂参观。

19日 国家主席刘少奇考察庐山白鹿洞书院、海会寺等处。

20日 省人委下达1959年省级各部门、各地区紧缩支出的指示，以缓和市场物资供应紧张的状况。

20日 全省最大的火力发电厂之一，萍乡电厂一号机组正式发电投入生产，为全省电力工业新添了一支劲旅。

20日 农垦厅将14套小型水力发电站设备分配给大茅山、郸公山、黄岗山、武功山、九连山、西山、云山、翠雷山、五府山、武夷山、东固山、大潭、桂竹帽13个山区垦殖场建设电站，另拨2台发电机给青龙山八一场建站。

21日 省人委就赣南行署财政处检查赣南化工厂基建财务管理混乱，浪费国家资金的问题发出通报。

22日 省委在庐山举行常委会议（8月22日~23日）及五届八次全体扩大会议（8月24日~9月20日）。传达贯彻中央政治局扩大会议和中共八届八中全会精神，开展“反右倾”斗争。会议对1959年计划指标进行了调整：粮食产量210亿斤，棉花72万担，生铁20万吨，煤825万吨；通过了《关于进一步开展增产节约运动的决议》。会议对省委工业部部长王真等8人进行了错误批判，并作出了《关于以王真同志为首的反党小集团的决议》，将8位工业系统干部定为“右倾机会主义反党集团”（同年12月11日，中央批复同意江西省委关于撤销王真等8人党内职务的处理意见。1962年6月19日，中央监察委员会批复江西省委提出的平反报告。10月，省委五届十二次全会决定撤销五届八次全会作出的决定，撤销对王真等8人的处分，恢复名誉，恢复原来职务）。

25日 省委发出《关于整顿国营综合垦殖场若干问题的决定》，对处理人民公社化运动中有关垦殖场内部两种所有制及经济政策和管理体制以及领导关系等问题作了具体规定。

26日 省委、省人委作出《关于编辑江西省解放十年的伟大成就的决定》。

26日 省委组织部、省卫生厅下达《关于转诊转院几项规定》的联合通知。

27日 南昌市农林水利局首次转发省农林垦殖厅《关于对木材及木竹制品运输管理问题的函》。

28日 《江西日报》报道，从8月26日晚起，全省各专（市）县工、农、交、商各条战线成千上万的人收听中共八届八中全会公报和关于开展增产节约运动的决议。并座谈讨论，举行集会，或修订指标，增加措施，响应党的号召，迅速掀起增产节约运动的新高潮。

29日 江西省原子医学研究所成立（1961年更名为江西省工业卫生研究所，为现江西省劳动卫生职业病防治研究所前身）。

31日 省人委发出《关于加强中药材收购工作，做好医药供应工作的通知》。

本月 庐山天气控制研究所、省气象局与北京大学等单位在南昌首次进行飞行人工降雨试验。

本月 毛泽东在庐山阅读江西省委报送的关于省委中级党校党委向省委汇报的党校第二期学员在学习中，如何解决以社会主义建设总路线为中心的几个分歧认识问题的报告后，作了“读书与辩论并行”的批示。

本月 地图出版社出版《江西省地图》，比例为1:10000。

本月 江西水利电力学院中专部学生为万安及赣抚平原工程测绘，共进行地形测量668.3公里，渠道752.168公里，导线测量1217.7公里，描绘图幅1106张。

本月 1958年至1959年中国人民解放军对江西省中部、南部地区进行了大面积的航空摄影，比例尺为1:50000。

本月 江西省地图编辑委员会成立，王卓超兼主任委员。下设办公室，负责编制省挂图及普通地图集、综合地图集和各县、市挂图。各专、县市成立地图编辑委员会。

本月 朱德为共大井冈山分校校刊题写“井冈熔炉”四字。

本月 省人委决定江西省化学工业管理局与江西省石油工业管理局合并成立江西省化学工业局，邸高峰为局长、黄茂、金流、马青、刘培其为副局长。

本月 长江化工厂自建的八卦炉生产出全省第一批玻璃球。

本月 在清江县医药公司加工部的基础上成立樟树制药厂，全厂职工70名，生产10多个品种。

1959 9月 September

公元1959年9月 农历己亥年【猪】													
日	一	二	三	四	五	六	日	一	二	三	四	五	六
		1 廿九	2 三十	3 八月小	4 初二	5 初三	6 初四	7 初五	8 白露	9 初七	10 初八	11 初九	12 初十
13 十一	14 十二	15 十三	16 十四	17 中秋节	18 十六	19 十七	20 十八	21 十九	22 二十	23 廿一	24 秋分	25 廿三	26 廿四
27 廿五	28 廿六	29 廿七	30 廿八										

1日　萍乡矿务局在“反右倾”斗争中，一批党员、负责干部受到批判和处分。

5日　江西中医进修学校改为江西中医学院，并举行首届学生开学典礼。

6日　省歌舞团在北京剧场进行献礼演出，节目有《丰收乐》、《鲤鱼跳龙门》、《请茶歌》、《江西评话》、《家乡组曲》、《红军最刚强》、《大桥姑娘喜事多》及山歌联唱等。

6日　省委召开电话会议，安排当前和今冬明春生产。刘俊秀主持会议。会议指出对当前工作既要抓重点又要照顾全面。1959年冬季应当继续在整顿人民公社的基础上，开展大搞水利、积肥、造肥、改良土壤为中心的冬季农业生产运动，并结合作好1960年春耕生产的各项准备工作。

7日　省政协举办报告会，彭梦庾应邀作有关增产节约的报告。

7日　省市直属机关1.6万多名干部举行大会。彭梦庾作动员报告，要求全体干部贯彻执行中共八届八中全会决议，以反右倾，鼓干劲为纲，迅速掀起增产节约运动的高潮，力争提早和超额完成1959年计划，力争在1959年内提前完成第二个五年计划的主要指标。

8日　《江西日报》发表题为《是好得很，不是“糟得很”》的社论，认为1958年的人民公社运动是好得很，而不是糟得很。

9日　省人委发出《控制计划外基本建设的通知》，规定从9月1日起凡没有列入计划的基本建设项目，建设银行一律停止拨款。

9日　省委抽调省直各单位49名县处科级干部，组成8个小组，于9日和10日两日分赴赣南行署、宜春、上饶、吉安、九江、抚州等专区和南昌、景德镇市检查增产节约运动开展情况，推动各地运动继续深入开展。

9日　湖南、湖北、江西3省组成30人的卫生检查团，分成3个组，对江西省秋季除害灭病工作进行大检查。

9日　省轻工业厅在吉安市召开手工业工作暨恢复发展生产现场会，提出恢复和发展全省手工业生产意见。会议于13日结束。

10日　省农业机械学校于日前撤销，并入省农业干部学校，设农机专业，主要培训在职农机干部。

13日　省政协第二届常务委员会第二次会

议在南昌举行。会议拥护中国政府《关于中印边界问题的声明》。

13日 在北京举行的第一届全运会上，江西省体育干部训练班参加的项目有田径、体操、举重等8项决赛，180人参加。全运会于10月3日结束。

14日 江西人民广播电台举办《胜利的十年》专题节目，庆祝建国10周年。每周播出6次，重播6次，每次20分钟，10月30日结束，共播出41期。

15日 省话剧团上旬在北京怀仁堂等处演出向建国十周年献礼剧目《八一风暴》。演出结束时，朱德、谢觉哉、林伯渠、沈雁冰、张治中、邵力子等中央领导上台祝贺演出成功，并与全体演职人员、该剧作者合影留念。

16日 周恩来在中南海紫光阁宴请省话剧团、省歌舞团全体晋京献礼演出的演职人员。

16日 省委根据中央、国务院《关于确定表现改造好了的右派分子的处理问题的决定》，决定开始摘掉一批确已认识和改正错误的右派分子的帽子。

18日 省委、省人委作出《关于贯彻执行中央特赦罪犯的指示》，决定成立江西省特赦办公室。

19日 全省最大的一台汽轮发电机——1.2万千瓦机组于15日在南昌市七里街火力发电厂安装完毕，开始试车发动。

21日 省人民检察院、省高级人民法院、省公安厅联合召开分、市检察院检察长、中级法院院长、公安处处长、劳改科长和省属劳改厂（场）矿政委、厂（场）矿长以及部分管教科长会议，研究布置特赦罪犯的工作，决定分批进行。第一批279名于国庆节前特赦。

22日 南昌火车站天桥开始验收交付使用，以提前12天完成任务的成绩向国庆节献礼。

新建成的南昌火车站的“天桥”

23日 全省国营综合垦殖场、农牧场畜牧生产会议近日召开，汪东兴主持会议，并作《大力发展畜牧生产，加速建成商品生产基地》的报告。会议确定1960年各场发展生猪100万头，比1958年增长1.5倍；家禽500万只，增长2.5倍；安哥拉兔、新疆细毛羊也要积极发展。

24日 《江西日报》报道，全运会开幕以来，江西省的体育健儿们取得优异成绩。田径女子跳远决赛肖洁萍以5.52米获第三；女子600米个人定点跳伞侯义德打破全国纪录；射击刘克珍命中586环，获个人全国冠军，平1958年世界射击冠军赛成绩。

24日 省委召开全省工业生产基本建设、交通运输单位及有关部门的电话会议。要求继续反右倾，鼓干劲，大战四季度，做到10月超9月，一月高一月。在10月份完成生铁3.59万吨、原煤100万吨等各项工业生产、基本建设和交通运输指标，在10月末完成全年国家计划的85%至90%。

24日 九江兴中纺织厂女工闵芙蓉出席全国纺织系统运转操作经验交流会。

25日 江西省第一座100立方米现代化高炉在萍乡钢铁厂建成，28日开始烘炉投入生产。

26日 省人委人事局撰写的《人事工作十年》一文日前完成，该文全面总结了建国10年来的全省人事工作情况。

27日 全省第二座现代化高炉——南昌钢铁厂二号255立方米高炉的立体工程13个主要部分全部安装竣工。

27日 省储委审查批准由涌山桥地质队完成的万年县大河山大型石灰岩矿区地质勘探报告。

27日 江西省自行设计和修建的第一条铁

白栋材为丰城车站通车剪彩

列车第一次到达丰城铁路支线的董家站

路——丰城铁路支线建成通车。白栋材代表省委、省人委前往祝贺并剪彩。

28日 江西教育出版社成立，由省教育厅直接领导。

28日 省人委发出《关于1959年农业税收工作的指示》，规定人民公社社员在规定的自留地上的房屋旁、树旁、路旁的零星土地上所得的农业收入及零星的竹木、果树收入免征农业税；开垦荒地所得收入，熟荒免征1年至3年，生荒免征3年至5年；在土地上种农林特产，免征5年至7年；新垦的农林特产，免征3年至5年。

29日 省委、省人委决定成立右派分子摘帽工作领导小组，罗孟文任组长、于洪琛任副组长。下设办公室于省委统战部，罗孟文兼办公室主任，王铁、于洪琛、吕良、姜竹轩任副主任。此后，全省各级成立了相应机构，右派摘帽工作全面铺开。

29日 省人委发出《关于各国营综合垦殖场、国营农场粮食征购和留粮标准的通知》，对全民所有制企业和入场的集体所有制经济，在计算粮食征购任务时，实行分别市场信息的办法。

30日 省委湖田洲地利用领导小组召开滨湖地区大力开发利用湖田洲地电话会议，汪东兴主持会议并讲话，传达省委、省人委确定1959年冬季开发利用湖田洲地区的各人民公社和垦殖场、农场。

30日 《江西日报》报道，省委、省人委邀请全省部分工业劳动模范、先进工作者、老根据地的烈军属代表、老革命同志、荣誉军人，以及退休军官、干部和少数民族代表等1200人，来南昌参加省市各界庆祝建国10周年大会观礼。其中有著名劳动模范陈翊科、老红军旷章大、独脚英雄刘英等（10月5日杨尚奎、邵式平在八一礼堂接见了老红军旷章大、独脚英雄刘英等人）。

30日 省人委任命吕承恩为江西省地质局副局长。

本月 南昌市下正街发电厂劳模、厂长谈妙根出席全国群英会。该厂先进班组——保尔青年班代表万冬苟同时出席全国群英会。

本月 省政协举办的江西省社会主义学院第一期开学。

本月 省委、省人委召开全省第二次档案和革命史工作会议，传达贯彻全国档案资料工作经验交流会的精神和检查总结全省档案工作。

本月 洪都钢铁厂无缝管车间Φ76毫米机组投产，生产出江西第一根无缝钢管。

本月 周恩来、朱德于中共八届八中全会结束后路经南昌，视察八大山人纪念馆和三二〇厂。

本月 江西省农业机械厅成立（1960年1月成立厅党组。1962年4月与省机械工业局合并成立省机械工业厅）。

本月 江西人民出版社出版《红色安源》。刘少奇审阅书稿和校样，给编辑人员写信致问。

本月 江西财经学院招收商业统计本科专业班学生，学制四年，这是江西省历史上第一个高等统计专业本科班。

本月 朱德和夫人康克清两次亲临庐山药物种植实验场视察，并到樟树询问樟树药业情况。

本月 江西硫酸铵厂更名为江西氨厂，黄茂任党委书记，凌林任党委副书记，省化学石油工业局副局长马青兼任厂长。

本月 省地质局铜矿大队邵克忠、朱贤平、封益城在《地质学报》发表论文，首次提出德兴铜矿具有以含铜花岗内长斑岩接触带为中心的内外对称蚀变分带。

本月 江西水泥厂在万年县陈营镇塔岗破土动工兴建。

本月 九江电瓷厂试制成功高压电瓷10千瓦线路蝴蝶形绝缘子、10千瓦充油变压器套管和35千伏户内支柱绝缘子等。

本月 南昌市农林水利局首次草拟《全市林业发展远景规划》。

1959

10月

October

公元1959年10月							农历己亥年【猪】						
日	一	二	三	四	五	六	日	一	二	三	四	五	六
				1 国庆节	2 九月大	3 初二	4 初三	5 初四	6 初五	7 初六	8 初七	9 寒露	10 重阳节
11 初十	12 十一	13 十二	14 十三	15 十四	16 十五	17 十六	18 十七	19 十八	20 十九	21 二十	22 廿一	23 廿二	24 霜降
25 廿四	26 廿五	27 廿六	28 廿七	29 廿八	30 廿九	31 三十							

1日　省市各界13万人举行盛大集会和游行，庆祝中华人民共和国成立10周年。杨尚奎、邵式平等省党政军领导检阅游行队伍。

杨尚奎、邵式平分别接见中国人民解放军庆祝建国10周年观礼代表团来江西省参观的部分代表

杨尚奎、邵式平等省党政军领导在检阅游行队伍

1日　省博物馆举办的《社会主义建设革命历史文物展览》开幕，方志纯剪彩。

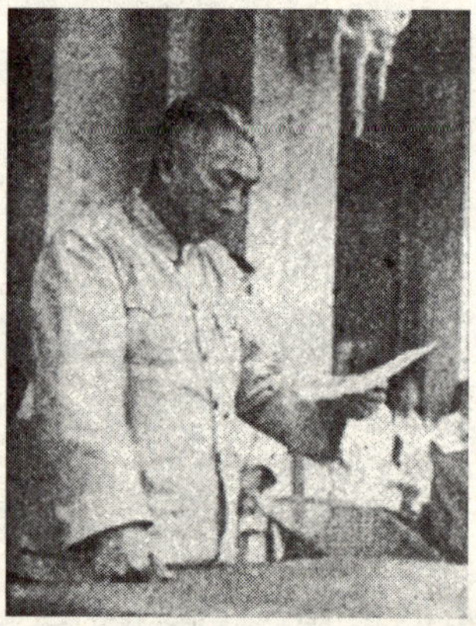

方志纯在省博物馆开幕式上讲话

1日　南昌八一起义纪念馆正式开放。

1日　团中央命名萍乡钢铁厂3号13立方米高炉为全国青年炉，并评为全国青年炉先进单位。

1日　永新县湘赣革命纪念馆成立。

1日　南昌人民广播电台正式播音。

1日　井冈山垦殖场石市口水电站正式发电。该电站装机容量640千瓦，年发电量165万千瓦，是井冈山第一座电站。

1 日　坐落在南昌市郊青云谱的清代画家八大山人纪念馆正式开放。

南昌青云谱

八大山人画《枯木立鹰图》

1 日　南昌铁路地区新建并使用 100 门步进制自动电话交换机设备。

1 日　由中国美术家协会、中国美协江西分会举办的全国下放干部画展在南昌市工人文化宫展出。画展于 16 日结束。

1 日　德安县石拱桥正式通车。大桥全长 130 米，宽 9 米，高 13 米。全桥分三孔，每孔跨度为 34 米。

2 日　全省财贸工作展览会开幕。展览会共分序幕、商业、粮食、金融等 5 个馆，展出的实物、图表、模型、照片、图画等共 5426 件。

刘瑞森在省财贸工作展览会上剪彩

3 日　省歌舞团在人民大会堂为毛泽东和中外来宾演出歌舞节目。

5 日　“中共江西省委特赦罪犯办公室”正式成立，王卓超兼任办公室主任，朱开铨、刘护平、李如皞、阙由喜任办公室副主任（至 12 月底，全省特赦罪犯 1452 名）。

8 日　省政协召开《江西伟大的十年》（统战篇）编辑工作会议。

8 日　省委召集省级机关、各高等院校负责人会议，布置深入学习中共八届八中全会文件。方志纯就如何深入学习作讲话，要求合理解决学习与工作的矛盾，安排好学习时间，要以 2/3 的时间学习八届八中全会和省委五届八次全会文件，1/3 时间学习政治经济学。

9 日　民革、民盟、农工党江西省委会领导人出席省委举行的党外人士会议，听取传达毛泽东 9 月在全国各民主党派负责人和著名无党派民主人士座谈会上的讲话。毛泽东明确指出：知识分子大有进步，民主党派大有进步，工商界大有进步。

9日　团省委举行《进一步动员全省青年为贯彻执行党的增产节约运动的决议而奋斗》的誓师大会。大会号召广大青年在增产节约运动中发挥突击作用，开展个人与个人、组与组、队与队、车间与车间、公社与公社之间的红旗竞赛，大战四季度，出色完成各项任务。

11日　省委召开工业、基建、交通广播大会。杨尚奎、白栋材讲话。会议要求工业、基建、交通战线的职工提前15天到20天完成1959年工业生产和基本建设计划，提前20天到30天完成交通运输计划。

12日　全省财贸先进单位和先进工作者代表会议召开。杨尚奎、邵式平、刘瑞森到会讲话。会议确定财贸部门的迫切任务是大力支持工农业的增产节约运动，做好秋后以粮、棉、油、麻、猪为中心的农副产品收购工作，相应做好商品供应和资金供应。会议于21日结束。

13日　省委召开全省农业广播大会。全国著名劳模易瑞生、万绍鹤、文经珠、彭昌钿、陈翊科参加大会。杨尚奎作《继续反右倾，鼓足干劲，掀起秋冬农业生产运动新高潮》的报告，要求区党委、各地委的第一书记以2/3的时间抓农业，县委第一书记要以主要力量抓农业。

14日　省委决定从省委各部、委，省人委各厅、局抽调200名科级以上干部组成工农业生产检查团，分赴各地检查、督导工农业生产。

15日　省委发出《关于恢复发展手工业产品和整顿提高公社工业的指示》，要求手工业产品的品种、数量、质量在年底恢复到1958年8月前的水平；公社工业执行原地踏步不动的方针；并对公社工业的生产范围作出了具体规定。

16日　杨尚奎先后到洪都钢铁厂、南昌钢铁厂、江西拖拉机厂、江西棉纺织印染厂等单位检查生产。同时省委决定成立重工业检查组，深入重工业生产单位检查。检查于19日结束。

杨尚奎在洪都钢铁厂检查生产，观看轧出的钢筋

17日　省委、省人委决定，自本月起，在全省城镇范围内，举办社会主义建设定期储蓄，发行数额800万元至1000万元。

17日　《江西日报》报道，党和国家关怀江西老革命根据地人民，赶制棉被3万床，单衣、棉衣各1万套，着重解决缺少衣被的老区烈军属和贫苦群众的困难。

18日　中国人民解放军庆祝建国10周年观礼代表团317人到达南昌，瞻仰革命烈士纪念堂，参观八一起义纪念馆、省博物馆和工厂，与省市大中学生联欢。

19日　全省出席全国工业、交通运输、基本建设、财贸方面社会主义建设先进集体和先进生产者代表大会的代表135人，特邀代表15人，在团长赖绍尧的率领下启程赴京。刘瑞森到车站送行。

19日　江西电影制片厂拍摄的向建国10周年献礼片《井冈山》、《丰收之歌》在全省放映。

20日　省妇联在南昌市召开城市妇女集体生活福利现场会议。会议于26日结束。

20日　省委组织部日前下发《关于调训干部的意见》，要求加强调训干部工作的计划管理，指出调训人员不可过多，以免影响生产和工作。

21日　景德镇陶瓷研究所机械研究组研制成功半自动施釉机，比手工操作提高工时5到6倍。

21日　全省第二次外事工作会议在南昌召开。会上传达中央关于国庆10周年外宾接待工作的指示，总结1958年外宾接待工作经验，部署今后外事工作任务。会议于29日结束。

23日　萍乡钢铁厂红旗一号40立方米高炉创造了日产生铁124.535吨，利用系数3.108的新纪录，跃居全国小型高炉先进行列。

23日　省委宣传部召开全省中等学校教育工作会议。会议要求贯彻党的教育方针，提高教育质量，要尊重教学基本规律——循序渐进，不宜采取分数指标，要妥善安排教学和生产劳动两个方面。1959年起，学校应大力组织学生种植果树，每人种3株到5株，在两、三年内每人种20株至30株。会议于31日结束。

25日　《江西日报》报道，萍乡县宣风公

社涧口村为全省第一个卫生村。

26日 省政协与南昌市政协联合召开座谈会，抗议美国挟持联合国就西藏问题粗暴干涉中国内政。

26日 省委、省人委发出通知，要求各地积极发展生猪生产，以促进农业发展和支援工业建设，增加公社和社员群众收入，改善人民生活。

26日 江西棉纺织印染厂女工经自麟、兴中纺织厂女工瞿兰香出席全国先进集体和先进生产者代表大会。

周恩来在全国先进集体和先进生产者代表大会上与江西棉纺织印染厂代表经自麟亲切握手

27日 冶金部对南昌钢铁厂建设规模调整为年产生铁25万吨、钢25万吨至30万吨、钢材20万吨至25万吨。

27日 副省长汪东兴、省军区政委林忠照到八一垦殖场视察。

28日 省委、省人委决定将广昌县翠雷山垦殖场和南丰县长陂垦殖场合并成立省属国营南广垦殖场。

28日 省人委作出《关于水库地区木竹生产、供应及几个有关问题的规定》。

28日 南昌市人委决定成立特赦办公室和右派分子处理工作办公室。

30日 江西大学1000多名师生举行集会，庆祝建校一周年。杨尚奎作讲话，要求江西大学成为全省文教战线培养人才的生力军，必须继续加强团结，克服困难，执行党的教育方针，培养大批又红又专的人才，为祖国建设需要服务。

30日 省人委发出《关于下达一九五九年成本（流通费）计划》的通知，对工交商企业的各主管部门分别提出降低成本（流通费）的要求。

31日 省政协在信丰县召开全省政协工作经验交流会。11月5日结束会议。

本月 南昌至福州间开行直通旅客快车。这是赣闽两省铁路连通后第一次开行的两省省会直达旅客快车。

本月 周恩来为江西省赣剧团题写团名。

本月 方志纯、彭梦庾、周振远到大吉山等钨矿视察。

本月 游坑钨矿收归省冶金工业局领导。当年该矿收回游坑区全部民窿。

本月 洪都钢铁厂400×1/250×5小型轧机投产。同月该厂获全国工交基建财贸社会主义建设先进集体称号。

本月 苏联专家弗拉洛夫任省地质局顾问专家。

本月 根据国家建工部、交通部的决定，在九江市姚港建设玻璃纤维混凝土造船试验厂，着手试制玻璃纤维混凝土船。这是全国唯一集科研、设计、生产制造水泥船的企业。

本月 南昌铁路局以苏联制造的友好（YH）型机车逐步取代KD7型机车，新型机车的牵引定数为2000吨，原有客运机车逐步被SL6型所代替。

本月 南昌铁路局机车司机倪金松、钳工工长曾兰生等4人参加全国先进集体和先进生产者代表会议（即群英会），均被评为全国先进生产者。上饶高度区、刘家养路工区2个先进集体代表同时参加了会议。

本月 原南昌市李祥泰绸布店代理人、南昌市公私合营三泰商场棉布部大组长吴汉卿被评为出席全国工业、交通运输、基本建设、财贸方面先进集体和先进生产者代表大会的工商业界先进生产者代表。

本月 德安县公路大桥建成通车。

本月 省建一公司革新成功的“竖井爆破法”，在广东茂名召开的全国土石爆破表演大会上获乙等奖。

本月 南昌市人委批转市教育局《关于继续扫除文盲和发展巩固农民业余教育的意见》。

1959
11月
November

公元1959年11月 农历己亥年【猪】													
日	一	二	三	四	五	六	日	一	二	三	四	五	六
1 十月小	2 初二	3 初三	4 初四	5 初五	6 初六	7 初七	8 立冬	9 初九	10 初十	11 十一	12 十二	13 十三	14 十四
15 十五	16 十六	17 十七	18 十八	19 十九	20 二十	21 廿一	22 廿二	23 小雪	24 廿四	25 廿五	26 廿六	27 廿七	28 廿八
29 廿九	30 十一月大												

1日　刘驾鹏任省煤管局局长。

1日　全国群英大会建筑系统先进经验交流会在北京召开。省建一公司木工张登运、省建二公司木工蔡之魁、钢筋工谭水泉、赣南建筑公司瓦工伍国华、九江建筑公司木工蔡贤光、景德镇市建筑公司木工罗雨顺、南昌市建筑公司木工邹印根、抚州建筑公司瓦工苏进先、吉安建筑公司木工李亮明、宜丰建筑公司书记张贺武、丰城砖瓦厂书记甘成达、萍乡矿务局瓦工邹开生12名代表参加群英大会。

2日　全省少年足球锦标赛结束，南昌市获第一名。

3日　省卫生厅下发《关于重点加强对全省中心县医院业务技术指导的意见》，提出技术指导应采取巡回医疗、轮换培训、参观学习、会诊转院和下放干部等形式。

3日　省高级人民法院召开第一次全省审判业务工作会议，149人出席。会议着重总结审理反革命组织、强奸幼女和婚姻案件的经验。

5日　省人委人事局在《人事工作专刊》登载赣南行政公署《关于国家行政机关、企业、事业单位工作人员的奖惩批准程序的暂行规定》，并在编者按中对他们的做法加以肯定。

5日　于都县岭背公社东坑大队五金合作社工人张合文出席全国群英大会，并在人民大会堂受到国务院总理周恩来宴请。

7日　省市各界1200余人在江西艺术剧院举行苏联十月革命42周年庆祝大会。在南昌的苏联专家和捷克斯洛伐克的朋友应邀出席大会。省委候补书记、南昌市委第一书记、省中苏友好协会副会长郭光洲和苏联专家弗拉洛夫在会上讲话。

省市各界代表庆祝苏联十月社会主义革命42周年大会

7日　江西省煤炭综合利用委员会成立。《江西日报》发表题为《迅速开展煤炭综合利用》的社论。

8日　省卫生厅发出《关于开展高干保健工作的通知》。通知决定高干和国外专家的保健工作全部由江西医院承担，其高干范围为凡享受公费医疗待遇的十三级以上干部。

8日　萍乡钢铁厂被评为全国冶金系统先进单位，党委副书记贺珍出席全国群英会。会上，周恩来授予该厂锦旗。

8日　《江西日报》报道，全省钢铁工业主要基地之一——新余钢铁公司进入大规模建设新阶段。在1959年四季度内，建成两座255立方米高炉、两座40立方米高炉、三组红旗二号炼焦炉、一组红旗三号炼焦炉、铁路专用线和高炉供电、供水、碎矿等工程；1960年内将兴建620立方米高炉一座，255立方米高炉两座，40孔炼焦炉两座，矿山200万吨选矿场一所和其他许多小型工程。

哈尔滨水利电力部列车电业局将2600千瓦的列车发电站运到新余钢铁公司，支援新钢的生产和基建

9日　省委召开电话会议，要求按时、按量、按质完成基建任务。会议指出，1959年只剩下1个半月，需要完成投资2.2亿元，平均每月要完成1.1亿元，比10月份完成的投资额增长一倍以上，必须鼓足干劲坚定不移地确保完成全年基建投资5.2亿元，力争5.7亿元的任务。

9日　《江西日报》报道，经过地质工作者10个月的奋战，在全省81个县新发现铁、煤、铜、钨等矿区40余处。

9日　全省第六次广播工作会议召开。会议要求努力提高广播质量，当好党的助手，成为党委得心应手的工具。确定1960年达到全省绝大多数人民公社建立广播站，发展广播喇叭20万至25万个的规划。会议于25日结束。

9日　省税务局组织全省工商税收观摩大检查，全省各级税务部门的代表105人，分成15个组深入到45个税务所、43个公社、59个大队和288户工商企业，通过召开专管人员、办税人员座谈会，访问群众护税组织，听取意见等办法，总结交流办税工作经验。检查于25日结束。

10日　波阳县被评为全国社办工业先进单位，派代表出席全国群英大会。

10日　全省水利、电力工作会议召开。会议要求开展以工具改革为中心的高工效、高质量、高速度的“三高”运动，在保证完成1958年遗留工程情况下，力争搞500亩至2万亩左右的中小型骨干工程。

10日　省文化局在于都县召开全省农村电影工作现场会，参加会议的有各农村电影队代表及部分文化行政干部135人。会议于14日结束。

11日　省煤管局按照煤炭工业部部长张霖之提出实现“四·八交叉作业”生产组织大革命的要求，在萍乡矿务局高坑煤矿召开“四·八交叉作业”现场会。萍乡矿务局全部回采工作面和1/3掘进工作面实现“四·八交叉作业”。

11日　《江西日报》报道，省委、省人委决定编辑《伟大十年的江西》（暂定名）。编辑委员会由杨尚奎等66人组成，以杨尚奎为主任委员，邵式平、方志纯、刘俊秀、白栋材、刘瑞森、郭光洲、黄先、莫循、罗孟文、黄知真、彭梦庾为副主任委员，黄知真、彭梦庾分别为编辑委员会办公室正、副主任。

12日　全省第一条民用航线：南昌—吉安

—赣州正式通航。隔日班次，机型为国安二型飞机。

南昌—吉安—赣州正式通航剪彩仪式

13日 代表全省职工出席全国群英会的150多位代表回到南昌，刘瑞森等省领导到车站迎接并致欢迎词，号召英模们带领全省职工进一步反右倾，鼓干劲，深入增产节约运动，让先进种子在全省开花结果。

省党政军领导接见出席全国群英会的代表们并一起合影。前排左起：黄知真、刘瑞森、方志纯、郭光洲、罗孟文、叶长庚

15日 《江西日报》报道，全省今冬明春的大规模水利建设已先后进入全面施工阶段。现已开工的工程已达10329座，比1958年同期增加近4倍，有517座工程业已完工。目前上工地的民工已由11月初的5.1万多人增加到81.7万多人。农村水电站已开工的工程30座，有10座已建成，装机容量174千瓦。

16日 全省开始在各级人民法院党内干部中开展"反右倾斗争"。有2人被错误地划为"右倾机会主义分子"，17人被错误地定为"有严重右倾思想的人"。

16日 省科学院研制的新型插秧机经中国科学院和省农业厅联合鉴定，正式命名为"江西59型插秧机"（25日，邵式平签发鉴定书，准予大批制造，大量推广。据统计，本年全省制成插秧机7.4万多部，赣南地区制成的1.5万多部已广泛应用于水田作业，效果显著）。

邵式平（右三）、邓洪（右二）、汪东兴（右一）等省党政领导参观"江西59型插秧机"现场表演

17日 省人委下发《关于全省各级国家机关工作人员个别调整工资级别的通知》，决定1959年全省国家机关工作人员调资面为1%～2%。

17日 省委、省人委召开全省除害灭病讲卫生广播大会，邓洪主持，方志纯讲话。会议要求在今后二三年内彻底消灭七害六病，贯彻突出性和经常性工作相结合、治本与治标相结合的原则。普及与提高科学技术，大力提倡技术革命，使全省在最短时间内走上富强、康乐和文明的道路。

17日 福州部队文工团在江西艺术剧院向

省市各界领导、烈军属、复员、转业、退伍军人作慰问演出，并深入部队进行演出。

18 日　省委发出《关于在农村广泛深入开展社会主义教育运动的指示》，要求从 11 月底至 1960 年 2 月底以前，在全省农村围绕总路线、大跃进、人民公社三面红旗谈成就、讲优越性，广泛深入地开展一次大规模的社会主义教育运动。

18 日　省委召开电话会议，要求各地妥善安排当前农村工作，打好秋收冬种扫尾仗，迅速掀起以大兴水利和大积肥为中心的冬季生产运动新高潮。要求在本月 25 日以前，完成秋收任务，1959 年冬季生产要大搞水利，积肥造肥，大搞副业生产，大量发展生猪生产。

19 日　全省林业工作会议在南昌召开。会议于 12 月 2 日结束。

20 日　省人委颁布《江西省机构编制管理试行办法》，明确了各级编制委员会的职责任务、机构编制的审批权限和程序等问题。

20 日　全省工业交通生产会议召开。会议要求各地区、各工矿企业抓紧当前生产，确保 1959 年生产计划超额完成，同时对 1960 年生产准备工作进行讨论。要求 1959 年红到底，1960 年开门红。会议于 28 日结束。

21 日　《江西日报》报道，全国农业劳模彭光贤领导的萍乡县湘东公社新村大队，当年春将收割过小麦的 4.7 亩土地试种早、晚两季水稻，获得了水稻亩产干谷 1450 斤，小麦亩产 250 斤的稻麦三季大丰收。

在萍乡湘东公社新村大队的打谷场上，拖拉机带着打谷机飞快地转动，金黄的谷子铺满打谷场

22 日　萍乡钢铁厂新建 100 立方米高炉正式开炉生产，当日产量达到 105.08 吨，利用系数 1.208，焦比 0.9，实现了开炉红。萍钢党委向省委报喜。

萍乡钢铁厂新建的 100 立方米高炉开炉生产

23 日　凌晨 3 点 20 分，南昌钢铁厂炼钢车间炼出第一炉转炉钢水。这标志着全省钢铁工业新的发展。该车间为钢筋混凝土结构，126 米长、18 米宽、19 米高，是全省目前钢铁工业中最大的一个车间，每日可为国家生产 300 吨钢。

24 日　萍乡县在 1958 年粮食亩产跨纲要后，1959 年 45 万亩田地平均亩产达到 1122.4 斤，比 1958 年亩产平均产量增长 31%，再次跨纲要。

24 日　省国营综合垦殖场业余文工团经过 4 个月外地访问演出归来，晚上在八一礼堂进行首次汇报演出。邵式平、刘俊秀、邓洪、汪东兴等省党政领导观看演出。

25 日　省军区发布命令，决定各县、市和庐山、井冈山兵役局一律改为县、市人民武装部，撤销兵役局番号。

25 日　经国务院批准，中央和国家各部委、外省市在庐山的公房全部收回，交由庐山管理局统一管理。

25 日　省公安厅提出《十年来江西公安工作基本总结》，肯定了在肃清反革命斗争中所取得的成绩。

26 日　省人委人事局规定 1958 年中等学校毕业生、试用人员、由企业调国家机关工作者不能列为本年个别调整工资的对象。

26 日　南昌市民建、市工商联联合召开代表大会，分别选出沈翰卿等 19 人为市民建三届委员会委员，章藻生等 17 人为市工商联三届执行委员。

27 日　省委召开全省水利广播大会，刘俊秀讲话。会议要求今冬明春兴修水利要高速、高效、高质量地展开，劳动力应占农村劳动力总数的30%，高潮时要达到35%～40%，要大搞工具改革和技术革命，继续开展共产主义协作，组织工业和财贸部门对水利建设的支援。

27日 萍乡钢铁厂日产量达到502.5吨，创造了该厂建厂以来的最高纪录，超过了8月份以前全省生铁日产量的水平。

27日 《江西日报》报道，截至27日，全省生铁产量已达181091.1吨，比1958年全年生产的一类铁高出53%，提前35天超额完成全年产铁18万吨的国家计划。

28日 全省民兵工作现场会议召开。会议提出：要认真贯彻毛泽东大办民兵的思想，加强民兵思想与组织建设，大力培养干部，积极开展训练，全力促进生产大跃进，加强边防对敌斗争和内地治安。杨尚奎到会讲话，要求民兵在社会主义建设事业中发挥突击手的作用。会议于12月2日结束。

省党政军领导与民兵工作现场会议全体代表合影。前排左起：钟学林、段连绍、倪南山、叶长庚、杨尚奎、张天云、林忠照、熊兆仁、孔令甫

28日 江西省气象学会筹备委员会成立，由唐曙光任主任，王化民、周熙彬、陶履敦任副主任。

29日 全省最大氧气生产单位江西铸造厂氧气站开始试车投入生产，邵式平亲临祝贺。该站全部采用自动化操作，一天可生产60立方米氧气200瓶，可充分满足全省工业生产和医疗氧气需要。

29日 全省建筑施工技术革新经验交流现场会在景德镇市召开。景德镇市十大建筑工程的职工在以技术革命为中心，快速优质施工为目的的红旗竞赛运动中，创造了“立体交叉施工”、“内外穿插施工”、“平行流水综合施工”、“多节快速脱模法”等14种先进施工方法。

30日 省人委公布全省第二批文物保护单位61处，其中革命文物保护单位15处，历史文物保护单位46处。

本月 新余市水北人民公社简春宝在水利建设中创造的履带式卷土机送北京参加展览。

本月 农垦部副部长肖克视察共大总校，并和师生员工一起参加义务植树劳动。

本月 南昌耐火材料厂年产1万吨白云石砖车间投产（1960年1月，5000吨矽砖车间投产）。

本月 萍乡矿务局电厂（湘东、泉江电厂合称）由省水利电力厅电业局接管，定名萍乡电厂。

本月 中南局、江西省委决定由杨尚奎兼任赣西南区委书记。

1959 12月 December

公元1959年12月 农历己亥年【猪】													
日	一	二	三	四	五	六	日	一	二	三	四	五	六
		1 初二	2 初三	3 初四	4 初五	5 初六	6 初七	7 初八	8 大雪	9 初十	10 十一	11 十二	12 十三
13 十四	14 十五	15 十六	16 十七	17 十八	18 十九	19 二十	20 廿一	21 廿二	22 冬至	23 廿四	24 廿五	25 廿六	26 廿七
27 廿八	28 廿九	29 三十	30 十二月小	31 初二									

2日 《江西日报》报道，小转炉不烘炉炼钢，不停风加料，单渣法的先进经验，在洪都钢铁厂炼钢车间首次试验获得成功。这是该厂重大技术革新的一项创举。

3日 全省集体生活福利事业先进单位先进工作者代表大会召开。656名代表参加会议。邵式平、邓洪、王卓超参加会议并讲话。会议号召从事集体福利事业人员要努力学文化，要尊重集体福利事业。要求集体福利事业必须贯彻“勤俭办一切福利事业、积极办好、自愿参加”的方针和“为生产服务，为群众服务”的原则。大会于10日结束。

全省集体生活福利事业先进单位及先进工作者代表大会

3日 《江西日报》报道，人民公社化后，全省农村电力事业有了飞跃发展。截至10月底，全省已有53个县办起了小型电站138座，装机容量达3200多千瓦，相当于1957年的2.6倍，1958年的1.5倍。

4日 省人委举行第十六次行政会议。决定在全省范围内开展一个大规模的宣传运动，纪念干部上山下乡开发和建设山区两周年。

4日 省轻工业厅在南昌召开全省轻工、手工处局长、联社主任会议，传达轻工业部、纺织工业部的会议精神，并讨论了生产、基本建设和支援农业问题。会议于10日结束。

5日 刘俊秀、刘瑞森、邓洪以及出席全省农村工作会议代表280余人，到丰城县紫云山水库工地参加“丰城紫云山水库第一号动力牵引高坝运土卷扬机命名”现场会。会议号召学紫云、赶紫云，加快全省水利建设。

6日 省政协组织参观团，前往武汉、郑州、洛阳、三门峡等地参观建国10年来的建设成就。27日返回南昌。

7日 出席全国工商联第三届代表大会的全省代表集中南昌，与民建代表共同组成代表团，团长潘式言、副团长王德舆、孙国山。代表共计

43人，其中工商联代表27人，民建代表9人，列席代表7人。

8日　《江西日报》报道，泰和县高陇公社高陇大队发展生猪生产获得突飞猛进，全队养猪3912头，平均每人5.2头，每亩田超过一头，比1958年底增长67%。

8日　赣抚平原主体工程之一——焦石拦河坝第二期工程提前25天完工，节约资金8万余元，节省水泥200吨。该工程坝身长185米，六孔泄洪沙闸和单孔筏道。200万亩沃土从此永远摆脱干旱威胁。

赣抚平原水利工程之运渠

赣抚平原水利枢纽——焦石拦河大坝

9日　省人委发出《换发江西省1960年地方粮票》的通知。通知说："为了进一步加强粮食管理，保证流动人口合理供应，决定换发江西省1960年地方粮票和船民专用粮票。"同时对换发办法作了明确规定。

9日　江东机械厂职工经过8个多月的奋战，制成了两台C620高速、精密电动螺丝车床，为此召开庆祝会。邵式平在该厂参观C620机床表演，盛赞全厂职工自力更生，战胜困难，自我武装的精神。

10日　全省第一座新型的拱形公路桥——赣州东河大桥正式动工兴建。全桥长687米，宽14.5米，高28米，共12个桥墩，跨度66米。

12日　江西拖拉机厂制成一批丰收27型拖拉机发动机，为1960年制造大批拖拉机创造了良好开端。邵式平、刘俊秀亲临该厂参观发动机的运转情况，表示满意，并勉励该厂职工生产更多更好的拖拉机支援农业生产。

拖拉机厂六轴镗床的创造者刘守沆（左）在生产

14日　省文化局在南昌召开第二届全省电影发行放映公司经理会议，研究省文化局制定的《关于购销16毫米影片拷贝若干问题的规定》。会议于16日结束。

15日　省委5人小组作出《关于全面结束1955年至1959年开展的内部肃反运动的报告》。全省内部肃反运动先后分6批进行，共查出反革命和其他坏分子1.5万余人。

15日　省委召开全省兴修水利电话会议。会议号召全面开展以工具改革为中心的水利高工效运动突击月活动。要求在春节后完成和超额完成3.5亿立方的土石方任务。

15日　为纪念国营综合垦殖场建场两周年，省委、省人委、省军区给全省国营综合垦殖场全体人员发出慰问信。

15日　全省各地完成了全年木材生产调运任务。至当日止，按照中央分配给江西省的木材生产调运任务，商品材完成103%，上调任务完成101%，较1958年实际年产量增长26%以上。

16日　从1960年春粮征购开始，以全省人民公社的基本核算单位为单位，每人每年向国家交纳公、余粮总数在100公斤以上者（不含100公斤），在统购价款外对超过100公斤部分另加价10%予以奖励，列入企业盈亏处理。

16日 《江西日报》发表邵式平《干部上山下乡两周年》，刘俊秀《坚决为建设社会主义的新山区而奋斗》的文章。

17日 中国美术家协会江西分会为祝贺江西著名民间工艺美术家范庆云先生80寿辰，在省中苏友好馆举办范庆云作品展，共展出木雕艺术作品50余件。

17日 省委举行常委扩大会议。会议的中心是：初步总结1959年的工作，分析当前的形势，着重研究1960年的任务和第一季度的主要工作安排。会议认为1959年是江西更大跃进的一年，工农业生产总值比1958年增长25.2%。提出1960年要更大跃进，全年工农业总产值比1959年增长30%，其中农副业增长20%，工业增长35%，基本建设投资增长30%，粮食产量235亿斤至240亿斤，棉花90万担，生铁45万吨，钢11万吨，原煤1070万吨，各项产品产量都要有很大的增长。会议于27日结束。

18日 江西棉纺织印染厂印出全省第一批机器印制花布。

22日 《江西日报》报道，担负南昌发电厂扩建工程的省电力公司火电工程处职工，打破建筑陈规，采用“先简后全”的办法，克服物资设备不足的困难，在厂房未全部竣工的情况下，1.2万千瓦机组提前一个月发电700多万度，保证了工业用电的需要。

23日 省委、省人委在南昌召开全省交通会议。会议总结1959年全省交通邮电事业所取得的大跃进成就，部署了1960年的任务。会议于29日结束。

24日 江西省水产厅成立，肖峰任厅长。

24日 《江西日报》报道，全省煤炭工业取得辉煌的成绩，至12月16日，已经提前完成了1959年国家原煤生产计划。全年炼焦原煤较1958年增长了72%，炼焦原煤生产的分布已经基本上与钢铁生产对了口，哪里有钢铁基地哪里就有炼焦原煤矿井相配合，基本上保证了钢铁生产的需要。

24日 陕西省各界慰问团一行335人，在团长、陕西省委常委、副省长李启明率领下到达南昌，为江西省各地人民进行慰问演出。

24日 江西省农业机械厅成立，李德友任厅长、李涤心、战学孟、李保雷任副厅长。厅内设秘书室、人事教育、计划统计、基本建设、财务、生产、技术、供销、农具改良修配等一室8处。

25日 南昌供电所调度室经省水利电力厅电业局批准正式成立，行使统一调度南、新、江（南昌—新余—江口）电网的职权。

25日 江西水稻机械研究所成立。

25日 凌晨2时，柘林水库三工区发生火灾，烧毁工棚5栋，死26人，重伤33人，受灾700余人。

25日 第一台国产现代化六色印花机在江西棉纺织印染厂安装完毕，年生产能力为印花布70万匹。郭光洲为开车投产剪彩。

25日 中央农业机械部、水利电力部、农业部在丰城召开全国水利施工先进工具评选评比选型现场会议。会议要求有计划、有领导地在现有工具基础上，经过改进提高，迅速评选定型和标定一批系统成套的半机械化的水利施工工具。刘俊秀就江西省在兴修水利运动中，加强党的领导，贯彻政治挂帅，大搞群众运动，开展以工具改革为中心，干部、技术员和群众三结合的高工效运动等做法向大会作了介绍。丰城县紫云山水库工地于1958年由刘芳九创制的高坝上土卷扬机被评为全国水利施工先进工具之一。

26日 省人委人事局撰写的《江西省国家监察工作十年》一文于近日完成。该文全面总结了建国10年来全省开展国家监察工作的情况。

27日 丰城煤矿的坪湖、仙姑岭两对大井正式移交生产。

28日 九江市渔业生产获得空前大丰收，截至日前已捕捞鱼苗39亿尾，较历史最高丰产年1958年增长2.6倍，成鱼生产仅前三季度便完成3万担，比1958年增产50%，另有大批鲜鱼运销到北京和上海等地，保证大城市和工矿区人民的需要。

28日 南昌市农业机械厂全体职工经过两

个月的努力，试制成功全省第一台直径155毫米单双程式内燃水泵，这是支援农业水利化的重大创举。

南昌市农业机械厂制造出全省第一台水泥球磨机，该机重3.2万吨，直径1.83米、总长6.126米

28日　江西农业机械修配厂和农业科学研究所全体职工经过半个多月日夜苦战，近日试制成功一台电犁绳索引机，为全省农业机械化、电气化开辟了新的道路。

29日　《江西日报》报道，全省生猪生产发展迅速。10月和11月两个月，生猪头数增加252.1万多头，比9月底增长93.8%。到12月14日止，全省已达到亩田一猪的有玉山县、15个人民公社、258个生产队；已达到一人一猪的有2个县城（泰和、横峰县）、13个人民公社、255个生产大队。

南昌市人委养猪场饲养了500多头猪，比1958年增加一倍以上

29日　截至当日，全省钢产量完成全年国家计划101.6%，钢材完成全年国家计划的110%。

29日　省煤管局建井工程队和地质勘探大队成立。

30日　刘俊秀在《人民日报》上发表《为坚决办好共产主义劳动大学而努力》的文章。文章总结了共产主义劳动大学于1958年8月1日成立以来，贯彻执行党的教育方针，在建校、学习和生产等方面取得显著成绩；认为办大学也应"两条腿走路"，共大应当向工农子弟敞开大门；指出共大今后的努力方向是提高教学质量，实现生产自给，加强党的领导，贯彻政治挂帅。

30日　《江西日报》报道，全省党的基层干部训练工作获得显著成绩。一年来，全省建立县委党校79所，公社党校756所，红专学校13250所；训练了党员和小队长以上干部45万名，占全省农村基层干部总数的70%以上。有90%以上的基层干部、党员参加了经常性的业余训练，基本上形成了一个"县县办党校、社社办党校、队队（生产队大队）办红专学校的干部、党员教育网"。

30日　省人委任命孙一鹏为省机械工业管理局局长，史希贤、徐声伍为副局长，张承祜为总工程师。

31日　省委、省人委、省军区邀请驻省的苏联专家、捷克斯洛伐克专家举行联欢晚会。省委副书记刘俊秀致祝辞。晚宴后举行了舞会。

31日　江西拖拉机厂制造的丰收型八一牌拖拉机样机完全达到国家标准，国家鉴定委员会批准江西拖拉机厂正式大批投入生产。

31日　省防疫站经过11个月的努力，完成了全省首次营养卫生调查工作。调查发现各地区在不同季节有相当数量的营养缺乏症患者，其中以核黄素缺乏或不足为主。

31日　省委下发《关于在全省全体干部中进行鉴定的通知》，就干部鉴定的内容、方法作了规定。

31日　截至月底，全省统计有归侨720人、侨眷2025人，主要分布在南昌市、赣州市、丰城、进贤、信丰、寻乌等县。江西人在国外的华侨约有2500人，多数侨居在新加坡、沙捞越，其次是马来西亚、越南、泰国、柬埔寨等国家。

本月 中央卫生部授予江西中医学院教授傅再希"继承和发扬祖国医学遗产"金质奖章。

本月 南昌市公安局档案室被评为全国公安系统档案工作先进单位。

本月 萍乡矿务局安源矿研制成功五九型电动自动风门。其经验在阳泉召开的全国煤矿通风工作会议上作介绍后，1962年苏联《煤》杂志刊载，在苏联部分煤矿中采用。

本月 江西人民出版社编辑出版《大跃进的江西》共4集。

本月 由省航运局设计，江西船厂首次建造成功500吨钢质货驳船。这是全省当时建造吨位最大的钢质驳船，获全国群英会红旗（1973年经重新改进设计，又建造4艘钢质驳船。该船型1975被收入船舶标准化委员会出版的《船舶选型简介汇编》第二册）。

本月 《十年来江西轻工业》和《十年来手工业的发展与现状》两书的编写完稿。

本月 省文化局剧目工作室编辑的《江西戏曲传统剧目汇编》"青阳腔"一、二集出版。

本月 中国石油公司江西省燃料器材公司改称江西省商业厅石油经营处。

本月 《江西日报》发表题为《向英雄的山区建设者致敬!》的社论，同时发表汪东兴《为建设社会主义现代化的强大国营商品生产基地而奋斗》的文章。

本月 德胜关垦殖场造纸厂用稻草制毛边纸试制成功。

本月 八〇一厂四分厂动工兴建（1961年5月停建）。

本月 江西省植物检疫南昌站成立。

本年

本年 春季，珠湖农场派出医务人员治疗珠湖山、桐山群众中脑膜炎、麻疹、疟疾患者6082名。

本年 江西省革命烈士纪念堂编辑出版《不朽的革命战士》（第一集），共收录30名革命烈士传略。

本年 安义县峤陵乡下冰雹，最大粒重达500克至700克。

本年 南昌市城建局编制《富大有堤培修工程设计方案》。

本年 南昌车站开始办理集装箱货运输。

本年 南昌标准件六厂成立，为农垦系统最早的一家机械工业企业。

本年 省军区组织干部1462名下连当兵和劳动锻炼。

本年 省军区认真贯彻"以毛泽东思想为指针，以我为主"的训练方针，组织干部学习毛泽东军事著作。

本年 南城县麻姑山产的"麻姑米"（又名银珠米）被选送参加印度世界农业博览会，获银质奖。

本年 省委、省人委决定成立九江大学，将九江医专从编制上纳入该校，改名为九江大学医学系。12月8日，省委、省人委批复九江地委、专署，同意撤销九江大学医学系，成立九江医学院，仍为大专体制。

本年 省地质局煤田大队、区测大队和铁矿大队分别进行了全省首次1∶50万煤田预测和铁矿预测工作。

本年 冶金工业部湖南、江西、广东地质分局共同编写的《中国南部黑钨矿脉状矿床与勘探》一书，由冶金工业出版社出版。

本年 省地质局区测大队李鹏、王树枫、马新华等首次在武宁县发现元古代落可岽组砾岩。

本年 省地质局赣东北地质大队朱训提出并论述了赣东北深大断裂带。

本年 省地质局副总工程师杨庆如领队赴柬埔寨，援助勘查矿产，为期两年。

本年 省地质局铜矿普察勘探大队工程师邵克忠、技术员朱贤甲在《地质学报》上发表《德兴铜矿具有以接触带为中心的内外对称蚀变分带》文章，首次提出斑石（前称细脉浸染型）铜矿以接触带为中心的对称蚀变分带模式。

本年 夏季，全国人大常委会副委员长班禅额尔德尼·却吉坚赞、全国政协副主席李维汉、全国妇联副主席康克清等先后到庐山园艺场视察并鼓励职工扎根农垦，为振兴农垦经济作贡献。

本年 全省商业系统在批发企业推行“两参一改”（干部参加劳动，职工参加管理，改善经营管理），在零售企业实行“三参一改”（干部参加劳动，职工参加管理，群众参加监督，改善经营管理）的制度。

本年 《湖口县志》4卷铅印。《新龙南县》4卷铅印。

本年 国家测绘总局10月8日发出通知，通报各省（自治区）测绘管理机构的建立情况。江西省测绘机构名称定为：江西省基本建设委员会测绘处。

本年 江西人民出版社出版艾寒松著《怎样做一个共产党员》一书（该书1962年改由上海人民出版社出版）。

本年 省卫生厅医疗器械修理厂正式成立。

本年 省建公司加工厂采用电热法为庐山水泥厂张拉预应力钢筋混凝土屋架获得成功。该屋架预应力钢筋为粗钢筋，采用千斤顶进行应力校对。

本年 省建筑机械厂陈鉴等人主持设计并试制成功省内第一台0.4立方米鼓筒式混凝土搅拌机。

本年 鹰潭建筑工程公司选派陈福才、艾细才、韦松荣、娄明太、章金财5名技高艺熟的石工参加首都人民大会堂的建设。

本年 吉安地区自行设计施工的井冈山大会堂方木屋架，跨度28米，是吉安地区50年代木屋架跨度最大的公共建筑。

本年 江西工程公司从赣州迁至南昌。

本年 东乡钢铁厂先后开工建设13立方米高炉4座和40立方米高炉2座。40立方米高炉于1960年投产。

本年 铁坑铁矿开始建设（1960年7月划归南昌钢铁厂领导。当年年产原矿15万吨露天采场及年处理50万吨的破碎筛分厂建成投产。1962年2月，该矿划归萍乡钢铁厂领导。1966年6月收归省冶金厅领导。同时年采矿50万吨的扩建工程开工，1968年10月选厂基本建成投产。1983年8月，100万吨每年采选扩建工程开工建设。1987年1月，因资金短缺，扩建工程被迫停建）。

本年 七宝山铁矿开始建设，9月划归南昌钢铁厂领导（1962年4月8日停建，1968年1月从南昌钢铁厂划出，归省冶金工业公司领导。1969年6月正式恢复建设，设计年采选矿石50万吨，1972年全部建成并正常生产）。

本年 南昌市委批复市委文教部报告，同意兴办南昌市卫生学校。

本年 冬季，省委发出大力开展利用湖田洲地扩种油料作物和加速消灭湖区血吸虫病的号召，全省共组织10万劳力开展大规模垦荒灭螺运动。

本年 本年冬至1961年下半年，江西省农业科学研究所增设同位素应用研究室，建成钴源辐射室，开展农作物辐射育种研究。

策划编辑：柏裕江
责任编辑：刘彦青　阮宏波
装帧设计：肖　辉
责任校对：书林翰海校对公司

图书在版编目(CIP)数据

中华人民共和国 江西日史/中华人民共和国日史编辑委员会江西编辑室编.
－北京：人民出版社，2008.9
ISBN 978－7－01－007244－9

Ⅰ.中…　Ⅱ.中…　Ⅲ.①中国－现代史②江西省－地方史－1949～2005
Ⅳ.K27

中国版本图书馆 CIP 数据核字(2008)第 130970 号

中华人民共和国
江 西 日 史
ZHONGHUARENMINGONGHEGUO
JIANGXI RISHI
第一卷
(1949～1959)
中华人民共和国日史编辑委员会江西编辑室　编
名誉主编：孙家正　李金华　张文彬
张承钧　李永田
主　　编：孙用和　蒋仲平　魏丕植
管志仁　沈谦芳
副 主 编：符　伟　杨德保　廖世槐
罗益昌　张翊华

人民出版社 出版发行
(100706　北京朝阳门内大街 166 号)

北京中文天地文化艺术有限公司排版
北京盛通印刷股份有限公司印刷　新华书店经销

2008 年 9 月第 1 版　2008 年 9 月北京第 1 次印刷
开本：889 毫米×1194 毫米　1/16　印张：32.75　插页：8
字数：840 千字　印数：0,001－3,000 套

ISBN 978－7－01－007244－9　（全八卷）定价：1860.00 元

邮购地址 100706　北京朝阳门内大街 166 号
人民东方图书销售中心　电话：(010) 65250042　65289539